U0479615

李孟刚 著

产业安全工程学

Industrial Security Engineering

科学出版社

北京

内 容 简 介

本书从系统科学的视角，理论结合实际，首先介绍产业安全的相关基本概念、研究对象以及研究方法等，对产业安全工程基础理论进行系统论述和总结。其次，重点总结产业安全系统工程的基础理论与方法，提出产业安全风险分析方法，并加以实证。再次，从业务、资源、技术、信息、组织、环境管理等方面对产业安全的需求进行分析，论述产业安全应对工程的基础理论；围绕产业安全的信息管理，介绍一般信息理论、信息技术和信息系统的相关内容。然后，集合知识管理的理论论述产业安全知识工程、产业安全模拟仿真工程。最后，结合实际管理决策支持平台的开发，介绍产业安全工程管理的技术实现手段。

本书为作者多年来从事产业安全理论研究与实践工作的经验总结，适合高校及科研部门的管理类及产业安全领域的研究生及高年级本科生，以及政府、企业、事业从事产业发展相关的管理人员学习使用。

图书在版编目（CIP）数据

产业安全工程学／李孟刚著. —北京：科学出版社，2014
ISBN 978-7-03-041605-6

Ⅰ. ①产⋯　Ⅱ. ①李⋯　Ⅲ. ①产业–安全工程　Ⅳ. ①F062.9

中国版本图书馆 CIP 数据核字（2014）第 183712 号

责任编辑：林　剑／责任校对：郭瑞芝
责任印制：吴兆东／封面设计：王　浩

科学出版社 出版
北京东黄城根北街 16 号
邮政编码：100717
http://www.sciencep.com

北京虎彩文化传播有限公司 印刷
科学出版社发行　各地新华书店经销

*

2015 年 1 月第　一　版　　开本：787×1092　1/16
2023 年 1 月第四次印刷　　印张：36 1/2
字数：850 000

定价：188.00 元
（如有印装质量问题，我社负责调换）

目 录

第1章 绪论 ··· 1
 1.1 产业 ··· 1
 1.2 产业安全 ··· 3
 1.3 产业安全工程 ··· 23
 1.4 产业安全工程的产生与发展 ··· 30
第2章 产业安全工程的基础理论 ··· 45
 2.1 系统科学与工程理论 ·· 45
 2.2 产业经济学理论 ·· 52
 2.3 产业安全理论 ··· 61
 2.4 复杂网络理论 ··· 63
 2.5 产业经济社会系统理论 ··· 74
第3章 产业安全系统工程 ·· 81
 3.1 产业安全系统工程的概念、范畴及特征 ······································ 81
 3.2 产业安全系统构成 ··· 83
 3.3 产业安全系统分析 ··· 85
 3.4 产业安全系统不确定性分析 ··· 97
 3.5 产业安全系统建模 ··· 100
 3.6 产业安全系统优化研究 ··· 107
第4章 产业安全风险分析及实证 ··· 131
 4.1 预备理论知识 ··· 131
 4.2 产业安全工程风险识别——以金融业系统性风险为例 ···················· 144
 4.3 产业安全工程风险测度（Ⅰ）——以金融业为例 ·························· 154
 4.4 产业安全工程风险测度（Ⅱ）——金融业系统性风险度量方法的比较与应用 ··· 162
 4.5 产业安全工程风险测度（Ⅲ）——不同行业系统性风险测定 ············ 174
 4.6 产业安全工程风险诊断——以金融业系统性风险为例 ···················· 176
 4.7 产业安全风险传导——以金融业系统性风险为例 ·························· 178
 4.8 产业安全风险影响——以金融业系统性风险为例 ·························· 183
第5章 产业安全应对工程 ·· 185
 5.1 产业保护工程 ··· 185
 5.2 产业损害防护工程 ··· 198
 5.3 产业国际竞争力工程 ·· 210
 5.4 产业控制力工程 ·· 228
 5.5 产业安全评价与预测工程 ·· 246

第6章 产业安全管理工程 276
- 6.1 产业安全管理工程概述 276
- 6.2 产业安全管理需求分析 285
- 6.3 产业安全管理主体分析 287
- 6.4 基于产业链的产业业务体系与流程研究 291
- 6.5 产业安全协同管理决策研究 306
- 6.6 产业安全协同管理策略研究 324

第7章 产业安全信息工程学 327
- 7.1 信息工程概述 327
- 7.2 产业安全信息需求分析 339
- 7.3 元数据及信息分类 350
- 7.4 信息融合与共享 358
- 7.5 产业安全信息资源开发 364
- 7.6 产业安全信息系统体系的构建 376
- 7.7 产业安全信息系统管理 390

第8章 产业安全知识工程 407
- 8.1 知识及知识系统 407
- 8.2 知识表示及知识元体系 414
- 8.3 知识的获取与存储 428
- 8.4 产业安全管理决策的知识需求与服务 440
- 8.5 基于知识的数据与模型混合产业安全分析方法 458

第9章 产业安全模拟仿真工程 471
- 9.1 模拟仿真工程基础 471
- 9.2 产业安全模拟仿真需求 481
- 9.3 基于安全问题的模拟仿真方法 493
- 9.4 基于产业经济社会复杂网络系统的模拟仿真方法 500
- 9.5 基于知识元的数据与模型混合仿真方法 512
- 9.6 仿真结果分析及可视化诠释 518

第10章 产业安全管理决策服务支撑平台 524
- 10.1 概述 524
- 10.2 服务支撑平台的需求及必要性 525
- 10.3 产业安全管理决策服务支撑平台的顶层设计 526
- 10.4 业务功能体系 545
- 10.5 服务技术支撑体系 551
- 10.6 安全技术及管理体系 558
- 10.7 多环境并行的运维体系 561

参考文献 564

附录 国家突发公共卫生事件监测预警制度建设需求调查表 575

第1章 绪　　论

1.1　产　　业

1.1.1　基本概念

1.1.1.1　定义

产业（industry）是社会分工的产物，是社会生产力发展的必然结果，是具有某种相同属性的经济活动集合。产业概念，作为一种思想由来已久，其在不同历史时期和不同理论研究领域有不尽相同的含义。产业既可以指工业，又可以泛指国民经济中的各个具体产业部门，如农业、工业、武装等，或者更具体的行业部门，如钢铁业、纺织业、食品业、造船业等。

在产业经济学的研究领域中，产业一词实际上是"居于微观经济细胞（企业）与宏观经济单位（国民经济）之间的一个'集合概念'。产业是具有某种共同功能和经济活动特点的企业集合，又是国民经济以某一标准划分的部分"。这是一个相当宽泛的中间地带，本身也可以分为几个层次：第一层次是以同一商品市场为单位划分的产业；第二层次是以技术、工艺的相似性为依据划分的产业；第三层次大致是以经济活动的阶段为根据，将国民经济划分为若干大部分所形成的产业（杨治，1985）。产业组织理论中所说的"产业"是指生产同类有密切替代关系的产品的厂商在同一市场上的集合，即第一层次的产业概念。本书中的论述，将根据研究需要陆续使用上述三个层次的产业概念。

1.1.1.2　特性

所谓"产业安全"中的"产业"，一方面应是从事物质生产或非物质生产活动，如金融、保险等活动的企业及其生产要素的集合；另一方面，这些生产要素的集中体现着一定生产关系和社会关系。正是因为产业在本质上蕴涵了人与人之间对其物质属性的占有和竞争的关系，才产生了所谓的产业国家归属之说，引发了产业安全问题。

抽象地去掉产业中的企业个体，产业本质上是一个能取得经济收益、在法律上有明确所有权规定或公认的产权边界的生产要素集合体。产业具有两重性：物质属性和社会属性。产业的物质性体现在：它能够将各种生产要素投入组合成满足某类社会需求的物质产品或服务产品的产出，形成一种有效供给。产业的社会性体现在：该生产要素组合集及其产出的有限性引出的人际关系，最主要的是要素和产出占有者之间相互排斥的产权关系。产业的这两个基本属性相辅相成，缺一不可。如果没有物质属性，即没有获取经济权益的基础和手段，也就没有了具体产业在投入或产出的物质上的同类性和由此可能产生的竞争性；同样，如果只有物质属性，没有由稀缺等引致的产权问题（如阳光的普照和空气的流通），也不能构成产业概念。比较而言，社会属性更能反映产业在社会关系中的作用。

1.1.2 产业的基本特征

经济发展有其内在的规律性，其原动力来自于生产力和科学技术，但能否高速、健康地发展以及发展到何种水平，在很大程度上取决于技术创新水平，取决于由技术创新水平所决定的产业特征。一国的产业特征，包括产业结构特征、产业组织特征、产业联系特征和产业政策特征。

1.1.3 产业的分类

以三次产业划分为基础和代表的传统产业分类法与产业经济发展之间冲突与矛盾的出现，促使经济学者和各国政府反思传统产业分类的缺陷与不足，并引发了许多新的探索与实践。

首先是建立在传统三次产业基本框架上的局部调整与修改。例如，随着全球信息技术的持续、高速发展，原先归属信息产业的计算机制造、网络设备制造等，在有些国家已被列在了制造业中，信息服务、信息内容与软件等，因为更能够体现信息产业的本质属性而成为其主体部分。

其次是将传统的三次产业扩展为四次产业，虽然与前一种调整都是建立在三次产业划分的基础上，但其突破程度显然是大大增加了。美国经济学家马克卢普与波拉特开创性地在传统三次产业分类法的基础上，将服务业一分为二，从服务业中再划分出第四产业，即信息业；有的学者则主张精神产品产业应从第三次产业中独立出来，组成第四产业；还有人认为知识经济时代的到来，更加凸显了知识要素与知识产业的重要性，所以知识产业应当从三次产业中剥离出来，使其成为第四产业（李平，1999）。

最后是第三种探索，其有了本质性的突破，即采用新的产业分类标准和方法，取代传统的三次产业分类法。例如，日本学者介屋太一（1986）认为，传统的三次产业分类法是以着重分析第一次产业和第二次产业为目的的，但这两类产业在现代国民经济尤其是发达国家的国民经济中所占的比重已越来越低，而"没有确切含义的第三产业"的比重则越来越大，甚至达到了 80%~90%。所以，传统的三次产业分类法已经不符合时代的要求，因而也没有实际意义，不能作为分析经济现象的依据。基于此种推理和判断，介屋太一（1986）提出了根据对社会所作贡献来划分的产业分类法，这种新的产业分类以分析目前产业经济中出现的实际状况为目的，着重考虑所有产业都具有的共同的因素，避免只考虑原材料和产品形态等因素的倾向，根据企业所生产的货品（价值）的形态，将产业分为物品产业、位置产业、时间产业和知识产业；然后根据货品能在不同领域为社会作贡献的机能，将经济活动分为生活、生产和社会三个领域。以上两个方面的结合，便构成了一种新的产业分类。

受介屋太一新型产业分类法的启示，结合全球经济产业融合的发展趋势，中国学者周振华把产业经济看成是由两大类基本要素，即物质（原子）类要素和信息（比特）类要素组成的。由此，将产业体系分为以原子类为基础的产业和以比特类为基础的产业，以及介于两者之间的以原子和比特为共同基础的产业（周振华，2003）。在这种新型的产业分类框架下，传统三次产业下的所有产业部门按其属性进行归位。

通过研究商品的形成环节及相应的企业组织形式，提出对传统三次产业结构进行融合并横向切断，进一步归纳出包括研发设计、生产制造和营销服务三个核心元素的横向产业分类模式（林民盾和杜曙光，2006）。横向产业分类理论关注的是商品形成过程的属性，而不是商品物化来源的属性。这种属性可以横向贯穿于传统三次产业的任何商品，不管它是取自于自然物，还是取自于自然的生产物，或是其他商品经济活动。随着现代科学技术的发展，研发型企业的产品可以广泛应用于不同的传统领域，基因研究企业的产品，可以应用于农牧业（传统第一次产业），也可以应用于医疗、医药业（传统第二次产业）。

总之，在对传统产业分类进行反思的基础上，学者们在产业划分问题上进行了许多积极的探索与创新，丰富了产业经济理论（卫玲，2007），不同程度地增加了产业划分理论的现实解释力和可检验性。

1.1.4 产业的社会经济作用

一个国家要获得经济安全，既要考虑资源禀赋所导致的国内各类产业的优势和劣势，又要从确保国家安全的要求出发，对各类产业发展进行必要的协调、规划，或者制定一定的产业发展战略和调节政策，以避免大的经济风险。从国家经济安全角度考虑产业发展和产业竞争力的提高，是制定国家产业政策的重要原则之一。

一个国家的整体经济竞争力的强弱正是由其主要产业国际竞争力的强弱决定的。在资本主义发展初期，荷兰人凭借着发达的航海业和商业成为欧洲的霸主。德国经济学家李斯特认为：“当时全部海上运输贸易所使用的船舶约二万艘，而其中荷兰人所拥有的船舶达一万六千艘，这个数字同这样一个小国是完全不相称的。"而荷兰人正是凭借其强大的产业优势执欧洲之牛耳。随着英国的崛起，荷兰人逐渐失去了其原来的显赫地位，其根本原因是英国拥有工业生产的绝对优势，同时在航海业方面也超过了荷兰。以英国登上世界霸主地位为标志，工业成为决定一个国家整体经济竞争力的最重要产业。从此，各国工业兴衰演变引起国际力量格局的变动，直到美国凭借其强大的工业实力取代英国，登上世界霸主的地位。总之，由产业国际竞争力所决定的产业兴衰从根本上决定着各个国家的命运（李孟刚，2012）。

1.2 产 业 安 全

1.2.1 基本概念

在《产业安全理论研究》一书中李孟刚（2012）给出了产业安全的一般定义：产业

安全是指特定行为体自主产业的生存和发展不受威胁的状态。

该定义包含三层含义：第一，产业安全的主体是特定行为体的自主产业；第二，产业安全包含生存安全和发展安全两个方面；第三，产业安全度，可以通过评价产业受威胁的程度加以反推。

第一，产业安全的主体是特定行为体的自主产业。这里的行为体，既包括国家，也包括非国家行为体，大到跨国的区域性组织，小到省、市甚至县（区），只要拥有自主产业，就涉及产业安全问题。因此，从定义上看，产业安全并不仅局限于国家的产业安全，即通常所称的民族产业。然而，在国际关系中，民族国家仍然是最主要的行为体，民族利益仍然是最受关注的焦点，而产业安全问题最先受到关注，也的确始于国家产业安全或民族产业安全，因此一提起产业安全，人们通常会约定俗成地指代民族产业安全。本书提到的产业安全，若非特别说明，即指民族产业安全。

第二，产业安全包括产业生存安全和产业发展安全两个方面。产业生存安全是指产业的生存不受威胁的状态，产业要生存，首先意味着：①该产业有一定的市场或市场份额；②该产业能达到一定的利润率水平。其次，产业要生存，还必须具备自身的生存特征。马克思指出："产业资本连续进行的现实循环，不仅是流通过程和生产过程的统一，而且是它的所有三个循环的统一……只有在三个循环的统一中，才能实现总过程的连续性，而不致发生上述的中断。"也就是说，产业要生存，还必须实现它的货币资本循环、生产资本循环和商品资本循环的统一。因此，可以将产业生存安全具体地定义为产业的市场或市场份额、利润率水平以及产业资本的三个循环中的任何一个循环都不受威胁的状态。产业发展安全是指产业的发展不受威胁的状态；从数量上看必须是产业价值的增加或市场份额的提高；从质量上看必须是产业原有产品技术含量的提高及新产品的开发。而开放条件下的产业发展安全意味着它必须能够紧跟国外同类产业的发展步伐，且在必要时可以实现产业超越。因此，可以将产业发展安全具体定义为产业价值或市场份额的提高、产业技术创新以及产业的赶超不受威胁的状态（何维达和宋胜洲，2003）。

第三，产业安全度，可以通过评价产业受威胁的程度加以反推。产业威胁与产业安全是相互对立的，两者实际上是同一问题的正反两个方面。产业受威胁的程度越深，产业越不安全，即该产业的安全度越低。因此，判断一国产业是否安全，既可以直接评价其安全度指标，也可以从产业是否受威胁来反推。而且通常情况下，后一种方法对于准确把握产业现状，进而对产业安全进行预警，及时采取应对措施更具有现实意义。

产业受威胁，就其性质而言，可以分为合法威胁和非法威胁。WTO背景下产业安全的合法威胁是指由市场经济的优胜劣汰规律和合理的 WTO 规则所导致的威胁。非法威胁是指敌意国家蓄意对某国产业安全的一种破坏和由敌意国所左右并通过一些国际关系准则所导致的威胁。区分合法威胁与非法威胁，一方面，有助于我们对一国所面临的产业安全做出一个客观的评价，使我们明白哪些产业的安全需要保护，哪些产业的安全不需要保护；另一方面，有利于我们针对不同性质的威胁采取不同的产业保护方法，恰当地确定产业保护的适用范围，从而科学而非盲目地进行产业保护。对于合法威胁，产保护的方法主要是通过制定一些政策使本国企业发展壮大，逐渐形成国际竞争力，这是一种为将来"不用保护"而进行的暂时性保护，是符合 WTO 协议和《关税与贸易总协定》精神的。对于非法威胁，我们则应充分利用 WTO 规则和其他国际规则，进行有理、有利、有节的政治和经济斗争。

1.2.2 产业安全的基本特征

归纳起来，产业安全主要有战略性、综合性、紧迫性、系统性、层次性、动态性及策略性等基本特征。

1. 产业安全的战略性

产业安全是国家经济安全的重要组成部分，它关系到国计民生和一国经济的长远发展，关系到一国的经济权益和政治地位。要使国家经济利益不受严重侵害和威胁，就必须确保本国产业的安全发展，必须把产业安全战略纳入到国家战略中去，从战略的、长远的高度去重视和研究产业安全问题。

2. 产业安全的综合性

产业安全涉及的范围很广，既包括工业，又包括农业和第三产业。由于产业之间的相互关联、相互制约和相互影响，当某一产业的安全受到威胁时，可能会产生连锁效应，影响到相关产业的正常发展。例如，金融业安全一旦丧失，工业安全也势必受到破坏。产业安全的综合性还表现在影响产业安全的因素的复杂性、全面性上。从大的方面看，历史因素、政治体制、经济体制、自然环境和地理条件以及人员素质等都会对一国产业安全产生影响。因此，不能把产业安全问题简单地归结为某一方面因素作用的结果，而采取单一的手段去加以应对，这样就难以从整体上维护产业安全。

3. 产业安全的紧迫性

产业安全的紧迫性特性源于其战略性和综合性，而发展中国家在全球经济一体化背景下实行的对外开放政策将使这一问题变得尤其紧迫。如果对产业安全问题的紧迫性不给予高度重视并采取及时的应对措施，必将给国民经济的发展带来重大的隐患，甚至危及国家安全。因此，无论是理论界，还是政府或企业，都应积极关注这一问题。

4. 产业安全的系统性

产业安全是由多种要素按照一定的方式组成的大系统，涉及各产业赖以生存和发展的宏观经济、政治和国际环境等诸多方面的问题。这些要素相互关联，通过市场机制或其他组织机制共同对产业安全的走向产生或大或小、或直接或间接的影响。因此，分析产业安全问题一定要从系统思维的角度去进行。此外，产业安全的系统性还表现在它与财政安全、金融安全等的有机联系上。从根本上讲，产业安全是一国财政金融安全的基础和前提，而后两者又为一国产业发展产生积极的促进作用。因此，一方面产业安全本身作为一个相对独立的开放子系统，向国民经济的大系统输出各种信号和能量；另一方面，作为一个复杂的开放系统，产业安全离不开一系列规则制度的作用。正是这些规则制度使得系统各要素有机、有序地发挥其自身功能和作用，因此研究产业安全问题不能忽视制度规则对产业发展的稳定作用。只有使本国产业成为一个具有自组织特征的系统，才能够使这一系统尽可能及时灵活地应对外部环境的变化。

5. 产业安全的层次性

产业安全既包括一国某一产业的安全问题，也包括一国产业群的安全问题，这两个层次是个体与总体的关系。在经济全球化背景下，按照国际分工和发挥国际间比较优势的原则，一国总是会有一些产业的国际竞争力相对较强、安全度较高，而另一些产业的国际竞争力相对较弱、安全度较低，而且由于一国的资源有限，任何国家不可能在所有的产业上都占有明显优势。这就要求在维护产业安全的过程中，妥善处理好不同层次的产业安全的关系。总的原则应该是以宏观层次的产业群安全为目标，以部分重要支柱产业的安全为支撑，以部分产业的不安全为代价，由此换得参与经济全球化中的主动权并获得最大化的比较利益。

6. 产业安全的动态性

产业安全的动态性具有两层含义：一是产业安全问题是长期存在的，但具体在不同时期，有不同的产业安全维护对象，这是由经济发展和各国产业竞争力的相对变化所决定的。有些产业在一定时期内是安全的，不需要政府的规制或干预，而另一些产业则具有较大风险，需要政府适当规制或保护。二是产业安全的实现手段和途径不是一成不变、静止的，而是与时俱进、动态变化的。绝大多数的产业安全保护不是永久的，政府规制的目的只是提供一个准备期，让本国产业经过此过渡期，站稳脚跟并逐步升级，形成较强的国际竞争力。

7. 产业安全的策略性

在利用外资方面，要按照本国产业实力和对外资利用的需要决定控制范围，始终不放弃对控制权的争夺，在外资利用中创造条件壮大自己实力，尽力保持自己的发展条件。

1.2.3 产业安全的分类

1.2.3.1 基于产业经济学理论框架的产业安全分类

产业经济学作为一门独立的经济学科，它以理论经济学为理论基础，研究产业经济活动的条件及形成因素，阐述产业组织、产业结构、产业布局演变的一般规律，探讨制定产业政策的理论和方法，指导国民经济中各产业的运行和发展，逐步形成产业经济学的一个比较完整的理论体系，主要包括产业组织理论、产业结构理论、产业布局理论和产业政策理论（戴伯勋和沈宏达，2001）。

根据产业经济学这一理论框架，我们可以将产业安全分为产业组织安全、产业结构安全、产业布局安全和产业政策安全。

1. 产业组织安全

产业组织理论是研究企业结构与行为、市场结构与组织，以及市场与厂商的相互作用和影响，并分析厂商和市场及其相互关系。因此，所谓产业组织安全，是指某一国家或地区的制度安排能够引导较合理的市场结构和市场行为，使产业内企业之间处于有效竞争（指建立在一定数量和一定规模企业基础上的企业之间的竞争，它可以享受竞争活力效率和规模经济效率双重利益）、相互适应、协调发展、持续增长的状态。在开放经济中，产业组织安全也指一国或地区的产业组织有利于加快推动该国或地区产业结构高度化、合理化发展，以实现资源优化，并且能够有效缓解国外经济侵袭，提升产业国际竞争力。

2. 产业结构安全

根据比较优势理论和国际分工规律，在开放的经济中，一国产业结构安全是指一国各产业部门处于相互适应、协调发展、持续增长的状态，支柱产业和战略产业具有较强的国际竞争力且是由本国资本控制的，该国的产业结构升级不依赖于外国产业的转移而是通过自身不断升级来抵御国内外的不利因素对本国的冲击。一国安全的产业结构能够缓解开放经济中这些因素对整个产业健康运行的侵扰，从而实现一国产业结构的高度化、合理化，实现趋利避害。

3. 产业布局安全

通常情况下，我们将产业在一国或一地区范围内空间进行的，通过降低交易费用，促进知识、制度和技术的创新和扩散，实现产业和产品的更新换代来建立生产成本、产品差异化、区域营销以及信息费用等方面竞争优势以实现优化产业结构、提高产业竞争力，并且有利于抵御外部经济的侵袭的组合和空间分布称为安全的产业布局。

4. 产业政策安全

产业政策安全，是指一国政府能够维持自己对本国产业发展决策的独立性、及时性和正确性。也就是说，主权国家能够根据本国产业发展实际情况和国际经济形势变化，独立、及时、正确地进行产业决策，从而保证本国产业健康、稳定、持续地发展。

基于产业经济学理论框架的产业安全分类方法从内容和形式上与产业经济学的理论

框架相吻合，与产业经济学理论也具有很好的系统性和相关性，这种研究路径和研究方法也是本书的创新点之一。

基于产业经济学理论框架分类的产业安全，研究的理论性比较强，可测性却比较差，所以在第 5 章的展开论述中，我们更侧重定性分析。

1.2.3.2　基于产业分类的产业安全分类

产业分类常用的方法有三种：第一种是根据经济活动的阶段，将国民经济划分为三次产业，即第一产业、第二产业和第三产业；第二种分类是联合国为了统一世界各国的产业分类，特别颁布了一整套详细的标准产业分类体系，即标准产业分类法（standard industrial classification，SIC）；第三种分类是根据中华人民共和国颁布的国家标准国民经济行业分类和代码的分类，即国家标准产业分类。

因此，基于第一种产业分类，我们可以把产业安全分为第一产业的产业安全、第二产业的产业安全和第三产业的产业安全。

标准产业分类和国家标准产业分类，都是把全部经济活动归类并分成不同的大项，并且中国官方发布的经济行业分类标准基本上是参照国际标准产业分类法制定的，只不过是根据中国的一些特殊情况做了必要的调整和更改。所以，基于此我们可以将产业安全分为农林牧渔业的产业安全、制造业的产业安全、金融保险业的产业安全、建筑业产业安全等；也可以按各大类项下的小项而细分为林业产业安全、金融产业安全、纺织产业安全等。

进行产业安全评价，除了定性的分析评价外，往往还要根据产业的许多关联数据进行定量计算，从这个角度上来讲，正确获得产业关联数据是进行产业安全评价的重要基础。当前国内外的统计口径虽不尽一致，但基本上是按照上述三种分类进行的，所以此种分类非常有助于对产业安全进行实证分析，具有重要的理论价值和实践意义。

本书对产业安全分类的研究，不仅整合了已有的产业安全分类，还提出了基于产业经济学理论框架的产业安全分类。同时提出了基于三次产业分类法和产业国际分类标准全部经济活动的国际标准产业分类而区分的产业安全类型，分别可以分为三次产业的产业安全、某一门类或大类甚至中类、小类产业的产业安全，如第一、第二、第三产业的产业安全，农业、制造业、建筑业、流通业等产业的产业安全等。本书论述过程中，很好地利用了这两种分类方法对产业安全的研究：一方面，基于产业经济学理论框架的产业安全分类，来对产业安全进行定性分析；另一方面，基于产业分类的产业安全分类，来对产业安全进行定量计算和评价。

1.2.4　产业安全的影响因素

影响产业安全的因素是极其复杂和多方面的，有政治因素、经济因素，还有社会因素，已有的相关学术论著都是将这些因素归纳为外部因素和内部因素两方面来加以综述，我们先按这条路径来进行分析。

1.2.4.1　基于内外因的影响因素分析

1. 外部影响因素

影响产业安全的外部因素是指全球经济一体化和市场开放条件下，来自国外的资本、技术和产品等因素。

1）外国资本

外国资本对东道国产业安全的影响主要是通过国际债务、国际投机资本和外商直接投资（foreign direct investment，FDI）三种方式来实现的。

（1）国际债务。通过举借外债，购入本国短缺的原材料和设备；通过举借外债，引进先进设备和先进的科学技术，促进本国生产效率的提高，并最终实现民族经济的腾飞，这是世界各国特别是广大的发展中国家举借外债的主要目的和初衷。

外债功能上的特点赋予了外债特殊的吸引力，所以借用外债发展本国经济，在当前几乎成为各国趋之若鹜的乐园。从20世纪开始，世界外债总额不断上升，特别是发展中国家的外债总额更是以异乎寻常的速度在增长。中国从1978年实行对外开放政策以后，开始引进外资和举借外债，目前已成为中国实现现代化的外部力量，并在有效利用外资和外债方面取得了重要的成就和经验。但是，外债并非从天而降的有百利而无一害的吉物。外债毕竟是一种债务，利用外债是要付出代价的，有的外债实际上是难以偿还的高利贷。20世纪80年代爆发的发展中国家债务危机证明，运用外债不仅要考虑必要性，更要考虑可能性。

外债首先表现为资金的流入，也就是国内资金的增加，同时反映社会可支配商品量的增长。当社会总需求超过总供给时，举借外债使外国商品流入可以缓解供求关系；当社会产业结构或产品结构失调时，举借外债可以使薄弱的环节得到加强，而又不影响其他产业和产品生产的正常发展（陈共，2002）。从这个角度来讲，外债有其维护产业安全的积极效应。

而从外债的功能来讲，外债更多强调的则是对财政赤字的弥补、建设资金的筹集和宏观经济的调节，外债对产业安全的影响往往并不是直接的。一般认为，只有一国国际债务负担超过一国经济发展所能承受的负荷，经济发展受到债权国支配时，才会引发产业不安全（何维达和宋胜洲，2003），而且这一影响是透过对宏观经济的影响间接产生并波及产业引发不安全。

但是，如果外债持有者是某一（某些）幼稚产业，且这些产业持有外债期限极不合理时，也就是说短期外债过多，偿债时间比较集中，产业使用外债的增值效益又不足以偿还外债，在这种情况下外债会直接对产业安全产生一定程度的影响。但通常情况下，外债即便是被用于某些行业的发展需要，仍然还是由中央政府和地方政府分别以80%和20%的比例直接对外受债，再加上20世纪80年代债务危机的教训，各国已加强了对外债的管理，尤其是对外债的总量管理、期限结构管理、债务种类结构管理、汇率风险管理、成本与效益管理，使得外债的负债率、偿债率、债务率都在可控安全范围内。因此，出现外债直接影响产业安全的几率并不高。2005年年末中国外债余额为2810.45亿美元，外债偿债率为3.07%（国际标准安全线为20%～30%），负债率为12.63%（国际标准安全线为20%～30%），债务率为33.59%（国际标准安全线为100%～165%）。这表明，中国上述三大外债警戒指标均低于国际标准安全线，所以，外债并没有影响中国经济和产业的安全发展。

必须指出的是，国际债务虽然属于外资的构成要素，但外债并不是引发产业安全的最重要因素，美国是世界上最大的债务国，但它并不担心产业安全问题，并且，外债与产业安全的正相关性并不明显。因此，笔者在本书中研究外资对产业安全的影响及对产业安全评价时并不将国际外债这一要素作为实证评价指标。

（2）国际投机资本。所谓投机资本是指那些没有固定的投资领域，为追逐短期高额利润而在各市场之间频繁移动的资本。我们可以从四个方面来界定国际投机资本的内容：第一，从期限上看，国际投机资本首先是指那些"短期资本"，也就是说，国际投机资本必然是短期资本；但是国际短期资本并不一定就是国际投机资本，国际投机资本只是短期资本中逐利性最强、最活跃的一部分。第二，从动机上看，国际投机资本追求的是短期高额利润，而非长期利润。其中，短期只是它运行的一种时间特征，高利才是它的最终目的，而这种高利基本上是指那种通过一定的涨落空间和市场规模而获得的"高利"，或者说，国际投机资本一般都伴随着较大的"行情"而存在。第三，从活动范围看，国际投机资本并无固定的投资领域，它是在各金融市场之间迅速移动的，甚至可以在黄金市场、房地产市场、艺术品市场以及其他投机性较强的市场上频繁转移。第四，国际投机资本特指在国际金融市场上流动的那部分短期资本，而不是那些国内游资。从实际情形上来看，目前的国际投机资本主要来自欧美发达国家和日本，而很少来自广大发展中国家（蓝发钦，2005）。

根据国际货币基金组织的估计，1996年，活跃在全球金融市场上的国际投机资本就已经高达72万亿美元，相当于当时全球国民生产总值的20%，高出实物交易额近百倍。若按5%的年增长率进行保守计算，再考虑养老基金等各种指数基金的介入，估计目前活跃在全球的国际投机资本已超过100万亿美元，相当于2005年中国国民生产总值的45.45倍。尤其值得注意的是，近十多年来，随着机构投资者的迅速发展，以及投资基金的参与，投机资本已不再是"散兵游勇"，转而成为名副其实的"强力集团"，逐渐向正规化、规模化、规范化和专业化的方向发展。投资基金的操作风格具有很强的不确定性，一旦条件成熟，投资基金就会由追求"稳定的投资收益"，摇身一变成为追逐高利的"投机资本"。

国际投机资本规模大，移动速度快，并且以套利、套汇为主要目的，因此，其对国家经济安全和产业安全的危害性也是非常大。20世纪90年代发生的三次国际金融危机都有国际投机资本的身影。虽然现在多数人并不把国际投机资本看成是引发或加深国际金融危机的根本原因，但至少将其看成引发危机的直接导火线。

我们应该看到作为具有破坏性的国际投机资本的投机活动，有其很强的负面影响。国际投机资本的经济破坏效应主要表现在以下几个方面。

第一，国际投机资本极大地增加了国际金融市场的不稳定性。国际投机资本在各国间的游动，使得国际信贷流量变得不规则，国际信贷市场风险加大。国际投机资本所推动的衍生金融产品的发展以及汇率、利率的大幅震荡使得金融工具的风险加大，国际金融市场交易者极易在其交易活动中失败。巴林银行就是因为从事衍生金融产品交易损失十多亿美元而破产。

第二，国际投机资本有可能误导国际资本资源的配置。国际投机资本的盲目投机性，会干扰市场的发展，误导有限的经济资源的配置，从而相应提高了国际经济平稳运行的成本。国际投机资本在国际金融市场的投机活动会造成各种经济信号的严重失真，阻碍资金在国际间合理配置，不利于世界经济的发展。

第三，国际投机资本的大规模流动不利于国际收支的调节，并有可能加剧某些国家的国际收支失衡。国际投机资本首先体现于一国的国际收支中，其影响主要体现在短期内对一国国际收支总差额的影响。如果一国的国际收支基本差额为逆差，那么国际投机资本的流入可在短期内平衡国际收支，使总额为零甚至保持顺差，避免动用国际储备。在一定条件下，利用国际投机资本来达到国际收支平衡而付出的经济代价要小于利用官方融资或国际储备。但一国的国际收支顺差是由大量的国际投机资本流入而维持的，那么这种收支结构就是一种不稳定的状态，隐藏着长期内国际收支逆差的可能性。一旦未来该国的经济、政治形势恶化，国际投机资本大量外逃便会造成国际收支的严重逆差，甚至使得一国丧失偿还外债的能力。

第四，国际投机资本对流入国证券市场的影响。进入 20 世纪 90 年代以来，国际投机资本以证券投资形式的流动开始扮演越来越重要的角色。由于外国投资者普遍看重流动性，而大多数发展中国家的公司债券市场发育不全，国际投机资本对发展中国家的证券投资中，股票投资占绝大多数。

通过对国际投机资本的概念、特性、资本量、流向及其破坏效应的分析，关于国际投机资本对产业安全的影响，我们可归纳出以下几点。

首先，国际投机资本作为外资的构成要素，其对产业安全的影响是通过在资本市场上的投机行动，直接对金融产业的产业安全产生直接影响。投机者往往根据对汇率变动、利率变动、证券价格变动、金价变动等的预期，在较短时间内突然大规模进行买空卖空等交易，大幅度改变资产组合，并通过影响其他资产持有人的信心，导致供求不平衡的市场价格面临更大的变动压力或导致市场价格的更大不稳定，以创造获取短期高额利润的机会，同时突发性地冲击金融市场。从投机性冲击的历史来看，国际投机性资本对攻击一个国家或同时攻击一些国家的货币有特别的偏好，对固定汇率制度或有管理的汇率制度进行的投机性冲击或货币投机性冲击是最常见的投机性冲击。

其次，国际投机资本受国际投机性资本的趋利、短期的本性制约，冲击领域一般都选择获利高、金融管制少、资本容量大和资产流动性强的产业和部门。因此，属于此类范畴的房地产业、贵金属类等产业的产业安全必然会受到国际投机资本的直接影响。

再次，国际投机资本通过对期货市场上某些特定商品的冲击来实现其对其他相关产业的产业安全的影响，这是国际投机资本影响产业安全的一种表现形式。

最后，国际投机资本影响产业安全的另一种表现形式，就是国际投机资本通过对流入国证券市场的干预来完成其对东道国相关产业的产业安全造成影响。国际投机资本的出现增大了国内股票市场的波动性：一方面，国际投机资本更加注意流动性，不能总反映东道国国内市场的经济因素，导致许多股票被排除在资产组合之外，市场价格因此发生扭曲。另一方面，本国股票指数的些许下降可能会引起投机基金的资金抽回，从而引起股票价格的进一步下跌。再就是国际投机资本加大了国内证券市场与国际证券市场的关联性，使得国际证券市场的波动传入国内成为可能，国际证券市场的行情变动，造成本地股票市场股价的波动。

国际投机资本流入证券市场进一步增强了本地股票市场价格的波动性，也使得股市投资的不确定性大大增强。国际投机资本通过影响股票市场价格的大幅波动，赚取短期高额利润，一方面打击了股民的投资热情；另一方面也使得上市公司的资产净值上涨或大幅缩水，经济实力相应受到减弱。上市公司往往是其所在产业的领袖企业，其资产的缩水和实力的下降必然会降低其所在产业的核心竞争力，进而影响其所在产业的产业决策和产业发展，从而对产业安全构成实质威胁。

当前，在中国还没有完全放开外汇管制，因此这些全球趋利资本通过各种相对隐蔽的环节和渠道进入国内，希望与政策博弈获得超额收益。这几条途径是：进入房地产市场炒高房地产价格；进入 A 股市场打压 A 股指数；进入外汇管制体系博弈人民币升值；撤离长期直接投资，迅速减少外汇收入来源和国内产品供应。因此，我们应当注意综合运用政策工具和市场手段，多方位、多角度操作，从容应对，降低金融和经济体系风险，免受国际投机资本的侵害，维护国家产业安全。

（3）外商直接投资。外商直接投资对东道国产业安全的影响是通过产业控制来实现的。这主要表现在外商直接投资对东道国产业的市场控制、股权控制、品牌控制、技术控制、经营决策权控制等方面。

外资市场控制是指外资企业对该产业国内市场的控制程度，外资市场控制率越高，对产业安全的影响程度越大；外资股权控制是从股权角度反映外资对国内产业的控制情况，外资股权控制率越高，其对产业发展的影响越大；外资品牌控制反映国内产业市场受外资品牌控制的程度，外资品牌控制率越高，产业发展越不安全；外资技术控制是从技术角度反映外资对国内产业的控制，外资技术控制率越高，对产业安全的影响程度越大；外资经营决策权控制是从经营决策权角度反映外资对国内产业的控制情况，外资经营决策权控制率越高，国内产业发展安全受影响的程度越大。

包括以上几个方面在内的外资对产业的控制力分析，我们将在第 6 章中作进一步的研究和说明。

2）外国技术

技术进口是一国技术进步的重要供给渠道，任何国家仅靠自身的发明远远无法满足技术进步的需要。"世界文明的发展，是由十分之一的独创性和十分之九的移植组成的"。而现代技术越来越强的集合性、规模性和国际性，也使得任何一个国家的技术发明活动越来越离不开外部世界，也都不得不大量引进国外的现成技术，尤其是基础和原生技术。即便是最发达的国家，离开了国外技术的进口，也无法维持本国长期的技术进步。而对于发展中国家而言，国外先进技术的进口更具有至关重要的意义。日本、韩国等后起国家经济发展的成功，无不得益于外国先进技术的进口。

（1）外商直接投资的技术控制。广大的发展中国家积极引进和利用外资，在让出庞大的国内市场空间的同时，都希望能够获得相应的核心技术的提升。然而，随着外商直接投资的大量增加，利用外资"以市场换技术"的战略初衷并不能够达到预期，反而出现了核心技术缺失的隐忧。这一局面，除了国内企业技术消化、吸收、创新热情和能力的匮乏外，主要原因还是跨国公司对技术的封堵战略。

技术控制尤其是核心技术的控制仍然是外资企业制胜的秘密武器。跨国公司从多方面开展对东道国的技术控制以实施其技术战略。首先，通过产业内分工体系实现技术控制。许多外资企业并不在东道国设立研发机构或研发中心，甚至根本不开展研发活动。其次，外资企业研发机构通过加强控股化或独资化运作，很大程度上封堵了外资企业在东道国技术扩散的渠道，从而减少了先进技术的溢出。再次，通过实施详细具体的"研发分工"战略，将基础性和原创性的研究放在其母国进行，只将辅助性的技术研发放在东道国，人为设定东道国研发机构在跨国公司整体"研发链"上的位置，实现对核心技术的垄断和控制。最后，跨国公司还利用专利权、技术标准及技术的逆向扩散实现对东道国的技术控制。以中国汽车产业为例，自1986年被确立为支柱产业以来，中国汽车工业大量引进外来合作者，虽然中国的股份占多数，但外商一直不肯转让核心技术。作为中国汽车产业主体的东风、一汽和上汽三大汽车集团，1986～2005年不但没有承担起代表中国汽车产业说话的责任，还把巨大的市场空间让给了外资厂商。而在品牌营销、价格制定等方面，外方却也始终不肯放松控制权。以市场换技术，借助外资将中国发展成为制造业强国的目标恐难实现（李孟刚，2006）。

（2）来自外国的技术封锁。长期以来，以日本、美国等发达国家为主导的对外技术封锁政策，严重影响了发展中国家的产业发展和产业进步。近年来，这种技术封锁政策的实施更是有过之而无不及，这一点，仅从美国布什政府执政后，技术出口许可证大量被冻结就可见一斑。来自发达国家的技术封锁，一定程度上冲击了产业安全。

以中国为例，国外对华的技术封锁在20世纪50年代就存在过。当时所谓的巴黎统治委员会对华采取了完全技术封锁的政策。但由于中国自己研究开发出了包括原子弹、卫星、导弹等方面的技术，外方的技术封锁才开始不攻自破。中国加入WTO后，发达国家对中国的技术封锁有了一些变化，那就是不再实行全面封锁，但也只是把相对落后的技术产品出口到中国，而发达国家从来就没有放松对华的高新技术出口管制。

日本政府曾专门做过一个对华汽车技术输出的报告，要求各汽车厂家必须让中国的汽车技术落后20年以上。自2001年起，美国国防部、商务部、国务院联合组成的一个委员会对高科技产品的出口许可证实行重新审查后，相当一部分原先批准的许可证被冻结。美国政府更以国防为由，几乎完全停止了超级电脑、高科技电信设备、半导体设备以及尖端的机械工具的对华出口。

据悉，《瓦瑟尔协定》的成员国要求对高新敏感技术严格控制，各成员国对任何技术的出口都必须通知其他成员国。美国国会总审计办公室2002年4月出台的一份报告，也要求其他成员国严禁对华出口半导体生产设备，原因是中国获得半导体设备会"会对地区及国际稳定构成潜在威胁"(明军，2002)。

以美国为首的发达国家一直企图通过技术封锁、技术限制、技术壁垒来实现自己的经济目的，但对华的技术管制也会损害他们自己的利益，因为"以技术换取市场"是我们的一贯政策。目前虽然30多个国家对中国实行技术限制，但各个国家只是为自身的利益，并非为共同的利益。日本汽车技术在中国的失败就是先例。

据统计，由于美国对中国实行高技术出口管制，高新技术产品不能到达中国，最终形成了美国对中国每年的高额贸易逆差（按中国海关统计，美国对中国的贸易逆差在2005年达到1141亿美元；而美方统计数字则更多，达到2020亿美元）。美国国内的一些势力将此归咎为中国对汇率的操纵、知识产权保护不力以及限制美国公司进入中国市场，其实，美国在高端产品和技术上对中国实行贸易歧视和封锁才是导致中美贸易逆差的根本原因。日本对中方也实行不公正的技术壁垒，日本政府对中国的农产品实行更高的检验标准就是例证。有数字表明，自从日本对中国出口的农产品实行比国际更高的检验标准后，中国的农产品对日出口下降了20%以上。

3）外国产品

（1）外国倾销商品危及产业安全。倾销（dumping）一词源自北欧国家语言，据《牛津英语词典》解释，原意为将大宗货物或其他东西倒翻、倾卸及抛弃。《关税与贸易总协定》第6条给出了倾销的明确定义：倾销是指一国产品以低于正常价值的价格进入另一国市场的行为。倾销作为一种不正当竞争行为，给进口国的经济或生产者利益造成了损害，干扰了进口国的市场经济秩序。

最早的倾销产生于重商主义推行"奖出罚入"对外贸易政策的时代，当时倾销是重商主义者寻求和开拓国际市场、排挤驱逐竞争对手以获得和扩大贸易顺差的重要对外贸易工具。当时的倾销与现在的出口补贴在意义上较为相近。值得注意的是，当时的倾销行为是在大规模生产没有形成和市场几乎为自由竞争状态下产生的。制造商并没有形成国内垄断，无法组织起来提高国内价格，也不可能进行经常性的倾销，但政府和制造业商会的补贴和鼓励政策不仅导致了倾销而且使倾销持续不断，所以最初的倾销与垄断没有直接和实质的联系，完全是政府和商会出口补贴和鼓励政策的产物。除去官方大量出口补贴引起的倾销外，倾销直到工业革命带来大规模生产并需要积极寻求更为广阔的市场时才流行起来。

第一次产业革命后，英国的工业生产能力大幅度增强，英国成为世界各国工业制成品的主要提供者，成为"世界工厂"，英国对世界市场的依赖性也大大增强。19世纪初，英国改变了过去重商主义的贸易政策，逐步实行自由贸易政策，以换取其他国家（地区）市场的开放。英国实行的自由贸易政策受到德国经济学家弗里德里希·李斯特的严厉批评。李斯特用他的"生产力理论"对亚当·斯密的"价值理论"进行了批驳，指出英国自由贸易政策的目的是以英国的财富去削弱外国财富的生产能力。李斯特虽然没有直接指责英国的倾销行为，但他对英国自由贸易政策的批判从一个侧面反映出，英国在强大的产品优势下，以实行自由贸易之名向欧洲其他国家倾销工业制成品的事实（大河内一岛，2000）。

第二次世界大战后，倾销在世界范围内呈现出大幅增加、普遍流行的态势，由发达国家间的出口倾销与反倾销,迅速蔓延到发达国家与发展中国家以及发展中国家之间,倾销与反倾销成为国际经济中的焦点问题。此时的倾销也成为垄断厂商定价策略的组成部分。近些年来,中国市场对外开放的广度和深度已不可同日而语,而与此相伴出现的一些不良现象,如外国生产商在中国低价倾销越演越烈的趋势,已对国内一些产业的创立、生存及发展构成了严重威胁。外国商品倾销对中国产业安全的负面影响主要表现在以下两个方面。

一是商品倾销危及新兴产业的创立。发达国家的一些成熟产业,在发展中国家大多还是新兴产业。发达国家倾销产品,价格非常低廉,其进入严重冲击了发展中国家市场,使这些发展中国家新兴产业的产品的商品销售遇到困难,市场份额减少,甚至不得不退出市场;进而引发资金回流受阻,导致工厂半停产甚至停产,简单再生产都难以维持,扩大再生产更是举步维艰。倾销使发展中国家新兴产业根本无法获取基本的发展资金以支持这些新兴产业的技术开发,最终使整个新兴产业的建立受到严重阻碍。倾销除了造成工人失业、工厂停产倒闭的直接经济损失之外,还会造成各方面的间接损失:第一,倾销会破坏投资环境,由于市场价格低迷,收益预期不好,潜在投资者会望而却步,进而减少投资和投资转向,倾销使本来可能投入到新兴产业的资金流向了其他产业。第二,倾销产品的进入,会扭曲市场价格,扭曲资源配置,破坏正常的竞争秩序。一方面是相关配套企业、上游产品企业盲目扩大生产,造成资源浪费;另一方面是同类产品生产企业的破产倒闭。第三,倾销还会使发展中国家丧失对一些高新技术产业以及幼稚产业的创立和发展权利,不仅失去了这些产业的国内市场,也同时失去了产业发展的收益。

近年来,一些国家一方面频频发起对中国的反倾销指控,另一方面,却又大量向中国市场倾销商品,尤其是中国刚刚研制出来进入试生产阶段的新兴产品。前些年,中国的反倾销法律措施不健全,给外国产品的倾销造成了可乘之机,一定程度上对中国的新兴产业造成了损害。最近几年,中国加强了反倾销方面的立法工作和执法力度,成立了专门的机构来负责组织反倾销工作,加之行业协会的积极配合,有效地维护了产业的正当权益。以邻苯二酚产业为例,该项技术是中国经过三个"五年"国家科技攻关计划研制开发出来的,具有很强的自主知识产权,1997年投巨资刚刚建成第一家企业。在中国尚未建成该企业时,进口该产品价格为每吨9万多元人民币;试生产阶段,进口产品价格降为每吨4万多元人民币,接近成本;中国企业进入批量生产阶段时,进口产品价格降为每吨2万多元人民币,低于成本。外方企业动机很明显,企图将中国唯一的该产品生产企业扼杀在萌芽阶段。2002年3月1日反倾销立案前,中方企业已经濒临倒闭。反倾销立案后,企业经营出现了转机。一个高新技术幼稚产业终于得到了应有的保护。

二是外国商品倾销危及战略产品的市场占有率。关于战略产业、战略产品的认定,各国并不完全相同,但认定战略产业、战略产品的原则基本一致,都将那些产业关联度大、关系国家战略安全而又难以找到替代品的产业及其产品确定为战略产业及战略产品。新闻纸产业就属于这种产业。新闻纸产业是造纸工业的重要组成部分,是造纸工业中的一个大品种。《国际纸浆和纸》杂志及《联合国粮农组织统计年鉴》都把新闻纸的产量从纸和纸板总产量中单独列出统计。新闻纸产业是一个与国民经济发展和社会文明建设息息相关的重要产业，它不同于一般日用消费品工业，而是技术、资金、资源、能源密集型，规模效益显著的基础原料工业，其产业关联度大，涉及林业、农业、机械制造、化工、热电、交通运输、环保等产业，对上下游产业的经济有较大的拉动作用。新闻纸的生产水平大体反映了一个国家造纸工业的发展水平。新闻纸是国家报刊的基本原料，新闻纸对于新闻出版行业是必不可少的，新闻纸没有其他可替代产品。在中国，新闻纸被列为国家战略物资，新闻纸行业的发展关系到国家的战略安全，在整个国民经济中具有重要的地位。

据中国海关统计，1996~1997年，加拿大、韩国和美国大量向中国出口新闻纸。1996年，加拿大、韩国和美国向中国出口新闻纸比1995年分别增长7.4倍、15.6倍和13.4倍；1997年，上述三国对中国出口新闻纸比1996年分别增长54%、31%和16%。1996年，上述三国对中国出口量为中国总进口量的56.47%；1997年则上升为61.75%。所以，1996~1997年，从其他国家进口量总和还不及加拿大、韩国和美国这三国的进口量。

加拿大、韩国和美国在大量对华出口新闻纸的同时，不断降低价格，以谋取更多的市场份额。根据中国原对外贸易经济合作部发布的公告，1996年，加拿大、韩国和美国三国向中国出口新闻纸价格分别比1995年下降了9.7%、36.6%和30.1%。1997年加拿大、韩国和美国三国向中国出口新闻纸价格分别比1996年下降10.8%、7.8%和15.3%。

由于受到加拿大、韩国和美国大量向中国出口新闻纸的猛烈冲击，中国国内产业造成严重影响，具体表现在具有行业代表性的吉林造纸公司等中国国内9家新闻纸厂的经营指标上：①国内新闻纸产业的产量急剧萎缩，1997年总产量比1996年减少154 932吨，减幅达20%。②销售量和销售收入下降，1997年，9家新闻纸企业的总销售量比1996年下降了22%；总销售收入比1996年下降了26%。③价格被迫大幅下调，1997年，国内9家新闻纸企业新闻纸销售价格比1996年下降了9.1%。④库存剧增，1996年，国内9家新闻纸企业库存比1995年增长了417%，1997年年末库存比1996年增长了175%。⑤开工率严重不足，生产能力大量闲置，1997年，国内9家新闻纸企业平均开工率仅为67.8%，比1996年下降了27%。由于进口新闻纸的低价冲击，国内新闻纸产业利润下降，多数陷入严重亏损境地。国内新闻纸产业严重开工不足，陷入全面亏损状态，以致国内新闻纸产业的失业率和失业数量均大幅度上升，就业人员的平均工资水平日益下降。

鉴于此，1997年11月10日，9家新闻纸企业代表中国新闻纸产业向原对外贸易经济合作部、原国家经济贸易委员会提出对原产于加拿大、韩国和美国的新闻纸进行反倾销立案调查的诉讼申请。1997年12月10日，中国发起反倾销调查。1998年7月9日，发布对原产于加拿大、韩国和美国的新闻纸反倾销调查的初裁。1999年6月3日，做出反倾销终裁，决定对原产于加拿大、韩国和美国的进口新闻纸征收9%~78%的反倾销税。

反倾销调查开始后，新闻纸的进口价格止住了下滑的趋势，价格开始回升，据中国海关统计，来自上述三国的新闻纸平均进口价格由 1997 年的最低点 480.5 美元/吨，回升至 1998 年的 607.2 美元/吨。加拿大、韩国和美国新闻纸大量低价倾销的行为基本停止，反倾销措施的采取为国内新闻纸企业的发展营造了公平竞争的市场环境。

更为重要的是，在中国政府采取反倾销措施后，国内新闻纸企业格外珍惜反倾销所创造的公平的市场竞争环境，利用反倾销后进口量大幅减少的有利时机，纷纷采取措施，提高产品竞争力，如进行大规模的技术改造、提高产品质量、改进管理水平等。

新闻纸反倾销案是中国首次以法律手段维护国内产业在市场竞争中合法权益的尝试。由于措施得当，挡住了倾销，创造了中国新闻纸产业公平竞争的市场环境，为国内新闻纸企业的发展争取了宝贵的时间，成功保护了中国具有重要战略地位的新闻纸产业。同时，此案例对于中国加入 WTO 后，中国政府学习如何利用国际规则合理保护国内产业具有重要的借鉴意义。

表面来看，反倾销措施主要是保护与进口的倾销产品同类产品的相关国内民族产业的利益，然而事实上，其意义和作用远不止于此，它还关系到一个国家的经济基础和经济命脉甚至是国家生存力和竞争力。不过，有一点不容忽视的是，国家既需要消除来自国外的不公平竞争行为，为本国产业的健康发展创造良好的环境，又有义务为本国的消费者和用户提供良好的社会福利。当然，前一种利益的满足必然意味着后一种利益在某种程度上的丧失。对倾销的调查和反倾销措施的采取，不能只着眼于本国某个行业的局部利益，还要把消费者的利益乃至对市场竞争的扭曲与损害统统考虑进去，在国家经济竞争力与国民消费福利之间做出权衡。

（2）外国垄断原料及资源性产品价格提升危及进口国产业安全。原料及资源性产品出口国凭借垄断地位大幅抬升出口价格，提高进口国原料及资源性产品价格水平，一方面，增加了进口国下游产业的产品生产成本，削弱了进口国的产业竞争力，从而对产业的安全产生影响。另一方面，上游原料的成本增加，最终会通过传导机制转嫁到消费者身上，大大增加进口国消费者的经济负担，必然会不同程度地削弱消费者的购买力和购买热情，从而使得下游产品的市场销售不畅、库存增加、市场份额减少、产能相对过剩、工人失业，对产业的发展安全构成威胁和冲击。

目前，中国已经成为世界上最主要的资源性商品进口国，是全球铁矿石、铜矿石和大豆的最大进口国，原油的第二大进口国，也是棉花、玉米、小麦、氧化铝、天然橡胶、镍等商品的重要进口国。2004 年，中国铜进口量占国际贸易总量的 20.6%，大豆进口量占国际贸易总量的 31.2%，棉花进口量占国际贸易总量的 26.1%。中国对石油、铁矿石、氧化铝、天然橡胶和镍的进口依存度已分别达到 40%、36%、40%、55%和 55%以上。然而，我国对这些资源性商品的进口却常常是越买越涨，还不得不买，完全处于一种束手无策的被绑架状态。

例如，炒得沸沸扬扬的铁矿石进口贸易：2005 年 2 月的国际铁矿石价格谈判中，日本新日铁公司率先与巴西淡水河谷公司达成每吨铁矿石价格比上年上涨 71.5%的协议。此后，代表中国钢铁企业的上海宝钢集团、代表欧洲钢铁企业的法国阿赛勒钢铁公司，分别与澳大利亚力拓公司和巴西淡水河谷公司签署了 2005 年度铁矿石进口价格协议，由此敲定了 71.5%的涨价幅度，即每吨铁矿石的价格上涨 16～20 美元。按 2004 年 2.08 亿吨的进口量计算，仅此一项就使中国钢铁业的原料采购成本提高了 300 多亿元人民币。而此前一年，即 2004 年，国际铁矿石价格已经上涨了 18.6%，短短两年就翻了一番。如果说先前数年铁矿石价格的小幅匀速增长是市场作用的结果，那么，71.5%的涨幅则属于垄断商行为，是寡占市场典型的卡特尔垄断行为，其实就是一种基于价格策略的绑架行为。

造成这种态势的原因首先是中国飙升的铁矿石需求，其次在很大程度上也是中国企业竞相哄抬进价造成的，换言之，是进口企业的个体利益绑架了应该一致对外的团结协作精神。中国钢铁工业协会提供的数据显示，目前中国有 50% 以上的铁矿石依赖进口，而国内钢铁企业和经营铁矿石业务的进口商有 523 家之多，进口需求相当分散，"囚徒困境"无可避免。每位进口商都希望与源头客户直接交易，减少中间环节，获取最大利益，这种封闭的、以自我为中心的利益考虑，直接导致 3700 万吨铁矿石在港囤积，无形中配合了国外大资本的"炒作"，强硬地坚持涨价，进口商最终自食其果。而在这一过程中，国内行业组织未能利用世界最大铁矿石消耗国的优势，集聚中国影响国际铁矿石市场价格走势的力量，应有的行业领袖作用也没有得到彰显。

与此同时，中国的石油进口贸易也在绑架中艰难前行：自 1993 年转为原油净进口国，中国对石油的进口依存度日益攀升，2004 年国内原油需求增长已占到全球增长量的 40%。根据国际能源署的估计，今后数十年，中国的石油进口仍将保持较大幅度递增的趋势，到 2030 年，中国的石油进口将突破 1000 万桶的水平，届时国内需求的 74% 将要依靠进口来满足。因此，石油进口贸易中的风险规避是关乎中国能源安全和国家安全的重要环节。

然而，在 2004 年 2 月国际石油涨价期间，中国石油经济的损失居然超过了 1000 亿元人民币。这其中，固然有国际油价变动难以驾驭的客观原因，但其背后却隐含着中国石油企业风险意识和责任意识缺乏的根源。由于中国石油属于垄断经营，石油经营商很容易将上游产品成本的增加转嫁到下游产品中，从而避免自身利益遭受损失。然而，正是这种垄断市场结构下风险易于转嫁的特性，使得中国石油企业历经数次国际油价波动，仍缺乏建立有效风险防范机制的动力。在这次国际石油涨价中，国外石油公司大多通过石油期货进行套期保值避免了巨额经济损失，可惜中国的石油公司未能很好地利用期货市场锁定进口风险。从这种意义上来讲，损失的深层次原因应是垄断绑架了责任。

4）国际贸易壁垒

随着世界经济一体化的不断发展和深入，全球国际贸易越来越活跃，各国与主要贸易伙伴之间在追求互利双赢的同时，也出现了冲突和矛盾等不和谐的情况，而且有时候这些冲突和矛盾还会尖锐起来，这主要是由对出口有巨大杀伤力的各种贸易壁垒的出现所造成的。

众所周知，国际贸易赖以生存和发展的基本原则之一就是自由贸易，而各种各样的贸易壁垒通过对国际贸易设障，而对出口国的产业安全产生不同程度的影响，这完全不符合国际贸易的发展方向。所谓贸易壁垒就是泛指一国采取、实施或者支持的对国际贸易造成不合理障碍的立法、政策、行政决定、做法等各种措施，其涉及范围极广，以对贸易造成的扭曲效果为判断标准（赵维田，2000）。

贸易壁垒可谓种类繁多、层出不穷，如关税壁垒、关税税则分类、配额制度、进出口许可制度、政府采购、自愿出口限制、卫生与动植物检疫措施、贸易救济措施滥用、技术性贸易壁垒和绿色贸易壁垒等，这些壁垒对国际贸易的正常运行构成了威胁。目前，国际上又出现了以劳工标准阻抑贸易的趋势，形成了新的劳工贸易壁垒。

无论贸易壁垒的形式如何变化多端，各种贸易壁垒的实质都是通过限制产品进口，对出口国的产业安全构成威胁。贸易壁垒由于具有技术性强、隐蔽性好、涉及面广、效果明显的特点，对进口国产业发展的危害性相当大，而且由于其一般都具有各种社会、法律、经济等正当、合理理由的支持，管制的难度很大，其对一国产业发展的危害性也大。但是，这些贸易壁垒严重阻碍了国际贸易的健康发展却是不争的事实。为了规制这些贸易壁垒，WTO 虽然也达成了一系列的协议，如《技术性贸易壁垒协议》《动植物和卫生检疫措施协议》等，但其规制的范围和力度还远远不足以形成国际法上全面、有效的管制。因此，为了对付各种形式的贸易壁垒，很多国家不得不通过借助国内法应对各种形式的贸易壁垒（著名的美国"301"条款就是美国对付各种贸易壁垒的有力武器），而这使得整个国际贸易环境变得更加复杂（王秉乾，2006）。

（1）国外反倾销对产业安全的危害。反倾销是针对倾销而言的。倾销属于不正当竞争行为，会对进口国的国内产业造成严重损害，而制定反倾销法律的目的是防止不公平贸易行为，创造公平的竞争秩序。因此，反倾销本身并无可厚非，甚至是理所当然的。但是，世界上越来越多的国家正在滥用反倾销手段，以反倾销之名行贸易保护之实。WTO 规则规定，反倾销必须具备三个必要条件：存在倾销；存在损害；倾销与损害之间存在因果关系。但实际操作仍存在许多问题，导致反倾销的滥用。根据 WTO 的统计，1995～2003 年，WTO 成员的反倾销立案累计达 2416 起，除日本外，世界主要贸易体都越来越频繁地使用反倾销（刘力，2004）。由于反倾销具有形式合法、便于实施、效果明显、保护期长且不易招致贸易报复等特点，越来越多的国家视其为保护本国产业利益的最佳办法而频繁采用，使它成为一种限制自由贸易的贸易壁垒（王秉乾，2006）。

目前，中国已成为世界上遭受反倾销诉讼最多的国家。根据 WTO 的统计，1995～2003 年，中国遭受其他 WTO 成员反倾销立案次数为 356 起，占 WTO 成员反倾销立案总量的 14.7%。其中，最终遭受反倾销措施的有 232 起，占 WTO 成员反倾销措施总量的 16.5%，而 1997 年，这一比例曾一度高达 26.6%。

更为严重的是，国外对中国反倾销诉讼所涉及的产品几乎囊括了中国所有的优势产品。在 22 个 HS 二级产品分类中，除油脂、宝石、武器、艺术品和未分类产品外，其他 17 类产品均有涉及。1995～2001 年，中国遭受反倾销立案数最多的 6 类产品依次为：贱金属制品（案件数占比 25.0%）、化工产品（案件数占比 22.7%）、机电和音像设备（案件数占比 10.4%）、杂项制品（案件数占比 7.7%）、纺织品（案件数占比 5.0%）、玻璃和陶瓷制品（案件数占比 5.0%），这 6 类产品的案件数比例之和为 75.8%。

值得说明的是，反倾销对出口的影响远不止涉案金额一个方面：第一，征收反倾销税期限一般为 5 年，这不仅直接抑制立案当年的出口，同时将严重影响之后 3～5 年内的出口，如果复审继续延长征税时间，造成的损失还会更大，因此对产业发展的危害也就越大；第二，反倾销措施还可能要求企业做出限制出口数量、遵守最低限价的承诺，这主要是指中止协议的情况；第三，一些国家对反倾销手段的频繁使用，会加大出口企业和进口商的风险，迫使他们放弃许多潜在的商业机会。综合考虑以上因素可以推定，反倾销对中国一般贸易出口市场的5%～10%产生了影响。据前对外贸易经济合作部的说法估计，国外反倾销累计影响中国出口额达150亿美元，但这些分析一般都只考虑了对贸易的影响。由于一般贸易出口的国内产业关联效应明显，反倾销对中国制造业的发展、税收和就业也造成了严重损害。如果把这些间接损害一并考虑在内，有关研究估算出的损害金额会大大高出这一数字。因此，反倾销对出口国产业安全的影响是十分深远的。

（2）技术性贸易壁垒对产业安全的危害。所谓技术性贸易壁垒，是指一国以维护国家安全或保护人类健康和安全、保护动植物的生命和健康、保护生态环境或防止欺诈行为、保证产品质量等为由，采取一些强制性或非强制性的技术性标准或措施。随着世界经济一体化和贸易自由化趋势的发展，在传统的关税和非关税壁垒不断被拆除的同时，西方发达国家纷纷开始采取技术性贸易壁垒阻止发展中国家的产品进入本国市场。其中，针对中国产品出口的贸易争端也越来越多，对中国产业安全的威胁也越来越大。根据中国商务部科技发展和技术贸易司的调查报告，2000年，中国出口企业受国外技术性贸易壁垒限制的比例为66%，出口产品受限制的比例为25%，直接损失高达111亿美元。2002年，上述指标进一步恶化。其中，出口企业受限比例提高到71%，出口产品受限比例提高到39%，造成的损失也提高到170亿美元。从行业来看，纺织、轻工、食品土畜、机电、医药保健等行业的出口均受技术性贸易壁垒的限制，其中食品土畜和纺织产品受到的限制和损害尤为严重。根据调查，2000年，有79%的食品土畜企业、78%的纺织企业受到技术性贸易壁垒的限制，因此而减少的出口额分别达到了18亿美元和19亿美元（邝绍倩，2007）。

（3）保障措施对产业安全的危害。所谓保障措施是指在进口激增并且对国内产业造成严重损害的情况下，进口国所采取的进口限制措施。按照WTO规则的规定，实施保障措施必须同时满足以下三项条件：①某种产品进口大量增加；②存在"严重损害"或"严重损害威胁"的事实；③这种"严重损害"或"严重损害威胁"是由进口大量增加造成的。以上三个条件缺一不可。但是，现在越来越多的国家在滥用保障措施，从而引发诸多贸易摩擦。2002年，多个成员申诉的美国钢铁保障措施案便是一个典型的例子。WTO最终裁定美国的钢铁保障措施违反了WTO的有关规则，属于保障措施的滥用（刘力，2004）。

目前，保障措施已经成为世界各国贸易保护主义者的"新宠"，严重破坏了正常的国际贸易秩序。近年来，随着中国出口的持续高速增长，越来越多的国家对中国出口实施保障措施。自2001年10月到2004年1月，中国产品出口就遭遇了24起保障措施限制。由于WTO规则规定，保障措施的实施期限有的长达4年，总的期限还可以延长到8年，发展中国家的总期限则可以延长到10年。所以，保障措施的滥用必将对产业的长远发展构成威胁。

中国除了受一般保障措施限制外，还受到专门针对中国的特定产品过渡性保障措施的限制。《中华人民共和国加入WTO议定书》特别规定了过渡期保障措施、纺织品保障措施条款，其中特定产品过渡性保障机制适用期为12年，纺织品保障措施适用期为7年，按照这些条款，如果在今后5～10年里，中国的某些产品对某个国家的出口大幅度增加，出口极有可能会受到大量的保障措施限制，从而对出口企业所在产业的安全产生影响。

例如，2005年，欧美启动242纺织品保障措施条款，给中国纺织产业带来了震撼性的冲击，减少纺织服装出口额达50亿～70亿美元，危及3万家纺织服装出口企业的生存和发展，直接或间接影响了18万人的就业和近1亿人的生活，严重冲击了中国纺织产业的产业安全。纺织品保障措施条款适用期仅为3年，而《中华人民共和国加入WTO议定书》第16条即"特定产品过渡性保障措施机制"，其适用期却一直要延续到中国加入WTO12年之后才终止。所以，一旦触动，必将后患无穷。

2. 内部影响因素

影响产业安全的内部因素是指产业所在国内生的对产业生存和发展造成影响的因素。产业安全的内部影响因素又可以进一步地分为国内产业的生存环境和竞争环境两大类。

1）生存环境

产业安全与产业环境有着非常直接的关系，一个产业的国内生存环境是该产业赖以生存的基础，广义上的产业环境，包括产业自身的状况，也包括影响产业发展的各种因素，如自然地理因素、宏观经济因素、政治法律因素和社会文化因素等（邓洪波，2004）。而从研究产业安全问题角度所描述的产业环境则是指影响一个产业安全发展的金融环境、生产要素环境、市场需求环境及产业政策环境等。波特的国家竞争优势理论中的四个决定因素中有三个是国内环境因素，即要素条件、需求条件以及相关或支持性产业，可见产业国内环境对该国产业的竞争优势进而对其生存有着重要的影响（迈克尔·波特，2003）。产业国内生存环境主要影响产业内原有企业是否愿意继续留在国内以及新的资本是否愿意进入国内的该产业。也就是说，产业国内生存环境决定了产业在国内生存的可能性。

2）竞争环境

在产业经济学理论中，过度竞争和垄断都不是理想的市场结构，两者均是对资源最优配置的偏离。随着一国市场对外开放程度的提高，垄断的市场结构将逐步随着外国企业的进入而打破，而过度竞争问题则可能由于外国企业的大量进入越演越烈。如果一个国家的企业失去了对合理竞争格局的控制力和影响力，过度竞争必然影响到产业结构的合理调整，进而影响到产业安全。

1.2.4.2 产业空心化新论

在世界经济一体化的背景下，一国产业融入世界经济的程度不断加深，影响产业安全的因素也越来越复杂。一些内生的产业安全隐患，在开放市场条件下很可能被激化和放大，从而转化为现实的损害，目前在发达国家普遍存在的产业空心化问题就是一个非常典型的例子

(蒋志敏和李孟刚，2006)。所谓产业空心化，即某产业的资源配置、有效投入、规模发展及技术人才等逐渐地从原有空间消失或转移，从而使其面临退出市场或行业竞争的状况。国际上产业空心化的例子是比较多的，多发生于发达国家，其中以日本最为典型。产业空心化的内因是国内生产要素价格上涨，而这一因素起作用依赖于东道国市场开放、本国资本可以无障碍进入（或以可以承受的成本和风险进入）等条件。随着经济的发展，劳动力等生产要素价格也随之上涨，当资本在考虑对外风险后的成本节约超过本国生产要素价格上涨的程度时，就会出现本国资本外溢、失业增加等现象，从而对本国产业安全构成威胁。

1.2.4.3 基于产业经济学理论框架的影响因素分析

前面从内因和外因两方面对产业安全的影响因素进行了阐述，为了更进一步分析产业安全的影响因素，我们以产业经济学的理论框架为基础，将影响产业安全的因素分为组织因素、结构因素、布局因素和政策因素。

1. 产业组织因素

产业组织是指社会条件下，企业之间的市场关系总和。影响产业安全的产业组织因素主要包括反映市场控制力的市场集中度、行业规模的经济特性、东道国政府的行政性壁垒及跨国公司的策略性行为等。

2. 产业结构因素

产业结构安全是指一国各产业部门处于相互适应、协调发展、持续增长的状态，支柱产业和战略产业具有较强的国际竞争力且是由本国资本控制的，该国的产业结构升级不依赖于外国产业的转移而是通过自身不断升级来抵御国内外的不利因素对本国的冲击。影响产业安全的结构因素主要包括资源供给结构和社会需求结构、国际贸易、外商直接投资以及国际产业转移等。

3. 产业布局因素

产业布局是指一个国家或地区产业各部门、各环节在地域上的动态组合分布，是国民经济各部门发展运动规律的具体表现。影响产业安全的布局因素主要包括国内外政治环境、市场环境的变化、政府政策指向、科学技术发展等。

4. 产业政策因素

一国的产业政策及制度安排，尤其是错误的产业政策，会对产业安全产生十分不利的影响，主要表现在：第一，国内产业政策无法规范盲目的投资行为，可能造成严重的生产过剩；第二，外商投资导向政策无法规范外资的进入行为，将增加国内一些产业的竞争压力；第三，地方政策干扰，进一步加剧对外资企业监管的失控；第四，产业制度安排的不合理，引起产业结构调整刚性，造成产业竞争力下降，国内外市场份额减少，产业利益大量流失。

综合来看，产业安全的影响因素从对外商直接投资对产业安全的正负影响效应加以分析，从宏观到微观进行讨论，随后逐渐扩展到对引起产业安全问题的国内产业环境和产业系统内部因素的分析。这些分析基本上涉及了产业安全产生的各种因素，无疑为产业安全评价指标的选择和解决对策的分析提供了理论基础，有助于产业安全研究框架的形成。关于产业经济学理论框架下的产业安全影响因素分析，本章只是提出分析思路，具体内容将在第 5 章中详细论述。

1.2.5　产业安全与产业安全工程

产业安全涉及面非常广泛，产业安全理论的研究已形成体系，要对产业安全问题进行更深入的研究，需以产业安全理论体系为基础，对产业安全问题工程学领域进行研究，丰富产业安全理论体系，使其更加系统化、信息化。

1.3　产业安全工程

1.3.1　产业安全工程的概念

1.3.1.1　产业安全工程的基本概念：产业安全的工程化

安全泛指没有危险、不受威胁和不出事故的状态。美国安全工程师学会（American Society of Safety Engineers，ASSE）编写的《安全专业术语词典》认为，安全就是"导致损伤的危险度是能够容许的，较为不受损害的威胁和损害概率低的通用术语"。

产业安全是指特定行为体自主产业的生存和发展不受威胁的状态。

工程是指工程活动，是以建造为核心的活动，基本任务是建设和完成具体的个别项目，如安全工程、环境工程、土木工程等。这里所说的工程具有广泛的意义，不仅指与物质、能量等有关的工作，而且包括信息处理、人的行为等各个方面。

产业安全工程是指为了维持特定行为体自主产业的生存和发展不受威胁的状态而提供的系统的认识论和方法论的解释，并提供产业安全维护的模式和操作平台。

1.3.1.2　产业安全工程的核心概念：产业安全创新与实践

产业安全工程是以产业安全组织、结构、布局、政策、评价和预警的理论知识为基础，在系统科学、知识科学和复杂网络方面对产业安全进行创新性的探究，并将理论研究与模拟仿真和信息操作平台进行实践结合。

1.3.2　产业安全工程的基本特征

产业安全工程作为一门新兴的工程化交叉学科，具有以下突出的特点。

1. 实用化的特点：实践性、灵活性和可操作性

产业安全工程的实用化特点表现在其问题来自于实践、理论服务于实践、工作完成于实践，以及问题求解的灵活务实性和最终解决方案实施过程的可操作性。

2. 综合化的特点：跨学科性、交叉性和互补性

产业安全工程作为一门新兴学科，是产业安全理论和现代工程技术方法与信息技术结合的产物，产业安全工程与三者之间的关系如图 1-1 所示。工程技术进入产业安全领域，使产业安全科学进入了一个崭新的发展阶段，从原来的描述性、分析性阶段进入工程化阶段。产业安全理论主要涉及产业结构理论、产业布局理论、产业组织理论等产业经济理论；现代工程技术方法主要涉及系统科学和系统工程、数学建模与运筹学、现代决策理论等；信息技术主要涉及计算机科学及数据处理、数据传递、仿真模拟、人工智能等。金融工程跨越多门学科，给从事这一工作的人员提出更高的要求。

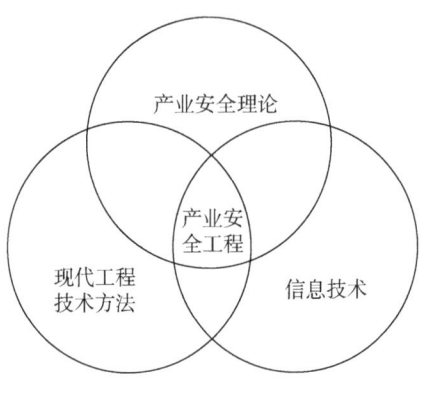

图 1-1　学科交叉关系

工程化观念和信息技术从最基本的方法论角度为产业安全工程的研究与发展提供了新的思维范式和工具支持。

产业安全工程涉及的内容非常广泛，其变化与新的发展无比迅速。它除了运用产业经济学理论为主要支持外，还引入了尖端的信息技术、远程自动化、数据挖掘、知识发现以及人工神经元等前沿技术，也用到大量与系统科学和决策科学有关的可操作性工具。自然科学和工程技术的方法已经向产业安全工程全面渗透，使得产业安全工程的手段更加相辅相成、丰富多彩，增强了产业安全工程解决问题的能力和效率，在经济、产业安全、社会、环境诸领域展现出了全新的面貌和广阔的应用前景。

1.3.3　产业安全工程的研究对象

产业安全工程的研究的首要前提是确定产业安全工程的研究对象。产业安全工程的研究对象是复杂的，可进行划分的。这里对产业安全对象的共性进行研究，提出从以下三个维度对产业安全研究对象进行描述。

首先是产业维度。产业安全虽然是一个宽泛的概念，但是对于产业安全的研究，目前是聚焦到某一具体产业的安全。因此，产业安全工程的研究对象首先应该是属于某一确定的产业的。产业维度对于产业的划分依据《国民经济行业分类》进行。

其次是理论框架维度。产业安全是产业经济学研究内容的一个分支，在研究产业安全对象时，可以从产业经济学的理论框架角度对其进行划分并研究。将产业安全理论框架维度划分为产业组织安全、产业结构安全、产业布局安全和产业政策安全四个方面对产业安全工程研究的对象进行认知。

最后是功能作用维度。产业安全工程的实施目的是实现产业安全的各项功能。产业安全工程的研究是为实现某些功能服务的，在确定产业安全工程研究对象时，这些功能也可以看成界定对象的一个重要的维度。根据目前产业安全的研究和需求，产业安全工程的功能作用维度主要包括评估、预测、规划、决策、模拟仿真和知识管理六个方面。评估主要是指对产业具体的安全指数进行评估。预测是指对产业的发展趋势进行预测。规划是指从产业的具体布局和分配等方面对产业做出合理的规划。决策是指根据产业目前现状与遇到的问题等做出合理的决策。模拟仿真是指根据产业发展过程中产生的数据，产业中存在的信息、知识等通过一定的模拟仿真方法对产业安全的问题进行模拟仿真，以发现产业安全的一些规律、结论。知识管理是指通过对产业存在的知识进行统一管理，通过对这些知识的充分挖掘与整理为知识发现、创新、决策等提供支持。

产业安全工程研究对象具体的描述如图 1-2 所示。

产业安全研究对象可以通过以上三个维度进行界定，主要可以界定为如图 1-2 所示的四个方面的对象。图 1-2 中通过功能作用与理论框架界定了产业安全工程对象，通过功能作用与具体产业界定了产业安全工程对象，通过理论框架和具体产业界定了产业安全工程对象，通过功能作用、具体产业、理论框架共同界定了产业安全工程对象。通过三个维度四个面就可以将产业安全工程的研究对象具体化、明确化。

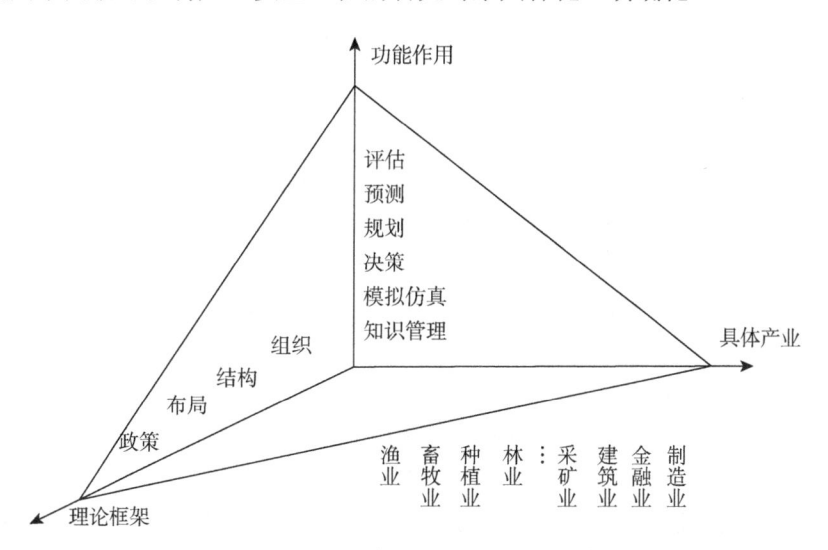

图 1-2 产业安全工程研究对象

1.3.4 产业安全工程的研究目的和意义

研究产业安全工程是产业安全理论发展的需要，是产业安全和产业经济研究工作的创新，是将产业安全理论实践化和应用化。

国内外学者对产业经济的理论研究一般包括以下四个方面：产业组织理论、产业结构理论、产业布局理论、产业政策。产业安全理论主要研究国际化背景下提升产业竞争力的问题，但是在很多论著中，产业安全往往被隐含于国家经济安全的研究中，或被贯穿于国际贸易理论中，直到李孟刚《产业安全理论》的出版，产业安全理论研究才出现体系。但产业安全工程研究，至今尚无完整的理论体系。从这种意义上来讲，产业安全工程的研究是对产业经济框架的扩大和对产业安全理论的发展。

产业安全是经济安全和发展的基础，是国家制定产业政策、实行经济干预最基本的出发点，在世界经济一体化背景下，这一问题更是得到了前所未有的重视。从某种意义上讲，产业组织、产业布局、产业结构等理论首先都要服务于产业安全这一目标。因此，研究产业安全问题不仅是产业经济学理论体系的补充，还可以为产业政策的制定提供一个明确的指向和评价标准，有利于进一步优化产业结构，实现产业布局合理化，提高产业整体的竞争力水平，提高产业安全度，从而有效保障国家经济安全。

1.3.5 产业安全工程的研究任务和内容

本书共分10章，主要包括以下内容。

第1章绪论。本章首先通过对产业、产业安全理论的介绍提出了本书所要研究的问题，即产业安全工程的概念和特征，并说明了产业安全工程的研究意义、内容和方法；其次，对于产业安全工程的产生、发展过程进行系统的介绍，并与他国的研究经验进行对比借鉴；最后，介绍了产业安全工程学科的创立、发展过程及研究目的和意义。

第2章产业安全工程基础理论。本章系统梳理了系统科学与工程理论、产业经济学理论、产业安全理论、复杂网络理论和产业经济社会系统理论，为产业安全工程学的研究提供了系统、全面的理论支撑。

第3章产业安全系统工程。本章首先通过系统内外环境、资源要素、市场要素、技术要素四个方面介绍产业安全工程系统的构成；其次，对产业安全工程系统进行建模、系统分析、不去定性分析；再次，对产业安全复杂网络建模及分析；最后，通过对管理决策问题的分析，从管理流程、产业结构及产业链、可靠性分析进行优化，最终达到产业安全系统优化。

第4章产业安全风险分析及实证。本章从产业风险识别、风险测度、安全诊断、风险传导、风险影响几个方面对产业安全风险进行了分析。

第5章产业安全应对工程。本章通过对产业安全保护、产业安全损害、国际竞争力、产业安全控制力、产业安全规制的介绍研究产业安全应对工程。

第6章产业安全管理工程。本章系统介绍了产业安全管理需求、主体、业务流程、经济管理、标注与规范及优化。

第7章产业安全信息工程。本章首先对信息工程学的基础知识进行介绍，为产业安全信息工程的研究打下理论基础；其次，对产业安全管理信息需求进行分析并对产业安全元数据及信息分类；再次，对产业安全信息资源进行开发、融合与分享；最后，介绍信息管理与服务。

第8章产业安全知识工程。本章首先对知识的定义和性质、知识系统的体系结构和特征、知识元及其表示、知识元管理等相关理论进行归纳和梳理，引出产业安全模型知识体系、知识元体系和知识元网络；其次，通过对知识获取、发现、融合、储存、创新的介绍，分析产业安全管理决策的知识需求与服务；最后，阐述基于知识元的数据与模型混合产业安全分析方法。

第9章产业安全模拟仿真工程。本章首先对模拟仿真工程的基础知识进行介绍；其次，分析了模拟仿真需求；再次，介绍了三种模拟仿真方法，分别为基于安全问题的模拟仿真方法、基于产业经济社会复杂网络系统的模拟仿真方法和基于知识元的数据与模型混合仿真方法；最后，对仿真结果进行分析及可视化诠释。

第10章产业安全管理决策服务支撑平台。本章首先通过综合信息管理及服务需求、综合知识管理及服务需求、实时监测预警分析需求、产业安全管理综合决策需求、学术研究的计算实验需求、持续发展的需求几个角度对服务支撑平台的需求及必要性进行了研究；其次，研究了产业安全管理决策服务支撑平台的顶层设计；最后，对业务功能体系、技术支撑体系、安全技术及管理体系、多环境并行的运维体系进行了梳理和归纳。

1.3.6　产业安全工程的研究方法和研究步骤

1.3.6.1　研究方法

1. 实证分析与规范分析相结合的方法

实证分析是经济学研究的基本方法，也是我们研究产业安全的基本分析方法。实证研究又分为理论研究和经验研究两部分。理论研究是通过考察实际经济运作状况，从中归纳出可能的经济运行规律，然后从一定的先验假设出发，以严密的逻辑推理演绎证明这些经济规律并推演可能有的规律。经验研究则往往是用理论分析得到的经济规律考察经济运作中的实际例子，来进一步实际验证理论分析得到的经济规律并指导实际的经济管理。我们在产业安全评价的实证分析中，就需要调查统计各种经济变量的实际数值并与理论规律比较，用理论规律加以解释从而加深对实际产业运作规律的认识。实证分析往往要用到较多的数学工具，如现代产业经济研究往往要用到博弈论、矩阵代数等工具来研究产业组织、产业关联中的规律。在有关理论的研究分析中，以一定的经济价值标准为前提得出有关判断或结论，也就是说，规范分析是研究产业活动"应该是怎样的"。我们对产业安全度的估算，是建立在对若干影响产业安全的指标因素评价基础上的，所以不可避免要涉及什么是"好"的标准，研究产业安全是为了产业的更好发展，以及以此标准来决定怎样运用产业规律来管理产业。

2. 定性分析与定量分析相结合的方法

产业安全问题往往涉及诸多的影响因素、纷繁的联系、多个变量等各方面的问题。面对如此庞大而复杂的问题，要想从总体上获得对产业安全度最优化的估算结果，只有尽力将系统各方面的关系数学化，用抽象的数学关系表述真实的系统关系，然后建立模型，进行计算或试验，探讨系统的规律性。所以定量分析方法是研究产业经济要尽量采用的方法，也是研究产业安全问题较合适的方法。然而，虽然定量分析是必须尽量采用的，但也离不开定性分析。这是因为：第一，定性分析是定量分析的前提。第二，许多定量分析就是定性分析所得到的对于某个产业的认识的定量化。第三，定性分析往往能减少定量分析的复杂性。第四，越是复杂的系统，定量研究越有困难；尤其是产业安全评价体系中的许多影响因素或评价指标，由于统计等各方面的原因还不能准确计量，这时，定性分析往往能更有效地简化分析和得到有益的思想。

3. 统计分析与比较分析相结合的方法

产业安全是反映安全主体在一定时间、地点、环境等条件下的安全程度，因此其表现形式都是寓于特定国家或地区的特定的发展阶段之中的，必然包含着自身特有的特征，我们不能将某一国家、某一时期的产业安全态势，当做一切国家产业的必然过程。一方面，从统计学角度来看，这仅是某一个体系的特殊特征，所以必须选取较多地区、较多时间点上的多样本，即分析较多国家或地区的同一过程。在此基础上利用统计方法消除掉单个样本的特殊特征，总结出具有代表性的一般产业及产业间联系的发展规律，从而使结论建立在科学的基础之上。产业安全理论的研究中，大量的研究成果就是通过艰苦的统计分析总结出来的。统计分析工具也是实证分析的基本工具。另一方面，在具体研究某一国、某一时段的产业安全问题时又必须考虑到各国自身的特点及具体产业的自身特性，故又要运用比较分析的方法，从而得出相关的结论和经验教训，这对科学分析产业安全是非常有益的。

4. 案例研究方法

案例研究方法用实际发生的经济案例，定性定量相结合地分析说明某一经济规律，其特别适用于无法精确定量分析的实际的复杂经济事例。案例分析还能揭示出普遍经济规律在不同的实际环境中所表现出的不同形式，能培养经济研究人员对实际经济事务中所蕴涵的经济规律的敏感性，提高其实际运用经济规律的能力。在比较研究中一般要用到大量的案例分析法。同样，我们在本书中对产业安全理论的研究也大量采用了案例研究法来帮助阐述和说明问题。

5. 工程化分析方法

所谓工程化分析方法，与其他的现代工程科学一样，主要有数学建模、数值计算、网络图解、仿真模拟等技术手段，它是对面临的产业安全问题进行分析并提出解决方案。工程活动主要是依赖于工程师的创造性劳动，不拘泥于死板的理论教条。产业安全工程的工程化方法主要采用数学建模和仿真模拟的方法，但也运用了其他与系统科学和决策科学有关的知识（如运筹学、优化技术等）。

1.3.6.2 研究步骤

产业安全工程的研究步骤如图 1-3 所示。

```
产业 —— 产业安全 —— 产业安全工程
         |
        绪论
         ↓
    产业安全工程理论
```

产业安全系统工程
- 系统构成
- 系统建模
- 系统分析
- 不确定性分析
- 复杂网络建模分析

产业安全风险分析
- 风险识别
- 风险测度
- 安全诊断
- 风险传导
- 风险影响

产业安全管理工程
- 管理需求
- 管理主体
- 业务流程
- 经济管理
- 标准与规范
- 产业安全管理优化

产业安全信息工程
- 信息工程学基础
- 信息需求分析
- 安全数据信息分类
- 信息资源开发
- 信息融合与共享
- 新管理与服务

产业安全知识工程
- 知识与知识系统
- 知识表示与知识元体系
- 知识获取与存储
- 知识需求与服务
- 基于知识数据与模型混合产业安全分析法

产业安全应对工程
- 安全保护
- 安全损害
- 国际竞争力
- 安全控制力
- 安全规制

↓ 产业安全模拟仿真工程

- 模拟仿真工程基础
- 产业安全模拟仿真需求
- 基于安全问题的模拟仿真方法
- 基于复杂网络系统的模拟仿真
- 基于知识元的数据域模型混合仿真方法
- 仿真结果分析及可视化诠释

↓ 产业安全管理决策服务支持

- 需求及必要性
- 平台的顶层设计
- 业务功能体系
- 云计算及泛在的体系架构
- 安全技术及管理体系
- 多环境并行的运维体系

↓ 应用案例

- 产业安全工程（宏观）
- 金融产业安全工程
- 能源产业安全工程
- 信息产业安全工程
- 房地产业安全工程
- ××系统开发和使用

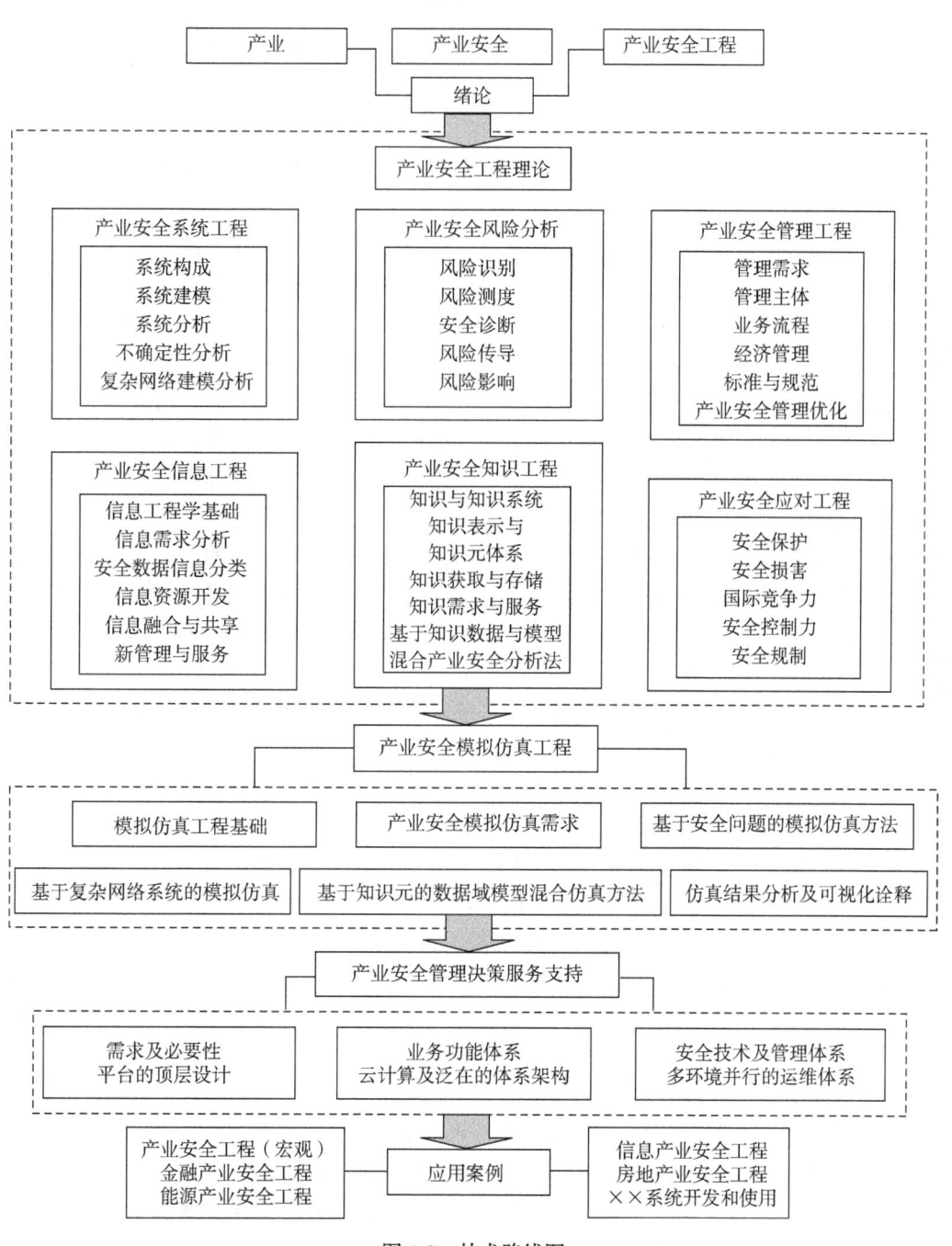

图 1-3　技术路线图

1.4 产业安全工程的产生与发展

1.4.1 产业安全工程的产生

1.4.1.1 产业安全的描述性阶段

我国的国民产业安全研究贯穿于外贸和外资政策制定的各个历史阶段，但是产业安全问题真正成为理论和政策研究的热点，还是在外资大量进入的20世纪90年代，由外商直接投资产业比重和影响迅速提高所引起的。由于国外也尚未形成系统的产业安全理论，同时国内的有关实践也刚刚开展，目前的理论研究大都仍局限于对产业安全基本概念的讨论。

最初，国内学者们就产业安全的概念是否有意义尚有许多争议。部分学者认为产业安全这个概念并没有什么意义。他们认为，在目前国际经济日益一体化的情况下，民族产业已是落伍的概念；现代产业你中有我，我中有你，只有全球产业而无民族产业。这种否定民族产业的意见，实际上否定了产业安全的问题。有的观点虽然没有完全否定民族产业的存在，但认为民族产业已经失去了具体的意义而只有抽象的价值。例如，在当今全球经济一体化的情况下，原来意义上的以资本比例、产地、品牌划分产业的民族属性已经过时。今天讲民族工业，是指整个民族的整体工业能力和整体工业水平。

主张民族工业概念有意义的观点虽然认为产业安全问题是有意义和十分重要的，但也大多没有提出比较明确的产业安全概念的定义，只是对产业安全的表象进行了描述。产业安全是经济安全的组成部分。经济安全是指由于外国经济特别是发达国家经济对我国经济实行渗透而产生的威胁。产业安全应主要由下面几方面的指标来衡量：①三资企业外方总资产占全国企业总资产的比重；②各大行业、细行业的三资企业外方资产比重；③三资企业各类产品总额占全国同类产品总额的比重；④外方专利许可量占全国专利许可量的比重。

产业安全意味着民族资本对于关系国计民生的国内重要行业掌握着控制权。由于各国所处的工业化阶段不同、本国产业经济特点不同以及所处的世界经济环境不同，保护产业安全概念在不同国家、不同时期有着不同的含义。但其基本内容只有一个，就是政府实行一定的保护政策，干预外国直接投资，为处于严重不利竞争条件下的本国产业创造出提高国际竞争力的成长环境，争取到提高国际竞争力的更多时间，从而保护本国工业的健康发展。从外商直接投资角度看，对我国产业安全的威胁主要来自外商控股和独资的外商投资企业。从宏观上、具有全局意义上来看待的总体行业安全，几个竞争性行业中外商投资企业数量比较多，形成一定的市场压力或冲击，并不意味着产业安全受到了威胁。如果没有外商投资企业，从狭义上说，产业最安全，但这意味着减少了引进先进技术和管理经验渠道，最终会保持落后水平，反而使国家安全受到更大的威胁。

国民产业安全，简单地说是指一国国民使其既有的或潜在的产业权益免受危害的状态和能力。产业权益受到的危害可能来自然、社会或经济、政治、军事等各方面。产业安全是指在国际经济交往与竞争中，本国资本对关系国计民生的国内重要经济部门的控制，本国各个层次的经济利益主体在经济活动中的经济利益分配的充分以及政府产业政策在国民经济各行业中贯彻的彻底。国家产业安全问题最主要是由外商直接投资产生的，指的是外商利用其资本、技术、管理、营销等方面的优势，通过合资、直接收购等方式控制国内企业，甚至控制某些重要产业，由此而对国家经济构成威胁。所谓产业安全，可以做这样的界定：一国对某一产业的创始、调整和发展，如果拥有相应的自主权或控制权的话，即可认定该产业在该国是安全的。李孟刚（2006）给出了产业安全的一般定义，即在市场开放的条件下，一个国家影响国民经济全局的重要产业的生存发展以及政府对这些产业的调整权或控制权受到威胁的状态。

1.4.1.2 产业安全的分析性阶段

关于产业安全问题的探讨最初可以追溯到重商主义的贸易理论。英国首先拉开了工业化序幕，随着国际贸易的盛行，英国古典经济学家亚当·斯密从国防安全的层面提出了保护民族经济的问题，主张对外国船舶绝对禁止或课以重税，目的是让本国船舶垄断国内市场。亚当·斯密的论点后来被概括为国防需要论，亚当·斯密也是民族工业保护理论的开先河者。这种为了国防而实行保护主义的观点被广泛接受，成为许多国家制定产业保护政策的依据。

在重商主义之后，是以汉密尔顿和李斯特为代表的近代贸易保护主义。18世纪末的美国是一个农业国家，工业革命刚刚开始启动。出于保护美国利益的立场，汉密尔顿在《关于制造业的报告》中提出了保护幼稚产业的理论。19世纪40年代以前的德国，由于受古典政治经济学的影响一贯实行的是自由贸易政策，李斯特在《政治经济学的国民体系》里，批评了这种忽视民族经济发展的思想，提出了贸易保护的政策，主张运用关税作为保护国内幼稚产业的手段（卢轲，2009）。李斯特认为，保护民族经济的根本原因在于民族利益，在当时的世界形势下，"任何大国要获得恒久的独立和富强的保障，首先要做到的就是使自己的力量与资源能够获得独立的、全面的发展……在各国的利益还不一致时，对本国经济的保护政策和对外国经济的限制政策是不能舍弃的"。汉密尔顿和李斯特的观点后来被称为幼稚产业保护论。幼稚产业保护论得到了学术界的普遍承认，成为一套较为成型的理论。

主张实行自由贸易的英国经济学家穆勒虽然对保护本国工业的理论持反对意见，但也认为幼稚产业必须实行保护。穆勒在《政治经济学原理》中指出，从外国移植产业、政府扶植的产业处在学习和试验期间，必须实行保护，等到学习和试验期结束后则应撤销保护。

第二次世界大战结束以后，发展中国家出现了以普拉维什为代表的针对发达国家的贸易保护主义。20世纪70年代又有以英国经济学家高德莱为代表的新保护主义出现，以凯恩斯主义理论为基础的新重商主义和新保护主义则侧重于保护国际收支和就业等宏观经济目标。

到目前为止，关于产业安全的研究主要是贯穿在有关国际贸易理论，特别是贸易保护主义理论、保护民族工业理论中。对这一问题的关注多是出于这样一个逻辑：经济安全是国家安全的重要组成部分，是国家繁荣和发展的保障；而产业安全问题则是一国国家经济安全的核心问题，保障国家经济安全，关键是保障产业安全。因此，产业安全问题虽是各国在不同程度上探讨过的问题；但是，尚没有形成独立的理论体系，这方面的研究始终没有得到充分和独立的发展。

1.4.2 产业安全工程的发展历史

1.4.2.1 国内产业安全工程研究现状

国内经济学界围绕与产业安全相关的经济安全问题展开了一定的研究工作，其中，中国社会科学院工业经济研究所的赵英等，于1998年完成了"国家经济安全监测预警研究"重大课题。赵英（1998）就涉及产业安全在内的众多经济安全问题提出了自己的观点，并从战略和政策层面展开了研究。其主要观点是，面对经济全球化的趋势，国家应从利益博弈的角度做好经济安全工作。就产业安全而言，应认识到产业安全的症结在于参与竞争国家的利益不平衡，产业安全的维护就是寻找各国间的利益均衡点，实现战略的动态调整，不能以一味追求传统的"胜利"为最终目标。中国在实行全面开放后，应重点确保能源、粮食、矿产资源安全，严密监控外资进入对民族产业的不利影响，维护信息安全，并应努力做好国家经济安全的监测预警工作。其大致思路是：应从宏观角度对中国国家经济安全状况进行分析、预警，对因重要的国家经济因素发生变化而产生的后果做出评估。国家经济安全监测预警的组织体系包括：信息收集、分析、汇总、监测的技术体系，对国家经济风险进行专家监测、评估的人工体系以及对相关成果评估和决策的评估与决策体系等。在研究方法上，强调定量分析与定性分析相结合，并借鉴外国维护经济安全的经验教训，提出符合中国国情的经济安全观（许铭，2005）。

清华大学经济管理学院的雷家骕等则从全方位开放的角度，以板块的形式，多方面研究中国经济安全问题，并就产业安全问题展开了讨论。雷家骕（2000）认为，国家经济安全首先应确保国家利益不受伤害，一国整体是国家安全的主体，代表国家利益的中央政府是维护国家安全的终极主体，国家利益还涵盖生存利益、发展利益、战略利益等范畴。此外，国家经济安全问题涉及较多领域，既包括经济领域的问题，又包括其他领域的问题，且各领域安全之间关系复杂，交叉较多。国家经济安全具有十分显著的战略特征，其战略意义超出了现实意义。当国家最为根本的经济利益受到威胁时，一定要能够采取有效措施控制危机的发展，将损失减小到最低程度。其研究内容包括国家经济安全的基本理论，国家经济安全研究的分析技术，国家经济安全关键领域的分析与描述等，并指出国家经济安全涉及的关键领域主要是粮食、石油等战略资源安全，本土关键产业安全（基础制造业、装备制造业、高关联性制造业、信息产业安全等），金融安全，财政安全以及人口、环境、就业与经济增长的关系问题，基于经济安全的信息安全和科技发展问题，国际经济关系问题以及重大冲突等，强调要确保人才供应和前沿科技成果的创造，引入经济安全的监测系统等。

四川大学的张立针对经济全球化条件下中国产业安全存在的种种问题，提出要以制度经济学的理论研究产业安全问题，强调实现产业安全的宏观、微观制度均衡并制定合理的公共政策，提出了公共政策与市场机制的协调问题，并认为要不断地对国家产业安全政策进行动态调整，选择合理的制度变迁模式。北京大学的胡婕则从国际资本流动的视角，指出了直接投资对中国产业的影响，强调要根据资本流动的特点，进行正确的产业安全政策选择。此外，吉林大学的崔健、武汉理工大学的肖文韬和中南财经大学的王瑛等还分别从发展中国家的现实情况、国际投资自由化、金融全球化和科技进步等角度出发，对涉及产业安全的相关问题展开了讨论。此外，中国人民大学、江西财经大学等许多大专院校和科研机构的专家学者也从不同视角对加入 WTO 后中国的石油安全、金融安全、贸易安全、信息安全等问题进行了深入分析，并就如何维护产业安全发表了较有创意的见解。

总的来看，中国经济学界对产业安全问题的研究相对较为薄弱，成果较少，且现有的相当一部分研究只停留在经济安全的宏观层面，未深入到产业本身，没有结合产业发展面临的新情况、新问题和新挑战提出有针对性的解决办法，不少观点缺乏有力的理论支撑和现实依据，尚未形成一个较为完整的理论体系。特别是对中国这样的发展中大国，如何从自身国情出发，走出一条不同于西方国家和其他发展中国家的产业安全之路，未提出一整套切合实际的建议。

1.4.2.2 国外产业安全工程研究现状

西方经济学鼻祖亚当·斯密是最早提出产业安全观点的人。在《国民财富的性质和原因研究》一书中，亚当·斯密尽管大力主张进行自由放任的公平竞争，但提出要对涉及国家安全的国防工业进行保护和扶持。他认为，如果某一种制造业是国防所必需的，那么，靠邻国供给这种制造品未必是聪明的办法。如果对这一种制造业不进行奖励就不能在国内维持，那么对其他一切产业部门课税，来维持这一制造业也未必就是不合理的。亚当·斯密正是看到了国防及其相关工业的发展，受国内市场需求不足等多种因素限制，必须对其以奖金的方式给予支持，这显示出其从国家经济安全的高度思考产业发展的战略性眼光。此外，亚当·斯密在反对以关税对英国制造业进行长期保护的同时，也注意到了国外廉价产品对民族产业的可能冲击及由此带来的政治、经济后果，指出当国内制造业不具备国际竞争力而受到国外产品强大冲击时，就会影响到一国的产业安全，甚至引发社会动乱，强调要"小心翼翼地恢复自由贸易"（亚当·斯密，1979）。对于产业不均衡发展，过分依赖某一产业和某一市场可能导致经济不安全的问题，亚当·斯密也提出了独到的见解，认为英国的殖民地贸易独占会迫使大量英国的资本违反市场规律，流入到一个大的商业系统中去，而不是适应众多小的市场，从而破坏了英国产业部门间的自然均衡，其结果就是使这一商业系统过分膨胀，最终导致政治组织也陷入危险境地。亚当·斯密特别强调对于涉及国计民生的重要产业，尤其不能过分依赖国外单一或极少数市场。

19 世纪以美国第一任财政部长亚·汉密尔顿和德国经济学家弗·李斯特为代表的幼稚产业保护论的提出，使产业安全理论趋向成熟。该理论要求新兴工业化国家在最初发展阶段必须向幼稚产业提供关税等形式的贸易保护，以确保其在国外强大的竞争下继续生存和发展。在实行保护的条件下，幼稚产业可以赢得时间获得规模经济、改进管理组织、提高生产技能和完善市场结构等。待幼稚产业具备了竞争实力不再幼稚时，再取消保护，允许自由贸易。幼稚产业保护论倡导在实现工业化的过程中，各国必须以正确把握各国具体利益和特有环境为原则。李斯特在阐述这一理论时，以德国通过保护主义获得产业发展机会并上升到工业化国家为例，认为各国应按照自己的发展程度改进自身的制度，在第一阶段对比较先进的国家实行自由贸易，以脱离未开化状态；在第二阶段实行限制政策，促进本国工业、渔业、航海业和对外贸易的发展；在第三阶段当财富和力量达到很高程度后，再逐步恢复自由贸易原则。在对工业保护的问题上，李斯特不主张无条件和无限制地保护民族工业，而是强调根据不同的工业发展阶段制定较为清晰的划分标准，采取符合实际情况的产业政策。弗·李斯特（1961）指出，"工业不同部门也并不一定要在同样程度上受到保护；应当予以特别注意的只是那些最重要部门。这里所谓最重要的工业部门，指的是建立与经营时需要大量资本、大规模机械设备、高度技术知识、丰富经验以及为数众多的工人，所生产的是最主要的生活必需品，因此按照它们的综合价值和对国家独立自主的关系来说，都是有着头等重要意义的工业，例如，棉、毛、麻等纺织业就属于这一类。如果这些主要部门能够在适当保护下获得发展，工业部门中其他次要部门就可以围绕它们在较低度的保护下成长起来"。同时，李斯特强调一国经济发展必须要有政治上的自由、适当的公共制度和法律、国家行政以及对外政策等方面的支持，各个国家在不同发展阶段需要采取相应的政策才能获得迅速发展。

　　20世纪60年代中期，卡多索、桑托斯、弗兰克、伊曼纽尔、阿明等拉美经济学家根据拉美经济发展的现实，提出了著名的依附理论。其主要观点是，建立在旧的国际关系基础上的资本主义已发展成为中心—外围的世界体系，处在这个体系中心的是少数发达国家，而广大第三世界国家则是这个中心的外围。外围国家在资本主义世界体系中处于从属地位，对中心国家存在依附关系，尤其是在贸易、资本、技术等方面受发达国家控制，因而得不到应有的发展。依附理论认为，现今第三世界国家的不发达，并不是因为其处于一切国家都要经历的早期发展阶段，而是因为处于资本主义发展的一种特殊过程。不发达国家的过去和现在，不同于中心发达国家的过去。中心与外围之间的不平等交换，使外围国家生产的大量剩余转移到了中心国家，中心国家以这种剩余向外围投资，从而取得更多的剩余。例如，在贸易方面，中心国家控制外围国家初级产品的出口价格，限制其制成品进入国际市场。与此同时，中心国家的制成品却大量地输出到外围国家，中心国家通过对外围国家的产业控制，使外围与中心的差距越来越大，可见外围国家的不发达是中心国家造成的。如果世界资本主义的这种格局得不到改变，外围国家只能是不发达的，不可能走向自主发展的道路。因此，解决第三世界国家的不发达问题，不是仿效西方国家逐步发展资本主义，而是设法与中心资本主义国家决裂，走民族革命之路（胡代光和高鸿业，1996）。这一理论以较为激进的观点，指出了第三世界国家实现工业化必须自力更生和奋发图强。

　　20世纪80年代，布兰德（Brander）、斯潘塞（Speneer）、克鲁格曼（Krumgna）等提出战略性贸易政策理论。该理论以不完全竞争和规模经济理论为前提，以产业组织中的市场结构理论和企业竞争理论为分析框架，突破了以比较优势为基础的自由贸易学说，强调了政府适度干预贸易对于本国企业和产业发展的作用。因此，战略性贸易政策从这一层意义上讲，是一种有利于促进战略性产业发展，实施政府有效干预的产业政策。该理论有两大内容：利润转移理论和外部经济理论。

1.4.2.3 产业安全工程的应用

产业安全工程应用领域较为广泛，可以应用在产业安全的评估、预测、规划、决策、模拟仿真、知识管理等各方面。本书后面的相关章节应用了产业安全工程学，下面简要介绍一些产业安全工程方面的应用。

1. 在产业安全决策、预警方面的应用

在产业安全决策、预警过程中，结合系统工程原理，分析产业安全决策、预警的知识需求、流程、影响因素等方面，对其决策、预警流程进行建模，构建产业安全的决策、预警的合理过程。

2. 在产业安全系统仿真方面的应用

根据产业目前拥有的知识、产业的发展过程以及伴随着产业发展过程产生的各种数据、信息和知识，结合相关的系统仿真方法、系统工程理论以及复杂网络理论，对产业的各类生产过程以及产业发展过程进行系统仿真，期望通过对产业发展及演化过程的模拟仿真，发掘产业在发展过程中的规律及脆弱性等知识，为产业安全的有效控制提供支持。

3. 在知识管理方面的应用

以产业安全为目的，对产业中的数据、信息、知识进行统一的整理与形式化，结合知识管理方法、系统工程思想以及信息技术，运用工程的思想，开发产业安全知识服务平台。通过集成产业的不同知识为产业安全的各项功能的实现提供正确合理的知识与支持。

1.4.3 产业安全工程的国际比较

1.4.3.1 国外产业安全工程相关政策的介绍

1. 美国产业安全政策

作为最成熟的市场经济国家之一，美国既是经济全球化的积极推动者，又是积极的贸易保护者，其在维护产业安全方面表现出较强的两面性。尽管美国长期倡导自由市场经济，并没有出台明确的产业政策，但美国在维护产业安全方面的努力却有目共睹，体现出越是自由化程度高的国家，其对产业安全的重视程度也越高。

20世纪初，随着第一次世界大战的爆发，美国工业品出口在战争需求的有力带动下不断增加，并在第一次世界大战结束后确立了创造出口顺差的贸易目标。作为最简单而又最古老的贸易政策工具，实行较高的关税一度是美国对外贸易政策的核心内容。第二次世界大战结束后，美国于1948年加入了《关税及贸易总协定》，此后参与和推动了数次多边关税减让谈判，实际上已放弃使用关税来实现产业保护，并逐步将非关税壁垒作为新的政策手段。到了20世纪70年代，由于石油危机的出现和新兴工业化国家对美国贸易威胁的增大，美国贸易保护主义抬头，其用于保护目的的非关税手段越加复杂，成为诸多非关税壁垒的始作俑者和最积极的使用者，其诉诸的最常见措施包括：进口配额、有序营销协议或自愿出口限制、国产化要求、反倾销、反补贴、技术性贸易壁垒、政府采购限制措施、劳工标准、人权等。同时，美国政府在第二次世界大战结束后将飞机制造、军火、橡胶、冶金等企业转让给私营公司，并在研发、融资、采购等方面给予优惠，从而对美国跨国公司的迅速增长起到了积极的扶植作用。20世纪90年代，随着高新科技的迅猛发展，美国政府开始将扶植的重点转移到计算机、通信、生物工程等新兴产业，提出建立国家信息基础设施的设想，倡导以新经济带动美国国力的新一轮增长并一度创造了所谓"新经济神话"。其间，针对日益激烈的国际竞争和全球化浪潮，克林顿政府明确提出经济安全应成为国家安全的首要问题，并制定了具体内容，其中包括：扩大出口，保障国内产业和市场不受进口增长的冲击和外国直接投资的垄断和控制；有效保护经济情报的安全以及知识产权在各国的执行；保障能源等战略物资的供给；保障美国公民和企业在海外的利益和安全；保障国防的产业基础不受损害以及重要产业、关键技术和战略物资的供给不为外国特别是敌对国家或潜在敌对国家控制；保障对外贸易海上和空中运输通道以及计算机网络等基础设施的安全等。可见，产业安全已被美国政府提升到国家战略安全的层面。

2. 韩国产业安全政策

韩国历经日本殖民统治和朝鲜战争的重大创伤，其经济发展完全是在一穷二白的基础上实现的，尤其是在20世纪60年代初至80年代末短短20多年的时间里成功实现了由贫穷的农业国向新兴工业化国家的转变，很大程度上得益于政府的产业政策导向。韩国的成功表明，政府为扶植主导产业发展而提供的倾斜性的政策保障，有助于推动整个国家产业结构的升级和工业化进程，进而在维护产业安全的同时，增强整个产业的国际竞争力。然而，随着世界经济一体化、全球化的发展，政府主导型的发展模式显露出来的问题和缺陷日益增多，尤其是1997年爆发的亚洲金融危机在一定程度上说明了该模式必须经历一个深刻而艰苦的改革历程。

简单地来看，韩国的产业化进程大致经历了四个阶段的演变过程。第一阶段是支援劳动密集型产品出口的"出口导向"阶段（1962~1971年）。1962年，韩国开始实施第一个五年计划，确定以出口工业发展带动经济起飞的重要政策目标。其间，政府将纤维、轻工业、农产品加工等劳动密集型产业规定为优先发展产业，在融资政策上采取了对这些出口产业部门进行无限制、无差别的低息贷款措施，确立了支援出口的所谓"输出金融"政策。各项优惠政策和措施使韩国的轻工、纤维等企业部门的实力得到迅速增强，出口不断扩大，出口导向战略取得了成功。第二阶段是推动产业结构升级的"重化工业"阶段（1972~1979年）。进入20世纪70年代，由于西方发达国家的贸易保护主义抬头及东南亚国家纷纷加入劳动密集型产品出口的行列，韩国及时进行了产业结构调整，转向建立以外向型重工业为主的产业结构体系。1973年，政府发表"重化工业宣言",成立了"重化工业推进委员会",确定了钢铁、有色金属、机械、造船、汽车、电子、石油化工、水泥、陶瓷及纤维为十大战略工业,以求迅速推进产业结构的高度化。为加快重化工业发展,政府采取直接投资和提供大宗贷款等政策性手段为企业部门融资,同时还通过产业银行、产业开发基金以及各种综合性金融机构为相关产业发展提供大规模长期投资资金,这有力地促进了工业化的实现,并扶植了现代、三星、大宇、鲜京等一批具有竞争优势的世界级企业集团。第三阶段是建立和推广主体交易银行体制的"金融改革"阶段(20世纪80年代至90年代后期)。20世纪80年代初期,政府过多干预产业发展的副作用日益显露,长期实施的政策金融所形成的过大资金供给导致了严重的通货膨胀,而高通货膨胀和利率管制又致使企业的资本结构变得十分脆弱。为此,政府从1982年实施第五个五年计划开始,减少了政策性金融的强度和规模,并对银行系统进行一系列改革,其中包括建立和推广主体交易银行体制、实行商业银行民营化、促进金融机构市场竞争、实现利率和资本自由化等。总的来看,20世纪80年代以来韩国进行的产业金融体制改革取得了一定成效,这既弱化了"官治"产业体制,促进了资本市场的发展,同时又带动了整个经济体制的调整,政府欲建立的"民间主导型"的产业融资格局逐渐成形。但是,由于改革没有建立在彻底改造其原有体制框架的基础之上,许多改革措施治标不治本,未能有效消灭体制内的致命痛疾,从而为1997年爆发金融危机埋下了隐患。第四阶段是"民主经济改革"阶段(亚洲金融危机结束后至今)。亚洲金融危机结束以后,韩国政府积极吸取经验教训,将弱化政府对产业的干预作用、建立规范和有序的"市场主导型"产业体制作为远期目标,将实现产业结构合理、协调发展和金融市场自由化作为近期目标,通过铲除"官治"体制,充分发挥产业金融系统的应有功能和作用,营造健康的银企关系,加快产业结构升级,增强产业的国际竞争力。经过近几年的改革,韩国已完全走出了危机低谷,实现了新的经济增长。

3. 拉美国家产业安全政策

自摆脱殖民统治以来,拉美国家在发展民族经济,实现产业发展方面取得了显著成就,对民族产业实行保护与扶植,进而又在对外开放的条件下,谋求产业新发展方面经历了较多曲折,其经验教训值得认真总结。

智利、墨西哥、阿根廷、巴西、哥伦比亚和秘鲁等国属于拉美地区工业发展水平较高的国家,自20世纪30年代均开始发展本国的民族产业,并在第二次世界大战结束后初步建立了本国的制造业基础。20世纪50年代至80年代,上述拉美国家普遍选择了"进口替代"的工业化发展道路,并在关税、信贷、价格、金融和外资管理方面采取了相应措施,主要是强调政府的强有力作用,政府财政开支占据国内生产总值很大比重,实行较大范围的管制,突出国有企业对经济发展的重要作用。同时,将经济封闭在一定范围内,实行对产业的关税与非关税保护,实行较为严格的外汇管制。"进口替代"工业化战略实施后,拉美工业得到了迅速的发展(李明德,2001)。进入20世纪80年代,在西方国家经济危机的影响下,拉美国家陷入了债务危机,其奉行的工业发展战略不断受到质疑,并直接导致拉美国家对"进口替代"战略进行重大调整,开始进行以"自由化"为标志的经济改革。所谓"自由化"就是全方位对外开放经济,让私人部门在经济中起主导作用，其主要内容有：一是贸易自由化。据统计，1985~1995年的十年间，拉美平均关税税率从44.6%降至13.1%，最高税率从83.7%降至41%，非关税限制所涉及的商品占进口总额的比重从33.8%降至11.4%，多重汇率制基本取消。这一过程基本是在2~3年的时间内迅速完成，曾长期保护本国产业的高额关税被全面取消，民族产业直接面对激烈的国际竞争。二是私有化。从20世纪80年代到90年代中后期，大部分拉美国家已基本完成私有化进程，有些国家连机场、港口、码头等基础设施也被私有化。三是金融改革。实行利率市场化，降低储备金标准，限制或结束信贷分配，关闭或出卖国有银行等。四是开放资本项目。消除外汇管制，结束对外国投资及其他各种资本流动的限制。五是税制改革。在进行关税改革的同时，降低对个人或企业征收的最高税率，取消某些特别税，同时加征增值税，以减少直接税，增加间接税。六是实施了劳工和养老金制度改革等。通过"自由化"改革，拉美国家的政府作用普遍受到削弱，市场作用相对得到增强，各国对产业的高保护体系基本废止，从而形成了自由竞争的局面。

从"进口替代"到"自由化"，拉美国家的产业政策经历了一个质的转变过程。在"进口替代"的工业化模式下，国家产业政策的作用非常明显。以巴西为例，在20世纪三四十年代，瓦加斯政府强调发展钢铁、化工等基础工业；50年代第二届瓦加斯政府强调发展石油工业，库比契克政府重点发展汽车工业；60年代中期以后政府重点发展汽车、军工、电子工业等。由于当时国家是重要投资主体以及国家发展规划的实施者，产业政策的作用非常显著。而在"自由化"改革阶段，国家投资主体的作用相对弱化，国内私人资本和外资取而代之成为投资主体。如何在激烈的国际竞争中发挥比较优势成为国家产业发展的重要目标。许多国家开始通过发展劳动密集型和资源密集型产业，并且依靠一定的区位优势求得发展空间。例如，墨西哥就利用来料加工的传统优势以及邻近美国的地理优势，在新的形势下重新进行产业选择。此外，由于拉美国家基本上都是在高通胀、高负债的背景下启动自由化改革，国家的投资能力受到极大限制，产业政策选择的余地较小。例如，阿根廷、巴西、墨西哥、哥伦比亚等国基本上只能把汽车等少数制造业作为国家重点支持的产业，而无力顾及包括高新科技产业在内的其他新兴产业，产业结构出现失衡。经过"自由化"改革，拉美国家的产业政策已不再围绕实现国家工业化的目标，而是围绕参与国际竞争的目标，发挥比较优势成为基本的指导原则。在推行贸易自由化、经济市场化、国企私有化时，拉美国家一味顺从欧美国家的意愿，照搬或模仿发达国家的经济发展模式，不顾具体国情，不分轻重缓急地全面铺开，造成顾此失彼的严重偏差和失误，特别是其严重忽视产业安全这一核心问题，直接造成了产业发展的倒退，并诱发了20世纪90年代末期的数次经济危机。

1.4.3.2 国外维护产业安全工程的经验和不足

1. 国外维护产业安全的经验

1）通过国内立法保护

通过国内立法保护相关产业是发达国家维护产业安全的一大特点。例如，日本先后制定了一系列有关外贸方面的法律、法规，主要有外汇及外贸管理法、公正交易法、进出口交易法、关税法和外汇法等。美国也有一系列名目繁多的法律、法规服务于不同时期国家的产业发展和产业安全，并不断根据情况的发展及时做出调整（张福军，2012），如1890年的《麦金莱法案》、1897年的《丁利关税法》、1930年的《斯穆特·霍利关税法案》、1934年的《互惠贸易协定》等。

这些立法都与国际组织规则大体一致，具有一定的独立性。一旦本国产业受到外国产品的巨大冲击，就可以援引国内法规的有关条款予以制裁，以减少外国产品对本国产业的损害。

2）严格管理外国投资

（1）发挥政府的监督、管理和审批权力，限制和干预外商投资。美国是世界上吸引外商直接投资最多的国家。1975年，美国成立了外国投资委员会和外国投资办公室。前者负责分析外国在美投资发展的现状和趋势，考察外资注入是否符合美国利益，并向国会提供有关外资管理的立法和有关议案，其成员来自美国财政部、司法部、国防部、国土安全部及商务部等12个美国联邦机构。后者负责调查外资在各部门及各地区的分布，外资对国家安全的影响，外资对能源、自然资源、农业、环境、就业、国际收支和贸易等方面的影响，并向国会提交分析报告。1988年，美国立法授权总统基于国家安全利益，可否决外国投资者兼并美国企业的请求（张福军，2012）。

（2）由严到宽，有序利用外资。为扶持本国工业的发展，韩国对外商直接投资采取了"逐步扩大、以我为主"的方针，坚持对外开放与保护本国工业同步并行，随着其自身实力的增强逐渐减少自我保护，有序扩大开放度。在政策上允许例外的仅限于面向出口和高技术密集的行业，或移居海外的韩国侨胞的投资，以及在韩国自由出口特区的外商投资企业。20世纪90年代以来，韩国进一步加快开放步伐，但政府对外商投资的限制和管理始终十分严格。

（3）建立产业安全"防护网"。美国是世界上并购活动最活跃的国家，也是并购法律体系最为完整的国家。其并购法律法规体系主要由四部分组成：联邦反垄断法、联邦证券法、州一级的并购法律以及有关政府部门为执行反垄断法而制定的并购指南。美国并购规制的主要执行机构是联邦贸易委员会和司法部。在规制外资并购方面体现了"松紧有度、操控在我"的特点。

3）对重要产业实行保护和扶持

（1）对重要产业实施分类保护措施。长期以来，美国对产业安全的维护一直采取攻守兼备的策略：利用技术、资金方面的比较优势，对外进行产业渗透与扩张；同时，为防止全球化对相关产业的冲击，对不同产业实施不同的保护措施。例如，根据新实施的《农业法》，美国在2002~2012年对农业实施的各种补贴和财政支持总额达1900亿美元。

（2）制定合理的产业技术和组织政策，促进本国产业的技术升级和国际竞争力的提高。加入WTO后，日本政府根据国内经济发展和产业成长的具体情况，通过产业技术政策和组织政策对主导产业实行动态引导和扶持，促进本国产业的技术升级和国际竞争力的提高。产业技术政策内容包括：通过进口补助金制度、外汇配额制度、税收特别措施等鼓励主导产业实行大规模的技术引进和吸收；对企业自主研发技术实施税收优惠、政府补贴、低息贷款、研发合作等扶持措施。产业组织政策内容包括：针对当时企业生产规模小、国际竞争力弱的现状，采取企业集团化与规模化战略，通过企业合并与改组，实现资本集中和规模经营。与此同时，日本政府还通过财政补贴、低息贷款、政府采购、人才培训等方式促进中小企业发展。

（3）高度重视高新科技产业的发展。美国十分重视高新科技产业的发展，形成了以大学和科研机构等为研发基地的科技促进体系，涵盖政府支持、法律保护和资本投入等多个层面。此外，美国政府还有大量专门针对高新科技产业发展的支持项目，包括培训、整合研究资源、技术开发、商品化等。

（4）以独特的融资方式为产业发展提供持续性保障。韩国实施了一种具有浓厚"官治"色彩的产业金融体制。在该体制中，中央银行事实上成为服务于产业政策的一个机构，主要商业银行也被政府严格控制。政府和金融机构都习惯于非法制约束型的"官民协力"，即金融机构接受政府当局的指导与干预，政府则给予其各种扶植和保护。同时，使用特许权、许可证、公共采购权和设立国民投资基金、出口振兴支援基金等，可以使许多企业获得充足的发展资金。这种具有显著指令性特征的政策融资形式在有效集中国家资源、优先支援国家主导产业的兴起和发展，进而推动产业结构升级方面发挥了重要作用。

4）运用非关税贸易壁垒

（1）运用贸易救济措施保护本国产业。随着多边贸易体制有关非关税措施关税化和关税减让的总体要求，美国和欧盟等发达国家已把反倾销作为产业保护的常用武器。中国、日本、韩国成为美国实施反倾销措施最多的国家。反补贴由于运用操作上的复杂性和高成本性，比反倾销措施的使用频率低得多，而欧美等发达国家由于立法严谨、制度完善、财力雄厚，相比发展中国家运用的频率还是高得多。保障措施作为发达国家重要的贸易保护手段，近年呈现上升趋势。

（2）运用技术性贸易壁垒保护本国产业。技术性贸易壁垒以其隐蔽性、形式的合理性和运用上的灵活性成为发达国家产业保护的重要措施。近年来，发达国家不断颁布新的技术法规，制定新的技术标准，对国内产业进行有效的保护，并把技术性贸易壁垒扩展到服务贸易和投资领域。

（3）保护政策的重点由注重限制进口转变为加强政府在出口拓展方面的作用。20世纪80年代中后期以来，美国产业和贸易政策发生重大转变，利用从传统的工业经济向知识经济转型之机，促进高新技术产业的发展和通过出口加强对世界市场的渗透，以重构美国的竞争优势。1993年9月，克林顿政府推出"国家出口战略"，专门成立国家级"贸易促进协调委员会"；对内建立"全国贸易数据库"；强化联邦出口促销与对大型国际招标项目优先融资；在全美各出口密集区域设立以支持中小企业出口为宗旨的"出口援助中心"；将出口保险金额提高到300万美元等65项鼓励出口的措施。布什总统更加强了对国外所谓不公平贸易做法的重视和对策研究。

5）政府、行业协会与企业策略性互动

在美国，行业协会成为世贸组织框架下游说和影响政府调整产业政策与贸易政策以及解决国际贸易纠纷的主要力量。这一特征在发达国家运用贸易救济措施进行产业保护时体现得较为明显：由企业或行业协会提出外来产品的不公平竞争问题，由政府采取行动，或直接由政府牵头，通过行业协会组织主要企业就重大问题进行磋商，对外来挑战者采取共同行动，施加巨大压力，减少外国产业带来的威胁。美国、欧盟和日本的行业协会在保护本国产业方面发挥着不可替代的作用（于新东，2000）。

6）建立产业损害预警机制

美国商务部对我国出口美国的多类产品进行实时监测。具体做法是：每月就这些产品的数量和价格与国内外的同类产品数量和价格进行对比；同时，还就这些产品生产企业与国内同类产品的生产企业生产经营状况进行比较，监测是否有异常情况，为产业保护寻找证据。产业损害预警监测工作已成为发达国家维护产业经济安全，有效运用反倾销、反补贴保障措施不可缺少的基础性、前瞻性、预防性工作，对发达国家保护国内产业起到重要作用。

2. 国外维护产业安全的不足

1）对外资放任自流，资本市场过于开放

东欧各国在私有化过程中，由于无所顾忌地将国有资产出售给外国资本而造成严重后果，外资"全面接管"东欧的国有固定资产，但并没有给这些国家带来所期望的良好市场机制、法制环境、技术进步与先进管理经验，相反却带来一系列不良后果。例如，国有资产大量流失、主要产业被外资全面控制、本国产业一蹶不振、技术进步受阻、垄断加剧、利润外流等，出现"畸形的资本主义""没有民族资本的资本主义"，导致国民经济严重衰退。

拉美一些国家为满足战后经济发展需要，大量引进跨国公司投资，向外国商业银行高额举债，并不断加大开放力度，实行资本项目下的货币自由兑换，为大量外资通过债券市场、股票交易等渠道进入拉美市场套利创造了条件。当国际金融市场出现震荡时，外资快速撤离，很快将这些国家拖入困境，导致国民经济陷入危机甚至濒临崩溃。

2）技术创新能力不足，创新体系受外国主导

拉美国家历来对技术研发和创新重视不够，先进技术主要依赖进口，本国科技创新能力后劲乏力。有限的技术研发名义上是依靠企业、政府、研究机构和金融部门组成的国家创新体系，但政府在技术创新方面投入较少，几乎没有以政府为主导的科技创新长期项目，科技研发更多的是私人部门行为，难以形成集中优势。

3）国有企业改革出现严重偏差

20世纪90年代，拉美国家在推进国有企业改革时一味模仿欧美国家国有企业私有化的做法。尽管得到了数百亿、上千亿美元的财政收入，却要面对越来越严重的失业等社会难题，以及"只有增长、没有发展"的问题。

4）忽视农业发展

自20世纪五六十年代开始，拉美国家为加速实现工业化，将有限的资源集中投入到工业部门，并有意提高工业品价格，压低农产品价格，使得农产品与工业制成品之间的

"剪刀差"不断扩大,严重影响了农民收入,打击了农民生产积极性。农业发展明显滞后于制造业,粮食生产增长缓慢,基本食品不时出现短缺现象,甚至连产粮国的墨西哥也不得不从国外进口粮食。

5)对外依存度过高,产业发展缺乏稳定性

韩国长期实施以出口导向为主的产业政策,经济发展对国际市场的依存度过高,出口增长很大程度上取决于美国、日本、欧洲等发达工业化国家和地区的经济增长,增加了产业发展不稳定性。20世纪90年代初以来,韩国的对外贸易依存度一直高达50%以上,且出口结构相对单一,主导产品过分集中在重化、钢铁、汽车、机械、造船、半导体等为数不多的品种,一旦国际贸易条件恶化,就对对外贸易造成严重损害。

6)产业发展过多依赖国际举债,产业安全存在重要隐患

由于长期实行"以外债养出口、以出口还外债"的举债模式,尤其是韩国政府对外国直接投资限制过多,在引进外资构成中吸引的外国直接投资相对很少,导致外债超规模扩张。进入20世纪80年代后,韩国的对外投资明显加快,这种趋势一直持续到1997年亚洲金融危机爆发之前。由于韩国对外投资是以大企业集团为主体,出资方式多以独资为主,这些本来就急需资金的大企业集团不得不通过对外追加举债来满足不断膨胀的生产规模。一旦国际信贷市场出现动荡,韩国产业信贷链就会出现断裂,从而陷入债务危机。

1.4.3.3 发达国家和发展中国家产业保护政策对我国的启示

1. 发挥政府主导作用,切实提升产业竞争力

从美国、日本、欧洲等发达国家或地区产业保护和经济发展的轨迹可以看出,产业保护的过程就是一个产业结构滚动升级的过程。只有在保护的同时促进产业结构的优化,才能避免保护所带来的资源配置不合理、产业低效运转的固有弊端。因此,我国需要抓住国际产业分工、调整、重组的机遇,充分发挥政府主导作用,实施积极的产业政策,通过滚动式产业政策和贸易政策的有机配合,对具有潜在比较优势的产业在一定时期内提供某种程度的保护和支持,促进其发育、成长、壮大,成为国民经济的重要产业。同时,在参与国际竞争中,积极引进竞争机制,及时调整产业结构,淘汰落后的和没有发展潜力的产业,优化资源配置,使受保护的产业感受到一定的竞争压力,并将压力转化为动力,在一定期限内成为支柱产业。要借鉴国外"保护—成熟—开放"的经验,放开曾受保护而后成长为具有竞争实力的产业,实现产业的不断升级。

2. 严格对外资的管理,尤其要严格规制外资并购

从各国经验看,当采取了恰当的、符合国情与发展战略的外资规制政策使这两组关系处于平衡状态时,利用外资的收益往往大于成本;相反,则利用外资的成本将远远超过其收益。因此,对外资应鼓励与防范"两手抓",其松紧度的把握、政策组合的设计,应根据我国的发展战略、所处的经济发展阶段、产业成熟度与国内外形势和条件,适时灵活地调整,做到审时度势、与时俱进(张福军,2012)。

3. 完善有关产业安全的法律法规

我国应及时完善修订有关法律法规，包括反倾销、反补贴、对外投资、国家安全、知识产权保护、农业保护等，形成符合 WTO 规则的产业保护法律体系，促进产业保护手段法制化、体系化；加强技术性法规和标准的制定，强化产业保护的效果；在履行相关法律程序的过程中，明确企业是应诉主体，行业协会是组织协调应诉核心，充分发挥两者在出口应诉中的主导作用。同时，加强对企业的应诉指导，加大谈判和交涉力度，建立可行、有效的激励机制促进企业应诉取得较好结果。国内产业应充分利用实施贸易救济措施的保护期，加快结构调整步伐，进一步提高产业竞争力。

4. 形成政府、企业和行业协会有效互动机制，建立产业损害预警体系

我国各相关政府部门应建立与企业的正常联系渠道，使政府与企业在信息沟通基础上，制定切实可行的产业保护政策。行业协会应充分发挥其在规范、服务企业出口行为中的作用，通过为出口企业提供进口方有关反倾销法律、相关产业的市场价格、市场份额、生产数量、产品利润及产业工人就业情况等信息，帮助企业建立完善、灵活的反倾销预警机制。同时，应充分发挥产业损害预警体系的作用，对受到国外不公平贸易侵害的产品快速做出反应，共同应对国外贸易壁垒对本国出口产业的损害。政府、企业和行业协会应对各种与国外贸易救济措施和技术性贸易壁垒有关的信息保持高度敏感并充分利用各种渠道，搜集整理国外正在制定的和现行的对本国出口造成影响的各种壁垒信息，建立贸易壁垒数据库和咨询中心，从而对国外可能出现的贸易壁垒预先采取防范措施。

1.4.4 产业安全工程的发展前景

1.4.4.1 产业安全工程面临的机遇与挑战

加入 WTO 后，中国产业发展面临新的机遇和挑战。经济全球化和科学技术的迅猛发展，使更加广泛的国际合作和更为激烈的国际竞争并存，各国围绕市场、资源、资金、人才等方面的争夺趋于激烈。随着经济全球化的深入，其"双刃剑"的效果将愈加明显，维护产业安全面临的形势将更加复杂和多变。经济全球化不仅导致了各国市场的整合，促进了产业发展环境的改善，而且也导致了经济制度的激烈碰撞和民族利益的调整，特别是贸易摩擦加剧和贸易保护主义抬头。许多国家和地区为了保护本国产业，频繁采用反倾销等贸易救济措施和知识产权保护、技术性贸易壁垒等手段，从而使广大发展中国家利用机遇和经受挑战更加充满不确定性和风险性（于新东，2000）。因此，对于中国而言，如何在利益与矛盾交织的全球化过程中，趋利避害，化被动为主动，争取更大利益成为维护产业安全工作的首要目标。作为 WTO 的成员，中国应充分利用更加广阔的经济空间，在享受 WTO 成员方贸易与投资自由化的便利条件下，努力倡导世界各国间诚信的广泛建立，以更加积极的姿态主动参与国际经济竞争，全面努力提升产业竞争力。

在经济全球化的大背景下，积极参与国际贸易、扩大市场开放是发展中国家融入世

界经济，实现国民经济可持续发展的必然选择。因此，产业安全工程学的研究不仅为产业发挥比较优势、加快结构升级提供了机遇，同时也为产业国际竞争力的增强创造了条件。而国内学界对产业安全工程问题的研究相对较为薄弱，成果较少，且现有的相当一部分产业安全研究只停留在经济安全的宏观层面，产业安全工程学的研究通过工程学的理论支撑，结合产业发展面临的新情况、新问题和新挑战提出有针对性的解决办法，走出一条不同于西方国家和其他发展中国家的产业安全工程之路，这对于我国这样一个大的发展中国家是一项艰巨的挑战。

1.4.4.2 产业安全工程的发展趋势分析

第一，关于产业安全影响因素的整合与提升。影响产业安全的因素极其复杂和多方面，并且随着本国对外开放的深入和经济的发展，这些因素也不断变化。从外部因素观、内外因素综合观到产业安全影响因素的产业经济学分析模式，我们看到研究者力图将产业安全影响因素的内容纳入一定的理论框架中，但是随着经济的发展，影响产业安全的因素和影响机制发生了新的变化，必须将当前和今后一段时间内影响产业安全的重要因素进行整合并寻找更加有效的理论分析框架，这样才能更加深入地分析产业安全问题，从而提出维护产业安全的政策并采取措施，达到"防患于未然"。

第二，关于产业安全的态势转化。目前学者在研究产业安全时，将产业安全的状态基本上分为四种：安全、基本安全、不安全、危机，而对于各种状态之间的转化尚未作分析。笔者认为，不搞清产业安全状态转化的机制，就难以揭示某些问题会不会劣化、恶化一国的产业安全，这样就很难把握产业安全态势的趋势，从而不利于产业安全战略的设计。而在产业安全研究相关的国家经济安全研究中，对于如何描述经济安全的转化机理模式一直是学术界十分关注的问题。目前学术界较统一地将国家经济安全的态势转化主要表现为两种模式："渐进式转化"与"跳跃式转化"。对于"渐进式转化"，不少学者采用基于微积分理论的数学方法来进行描述和分析；对于"跳跃式转化"，有学者提出采用系统科学的新分支突变理论（catastrophe theory）。有关经济安全态势的转化研究的思路模式和方法，对产业安全态势转化的研究具有很好的借鉴作用，这将是产业安全今后研究的一个重要方向。

第三，关于产业安全的预警。鉴于产业安全研究具有预测性，故对未来安全状态进行预警是产业安全研究的重要内容。对产业安全状态进行预警需要解决的关键问题是监测预警指标体系的设计和集成。用一套指标来监测某个产业的经济安全态势并不是一件易事，因为中国重要产业发生经济非安全以至危机的案例并不多，还没有足够的案例让我们去提炼相应的"警兆"和"安全等级"指标及其"阈值"。目前对产业安全预警的研究更多地还是基于学理上的推演和定性的描述（吴玉萍，2010）。

第2章 产业安全工程的基础理论

2.1 系统科学与工程理论

2.1.1 基本概念

2.1.1.1 系统

1. 系统的定义

世界上最广泛而普遍存在的事物和概念之一是系统。系统有大有小，形形色色，千差万别。所谓系统，是由相互联系、相互作用的许多要素结合而成的具有特定功能的统一体（孙东川和朱桂龙，2012）。

系统概念是系统工程核心的和基本的概念。从系统工程的观点来看，系统的属性主要有集合性、相关性、层次性、整体性、涌现性、目的性和系统对于环境的适应性。

每一个具体的系统都具有特定的结构，发挥一定的功能，表现一定的行为，产生一定的后果。系统整体的功能和行为由构成系统的要素和系统的结构所决定，整体的功能和行为是系统的任何一部分都不具备的。

系统这个概念，其含义十分丰富。它与要素相对应，意味着总体与全局；它与孤立相对应，意味着各种关系与联系；它与混乱相对应，意味着秩序与规律；它与环境相对应，意味着"适者生存"。系统要在尊重客观规律的提前下发挥主观能动性。研究系统，意味着从系统与环境的关系上、从事物的总体与全局上、从要素的联系与综合上，去研究事物的运动与发展，找出其固定的规律，建立正常的秩序，在客观条件的许可下，实现整个系统的优化。这是系统工程的要旨（孙东川和朱桂龙，2012）。

2. 系统的分类

（1）按系统生成的原因分类，系统可以分为自然系统、人工系统、复合系统。自然系统和人工系统之间有着各种联系与制约关系。随着人类生存的发展和生活范围的扩大，自然系统和人工系统之间的联系越来越密切。人工系统的建立有许多是破坏了自然系统的，而这种破坏超过了一定限度又会反过来影响人工系统以至影响人类的正常生活。因此，需要在一个更高的层次上来加以关注和分析。

（2）按系统的构成内容分类，系统可以分为实体系统和概念系统。实体系统是由自然物与人造物组成的系统。概念系统是由主观概念和逻辑关系等非物质组成的系统，也可以叫做抽象系统。

（3）按系统与环境的关系分类，系统可以分为闭系统和开系统。闭系统即系统与外界环境无联系。开系统即与外界有物质、能量或信息交换的系统。

（4）按系统状态对时间的关系分类，系统可以分为静态系统和动态系统。静态系统即状态不随时间变化，或至少在一段时间内不随时间变化。动态系统即状态随时间变化。

（5）按系统的规模大小和复杂程度分类，不同大小的系统会由于复杂程度不同而各具特点，我国系统学科的开创者钱学森建议把系统分为简单系统和巨系统。这里的巨系统，不仅规模庞大，要素数量众多，而且联系关系复杂，引出了许多复杂形态。

3. 系统的结构与功能

系统的结构是由系统要素间相对稳定的关联所形成的整体构架，是系统保持整体性以及具有一定功能的内在根据。系统各组成要素之间有纵向联系，也有横向联系，还可能是错综复杂、纵横交错的联系，形成了式样纷繁的系统结构。

系统的功能问题就是系统的作用问题。系统的功能可以理解为系统与外部环境相互联系、相互作用的过程的秩序与能力，是由于各要素按照一定方式组成系统之后所"涌现"的整体的功能，与要素功能有着本质上的差别。

系统的结构是系统内部各要素相互作用的秩序，系统的功能则是系统对外部作用的过程的秩序。结构和功能既有相对稳定的一面，又都可能发生变化。一般来说，系统的功能比结构有更大的可变性，功能变化又是结构变化的前提（孙东川和朱桂龙，2012）。

2.1.1.2 系统学

系统学是提炼系统论、信息论、控制论的共同基础理论而形成的一门学科。建立系统科学为基础科学的系统学是由中国学者钱学森所倡导的。系统学以系统论为前导和基础，但并不同于系统论（王众托，2012）。与系统论相比较，系统学的内容，一方面表现为它是更高层次上的理论科学，因此它是对运筹学、信息论、控制论等技术科学的提炼；另一方面表现为它的综合性，它不仅建立在贝塔朗菲的一般系统论的基础之上，而且广泛地吸收了耗散结构理论、协同学、突变论、超循环理论等新兴的系统理论的基本思想。因而，系统学思想在自然科学和社会科学领域均得到广泛的应用，并成为科学体系中极为重要的学科。但作为一门完整的学科，系统学正处在形成和更加系统化的过程之中（高隆昌，2005）。

2.1.1.3 系统工程

系统工程的思想和方法来自不同的行业和领域，又吸收了不同的邻近学科的理论，造成了系统工程定义上的多样性。我们从那些定义中归纳出系统工程这门学科的若干特点，得到对系统工程这样的理解：系统工程是一门纵览全局，着眼整体，综合利用各学科的思想和方法，从不同方法和视角来处理系统各部分的配合与协调，借助于数学方法与计算机工具，来规划和设计、组建、运行整个系统，使系统的技术、经济、社会要求得以满足的方法性学科（王众托，2012）。

系统工程既然是一门"工程"学科，那就应该强调它在改造客观世界方面的作用与效果，因此它是一门应用技术。系统工程还是一门跨越各个学科领域的横断性的共性技术学科，一方面是因为这套思想与方法适用于许多领域，另一方面系统工程所使用的方法与工具又多来自各门学科，只是把它们综合起来加以运用，系统工程是沟通各学科的桥梁（孙东川和朱桂龙，2012）。系统工程同时又是一门"软"技术，因为它综合处理的系统问题不仅涉及各种技术方面的"硬"因素，而且由于要以人为本，还涉及社会、心理等"软"因素，或者说人的因素，这些因素是难以形成普遍的客观规律和精确加以描述的。系统工程研究和处理问题应从整体着眼，要从不同的方面综合进行分析，借助于不同学科的思想与方法，特别要利用数学方法与计算机工具（王众托，2012）。

2.1.2 系统思想

2.1.2.1 系统思想和系统观

人类在自然界和社会上无时无刻不在和各式各样有形与无形的系统接触，自然就需要研究系统，认识系统，因而逐渐形成了运用系统的观点去分析和处理问题的思想方法，这就是系统思想。黑格尔的系统思想突出变现在他的有机进化整体观的两大原则：整体性的有机原则和整体性的进化原则。系统思想的核心是把事物作为一个有机整体来考量，由此延伸到事物的各种系统整体特性（高隆昌，2005）。系统观是把事物作为一个有机整体来看待的一种视角。

2.1.2.2 系统与环境

任何系统都是和系统之外的各种事物发生联系的，这些系统之外的并和系统发生相互联系、相互影响的事物总和，就是系统的环境。系统和环境都是在不断发展的，它们之间总是有物质、能量、信息在流动，这叫做系统的开放性；而系统本身抵制与环境的物质、能量、信息交换的特性，叫做系统的封锁性。

2.1.2.3 系统思想的特征

（1）系统整体性思想。系统整体性是系统的重要特征之一，整体性思想和原则是系统思想的重要组成部分。系统整体存在有两个特征，一是它的有机性，另一个是整体的组合效应。

（2）系统层次性思想。系统的层次是自然界和人类社会在从简单到复杂，从低级到高级的发展、进化过程中产生的。层次结构思想对我们进一步理解涌现性是有帮助的。凡是低层次不具备而高层次具有的特性，就是涌现出来的特性。

2.1.2.4 系统与信息

系统和信息是分不开的。在研究技术系统时，我们要分析研究系统中的信号变换过程。在处理社会、经济环境、科技系统的计划、设计、运行管理时，也离不开信息处理。

信息是一种资源,而且是一种重要的资源,信息的利用程度关系到现代化的进展程度,而信息资源管理本身又是一项复杂的系统工程,不能不引起我们的重视。

2.1.2.5 系统与控制

任何一个有目的系统必然有控制,所以系统与控制是分不开的。系统与信息关系密切,而信息与控制也是密切联系,因此,系统、信息、控制三者之间有着千丝万缕的联系。更重要的是怎样充分利用三方面的基本思想,能从众多纷繁的信息中选取有用的信息加以利用,并能有效地利用各种控制手段达到既定的目的(王众托,2012)。

2.1.3 系统学基本原理

2.1.3.1 系统空间原理:突破意识上的空间障碍

客观世界是否只有我们直观感受到的这个空间呢?其实远非如此,这就需要我们去拓宽自己的思维空间和思维视野,以适应越来越高级的社会、越来越复杂的生活和系统,实现从绝对时空到相对时空的层层突破。20世纪以前,人们对时间、空间的认识都还是神秘的。牛顿明确承认了"绝对时间"和"绝对空间",即认为时间、空间虽是客观存在,但与运动、力学皆无关。这就是把20世纪以前的人类历史皆归于"绝对时空"时代的缘由(高隆昌,2005)。20世纪以来,狭义相对论彻底改变了人类的时空观,使人们认识到原来时间和空间并非与物质世界毫无关系的存在,而是相反,时空也是物质,而且是与物质世界同生同灭的共生物。

2.1.3.2 系统学"二象"对偶原理

在哲学意义下客观世界一切对象之间都是有关系的,其中,特别有一类可以叫做"对偶"的关系是十分普遍的。科学在物质世界认识到的"二象"律,哲学上认识到的"对立统一"律以及一般系统的"对偶空间"论、"属性空间"论等的基础上指出,它们共同表征了客观世界的一个结构特征。从而归结为一个统一的二象对偶原理,在一个系统中或两个系统间,存在既对立又统一关系或互动、互胀关系或空间特征差异时,称它们是二象对偶(高隆昌,2005)。

2.1.3.3 系统的能量原理:广义能量论

我们可以从能量概念出发去认识客观世界,整个大自然(包括物质宇宙、人类社会、精神世界和元空间)都是由能量构成的,这种能量包括物理能、生物能、信息能和(元空间的)基本能等多种层次以及各种层次下多种存在形式。它们彼此间在一定条件下是可以相互转换的。层次间能量转换的条件最难,各层次中不同能量形式间的转换条件次之。归根结底所有能量的根本形式是基本能。把所有上述能量的形式和层次统称为广义能,把"广义能构成整个大自然"这一本质特征叫做广义能量原理,简称能量原理(高隆昌,2005)。

2.1.4　系统工程方法论

系统工程方法论可以是哲学层次上的思维方式、思维规律，也可以是操作层次上的开展系统工程项目的一般过程或程序，它反映系统工程研究和解决问题的基本思想或模式（王众托，2012）。20世纪60年代以来，许多学者在不同的层次上对系统工程方法论进行了探讨。

依照系统工程方法论提出的时间顺序，分别介绍Hall系统工程三维形态、Checkland软系统方法论、钱学森综合集成方法论、物理-事理-人理（WRS）系统方法论等。系统工程方法论在不断发展、不断完善的。同时，系统工程的理论与方法也在不断发展、不断完善，这样，系统工程可以用来有效地解决越来越多样和复杂的问题，不但包括工程问题，也包括社会问题。

2.1.4.1　Hall系统工程三维形态

系统工程方法论中出现较早、影响最大的，是美国学者Hall提出的系统工程三维形态，又称为Hall系统工程三维结构，或者Hall系统工程方法论。

Hall认为，对系统工程项目研究进行观察，可以看到，它们至少具有三个基本维度——时间维、逻辑维、专业维。

1. 第一维是时间维

时间维描述一个项目从开始到结束的整个生命周期的活动秩序，它由重大的决策点来分隔，分隔点之间的区间称为阶段。一般分为七个阶段：规划、项目计划（初步设计）、系统研制（执行项目计划）、生产（建造）、分配（分阶段启用）、运行（消耗）、退役（逐步取消）。

2. 第二维是逻辑维

逻辑维描述问题求解程序。在上面所说的各个阶段中，每个阶段都可以分为若干步骤，常常分为七个步骤：问题界定、目标体系设计（制定目标与准则）、系统综合（编排系统各种备选方案）、系统分析（推演备选方案）、优化备选方案、决策（依据目标体系）、实施（执行下一阶段）。

3. 第三维是专业维

Hall说："第三维涉及界定一个特定的学科、专业或技术所需的事实、模型和程序等主体内容。这一维可用正规化或数字化结构的程度来度量。"

时间维组成了系统工程的一种粗结构，逻辑维反映了系统工程的细结构，粗细二维即时间维与逻辑维构成系统工程活动矩阵。

应该把三个维度作为一个整体来看，这样，我们对于过程、工具以及过程中的多项活动就会获得深刻的理解。实际上，这也反映了系统方法的基本要点，这种整体性有助于获得与运用第三维中所包含的学科知识。

2.1.4.2 Checkland 软系统方法论

软系统方法论是由英国学者切克兰德在20世纪80年代提出的。他把Hall的系统工程方法论称为"硬系统思维"或"硬系统方法论",提出一种"软系统思想"或称"软系统方法论"。

软系统方法论认为对社会系统的认识离不开人的主观意识,社会系统是人的主观构造的产物。软系统方法论旨在提供一套系统方法,使得在系统内的成员间展开自由的、开放的讨论和辩论,从而使各种观念得到表达,在此基础上达成对系统进行改进的方案。软系统方法论是处理非结构化问题的程序化方法,与硬系统方法论有明显的不同(王众托,2012)。软系统方法论强调反复对话、学习,因此整个过程是一个"学习过程"。

2.1.4.3 钱学森综合集成方法论

20世纪80年代末至90年代初,钱学森又先后提出"从定性到定量综合集成方法"以及它的实践形式"从定性到定量综合集成研讨厅体系",并将运用这套方法的集体称为总体部。这就将系统论方法具体化了,形成了一套可以操作的行之有效的方法体系和实践方式(于景元,2005)。从方法与技术层次上看,它是人-机结合、人-网结合以人为主的信息、知识和智慧的综合集成技术;从运用和应用层次上看,是以总体部为实体进行的综合集成工程。

综合集成方法运用的是专家体系的合作以及专家体系与机器体系合作的研究方式与工作方式。具体地说,是通过定性综合集成到定性、定量相结合综合集成,再从定性到定量综合集成这样三个步骤来实现。这个过程不是截然分开的,而是循环往复、逐次逼近的。

对任何一项具体实践或工程,都是一个具体的实际系统,是有人参与的实际系统。因此,社会实践是系统的实践。这样一来,有关实践的决策与组织管理等问题,也就成为系统的决策与组织管理问题。要想集思广益,必须有一个能够让大家发表意见的场所,这就是集成研讨厅。综合集成方法还在不断发展之中,作为一种新的方法论,它的理念已经开始显示出很大的威力。

2.1.4.4 物理-事理-人理系统方法论

一个好的领导者或管理者应该懂物理、明事理、通人理,或者说,应该善于协调使用硬件、软件,才能把领导工作和管理工作做好。也只有这样,系统工程工作者才能把系统工程项目搞好。WSR系统方法论是具有东方传统的系统方法论,得到了国际上的认同(于景元和周晓纪,2004)。

任何社会系统不但是由物、事、人所构成,而且它们三者之间是动态的交互过程。因此,物理、事理、人理三要素之间不可分割,它们共同构成了我们关于世界的知识,包括是什么、为什么、怎么做、谁去做,所有的要素都是不可或缺的,如果缺少了、忽略了某个要素,对系统的研究将是不完整的。

2.1.5 系统工程过程

对系统工程过程的具体描述可以引用系统生命周期的概念。系统生命周期指的是一个新系统从概念的形式开始，经过开发、建造、运行，直到最后废弃的整个过程。系统生命周期的应用是一种阶段化的系统工程开发方法（王众托，2012）。它把整个系统开发分成系统概念的形成、系统的分析设计、工程开发和测试、运行和维护这几个阶段。

第一步问题的陈述，是从对系统顶层所必须完成的功能或者必须弥补的缺陷进行描述开始的。这种描述包括系统必须满足的所有需求。它所要陈述的是需要"做什么"，而不是"怎样做"。它可以用自然语言描述，也可以用一个模型来描述。这一过程的输入是从用户、所有者、责任者、制造者或市场开始的。在现代的商务环境中，问题的陈述包括企业的愿景和使命，以及为实现愿景和使命而制定的目标和战略。

第二步方案的研究，是定义系统的性能与成本及其指标，提出概念性的方案。一般不可能有哪一种方案对各项指标都能满足，因此要按照多准则来进行权衡与决策。有时候需要多次反复，这时要回答"是什么"的问题。开始时可能使用估算的数据，在进行中建立模型后可以进一步得到数据，再进行分析比较，同时也可以分析某些参数影响的灵敏度。

第三步系统的建模，实际上是要把建模的建立贯彻在系统方案确定后的整个系统生命周期，在不同阶段建立不同类型的模型，不但用于分析"现在是什么"的问题，还要用于分析"将要是什么"的问题。

第四步集成，则是要考虑怎么样把各个部分组成一个整体，这时对于各部分之间的接口需要加以设计。子系统的定义应该尽量按照自然的边界，减少相互之间的信息交换，每一个子系统都能把最终结果传给下一个子系统。小回路的反馈要比跨过多个子系统的反馈容易实现。集成最困难的地方是怎样才能把所有的活动都整合在一个实现企业愿景和使命的业务方向或业务计划上。

第五步建立系统，实际上就是要构建系统并使之运行，达到预期的结果。这个阶段是一个工程阶段，需要先设计，然后分解成一项一项的任务，加以建造实现，其中有的部分可以外购。在系统建立过程中要注意文档的编写。

第六步绩效的估定，实际上是把需求加以细化和量化，用来对新系统进行考核。技术指标的测定是为了便于对过程进行管理，以及减少设计与构建时的风险。在系统工程过程中，指标的监测是关键环节，每项指标都应该尽可能量化。

第七步再评价，指的是在开发过程中运用反馈原理来提高系统的性能和绩效。以往的经验证明，这是一种最基本的工程工具。每个阶段都应该有再评价，按照评价结果，或是往下继续进行，或是进行局部修改，或是推倒重来，也可能是项目的终止。

2.1.6 基于系统工程理论的产业安全工程研究

安全科学是从安全目标出发，研究人-机（物）-环境等之间的相互作用，求解人类生产、生活、生存安全的科学知识体系，而产业安全是指为了维持特定行为体自主产业的生存和发展不受威胁的状态。系统工程理论则为产业安全提供了产业安全系统的认识论和方法论的解释，并提供产业安全维护的模式的操作平台。

产业安全工程是一项工程技术，是以系统工程相关的方法、技术为支撑的关于产业安全系统的工程实践过程。产业安全工程学则是一门学科，是以系统工程为基础，关于产业安全系统工程实践中产业安全目标的需求与安全条件保证的矛盾关系的一般规律及其安全问题解决方法的知识体系。

研究产业安全工程学首要依据系统工程论的角度，将产业安全系统本身所特有的性质与功能分类，从而研究人子系统与环境子系统之间、人子系统与机子系统之间，各子系统与各要素之间、各要素之间等的相互作用、相互依赖和相互协调的关系，建立相应的模型或系统平台，并应用系统优化方法、建模方法、预测方法以及其他从定性到定量综合集成方法等，解决产业安全问题。

2.2 产业经济学理论

2.2.1 产业组织理论

产业组织理论是运用微观经济学理论分析厂商和市场及其相互关系的一门学科，是研究企业结构和行为、市场结构与组织以及市场与厂商相互作用和影响的一门新兴的应用经济学分支（李孟刚，2008）。产业组织理论作为一门独立学科的形成是与新古典微观经济理论在解释垄断或不完全竞争问题上的失败分不开的，从实践领域看，有关产业组织的大量研究是伴随20世纪以来大型制造业公司的迅猛发展而出现的（杨建文，2008）。

2.2.1.1 产业组织理论的演变

（1）哈佛学派。哈佛学派的理论又被称为正式产业组织理论。经过20世纪30~50年代梅森和贝恩等的努力，以哈佛大学为基地，以梅森和贝恩等为代表人物的正统产业组织理论基础形成。正统产业组织理论的核心是建立在新古典经济理论基础上的结构-行为-绩效（structure-conduct-performance，SCP）框架或SCP分析范式，即市场结构决定企业行为进而决定市场绩效（李孟刚，2006）。

（2）芝加哥学派。芝加哥学派继承了经济自由主义思想和社会达尔文主义，信奉自由市场经济中竞争机制的作用，相信市场力量或看不见的手的自我调节力量，认为市场竞争是市场力量自由发挥作用的过程，是一个优胜劣汰、适者生存的"生存检验"过程。芝加哥学派的基本主张是维护市场机制、鼓励竞争、反对政府干预等。与哈佛学派强调市场结构的分析不同，芝加哥学派更注重厂商行为的分析（李孟刚，2006）。

（3）新奥地利学派。新奥地利学派有关竞争的观点与新古典经济理论有着显著的不同。新古典经济理论把竞争解释为现实的和潜在的垄断竞争使价格趋向均衡点的边际成本，而新奥地利学派是以市场竞争为基本的分析前提，忽略了垄断问题，认为市场竞争是一个动态的过程，不能用传统的静态的方法来分析研究，同时坚决反对政府对市场竞争的任何管制与干预（李孟刚，2006）。

（4）新制度学派。新制度学派的代表人物伯勒和米恩斯研究了厂商内部产权制度的改变对厂商行为的影响，加尔布雷斯研究了抗衡力量对厂商行为的作用。从这些研究中不难看出，新制度学派就其方法论而言，一脉相承地属于行为主义，即强调厂商行为的重要性。以往产业组织理论对厂商的价格决策提出了多种模型，但主要强调的是经验验证，很少进行制度研究。近年来随着制度经济学的流行和经济研究数量化趋势的发展，产业组织研究更注重在厂商治理与企业内部组织上寻找厂商数量多寡以及在产业之间厂商数量多寡的差异导致的厂商行为和绩效不同（李孟刚，2006）。

2.2.1.2 市场结构

所谓市场结构，是指厂商之间关系的表现形式，包括买方之间、卖方之间、买卖双方之间以及市场内已有的买卖双方与正在进入或可能进入市场的买卖双方之间的交易、利益分配等方面存在的竞争关系，是现代产业组织理论，特别是 SCP 分析框架的最基本的概念和研究对象（马歇尔，1964）。产业组织理论中的结构用来描述在某一特定市场或产业中经营的厂商所面临的环境。这种环境可以通过买者和卖者的数量和规模分布、产品差异程度、厂商进入或退出壁垒、纵向一体化或多样化经营的程度等来描述。

从根本上说，市场结构是反映市场竞争和垄断关系的概念。罗宾逊夫人在《不完全竞争经济学》中将市场结构分为完全竞争、完全垄断、寡头垄断、垄断竞争四种基本类型（马歇尔，1964）。其中，完全竞争和完全垄断是两种极端的结构，现实中的绝大多数市场是介于这两者之间的垄断竞争和寡头垄断两种类型。因此，产业组织理论研究的重点是垄断竞争和寡头垄断这两种市场结构下的市场行为、市场绩效及其相互关系和政府干预的政策建议。

2.2.1.3 市场行为

所谓市场行为，是指厂商在市场上为谋取更多利润和更高的市场份额而采取的战略性行为或行动，即厂商指定决策和实施决策的行为。厂商的市场行为主要集中在定价、广告和研究费用支出、产品质量以及遏制竞争对手（包括潜在竞争对手）的策略上。通常可将企业的市场行为分为价格行为和非价格行为两大类。

2.2.1.4 市场绩效

所谓市场绩效，是指在一定的市场结构下，通过一定的厂商行为使某一产业在价格、产量、成本、利润、产品质量、品种以及技术进步等方面达到的状态。研究市场绩效要回答厂商经营是否实现了资源配置效率、是否增加了社会总福利、是否避免了生产要素浪费获得了生产上的效率以及能否满足消费者需求等问题（杨公朴，2005）。

2.2.2 产业结构理论

所谓产业结构，是指在社会再生产过程中，一个国家或地区的产业组成，即资源在产业间的配置状态（李孟刚，2008）。产业结构与经济增长有着非常密切的关系，产业结构的演进会促进经济总量的增长，经济总量的增长也会促进产业结构的加速演进，这已经被许多国家经济发展的实践所证明。特别是在现代经济增长中，产业结构演进和经济发展的相互作用越来越明显。因此，对产业结构的分析和研究越来越受到许多国家的重视。发达国家和一些新兴工业化国家在产业结构理论研究和实际应用方面已经积累了大量的知识和丰富的经验，产业结构理论发展到今天，其体系也日臻成熟。

2.2.2.1 产业结构概述

产业结构理论主要是从资源在各产业之间合理配置的角度来研究影响和决定产业之间比例关系的因素、产业结构演进的规律、产业结构的合理化和高度化、主导产业选择的基准、主导产业和其他产业的协调发展等。它通过对产业结构历史、现状及未来的研究，探索产业结构发展变化的一般趋势，为规划未来的产业结构政策服务。

产业结构理论的基本体系由产业结构形成理论、主导产业选择理论、产业结构演变理论、产业结构影响因素理论、产业结构效应理论、产业结构优化理论、产业结构分析理论、产业结构政策理论、产业结构研究方法论等几部分组成。

2.2.2.2 产业结构的影响因素

研究产业结构的影响因素可以帮助我们更好地认识产业结构的现状及其结构变动的趋势和规律，进而制定相应的产业政策，以调整产业结构，促进产业结构向合理化、高度化演进。

简单地讲，影响产业结构的因素主要有：①供给因素，包括自然条件和资源禀赋、人口因素、技术进步、资金供应状况、商品供应状况、环境因素等；②需求因素，主要包括消费需求因素和投资需求因素两方面，其中消费需求因素主要指人口的增加和人均收入水平的变化、个人消费结构、中间需求和最终需求的比例、消费和投资的比例等；③国际贸易因素；④国际投资因素。

2.2.2.3 产业结构的演化

国内外学者对产业结构的变动进行了大量研究，总结出了许多规律，如配第-克拉克定律、库兹涅茨人均收入影响论、罗斯托主导产业扩散效应理论和经济成长阶段论、钱纳里工业化阶段理论、霍夫曼工业化经验法则、赤松要雁行形态理论等。当然，关于产业结构的理论远不止这些，以上只是较常见的反映产业结构演变规律的一些基本理论。

2.2.2.4 产业结构的优化

产业结构的优化是指推动产业结构高度化和合理化发展的过程。前者主要依据产业关联技术经济的客观比例关系，来调整不协调的产业结构，促进国民经济各产业间的协调发展；后者主要遵循产业结构演化规律，通过创新，加速产业结构的高度化演进。产业结构优化过程就是通过政府的有关产业政策调整影响产业结构变化的供给结构和需求结构，通过资源优化配置与再配置来推进产业结构向合理化和高度化发展。

2.2.3 产业关联理论

2.2.3.1 产业关联概述

在经济活动的过程中，各产业之间存在着广泛、复杂和密切的联系，这种以各种投入品和产出品为连接纽带的技术经济联系在产业经济学中被称为产业关联（杨建文，2008）。其中的投入品和产出品可以是各种有形产品和无形产品，也可以是实物形态或价值形态的投入品或产出品；技术经济联系和联系方式可以是实物形态的联系和联系方式。实物形态的联系和联系方式难以用计量方法准确衡量，而价值形态的联系和联系方式可以从量化比例的角度来进行研究，因此，在产业关联分析的实际应用中使用更多的是价值形态的技术经济联系和联系方式。

2.2.3.2 投入产出分析的理论基础

产业关联分析最基本的方法是列昂惕夫创立的投入产出法，该方法可以有效揭示产业间技术经济联系的量化比例关系。因此，产业关联理论也常被称为投入产出理论。

投入产出法，也称投入产出分析、投入产出技术、产业关联分析方法、部门联系平衡法等，是研究国民经济体系或区域经济体系中各产业部门间投入与产出依存关系的数量分析方法。投入产出法不仅限于分析产业间联系，还可以用于研究国民经济中的许多其他问题。

投入产出的投入是指产品生产所消耗的原材料、燃料、动力、固定资产折旧和劳动力；产出是指产品生产出来后的去向、流向，即使用方向和数量，又叫流量，如生产消费、生活消费和积累。

运用投入产出法研究产业关联问题时，通常通过编制棋盘式的投入产出表，建立相应的线性代数方程体系，模拟现实经济各产业部门产品流入和流出的社会再生产过程，来分析产业间的各种重要比例关系。

2.2.3.3 投入产出模型

投入产出的基本模型包括按行、按列平衡关系式建立的投入产出模型，还可建立中间产品流量模型、劳动力流量模型和国民生产总值流量模型等。

静态的投入产出模型在产业关联分析方面的应用十分广泛，根据分析目的和应用工具的不同，可将其分为产业结构分析、产业波及效果分析及经济分析等。其中，产业结构分析包括产业间投入产出结构分析、产业间供给与需求分析和产业关联广度与深度分析；产业波及效果分析包括产业波及效果现状分析和产业波及效果未来预测（于景元，2005）。

2.2.4 产业布局理论

2.2.4.1 产业布局概述

产业布局是指产业在一国（或地区）范围内的空间组合。在实践中，它是一项受多层次、多目标、多部门、多因素影响，具有全局性的经济战略部署（杨公朴，2005）。合理的产业布局有利于发挥地区优势，充分利用资源，进而有利于取得良好的经济、社会和生态效益；不合理的产业布局则有可能阻碍发展，甚至可能付出巨大的代价。因此，产业布局是关乎长远发展的重大战略问题。

2.2.4.2 产业布局的理论基础

产业布局理论是生产活动的内容和生产空间拓展到一定程度的必然产物，其理论发展经历了以下几个阶段：古典区位理论，现代产业布局理论，后起国的产业布局理论。古典区位理论主要是指德国经济学杜能的农业区位论和韦伯的工业区位论。现代产业布局理论主要有成本学派理论、市场学派理论、成本-市场学派理论。后起国的产业布局理论主要有增长极理论、点轴理论和地理二元经济理论（李悦，1998）。

2.2.4.3 产业布局的影响因素

（1）自然因素。自然因素是产业布局形成的物质基础和先决条件，包括自然条件和自然资源两个方面。自然因素从三个层面对产业布局产生影响：一是在社会发展的不同阶段，对产业布局的不同影响；二是对不同产业（第一、第二、第三产业）布局的影响；三是对产业布局和产业发展的不同影响。这就是自然因素导向的产业布局。

（2）社会经济因素。影响产业布局的社会经济因素主要有历史基础、市场条件、法律、宏观调控、国际政治条件、价格与税收等。基础条件影响因素：一是历史基础条件；二是交通和通信等基础设施条件。市场条件主要是指市场结构、市场的需求量和需求结构、市场竞争、资本市场对产业布局的影响。政治对产业布局的影响是指政府通过制定和完善政治和法律的政策措施来干预与调控产业的发展规划、区位选择等，这也叫政治或政策导向的产业布局。在价格与税收条件方面，价格对产业布局的影响主要体现在国家的价格政策、产品地区差价及产品可比价格等方面；而税收对产业布局产生作用则主要通过合理的税制结构及改变税率的方法来实现。

（3）科学技术因素。科学技术是构成生产力的重要组成部分，是影响经济发展与产业布局的重要条件之一。技术决定着自然资源开发利用的深度和广度，使自然资源获得新的经济意义。技术进步通过形成地区之间的产业梯度、技术创新和转化，从而导致具有不同生命周期的产业梯度转移，改善地区之间的产业结构，进而影响产业布局。

(4) 地理位置因素。地理位置之所以是影响产业布局的重要因素，是因为地理位置不同，自然条件、交通、信息和一系列社会经济条件也就不一样。影响产业布局的地理位置因素较多，其中最主要的是经济区位和特殊地理环境两个因素。

2.2.4.4 产业集聚

经济发展到一定阶段，产业布局就会呈现出区域集聚的态势，即某类产业或某些相互关联的产业逐渐在特定的地理位置相对集中，形成若干个企业和机构的集合。产业聚集是为创造竞争优势而形成的一种产业空间组织形式，其所具有的群体竞争优势和集聚发展的规模效益是其他形式无法比拟的。在经济全球化的今天，产业集聚已经成为全球性的经济发展潮流，构成了当今世界经济的基本空间架构。

产业集聚，也称产业集群或企业集群，是某类产业或某些相互关联的产业逐渐在特定的地理位置相对集中形成若干企业和机构集合的对象（项林英等，2006）。产业集聚的形成既有本地区的历史根源，又经常取决于本地企业之间既竞争又合作的关系集合。产业集聚的核心是企业之间及企业与其他机构之间的联系以及互补性，这种关系既有利于规模经济的获得，同时也比垂直一体化的大型企业具有更大的灵活性，而且有利于互动式学习过程的进行，从而加速创新过程的实现。

产业集聚的代表理论主要有马歇尔的外部经济理论、韦伯的集聚经济理论、克鲁格曼的新经济地理学理论和波特的竞争优势理论。

2.2.5 产业发展理论

2.2.5.1 产业发展概述

产业发展理论，是产业经济学研究的重要任务和研究目的。在产业组织理论和产业结构理论研究的基础上，产业发展理论所关注的是不同时期产业的演变过程和规律（伍海华等，2004）。

产业发展是产业经济学研究的重要任务，也是产业经济学研究的目的。产业组织和产业结构分别对产业内部和产业间的规律进行考察，最终都是为了促进产业发展。产业组织深入到产业内部，对企业的行为、市场的结构进行研究，目的是为了提高产业的效率。产业结构则是对不同产业间的技术经济联系、产业结构转换规律进行研究，目的是为了推动产业结构的优化。产业组织和产业结构构成产业经济学的微观部分和中观部分，它们都是产业发展的基础和前提，产业发展则是在这个基础上对不同时期产业的动态演变过程和规律进行分析，产业发展是产业经济学的宏观部分。

2.2.5.2 产业发展战略

产业发展战略就是研究产业发展中带全局性的、规律性的东西，或者说，产业发展战略是指从产业发展的全局出发，分析构成产业发展全局的各个局部、因果之间的关系，找出影响并决定经济全局发展的局部或因素，而相应做出的筹划和决策（伍海华等，

2004）。产业发展战略主要有平衡发展战略与非平衡发展战略、进口替代与出口促进产业发展战略、轻重工业优先发展战略。

2.2.5.3 国际化背景下的产业发展

随着当代科技革命的不断深入，世界各国的经济生活越来越国际化，不同社会制度、不同发展水平的国家都被纳入到统一的国际经济体系中。任何国家都不可能做到自给自足，都必须与国际经济保持千丝万缕的联系。各国经济相互依赖程度不断加深，从贸易、金融到生产的各个领域，无不体现出国际化的特征。"经济国际化"是一个涵盖面非常广的概念，它可以包括贸易、金融、生产等经济生活的各个方面。从生产力的角度说，可以理解为生产要素在国家间的流动和组合，这种流动和组合是以国际水平分工为基础，并且能反映出国际水平分工所带来的比较优势；从生产关系的角度考察，也就是产业资本运动过程的国际化。

商品国际化是指商品的生产已经不仅是为了国内市场的需要，而且越来越为了国际市场的需要。商品国际化的程度集中地反映在国际贸易的发展及各个国家对进出口贸易的依存度上。

金融国际化是当今世界经济的另一重要现象。金融市场全球化，使一大批新兴国家金融市场崛起，全球性金融中心和大批离岸金融市场构成了一个覆盖全球的金融网络；国际融资工具不断翻新，金融创新层出不穷，为资本的国际流动消除了货币障碍。

生产国家化主要体现在生产经营的跨国化方面。生产经营的跨国化是生产领域中最显著的国际现象，也是国际经济关系向紧密化方向发展的更深刻的表现。

2.2.5.4 产业发展的趋势

进入 21 世纪以来，伴随着经济全球化进程的不断深入发展，各国、各区域乃至全世界产业发展的外部环境、内部条件、技术形态以及依存关系也都是经历着一场前所未有的革新。由此，人们普遍认为国际产业的发展已呈现出新的特征。例如，各具特色的产业群落在世界各地迅速崛起；跨产业的企业兼并层出不穷；产业经济循环发展模式方兴未艾等。这些特征不但清晰地勾画出了当今国际产业发展的新轮廓，同时也显现出了未来国际产业发展的三大趋势：融合化、簇群化和生态化。产业融合是指不同产业或同一产业内的不同行业相互渗透、相互交叉，最终融为一体，逐步形成新产业的动态发展过程。产业簇群是指在某个特定产业中相互关联的、在地理位置上相对集中的若干企业和机构的集合。产业生态化是一种"促进人与自然的协调与和谐"的产业发展模式，要求在从生产到消费的各个领域倡导新的经济规范和行为准则。

2.2.6 产业政策理论

关于产业政策，目前国际上尚无统一的定义。一般认为，产业政策是一国中央或地区政府为了其全局和长远利益而主动干预产业活动的各种政策的总和。产业政策是对以产业组织理论、产业结构理论、产业布局理论为基本内容的产业经济学基本理论的应用，也是产业经济学理论价值的最终体现。产业经济理论和产业政策实践是相互依存、相互促进的。一方面产业经济理论对产业政策有直接指导作用；另一方面，产业政策实践又对产业经济理论不断提出新的要求、提供新的研究素材，以此推动产业经济理论的丰富和发展。

2.2.6.1 产业政策的理论依据

产业政策兴起与存续的理论依据主要有以下三种（尤振来，2008）。

（1）市场失灵说。市场失灵说强调，产业政策的兴起和存续是弥补市场缺陷、完善资源配置机制的需要。由于公共产品、外部性、规模经济等市场失灵领域的存在，仅依靠市场机制不可能实现产业资源的最优配置。于是，运用产业政策这一非市场调节的手段，发挥政府经济职能去弥补市场机制的缺陷便成为必然选择。

（2）赶超战略说。该学说强调产业政策是政府在市场机制基础上更有效地实施赶超战略的需要。这也是在总结后发展国家实现赶超目标的成功经验后得出的结论，因而较好地揭示了"为什么后发展国家在实现赶超目标的过程中比发达国家更多地运用产业政策"的原因。事实证明，由于后发优势的存在，发展中国家完全可能通过制定和推行合理的产业政策，来实现经济的超常规发展，缩短追赶先进国家所需的时间。

（3）国际竞争说。该学说强调产业政策是当今世界各国更好地参与国际竞争的需要。由于世界经济一体化的出现，国际经济关系和国际分工体系正在经历前所未有的变化，各国经济都面临着新的机遇和挑战。在这种形势下，各国政府都迫切需要以产业政策为基本工具，审时度势，充分发挥政府的经济职能，增强本国产业的国际竞争力，从而维持或争取本国产业在经济全球化过程中的优势地位。

2.2.6.2 产业政策的内容

产业政策主要包括产业组织政策、产业结构政策、产业布局政策等，这些政策在实施过程中可能是多种政策并举，也可能在不同的历史时期、不同国家有不同的侧重，它们相互联系、相互交叉，形成一个有机的政策体系。

（1）产业组织政策。产业组织政策是指为实现产业内部企业之间资源配置而制定的政策总和。其实质是政府通过协调自由竞争与规模经济的矛盾，维持良好的市场秩序，保证资源有效配置和社会福利的最大化。根据结构主义的组织理论——市场结构决定市场行为，从而决定市场绩效的理论范式，产业组织政策又可以分为控制市场结构政策和规制市场行为政策两大类。产业组织政策的主要内容包括反垄断、促进竞争的政策，推动建立和形成大规模生产体制的政策，以及促进中小企业现代化的政策等。

（2）产业结构政策。产业结构政策是指政府根据产业结构变动规律的客观要求，通过确定产业的构成比例、相互关系和产业发展序列，为实现产业结构合理化和高度化而实施的政策总和。产业结构政策通过确定经济发展某一阶段的产业结构高度化的目标和产业发展序列，选择主导产业，并在投资、信贷、税收，以及经济立法等方面采取扶植措施，帮助实现社会资源向急需发展和高效率产业方向流动。

（3）产业布局政策。产业布局政策是政府根据产业区位理论以及国民经济与区域经济发展的要求，制定和实施的有关产业空间分布的政策总和。其主要内容有：制订区域发展规划；对重点地区实施倾斜，寻求集聚效应和高效率；通过提供财政援助税收优惠等，发展基础设施，改善地区的经济发展条件，促进落后地区的发展。

2.2.6.3 产业政策的作用

产业政策的作用主要有以下几个方面。

（1）弥补市场失灵的缺陷。由于规模经济、公共产品、外部性等市场失灵领域的存在，如果仅依靠市场机制，就无法避免垄断、不正当竞争、基础设施投资不足、过度竞争、环境污染和资源浪费等现象的发生与蔓延。历史经验表明，各国产业政策最普遍的作用，就是弥补市场失灵。例如，通过推行产业组织政策和产业结构政策，政府可以限制垄断的蔓延，促进有效竞争的形成，加速产业基础设施的建设，治理环境污染与生态失衡，加速教育与科技的发展等（王磊，2004）。

（2）实现超常规发展，缩短赶超时间。后发国家不能走发达国家的老路，必须在较短时期内形成具有竞争能力的生产规模和技术体系。依据"后发优势论"，必须制定和实施产业政策，有重点、有步骤地配置资源，做到有所为，有所不为，从而实现非均衡性增长。实践证明，产业政策是后发国家实现超常规发展、缩短赶超时间的重要手段。

（3）促进产业结构合理化与高度化，实现产业资源的优化配置。市场机制虽然可以较好地实现资源的有效配置，但市场的力量往往是盲目的，其作用也主要是事后调节，因而不可避免地伴随着大量的资源浪费（尤振来，2008）。产业政策作为政府行为完全可以根据科学的预见实现事前调节，避免不必要的资源闲置和浪费，它在产业结构领域中的作用尤其显著。通过制定和实施产业结构政策，政府这只"看得见的手"可以有效地支持未来主导产业和支柱产业的成长壮大，可以有秩序、低成本地实现衰退产业的撤退和调整，从而加速产业结构的合理化和高度化，实现产业资源的优化配置（田春华，2005）。

（4）增强产业国际竞争力，保障国家经济安全。产业的国际竞争力是建立在本国资源的国际比较优势、骨干企业的生产力水平、技术创新能力和国际市场的开拓能力基础之上的（王磊，2004）。产业政策对增强企业创新能力和开拓国际市场等都有重要作用。在经济全球化过程中，各国政府应当学会以产业政策为武器，尽可能地趋利避害，确保国家的经济安全。

2.2.7 基于产业经济学理论的产业安全工程研究

近几十年来，随着经济全球化的迅猛发展，任何国家的产业都很难脱离世界市场独立发展，传统意义上完整的产业控制权已不复存在。在这一背景下，如何最大限度地保持本国经济对产业的控制权，在维护本国产业相对安全的前提下求得发展，成为各国（地区）产业实践中刻不容缓、备受关注的现实问题。

研究产业组织、产业结构、产业布局的产业政策理论的目的在于更好地指导产业实践，实现产业生存与发展的安全。产业安全是经济安全和发展的基础，是政府制定产业政策，进行经济干预最基本的出发点。从这个意义上讲，产业安全问题应该作为贯穿现有经济产业学理论的一条主线，也应该作为产业经济学理论研究与实践的终极目的，产业安全理论应该成为产业经济学理论中新的重要组成部分。因此，产业安全理论体系的形成是对产业经济学框架的完善，是对产业经济学理论的发展。

2.3 产业安全理论

2.3.1 产业安全的界定

产业安全是指一国产业自主生存和发展不受威胁的状态，包括两层含义：首先，产业安全包含生存安全和发展安全两个方面。产业生存安全是指产业的生存不受威胁的状态，产业发展安全是指产业的发展不受威胁的状态。其次，产业安全度可以通过评价产业受威胁的程度加以反推（李孟刚，2006）。

产业安全主要有战略性、综合型、紧迫性、系统性、层次性、动态性及策略性等几个基本特征。

基于产业经济学理论框架的产业安全分类法，可以粗略地将产业安全分为产业组织安全、产业结构安全、产业布局安全和产业政策安全。基于产业分类的产业安全分类法，可将产业安全分为第一产业的产业安全、第二产业的产业安全和第三产业的产业安全。根据国际标准产业分类法和国家标准产业分类法，可以将产业安全分为农林牧渔业的产业安全、制造业的产业安全、金融保险业的产业安全、建筑业的产业安全等，也可以按各大类型下的小项而细分为林业产业安全、金融产业安全、纺织产业安全等（李孟刚，2010）。

2.3.2 产业安全的影响因素

影响产业安全的因素是极其复杂和多方面的，其中有政治因素、经济因素，还有社会因素。产业安全的影响因素是进行产业安全评价、制定产业安全政策的基础（李孟刚，2008）。

基于内外因的影响因素分析。影响产业安全的外部因素是指，经济全球化和市场开放条件下，来自国外的资本、技术和产品等因素；影响产业安全的内部因素是指，产业所在国国内的对产业生存和发展造成影响的因素，主要分为国内产业的生存环境因素和竞争环境因素两大类。以现有产业经济学的理论框架为基础，基于其理论框架可将影响产业安全的因素分为产业组织因素、产业结构因素、产业布局因素和产业政策因素（李孟刚，2008）。

2.3.3 产业安全理论的内容

产业安全理论主要包括产业损害理论、产业控制理论、产业国际竞争力理论、产业安全评价体系与预警、产业保护理论五个方面（李孟刚，2008）。产业安全理论体系如图2-1所示。

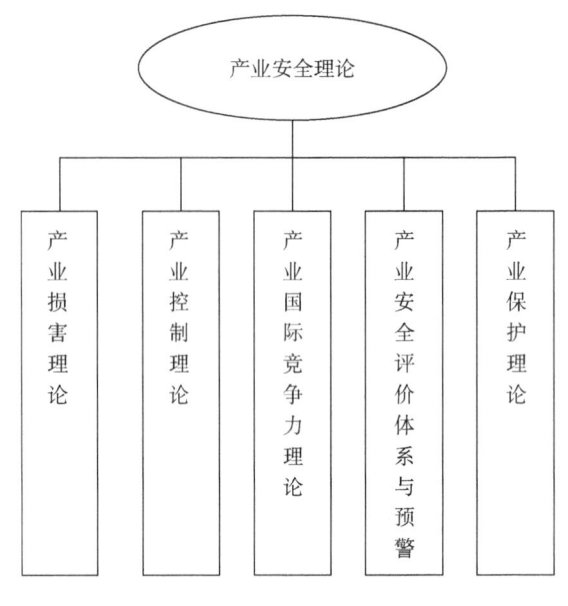

图 2-1　产业安全理论体系

产业保护理论可以说是最早研究产业安全的一种理论，也是较为成熟的产业安全理论之一（李孟刚，2010）。产业保护理论是主要研究产业保护对象、产业保护手段、产业保护程度和产业保护效果的一种产业安全理论。产业保护是一国政府在一定经济发展阶段和一定时间内，为了发展某一产业而实行的保护措施和支持政策，其实质是一种政府规制或干预行为。

产业损害理论是产业安全理论的一部分，主要研究产品倾销对进口国产业造成的损害，以及进口国为了补偿、平衡倾销造成的产业损害而进行的反倾销（李孟刚，2010）。倾销对一国产业具有很强的破坏性，为防止不公平竞争的发生，保障国内产业的生存条件，政府需要进行产业损害调查，并在调查的基础上，结合产业损害幅度的测算结果，以课征反倾销税的方式来维护因境外商品或境外补贴出口所导致的产业损害；同时，在反倾销税的征收额度中考虑对产业损害的补偿，平衡倾销对国内产业造成的损害。

产业国际竞争力是指国际自由贸易条件下（或在排除了贸易壁垒因素的假设条件下），一国特定产业以相对于他国更高的生产力，向国际市场提供符合消费者需求的更多产品，并持续获得盈利的能力。这一定义包含了生产能力和盈利能力两方面的内容，其实质是一国产业与外国产业在国际、国内市场争夺市场份额的能力（李孟刚，2010）。

产业控制力是指一国控制本国产业的能力或者程度。产业控制力，首先强调的是东道国对本国产业的控制力，但在开放市场条件下，东道国产业的发展需要外资的进入和支持，而外资和东道国对产业的控制力是一种零和博弈，外资产业控制力的增加是以东道国产业控制力的等量减少为条件的。因此，基于产业控制力角度的产业安全研究，往往着重于对外资产业控制的研究和分析，用外资产业控制力的强弱反映本国资本产业控制力的大小，从而来判断其对产业安全影响的程度。当外资对产业的控制力超过东道国或存在这样的潜在威胁时，可以认为该国的产业安全出现了问题（李孟刚，2006）。

产业安全评价是对国家产业安全状态的定量分析，是产业安全理论的数量化研究，建立一套符合产业发展实际的有效产业安全评价体系，有利于客观、准确地"把脉"产业安全状态，从而及时、有效地调整产业决策，维护产业安全。产业安全预警是在安全评价的基础上，根据观测到的评价指标，适时、适度地向相关经济单位发出警报，并且协助相关决策部门制定应对措施。预警是先根据产业安全评价所做出的结果，其次对比给定的预警范围，最后确定一国产业安全受到威胁的程度，据此发出警报，完成产业安全预警。

2.3.4 基于产业安全理论的产业安全工程研究

产业安全涉及面非常广泛，产业安全理论的研究已形成体系，要对产业安全问题进行更深入的研究，进而以产业安全理论体系为基础，对产业安全问题工程学领域进行研究，丰富产业安全理论体系，使其更加系统化、信息化。

工程是指工程活动，是以建造为核心的活动，基本任务是建设和完成具体的个别项目，如安全工程、环境工程、土木工程等。这里所说的工程具有广泛的意义，不仅指与物质、能量等有关的工作，而且包括信息处理、人的行为等各个方面。

产业安全工程是指为了维持特定行为体自主产业的生存和发展不受威胁的状态而提供的系统的认识论和方法论的解释，并提供产业安全维护的模式和操作平台。

2.4 复杂网络理论

近年来，学术界关于复杂网络的研究方兴未艾，特别是国际上有两项开创性工作掀起了一股不小的研究复杂网络的热潮。一个是 1998 年 Watts 和 Strogatz 在 *Nature* 杂志上发表文章，引入了小世界（small-world）网络模型，以描述从完全规则网络到完全随机网络的转变；另一个是 1999 年 Barabasi 和 Albert 在 *Science* 杂志上发表文章，指出许多实际的复杂网络的连接度分布具有幂律形式特征。随着复杂网络研究的深入发展，它也被广泛地应用于社会网络、城市交通网络、网络社区网络、流行性疾病传播网络、科学家合作网络、电力网络等。我们从复杂网络的基本概念和特性、复杂网络的网络拓扑结构、复杂网络的传播动力学和超网络四个方面，对复杂网络进行讲述（汪小帆等，2005）。

2.4.1 复杂网络的基本概念

2.4.1.1 复杂系统

前面在讲系统的分类时，可以按照系统的复杂程度，将系统分为简单系统和巨型系统。同理我们也可以将系统分为简单系统、随机系统和复杂系统。复杂系统理论（complex system）是系统科学中的一个前沿方向，其主要目的就是要揭示复杂系统的一些难以用现有科学方法解释的动力学行为。与传统的还原论方法不同，复杂系统理论强调用整体论和还原论相结合的方法去分析系统。

复杂系统是具有中等数目基于局部信息做出行动的智能性、自适应性主体的系统。通俗地讲，它不是简单系统或随机系统，是一个层次结构复杂、组成单元众多却结构无序的非线性系统，特征是元素数目很多，且其间存在着强烈的耦合作用。例如，生态系统是由各个种群、各种生物和自然环境组成的生态共同体，它是一种典型的复杂系统。当然，我们也可以将企业组织、产业组织或是产业安全看成是一个复杂系统，可以将其看成一个有众多不确定因素组成的自适应系统，特别是产业安全问题，它是由不同的行业组织和政府组织、跨国公司、国际经济组织共同构成的经济问题。因此，它具有典型的复杂系统的性质，可以利用复杂系统的分析方法来研究产业安全的问题。

2.4.1.2 复杂网络定义

钱学森给出了复杂网络的一个较严格的定义：具有自组织、自相似、吸引子、小世界、无标度中部分或全部性质的网络称为复杂网络（汪小帆等，2005）。

自然界中存在的大量复杂系统都可以通过形形色色的网络加以描述，一个典型的网络是由许多节点与连接两个节点之间的一些边组成的，其中节点用来代表真实系统中不同的个体，而边则用来表示个体之间的关系，通常是当两个节点之间具有某种特定的关系时连接一条边，反之则不连边。有边相连的两个节点在网络中被看成是相邻的。网络可以用来描述人与人之间的社会关系、网页与网页之间的链接关系、微博社区里的转发与关注关系、科学家论文中的引用关系，等等。例如，可以将城市公共交通系统抽象为一个由公交站线路和停靠站点构成的复杂网络；也可以将产业安全系统抽象为一个由众多产业的投入产出与产业节点构成的复杂网络。我们将在第8章构建一个这样的产业安全网络。

复杂网络即具有高度复杂性的网络，其复杂性主要表现在以下几个方面（汪小帆等，2005）。

（1）结构复杂，表现在节点数目巨大，网络结构呈现多种不同特征。

（2）网络进化，表现在节点或连接的产生与消失。例如，因特网中网页或链接随时可能出现或断开，导致网络结构不断发生变化。

（3）连接多样性，节点之间的连接权重存在差异，且有可能存在方向性。

（4）动力学复杂性，节点集可能属于非线性动力学系统。例如，节点状态随时间发生复杂变化。

（5）节点多样性，复杂网络中的节点可以代表任何事物。例如，人际关系构成的复杂网络节点代表单独个体，因特网组成的复杂网络节点可以表示不同网页。

（6）多重复杂性融合，即以上多重复杂性相互影响，导致更为难以预料的结果。例如，设计一个电力供应网络需要考虑此网络的进化过程，其进化过程决定网络的拓扑结构。当两个节点之间频繁进行能量传输时,他们之间的连接权重会随之增加,通过不断的学习与记忆可以逐步改善网络性能。

2.4.1.3 复杂网络特性

一个复杂网络的网络特性通常通过网络的度分布、平均路径长度和聚类系数来描述,通过这种特征指标的计算可以得出网络的一个基本特性,从而有助于对网络的现实意义进行分析(项林英等,2006)。

1. 度分布

节点 i 的度为节点 i 连接的边的总数,所有节点 i 的度 k_i 的平均值称为网络的平均度,定义为 k。网络中节点的度分布用分布函数 $p(k)$ 表示,其含义为一个任意选择的节点恰好有 k 条的概率,也等于网络中度为 k 的节点的个数占网络总个数的比值。典型的度分布函数是在双对数坐标下,呈现出与幂律函数拟合函数形态。在产业安全网络中,产业的度就是指与该产业相关联的产业的个数,度数越大说明该行业的业务范围越广。产业安全网络的度分布则给出了所有产业的度值,也可以用一条幂律函数拟合,通过产业安全网络可以直观地看出每个产业的关联范围的大小以及整个地区行业的交叉深度。

2. 平均路径长度

网络研究中,一般定义两节点间的距离为连接两者的最短路径的边的数目;网络的直径为任意两点间的最大距离;网络的平均路径长度则是所有节点之间距离的平均值,它描述了网络中节点间的分离程度,即网络有多小。复杂网络研究中一个重要的发现是绝大多数大规模真实网络的平均路径长度比想象的小得多,称之为"小世界效应"。这一提法来源于著名的 Milgram "小世界"试验,试验要求参与者把一封信传给他们熟悉的人之一,使这封信最终传到指定的人,借此来探明熟人网络中路径长度的分布,结果表明平均传递人数仅为六,这一试验也正是流行的"六度分离"概念的起源。

在产业安全网络中,平均路径长度分布描述了任意两个行业之间的最少的联系长度。通过分析平均路径长度可以看出不同行业之间的联系间隔,平均路径长度越长则表示当前情况下产业没有形成一个整体的竞争力,对产业安全有负面的影响。分析整个行业的平均路径长度,可以对整个地区行业进行调整,以增加行业间的联系程度,形成一个互相关联的合作网络,提升地区的产业整体水平。

3. 聚类系数

聚集系数是表示一个图形中节点聚集程度的系数。在现实的网络中,尤其是在特定的网络中,由于相对高密度连接点的关系,节点总是趋向于建立一组严密的组织关系。在现实世界的网络,这种可能性往往比两个节点之间随机设立了一个连接的平均概率更大。在产业安全网络中,聚集系数则表示产业的集中程度,聚集系数越大说明产业的集中度越大，相对的产业结构就越单调，产业的安全度也就越小。

2.4.2 网络拓扑基本模型和性质

2.4.2.1 规则网络

我们把一维链、二维晶格等称为规则网络，具有对称性。二维晶格主要指平移对称性晶格，晶格上任意一个节点的邻居数目都相同。规则网络的聚类系数 C 比较大，平均路径长度 L 也比较大。经常研究的有全局耦合网络、最近邻耦合网络、星形网络等，它们都属于规则网络（汪小帆等，2005）。

2.4.2.2 随机网络模型

20 世纪 50 年代末期，匈牙利数学家 Paul Erdos 和 Alfred Reny 首次将随机性引入网络研究，提出了著名的随机网络模型，简称 ER 模型。他们在研究中指出可以用两种方法建立随机网络：一种方法是给定 N 个节点，从 $\frac{N(N-1)}{2}$ 条可能的边中连接 E 条边，忽略重边的情况；另一种方法是给定 N 个节点，每一对节点以概率 P 进行连接，所得到的图是一个随机图，如图 2-2 所示。$p=0$ 时，给定 8 个孤立节点，图 2-2（b）和图 2-2（c）分别表示连接的概率 $p=0.1$ 和 $p=0.25$ 时得到的随机网络。

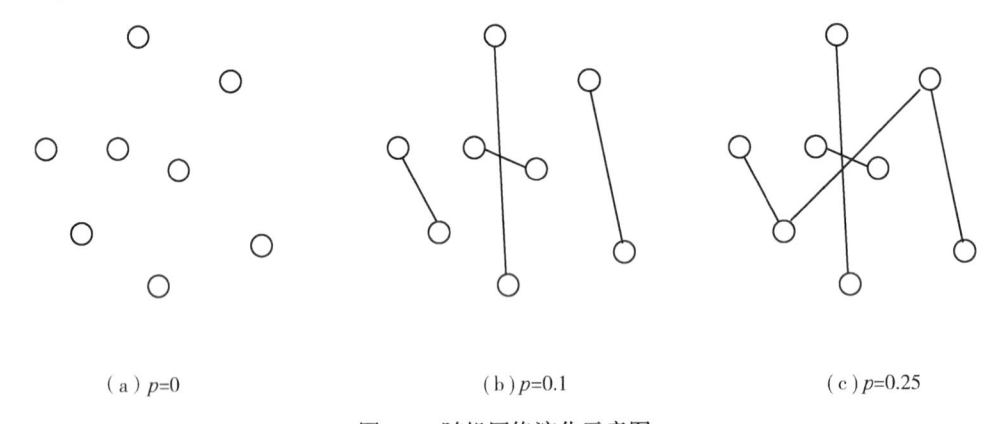

（a）$p=0$　　　　　（b）$p=0.1$　　　　　（c）$p=0.25$

图 2-2　随机网络演化示意图

随机网络的基本特性可以归纳如下（项林英等，2006）。

（1）度分布。给定一个连接概率为 p 的随机图，对于任意节点 i，其度 k_i 遵循二项式分布，$p(k_i = k) = C_{N-1}^k p^k (1-p)^{N-1-k}$。当网络规模 N 很大时，网络分布接近泊松分布，即 $p(k) = e^{-\langle k \rangle} \frac{\langle k \rangle^k}{k!}$。由于随即网络中节点之间的连接是等概率的，大多数节点的度都是在均值 $\langle k \rangle \approx pN$ 附近，网络中没有度特别大的节点。

（2）簇系数。由于网络中任何两个节点之间连接都是等概率的，对于某个节点 i，其邻节点之间连接的概率也是 p，所以随机网络的簇系数 $C_{rand} \approx p\frac{\langle k \rangle}{N}$。

（3）平均路径长度。随机网络的平均路径长度为 $APL_{rand} = \frac{\ln N}{\ln(\langle k \rangle)}$。

可以看出，随机网络的平均最短距离随网络规模的增加呈对数增长，呈现出小世界性的特征。

随机网络的特征是网络的簇系数较小，平均最短距离也较小。

2.4.2.3 小世界网络模型

通过大量的研究分析，人们发现实际网络兼具较大的簇系数以及较小的平均路径长的特性，而不仅是随机网络所体现出的随机性。同时，随机网络簇系数较小的缺陷也使其不能围成网络拓扑研究的基本模型。于是，为了再现世纪网络的基本特性，1998 年，Watts 和 Strogatz 提出了小世界网络（small-world network）模型，简称 WS 模型（汪小帆等，2005）。

WS 模型从 N 个节点的规则出发，这 N 个节点围成一个环，其中每个节点都与它左右相邻的各 $K/2$ 节点相连（K 为偶数）；然后以一定的概率 p 重连网络中的每条边，重连是指断开某一条边，使边的一端顶点与网络中的其他节点连接。在 WS 模型中，$p=0$ 对应规则网络，$p=1$ 对应随机网络，通过调节 p 值可以控制小世界网络。

WS 小世界模型的基本特征归纳如下（项林英等，2006）。

（1）度分布。类似于 ER 随机图模型，WS 模型是所有节点度都近似相等的均匀网络。

$$P(k) = \sum_0^{\min\left[\frac{k-k}{2},\frac{k}{2}\right]} \binom{k/2}{n}(1-p)^n p^{\left(\frac{k}{2}\right)-n} \frac{\left(\frac{pK}{2}\right)^{k-\left(\frac{K}{2}\right)-n}}{\left[k-\left(\frac{K}{2}\right)-n\right]} e^{-pk/2} \quad (2\text{-}1)$$

（2）簇系数。$C_{WS}(P) = \frac{3(K-2)}{4(K-1)}(1-p)^3$，具有较大的簇系数。

（3）平均路径长度。$\langle APL_{WS} \rangle = \langle APL_{rand} \rangle$，呈现出小世界性。

WS 模型结合了规则网络较大的簇系数和随机网络较小的平均最短距离的特征，很好地描述了真实网络的小世界特性。

2.4.2.4 无标度网络模型

1999 年，Barabasi 和 Albert 在研究因特网的拓扑结构时发现其连接度分布服从幂律分布，他们将该网络称为无标度网络（scale-free network）。随后，他们给出了无标度网络的构造机制。Barabasi 和 Albert 把真实网络呈现出无标度性归功于两个主要因素：生长（growth）和优先连接（preferential attachment），以此得到 BA 网络模型（汪小帆等，2005）。①生长。现生产 m_0m_0 个节点并使之全连接，在每一时间步 t，增加一个具有 m（$m<m_0m_0$）条连线的节点，并将这两条连线连接到网络中已经存在的 m 个不同的节点上。②优先连接。新增加的节点将与哪些点相连，取决于这些节点的连接度。连接度越大，那么被连接的几率就越大，择优连接按照下式的概率进行连接。

$$\prod(k_i) = \frac{k_i}{\sum_j k_j} \prod(k_i) = \frac{k_i}{\sum_j k_j} \tag{2-2}$$

BA 网络的基本特征归纳如下（项林英等，2006）。

（1）度分布。具有幂规律特性 $P(k) \propto 2m^2 k^{-3} P(k) \propto 2m^2 k^{-3}$，网络最终将会演化为一个标度无关的网络，其中幂指数为 $r=3$，与 m 无关。

（2）簇系数。当网络规模充分大时，BA 网络不具有明显的聚类特性。

$$C_{\text{BA}} = \frac{m^2(m+1)^2}{4(m-1)}\left[\ln\frac{m+1}{m} - \frac{1}{m+1}\right]\frac{(\ln t)^2}{t} C_{\text{BA}} = \frac{m^2(m+1)^2}{4(m-1)}\left[\ln\frac{m+1}{m} - \frac{1}{m+1}\right]\frac{(\ln t)^2}{t} \tag{2-3}$$

（3）平均路径长度。$\text{APL}_{\text{BA}} \propto \frac{\log N}{\log \log N} \text{APL}_{\text{BA}} \propto \frac{\log N}{\log \log N}$，表示该网络具有小世界性。

BA 无标度网络模型首次根据"富者更富，穷者更穷"的演化规则构造了一个连接度为幂规律分布的动态网络，但是 BA 模型也有它的局限性。例如，它不但没有考虑网络中边的重连现象，且网络最终演化成一个幂指数为 3 的标度不变网络，其平均路径长度和簇系数值都很小。于是在 BA 模型的基础上提出了新的演化动态网络。

2.4.2.5 局域世界演化模型

BA 模型极其简单地归纳说明了网络无标度性出现的机制，开创了应用统计分布规律来描述复杂网络性质的先河。然而 BA 模型是一个伟大的创造，但并非绝对真理。随着研究工作的进一步深入，越来越多的人逐渐认识到 BA 模型所描述的无标度性和线性优先连接机制很可能只是实际网络的一个极端情况，大多数实际网络可能处于这个极端和另一个极端（随机网络）之间。BA 模型所表述的优先连接机制不是对整个网络都起作用，而只是在每个节点各自的局域世界里被遵守。针对确定性和随机性共存机制（假设在网络中，优先连接法则只适用于局域世界内部，而每个节点的局域世界是随机地选取一部分节点构成的）提出了一个非常重要的新思想，首次将局域世界的概念引入 BA 模型并对其进行了推广，提出了全新的局域世界演化网络模型。局域世界模型的建立如下（汪小帆等，2005）。

（1）增长。网络初始时有 m_0m_0 个节点和 e_0e_0 条边。以后的每一时间步 t，新加入一个节点和附带的 m 边。

（2）局域世界优先连接。随机地从网络已有的节点中选取 M 个节点（$M \geq m$），作为新加入节点的局域世界。新加入的节点根据优先连接概率（2-4）来选择与局域世界中的节点相连。

$$\prod\nolimits_{\text{local}}(k_i) = \prod{'}(i \in \text{LW}) \frac{k_i}{\sum_j \text{local}^{k_j}} \equiv \frac{M}{m_0 + t} \cdot \frac{k_i}{\sum_j \text{local}^{k_j}}$$

$$\prod\nolimits_{\text{local}}(k_i) = \prod{'}(i \in \text{LW}) \frac{k_i}{\sum_j \text{local}^{k_j}} \equiv \frac{M}{m_0 + t} \cdot \frac{k_i}{\sum_j \text{local}^{k_j}}$$

（2-4）

在每一时刻，新加入节点从局域世界中按照优先连接的原则来选择节点，而不是像 BA 无标度模型那样从整个网络中来选择。构造一个节点的局域世界的法则依赖于实际不同的局域连接性质，上述模型只考虑随机的简单情形。

网络的基本特征归纳如下。

（1）度分布。k 的取值不同，度分布呈现不同的特性。当 $M=m$，服从指数分布 $P(k) \propto e^{\frac{-k}{m}} P(k) \propto e^{\frac{-k}{m}}$；当 $M=t+m_0 M=t+m_0$，局域世界模型此时完全等价于 BA 无标度网络模型，度分布为幂律分布；当 $m<M<m_0+t m<M<m_0+t$ 时，局域世界演化模型的度分布呈现出在指数分布和幂律分布之间演化。

（2）簇系数。局域世界演化模型比同等规模的随机网络簇系数大，但是当网络规模趋于无穷时簇系数趋于 0。

（3）平均路径长度具有小世界性。局域世界演化模型的度分布介于指数分布和幂律分布之间，改善了无标度网络所固有的面对恶意攻击的脆弱性，增强了网络抵抗恶意攻击的强韧性。并且，随着局域世界的扩大，网络演化越不均匀，越接近于 BA 模型，即局域世界的规模决定了网络演化的非均匀性。越来越多的研究表明，局域世界是实际网络的一个普遍性质。但是，随着网络规模的增大，当网络很大时，局域世界演化模型的簇系数近似趋近于 0。

2.4.2.6 基本网络拓扑模型的比较

通过前面几节对各种典型的拓扑结构的介绍，可以发现局域世界网络演化模型、无标度网络与随机网络和小世界网络的不同之处在于：①后两种都具有静态网络结构，即网络的大小 N 和网络中的连线 E 都不随时间变化，一直保持为常数；而无标度网络是一种动态网络结构，网络中的 N 和 E 都随着时间的变化而变化（汪小帆等，2005）。②无标度网络的连接度分布是幂律分布，局域世界演化模型的度分布介于指数分布和幂律分布，即网络中的少数节点有着网络中绝大部分的连线，大多数节点只占据其中一小部分连线，因此这两种网络是一种拓扑结构不均匀的网络，不像随机网络和小世界网路，具有均匀的网络拓扑结构。

从表 2-1 的比较结果我们发现，结合现实网络三大特征可以看出各个模型的优缺点，均不能同时刻画真实网络拓扑。但是局域世界演化模型从各个方面来看，较其他模型而言是与实际最为接近的模型，并且越来越多的研究表明，局域世界是实际网络的一个普遍介质，其介于指数分布和幂律分布之间的度分布特性，也改善了无标度网络所固有的面对恶意攻击的脆弱性，增加了网络抵抗恶意攻击的强韧性（汪小帆等，2005）。

表 2-1　各种网络拓扑模型的特征度量比较

模型	度分布	簇系数	平均路径长度
随机网络	二项分布	较小	较小
小世界网络	类似泊松分布	较大	较小
无标度网络	幂律分布	较小	较小
局域世界演化模型	介于指数分布与幂律分布	相对较大，但随着网络规模变大而趋近于 0	较小

2.4.3 复杂网络的传播动力学

近些年来，真实网络中小世界效应和无标度特性的发现激起了研究人员对复杂网络的研究热潮，其中网络拓扑结构对复杂网络上动力行为的影响是研究的一个焦点。例如，病毒在计算机网络上的蔓延、传染病在人群中的流行、谣言在社会中的扩散等，都可以看成是服从某种规律的网络传播行为，但同时这种网络传播也体现出与以往网络传播的不同特性，即网络的不规则性。经典的复杂网络就不能很好地进行解释，因此出现了一种基于传播动力学角度的复杂网络的研究。下面我们就对当前研究中的几个热点进行一个简单的介绍（汪小帆等，2005）。

2.4.3.1　经典传播模型介绍

目前研究最为彻底，应用最为广泛的传染病模型是 SIR 模型和 SIS 模型（周涛等，2005）。在 SIR 模型中，人群被划分为三类：第一类是易感人群（S），他们不会感染他人，但有可能被传染；第二类是染病人群（I），他们已经患病，具有传染性；第三类是免疫人群（R），他们是被治愈并获得了免疫能力的人群，不具有传染性，也不会再次被传染。假设易感染个体在单位时间内被某个染病个体传染的比例为 γ，而染病个体的康复比例为 β，并用 s, i, r 分别标记群体中 S, R, I 类个体所占比例，则在 SIR 模型中，疾病传播可以用下列微分方程描述（周涛等，2005）。

$$\frac{ds}{dt} = -\beta is \cdot \frac{di}{dt} = \beta is - \gamma i \cdot \frac{dr}{dt} = \gamma i$$

但在实际传播中，易感染个体只有通过接触染病个体才能被传染，如果把每个个体用网络中的一个节点代表，两个个体可能接触就在相应的节点之间连一条边，当一个易感染节点的相邻节点是患病节点时，疾病就会以一定的概率感染易感染节点，这样，传统的传播模型就可以推广到一般传播网络中，而上述方程可以看成是传播网络为完全图的一种特殊情况。

对于像肺结核、淋病这类治愈后患者也没有办法获得免疫能力的疾病，使用 SIR 模型是不适宜的，这时候往往采用 SIS 模型，该模型与 SIR 模型相似，只是患者被治愈后自动恢复为易感染状态。因此，对于 SIS 模型，与上式对应的微分方程组的形式为

$$\frac{ds}{dt} = -\beta is + \gamma i \cdot \frac{di}{dt} = \beta is - \gamma i$$

与 SIR 模型不同的是，网络传播的 SIS 模型没有办法获取精确解。除了上述 SIR 和 SIS 模型外，针对不同传染病的特点，还有其他对应的传播模型，往往利用 SIRS 模型进行分析，对于潜伏期不可忽略的疾病，可以引入潜伏人群的概念（周涛等，2005）。

2.4.3.2 网络免疫技术

一个饶有趣味并且具有明显实际意义的问题是，能否通过对部分人接种疫苗而有效的控制疾病的传播。无标度网络是很容易受到病毒攻击而导致病毒流行的，因此选择合适的免疫策略显得更加重要。无标度网络的免疫策略主要有：随机免疫、目标免疫和熟人免疫（汪小帆等，2005）。

随机免疫方法是完全随机地选取网络中的一部分节点进行免疫，它对度大的节点（被感染的风险高）和度小的节点（相对安全）是平等对待的；目标免疫，即选取少量度最大的节点进行免疫，而一旦这些节点被免疫后，就意味着它们所连接的边可以从网络中去除，使得病毒传播的可能连接途径大大减少；熟人免疫的基本思想是，从节点中随便选出一定比例的节点，再从每一个被选出的节点中随机选择一个邻居节点进行免疫（王众托和王志平，2008a）。

可以看到，复杂网络的传播动力学理论可以应用流行性疾病的传播、网络病毒的传播、社会舆情等方面的研究，我国学者在这方面也取得了令人瞩目的成就，但距离实际的应用还有一些差距。例如，当前基于传播动力学的复杂网络的研究没有考虑到实际系统的拓扑结构的动态变化特性。然而对于流行病传播动力学的研究是很有意义的，对于当前社会问题的解决有很大的帮助。同时，将传播动力学的理论方法引入到产业安全领域，也可以很好地解释一些产业安全的问题。

2.4.4 超网络理论

随着网络化的发展，出现了许多复杂的网络，这些网络节点和边的数量众多、结构复杂、连接形式多样。更有一些超大规模的网络系统出现网络间相互交织的问题，如果用工程的方法来分别处理各网络的问题，就很难理清各网络之间的关系。因此，就出现了如何处理超越一般网络的网络系统问题（王众托和王志平，2008b）。

2.4.4.1 超网络的定义

Sheffi 在解决运输系统问题时最早使用了超网络的概念，同时期美国科学家 Nagurney 在处理交织网络时，将超于现存网络的网络称为超网络。超网络这个概念目前

没有公认的定义，当前的研究主要从两种从不同视角出发进行定义（王众托和王志平，2008），如图2-3所示。

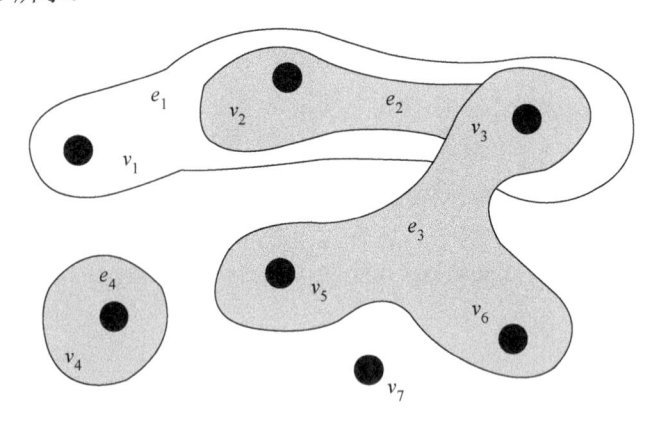

图2-3 超网络示例

（1）用超图来定义。设 $V = \{v_1, v_2, \cdots, v_n\}$ 是一个有限集。若 $e_i \neq \phi(i=1,2,\cdots,m)$ 且 $\bigcup_{i=1}^{m} e_i = V$，则称二元关系 $H(V, E)$ 为一个超图。V 的元素 $\{v_1, v_2, \cdots, v_n\}$ 称为超图的顶点，$E = \{e_1, e_2, \cdots, e_m\}$ 是超图的边集合，集合 $e_i = \{v_{i_1}, v_{i_2}, \cdots, v_{i_j}\}(i=1,2,\cdots,m)$ 称为超图的边。例如，$V = \{v_1, v_2, v_3, v_4, v_5, v_6, v_7\}$，$E = \{e_1 = \{v_1, v_2, v_3\}, e_2 = \{v_2, v_3,\}, e_3 = \{v_3, v_5, v_6\}, e_4 = \{v_4\}\}$。

按照 Estrada 等的看法，凡是可以用超图描述的网络就是超网络。从前面列举的超网络特征来看，确实有许多超网络是无法用一般网络表述，需要而且可以用超图来描述的。

（2）用 Frank 等给出的定义。超网络里的点表示给定集合的网络，而边或弧表示在给定集中的联合移动和联合偏好，超网络唯一地表示了由规则支配的通过所有联合移动和联合偏好（这些规则支配了弧之间的加、减或替换）所形成的网络。

通俗地讲，超网络就是指网络的网络，是由几个网络构成的，因此可知网络是超网络的基本构成要素。另外，如果网络与网络之间没有关系，则只是几个孤立的网络，也不构成一个整体的超网络，因此网络之间的关系也是超网络的基本构成要素。尽管超网络定义还不明确，但目前公认其具备下面几种特征：多层性、多级性、流量多维性、多准则性、拥塞性、协调性和集成性。

2.4.4.2 当前有关超网络的研究

超网络是近些年学术界新提出的概念，因此目前它也只是一个概念，其边界还有待进一步明晰。国内外对超网络的研究主要基于图论、变分不等式和系统科学三个角度来进行的（于洋，2009）。

（1）基于图论的研究。该类研究主要从超图理论本身，以及超图理论的应用着手，主要在大型电路网络分析中发挥重要作用。目前超图理论已应用于大型网络的拓扑分析、网络综合、计算机容错总线设计、组合数学等领域。国内研究学者主要有黄汝激、高则年、郝忠孝等。

（2）基于变分不等式的研究。变分不等式是研究偏微分方程、最佳控制和其他领域的一个十分有用的工具。基于变分不等式研究方法的思想是：将多层、多标准的超网络平衡模型转化为优化问题；然后用进化变分不等式来解决这个优化问题。基于变分不等式的研究主要是寻找网络优化的平衡点，是从超网络整体层面进行的研究。目前国内的超网络研究中，运用变分不等式对网络进行优化主要集中在供应链超网络、金融超网络、电力供应网络、人口迁移网络、回收超网络等方面，研究的学者主要有王众托、王志平等。

（3）基于系统科学的研究。系统科学关注系统的要素、要素和要素之间的关系以及由此构成的整体性，因此基于系统科学的超网络研究方法主要是从局部和整体对超网络进行研究。基于系统科学的研究包括：超网络中网络与网络间的关系的研究，利用网络与外界之间的关系对网络的研究，以及整体性能的研究。国内相关研究主要从知识管理的方面入手，研究组织知识存量的表示、组织人才流失的分析、组织知识的搜索以及公共危机网络描述等问题，研究的学者主要有席运江、党延忠、李志宏等。

2.4.4.3 典型的超网络模型

1. 从网络结构的角度——供应链网络与社会网络结合的超网络模型

图 2-4 是由社会网络和供应链网络组成的超网络。这两个网络都由三层决策者构成，社会网络中的流是各层之间的关系，供应链网络中的流是产品之间的交易。

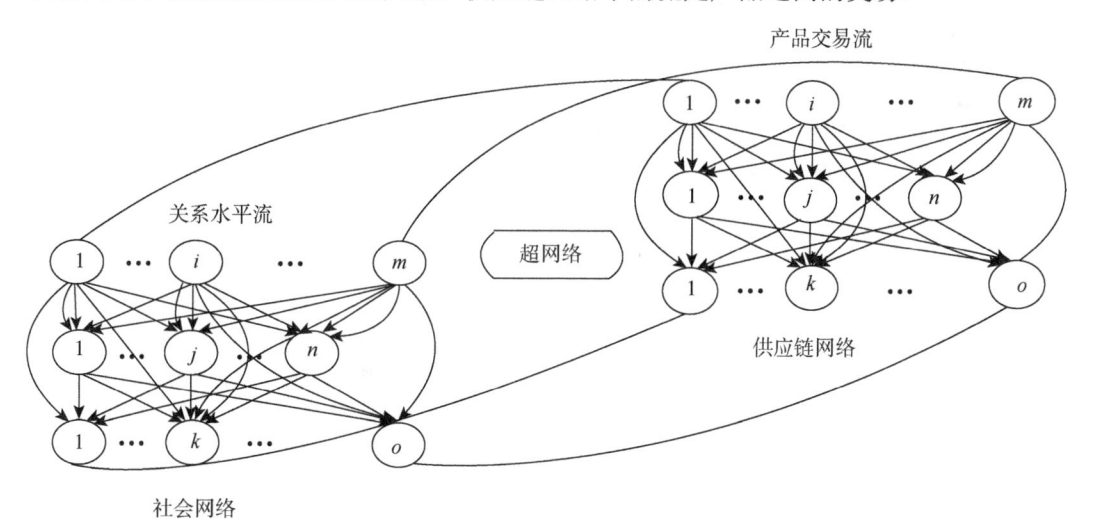

图 2-4 供应链网络与社会网络结合的超网络模型

2. 从联系方式的角度——食物超网络模型

在生态学中，营养关系通常用有向图的食物网来表示。其中，点表示物种，链表示物种之间的营养关系。表示食物网的另一种方法是用竞争图 $C(G)$，其中点集与食物网相同，当且仅当联系的物种在食物网中有共同的猎物时，两点之间是连通的。在竞争图中，仅知道两个联系的物种之间有共同的猎物，但并不知道为共同猎物竞争的整个物种群的构成情况。为了解决这个问题，需要建立竞争超网络模型。

2.4.5 基于复杂网络理论的产业安全工程研究

产业安全系统是一个复杂的系统，产业安全网络也是复杂网络。因此，产业安全工程学的研究要综合运用经济学与复杂系统理论，尤其是复杂网络理论。通过复杂网络理论的集聚特性、动态特性和层级特性，分析产业安全网络的拓扑机构具有的特性，从而为探索一个地区或国家的发展路径及防范系统性经济风险提供新的研究视角和理论依据。

2.5 产业经济社会系统理论

2.5.1 产业经济社会巨系统体系结构

2.5.1.1 自然系统结构（包含生态可持续系统）

广义上来说，原始系统都属于自然系统，它是宇宙巨系统中亿万年来天然形成的各种自然循环系统，如天体、地球、海洋、生态及生态系统、气象、生物等。它也是一个高阶复杂的自平衡系统，如天体的先天运转、季节的周而复始、地球上动植物的生态循环，直至食物链等维持人体生命的各种系统都是自动高速平衡的。系统内的个体按自然法则存在或演变，产生或形成一种群体的自然现象与特征。

社会是一个复杂的系统，马克思从物质的角度研究社会，提出了生产力与生产关系、上层建筑与经济基础之间的矛盾是社会发展的基本动力之一的学说。人类通过政治文化、经济学、行为科学、社会科学等和社会组成一个复杂的人与社会的系统。

2.5.1.2 经济社会系统结构

根据系统论的观点，任何系统都是由具有不同属性的单元组成，这些单元又可在不同的粒度上细分为多样化的元素（钱学森等，1990）。这些元素并不只是简单的聚集在一起，而是通过相互作用、相互联系，形成具有复杂结构和复杂属性的网络，从而呈现出不同的宏观经济现象和社会现象。社会经济系统就是这样一个由自然界和人类社会之间相互作用、相互联系，形成的具有无限多样性、不确定性、整体行为不可分性和非线性关系的复杂系统（Warfield，1976）。如图 2-5 所示，社会经济系统由自然系统、人与社会子系统组成，子系统又可以通过不同的属性分为不同的元素，各元素具有不同的属性，且元素间相互作用形成复杂网络，从而在社会科学、经济学、政治文化等科学方法论的指导下形成宏观社会经济系统（戴汝为，1997）。

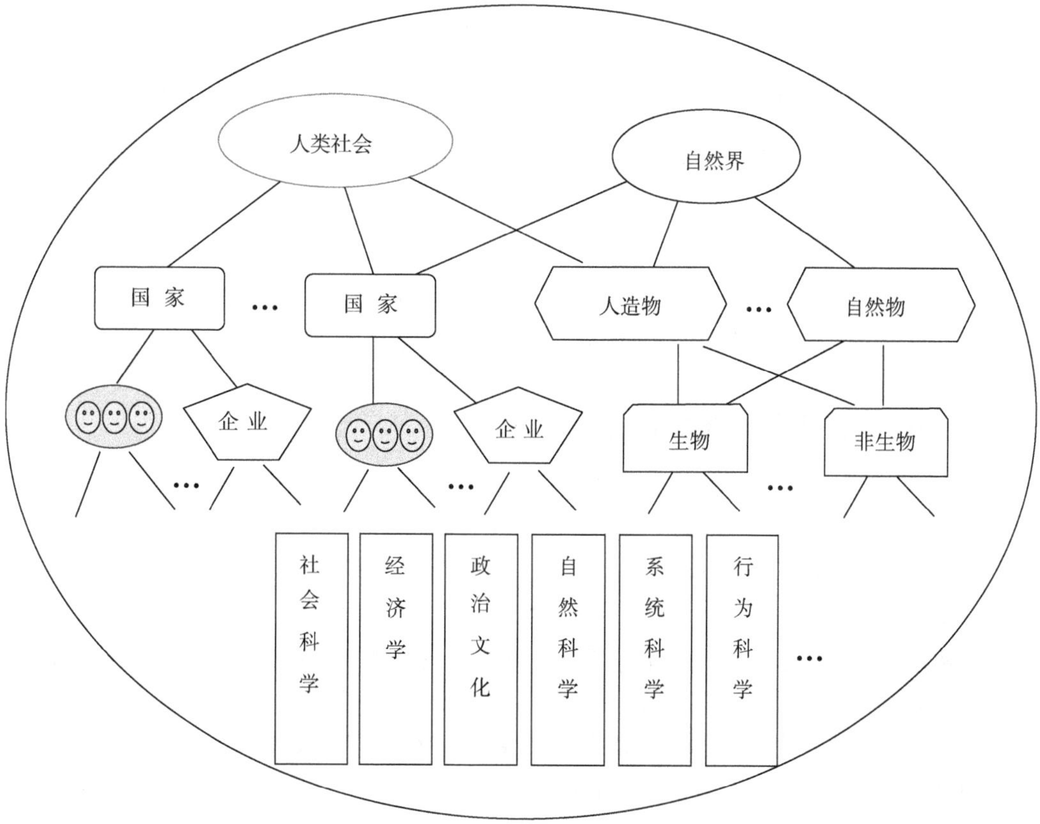

图 2-5 社会经济系统

2.5.2 产业经济社会系统的复杂性

复杂性是系统存在的基本属性。社会经济系统以人为核心，涉及人类生活的方方面面，以及人类活动同周围环境的交互影响，是一个具有高度复杂性的巨系统（宋学锋，2003）。

1. 系统中要素的复杂性

社会经济系统是具有不同属性的各要素的动态集合，人的要素、物的要素、信息要素等通过输入、输出属性相互关联，形成具有一定结构的网络。某些抽象要素，如社会心理要素难以用量化的数值来衡量，且具有模糊性、不确定性等特点，表现出了在结构方面、性质方面等的复杂性。

2. 要素间交互作用和连接的复杂性

要素的复杂性决定了要素间交互作用和连接的复杂性。社会经济系统中各要素相互依赖、相互制约，并通过动态非线性方式传播，具有复杂的内在机理和外在表现。

3. 人类行为的复杂性

人是社会经济系统中的主体要素，是理性与非理性、主动与被动、主观与客观的统一。人也是具有高度智能性的自适应主体，通过经历、模仿、学习、改进等方式决定自身的行为，人类行为的不确定程度越大，系统就越复杂。

4. 环境的复杂性

宏观现象的阐述往往是系统内各要素与环境交互作用的结果，环境为系统中主体提供生存和发展的条件，其复杂性和不确定性同样在系统中得到表现。

2.5.3 产业经济社会的全球系统

1. 社会系统

社会系统是由社会中的人与他们之间的经济关系、政治关系和文化关系构成的系统，如一个家庭、一个公司、一个社团、一个城市、一个国家都是社会系统，也是不同层次的社会系统。家庭、公司是城市的子系统，城市是国家的子系统。以生产力为标准，社会系统的类型有游牧社会、农业社会、工业社会。以生产关系为标准，社会系统的类型有原始社会、封建社会、资本主义社会、社会主义社会。以政治体制为标准，社会系统的类型有专制社会、民主社会、公民社会等。

2. 经济系统

经济系统是由相互联系和相互作用的若干经济元素结合成的，是具有特定功能的有机整体。广义的经济系统指物质生产系统和非物质生产系统中相互联系、相互作用的若干经济元素组成的有机整体。例如，亚太地区经济系统、国民经济系统、区域经济系统、部门经济系统、企业经济系统等都是广义的经济系统（朱迎春，2009）。再如，一个国家的国民经济系统是这个国家最具有代表性、重要性、规模宏大的有机统一的经济系统。一个国家的国民经济系统的运行，不仅涉及这个国家内部的各地区、各部门、各企业、各单位，而且涉及世界经济系统以及世界上若干国家、地区、集团等。国民经济系统既反映了内部若干经济元素的相互联系和相互作用，同时又受到外部因素的影响。狭义的经济系统指社会再生产过程中的生产、交换、分配、消费各环节的相互联系和相互作用的若干经济元素所组成的有机整体。这四个环节分别承担着若干部分的工作，分别完成特定的功能。

3. 政府系统

政府是一个具有经济行为能力的国家主体，是经济活动的管理者和服务者，也是国家经济政策的制定者。政府系统则是指由国家行政机构构成的，以制定经济方针、政策为主要职能的,为经济行为主体服务的组织。常见的政府系统包括政府机关、人民银行、税收部门、海关部门和工商局部门等。政府系统不直接参与到经济生活之中,但是与经济生活却密切相关。首先,它是经济活动的政策制定者和管理者,表现为货币政策和财政政策的制定,以及工商行为的管理活动等;其次,它是经济活动的服务者,这也体现出了服务型政府的性质。因此,经济问题,特别是产业安全问题,离不开国家政府系统。

4. 企业系统

企业系统由人、资金、设备、原材料、任务和信息六个要素组成,它们都要满足一定的制约条件。进行经营管理首先要认识它们的制约条件,从而能动地求得在制约条件下系统的最优运转。制约分为两类:一类是经济规律的制约;另一类是技术条件的制约。在制约条件下求得总体最优是企业系统工程的核心问题。企业系统工程的主要内容是:工业企业管理方法最优化、管理工具现代化和管理结构合理化。

2.5.4 产业经济社会的超网络模型

这一节我们将从网络模型的角度分析产业经济社会系统理论。

前面讲到了超网络是指由多个网络组合而成的多网络结构,它不但具有网络的性质,而且具有超网络所独有的网络特性。因此,我们首先从单个网络开始,分别对产业网络、经济网络和社会网络进行分析;其次对产业经济社会的超网络特性进行分析。如图 2-6 所示,我们构建了一个产业经济社会超网络模型的一般形式。

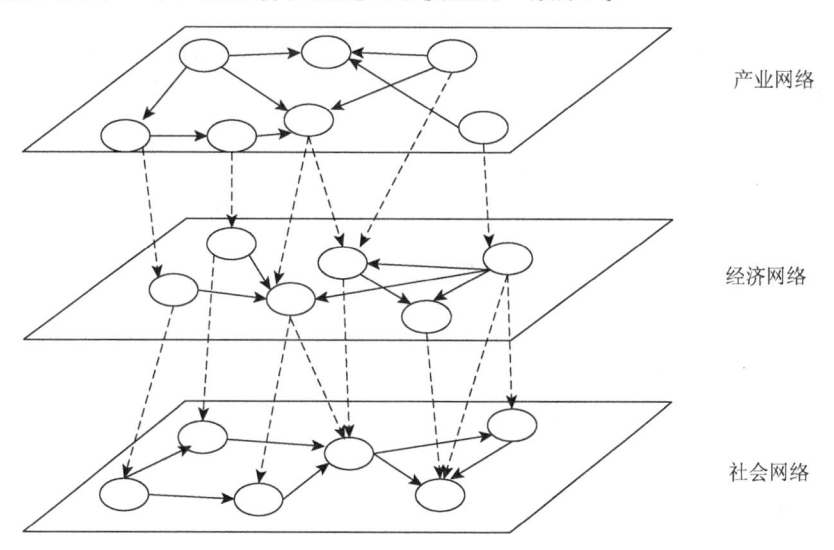

图 2-6 产业经济社会的超网络模型

1. 产业网络

一个产业内部不同的行为主体或者不同产业主体之间形成的网络统称为产业网络

(industrial network)。产业网络包括两种含义：一种是产业内的网络，另一种是产业间的网络。我们认为产业网络组织存在于任何一个企业的内部，因为任何一个产业内部都会形成反映商品从生产、运输、销售再到顾客消费的产业价值链，纵向的产业网络体现了嵌入这种链式结构中的制造商、运输商、批发商之间进行产业和服务的交换以及产品的增值过程，是产业网络的微观形式（唐晓华和张丹宁，2008）。我们可以通过对这两种产业网络的分析，来评价一个产业或者是某个国家产业的安全度问题，这对于产业安全的评价具有现实意义。

2. 经济网络

德国学者 Umbhauer 对于经济网络曾经做出这样的描述："对经济学家而言，网络额度概念包括经济行为主体的相互作用的结构，也包括正外部性的经济属性，因此网络能够被视为既是建立在经济行为主体之间相互作用的一个集，也是经济行为主体对不同经济目的采取相似行为的一个集。"经济网络与其说是由经济主体组成，不如说是由他们之间特殊的经济关系所组成。网络重要而鲜明的特性是不同节和链之间的互补性，而经济网络的特征则是各经济主体之间的互补性关系，这种经济网络构成了现实经济生活赖以存在的社会基础。产业安全最早是从产业经济学中分离出来的，因此产业安全网络的研究与经济网络有千丝万缕的联系。

3. 社会网络

社会网络理论在二十世纪五六十年代开始出现，早期是对社会学问题的研究，并基本上停留在纯社会学研究范畴之内，这也极大地限制了社会网络理论的进一步发展。事实上，企业以及企业内外部的人、环境和产业也都具备一定的社会网络特性，社会网络理论对企业和产业进行分析同样也具有强大的解释力度。社会网络理论最基本的分析单元是各种联结，联结的构成包括各种各样的社会关系，如朋友、同事、校友等，社会联系可以是直接的也可以是间接的（钟琦，2009）。社会网络可以简单地被看成是行为主体内部各种关系的交互结构以及主体与外部的互动模式，产业中存在的企业组织之间、产业之间的关系也可以看成是联结关系，因此产业安全问题也可以用社会网络分析工具进行分析。

综上所述，产业经济社会理论的超网络模型是由产业网络、经济网络和社会网络三者组成，研究产业经济社会理论，可以从这三个方面入手。三者之间的关系是相互支撑、相互联系的，因此在构成一个超网络时，也表现出一定的超网络特性。例如，超网络的协调性，产业网络与经济网络之间关系的协调，经济网络与社会网络之间关系的协调，这也是超网络模型与一般网络模型的一个典型区别。

2.5.5 产业安全的社会经济及全球系统行为分析

产业安全不仅是一个国家内部的经济安全问题，同时也是一个社会问题，是一个全球化带来的全球系统问题。当然在解决全球化问题时，社会经济行为和全球系统行为对产业安全都会产生影响。

2.5.5.1 产业安全的社会经济分析

产业安全问题在我国加入 WTO 组织后，矛盾更加突出，是我国当前一段时间面临的一个重大的战略问题，在我国经济社会发展的过程中，既不能对产业安全问题麻木不仁、漫不经心，也不要夸大产业的不安全，并质疑国家对外开放的国策。研究产业安全理论对产业经济学实践和国家产业政策的制定具有重要的指导意义。

研究产业安全对于包括中国在内的发展中国家进行产业经济活动，参与国家竞争具有重要的现实意义。我国到 21 世纪中叶达到中等发达国家水平的经济社会目标对产业经济的发展提出了很高的要求，同时也对产业安全提出了迫切的需要。在当前国情下，中国经济建设正处在从粗放型增长向集约型增长的转变过程中，所以产业状况并不理想。我国产业组织中存在的企业规模偏小、集中度低，企业发展过程中贪大求快、行政化严重，盲目涉足多元化、经营风险过大，快速扩张引起的管理链条过长、成本过大、效率下降等问题仍很突出。中国企业在同同类的外国公司竞争时，仍处于弱势。

由于中国的梯度开放政策，外商直接投资过度集聚于东部地区，外商投资地区分布不平衡，这也进一步拉大了中国经济发展的区域差距，加剧了区域经济发展的不平衡性。此外，外商直接投资集中于第二产业，特别是低附加值的加工制造领域，而投向科学研究与服务的比重很小，长此以往中国很可能被锁定在国际分工价值链的最底端，不利于中国长期发展战略目标的实现。这些现状已对我国的产业发展安全形成了严重的威胁。因此，研究产业安全理论，为国家进行产业结构调整、制定产业政策、提升产业竞争力，对于像中国这样的发展中国家具有尤为重要的现实意义。

2.5.5.2 产业安全的全球系统行为分析

通常认为，产业安全问题是在经济全球化背景下产生的，产业安全不单是一个国家内部的安全性问题，而且是一个普遍存在的全球性问题，其产生与解决都需要全球经济行为组织的共同参与。

产业安全问题是指在对外开放过程中外商直接投资引起的，外商利用其资本、技术、管理和营销等方面的优势，通过合资入股、直接收购等方式控制国内企业，甚至控制某些重要的行业，因此而对国家产生了经济的威胁。可见，产业安全问题是在经济全球化，跨国公司为了利益全球扩张时与当地国家经济利益产生冲突的背景下产生的。在这一事件中，跨国公司的行为目的是为了获取更大的经济利益，从而与当地的行业组织竞争而采取的一些手段，当跨国公司的行为达到一定的程度时，引起了"经济被入侵国"的担忧，而产生了国家产业安全的问题。

中国古语有道：解铃还须系铃人。因此，产业安全问题的解决也需要全球组织的共同努力，这包括国际经济合作组织、各国家的政府机构、跨国公司以及当地行业内的小公司。首先，国际经济合作组织是国际经济贸易规则的制定者和监督者，理应起到应有的责任，担负起构建公平竞争力的国际经济环境的重任；其次，各个经济行为主体的国家机构，在制定各国家的财政政策和货币政策时，应该既考虑国内的经济运行情况又要考虑到国际经济的大背景，坚决反对任何形式的贸易保护主义政策；再次，跨国公司是制造产业安全问题的直接推手，因此其在参与国家经济全球化时应注重考虑跨国公司的本土化策略，更好地参与到当地国家的经济建设中去，在实现自己利益的同时，更多地为当地的经济社会建设贡献力量；最后，作为产业安全问题的受害者，弱小的企业组织则应加强自身的竞争力，发挥自己的竞争优势，积极向技术密集型企业转变，提升自身的国际竞争实力。

可见，产业问题又是一个全球系统的行为问题，其产生与解决涉及众多的行为主体，该问题的解决需要全球的共同努力。

第3章 产业安全系统工程

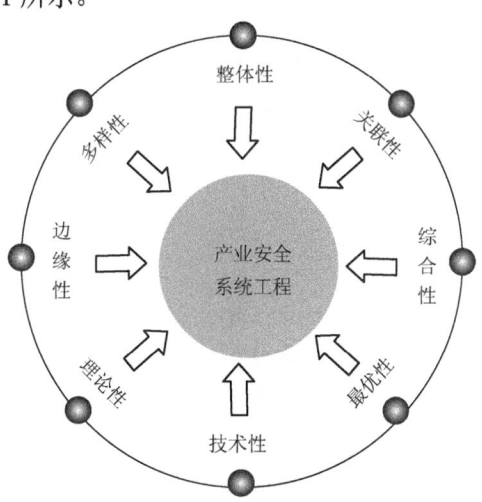

3.1 产业安全系统工程的概念、范畴及特征

3.1.1 产业安全系统工程的概念及范畴

产业安全系统工程是系统工程理论与方法在产业安全领域的具体应用。产业安全系统是一个复杂巨系统,由多个子系统构成,并且子系统呈现出层次性和复杂性的特点。产业安全系统工程的定义为基于产业安全的特征及其需求,利用系统科学的理论与方法,分析产业安全的相关问题,研究产业安全系统构成要素及各要素之间的关系,通过建立相应理论及优化模型,研究产业安全的规律的方法论。

产业安全系统工程将产业安全问题的研究从理论分析层次上升到应用模型及算法定性与定量相结合的分析层次,形成一系列宏观的、系统的研究方法。它以提高产业结构安全、布局安全、组织安全、经营安全、管理安全及产业整体系统安全为目的,实现产业安全系统的最优化设计、最优化控制和最优化管理的目标,最终实现产业安全系统的经营管理的高效率、高效益。

3.1.2 产业安全系统工程的特征

产业安全系统工程的研究领域是相关产业安全系统的自然科学、社会科学和工程技术相互交叉与综合的领域,它是一门工程实践技术,又属于软科学范畴。产业安全系统工程的主要特点如图 3-1 所示。

图 3-1 产业安全系统工程的特点

1. 整体性

整体性也称为系统性。整体性是产业安全系统工程最基本的特点，产业安全系统工程把研究对象作为一个由若干部分有机结合成的整体系统，研究整体与部分之间相互作用和相互依赖的关系，进而揭示产业安全系统的特征和规律，从整体最优化去实现各部分的有效运转。

2. 关联性

关联性也称为协调性。用系统工程的方法去分析和处理产业安全问题时，不仅要考察系统的各部分之间、各部分与整体之间的相互关系和现实作用，还要注意协调它们之间的关系，注意系统的环境和条件，注意产业安全本身所在经济学的性质和特征。产业安全系统部分与部分之间、各部分与整体之间的相互作用直接影响整个系统的性能。

3. 综合性

综合性也称为交叉性。产业安全系统工程以大型复杂的产业安全系统为研究对象，系统涉及的因素很多，学科领域广泛。因此，产业安全系统工程必须综合研究各种因素，综合运用各门学科领域的成就，从整体目标出发使各门学科、各种技术有机配合，以达到产业安全系统整体目标最优的目的。

4. 最优性

最优性也称为满意性。产业安全系统整体性能的最优化是产业安全系统工程所追求并要达到的目的。由于整体性是产业安全系统工程最基本的特点，产业安全系统工程着眼于整个状态和过程，以得到产业安全系统整体性能的相对满意解，而不是其中各自部分性能的绝对最优解。

5. 技术性

技术性指在研究产业安全问题时，综合运用数学、计算机等相关技术。产业安全系统工程所研究的对象往往涉及各产业部门，并且通常会涉及人的主观判断和理性推理，因而处理产业安全系统工程问题应采用定性分析和定量计算相结合的技术方法，不仅要有科学性，而且要有技术性。

6. 理论性

理论性指产业安全系统工程是一种系统地、规律地研究产业安全系统的创新理论与方法。产业安全系统工程作为宏观的、系统的研究方法，对于实践有重要的指导作用，要求在系统科学的思想下进行产业安全问题的研究。

7. 边缘性

产业安全系统工程是一门跨学科的边缘学科。不仅需要应用数学等自然科学，还需借助社会学、经济学等与人的行为相关的学科,是自然科学和社会科学的交叉。因此,产业安全系统工程具边缘性。

8. 多样性

多样性是指产业安全系统工程的研究对象的多样性。产业安全系统工程研究的对象广泛,包括与产业安全有关的人类社会、生态环境、产业组织管理等。

3.2 产业安全系统构成

基于对产业安全的内涵以及系统构成的分析,根据产业安全理论,将产业安全系统要素划分为产业竞争力要素、产业控制力要素、产业适应力要素,如图3-2所示。

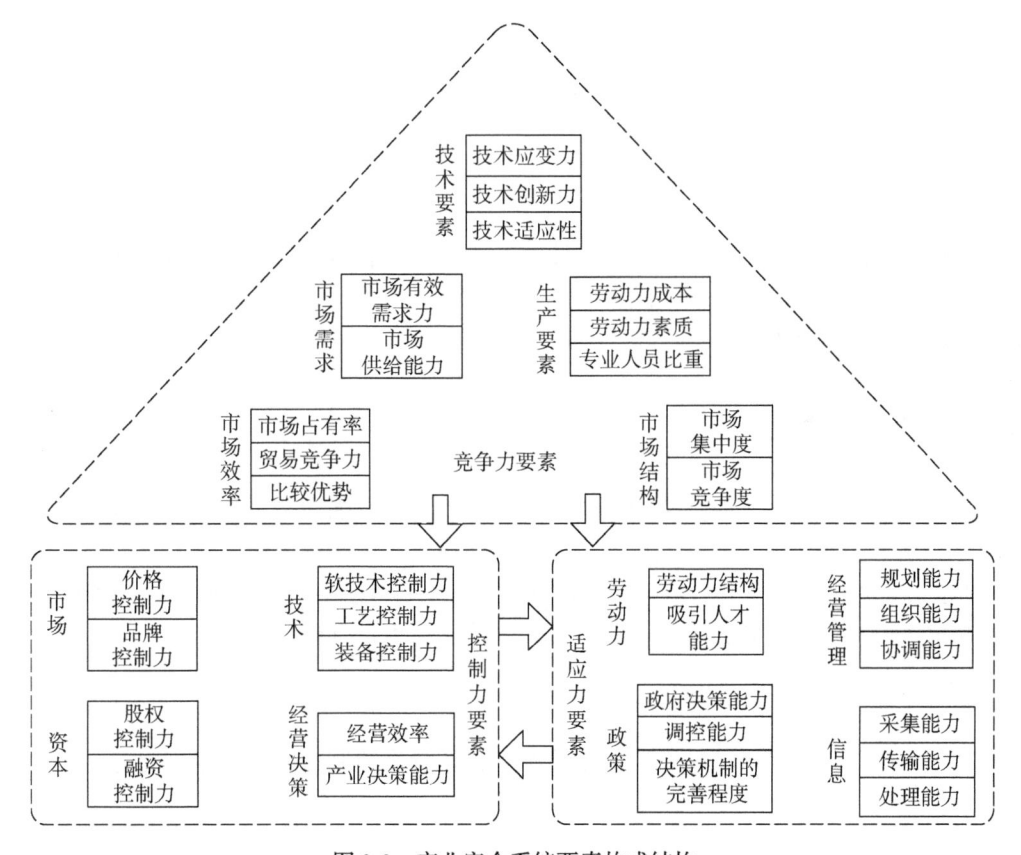

图 3-2 产业安全系统要素构成结构

3.2.1 产业竞争力要素

产业竞争力是产业安全系统的核心,只有不断提升产业竞争力才能从根本上维护产业的安全生存和发展。产业竞争力是指在各区域之间的竞争中,特定区域的特定产业在总区域市场上的表现或地位，通常由该区域产业所具有的提供有效产品或服务的能力体现，这种提供有效产品或服务的能力具体如下。

1. 技术要素

某区域内产业技术必须能够顺应市场需求的变化，使产业具有持续提供有效产品和服务的能力，即具有产业技术应变力、产业技术创新力、产业技术适应性。

2. 市场需求

市场需求包括市场有效需求力与市场供给能力。市场的有效需求力指产业的产品或服务要能为市场和社会所接受；市场有效供给能力指产业的产品或服务要能为该区域产业现有的生产能力所承受。

3. 生产要素

生产要素是产业生存和发展的基本保障，包括劳动力成本、劳动力素质、专业人员比重等。

4. 市场效率与市场结构

市场作为产业生存与发展的首要环境，其市场效率和市场结构是构成产业竞争力的核心要素之一。市场效率包括市场占有率、贸易竞争力、比较优势等；市场结构包括市场集中度、市场竞争度。

3.2.2 产业控制力要素

产业控制力是表述产业安全的基本内涵之一，其核心强调某区域内的资本对产业的控制能力。产业安全系统的产业控制力由两方面决定：某区域内的产业发展需要区域外资金的支持；防止跨区域公司对本区域经济和产业命脉实行控制。区域内某产业的市场、利润和定价权等可以反映该产业在此区域内的控制能力，具体如下。

1. 市场

区域内产业市场受区域外企业控制情况，包括价格控制力、品牌控制力等。

2. 资本

一般单个企业外资股权份额超过20%即达到对企业的相对控制，超过50%即达到对企业的绝对控制。资本控制指某区域对区域内产业的股权控制力及融资控制力。

3. 技术

技术包括人员知识、工艺和装备，产业控制力下技术要素指标主要包括软技术控制力、工艺控制力、装备控制力等。

4. 经营决策

单个企业董事会中某董事超过 50% 即达到对企业的经营决策权的控制。对经营决策的控制情况直接影响企业甚至整个产业的生存与发展状况，经营决策控制力主要指产业决策能力和经营效率。

3.2.3 产业适应力要素

产业适应力指决策主体（某产业）面对各种条件、环境的变化，为确保产业生存与发展所具有的适应能力。它是产业安全，尤其是在经济全球化背景下产业生存安全的基本保障。一般情况下，从人才、管理、政策、信息等角度可反映产业在某区域内的适应力，具体如下。

1. 劳动力

劳动力要素主要指劳动力结构、吸引人才能力。劳动力结构主要包括企业技术、营销、管理等人才结构的稳定性。

2. 经营管理

在产业安全系统中经营管理要素包括产业规划能力、产业组织能力、产业协调能力。

3. 政策

由于各政府都在规划和调控本区域的经济，政策适应力主要指区域政府决策能力、调控能力、政府决策机制的完善程度。

4. 信息

产业适应力信息要素主要指产业信息化程度，包括产业采集信息的能力、传输信息的能力、处理信息的能力。

3.3 产业安全系统分析

3.3.1 产业安全系统分析方法

产业安全系统是复杂的巨系统，在分析这一系统时应广泛应用系统分析的方法。系统分析方法具有多样性，针对产业安全系统，本书主要采用了关联度分析、不确定性分析、可靠性分析、系统动力学分析、鲁棒性分析等。

1. 关联度分析

关联度是对两个系统之间的因素随时间或不同对象而变化的关联性大小的量度。若两个要素变化的趋势具有一致性，即同步变化程度较高，则两者关联程度较高；反之，则较低。针对产业安全系统，关联即产业安全系统要素间的不确定关联，或系统因子之间、因子对主行为之间的不确定关联。关联度分析法的基本思想是以要素的数据序列为依据，用数学的方法研究要素间的几何对应关系。实际上，关联度分析也是动态指标的量化分析，充分体现了动态意义。

2. 不确定性分析

不确定性分析是以计算和分析各种不确定因素变化对研究对象的影响程度为目标的一种系统分析方法。目前学术界对不确定性的概念有两种观点：一种认为应把实际结果偏离预测的情况统称为不确定性；另一种观点认为由于随机原因引起系统总体的实际值与预测值之间的差异可用概率分布来描述，如果缺少足够的信息来估计这种偏差，无法用概率分布的规律来描述则称为不确定性。在研究产业安全系统过程中，由于产业安全系统本身存在着不确定性，而不确定因素的存在，会给产业的生存和发展带来风险，在对产业安全系统研究时不仅要按正常情况（即确定条件下）分析产业的生存和发展，设计评价指标体系，还应该估计出现不确定性因素（或因素的不确定性）给产业生存及发展带来的不利后果。

3. 可靠性分析

可靠性是在规定的时间和条件下系统完成预定功能的能力，系统可靠性用于评估系统在不确定性因素下的安全性能。产业安全系统可靠性指产业安全系统在给定环境和规定的时间内完成一定预期功能的能力。从整体上看，产业安全系统能否完成预期的功能有多个衡量指标，如经济增长指标、环境污染指标等。在产业安全系统可靠性分析与设计中，首先要对三种不确定性（随机性、模糊性和未确知性）进行探讨。

4. 系统动力学分析

系统动力学（system dynamics，SD）以现实存在的系统为前提，根据历史数据、实践经验和系统内在的机制关系建立起动态仿真模型，对各种影响因素可能引起的系统变化进行实验，是一种节省人力、物力、财力和时间的科学方法。在产业安全系统的研究中，系统动力学方法从影响产业安全系统的因果关系出发，得到相应的流图，并在流图中相应位置写出方程式，有条件情况下在计算机上对模型进行仿真实验并进行调整和控制，从仿真的结果研究得出有关政策，以改进和发展现有的产业安全系统。

5. 鲁棒性分析

鲁棒性（robustness）即多重决定或通过多重独立方法的可探测性，也指在语境参数发生变化时能够保持系统基本结构稳定性的能力。鲁棒性是产业安全系统的一个基本属性，是伴随系统的不确定性问题普遍存在的问题，它是产业安全系统面临内部结构或外部环境的改变时，能够维持其功能的能力，产业安全系统的不确定性是研究其鲁棒性的前提。鲁棒性分析（robustness analysis）方法是检验科学实践结果的存在性和特征时，对其鲁棒性进行测度与评估的一种科学方法。由于产业安全系统是复杂的网络系统，当其在不确定性扰动作用下，缺乏抵御外来干扰的能力，即鲁棒性较弱时，还可进行鲁棒管理。研究产业安全的鲁棒性，即研究系统在受到内部运作和外部突发事件等不确定性干扰下，产业仍然能保持良好的生存和发展的能力。

3.3.2 产业安全影响因素分析

以产业经济学的理论框架为基础，对产业安全进行分析，将影响产业安全的因素分为环境因素、资源因素、技术因素、市场因素、政策因素、组织因素、结构因素、布局因素、经营因素、管理因素，如图 3-3 所示。

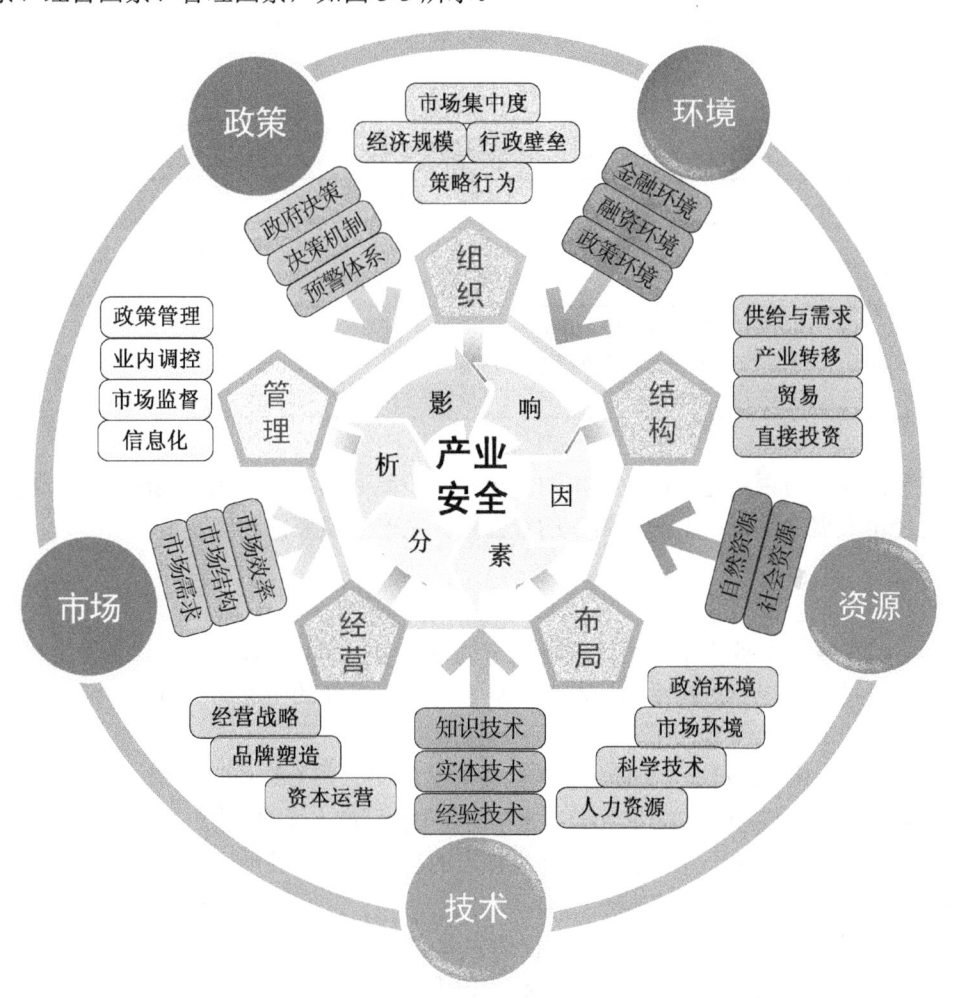

图 3-3 产业安全影响因素分析

1. 环境因素

环境因素指产业所在区域内产生的对产业生存和发展造成影响的环境。从经济学角度，主要指金融环境。金融环境是指一个国家在一定的金融体制和制度下，影响经济主体活动的各种要素的集合。我国产业在经济全球化和国际金融一体化的进程中，面临的国际金融环境和国内金融环境变得日益复杂。金融环境对产业安全的作用具有两面性。

（1）相关产业固定资产投资，从资金上保障了产业的基础设施建设，同时对产业运作效率产生影响。我国产业的固定资产投资和外资共同构成了产业的金融环境。

（2）金融风险跨行业、跨市场以及跨境传播的特性，增加了产业的风险，合理地利用外资、贷款等是保证产业安全的基本条件。

2. 资源因素

资源包括进行社会生产经营活动时所需要的各种资源，是维系国民经济运行及市场主体生产经营过程中所必须具备的基本因素。影响产业安全的资源因素主要包括自然资源、社会资源，如表3-1所示。

表3-1 资源因素分析

分类	具体内容
自然资源	第一类资源（生产活动的外部条件），包括土地资源、水资源、气候资源等 第二类资源（原料性资源），包括矿产资源、生物资源等
社会资源	人力资源，包括人的数量的质量 科技资源，包括传统经验和现代科技成果 经济资源，包括资金、生产装备和生产原料等在内的狭义经济资源

资源的完善与否决定了产业基本的安全保障，良好的基础设施、能源消耗、装备市场等是经济发展的基础。资源因素中的社会资源是产业发展的动力。

3. 技术因素

技术因素影响产业安全主要体现在现有的技术水平和知识储备能否保证产业的生存与发展不受威胁。企业对技术的控制力、创新力都对企业的生存与发展产生重要影响，影响产业安全的技术因素如下。

（1）经验技术，指经验、技能等主观性技术要素。经验技术对产业管理层和决策层都产生重要影响，尤其是决策层，若其经验丰富则能在很大程度上维护产业的生存和发展的安全。

（2）实体技术，主要指以生产工具为标志的客观性技术要素，如技术设施、工具使用等，它是维护产业安全的基础性技术。

（3）知识技术，指以技术知识为象征的主体化技术要素。产业具有的知识技术越多，产业知识结构也越高级，越利于产业向高新技术产业发展。

4. 市场因素

影响产业安全系统的市场因素主要指区域内对于某产业产品或服务的市场需求。市场需求是指在规定时间和规定区域内社会总体经济活动对某产业生产领域、流通领域、消费领域等配置各类产品和半成品、原材料，以及废品、废料等的所有服务需求（刘灵风，2011）。

各类生产、流通、消费等社会经济活动过程之中都体现着市场因素，市场因素与整个产业乃至整个社会经济活动的发展都存在紧密联系，是社会经济活动的重要组成部分，因而市场需求与产业的生存与发展有密切的相关性。

5. 政策因素

影响产业安全的政策因素是指影响产业生存和发展的一切政策相关因素的总和。产业政策及制度安排，尤其是错误的产业政策，会对产业安全产生威胁，产业政策、制度安排的不合理，会引起产业结构、布局等调整，产业竞争力下降，市场份额减少，产业利益大量流失。影响产业安全的政策因素主要包括以下内容。

（1）政府的决策能力，主要指区域内政府在面对和处理产业发展各种问题时的经验丰富度、目标明确度、措施有效力、计划完备度等。

（2）决策机制的有效性，主要包括决策过程的合理性和传输渠道的通畅性。

（3）预警体系的完整性，由于产业政策的效力具有时滞性，所以产业安全预警体系的完善是保证产业政策安全的基本前提。

6. 组织因素

产业组织是指社会条件下，企业之间的市场关系总和。影响产业安全的组织因素主要包括以下内容。

（1）市场集中度，它是反映市场控制力的重要指标，区域内产业市场集中度越高，产业就越安全。

（2）产业规模的经济性，产业规模对产业安全也有一定影响，它决定进入壁垒。进入壁垒高会形成先入者的垄断，形成外资控制区域内产业，造成产业威胁。

（3）区域内政府的行政性壁垒，主要包括审批政策、产业进入政策、技术政策等。

（4）区域外公司的策略性行为，主要包括横向限制行为、纵向限制行为、滥用市场势力等。

7. 结构因素

产业结构安全是指某区域各产业部门处于相互适应、协调发展、持续增长的状态，支柱产业和战略产业具有较强的竞争力且是由本区域资本来控制的，该区域的产业结构升级不依赖于区域外的产业转移，而是通过自身不断升级来抵御不利因素对本区域的冲击。影响产业安全的结构因素主要包括以下内容。

（1）资源供给结构与社会需求结构。供给结构和需求结构的调整是某区域内产业结构自主发展的内因，其中，资源供给结构包括资源禀赋、资本要素和劳动力要素等。

（2）区域间产业转移，指各区域之间的产业结构所出现的依次转移和连锁变化的动态过程。

（3）区域间贸易，主要包括区域内产业结构空心化而造成的对区域外过度依赖以及区域间的贸易摩擦。

（4）区域外直接投资，包括外商直接投资但技术转移和溢出效应不显著，不利于区域内产业结构升级；加剧产业同构化现象，对经济欠发达区域的同构产业产生"挤出效应"。

8. 布局因素

产业布局是指某区域产业各部门、各环节在地域上的动态组合分布，是国民经济各部门发展运动规律的具体表现。在产业规模偏小同时布局不合理的情况下，产业的效率将大大下降。影响产业安全的布局因素主要包括以下内容。

（1）政治环境，任何区域任何产业的生存与发展都必须有良好的政治环境，政局不稳的区域（或国家）经济很难发展。

（2）市场环境变化，包括市场竞争、市场需求量及需求结构的变化。

（3）政府的政策指向，政府通过制定法律政策对国民经济的运行施加影响，从而实现包括产业布局在内的经济目标。

（4）科学技术的发展，科技因素决定产业的技术特性和规模特性，进而不断调整产业结构。

（5）人力资源因素，包括人口数量、人口质量（素质）。

9. 经营因素

产业经营是指企业通过对自身的人力资源、自然资源和市场资源进行整合，优化产业结构，降低经营成本，逐步扩大市场占有率，实现规模经济。产业经营是产业发展的关键，影响产业安全的经营因素主要包括以下内容。

（1）产业的经营战略，是指某区域主体产业对其发展方向制订的规划，具体到某产业则是指企业在经营过程中利用经营技术与手段达到经营目标的全局性方针规划。

（2）产业的品牌塑造，某区域内某产业核心企业的品牌效应会产生强大的经济效益，促进产业发展。影响品牌塑造的因素包括品牌策划、品牌定位、品牌传播和品牌保护。

（3）产业的资本运营，指将经济组织所拥有的有形资产、无形资产等转化为证券化的活化资本，通过优化配置等一系列综合运作最大限度地实现资本增值的活动，包括产业内资本积累程度、产业间资本横向集中度、社会化控制度等。

10. 管理因素

产业管理就是为实现产业发展和宏观调控的目标，设计并保持一种良好的环境，对产业进行规划、组织、协调、沟通和控制的一种管理过程。产业管理有时又被理解为行业管理。产业管理对于产业的生存与发展起着必不可少的作用。影响产业安全的管理因素主要包括以下内容。

（1）产业政策管理，包括产业的发展政策管理、投资政策管理、技术政策管理、人才政策管理、市场政策管理、基础设施政策管理等。

（2）产业内的调控，指某区域内产业或企业的管理者从整体来协调、控制和约束产业或企业的行为。

（3）市场监督，使市场条件机制在法制约束下进行，有利于规范市场形成有序的市场体系。

（4）信息化程度，在经济全球化的背景下，产业的信息化程度逐步成为影响产业发展速度、成果的重要因素。

3.3.3 经济单元关系分析

根据国家统计局 2011 年经济区域的划分办法,将我国的经济区域划分为东部、中部、西部和东北部四大地区。

东部经济区域包括北京、天津、河北、上海、江苏、浙江、福建、山东、广东和海南;中部经济区域包括山西、安徽、江西、河南、湖北和湖南;西部经济区域包括内蒙古、广西、重庆、四川、贵州、云南、西藏、陕西、甘肃、青海、宁夏和新疆;东北经济区域包括辽宁、吉林和黑龙江。

基于我国经济区域结构,依据《国民经济行业分类》(GB/T4754—2002)对我国第一、第二、第三产业划分的结果,结合我国产业实际情况,以典型产业为代表,采用横向、纵向综合考虑的方法对我国经济单元进行分析,我国经济单元关系如表 3-2 所示。

表 3-2 我国典型产业

主要产业	分类	主要内容
第一产业	农、林、牧、渔业	①食品及主要供食用的活动物 ②饮食及烟酒 ③非食用原料 ④用植物油脂及蜡
第二产业	采掘业	①煤炭开采和洗选 ②石油和天然气开采 ③金属矿采选
第二产业	制造业	①化学品及有关产品 ②轻纺产品、橡胶制品、矿冶产品及其制品 ③机械及运输设备 ④杂项制品
第三产业	交通运输、仓储和邮政业	①运输服务 ②仓储服务 ③通信服务
第三产业	金融业	①金融服务 ②保险服务 ③证券服务
第三产业	信息传输、计算机服务和软件业	①计算机和信息服务 ②软件开发与应用
第三产业	科学研究和综合技术业	①研究与试验发展 ②专业技术服务 ③科技交流与推广

我国产业从纵向产业划分角度可分为 3 个经济单元,包括第一产业单元、第二产业单元、第三产业单元;从横向经济区域角度可分为 4 个经济单元,包括东北经济单元、东部经济单元、西部经济单元、中部经济单元。综合横向、纵向考虑,我国产业可划分为 12 个子经济单元,如东北第一产业单元、东部第一产业单元等(图 3-4)。

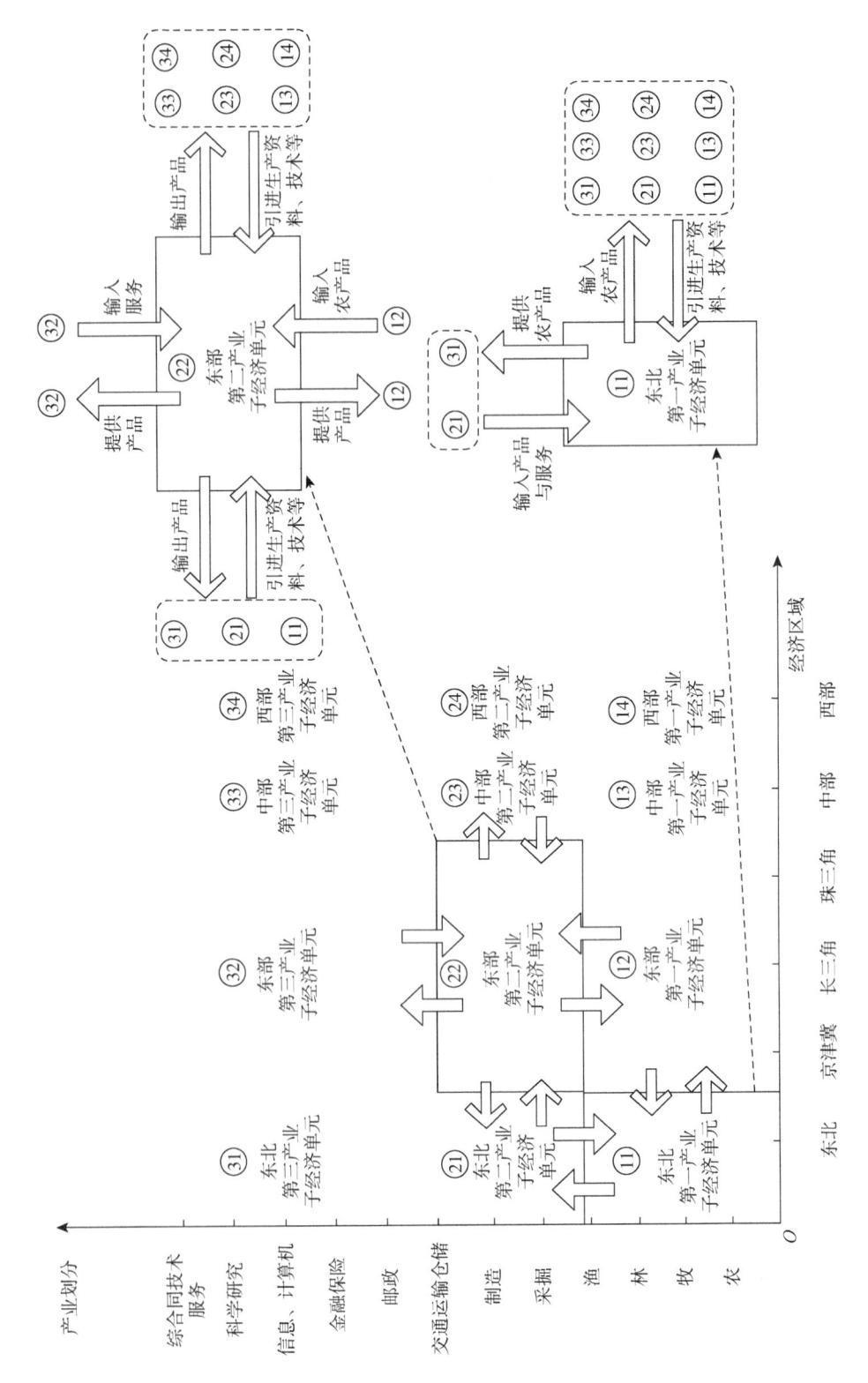

图 3-4　我国产业经济单元关系（以东部第二产业单元、东北第一产业单元为例）

每个经济单元之间都需要其他经济单元为自身提供各种产品与服务作为供给，同时又把经济单元自身的产出作为一种市场需求提供给其他经济单元进行消费。基于产业经济学投入产出理论，各个经济单元之间存在投入与产出的相互依存、相互影响的关系，具有错综复杂的供给与需求的关系，每个经济单元以此关系为基础在经济活动的过程中依赖生存，共同发展。

3.3.4 拓扑结构分析

产业安全网络的拓扑结构是复杂的网络拓扑结构，它是由某区域内第一产业、第二产业、第三产业投入产出链组成。第一产业投入产出链是由农、林、牧、渔业等产业节点连接而成；第二产业投入产出链是由采掘业、制造业等产业节点连接而成；第三产业投入产出链是由交通运输和仓储、邮政业、金融业、信息传输、计算机服务和软件业、科学研究和综合技术业节点连接而成。应用图论法描述产业安全网络的拓扑结构，如图 3-5 所示。

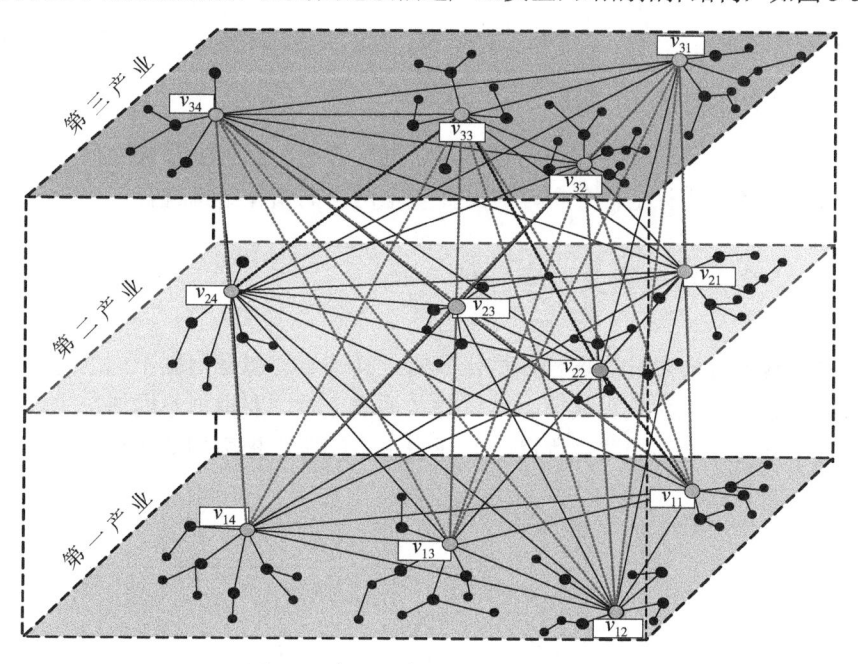

图 3-5 产业安全网络立体拓扑结构

产业安全拓扑网络由点线相互交织，结构复杂。如图 3-6 所示，令 $T=\{r,s,t,u,v,w\}$ 分别表示第一产业内、第二产业内、第三产业内、第一产业与第二产业之间、第二产业与第三产业之间、第一产业与第三产业之间的影响关系，产业安全网络记为 $G=(V,E)=\{G^r,G^s,G^t,G^u,G^v,G^w\}$，其中：$G^r=(V^r,E^r)$，$G^s=(V^s,E^s)$，$G^t=(V^t,E^t)$，$G^u=(V^u,E^u)$，$G^v=(V^v,E^v)$，$G^w=(V^w,E^w)$ 分别表示第一产业、第二产业、第三产业，以及产业间的子网络。

$V=\{V^r,V^s,V^t,V^u,V^v,V^w\}$ 表示六种影响关系的所有节点的集合，其中：

$V^r = \{v_{11},\ v_{12},\ v_{13},\ v_{14}\}$ 为第一产业内节点集合，$V^s = \{v_{21},\ v_{22},\ v_{23},\ v_{24}\}$ 为第二产业内节点集合，$V^t = \{v_{31},\ v_{32},\ v_{33},\ v_{34}\}$ 为第三产业内节点集合，$V^u = V^r \cap V^s$ 为第一产业与第二产业间节点集合，$V^v = V^s \cup V^t$ 为第二产业与第三产业间节点集合，$V^w = V^t \cup V^r$ 为第三产业与第一产业间节点集合。

$E = \{E^r,\ E^s,\ E^t,\ E^u,\ E^v,\ E^w\}$ 表示六种影响关系所有关联线路的集合，其中：$E^r = \{e_1^r, e_2^r, \cdots, e_6^r\}$ 为第一产业内节点 $(v_{1i}^r,\ v_{1j}^r)$ 间关联线路的集合，$E^s = \{e_1^s, e_2^s, \cdots, e_6^s\}$ 为第二产业内节点 $(v_{2i}^s,\ v_{2j}^s)$ 间关联线路的集合，$E^t = \{e_1^t, e_2^t, \cdots, e_6^t\}$ 为第三产业内节点 $(v_{3i}^t,\ v_{3j}^t)$ 间关联线路的集合，$E^u = \{e_1^u,\ e_2^u,\ \cdots,\ e_{16}^u\}$ 为第一产业与第二产业间节点 $(v_{1i}^r,\ v_{2i}^s)$ 间关联线路的集合，$E^v = \{e_1^v,\ e_2^v,\ \cdots,\ e_{16}^v\}$ 为第二产业与第三产业间节点 $(v_{2i}^s,\ v_{3i}^t)$ 间关联线路的集合，$E^w = \{e_1^w,\ e_2^w,\ \cdots,\ e_{16}^w\}$ 为第三产业与第一产业间节点 $(v_{3i}^t,\ v_{1i}^r)$ 间关联线路的集合。

基于产业安全网络的特性和理论逻辑，通过对边权、点强度和强度分布、加权平均路径长度等网络特性进行定性分析，对产业安全网络的拓扑结构进行初步分析。

3.3.5 产业安全系统要素关联度分析

关联度是对系统动态发展过程的量化分析，其基本思想是根据不同的指标之间的相近程度来判断主体间关系是否紧密。在构建具体模型时，要根据不同情况来选取相应主要指标计算不同对象之间的关联程度，产业安全系统要素指标如图 3-6 所示。

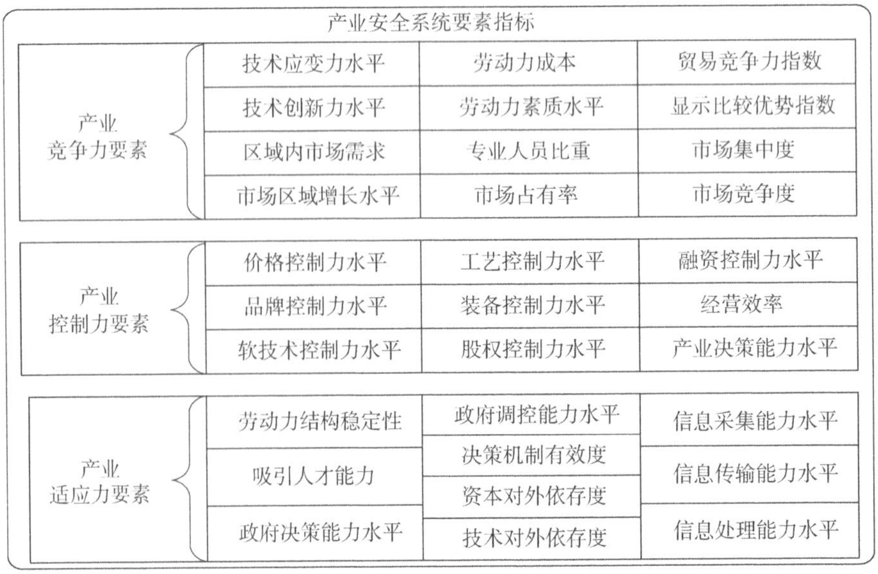

产业安全系统要素指标			
产业竞争力要素	技术应变力水平	劳动力成本	贸易竞争力指数
	技术创新力水平	劳动力素质水平	显示比较优势指数
	区域内市场需求	专业人员比重	市场集中度
	市场区域增长水平	市场占有率	市场竞争度
产业控制力要素	价格控制力水平	工艺控制力水平	融资控制力水平
	品牌控制力水平	装备控制力水平	经营效率
	软技术控制力水平	股权控制力水平	产业决策能力水平
产业适应力要素	劳动力结构稳定性	政府调控能力水平	信息采集能力水平
	吸引人才能力	决策机制有效度	信息传输能力水平
		资本对外依存度	
	政府决策能力水平	技术对外依存度	信息处理能力水平

图 3-6 产业安全系统要素指标

以某区域内产业竞争力与产业适应力的关联模型的构建为例，分析区域内产业安全系统要素关联度。

1. 确定指标参数

设 x_{ij} 表示某区域内产业安全系统第 i 个因素指标的第 j 年的数据（$i=1,2,\cdots;j=1,2,\cdots,t$），$y_{mj}$ 表示某区域内产业安全系统第 m 个因素指标的第 j 年的数据（$m=1,2,\cdots;j=1,2,\cdots,t$），假设区域内，某产业安全系统要素指标的数据如表 3-3 和表 3-4 所示（以产业竞争力和产业控制力为例）。

表 3-3　产业竞争力要素指标

产业竞争力指标	第 1 年	第 2 年	$\cdots$	第 t 年
技术应变力水平 X_1	x_{11}	x_{12}	$\cdots$	x_{1t}
技术创新力水平 X_2	x_{21}	x_{22}	$\cdots$	x_{2t}
区域内市场需求 X_3	x_{31}	x_{32}	$\cdots$	x_{3t}
$\cdots$	$\cdots$	$\cdots$	$\cdots$	$\cdots$
市场竞争度 X_{12}	x_{121}	x_{122}	$\cdots$	x_{12t}

表 3-4　产业适应力要素指标

产业适应力指标	第 1 年	第 2 年	$\cdots$	第 t 年
价格控制力水平 Y_1	y_{11}	y_{12}	$\cdots$	y_{1t}
品牌控制力水平 Y_2	y_{21}	y_{22}	$\cdots$	y_{2t}
软技术控制力水平 Y_3	y_{31}	y_{32}	$\cdots$	y_{3t}
$\cdots$	$\cdots$	$\cdots$	$\cdots$	$\cdots$
产业决策能力 Y_9	y_{91}	y_{92}	$\cdots$	y_{9t}

由表 3-3、表 3-4 得 X 和 Y 分别表示某区域内产业竞争力指标矩阵、产业适应力指标矩阵：

$$X=\begin{pmatrix} x_{11} & x_{21} & \cdots & x_{121} \\ x_{12} & x_{22} & \cdots & x_{122} \\ \vdots & \vdots & & \vdots \\ x_{1t} & x_{2t} & \cdots & x_{12t} \end{pmatrix}, \quad Y=\begin{pmatrix} y_{11} & y_{21} & \cdots & y_{91} \\ y_{12} & y_{22} & \cdots & y_{92} \\ \vdots & \vdots & & \vdots \\ y_{1t} & y_{2t} & \cdots & y_{9t} \end{pmatrix}$$

2. 产业安全要素指标矩阵标准化

由于要素指标的度量方式和单位不同，需要对其进行标准化，为计算关联度奠定基础。将矩阵 X 和 Y 的各列做标准化处理，得到矩阵 X' 和 Y'：

$$X' = \begin{pmatrix} x'_{11} & x'_{21} & \cdots & x'_{121} \\ x'_{12} & x'_{22} & \cdots & x'_{122} \\ \vdots & \vdots & & \vdots \\ x'_{1t} & x'_{2t} & \cdots & x'_{12t} \end{pmatrix}, \quad Y' = \begin{pmatrix} y'_{11} & y'_{21} & \cdots & y'_{91} \\ y'_{12} & y'_{22} & \cdots & y'_{92} \\ \vdots & \vdots & & \vdots \\ y'_{1t} & y'_{2t} & \cdots & y'_{9t} \end{pmatrix}$$

其中

$$x'_{ij} = \frac{x_{ij}}{\sum_{j=1}^{t} x_{ij} / t} \quad (i=1,2,\cdots,12)$$

$$y'_{mj} = \frac{y_{mj}}{\sum_{j=1}^{t} y_{mj} / t} \quad (m=1,2,\cdots,9)$$

3. 产业安全要素差值矩阵的构造

利用指标标准化矩阵可得到竞争力指标与第 m 个适应力指标的差值矩阵：

$$X_{Y_m}^m = \begin{pmatrix} \Delta_{11}^m & \Delta_{21}^m & \cdots & \Delta_{121}^m \\ \Delta_{12}^m & \Delta_{22}^m & \cdots & \Delta_{32}^m \\ \vdots & \vdots & & \vdots \\ \Delta_{1t}^m & \Delta_{2t}^m & \cdots & \Delta_{12t}^m \end{pmatrix}$$

其中

$$\Delta_{ij}^m = \left| x'_{ij} - y'_{mj} \right| \quad (i=1,2,\cdots,12; m=1,2,\cdots,9; j=1,2,\cdots,t)$$

4. 产业安全要素关联系数矩阵的确定

对差值矩阵进行变换，可得到产业竞争力与产业适应力第 m 个指标的关联度矩阵：

$$X^{Y_m} = \begin{pmatrix} \eta_{11}^m & \eta_{21}^m & \cdots & \eta_{121}^m \\ \eta_{12}^m & \eta_{22}^m & \cdots & \eta_{122}^m \\ \vdots & \vdots & & \vdots \\ \eta_{1t}^m & \eta_{2t}^m & \cdots & \eta_{12t}^m \end{pmatrix}$$

其中

$$\eta_{ij}^m = \frac{\min\limits_{1 \leqslant i \leqslant 3}\left(\min\limits_{1 \leqslant j \leqslant t} \Delta_{ij}^m\right) + 0.5 \max\limits_{1 \leqslant i \leqslant 3}\left(\max\limits_{1 \leqslant j \leqslant t} \Delta_{ij}^m\right)}{\Delta_{ij}^m + 0.5 \max\limits_{1 \leqslant i \leqslant 3}\left(\max\limits_{1 \leqslant j \leqslant t} \Delta_{ij}^m\right)}$$

5. 产业安全要素关联度的计算

产业竞争力与产业适应力的综合关联度的计算公式为

$$c_i = \sum_{i=1}^{12} c_i^m / 12 \quad (i=1,2,\cdots,12)$$

其中

$$c_i^m = \sum_{j=1}^{t} \eta_{ij}^m \Big/ t \quad (i=1,2,\cdots,12; m=1,2,\cdots,9; j=1,2,\cdots,t)$$

c_i^m 表示产业竞争力第 i 个指标与产业适应力第 m 个指标之间的关联度，其值越大，则关联程度越大。

同理，可得出产业安全各要素间的关联度。

3.4 产业安全系统不确定性分析

不确定性是指事件发生的可能性完全不可知的情形，更确切地说，是指没有概率分布能与所考查的时间和结果相联系的情形。系统的诸因素可以用确定的量来描述的系统称确定性系统；系统的诸因素中含有不能用确定的量进行描述的系统称不确定性系统。

产业安全系统不确定性是由构成产业安全系统的各要素不确定产生的，对产业安全系统造成主观或客观上的不稳定、不明确的影响。主要包括随机性、模糊性、不完全性、不稳定性和不一致性五个方面，其中随机性和模糊性是最基本的特性。根据不同的性质，可对不确定性进行分类，通常可分为模糊不确定性、随机性不确定性和综合不确定性。产业安全系统不确定性如图 3-7 所示。

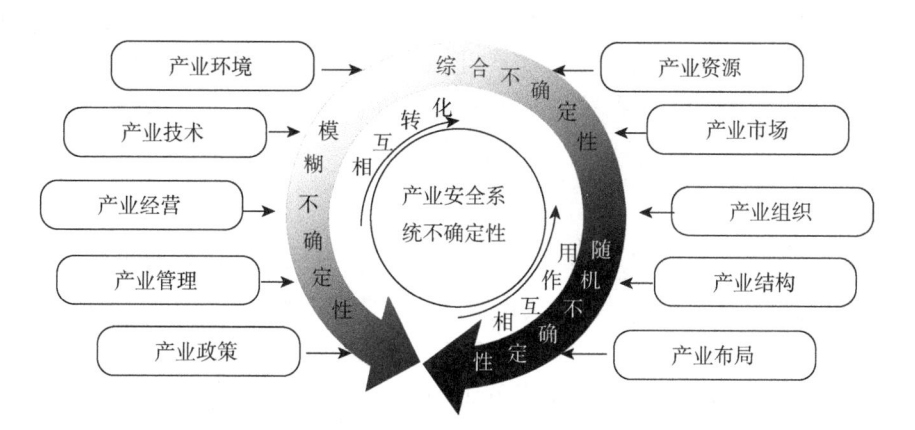

图 3-7 产业安全系统不确定性

3.4.1 模糊不确定性分析

产业安全模糊不确定是因为事物的复杂性使其界限不分明，或其概念不能给出确定的描述以及评定标准，也就是由于外延模糊而带来的不确定性。产业安全系统模糊不确定性是由系统要素的概念本身模糊产生的，可分为以下四个方面。

1. 环境

随着经济全球化的发展，产业环境尤其是产业外部环境对产业安全的影响愈发重要，且其影响因素更难预防。产业安全环境模糊不确定性可分为内部环境和外部环境模糊不确定性两部分,如图 3-8 所示。

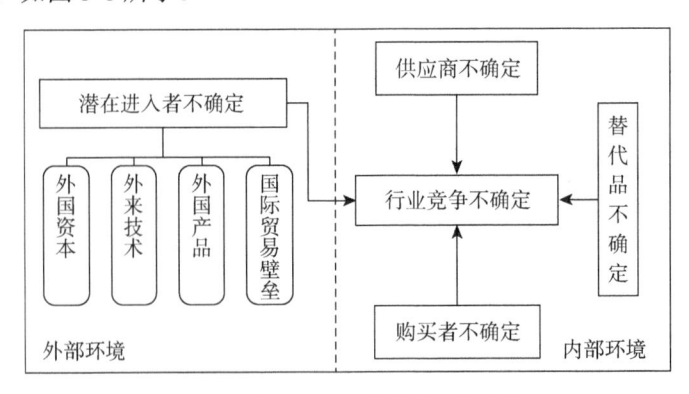

图 3-8 产业安全环境模糊不确定性

产业安全外部环境模糊不确定性,包括外国资本、外来技术、外国产品、国际贸易壁垒等潜在进入者产生的模糊不确定性。外国资本引发的模糊不确定性主要由东道国购入国际债务、使用国际投机资本和外商直接投资造成的,一方面取决于东道国主观是否使用外国资本,另一方面取决于国外是否投资于东道国。外来技术引发的模糊不确定性主要由外商直接投资的技术控制和国外技术封锁造成。

产业安全内部环境模糊不确定性,可以从供应商、购买者、行业竞争等方面的不确定性进行分析。其中,供应商和购买者由于主观因素会造成供应产品的生产、销售的不确定,供需关系的不平衡会影响产业的安全性。行业竞争是指同一产业内不同企业间的竞争关系,企业经营者做出的不同决策都将影响到本行业的发展状况,从而对本行业的安全状况产生影响。

2. 技术

技术对于产业的影响可能是创造性的,也可能是破坏性的,既会导致某些新行业的诞生,又会导致某些行业的消亡。技术模糊不确定性主要包括经验技术产生的模糊不确定性,以及知识技术产生的模糊不确定性。经验、知识等人长期实践得来的体验都对技术产生影响,从而产生模糊不确定性。知识技术是人类在劳动过程中所掌握的技术经验和理论,这些技术经验和理论相对主观、本身具有不确定性,因此对产业安全系统产生模糊不确定性。

3. 政策

政策的模糊不确定性体现在政府对产业的宏观调控上,政府颁布政策的主观不确定会直接影响产业安全系统各个方面的不稳定。例如,有些地方政府为推动产业安全制定许多相关政策,但是政策缺乏稳定性和执行性,缺乏远见,地方政府虽然大力招商引资,但配套措施缺乏,这种政策的不确定性显然不利于产业的健康发展(郭南芸和隋广军,2008)。

4. 经营管理

经营管理的模糊不确定性主要体现在企业中经营管理人员对企业发展方向、方式等决策问题的不确定性。决策者采用不同的经营管理模式,对企业甚至整个产业的发展都造成一定程度的影响。

3.4.2 随机不确定性分析

产业安全随机性不确定性是指系统中某事件本身有着明确的含义,只是由于发生的条件不充分,而使得在条件与事件之间不能出现确定的因果关系,从而事件的出现与否表现不确定性,进而影响产业安全系统的不确定性。产业安全系统随机不确定性主要体现在以下三个方面。

1. 组织

产业组织包含企业内部组织、同一产业中各种企业间的组织、不同产业间的组织以及政府组织等。产业安全系统组织管理层次多,构成组织的元素、层次之间相互作用使组织表现出多样性、动态性、变异性、不可预见性等复杂特征。产业中各单位、部门对整个产业安全系统不确定性造成影响。

2. 结构

产业结构随机不确定性主要体现在农业、轻工业、重工业、建筑业、商业服务业等部门的关系,以及各部门内部关系的不确定性上。产业结构网络中链和节点的增减具有随机不确定性,对产业安全系统运作有着直接影响。

3. 布局

产业布局随机不确定性主要体现在产业在一国或同一地区范围内的空间分布和组合的不确定性上。形成产业的各部门、各要素、各链环在空间上的分布态势和地域上的组合具有随机不确定性,从而影响产业系统的整体安全性。

3.4.3 综合不确定性耦合分析

任何一个系统都含有不确定性信息,且根据所研究事物的不同特性呈现不同的不确定性信息,因此正确认识一个系统、实现对系统的优化控制,就必须考虑对各种不同不确定性信息的综合处理。综合不确定性耦合即是多种不确定信息的紧密配合、相互影响和相互作用。因此,产业安全系统综合不确定性耦合,是指产业安全各要素的各类不确定性相互作用、相互影响,主要体现在资源和市场两方面。

1. 资源

产业资源不确定性主要表现在社会资源和自然资源不确定性相互作用上。其中,社会资源模糊不确定性主要包括人力资源、科技资源及经济资源的模糊不确定性。自然资源的随机不确定性表现在土地资源、水力资源、气候资源等偶然因素对产业安全造成的干扰。

2. 市场

产业市场需求的随机不确定,价格波动、市场状况都包含随机事件,从而造成产业安全系统的随机不确定性。另外,产业市场还包含以人的主观因素为主的模糊不确定性。

其中，宏观市场不确定性包括销售者和消费者产生的随机不确定性；微观市场不确定性包括人口、购买力和购买欲望产生的模糊不确定性。人口数量的不确定性以及购买力、购买欲望都是消费者对市场感知后做的决策决定的，很大程度上受主观因素影响。

3.5 产业安全系统建模

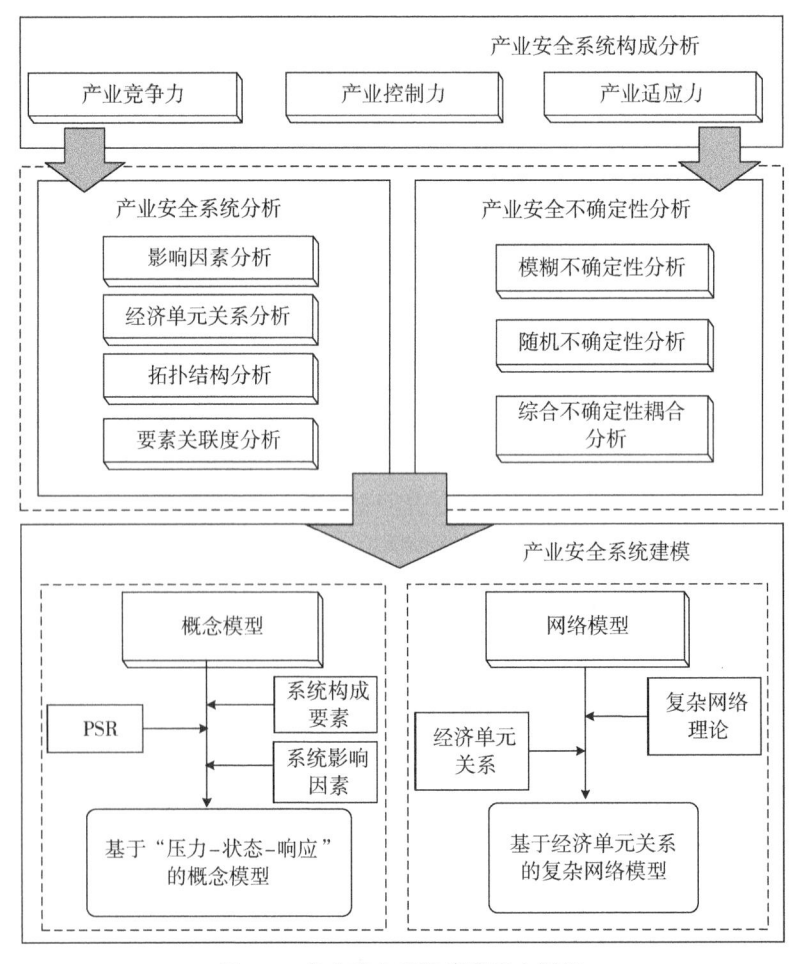

3.5.1 产业安全系统建模概述

产业安全系统建模主要应用概念模型和结构模型的理论和工具，以产业安全系统为研究对象，基于对产业安全系统的分析，通过应用系统工程理论对产业安全进行系统分析和不确定性分析，构建产业安全在概念和结构上的理论框架，将经济学与复杂科学的思想和方法有机结合，为更全面、系统地认识产业安全系统的结构、布局等奠定基础，从而为经济学研究的研究提供新的思想和工具。

产业安全系统建模的基本框架如图 3-9 所示。

图 3-9 产业安全系统建模基本框架

3.5.2 概念模型

"压力-状态-响应"模型是由联合国可持续发展委员会（United Nations Commission on Sustainable Development，UNCSD）提出的反映可持续发展机理的概念模型，它采用了"原因-效应-响应"思维来描述可持续发展的调控过程和机理。

PSR 模型中的压力指标表征那些引起系统变化的人类活动，状态指标表征自然界物理或生物变化及相应社会经济发展趋势，响应指标表征为促进可持续发展进程所采取的对策。基于 PSR 的产业安全系统概念模型如图 3-10 所示。

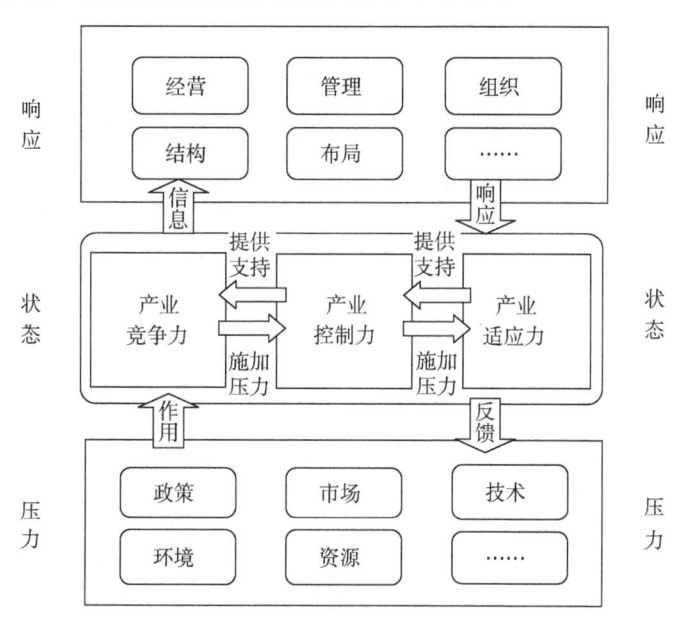

图 3-10 产业安全 PSR 模型

在产业安全的"压力-状态-响应"（pressure-status-response，PSR）概念模型中，压力、状态、响应分别反映三类影响产业安全的因素。

1. 压力

压力反映各种外部因素对产业安全造成的负荷，是影响产业安全程度及变化趋势的外部动因，主要包括政策因素、市场因素、技术因素、环境因素、资源因素。

2. 状态

状态表征产业运行状况的现状，主要包括产业竞争力、产业控制力、产业适应力。

3. 响应

响应表示产业安全系统在外部因素的作用下所采取的对策与措施，主要包括产业经营、产业管理、产业组织、产业结构、产业布局，它们是产业安全程度及变化趋势的内部动因。

3.5.3 复杂网络模型

3.5.3.1 复杂网络基本理论

复杂动态网络描述个体与个体之间的关系,它是由大量的节点通过边的相互连接构成的大规模网络,具有复杂拓扑结构和动力学行为。复杂网络节点具有非线性和复杂性,根据复杂网络的不同拓扑结构可将其分为规则网络模型、随机网络模型(globally coupled network)、小世界网络模型(nearest-neighbor coupled network)和无标度网络模型(star coupled network)等。

1. 规则网络模型

最初的网络模型多采用规则网络结构,如完全规则的全局耦合网络及最近邻耦合网络,而前者过于稠密后者又显稀疏。其中,最常见的规则网络有全局耦合网络、最近邻耦合网络和星形耦合网络,如图 3-11 所示(陈静,2009)。规则网络结构清晰,易于描述和实现,且大多表现出较大的平均距离长度和聚集系数,但无法反映现实中结构的异质性及动态增长性。

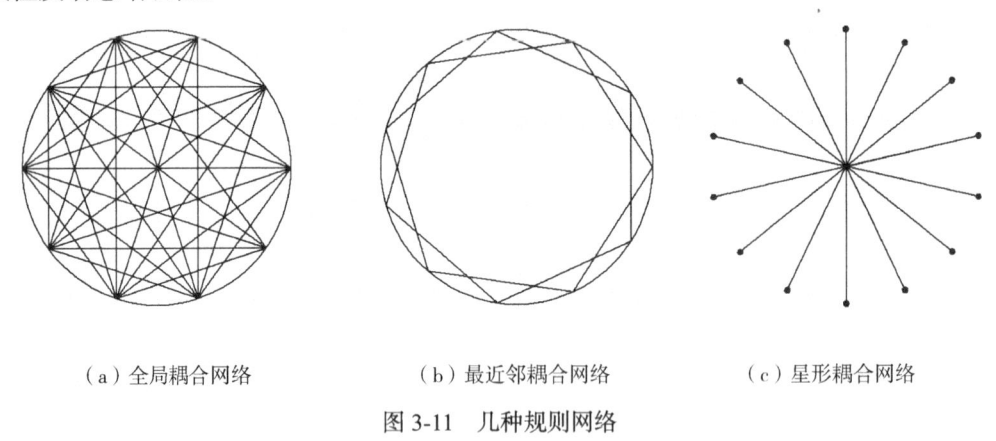

(a)全局耦合网络　　(b)最近邻耦合网络　　(c)星形耦合网络

图 3-11　几种规则网络

2. 随机网络模型

与完全规则网络相反的是完全随机图,其中一个典型的模型是匈牙利数学家 Paul Erdos 和 Alfred Renyi 于 1960 年提出的 ER 随机图模型,描述了从多个随机分布的点通过相同的概率 P 随机相连而形成网络的过程。随机模型节点度分布符合泊松分布,反映了绝大多数节点的度分布围绕在某一均值附近,且模型表现出较小的聚集系数。

3. 小世界网络模型

规则的最近邻耦合网络具有高聚类特性,ER 随机图具有小的平均路径长度,然而这两类网络模型都不能反映出真实网络的一些重要特性,因为大部分的实际网络既不是完全规则的,也不是完全随机的。小世界网络的定义是既具有较高的聚类系数,同时具有较短的平均路径长度的网络。WS 小世界网络模型是完全规则网络到完全随机网络两阶段间的过渡，如图 3-12 所示。

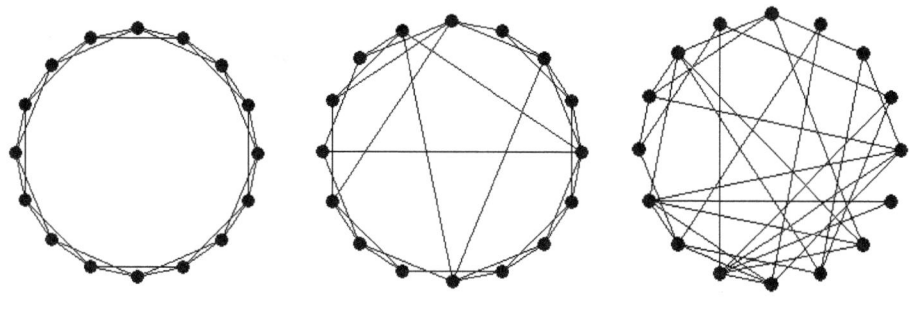

图 3-12　WS 小世界网络模型

4. 无标度网络模型

ER 随机图和 WS 小世界网络模型的一个共同特征在于网络的连接度分布都可近似用泊松分布来表示，该分布在度平均值 $<k>$ 处有一峰值，然后指数快速衰减。然而许多大型网络的度分布与泊松分布大不相同。幂率分布相对于指数分布其图形没有峰值，大多数节点仅有少量连接，而少数节点拥有大量连接，不存在随机网络中的特征标度，于是 Barabdsi 等称这种度分布具有幂率特征的网络为无标度网络。

无标度网络度分布（图 3-13）表达式为 $p(k_i)=ck_i^{-\gamma}$，图形无峰值，且随 k 衰减，由于节点的异质性，特征标度消失，所以称为无标度网。无标度不是没有标度，也不是没有均值，而是指幂律度分布具有标度不变性，如图 3-13 所示。无标度度分布曲线在双对数图中表征为一条直线。度分布表达式中的 γ 通常介于 2～3。

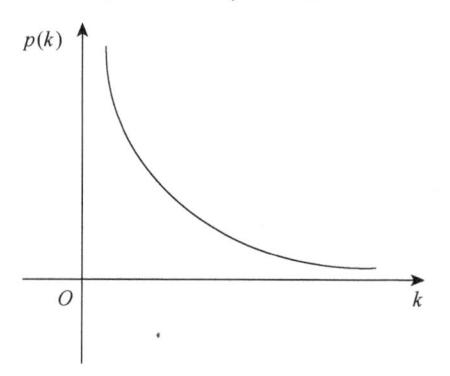

图 3-13　无标度网络分布示意图

3.5.3.2　基于经济单元关系的复杂网络模型

产业安全网络是由多个子网络构成，基于产业安全网络边和节点的抽象原则，建立多模式分层的产业安全网络拓扑结构，有利于优化安全网络的结构、布局、系统可靠性。将每个子经济单元看成一个点，经济单元之间所发生的影响关系看成边，根据国民经济各经济单元之间错综复杂的投入产出关系，建立了安全影响关系复杂网络模型，抽象为点集 V、边集 E、权集 W 组成的图 $G=\{V, E, W\}$，如图 3-14 所示。

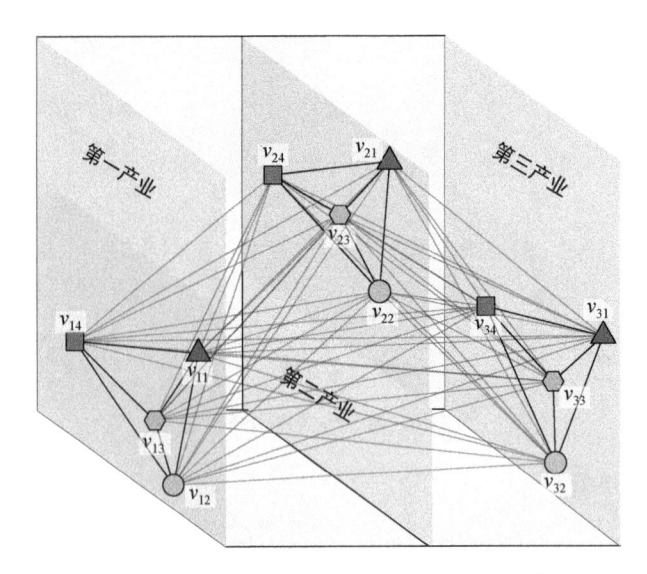

图 3-14　基于经济单元关系的产业复杂网络模型

如图 3-14 所示，点集 V 由所有经济单元组成，网络的节点数记为 $N=\|V\|$。

边集 E 由经济单元之间关联的边组成，即如果经济单元 i 对经济单元 j 有影响关系，则在部门 i 和部门 j 之间存在一条由单元 i 到单元 j 的有向边 e_{ij}，用数值表示为 $a_{ij}=1$；如果单元 i 对单元 j 没有影响关系，则有向边 e_{ij} 不存在，即 $a_{ij}=0$，其中 $i,j\in\{1,2,\cdots,N\}$。所有 a_{ij} 的值就构成了图 G 的邻接矩阵 $A=\{a_{ij}\}$，因为两个单元之间影响关系的非对称性，所以一般有 $a_{ij}\neq a_{ji}$，而且考虑大多数单元的影响和被影响双重关系，可能同时存在边 a_{ij} 和 a_{ji}，即网络中存在重边，因此产业安全关联网络是带重边、有向的非对称网络。

考虑到基于经济单元关系的复杂网络的实际背景，以及无权网络是不同的必须考虑单元之间的影响差异，因此引入边权集 $W=\{w_{ij}\}$。边权集 W 由经济单元 i 和经济单元 j 之间的实际影响的量值 w_{ij} 组成，实际经济系统中各经济单元之间的影响一般是非对称的，即 $w_{ij}\neq w_{ji}$，而且 w_{ij} 和 w_{ji} 可能同时非零，即网络的边权存在重边；另外，通常经济单元对其本身也有内部影响，即 $w_{ii}\neq 0$，即网络中存在自环。因此，经济单元影响关联图 G 是带自环、有重边、有向、加权复杂的网络图。

3.5.3.3　复杂网络基本网络静态统计特性分析

由于产业安全网络区别基本的无权无向网络，根据其有向、带自环、有重边、加权四个特点定义网络的统计特性，主要包括：度分布 $p(k)$、边权分布 $p(w)$、点权（强度）分布 $p(s)$、权重分布的差异性 Y_i、相关性、平均路径长度、加权聚集系数等。

1. 度与度的分布

在产业安全网络中，定义节点 V_{ij} 的度 k_{ij} 指与经济单元 ij 连接的所有部门的数目。由于产业安全关联网络是带自环的有向网络,节点 V_{ij} 的度区分为出度 k_{ij}^{out} 和入度 k_{ij}^{in}。

节点 V_{ij} 的出度是指从该单元 i 指向其他单元(包括自身)的有向边的数目,即

$$k_{ij}^{out} = \sum_{i=1}^{3}\sum_{j=1}^{4} a_{ij}$$

节点 V_{ij} 的入度是指从其他经济单元指向部门 V_{ij} 的有向边的数目,即

$$k_{ij}^{in} = \sum_{i=1}^{3}\sum_{j=1}^{4} a_{ji}$$

由于网络中含有重边,一般 $k_{ij} \neq k_{ij}^{out} + k_{ij}^{in}$,而有 $k_{ij} \leqslant k_{ij}^{out} + k_{ij}^{in}$,统计节点度数既要考虑有向特点,又要考虑到重边和自环的要求。

2. 边权、点权及单位权

1)边权与边权分布

在产业安全加权网络中,加权邻接矩阵为 $W = \{w_{ijmn}\}$,其中 w_{ijmn} 表示节点 V_{ij} 和 V_{mn} 之间所连接有向边的边权。基于产业安全网络的实际背景及归一化需求,取两个经济单元直接消耗系数作为边权 w_{ijmn}, w_{ijmn} 越大说明两个经济单元之间的投入或消耗越大,即影响关系越密切。

边权分布 $p(w)$ 是指任取一条边时,该边权重为 w 的概率。

2)点权(强度)与点权(强度)分布

产业安全网络为有向加权网络,从入权(强度)和出权(强度)两个角度分析点权。节点 V_{ij} 的出权 S_{ij}^{out} 为从点 V_{ij} 发出的全部边权的和(方爱丽,2008),即

$$S_{ij}^{out} = \sum_{i=1}^{3}\sum_{j=1}^{4} w_{ij}$$

节点 V_{ij} 的入权 S_{ij}^{in} 为指向点 V_{ij} 的全部边权的和,即

$$S_{ij}^{in} = \sum_{i=1}^{3}\sum_{j=1}^{4} w_{ji}$$

因此,节点 V_{ij} 的权 S_i(或称强度)包括节点 V_{ij} 的出权与入权两部分,即

$$S_{ij} = \sum_{i=1}^{3}\sum_{j=1}^{4} (w_{ij} + w_{ij})$$

点权是该节点区域信息的综合体现。它在考虑节点和近邻之间的权重的同时,也考虑了节点的近邻数。

点权分布 $p(s)$ 为任意产业安全网络中的节点,点权 s 的概率。那么,入权分布 $p(s_{in})$ 为任取一节点的入权是 s_{in} 的概率,同理,出权分布 $p(s_{out})$ 定义为任取一节点出权是 s_{out} 的概率。

3)单位权

单位权 U_{ij} 表示产业安全网络中节点顶点连接的平均权重,单位权定义为

$$U_{ij} = \frac{S_{ij}}{k_{ij}}$$

3. 聚集系数

聚类系数描述了节点近邻之间的集团性质，边权越大表示两个顶点之间的联系越紧密。产业安全复杂网络为加权网络，聚集系数 $c^w(ij)$ 定义为

$$c^w(ij) = \frac{\sum w_{ijmn} w_{mnop} w_{opij}}{\max w_{ijmn} \sum w_{ijmn} w_{opij}}$$

所有度值为 k 的节点的平均聚集系数 $C^w(k)$ 为

$$C^w(k) = \frac{\sum_{ij} \delta(k_{ij}-k) c^w(ij)}{\sum_{ij} \delta(k_{ij}-k)}$$

整个网络的加权聚集系数 C^w 定义为所有节点的聚集系数的平均值，即

$$C^w = \frac{\sum_i c^w(ij)}{N}$$

4. 平均路径长度

产业安全网络为加权网络，计算平均路径长度一般采用 Dijkstra 算法。采用基于 Dijkstra 算法的最短距离矩阵方法，计算出产业结构网络的最短路径。将边权看成相异权，得出在最短距离矩阵中的最短路径 $d_{ijmn}^{(N)}$。以下公式表达出 Dijkstra 算法的核心（邢李志，2012），即

$$d_{ijmn}^{(k)} = \min_{i,o,m \in \{1,2,3,4\}; j,p,n \in \{1,2,3\}} \left\{ d_{ij}^{(k-1)}, d_{ijop}^{(k-1)} + d_{opmn}^{(k-1)} \right\}$$

反复迭代，依次识别点 V_{ij}（出发点节点）至点 V_{mn}（目标节点）间每两个节点的最短路径 $d_{ijmn}^{(k)}$，把所得出的最短路径相加即得到点 V_{ij} 到点 V_{mn} 之间的最短路径 $d_{ijmn}^{(N)}$。

将节点映射到具体的经济单元，可反映出经济单元 ij 经过 n 个中间单元后其逐级减弱的影响力，最终对单元 mn 造成的最小影响，路程中间的经济单元起阻碍作用。

为了找出产业之间关联最弱的影响路径，可应用最短距离矩阵方法。但是，在实际的产业研究中，往往最强、最显著的影响路径更受关注，通过最强、最显著的路径可直观地分析出各个经济单元之间的技术经济等联系。因此，改良的 Dijkstra 算法对创建产业网络最远距离矩阵，具有重要意义。将以下公式

$$\overline{d_{ijmn}^{(k)}} = \max_{i,o,m \in \{1,2,3,4\}; j,p,n \in \{1,2,3\}} \left\{ \overline{d_{ijmn}^{(k-1)}}, \frac{\overline{d_{ijop}^{(k-1)} d_{opmn}^{(k-1)}}}{d_{ijop}^{(k-1)} + d_{opmn}^{(k-1)}} \right\}$$

反复迭代，进而选取平均值及相似权均较大的值所在路径作为产业间影响路径的走向，从而得到最远距离矩阵，它直接地反映出经济单元 ij 通过 n 个中间部门（或产业）逐级加强的相关技术经济等联系，最终对经济单元 mn 产生的最大影响。

3.6 产业安全系统优化研究

3.6.1 产业安全系统优化概述

3.6.1.1 产业安全系统优化的概念

系统优化是指运用系统工程优化理论与方法针对系统存在的整体性低、关联性差、协同性弱、开放性低等问题进行的结构、组织、运行机制等方面的优化。

产业安全系统优化是在分析影响产业安全的内外部因素及系统运作机制的基础上,针对产业安全系统存在的产业结构、产业布局不合理以及系统可靠性低等影响产业安全系统良性运作的问题,利用先进的系统工程优化理论与方法,对产业安全系统内部能量、物质、信息流等不同要素及关联关系进行分析,进而对系统组织结构、运行机制进行优化。

产业安全系统优化的目的是达到产业安全系统各部分各要素的协同化、关联化及系统的开放化,提升产业安全系统的稳定性及可靠性,解决产业结构和布局不合理、系统可靠性低等问题,最终实现产业安全系统的最优化设计、最优控制和最优管理的目标。产业安全系统优化主要包括产业结构优化、产业布局优化以及产业安全系统可靠性优化等内容。

3.6.1.2 产业安全系统优化的必要性

结合我国产业安全发展历程与研究现状,从产业结构、产业布局以及产业安全系统可靠性三方面分析我国产业安全系统存在的主要问题。

1. 产业结构不合理

目前我国的产业结构不合理主要表现在:一是我国经济增长主要是依靠高投入和高消耗实现的,属于粗放型增长方式;二是资源配置不合理,重复建设所导致的资源浪费的现象十分严重;三是企业技术水平和产业整体素质不高。从我国 2010 年三大产业的结构比例 10.1∶46.8∶43.1 来看,我国的产业结构水平相当于发达国家 20 世纪 60 年代以前的水平,我国产业结构亟须调整。

2. 产业布局不合理

产业布局是指一个国家或地区产业各部门、各环节在地域上的动态组合分布,是国民经济各部门发展规律的具体表现。我国产业布局的历史轨迹表现为"均衡发展"到"非均衡发展"逐渐演变的过程,先后经历了均衡产业布局、非均衡产业布局、"十一五"产业布局政策、鼓励东部地区先发展、西部大开发等产业布局政策。目前我国区域经济差距大,东、中、西部发展极度不均衡,产业布局不均衡严重影响了产业的安全性与高效性,亟须调整与优化。

3. 产业安全系统可靠性低

产业安全系统可靠性指的是遭受刻意攻击后系统保持稳定、正常运作的能力。随着外国资本入侵本国产业造成的严重后果,如何提高产业安全系统可靠性、维持自身系统的良好运行越来越被重视。

因此,对产业安全系统进行系统优化有助于形成合理的产业结构、协同发展的产业布局,有助于增加产业安全系统的稳定性和可靠性,从而达到整体的产业安全。

3.6.1.3 产业安全系统优化的对象

产业安全系统优化是将产业安全看成一个系统进行优化,以达到系统整体最优的目的。产业安全系统优化主要针对产业的结构、布局以及系统可靠性,优化对象主要是产业安全系统内部因素、组织、运行机制,以及外部环境与系统内部关联关系等,优化的目标是达到产业结构的合理化、产业布局的均衡化以及提高产业安全系统的可靠性。

1. 产业结构优化

产业结构优化是针对滞后的、不合理的产业,通过分析和调节资源、环境、市场、生产要素等变量,最终达到产业结构高度化与合理化的优化目标,增强产业结构的转换能力与聚合能力,实现产业结构各产业、各部门、各要素的协调发展,最终保证国民经济的持续快速增长。一般产业结构优化模型如图3-15所示。

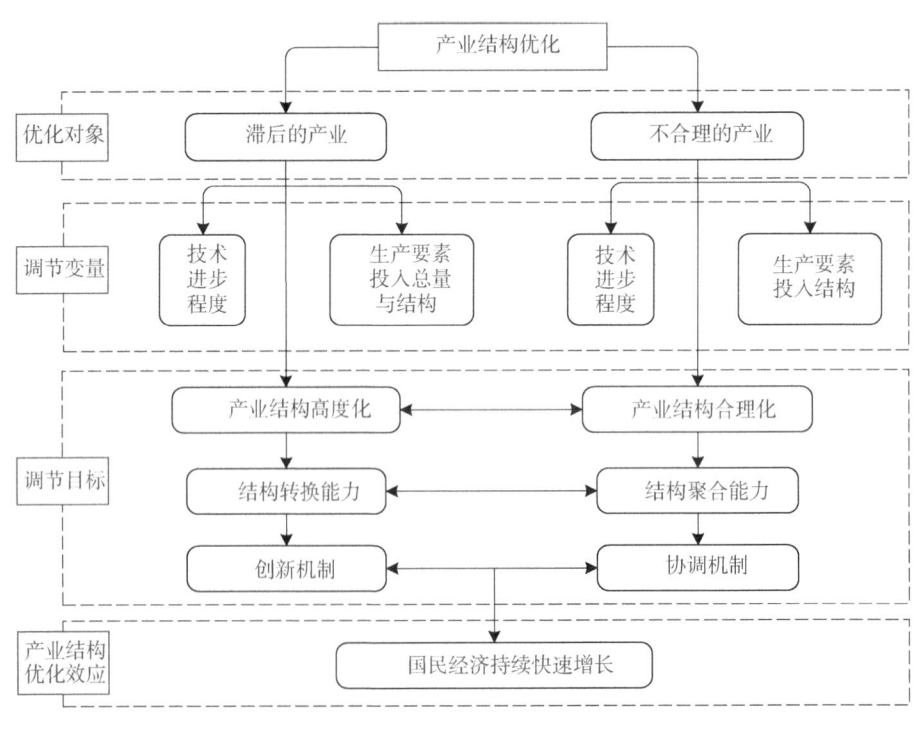

图 3-15 一般产业结构优化模型

2. 产业布局优化

产业布局优化研究的是产业的最优空间布局,它运用运筹学和管理科学理论系统地分析并建立产业的最优区位以达到以下目标:基本投资营运费用在预算约束范围内取得最佳经济效益；产业所在地城市建设及环境取得最佳影响；产业所在地及整个产业的布局能保证协调、高速、有效运转。

3. 产业安全系统可靠性优化

产业安全系统可靠性优化是在产业结构优化和产业布局优化的基础上，综合产业安全众多因素，对产业安全系统进行动态分析、进行要素间的协调，达到系统最优化运作的优化目标。

3.6.1.4 产业安全系统优化的基本框架

产业安全系统优化是指在系统不确定性分析的基础上，针对影响系统安全的产业结构、产业布局和系统可靠性三方面进行系统优化。通过采用系统理论与方法，建立基于控制论的产业结构优化模型、基于鲁棒优化理论的产业布局优化模型和基于系统动力学的产业安全系统可靠性优化模型，并针对模型进行算法设计，最终得到产业安全系统优化策略，为实现产业安全系统高效益、高效率提供优化依据，如图 3-16 所示。

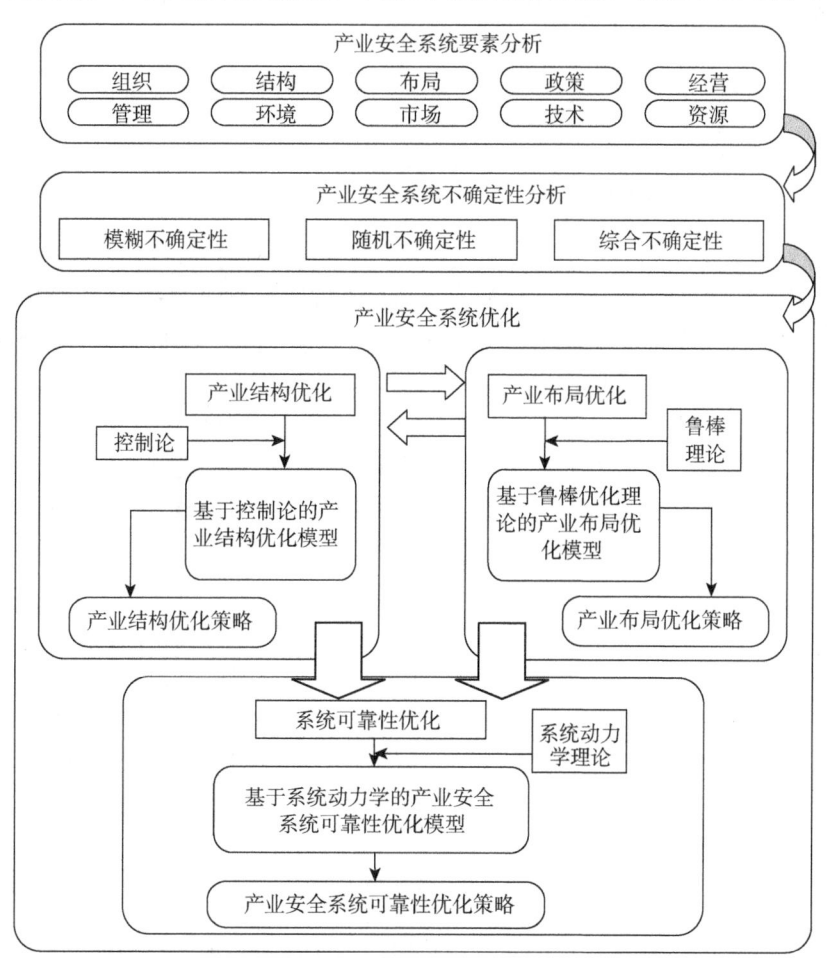

图 3-16 产业安全系统优化基本框架

3.6.2 基于控制论的产业结构优化

3.6.2.1 产业结构优化概述

产业结构是指各产业的构成及各产业之间的联系和比例关系，是国民经济结构的基础与核心。产业结构在一定程度上能反映出国家或地区经济增长的基本态势和途径。产业结构指的是在一定空间范围内各个产业的构成、各产业之间的技术经济联系，以及产业间发生作用的模式（陈智国，2005）。产业结构最直观的表现为各产业之间量的比例关系，有广义和狭义之分。狭义产业结构内容主要包括构成产业总体的产业类型、组合方式，各产业之间的本质联系，各产业的技术基础、发展程度及其在国民经济中的地位和作用。广义产业结构除了狭义产业结构的内容之外，还包括产业之间在数量比例上的关系，在空间上的分布结构等（王晓，2008）。

产业结构优化是指通过产业调整，在满足社会不断增长的需求的过程中，达到产业的合理化和高级化，要求我们以高效率的、有优势的主导产业为核心，形成各个产业相互协调发展的产业体系。产业结构优化主要包括产业结构的合理化、产业结构的高度化、产业间的协调、产业发展的效率等内容。

一般产业结构优化分析方法有投入产出法、计量经济方法、经济优化方法、控制理论与方法等。

3.6.2.2 控制论基本理论与方法

控制就是采取人工和自动化相结合的方式，监督系统的执行过程，评测并比较系统实施的性能，找出偏差，采取纠正措施，确保系统按照管理标准成功完成的过程。控制理论与方法的目的是为了在系统内外部环境发生变化的情况下保证系统目标的实现，也就是通过系统控制来纠正实际产出与系统目标之间的偏差。

产业安全系统中各要素、各主体之间的关系复杂，可控目标多，约束条件多，因此将控制论理论与方法应用于产业安全系统，有利于在分析系统内外部信息的反馈与传递的基础上，正确反映控制主体与控制客体之间的相互作用与调整过程，进而达到产业安全系统优化目标。产业结构优化控制论模型如图 3-17 所示。

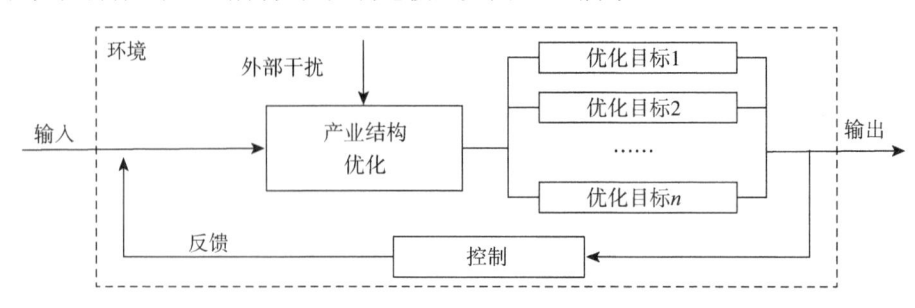

图 3-17 产业结构优化控制论模型

控制论方法主要包括最优控制方法、自组织系统理论与方法、模糊理论与方法、大系统理论与方法、线性与非线性控制方法等内容。

3.6.2.3 产业结构对产业安全的影响分析

产业结构对产业安全的影响主要体现在产业结构弱质化。如果上下游产业间的关联效应弱化，下游产业不能为上游产业的发展提供必要的市场条件，就会限制上游产业的规模和发展水平，阻碍产业结构升级，束缚国内产业竞争力的全面提高，造成产业结构弱质化，对产业安全具有非常不利的影响。

产业结构弱质化的后果最终表现为我国产业抵御供给冲击或需求冲击的能力低下，其对产业安全造成的不利影响主要表现为以下几个方面。

1. 依赖外来技术，弱化产业控制力

过度依赖技术引进会阻碍自主创新能力的提高及核心技术的获得，导致在国际分工中发展被动。当出现国外技术转移与国内产业发展需要相冲突，必将危及国内产业的生存与良性竞争，大大削弱我国对产业的控制力（任强，2009）。

2. 出口依存度高，弱化产业竞争力

现有产业结构不利于培养内需，国内存在相对生产过剩，我国产业的出口依存度较高，使得我国经济对世界经济形势更加敏感。产业结构弱质化会减弱国家宏观调控（主要是货币政策）的效果。

3. 能源过度消耗，浪费自然资源

加工工业资源消耗高、环境破坏大，从长期看我国产业发展将受到严重的资源约束，能源与其他自然资源对进口的依赖将逐渐增强，如果这一趋势保持下去，当国际能源与其他自然资源的价格上涨时，我国产业现有的廉价劳动力优势将被抵消掉，加工产业会因丧失比较优势而陷入困境。

因此，优化产业结构有助于避免产业结构弱质化、增加产业的安全性，对保证产业的良性发展有积极的意义。

3.6.2.4 产业结构优化的最优控制模型

产业结构优化最优控制模型是应用最优控制理论，通过分析建立目标函数、约束条件、状态转移方程以及模型求解，以实现产业结构最优化的目的。

1. 目标函数

基于产业结构的合理化、高度化、协调化以及发展效率化四个优化目标，依据产业安全对产业结构的要求，结合产业可持续发展战略，以及影响产业结构的产业环境、产业资源、产业市场、产业政策等要素，选择的目标函数包括经济增长目标函数、供需平衡目标函数、充分就业目标函数和污染控制目标函数（王峰和李树荣，2011）。

经济增长目标函数由各行业产值减去本期其他行业对本行业消耗后剩余产值的累加

和来衡量，描述为

$$\max f_1 = \sum_{t=0}^{N-1} i^T [X(t) - A(t)X(t)]$$

其中，i^T 是元素全为 1 的列向量的转置，即求和算子；$X(t)$ 为 t 期各行业产值；$A(t)$ 为 t 期直接消耗系数矩阵；N 为优化期个数。

供需平衡目标函数为

$$\min f_2 = \sum_{t=0}^{N-1} [Y(t) - H(t)]^T Q(t) [Y(t) - H(t)]$$

其中，$Y(t)$ 为各行业最终消费；$H(t)$ 为社会需求；$Q(t)$ 为 n 阶加权正定矩阵。

充分就业目标函数可用规划期期末社会总就业人数累加最大表示，即

$$\max f_3 = \sum_{t=0}^{N-1} W^T(t) X(t)$$

其中，$W^T(t)$ 为 t 期内各个行业的单位产出就业人数的列向量。

环境污染包括水污染、大气污染以及固体废弃物污染等方面。考虑到污染物排放具有一定随机性，因此可将污染控制目标表述为为污染物排放期望和的累积值最小，即

$$\min f_4 = \sum_{t=0}^{N-1} \sum_{i=1}^{m} P_i^T(t) X(t)$$

其中，$P_i^T(t)$ 为污染物排放系数，m 为污染物数。

2. 约束条件

动态投入产出平衡约束是产业结构优化过程中的最基本的约束，其基本含义是本期产出至少满足本期其他行业消耗、下期投资和最终消费，公式为

$$X(t)X(t)_i \geq \{A(t)X(t) + B(t)[X(t+1) - X(t)] + Y(t)\}$$

其中，$A(t)=[a_{ij}]$ 是 $n \times n$ 矩阵，为投入产出直接消耗系数矩阵，其元素满足 $0 \leq a_{ij} < 1$ ($i,j=1,2,\cdots,n$) 和 $\sum_{i=1}^{n} a_{ij} < 1, (i,j=1,2,\cdots,n)$，$n$ 是行业个数，直接消耗系数矩阵由投入产出表中统计数据得出，$B(t)$ 为 $n \times n$ 矩阵式投资系数矩阵。

能源消耗约束为

$$\frac{C^T(t)X(t)}{i^T[X(t) - A(t)X(t)]} \leq R_1(t)$$

其中，$E^T(t)$ 为规划期 t 内各行业单位产出对应的能源消耗列向量；$R_1(t)$ 为规划期 t 内单位产出最多允许消耗的能源量。

污染排放约束为

$$\frac{E^T(t)X(t)}{i^T[X(t) - A(t)X(t)]} \leq R_2(t)$$

其中，$E^T(t)$ 为第 t 期内单位产出对应的污染排放量，$R_2(t)$ 为第 t 期内单位产出允许排放的污染量。

非负约束为

$$X(t) \geq 0$$

3. 状态转移方程和初始条件

建立状态转移方程如下：

$$U(t) = X(t+1) - X(t)$$

其中，$U(t)$的意义是两个规划期间产值变化量，作为控制变量，根据实际经济运行规律，$U(t)$具有上下限约束，然而要想准确得知某个行业在某一段时间增长或衰退多少是不可能的，只能根据以往统计数据得到$U(t)$的"大概"范围，用术语表示可描述为$U(t)$具有一个模糊的上下限约束，即控制作用域，公式为

$$D(t)_i \leqslant U(t)_i \leqslant G(t)_i$$

初始条件，即$t=0$，公式为

$$X(0) = X^{(0)}$$

4. 模型建立

综上所述，得出产业结构优化最优控制模型如下：

$$\begin{cases} \max f_1 = \sum_{t=0}^{N-1} i^T[X(t) - A(t)X(t)] \\ \min f_2 = \sum_{t=0}^{N-1} [Y(t) - H(t)]^T Q(t)[Y(t) - H(t)] \\ \max f_3 = \sum_{t=0}^{N-1} W^T(t)X(t) \\ \max f_4 = \sum_{t=0}^{N-1} \sum_{t=1}^{m} P_t^T(t)X(t) \end{cases}$$

$$\text{s.t.} \begin{cases} X(t)_i \geqslant \{A(t)X(t) + B(t)[X(t+1) - X(t)] + Y(t)\} \\ \dfrac{C^T(t)X(t)}{i^T[X(t) - A(t)X(t)]} \leqslant R_1(t) \\ \dfrac{E^T(t)X(t)}{i^T[X(t) - A(t)X(t)]} \leqslant R_2(t) \\ U(t) = X(t+1) - X(t) \\ D(t)_i \leqslant U(t)_i \leqslant G(t)_i \\ X(0) = X^{(0)}, X(t) \geqslant 0 \end{cases}$$

5. 模型求解

产业结构最优控制模型状态方程比较简单，因此可以转化为关于控制变量的约束非线性规划问题。模型求解应分两步进行处理，首先将多目标问题转化为单目标问题，其次对非线性约束条件进行处理。

1) 目标函数转化

求解多目标规划最常用的方法是评价函数法，评价函数法又包括线性加权和法、极大极小法、平方加权和法和理想点法等（何晓愉，2011）。本模型采用线性加权法将多目标函数转化为单目标函数。

将模型中三个目标函数由总和形式转换为增长速度最小化问题形式：

$$\min f_1' = -\sum_{t=0}^{N-1} \frac{i^{\mathrm{T}}[X(t)-A(t)X(t)]}{i^{\mathrm{T}}[X(0)-A(0)X(0)]}$$

$$\min f_2' = -\sum_{t=0}^{N-1} \frac{[Y(t)-H(t)]^{\mathrm{T}}Q(t)[Y(t)-H(t)]}{[Y(0)-H(0)]^{\mathrm{T}}Q(0)[Y(0)-H(0)]}$$

$$\min f_3' = -\sum_{t=0}^{N-1} \frac{W^{\mathrm{T}}(t)X(t)}{W^{\mathrm{T}}(0)X(0)}$$

$$\min f_4' = -\sum_{t=0}^{N-1} \sum_{i=1}^{m} \frac{P_i^{\mathrm{T}}(t)X(t)}{P_i^{\mathrm{T}}(0)X(0)}$$

对目标函数设定权重系数 a_i，满足：

$$\sum_{i=1}^{4} a_i = 1$$

构造评价函数：

$$\phi \triangleq a_1 f_1' + a_2 f_2' + a_3 f_3' + a_4 f_4'$$

2）约束条件处理

为便于计算，将矩阵形式的约束条件展开，即约束条件等价于：

$$\text{s.t.} \begin{cases} \sum_{j=1}^{n}\left[b_{ij}(t)x_j(t+1) + [a_{ij}(t)-b_{ij}(t)]x_j(t)\right] + y_i(t) - x_i(t) \leqslant 0 \\ \sum_{i=1}^{n}\left[\left(\dfrac{c_i(t)}{R_1(t)}\right)x_i(t) + \sum_{j=1}^{n} a_{ij}(t)x_j(t)\right] \leqslant 0 \\ \sum_{i=1}^{n}\left[\left(\dfrac{e_i(t)}{R_2(t)}\right)x_i(t) + \sum_{j=1}^{n} a_{ij}(t)x_j(t)\right] \leqslant 0 \\ gl_i(t) \leqslant x_j(t) \leqslant gh_i(t) \\ x_i(t) \geqslant 0, \quad i = 1, 2, \cdots, n \end{cases}$$

用惩罚函数法处理约束条件，并加入目标函数中，即成为典型的非线性无约束最优化问题模型，公式为

$$\begin{cases} \min u = a_1 f_1' + a_2 f_2' + a_3 f_3' + a_4 f_4' \\ \qquad + \sum_{i=1}^{n} M(h_{2i}+h_{3i}) + \sum_{t=0}^{N-1}\sum_{i=1}^{n} M(h_{4i}+h_{5i}) \\ X(0) = X^{(0)} \end{cases}$$

3）粒子群算法

粒子群优化算法（particle swarm optimization，PSO）由 James Kennedy 和 Russell Eberhart 于 1955 年提出，是通过模拟鸟群觅食行为而发展起来的一种基于群体协作的随机搜索算法。相比其他的进化算法，粒子群算法通过个体适应值的大小进行迭代，体现了"群体"和"进化"。粒子群算法是求解无约束规划的智能算法，主要包括种群随机初始化、计算个体适应值、根据适应值进行复制等步骤。

设：$X_i = (x_{i1}, x_{i2}, \cdots, x_{in})$ 是粒子 i 当前的位置；$V_i = (v_{i1}, v_{i2}, \cdots, v_{in})$ 是粒子 i 当前的速

度；$P_i = (p_{i1}, p_{i2}, \cdots, p_{in})$ 是粒子 i 经历的最好位置。

设 $f(x)$ 为极小化目标函数，则粒子 i 的当前位置由下式确定：

$$P_i(t+1) = \begin{cases} P_i(t), & if\ f(X_i(t+1)) \geq f(P_i(t)) \\ X_i(t+1), & if\ f(x_i(t+1)) < f(P_i(t)) \end{cases}$$

设群体中粒子数为 s，所有粒子所经历的最好位置为 $P_g(t)$，称为全局最好位置，则

$$P_g(t) = \min\{f(P_0(t)), f(P_1(t)), \cdots, f(P_s(t))\}$$

则粒子群算法的进化方向可描述为

$$v_{ij}(t+1) = v_{ij}(t) + c_1 r_{1j}(t)(p_{ij}(t) - x_{ij}(t)) + c_2 r_{2j}(t)(p_{gj}(t) - x_{ij}(t))$$

$$x_{ij}(t+1) = x_{ij}(t) + v_{ij}(t+1)$$

其中，j 表示粒子第 j 维，i 表示第 i 个粒子，t 表示第 t 代；c_1，c_2 为正常数，称为加速因子；为降低粒子飞出搜索空间的可能性，约束粒子速度范围为 $v_{ij} \in [-v_{max}, v_{max}]$；$r_1 \sim U(0,1)$，$r_2 \sim U(0,1)$ 是两个独立的随机函数。

随机初始化过程如下：①设定群体规模为 N。②对任意 i, j，在 $[-v_{max}, v_{max}]$ 内均匀产生 x_{ij}。③对任意 i, j，在 $[-v_{max}, v_{max}]$ 内均匀产生 v_{ij}。④对任意 i，设 $y_i = x_i$。

算法步骤如下：①初始化粒子的随机位置与速度。②计算每个粒子的适应值。③比较每个粒子适应值和它所经历的最好位置的适应值，如果当前位置的适应值较好，则将当前位置设为最好位置。④比较每个粒子当前最好位置的适应值与全局最好位置的适应值，如果当前最好位置的适应值较好，则将当前位置设为全局最好位置。⑤根据粒子进化方向公式进化粒子的位置与速度。⑥如果终止条件满足的话，就停止迭代，否则转步骤②。

针对产业结构最优控制模型，将已知数据代入模型中，计算可得各行业的最优控制（即各行业产值改变量）和最优轨线（即各行业产值），再由优化后各行业产值计算可得 GDP 增长及能源消耗和污染物排放变化情况。

3.6.2.5 产业结构优化策略

针对我国产业结构现状，结合产业结构最优控制模型，提出产业结构优化策略。

1. 引导外商投资，改善金融环境

首先，逐步引导外商加大对第一、第三产业的投资力度，相对降低对工业的投资比重，减小我国产业结构偏差。其次引导外商增加对重加工业的投资，相应减少对消费品工业的投资。另外，引导外商增加对技术密集型产业的投资，减少对一般加工工业的投资。

2. 走新型工业化道路，合理利用资源

我国能耗高、物耗高的重工业增长偏快，造成了我国单位 GDP 能耗高、环境压力大。

因此应加快调整第二产业结构，严格限制高耗能、高污染的项目建设和发展，利用高技术产业改造传统产业，坚持走新型工业化道路（左叶，2008）。发展循环经济，通过调整各部门和各行业之间的比例结构，使之成为相互依存、相互制约的有机整体，实现经济、社会、资源和环境的协调发展和实现产业结构高度化。

3.6.3 基于鲁棒优化理论的产业布局优化

3.6.3.1 产业布局理论与原则

1. 产业布局理论

产业布局理论从发展历程上来看，可以分为古典、近代、现代以及新发展四个阶段。各个阶段的代表性的理论介绍如表 3-5 所示。

表 3-5 产业布局理论发展

发展时间	发展阶段	代表理论及观点
1826～1930 年	古典区位论	农业区位论、工业区位论：各空间位置具有不同的市场、成本、资源和技术约束，从而具有不同的经济利益。为获取最大经济利益，经济主体往往根据自身的需要和约束条件来进行区位决策。通常影响经济主体区位决策的区位因素有运费、供给、市场和环境
1930～1960 年	近代区位论	贸易区位理论、中心地理论、市场区位论：对工业区位理论的研究开始从以个别企业为中心的单因素研究，过渡到对整体经济以及地域组织的探讨
1960～2002 年	现代区位论	成本-市场学派：成本与市场的相依关系作为理论核心，以最大利润原则为确定区位的基本条件 发展经济学派：主导产业发展对邻近经济区造成辐射作用形成增长极（增长极理论）；增长极与交通通信线路结合形成新的增长点（点轴理论）；产业集中造成地区差异增大和规模报酬递减现象（二元经济理论）
2002 年至今	理论新发展	产业集群理论：聚集经济是通过获得规模经济和范围经济来提高收益和降低成本的系统力量 "钻石模型"理论：由基本因素（要素条件、需求条件、相关及支撑产业、企业的战略、结构与竞争）和附加因素（机遇、政府）组成。国家竞争优势的获得主要来自于产业的竞争，而产业的竞争和发展常常需要在几个区域内形成有竞争力的产业集群

2. 产业布局原则

产业布局过程中应该坚持全局最优和统筹兼顾、分工协作和因地制宜、效率优先和协调发展、可持续发展、政治和国防安全等原则。

1）全局最优，统筹兼顾

产业布局应该以国家的地域为界，目标是促使产业分布合理化，实现产业布局的统筹兼顾和国家整体利益的最优。

2）分工协作，因地制宜

各地区应根据自己的特点，形成专门化的产业部门来形成规模优势。要在重点布局专门化生产部门的基础上，布局相关的辅助性产业部门和服务部门，形成合理的地区产业结构，同时还需要考虑地区间的协作条件。

3）效率优先，协调发展

国家在产业布局过程中应符合产业空间发展的自然规律。当经济水平较低时，应着力发展自然、经济和社会条件较好的区域；当经济水平发展到较高程度时，产业布局过程中应重点兼顾经济发展较为落后的区域，以达到缩小区域经济水平差异的目的（付宏华，2010）。

4）可持续发展

产业布局过程中应注意资源节约、环境保护以及资源的充分利用和再生，防止出现过度开发和破坏，兼顾发展相关环保产业。

5）政治和国防安全

产业布局中注重政治和国防安全是立足于国家安定团结层面的最高原则。例如，虽然我国边疆和少数民族地区的自然和社会条件较差，但为了维护民族团结、国家稳定、边境安全，依然应对这些地区给予大量援助，支持其各个产业的发展（江世银和杨伟霖，2008）。

3.6.3.2 鲁棒优化基本理论与方法

鲁棒优化是研究不确定优化问题的一种新方法，它源自鲁棒控制理论，是随机优化和灵敏度分析的补充替换，其目的是寻求一个对于不确定输入的所有实现都能有良好性能的解。

在研究鲁棒优化的基本原理和鲁棒优化思想的发展过程的基础上，总结出其一般分析框架，如图3-18所示。

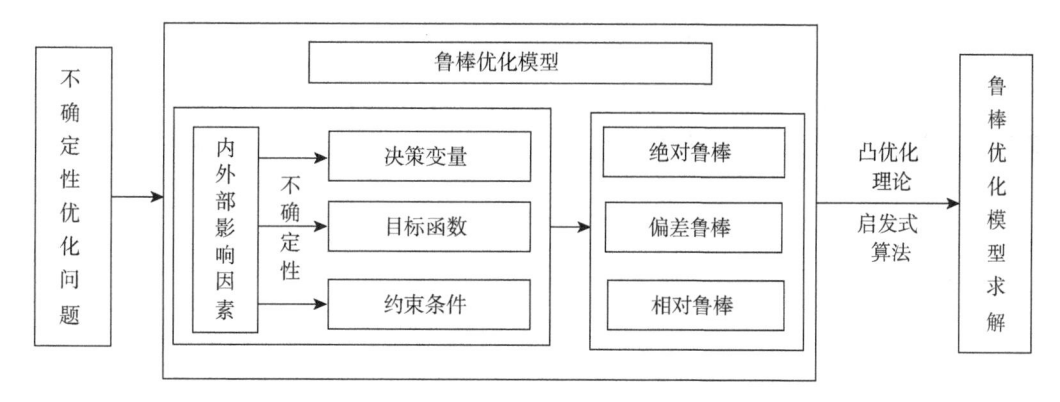

图3-18 鲁棒优化分析框架

为建立基于不确定优化问题的产业布局鲁棒优化模型，首先要对产业布局优化的角度进行深入的分析，确定产业布局的优化目标、决策变量、变量维数，找到各变量间的关系以确定其约束条件。同时，对产业布局中的变量判定其是否具有不确定性，是不确定优化问题分析中所特有的,如有不确定参数,要给出其变化范围。这样,在确定优化问题的目标函数、约束函数、决策变量及不确定参数的数学表达后,将其综合起来即为问题的鲁棒优化模型。

3.6.3.3 产业布局对产业安全的影响分析

产业布局是指产业在一国或一地区范围内的空间分布和组合的经济现象。产业布局在静态上看是指形成产业的各部门、各要素、各链环在空间上的分布态势和地域上的组合。在动态上,产业布局则表现为各种资源、各生产要素甚至各产业和各企业为选择最佳区位而形成的在空间地域上的流动、转移或重新组合的配置与再配置过程。产业布局对产业安全的影响主要体现在以下三个方面。

1. 区域经济发展失衡,弱化产业竞争力

由于改革开放以及外商投资等的影响,再加上经济地理区位和软硬投资环境的差距,形成了高度集中于东部沿海地区的产业布局。产业布局的不均衡严重影响了地区经济发展的均衡性,造成市场供给与需求能力的不对等,弱化了产业竞争力,同时也加剧了产业结构的差距,影响产业系统的安全性。

2. 区域产业结构趋同,弱化产业适应力

产业布局非区位化引发区域产业结构趋同,会对产业安全系统造成不利的影响。在利润动机的诱导下,各地区纷纷加速发展投资少、见效快的加工工业,忽视基础产业,从而导致各地区产业结构雷同。这种不合理的趋同直接产生了区域分工弱化、分工利益减弱,布局中重复引进、浪费现象严重,以及产业间的空间组织缺乏专业化协作,造成产业结构的弱质化,不利于整个产业的合理化分工和高效运作,难以应对各种条件、环境的变化,对产业安全造成负面影响。

3. 经济效益低下,弱化产业控制力

产业布局不均衡引发区域经济发展失衡、产业结构的弱质化,使整个产业系统分工效益和规模效益双重损失,进而容易导致跨区域、跨国公司从产业资本、产业技术、产业市场和经营决策等方面控制产业命脉,进而控制本区域经济,从而对产业安全造成不利影响。

3.6.3.4 产业布局鲁棒优化模型

1. 目标函数

根据产业安全系统构成,即产业安全系统由产业竞争力、产业控制力和产业适应力构成,结合影响产业布局的因素,产业布局优化目标应达到"三力"的最大化。通过产业技术、资本和劳动力的投入产出比,以及市场占有率等因素,计算产业竞争力水平;通过计算区域内资本、技术和劳动力控制水平,计算整体产业控制力水平;通过产业信息化水平、产业人才吸引力水平、产业运营管理协同水平和产业政策稳定水平衡量产业适应力水平。因此，建立产业布局鲁棒优化目标函数如下。

1）产业竞争力最大化

$$\max f_1 = a_1 X_1 + b_1 X_2 = a_1 \frac{y}{\sum_{i=1}^{3} x_i + \sum_{i=1}^{3} u_i + \sum_{i=1}^{3} z_i} + b_1 X_2, a_1 + b_1 = 1$$

$$y = A \left(\sum_{i=1}^{2} x_i + \sum_{t=1}^{2} u_i + \sum_{i=1}^{2} z_i \right)^{a_1} (x_3 + u_3 + z_3)^{a_2}$$

其中，f_1 为产业竞争力水平，X_1 为生产投入产出水平，X_2 为市场占有率水平，a_1 和 b_1 为产业竞争力权重系数，y 为一定技术投入、资本投入和劳动力投入条件下的产出量，a_1 和 a_2 分别为资本投入和劳动力投入的产出弹性系数，A 为常数，也称效率参数（efficiency parameter），表示那些能够影响产出，但既不能单独归属于资本也不能单独归属于劳动的因素。

决策变量有：$x_i(i=1,2,3)$ 分别代表区域内非信息化技术投资、资本投资和劳动力投资；$u_i(i=1,2,3)$ 分别代表区域内信息化技术投资、资本投资和劳动力投资；$z_i(i=1,2,3)$ 分别代表区域外非信息化技术投资、资本投资和劳动力投资。

2）产业控制力最大化

$$\max f_2 = a_2 X_3 + b_2 X_4 + c_2 X_5 = a_2 \frac{x_1}{x_1 + z_1} + b_2 \frac{x_2}{x_2 + z_2} + c_2 \frac{x_3}{x_3 + z_3}$$

$$a_2 + b_2 + c_2 = 1$$

其中，f_2 为产业控制力水平，X_3 为资本投入控制力水平，X_4 为技术投入控制力水平，X_5 为劳动力投入控制力水平；a_2，b_2，c_2 为产业控制力权重系数。

3）产业适应力最大化

$$\max f_3 = a_3 X_6 + b_3 X_7 + c_3 X_8 + d_3 X_9 = a_3 \frac{3}{y} + b_3 X_7 + c_3 X_8 + d_3 X_9$$

$$s = \left(\sum_{i=1}^{2} x_i + \sum_{i=1}^{2} z_i \right)^{\beta_1} (x_3 + z_3)^{\beta_2} \left(\sum_{i=1}^{2} u_i \right)^{\beta_3} u_3^{\beta_4}$$

$$a_3 + b_3 + c_3 + d_3 = 1, \sum_{i=1}^{4} \beta_i = 1$$

$$a_i, b_i, c_i, d_i \geq 0 \quad (i=1,2,3)$$

$$0 \leq X_i \leq 1 \quad (i=1,2,\cdots,9)$$

其中，f_3 为产业适应力水平，X_6 为产业信息化水平，X_7 为产业人才吸引力水平，X_8 为产业运营管理协同水平，X_9 为产业政策稳定水平；a_3，b_3，c_3，d_3 为产业适应力权重系数。

2. 不确定因素

产业布局优化过程中存在多种不确定性因素的影响，是一个不确定型决策优化。目前，在解决不确定型决策问题时，一种最直接的方式是把不确定型决策通过主观估计出"最可能"发生的情景从而转化为确定型决策，或者通过主观估计各个情景发生的概率，将不确定型决策转化为随机型决策，然后利用确定型或随机型决策的相关优化方法进行优化（姜涛等，2007）。其中，定义所有参数可能取值组合的集合为情景集 $S=\{s_1, s_2, \cdots, s_n\}$。当 $n=1$ 时，表示只有一种情景，即为确定型决策问题；当 $n>1$，且每种情景发生的概率已知时为随机型决策问题；当 $n>1$，且每种情景发生的概率未知时为不确定型决策问题。在产业布局过程中，令所有内外部不确定性因素可能取值组合的集合形成情景集 S，这些不确定因素有以下几个方面。

1）市场占有率波动

市场占有率是指区域内某产业生产产品销售量（或销售额）在整个产业同类产品中所占的比重，直接反映区域内某产业所提供的商品和劳务对消费者和用户的满足程度。市场占有率越高，表明区域内某产业竞争能力越强。第 i 产业产值规模在 Q_i' 和 Q_i'' 之间波动，即

$$Q_i = [Q_i', Q_i''], \quad i=\{1,2,3\}$$

2）人才吸引力水平波动

人才吸引力水平 E_i 表示区域内第 i 产业人才吸引能力，在 E_i' 与 E_i'' 之间波动，即

$$E_i = [E_i', E_i''], \quad i=\{1,2,3\}$$

3）运营管理协同水平波动

运营管理协同水平 B_i 反映了产业运营中管理协同程度，包括产业生产、销售等各方面的协同作用，B_i 在 B_i' 与 B_i'' 之间波动，即

$$B_i = [B_i', B_i''], \quad i=\{1,2,3\}$$

4）政策稳定水平波动

产业政策稳定水平 P_i 反映了产业区域政策的稳定性以及区域政府调控能力，P_i 在 P_i' 与 P_i'' 之间波动，即

$$P_i = [P_i', P_i''], \quad i=\{1,2,3\}$$

3. 约束条件

资本投入约束，公式为

$$0 \leqslant x_1 + u_1 + z_1 \leqslant T$$
$$0 \leqslant x_2 + u_2 + z_2 \leqslant Z$$

其中，T，Z 分别为技术投入、资本投入上限。

从业人员数量约束，公式为

$$0 \leqslant \frac{x_1 + u_1 + z_1}{c} \leqslant L$$

其中，L 为劳动力投入数量上限，c 为平均单位劳动力成本。

4. 优化模型

采用鲁棒优化理论解决产业布局优化问题是一种合理有效的方法，通过分析各种策略在不同情景下的决策值，以及在不同情景下各种策略的决策值与确定型最优策略决策值的差别，做出合理的策略选择。根据鲁棒优化的目标不同，鲁棒优化可以分为绝对鲁棒优化、偏差鲁棒优化、相对鲁棒优化。

（1）在这些不确定性因素组成的情景集下，产业布局绝对鲁棒优化得到的鲁棒解满足在所有情景下的最低水平最高，即绝对鲁棒解 x_a 的目标值满足

$$\max_{x \in A} \min_{s \in S} \{C(x,s)\}$$

其中，A 表示策略集，即在情景 s 下满足目标函数的解集；$C(x,s)$ 表示在情景 s 下，解为 x 的产业布局水平。

（2）偏差鲁棒优化得到的鲁棒解满足在所有的情景下与最优目标值偏差的最大值最小，即偏差鲁棒解 x_d 的目标值满足

$$\min_{x \in A} \max_{s \in S} \{C(x,s) - C^*(s)\}$$

其中，$C^*(s) = \min_{x \in A}\{C(x,s)\}$，即在情景 s 下，求得的最优解。

（3）相对鲁棒优化得到的鲁棒解，满足在所有的情景下，与最优目标值的偏差所占最优目标值比例的最大值最小，即相对鲁棒解 x_r 的目标值满足

$$\min_{x \in A} \max_{s \in S} \frac{C(x,s) - C^*(s)}{C^*(s)}$$

3.6.3.5 产业布局优化算法

无论是产业布局绝对鲁棒优化或偏差、相对鲁棒优化，都可以用自适应的并行蚁群算法为基础，通过适当的处理改进进行求解。

蚁群算法是由自然界中蚂蚁觅食过程而启发的。蚂蚁的食物源总是随机散布于蚁巢周围，它们在寻找食物的过程中，能在其经过的路径上留下信息素，相等时间内较短路径上的信息素就遗留得比较多，则选择较短路径的蚂蚁也随之增多，即是一种信息正反馈现象（陈昌敏等，2011）。产业布局优化设计范围广、因素多、规模大，因此应用自适应的并行蚁群算法，求解在给定情景 s 下的最优解。

1. 产业布局绝对鲁棒优化模型求解步骤

定义 Y 为鲁棒解，其包含了技术投资、资本投资和劳动力投资的多少等。产业布局的绝对鲁棒解求解步骤如下。

第一，初始化 $s=1,\cdots,n$，鲁棒解的集合 $Y^*=\emptyset$。

第二，分别在情景 s 下，运用自适应的并行蚁群算法求解各情景下的最优目标值 $C^*(s)$，其中蚂蚁由节点 i 转移到目标节点 j 的概率为

$$p_{ij}^k(t) = \begin{cases} \left(\dfrac{\tau_{ij}^a(t)\eta_{ij}^\beta(t)}{\sum_{r=\text{allowed}_k} \tau_{ir}^a(t)\eta_{ir}^\beta(t)} \right)^{-1}, & j = \text{allowed}_k \\ 0, & \text{otherwise} \end{cases}$$

第三，比较所有情景 s 下的最优目标值 $C^*(s)$，取 $\max C^*(s)$ 的解 $Y(s)$ 为绝对鲁棒优化的鲁棒解，即 $Y^*=Y^*+Y(s)$。

2. 产业布局偏差和相对鲁棒优化模型求解步骤

由偏差鲁棒优化和相对鲁棒优化的模型来看，两者的鲁棒解在大部分情况下都是相同的，鲁棒解的求解也可以用同一种方法。产业布局偏差和相对鲁棒优化的鲁棒解并不是每种情景下的最优解，因此采用从外到内的求解方法。首先假定产业布局中不同投入方法的概率都是一样的，这样可以得到产业布局的一般解；其次再与所有情景下的最优解进行比较，两者的偏差在给定的 ε 或 ξ 范围内，即为所求得的鲁棒解。

产业布局的偏差和相对鲁棒解求解步骤如下。

第一，初始化 $s=1,\cdots,n$，鲁棒解的集合 $Y^*=\varnothing$。

第二，分别在情景 s 下，运用自适应的并行蚁群算法求解各情景下的最优目标值 $C^*(s)$ 和最优解 $Y'(s)$，其中不同种类投资投入在局部上存在一致性。

第三，剔除第二步中不变路径的波动，计算在 Y 和 s 确定时的目标值 $C(Y,s)$；对于每种情景 s，若 $C(Y,s) \geqslant C^*(s)$，则进行第四步；若 $C(Y,s) < C^*(s)$，则 $C^*(s) = \min\{C^*(s), C(Y,s)\}$，转第四步。

第四，对于所有的 s，若 $C(x,s) - C^*(s) \leqslant \varepsilon$ 或 $\dfrac{C(x,s) - C^*(s)}{C^*(s)} \leqslant \zeta$，则 $Y^* = Y^* + Y$。

第五，对于所有的 Y 是否检验，若否，则转入 Y 的下一个可能取值，转入第三步；若都已检验，则输出结果。

3.6.3.6 产业布局优化策略

针对我国产业布局现状，结合基于鲁棒优化理论的产业布局优化模型，从产业技术、产业市场、产业环境、产业资源以及产业政策等方面提出产业布局优化策略。

1. 转变发展模式，提高高新技术水平

加快用高新技术、信息技术与先进适用技术改造和提升传统产业的增值能力和核心竞争力，大力开发各种新能源和节能新技术，减少能源、资源的消耗，加大信息技术的使用，提高产业发展效率。另外，我国资源环境较脆弱，因而在发展中要注重知识密集型产业的发展，使得产业布局符合可持续发展的原则。

2. 结合区域优势，合理分配自然资源

针对我国区域经济、社会和资源环境系统结构复杂的特点，合理规划区域产业布局，就应该在各个产业间合理分配资源，全面考虑经济效益、社会效益和环境效益，合理分配各个产业对资源的利用。

3. 加大人才吸引力,提高劳动力素质

通过提高产业信息化水平、人才吸引力和从业人员素质,提高产业适应力,进而使产业更好地应对各种条件、环境的变化,确保产业更好的生存与发展。

3.6.4 基于系统动力学的产业安全系统可靠性优化

3.6.4.1 产业安全系统可靠性概述

系统可靠性是指系统在规定的条件下和规定的时间内,完成规定功能的能力。国际标准化组织的定义为:单元在给定的环境和运行条件下和给定的时间内完成规定功能的能力。因此,产业安全系统可靠性可以定义为:产业安全系统在给定环境和规定的时间内完成一定预期功能的能力。从整体上看,产业安全系统能否完成预期的功能有多个衡量指标,如经济增长指标、环境污染指标等。

一般的系统可靠性分析与优化方法有系统动力学方法、马尔可夫链法、故障树法、事件树法、Petri 网方法等。

3.6.4.2 系统动力学基本理论与方法

系统动力学(system dynamics)以现实存在的系统为前提,根据历史数据、实践经验和系统内在的机制关系建立起动态仿真模型,对各种影响因素可能引起的系统变化进行实验。它表明了唯物的系统辩证的特征,强调系统、整体的观点和联系、发展、运动的观点。系统动力学是研究复杂系统的有效的理论和方法,是定性与定量相结合、系统综合推理的方法。

用系统动力学方法分析复杂系统主要包括建立因果关系图、构建系统流图、建立方程、系统仿真四部分。其中,因果关系图可以有效简便地认识系统,系统流图可以构建系统的整体框架,方程可以在整体框架下研究要素之间的定量关系。其一般优化步骤如图 3-19 所示。

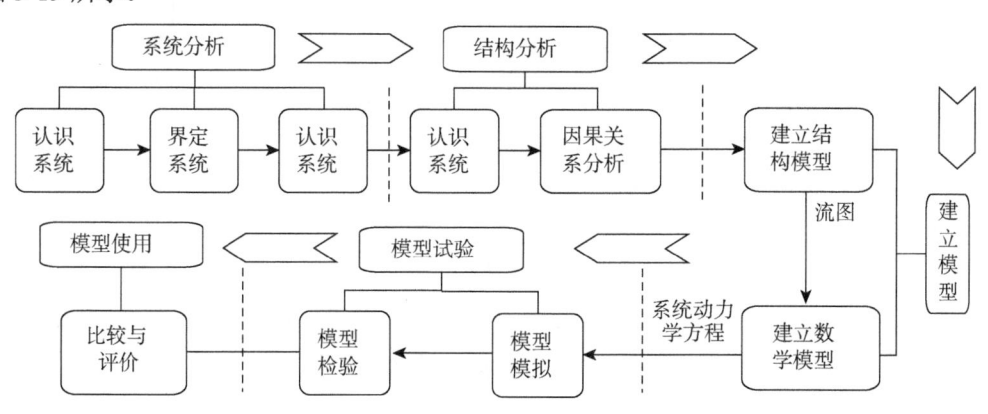

图 3-19 系统动力学一般优化步骤

产业安全系统分析涉及社会经济、生态环境、人口因素、地域条件等多方面因素，是一个复杂的动态系统工程问题，兼有遵循因果规律、具有多重反馈、较强的非线性特征、不适合进行直接实验等特点，因此系统动力学的方法适于研究产业安全系统可靠性模型。

3.6.4.3 产业安全系统可靠性影响因素及其动力学分析

产业安全系统是开放的，与外界环境之间有着物质、信息和能量的交换。影响产业安全系统可靠性的因素有许多，包括产业环境、产业资源、产业技术、产业市场、产业政策、产业组织、产业结构、产业布局、产业经营和产业管理等要素，因此将状态变量设定在上述六个方面的数据上。

依据产业安全影响因素分析，可以总结出以下结论：①影响产业布局可靠性的因素主要有产业技术水平、产业资源水平、产业市场、产业环境和产业政策。②影响产业结构可靠性的因素主要有产业资源、产业市场、产业环境和产业政策。③影响产业组织可靠性的因素主要有产业经营管理、产业市场和产业政策。

其中，产业技术包括产业实体技术、经验技术和知识技术，产业资源包含社会资源和自然资源，影响产业市场的主要因素是市场供需平衡状况，影响金融环境的主要因素是外商投资和固定资产投资，企业经营管理主要包括企业间、企业与客户合作比重，对外依存度和市场集中度等因素。另外，产业政策的稳定对其他因素都有不同程度的影响。

3.6.4.4 产业安全系统可靠性的动力学分析模型框架

选取主要因素简单分析系统关系，如图 3-20 所示，并根据系统各要素影响关系建立反馈关系图，其中正负极性代表正负反馈回路。

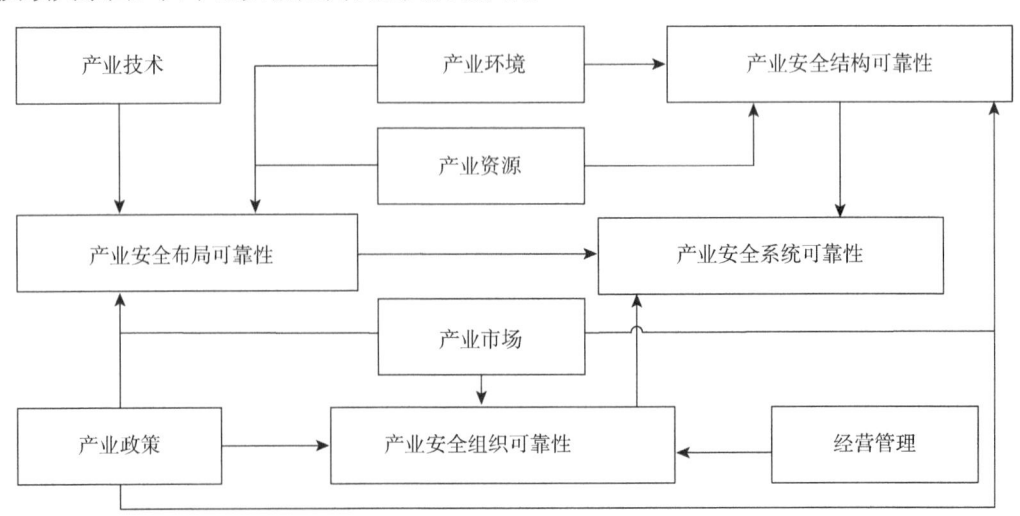

图 3-20 产业安全系统可靠性关系图

（1）产业安全组织可靠性、结构可靠性与布局可靠性的反馈关系如图 3-21 所示。

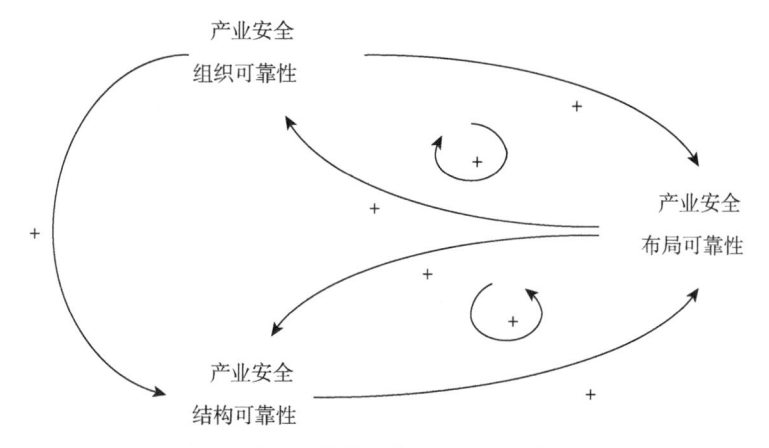

图 3-21　组织可靠性、结构可靠性与布局可靠性的反馈关系

（2）产业安全组织可靠性反馈关系图如图 3-22 所示。

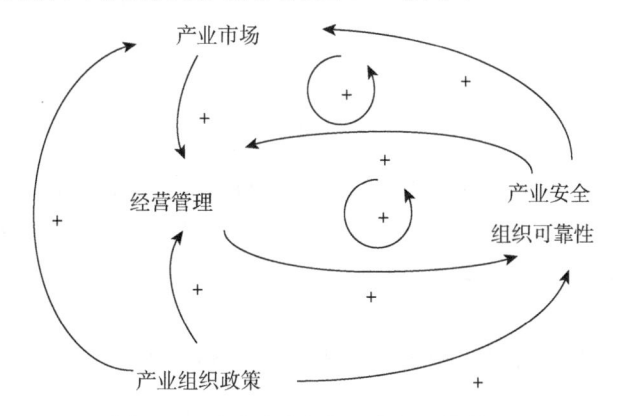

图 3-22　产业安全组织可靠性反馈关系

（3）产业安全结构可靠性反馈关系图如图 3-23 所示。

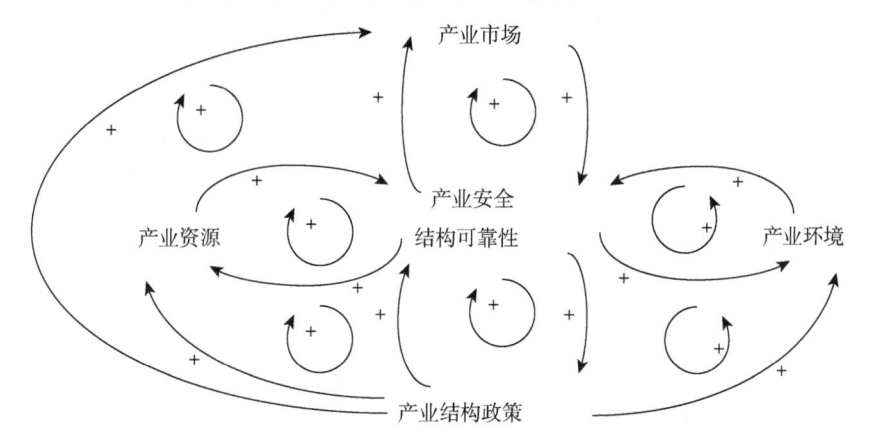

图 3-23　产业安全结构可靠性反馈关系

（4）产业安全系统可靠性影响因素关系图 3-24 所示。

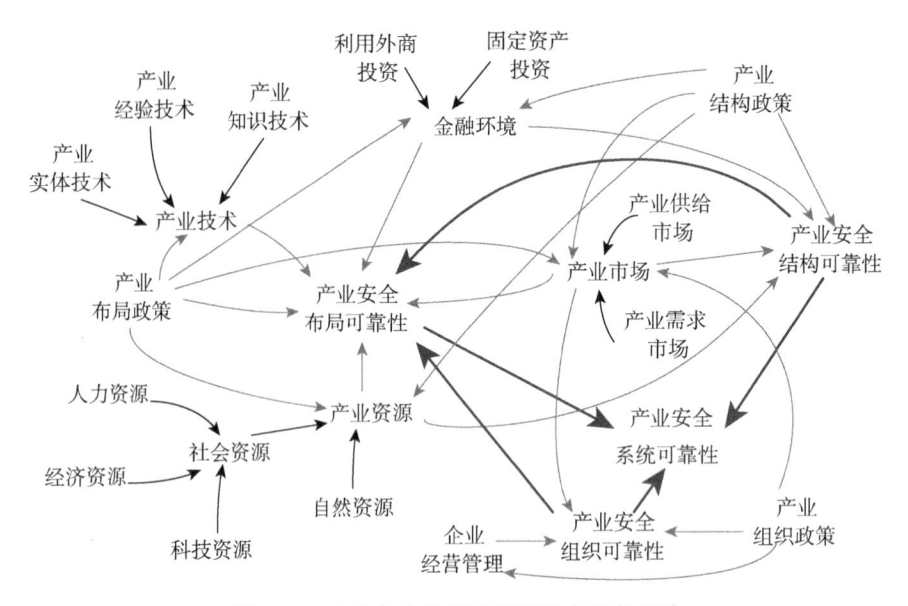

图 3-24 产业安全系统可靠性影响因素关系

3.6.4.5 产业安全系统可靠性动力学流图模型

为进一步探明产业内部结构和系统变量之间的关系，建立产业安全系统流程图（图3-25）。它能够较为清楚地描述整个产业安全系统内部的物质流、信息流和能量流的传递方向和产业安全系统完整的反馈回路，辨析出系统各要素间的相互作用关系（石舒娅，2010）。基本入树 SD 模型如下。

（1）产业安全布局可靠性水平 SD 流图如图 3-25 所示。

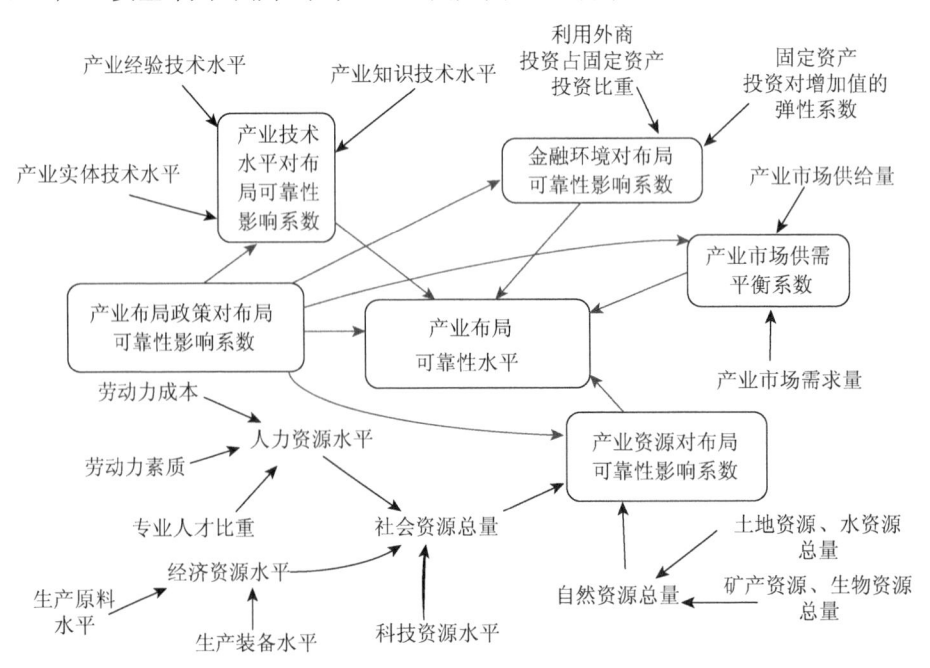

图 3-25 产业安全布局可靠性水平 SD 流图

（2）产业安全结构可靠性水平 SD 流图如图 3-26 所示。

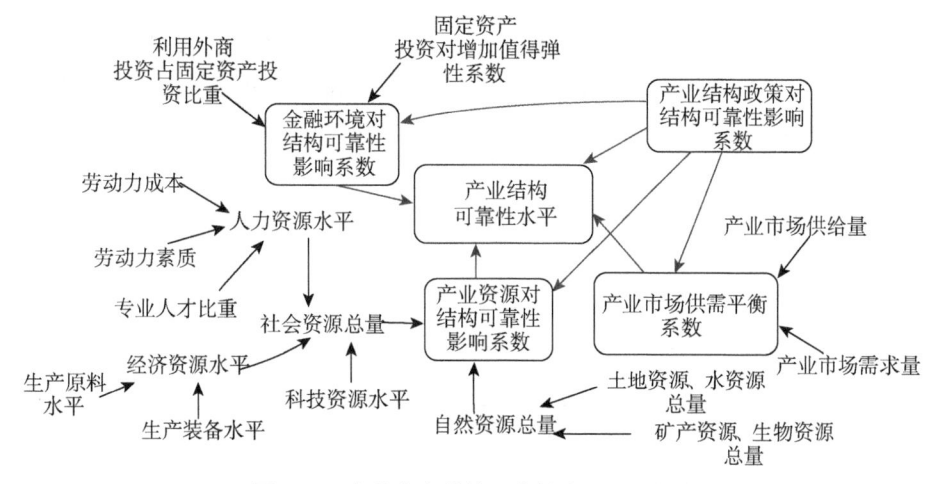

图 3-26 产业安全结构可靠性水平 SD 流图

（3）产业安全组织可靠性水平 SD 流图如图 3-27 所示。

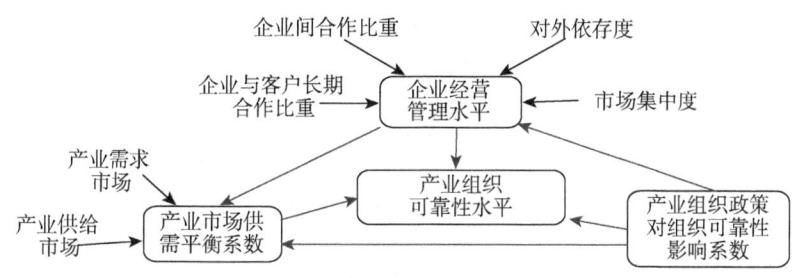

图 3-27 产业安全组织可靠性水平 SD 流图

（4）产业安全系统可靠性水平 SD 流图如图 3-28 所示。

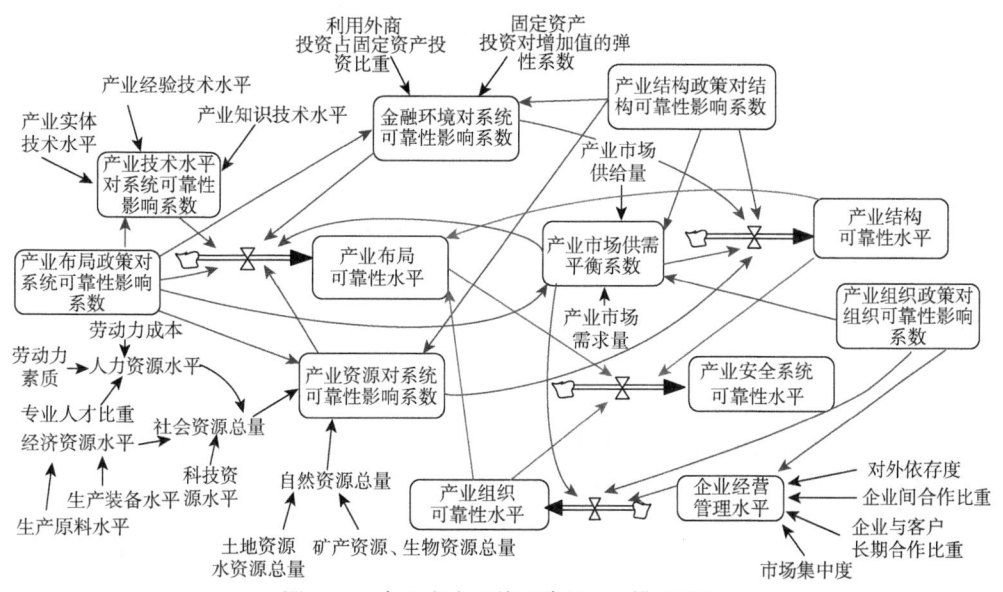

图 3-28 产业安全系统可靠性 SD 模型流图

3.6.4.6 产业安全系统可靠性动力学模拟仿真

产业安全系统可靠性 SD 仿真是采用 SD 的理论和仿真方法，构建产业安全系统可靠性影响因子的 SD 流图，仿真其发展趋势，探寻影响因子对可靠性总水平的作用关系，分析产业安全系统可靠性的复杂、长期、非线性，同时仿真计算子系统中不同因子的实际作用程度（何刚，2009）。

产业安全系统可靠性 SD 仿真步骤如图 3-29 所示。

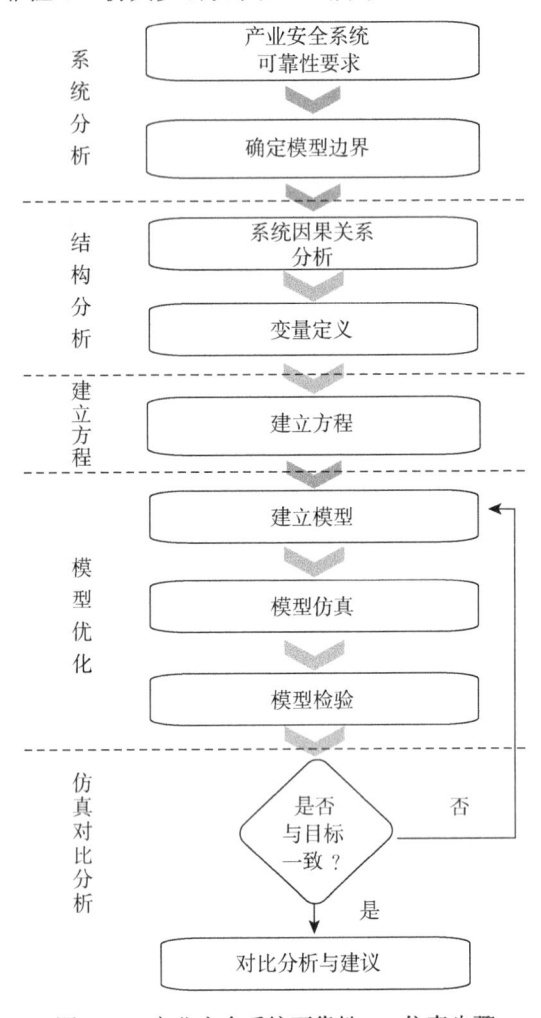

图 3-29 产业安全系统可靠性 SD 仿真步骤

1. 系统分析

采集有关产业安全系统可靠性信息与统计数据，了解系统可靠性要求，明确所要解决的问题，研究产业安全系统可靠性关键变量要素、确定模型边界等。

2. 结构分析

分析产业安全系统可靠性总体与局部反馈机制、划分子系统的层次与子模块，确定回路及回路间的反馈耦合关系，分析产业安全系统各个变量间的关系，定义各个变量、确定变量的种类及主要变量集。

3. 建立方程

结合评价排序模型、系统预测模型及相关统计模型等，进而建立产业安全系统可靠性水平 SD 模型方程。

4. 模型优化

以 SD 理论为指导，初步构建仿真模型。通过分析产业安全系统，寻找解决问题的方法，进而对模型进行修改和完善，形成基本符合产业安全系统实际的 SD 模型。

5. 仿真对比分析

依据产业安全系统可靠性因素的实际参数，进行处理并给系统变量赋值，加以仿真，提出分析建议。

3.6.4.7 产业安全系统可靠性优化策略

产业安全系统可靠性可从提高产业布局、产业结构和产业组织三方面的可靠性进行优化。

1. 提高产业布局可靠性

通过提高产业技术水平，改善产业金融环境和产业市场，提高产业资源水平和产业布局政策可靠性，进而提高产业布局整体可靠性。

其中，通过提高产业经验技术水平、产业实体技术水平和产业知识技术水平，提高产业技术整体水平；通过适当利用外商固定资产投资，改善产业金融环境；通过平衡产业市场供给量与需求量，调整对产业布局的影响；通过提高人力资源、经济资源、科技资源水平，合理利用自然资源、社会资源，进而调整产业资源对产业布局可靠性的影响；最后，通过增加产业布局政策的稳定性提高产业布局的可靠性水平。

2. 提高产业结构可靠性

通过改善产业金融环境和产业市场，提高产业资源水平和产业结构政策可靠性，进而提高产业结构整体可靠性。

其中，通过调整固定资产投资对增加值的弹性系数等方法，改善产业金融环境；通过促进产业市场供需平衡调整对产业结构可靠性的影响；通过提高人力资源、经济资源、科技资源水平，合理利用自然资源、社会资源，进而调整产业资源对产业结构可靠性的影响水平；最后，通过提高产业结构政策的稳定性和适应性提高产业结构可靠性水平。

3. 提高产业组织可靠性

通过提高企业经营管理水平、提高产业市场供需平衡系数、提高产业组织政策可靠性，进而提高产业组织整体可靠性水平。

通过调整企业间合作比重、企业与客户长期合作比重、企业对外依存度以及市场集中度，调整企业经营管理水平对产业组织可靠性影响水平；通过平衡产业市场供给量与需求量，调整产业市场供需平衡对产业组织可靠性的影响；最后，通过增加产业组织政策的稳定性提高产业组织的可靠性水平。

第4章 产业安全风险分析及实证

产业安全是国家经济安全的重要组成部分。一般来说，我国的产业安全是指国内产业在公平的经济贸易环境下平稳、全面、协调、健康、有序地发展，使我国产业能够依靠自身的努力，在公平的市场环境中获得发展的空间，从而保证国民经济和社会全面、稳定、协调和可持续发展。影响产业安全的内外部因素错综复杂，并且在不同时期、不同阶段，产业安全风险度会截然不同，传导机制和影响范围也会因时而变，因此，需要从系统工程学的角度对我国产业安全风险进行深入的研究。

特别是 2008 年美国金融危机和 2010 年欧债危机先后爆发、蔓延以来，世界经济整体上陷入停滞和衰退状态。无论是发达经济体，还是新兴经济体，经济复苏进程均十分缓慢、艰难。中国经济虽然整体保持了较好的增长势头，但在发达国家为尽快摆脱危机而实施"再工业化"和"制造业回归"等战略，以及贸易保护主义抬头、国际大宗商品价格巨幅波动和输入型通货膨胀压力等因素影响下，我国产业发展和产业安全面临前所未有的挑战。同时，我国产业结构失调现象严重，部分行业产能过剩明显，劳动力成本上升过快，产业空心化趋势进一步扩散，环境和资源约束越来越显现，这些复杂因素的共同作用，导致我国产业安全风险加大，急需进行客观分析。

目前，国内外学者对产业安全风险的识别、测度、诊断、传导与影响等方面研究还不够系统、深入，大多停留在定性分析和逻辑推断层次，没有形成比较权威的定量分析理论框架与统一、规范的分析体系，存在一系列研究盲点和缺位，急需发展适合我国国情的产业安全工程风险的分析理论与方法。

本章旨在采用数学、统计学、经济计量学等先进的定量分析工具，采集重点行业实际运行数据，对我国的产业安全状况进行模型测量和综合评价。尤其从产业风险识别、产业风险测度、产业安全诊断、产业风险传导、产业风险影响等方面，全方位地展开深入研究，发展我国产业安全工程风险的分析理论、方法，提前构筑我国产业安全工程的防火墙，有效防范系统性产业风险的发生和蔓延，为进一步做好产业损害预警工作，制定我国产业发展政策，促进我国经济和社会持续、健康、和谐、科学发展，提供理论参考与实证支持。

4.1 预备理论知识

在本章的分析与实证中，需要用到一些专门的经济计量模型。为使阅读和理解更方便，下面概要给出相关的预备知识。

4.1.1 GARCH 簇模型

一般来讲，风险起源于波动性。在波动性的现代建模研究中，Engle 于 1982 年开创性地提出了自回归条件异方差（autoregressive conditional heteroscedasticity）模型（简称 ARCH 模型），并将该方法成功地应用于英国通货膨胀指数的波动性研究中。在此后的时间里，有众多学者开发了 ARCH 模型的各种变化形式，各种应用研究成果不断涌现，并成为现代经济计量学飞速发展的一个重要领域。

综观 ARCH 模型的发展，经历了从 ARCH 类模型到广义 ARCH 模型即 GARCH 模型，从线性 ARCH 模型到非线性 ARCH 模型以至非线性 GARCH 模型，从平稳 GARCH 模型到单整 GARCH 模型以至分整 GARCH 模型，从单变量 GARCH 模型到多变量即向量 GARCH 模型的发展阶段和发展过程。现在，这些模型被统称为 GARCH 簇模型。

在众多的 GARCH 簇模型中，我们重点介绍最基本也是最重要的几种模型：单变量 ARCH 模型、GARCH 模型、TARCH 模型、EGARCH 模型、多变量 BEKK-GARCH 模型、常相关系数的 CC-GARCH 模型和对角 GARCH 模型。

4.1.1.1 单变量 GARCH 簇模型

1. ARCH（q）模型

传统的异方差建模关注于外生变量的变化，并认为异方差是由外生变量引起的。显然，在这样的条件下建立的模型通常是不能令人满意的。因为该模型需要对引起方差变化的因素建模，而没有认识到条件均值和条件方差都可能是随着时间变化的。Engle 于 1982 年引入了条件方差的概念，用来分析方差变化的原因，并提出了自回归条件异方差模型。自回归条件异方差模型专门用来建立条件方差模型，并用其进行外推预测。

为进一步说明自回归条件异方差这一性质，我们用 S_t 表示某种资产在时间 t 时的价格。如果不考虑股息收益，那么从时间 $t-1$ 到 t 时的收益就可以表示为

$$y_t = \ln(S_t / S_{t-1}) \tag{4-1}$$

进一步地，收益可以表示为

$$y_t = m_t + \sigma_t \xi_t, \qquad \xi_t \sim N(0,1) \tag{4-2}$$

其中，m_t 是 y_t 的期望值，ξ_t 是独立同分布的随机过程。随机过程 $\{\sigma_t\}$ 可以产生一个实际扰动波动实现值 $\{\sigma_t^*\}$，这个波动一般是不可观测的。对任意的实际波动，有 $\{y_t | \sigma_t = \sigma_t^*\} \sim N(\mu, \sigma_t^*)$。相应的 y_t 的无条件分布，在 σ_t 为正值并且与 ξ_t 相互独立时，会有一个大的峰度。给定一个收益序列，$I_{t-1} = \{y_1, \cdots, y_{t-1}\}$ 表示已经实现的信息集，σ_t 也可看成在 t 时刻的条件方差 $h_t = \text{Var}(y_t | I_{t-1})$ 的平方根 $h_t^{1/2}$。Engle 证明了在四阶矩存在的情形下，ARCH 模型的误差项具有宽尾部的无条件分布。这恰恰与资产变量的实际分布相吻合，因为绝大部分的金融变量时间序列都是非高斯过程，而传统计量模型的正态分布假定并不适用这一情形。ARCH 模型描述了在前 $t-1$ 期的信息集合 I_{t-1} 给定的条件下随机误差项的分布。最初的模型表述为

$$h_t = \alpha_0 + \sum_{j=1}^{q} \alpha_j \varepsilon_{t-j}^2 \tag{4-3}$$

其中，$\varepsilon_t < 0|I_{t-1} \sim N(0, h_t)$，$\alpha_0 > 0$，$\alpha_j \geqslant 0$，$j = 1, \cdots, n$，以确保条件方差为正。

在 ARCH 回归模型中，条件方差是滞后误差项（不考虑其符号）的增函数。因此，较大（小）的误差后面一般紧接着较大（小）的条件方差。回归阶数 q 决定了冲击影响存留于后续误差项方差中的时间长度，q 值越大，波动持续的时间也就越长。ARCH 模型一经提出，即以良好的统计性能和广泛的适用性得到了普遍的应用，以 ARCH 模型为基础的各种扩展形式不断被提出。

2. GARCH(p, q)模型

Bollerslev 于 1986 年将 ARCH 模型发展成为现在广泛使用的 GARCH 模型——广义自回归条件异方差模型。一般的，GARCH 模型可以通过如下形式来表达。设 y_t 为一时间序列，ψ_t 是直到 t 时间的所有信息集（即由 ε_t 产生的 σ-域），则有

$$y_t = x_t \beta + \varepsilon_t, \quad \varepsilon_t | \psi_t \sim (0, \sigma_t^2)$$
$$\sigma_t^2 = \alpha_0 + \sum_{i=1}^{q} \alpha_i \varepsilon_{t-i}^2 + \sum_{i=1}^{p} \beta_i \sigma_{t-i}^2 = \alpha_0 + \alpha(B)\varepsilon_t^2 + \beta(B)\sigma_t^2 \quad (4-4)$$

其中，$q > 0$，$\alpha_0 > 0$ 且 $\alpha_i \geqslant 0$，$1 \leqslant i \leqslant q$；$p \geqslant 0$ 且 $\beta_i \geqslant 0$，$1 \leqslant i \leqslant p$；$\alpha(1) + \beta(1) < 1$；$\alpha(B)$ 及 $\beta(B)$ 为算子多项式，B 为滞后算子。

模型的方差结构表达式还可表示为

$$h_t = \alpha_0 + \sum_{j=1}^{q} \alpha_j \varepsilon_{t-j}^2 + \sum_{l=1}^{p} \beta_l h_{t-l} \quad (4-5)$$

为保证条件方差，要求：$\alpha_0 > 0$；$\alpha_j, \beta_l \geqslant 0$。式（4-5）表明，条件方差不仅与前 q 期的随机误差有关，还与前 p 期的条件方差相关。在该模型中，$\alpha_j + \beta_l$ 表示波动的持续性。若 $\alpha_j + \beta_l < 1$，则平均而言，波动是不持续的；若 $\alpha_j + \beta_l > 1$，则平均而言，波动是持续并扩大的。

GARCH 模型是对 ARCH 模型的重要扩展。正如 Bollerslev 所指出的：ARCH 模型由于不能反映实际数据中的长记忆性质，在估计整个不受约束的滞后分布时将经常导致参数非负约束的破坏。GARCH 模型的意义还在于，所有 ARCH 过程都可以扩展到 GARCH 过程，ARCH 过程仅是 GARCH 过程的特例。不难证明，GARCH 模型实际上是一个方差包含着无穷期误差项的 ARCH 模型。因此，与 ARCH 模型比较，GARCH 模型的优点在于：可以用较为简单的 GARCH 模型来代表一个高阶的 ARCH 模型，从而使得模型的识别和估计都比较容易。

3. TARCH 模型（门限 ARCH 模型）

在 GARCH 模型中，只考虑到误差的绝对值大小，而没有考虑到它们的符号，因此，该模型简单地假设正的波动和负的波动对于条件方差的影响是相同的，然而，实际情况却并非如此。国内外的研究者在对经济波动、股价和期货产品价格波动的研究过程中发现，当波动中下跌和上涨的幅度相同时，下跌产生的波动性往往要比上涨产生的波动性剧烈，即波动具有非对称性。为刻画这种现象，研究者在标准 GARCH 模型的基础上构

造出了非对称的 GARCH 模型，其中，TARCH（p，q）模型和 EGARCH（p，q）模型为两个重要类型。它们与 GARCH（p，q）模型的区别也仅在于 σ_t^2 项的不同。

TARCH 模型的主要目的是检验利好消息和利空消息的不同影响。其方差结构为

$$\sigma_t^2 = \alpha_0 + \sum_{i=1}^{q}\alpha_i\varepsilon_{t-i}^2 + \sum_{i=1}^{p}\beta_i\sigma_{t-i}^2 + \theta\varepsilon_{t-1}^2 d_{t-1} = \alpha_0 + \alpha(B)\varepsilon_t^2 + \beta(B)\sigma_t^2 + \theta\varepsilon_{t-1}^2 d_{t-1} \quad (4\text{-}6)$$

其中，$d = \begin{cases} 1, \varepsilon_t < 0 \\ 0, 其他 \end{cases}$，而 $p \geq 0$，$q > 0$；$\alpha_0 > 0$，$\alpha_i \geq 0$，$i=1,\cdots,p$；$\beta_i \geq 0$，$i=1,\cdots,q$；$\alpha(1) + \beta(1) < 1$。

4. EGARCH 模型（指数型 GARCH 模型）

该模型于 1991 年由 Nelson 提出，其方差结构为

$$\log(\sigma_i^2) = \alpha_0 + \sum_{i=1}^{q}\left[\alpha_i|\varepsilon_{t-i}/\sigma_{t-i}| + \theta_i(\varepsilon_{t-i}/\sigma_{t-i})\right] + \sum_{j=1}^{p}\beta_j\log(\sigma_{t-j}^2) \quad (4\text{-}7)$$

其中，$\theta \neq 0$ 表示信息作用非对称，当 $\theta < 0$ 时，杠杆效应显著。

相对前几个模型，EGARCH 模型有两个优势：一是考虑了信息不对称的影响，这点可以用 $\theta_i|\varepsilon_{t-i}/\sigma_{t-i}|$ 来表示，如果 θ 显著为负，那么坏消息就会有更大的影响；二是由于转换成对数形式，不论系数的符号和残差的大小，我们完全可以保证条件方差的非负性。

5. GARCH-M（p，q）模型

GARCH-M（p，q）模型是一种较上述模型更精细和扩展的 GARCH 族模型。它反映了 y_t 与风险度 σ_t 之间的显式结构关系。其主导思想是在 GARCH（p，q）的主体方程中直接加入了 σ_t^2 项（或 σ_t 项）。具体形式如下：

$$y_t = x_t\beta + \psi\sigma_t^2 + \varepsilon_t$$
$$\sigma_t^2 = \alpha_0 + \sum_{i=1}^{q}\alpha_i\varepsilon_{t-i}^2 + \sum_{i=1}^{p}\beta_i\sigma_{t-i}^2 = \alpha_0 + \alpha(B)\varepsilon_t^2 + \beta(B)\sigma_t^2 \quad (4\text{-}8)$$

其中，$p > 0$ 且 $\beta_i \geq 0$，$1 \leq i \leq p$。

类似的，可以给出 EGARCH-M（p，q）模型及 TGARCH-M（p，q）模型的结构表示。为节省篇幅，我们不一一给出。

4.1.1.2 多变量 GARCH 簇模型

当在多个市场（产业）间进行组合投资或进行资本资产定价时，需要考虑多种资产的收益与风险的关系问题。在这样的背景下，GARCH 过程自然被扩展到多变量 GARCH 簇过程。

考虑一个 $N \times 1$ 多变量随机过程：

$$Y_t = M_t + e_t \quad (4\text{-}9)$$

其中，Y_t 是不同资产的收益向量，即 $Y_t' = [y_{1t}, y_{2t}, \cdots, y_{Nt}]$，$M_t$ 表示其均值向量，令 $\{e_t\}$ 表示残差序列，是 $N \times 1$ 维向量随机过程，且 $e_t = \xi_t H_t^{1/2}$，$\xi_t \sim i.i.d.(0, E)$。其中，E 为 N 阶单位矩阵，且有 $e_t|I_{t-1} \sim N(0, H_t)$，$I_{t-1}$ 同样表示从过去直到 $t-1$ 的所有已知信息集，H_t 是 $N \times N$ 维对称矩阵，$\{H_t\}_{ij} = h_{ij,t}$，且是关于 I_{t-1} 可测的。对于方差矩阵 H_t 的 GARCH

模型表示，主要有以下几种。

1. BEKK-GARCH(p,q)模型

Engle 和 Kroner 于 1995 年在综合 Baba 等研究工作的基础上，提出一类多变量 GARCH 模型，即 BEKK-GARCH 模型。Y_t 的方差 H_t 表示为

$$H_t = \Gamma'\Gamma + \sum_{j=1}^{p} A_j' e_{t-j} e_{t-j}' A_j + \sum_{i=1}^{p} B_i' H_{t-i} B_i \quad (4\text{-}10)$$

式（4-10）中，残差向量的条件异方差矩阵一般元素为 $\{H_t\}_{ij} = h_{ij,t}$，系数矩阵定义为 $\{\Gamma\}_{ij} = \gamma_{ij}$，且 Γ 限为一个上三角矩阵，$\{A_k\}_{ij} = a_{ij,k}$ 和 $\{B_l\}_{ij} = b_{ij,l}$ 分别表示滞后 k 期和 l 期的 $N \times N$ 维矩阵。

对于一般的向量表达式来说，对所有的 e_t，要求矩阵 H_t 必须是正定的，但是通常正定的条件很难得到。BEKK 模型表达式的优点就在于它可以很方便地寻找到矩阵 H_t 正定的约束条件。从式（4-10）可以看出，H_t 在很弱的条件下就可以保证正定性。但缺点是参数较多，对于一个式（4-9）所示的 N 维 BEKK-GARCH(p,q) 模型的方差方程，有 $\frac{N(N+1)}{2} + (p+q)N^2$ 个参数。可见，即使对于低阶的 GARCH(p,q) 模型，其参数也很可观，如表 4-1 所示。

表 4-1　低阶 BEKK-GARCH 模型的参数个数

类型	$N=2$	$N=3$	$N=4$
GARCH(1,1)	11	24	42
GARCH(1,2)	15	33	58

显然，这种"参数危机"制约了 BEKK-GARCH 模型的研究与实际应用。尽管 Karolyi 于 1995 年曾在一定的限制条件下利用该模型对加拿大和美国的证券市场的波动效应进行了研究，但他并未对该模型的系数估计及得到的实证结果进行充分的检验。因此，多数的学者在进行实证研究时，加入收益序列具有常相关系数的假设，即采用一个简化后的多变量 GARCH 模型。其中，CC-GARCH 模型即是其中一种通常选择。

2. 常相关系数的 CC-GARCH(p,q) 模型

为寻求简化的多变量 GARCH 模型形式，Bollerslev 于 1990 年提出了一种多变量 GARCH 模型的简化形式，即常条件相关系数的多变量 GARCH 模型。在式 4-9 中，令 $h_{ij,t}$ 表示 H_t 的第 ij 元素，y_{it} 和 ε_{it} 分别表示 Y_t 和 e_t 的第 i 个分量，则 y_{it} 和 ε_{it} 在 $t-1$ 的相关系数为 $\rho_{ij,t} = h_{ij,t} / \sqrt{(h_{ii,t} h_{jj,t})}$，其中 $-1 \leq \rho_{ij,t} \leq 1$。

在上述的 BEKK-GARCH 模型中，$\rho_{ij,t}$ 是随时间变化的。但在许多实际问题中，$\rho_{ij,t}$ 可看成是时不变的。这样，条件协方差可以与两个条件方差之积的平方根成比例变化，即有

$$h_{ij,t} = \rho_{ij}(h_{ii,t}h_{jj,t})^{1/2} \quad (j=1,\cdots,N, \quad i=j+1,\cdots,N) \tag{4-11}$$

其中，ρ_{ij} 表示一个常数。

在实证分析中，1990 年 Bollerslev 使用该模型进行了不同国家短期汇率时间序列的分析，模型的系数估计及拟合效果均通过了充分的检验，而且，对于不同国家利率波动的相关性的研究得到了比较满意的结果，表明了该结构用于研究短期汇率时间序列波动的合理性。同时，他还证明了 CC-GARCH 模型在对参数进行对数极大似然估计时，可以在很大程度上减少似然函数的迭代次数，提高运算效率。

3. 对角 GARCH(p,q) 模型

针对常条件相关系数的多变量 GARCH 模型仅适用于具有不变的波动相关性的序列，以及波动的相关性变化不大的短期行为特征的缺陷，Bollerslev 等于 1988 年提出了系数阵 A_i，B_j 为对角矩阵的对角 GARCH 模型，即 Diag-GARCH 模型，它克服了常条件相关系数的多变量 GARCH 模型的这种缺陷。对角 GARCH 模型是上述两种多变量 GARCH 模型的折中。

在条件异方差过程式（4-9）的表达中，若系数矩阵 A_i，$i=1, 2,\cdots, q$ 及 B_j，$j=1, 2,\cdots, p$ 均为对角矩阵，则称之为对角 GARCH 过程，即式（4-9）中的系数矩阵满足：

$$A_j = \mathrm{diag}(\alpha_1,\alpha_2,\cdots,\alpha_N)_j, \qquad B_i = \mathrm{diag}(\beta_1,\beta_2,\cdots,\beta_N)_i$$

对角 GARCH 模型相比 BEKK-GARCH 模型的方差方程，参数个数大为减少，仅为 $\dfrac{N(N+1)}{2}+(p+q)N$ 个。对于低阶 GARCH 模型，参数个数如表 4-2 所示。

表 4-2 低阶对角型 GARCH 模型的参数个数

类型	$N=2$	$N=3$	$N=4$
GARCH(1,1)	7	12	18
GARCH(1,2)	9	15	22

对比表 4-1 和表 4-2 不难看出，对角 GARCH 模型更符合计量经济模型的"节俭性"（parsimonious）原则。

4.1.1.3 参数估计

GARCH 簇模型的参数估计通常可采用极大似然方法。给定收益向量 Y_t 有 T 个观测值，在条件正态假设的情况下，N 维向量 Y_t 的方差 H_t 的条件对数似然函数可表示为

$$L(\theta) = -\frac{TN}{2}\log 2\pi - \frac{1}{2}\sum_{t=1}^{T}(\log|H_t| + \varepsilon'_t H_t^{-1}\varepsilon_t) \tag{4-12}$$

其中，θ 表示 ε_t 和 H_t 的所有参数。在一般条件下，似然估计量是渐进正态分布的，并且，传统的推断方法也是有效的。似然函数的数值极大化问题可以通过常规的经济计量软件所提供的 BHH 算法来实现。

4.1.2 面板数据模型

面板数据（panel data）建模理论与分析技术的研究历史并不十分长，学术界普遍以期刊 *Annales de l'INSEE* 在 1978 年出版的 *Panel Data*（经济计量学）专辑为标志，作为该学科诞生的始元。

4.1.2.1 面板单位根检验

众所周知，在现代经济计量学的研究与应用过程中，通常意义下的时间序列单位根检验目前已经成为一种常规的计量检验，并实现了软件化操作。这些检验方法主要包括：早期的 DF 检验，以及近年来得到广泛认可的 ADF 检验、PP 检验及 KPSS 检验等。然而，如果将它们不加修正地运用于 panel data 建模过程，则将会导致错误的检验结果。这是由 panel data 的内在属性决定的，它有自身的显著特点。panel data 不仅需要考虑时间的动态累积效应，而且需要关注横向部门的同期相关性影响。

目前，Levin 和 Lin 于 1992 年所提方法已经成为一种标准的 panel data 单位根检验方法，在文献中通常称之为 LL 检验。

1. LL 检验

对于基础模型：

$$y_{it} = \rho_i y_{it-1} + z_{it}' \gamma_i + u_{it}, \quad (i=1,\cdots,N; t=1,\cdots,T) \quad (4\text{-}13)$$

其中，z_{it} 为确定性分量，它可以取 0，1，固定效应 μ_i，或者是固定效应 μ_i 与时间趋势 t 的组合；u_{it} 为平稳过程。同时，假定 $u_{it} \sim i.i.d.(0,\sigma_i^2)$，且对所有的 i 成立：$\rho_i = \rho$。LL 检验的原假设为

$$H_0: \rho = 1 \quad (4\text{-}14)$$

备择假设为 $H_1: \rho < 1$。用 $\hat{\rho}$ 表示式（4-13）下参数 ρ 的 OLS 估计，并记为

$$z_t = (z_{1t},\cdots,z_{Nt})', \quad h(t,s) = z_t' \left(\sum_{t=1}^{T} z_t z_t'\right)^{-1} z_s$$

$$\tilde{u}_{it} = u_{it} - \sum_{s=1}^{T} h(t,s) u_{is}, \quad \tilde{y}_{it} = y_{it} - \sum_{s=1}^{T} h(t,s) y_{is}$$

则有 $\sqrt{NT}(\hat{\rho}-1) = \dfrac{\dfrac{1}{\sqrt{N}} \sum\limits_{i=1}^{N} \dfrac{1}{T} \sum\limits_{t=1}^{T} \tilde{y}_{it-1} u_{it}}{\dfrac{1}{N} \sum\limits_{i=1}^{N} \dfrac{1}{T^2} \sum\limits_{t=1}^{T} \tilde{y}_{it-1}^2}$。可以证明，在原假设（4-14）成立下，其检验统计量为

$$t_\rho = \frac{(\hat{\rho}-1)\sqrt{\sum\limits_{i=1}^{N}\sum\limits_{t=1}^{T}\tilde{y}_{it-1}^2}}{s_e} \quad (4\text{-}15)$$

其中，$s_e^2 = \frac{1}{NT}\sum_{i=1}^{N}\sum_{t=1}^{T}\tilde{u}_{it}^2$。为给出统计量（4-15）的分布表达，我们用 $\int W$ 来表示积分 $\int_0^1 W(s)\mathrm{d}s$，并用 $\Rightarrow$ 表示弱收敛，$\xrightarrow{p}$ 表示以概率收敛，$W_Z(r) = W(r) - \left[\int WZ'\right]\left[\int ZZ'\right]$，$Z(r)$ 表示 $W(r)$ 对 $Z(r)$ 的 L_2 投影残差。这样，我们假定存在尺度矩阵 $\boldsymbol{D}_T$ 及逐点连续的函数 $Z(r)$，对 $r \in [0,1]$，一致地满足：$D_T^{-1}z_{[Tr]} \to Z(r)$。此时，对某固定的 N，当 $T \to \infty$ 时，有

$$\frac{1}{\sqrt{N}}\sum_{i=1}^{N}\frac{1}{T}\sum_{t=1}^{T}\tilde{y}_{it-1}\tilde{u}_t \Rightarrow \frac{1}{\sqrt{N}}\sum_{i=1}^{N}\int W_{iZ}\mathrm{d}W_{iZ}, \qquad \frac{1}{\sqrt{N}}\sum_{i=1}^{N}\frac{1}{T^2}\sum_{t=1}^{T}\tilde{y}_{it-1}^2 \Rightarrow \frac{1}{N}\sum_{i=1}^{N}\int W_{iZ}^2$$

进一步，假定 $\int W_{iZ}\mathrm{d}W_{iZ}$ 与 $\int W_{iZ}^2$ 对所有的 i 均独立，并存在有限的二阶矩。于是，由大数定律及林德贝格-列维中心极限定理，当 $N \to \infty$ 时，有 $\frac{1}{N}\sum_{i=1}^{N}\int W_{iZ}^2 \xrightarrow{p} E\left[\int W_{iZ}^2\right]$，以及 $\frac{1}{\sqrt{N}}\sum_{i=1}^{N}\left(\int W_{iZ}\mathrm{d}W_{iZ} - E\left[\int W_{iZ}\mathrm{d}W_{iZ}\right]\right) \Rightarrow N\left(0, \operatorname{Var}\left(\int W_{iZ}\mathrm{d}W_{iZ}\right)\right)$。

表 4-3 给出了 Levin 和 Lin 1992 年所列 z_{it} 的不同取值下上述各量的对应值。

表 4-3 z_{it} 不同取值下的对应值

z_{it}	$E\left[\int W_{iZ}\mathrm{d}W_{iZ}\right]$	$\operatorname{Var}\left(\int W_{iZ}\mathrm{d}W_{iZ}\right)$	$E\left[\int W_{iZ}^2\right]$	$\operatorname{Var}\left[\int W_{iZ}^2\right]$
0	0	$\frac{1}{2}$	$\frac{1}{2}$	$\frac{1}{3}$
1	0	$\frac{1}{3}$	$\frac{1}{2}$	—
μ_i	$-\frac{1}{2}$	$\frac{1}{12}$	$\frac{1}{6}$	$\frac{1}{45}$
$(\mu_i, t)'$	$-\frac{1}{2}$	$\frac{1}{60}$	$\frac{1}{15}$	$\frac{1}{6300}$

利用表 4-3 中的数值，Levin 和 Lin 获得了 $\sqrt{NT}(\hat{\rho}-1)$ 和 t_ρ 的极限分布，如表 4-4 所示。

表 4-4 z_{it} 不同取值下的极限分布

z_{it}	$\hat{\rho}$	t_ρ
0	$\sqrt{NT}(\hat{\rho}-1) \Rightarrow N(0,2)$	$t_\rho \Rightarrow N(0,1)$
1	$\sqrt{NT}(\hat{\rho}-1) \Rightarrow N(0,2)$	$t_\rho \Rightarrow N(0,1)$
μ_i	$\sqrt{NT}(\hat{\rho}-1) + 3\sqrt{N} \Rightarrow \left(0, \frac{51}{5}\right)$	$\sqrt{1.25}\,t_\rho + \sqrt{1.875N} \Rightarrow N(0,1)$
$(\mu_i, t)'$	$\sqrt{N}(T(\hat{\rho}-1) + 7.5) \Rightarrow N\left(0, \frac{2895}{112}\right)$	$\sqrt{\frac{448}{277}}(t_\rho + \sqrt{3.75N}) \Rightarrow N(0,1)$

需要指出的是，在上述分布的推导过程中，累次极限（先取 $T \to \infty$，再取 $N \to \infty$）方法起着重要的作用。当 u_{it} 为平稳过程时，由于存在序列相关，需要对 $\hat{\rho}$ 和 t_ρ 的渐进分

布进行修正。

2. IPS 检验

下面，再来看另外一种比较流行的 panel data 模型下单位根检验的方法——IPS 检验法。如上所述，ADF 检验已经成为常规时间序列分析中单位根检验的标准方法之一。1997 年，Im 等在 panel data 模型下发展了 ADF 单位根检验的思想，提出了称之为 IPS 检验法的 panel data 单位根检验方法。该方法基于如下 panel data 模型：

$$y_{it} = \rho_i y_{it-1} + \sum_{j=1}^{p_i} \varphi_{ij} \Delta y_{it-j} + z_{it}' \gamma_i + \varepsilon_{it} \quad (i=1,\cdots,N; t=1,\cdots,T) \tag{4-16}$$

IPS 检验的原假设为

$$H_0: \rho_i = 1，对所有 i 成立$$

备择假设为 $H_1: \rho_i < 1$ 对至少一个 i 成立。IPS 检验统计量定义如下：

$$\bar{t} = \frac{1}{N}\sum_{i=1}^{N} t_{\rho_i} \tag{4-17}$$

其中，t_{ρ_i} 为式（4-16）下检验原假设 $H_0: \rho_i = 1$ 的单个 t 统计量，因此，IPS 检验统计量为单个 ADF 检验统计量的平均。应注意，对每个固定的 N，当 $T\to\infty$ 时，有 $t_{\rho_i} \Rightarrow \dfrac{\int_0^1 W_{iZ}\mathrm{d}W_{iZ}}{\left[\int_0^1 W_{iZ}^2\right]^{1/2}} = t_{iZ}$。如进一步假定 t_{iT} 为独立同分布，且有有限均值和方差，则由林德贝格-列维中心极限定理，当 $N\to\infty$ 时，有 $\dfrac{\sqrt{N}\left(\dfrac{1}{N}\sum_{i=1}^{N} t_{iZ} - E[t_{iZ}|\rho_i=1]\right)}{\sqrt{\mathrm{Var}[t_{iZ}|\rho_i=1]}} \Rightarrow N(0,1)$。于是，先让 $T\to\infty$，再取 $N\to\infty$，有

$$t_{\mathrm{IPS}} = \frac{\sqrt{N}(\bar{t} - E[t_{iT}|\rho_i=1])}{\sqrt{\mathrm{Var}[t_{iT}|\rho_i=1]}} \Rightarrow N(0,1) \tag{4-18}$$

对于 T 和 ρ_i 的不同取值，Im 等已经通过随机模拟方法计算出了 $E[t_{iT}|\rho_i=1]$ 和 $\mathrm{Var}[t_{iT}|\rho_i=1]$ 的值，以便于进行具体的检验。

Breitung 于 2000 年研究了 LL 检验与 IPS 检验的局部势特性，发现：当模型包含个体特定趋势时，LL 检验与 IPS 检验的势将发生戏剧性的损失，它们的势函数对确定性趋势项的设定非常敏感。

3. 基于 LM 检验的残差检验法

针对"原假设：每个 i，时间序列是围绕确定性趋势变动的平稳过程；备择假设为 panel data 序列中存在单位根"这种类型的检验问题，Hadri 于 1999 年提出了一种基于 LM 检验的残差检验法。

基础模型为

$$y_{it} = z_{it}'\gamma_i + r_{it} + \varepsilon_{it} \tag{4-19}$$

其中，z_{it} 为确定性趋势分量；r_{it} 为随机游动，$r_{it} = r_{it-1} + u_{it}$，$u_{it} \sim i.i.d(0, \sigma_{it}^2)$；$\varepsilon_{it}$ 为平稳过程。将模型（4-19）变形为

$$y_{it} = z_{it}'\gamma_i + e_{it} \tag{4-20}$$

其中，$e_{it} = \sum_{j=1}^{t} u_{ij} + \varepsilon_{it}$。用 $\hat{e}_{it}$ 表示由回归模型（4-20）计算的残差，$\hat{\sigma}_e^2$ 为误差方差的估计量，并用 S_{it} 表示残差的部分和过程，$S_{it} = \sum_{j=1}^{t} \hat{e}_{ij}$，于是，LM 统计量可表示为 LM = $\dfrac{\dfrac{1}{N}\sum_{i=1}^{N}\dfrac{1}{T^2}\sum_{t=1}^{T} S_{it}^2}{\hat{\sigma}_e^2}$。在假设 $E\left[\int W_{iZ}^2\right] < \infty$ 下，取累次极限 $T \to \infty$，$N \to \infty$，则有 LM $\xrightarrow{p}$ $E\left[\int W_{iZ}^2\right]$。进一步，在累次极限 $T \to \infty$，$N \to \infty$ 下，成立 $\dfrac{\sqrt{N}\left(\text{LM} - E\left[\int W_{iZ}^2\right]\right)}{\sqrt{\text{Var}\left[\int W_{iZ}^2\right]}} \Rightarrow N(0,1)$。

近年来，有关 panel data 序列的单位根估计与检验的研究继续深入，积累了大量文献。其中，Levin 等于 2002 年进一步发展了 LL 检验，形成了适用范围更广的 LLC 检验；Moon 和 Perron 于 2004 年探讨了具有动态截面因子的 panel data 序列单位根检验方法；Pesaran 于 2005 年给出了一种截面相依情形下 panel data 序列单位根检验的简单方法等。

4.1.2.2　Panel Data 协整检验

1. Kao 检验

1999 年，Kao 给出了 panel data 下两类型协整检验——DF 型检验和 ADF 型检验。首先考虑模型：

$$y_{it} = x_{it}'\beta + z_{it}'\gamma + e_{it} \tag{4-21}$$

用 $\hat{e}_{it}$ 表示由回归模型（4-21）计算的残差，并进行二次回归：$\hat{e}_{it} = \rho\hat{e}_{it-1} + v_{it}$，其中，$\hat{e}_{it} = \tilde{y}_{it} - \tilde{x}_{it}'\hat{\beta}$，$\tilde{y}_{it}$ 和 $\tilde{x}_{it}$ 的定义同前。为检验原假设 $H_0: \rho = 1$，先计算 ρ 的 OLS 估计及对应的 t 统计量：

$$\hat{\rho} = \dfrac{\sum_{i=1}^{N}\sum_{t=2}^{T} \hat{e}_{it}\hat{e}_{it-1}}{\sum_{i=1}^{N}\sum_{t=2}^{T} \hat{e}_{it}^2}, \quad t_{\rho} = \dfrac{(\hat{\rho}-1)\sqrt{\sum_{i=1}^{N}\sum_{t=2}^{T} \hat{e}_{it-1}^2}}{s_e}$$

其中，$s_e^2 = \dfrac{1}{NT}\sum_{i=1}^{N}\sum_{t=2}^{T}(\hat{e}_{it} - \hat{\rho}\hat{e}_{it-1})^2$。

在假定 $z_{it} = \{\mu_i\}$ 下，Kao 给出了如下四个 DF 型检验：

$$DF_\rho = \frac{\sqrt{NT}(\hat{\rho}-1)+3\sqrt{N}}{\sqrt{10.2}}, \qquad DF_t = \sqrt{1.25}t_\rho + \sqrt{1.875N}$$

$$DF_\rho^* = \frac{\sqrt{NT}(\hat{\rho}-1)+3\sqrt{N}\hat{\sigma}_v^2/\hat{\sigma}_{0v}^2}{\sqrt{3+36\hat{\sigma}_v^4/5\hat{\sigma}_{0v}^4}}, \qquad DF_t^* = \frac{t_\rho + \sqrt{6N}\hat{\sigma}_v/2\hat{\sigma}_{0v}}{\sqrt{\hat{\sigma}_{0v}^2/2\hat{\sigma}_v^2 + 3\hat{\sigma}_v^2/10\hat{\sigma}_{0v}^2}}$$

其中，$\hat{\sigma}_v^2 = \hat{\Sigma}_u - \hat{\Sigma}_{u\varepsilon}\hat{\Sigma}_\varepsilon^{-1}$，$\hat{\sigma}_{0v}^2 = \hat{\Omega}_u - \hat{\Omega}_{u\varepsilon}\hat{\Omega}_\varepsilon^{-1}$。

对于 ADF 型检验，我们考虑模型：

$$\hat{e}_{it} = \rho\hat{e}_{it-1} + \sum_{j=1}^{p}\theta_j\Delta\hat{e}_{it-j} + \upsilon_{itp} \tag{4-22}$$

在无协整的原假设下，可导出 ADF 统计量如下：$\mathrm{ADF} = \dfrac{t_{\mathrm{ADF}} + \sqrt{6N}\hat{\sigma}_v/2\hat{\sigma}_{0v}}{\sqrt{\hat{\sigma}_{0v}^2/2\hat{\sigma}_v^2 + 3\hat{\sigma}_v^2/10\hat{\sigma}_{0v}^2}}$，其中，$t_{\mathrm{ADF}}$ 为模型（4-22）下 ρ 的 t 统计量。可以证明，上述五个检验统计量在累次极限意义下渐进分布于 $N(0,1)$。

2. Pedroni 检验

针对异质性 panel data 协整分析中"无协整关系"的原假设问题，Pedroni 于 1997 年提出了几种检验方法，分为两大类。第一类统计量形式如下：

$$\tilde{Z}_\rho = \sum_{i=1}^{N}\frac{\dfrac{1}{N}\sum_{t=1}^{T}(\hat{e}_{it-1}\Delta\hat{e}_{it} - \hat{\lambda}_i)}{\sum_{t=1}^{T}\hat{e}_{it-1}^2} \tag{4-23}$$

其中，$\hat{e}_{it}$ 由模型（4-21）估计获得，$\hat{\lambda}_i = \dfrac{1}{2}(\hat{\sigma}_i^2 - \hat{s}_i^2)$，而 $\hat{\sigma}_i^2$ 和 $\hat{s}_i^2$ 分别为残差 $\hat{e}_{it}$ 的个体长期方差与同期方差。第二类统计量共包含四个统计量，形式都比较复杂，现表述其一，如下：

$$Z_{t_{\hat{\rho}NT}} = \frac{\sum_{i=1}^{N}\sum_{t=2}^{T}\hat{L}_{11i}^{-2}(\hat{e}_{it-1}\Delta\hat{e}_{it} - \hat{\lambda}_i)}{\sqrt{\tilde{\sigma}_{NT}^2(\sum_{i=1}^{N}\sum_{t=2}^{T}\hat{L}_{11i}^{-2}\hat{e}_{it-1}^2)}} \tag{4-24}$$

其中，$\tilde{\sigma}_{NT}^2 = \dfrac{1}{N}\sum_{i=1}^{N}\dfrac{\hat{\sigma}_i^2}{\hat{L}_{11i}^2}$，又记 $\hat{\Omega}_i$ 为长期方差-协方差矩阵 Ω_i 的相容估计，$\hat{L}_i$ 为 $\hat{\Omega}_i$ 的下三角 Cholesky 分解组成单元，其长期条件方差分量为 $\hat{L}_{22i} = \hat{\sigma}_\varepsilon$，$\hat{L}_{11i} = \hat{\sigma}_u^2 - \dfrac{\hat{\sigma}_{u\varepsilon}^2}{\hat{\sigma}_\varepsilon^2}$。利用布朗运动泛函的收敛性定理，Pedroni 证明了：$Z_{t_{\hat{\rho}NT}} + 1.73\sqrt{N} \Rightarrow N(0,0.93)$。此分布只能应用于包含截距项及不包含时间趋势项的模型。

3. 基于似然的协整检验

似然检验一直是统计与计量检验中十分关注的选项。针对异质性 panel data 协整分

析，Johansen 于 1995 年发展了个体秩迹统计量检验法。Larsson 等于 1998 年基于 Johansen 方法，发展了异质性 panel data 模型下协整秩的 LR（基于似然）检验法。不过，通过 Monte Carlo 随机模拟发现，该检验需要大量的 panel data 时间序列维度。即使有大的截面维度，也会发生检验结果的严重扭曲。对于截面数固定的向量误差修正模型（vector error correction model，VECM）的协整分析，Groen 和 Kleibergen 于 1999 年提出了一种基于似然的检验框架。在该框架下，协整向量的极大似然估计是通过迭代广义矩法（infinite gaussian mixture model，IGMM）估计来构造的。在此基础上，他们构造了似然比统计量 $LR(\Pi_B|\Pi_A)$，以此检验个体向量误差修正模型间的公共协整秩，并且，VECM 中既可以包含同质的协整向量，也可以包含异质的协整向量。特别重要的是，似然比统计量 $LR(\Pi_B|\Pi_A)$ 的极限分布关于误差项的协方差矩阵是不变的，因而，它关于协方差矩阵的选择是稳健的。这为进一步简化截面间相依性问题的研究奠定了分析基础。

为给出 $LR(\Pi_B|\Pi_A)$ 的结构表示，先记 $LR_s(r|k)$ 为 N 个个体迹统计量的和：$LR_s(r|k) = \sum_{i=1}^{N} LR_i(r|k)$，其中，$LR_i(r|k)$ 为第 i 个 Johansen 似然比统计量，因而，当 $T \to \infty$ 时，成立：

$$LR_i(r|k) \Rightarrow tr\left(\int dB_{k-r,i} B'_{k-r,i} \left[\int dB_{k-r,i} B'_{k-r,i}\right] \int dB_{k-r,i} B'_{k-r,i}\right)$$

于是，对固定的 N，当 $T \to \infty$ 时，由连续映照定理，有

$$LR_s(r|k) = \sum_{i=1}^{N} LR_i(r|k) \Rightarrow \sum_{i=1}^{N} tr\left(\int dB_{k-r,i} B'_{k-r,i} \left[\int dB_{k-r,i} B'_{k-r,i}\right] \int dB_{k-r,i} B'_{k-r,i}\right)$$

这样，当 N 固定，T 较大时，$LR_s(r|k)$ 将渐进等价于 $LR(\Pi_B|\Pi_A)$。这意味着可以放心地假设协方差矩阵的非对角元素为 0，而不会对分析结果带来大的影响和损失。从而，基于 $LR_s(r|k) = \sum_{i=1}^{N} LR_i(r|k)$ 的截面独立性检验，将与基于 $LR(\Pi_B|\Pi_A)$ 的截面相依性检验变得一样可行。进一步，用 $\overline{LR}(r|k)$ 表示 $LR_i(r|k)$ 的平均：$\overline{LR}(r|k) = \frac{1}{N} LR_s(r|k) = \frac{1}{N}\sum_{i=1}^{N} LR_i(r|k)$，则由连续映照定理及中心极限定理，当取累次极限 $T \to \infty$，$N \to \infty$ 下，只要 $E[\overline{LR}(r|k)]$ 和 $\mathrm{Var}[\overline{LR}(r|k)]$ 有界，则有

$$\frac{\overline{LR}(r|k) - E[\overline{LR}(r|k)]}{\mathrm{Var}[\overline{LR}(r|k)]} \Rightarrow N(0,1)$$

同样定义：$\overline{LR}(\Pi_B|\Pi_A) = \frac{1}{N} LR(\Pi_B|\Pi_A)$，则对某固定的 N，当 $T \to \infty$ 时，可以证明：

$$\overline{LR}(\Pi_B|\Pi_A) = \frac{1}{N} LR(\Pi_B|\Pi_A) \Rightarrow \frac{1}{N}\sum_{i=1}^{N} tr\left(\int dB_{k-r,i} B'_{k-r,i} \left[\int dB_{k-r,i} B'_{k-r,i}\right] \int dB_{k-r,i} B'_{k-r,i}\right) = \frac{1}{N}\sum_{i=1}^{N} Z_{ki}$$

其中，$Z_{ki} = tr\left(\int dB_{k-r,i} B'_{k-r,i} \left[\int dB_{k-r,i} B'_{k-r,i}\right] \int dB_{k-r,i} B'_{k-r,i}\right)$。由于当 $i \neq j$ 时，$B_{k-r,i}$ 与 $B_{k-r,j}$ 相互独立，因此，在累次极限 $T \to \infty$，$N \to \infty$ 下，有

$$\frac{\overline{LR}(\Pi_B|\Pi_A) - E[\overline{LR}(\Pi_B|\Pi_A)]}{\text{Var}[\overline{LR}(\Pi_B|\Pi_A)]} \Rightarrow N(0,1) \quad (4\text{-}25)$$

可见，在 T 和 N 均取大值时，$\overline{LR}(r|k)$ 与 $\overline{LR}(\Pi_B|\Pi_A)$ 也等价。

近年来，panel data 序列协整检验方法的创新继续得到重视。Larsson 等在 2001 年将中心极限定理应用于 N 个 Johansen 于 1988 年所发展的迹统计量 λ_{trace}，它们由每个截面单元形成，并记 $\overline{\lambda}_{\text{trace}} = N^{-1} \sum_{i=1}^{N} \lambda_{\text{trace},i}$，于是构建了 panel data 序列协整检验统计量：$\Upsilon_{LR} = \sqrt{N}\left(\dfrac{\overline{\lambda}_{\text{trace}} - E(\overline{\lambda}_{\text{trace}})}{\sqrt{\text{Var}(\overline{\lambda}_{\text{trace}})}}\right)$，在 $\sqrt{N}T^{-1} \to 0$ 及一组条件下，他们证明了：$\Upsilon_{LR} \xrightarrow{N,T} N(0,1)$。

其中，所需的矩由随机模拟方法获得，并在本节中以列表的方式给出了具体数值。这样，在给定显著性水平 α 下，如果该检验统计量超过正态分布的 $(1-\alpha)$ 分位数，则"无协整关系"的原假设 H_0 将被拒绝。

此外，不少学者对上述不同协整检验方法的特性进行了 Monte Carlo 随机模拟研究。他们发现，总体来讲，平均 ADF 检验的势特性要好。

4.1.2.3 panel data 协整模型下的估计与推断

毋庸置疑，panel data 协整模型下的估计与推断方法与常规时间序列协整模型下的估计与推断方法有本质性的区别。研究表明：总体上讲，panel data 协整模型下的估计与推断要比常规时间序列协整模型下的估计与推断复杂得多，难度更大，但其应用范围更广。Kao 和 Chen 于 1995 年指出，panel data 协整模型下的 OLS 估计尽管是渐进有偏的，但却是渐进正态的。Chen 等于 1999 年研究了 panel data 协整模型下 OLS 估计、t 统计量、偏修正 OLS 估计、偏修正 t 统计量的有限样本特性，发现：一般来说，偏修正 OLS 估计并不能改善 OLS 估计。他们建议，在 panel data 协整回归中，可考虑使用完全修正 OLS(FMOLS) 估计及动态 OLS(DOLS) 估计。FMOLS 估计由 Pedroni，Phillips 和 Moon 共同发展。DOLS 估计则由 Saikkonen，Stock 和 Watson 共同建立。Kao 和 Chiang 在 2000 年的研究表明，DOLS 估计较 OLS 估计及 FMOLS 估计都要好。尽管如此，panel data 协整回归下的 OLS 估计仍然是最基本的估计。

针对 panel data 协整模型：

$$y_{it} = x_{it}'\beta + z_{it}'\gamma_i + u_{it} \quad (4\text{-}26)$$

给出系数 β 的 OLS 估计。这里，$\{y_{it}\}$ 为 1×1 的变量，β 为 $k \times 1$ 的斜率参数向量，z_{it} 为确定性分量，$\{u_{it}\}$ 为平稳扰动项，并假定对所有的 i，$\{x_{it}\}$ 为 $k \times 1$ 的一阶单整过程：$x_{it} = x_{it-1} + \varepsilon_{it}$。于是，$y_{it}$ 与 x_{it} 之间存在协整关系。此时，系数 β 的 OLS 估计为

$$\hat{\beta}_{OLS} = \left[\sum_{i=1}^{N}\sum_{t=1}^{T} \tilde{x}_{it}\tilde{x}_{it}'\right]^{-1}\left[\sum_{i=1}^{N}\sum_{t=1}^{T} \tilde{x}_{it}\tilde{y}_{it}\right] \quad (4\text{-}27)$$

利用累次极限理论，可以证明：

$$\frac{1}{N}\sum_{i=1}^{N}\frac{1}{T^2}\sum_{t=1}^{T}\tilde{x}_{it}\tilde{x}_{it}' \xrightarrow{p} \lim_{N\to\infty}\frac{1}{N}\sum_{i=1}^{N}E[\zeta_{2i}], \quad \frac{1}{N}\sum_{i=1}^{N}\frac{1}{T}\sum_{t=1}^{T}\tilde{x}_{it}\tilde{u}_{it} \Rightarrow \lim_{N\to\infty}\frac{1}{N}\sum_{i=1}^{N}E[\zeta_{1i}]$$

其中，如表 4-5 所示。

表 4-5 z_{it} 不同取值下各估计量的对应值

z_{it}	$E[\zeta_{1i}]$	$E[\zeta_{2i}]$
0	0	$\frac{1}{2}$
1	0	0
μ_i	$-\frac{1}{2}\Omega_{\varepsilon ui}+\Delta_{\varepsilon ui}$	$\frac{1}{6}\Omega_{\varepsilon i}$
$(\mu_i,t)'$	$-\frac{1}{2}\Omega_{\varepsilon ui}+\Delta_{\varepsilon ui}$	$\frac{1}{15}\Omega_{\varepsilon i}$

$\Omega_i = \begin{pmatrix} \Omega_{ui} & \Omega_{u\varepsilon i} \\ \Omega_{\varepsilon ui} & \Omega_{\varepsilon i} \end{pmatrix}$ 为 $(u_{it},\varepsilon_{it}')'$ 的长期协方差矩阵，$\Delta_i = \begin{pmatrix} \Delta_{ui} & \Delta_{u\varepsilon i} \\ \Delta_{\varepsilon ui} & \Delta_{\varepsilon i} \end{pmatrix}$ 为单边长期协方差矩阵。例如，当 $z_{it}=\{\mu_i\}$ 时，可得到

$$\sqrt{NT}(\hat{\beta}_{OLS}-\beta) - \sqrt{N}\delta_{NT} \Rightarrow N\left(0, 6\Omega_\varepsilon^{-1}\left(\lim_{N\to\infty}\frac{1}{N}\sum_{i=1}^{N}\Omega_{u\varepsilon i}\Omega_{\varepsilon i}\right)\Omega_\varepsilon^{-1}\right)$$

其中

$$\Omega_\varepsilon = \lim_{N\to\infty}\frac{1}{N}\sum_{i=1}^{N}\Omega_{\varepsilon i}$$

$$\delta_{NT} = \left[\frac{1}{N}\sum_{i=1}^{N}\frac{1}{T^2}\sum_{t=1}^{T}(x_{it}-\bar{x}_i)(x_{it}-\bar{x}_i)'\right]^{-1}\frac{1}{N}\left[\sum_{i=1}^{N}\Omega_{\varepsilon i}^{1/2}\left(\int\tilde{W}_i\mathrm{d}W_i'\right)\Omega_{\varepsilon i}^{-1/2}\Omega_{\varepsilon ui}+\Delta_{\varepsilon ui}\right]$$

以上是对 panel data 建模理论知识的简单介绍，在后面的分析与实证中有广泛应用。

4.2 产业安全工程风险识别——以金融业系统性风险为例

众所周知，不同产业的安全风险来源千差万别，需要具体问题具体分析。受近年来得到国际社会广泛关注的"金融业系统性风险"概念启发，我们提出"产业安全系统性风险"的概念，希望得到学术界的认可。下面，我们以金融业系统性风险的识别为例，来探讨它的识别问题。金融业系统性风险，是指金融风险从一家机构传递到多家机构，从一个市场蔓延到多个市场，从而威胁整个金融体系的安全与稳定，并影响金融服务经济功能正常发挥的可能性。在英文中，"系统性风险"用词组"systemic risk"来表达，它不同于资产定价模型中的"系统风险"，后者通过词组"systematic risk"来表达。在现代西方金融理论中，"系统风险"（systematic risk）是指对于某一投资主体来说，不能通过投资组合分散的风险，也即市场固有的对每一投资项目都同样存在的风险。本节所讨论的"系统性风险"是指一个体系整体的风险，与一般的金融风险不同，系统性风险爆发中会有众多金融机构受到冲击，金融中介的功能受到严重削弱，金融服务变得过于昂

贵或稀缺，进而造成实体经济增速大幅放缓乃至衰退。它是金融稳定的核心关切点。

金融体系的健康和稳定是经济长期稳定发展的重要前提和基础。长期以来，大量的案例表明，金融业的危机非常容易蔓延到实体经济，造成实体经济的停滞甚至倒退。例如，1997年的亚洲金融危机中，韩国、东南亚以及我国的台湾和香港等地区的经济发展出现明显停滞；再如，2007年美国次贷危机爆发并最终蔓延全球的金融危机，是20世纪30年代大萧条以来发生的最严重的金融、经济危机，直接导致全球经济直线下降、股市暴跌、金融市场混乱、金融机构倒闭。2010年发酵、蔓延的欧洲债务危机，使希腊、爱尔兰、西班牙、葡萄牙、意大利等国经济深陷泥潭，国家主权信用评级甚至降到最低的垃圾级，政府和社会动荡加剧，直接危及欧元区和欧元的安全。

中国的金融体系在亚洲金融危机和2008年的国际金融危机中，经受了前所未有的考验。虽然成功抵御了金融危机的冲击，但相关应对政策留下了诸多后遗症，不得不加以防范和化解潜在的金融风险。同时，中国目前仍然处于新兴转轨经济的发展中国家，自身存在诸多体制、机制和制度性障碍，宏观经济运行不稳定，微观主体治理结构缺失，金融体系不完善，资本市场持续低迷，投资渠道有限，产业空心化趋势明显，房地产泡沫风险加大，社会保障相对薄弱；同时，信息网络传播又比较通畅，群体性事件相对集中，这些因素共同作用，很容易积累和引发宏观经济异常波动和系统性金融风险发生，甚至引发金融和经济危机，对众多产业产生实质性影响。因此，中国经济和金融体系潜在的系统性风险问题，是迫切需要理论工作者和各级部门研究和解决的现实问题。

4.2.1 金融系统性风险评价与预警指标体系构建的文献述评

金融系统性风险评价与预警指标体系的构建历史并不算长。20世纪70年代后，随着国际资本流动速度的加快，金融危机的不断爆发，人们开始关注如何识别和防范金融危机的发生。于是，评价指标和预警体系研究应运而生，相应产生了四代危机理论：第一代危机理论由Krugman提出，主要通过官方外汇储备、过度扩张的国内信贷、中央银行对公共部门的信贷、整体的预算赤字、中央银行对金融机构的信贷等指标来预测货币危机的发生；第二代危机理论由Obstfeld提出，是对第一代危机理论的扩展，在指标体系中增加了产量水平、国内外利率水平、银行系统内生指标和政治变量等；Mckinnon和Krugman发展的第三代危机理论认为，即使没有宏观经济因素的诱发，金融部门的单独行为和自身的脆弱性也可以引发货币危机；第四代危机理论由Krugman提出，主要强调了资产价格异常波动的因素在危机爆发中的核心作用。

亚洲金融危机、美国次贷危机及欧债危机的不断爆发，使金融系统性风险的识别、防范、预警变得更加迫切和必要。20世纪90年代以来，有关部门和学者试图通过分析金融机构会计报表，来发现系统内的不稳定性和脆弱性的迹象。国际货币基金组织（International Monetary Fund，IMF）一直致力于推动金融稳健指标的建立，已在120多个国家和地区的金融稳定评估项目金融部门评估规划（financial sector assessment programme，FSAP）中予以使用。金融稳健指标方法可视为是基于会计报表的方法。为检验稳定指标是否有效，IMF选取了世界上36个主要商业银行和投资银行为样本，通过1998~2008年相关银行数据的研究,分析了金融稳健指标能否从一个包含主要金融机构的小样本中,识别和分辨出在危机苗头出现时需要政府救助干预的机构,以避免出现由于一个银行的倒闭而引起系统性风险的爆发。

学术界,Frankel和Rose(1996)通过发展的概率模型发现,国外直接投资枯竭、国际储备较低、本国信贷增长率过高、债权国利率上升和汇率高估,这些因素的共同作用将使货币危机更容易发生。不过,他们并没有将国别差异性和通货膨胀等重要指标包含在内,从而降低了分析结果的说服力。Sachs等(1996)通过发展的STV模型发现,当一国面临较低储备和脆弱的经济基本面时,汇率高估和银行体系脆弱将意味着该国金融体系很容易遭受严重的投机袭击,造成金融动荡。刘遵义(1995)遴选了10项指标来判断某种货币是否处于高估状态,以此为基础成功预测了东南亚金融危机的爆发。Kaminsky等(1998)构建了由15项指标组成的指标体系,并采用信噪比方法来确定最优阈值,以此预警金融危机的发生。Kumar等提出的简化Logit模型发现,国际储备和出口的下降,以及实体经济的虚弱,是导致金融系统性风险的重要来源等。

在金融系统性风险的评价与预警指标的设计方面,现有文献大多关注以下两类:一是直接反映金融机构经营状况的微观性金融指标;二是反映宏观经济状况的间接性影响指标。

(1)微观性金融指标。早期具有代表性意义的是美国金融当局建立的CAMELS(骆驼)评价体系,主张对金融机构的资本充足率、资产质量、管理水平、盈利性、流动性和市场风险敏感度这6项指标来评价。20世纪60年代后,先后有大量的研究工作对此进行了完善。例如,Altman和Edward(1968)发展的Z理论,立足于通过构建金融指标体系来评估银行的资产质量、收益表现和流动性,然而,对风险的评估仅建立在单个金融机构层面。Frankel和Rose(1996)、Sachs等(1996)特别关注了短期外债构成因素,以测量货币风险和通货膨胀的水平。Gonzal-Hermosillo和Pazarbasioglu则认为,金融机构自身内在的脆弱是导致金融危机发生的原因,只有将不良贷款与资本充足率同时考虑,CAMELS评级的效果才会显著。此外,Kaminsky等(1998)的研究表明,CAMELS评级的指标体系并不能很好地解释货币危机,汇率、同业拆借利率、存款占M2的比率,以及股票总市值等指标才是监测金融危机发生的关键性指标。

(2)宏观经济状况指标。Mayer(1976)首先从国家宏观经济状况、对外经济联系以及国家政治社会环境三个一级指标入手,对国际上18家银行、跨国公司进行国际风险监测的指标进行了归纳、综合与分类,设计了113个分项监测指标。Paul Krugman在讨论了汇率制度与金融危机关系基础上认为,固定汇率制会诱发对货币的投机性攻击,迫使管理当局放弃固定汇率制,使货币大幅贬值,造成剧烈金融动荡。IMF将短期债务与外汇储备的比例是否失调、经常项目逆差占GDP之比是否过大、消费比例是否过高、财政预算赤字占GDP之比是否过大、资本流入结构是否合理、汇率定值是否适度、货币供应量增加是否适当七项指标作为经济预警指标。研究表明,产出、物价、进出口、贸易条件、资产价格上涨、不当的货币与汇率政策、金融压力产生的因素、金融系统内在的脆弱性等指标之间存在内在的联系,市场对这些指标过度反映的动摇性及金融危机的反馈性等是导致金融风险加剧的重要因素，可将这些因素作为金融风险预警的宏观指标。

在我国，对于金融安全评价和预警指标的研究始于 20 世纪 80 年代中期。刘遵义（1999）首先以墨西哥为参照国家，选用了 10 项经济指标：实际汇率、实际利率、实际 GDP 增长率、相对通货膨胀率、国际国内利差变化、国内储蓄率、国际贸易平衡、国际收支经常项目（顺差或逆差）、外国组合投资与外商直接投资比例，来衡量一个国家或地区的经济和金融在世界经济和国际金融环境中的风险状况。冯芸和吴冲锋（2002）提出了基于合成指标的多时标货币危机预警流程，将预警指标分为长、中、短期预警指标。南旭光和罗慧英（2006）在等比例危机模型中利用汇率、外汇储备和利率三项指标合成的外汇压力指数来衡量金融风险程度。沈悦和张珍（2007）根据国际上对危机的六大分类：货币危机、银行危机、外债危机、股市危机、房地产危机和系统性危机，并针对我国金融安全方面面临的实际问题，设计了一套判断我国金融风险程度的指标体系。该指标体系涉及国内外环境安全、货币安全、银行安全、对外安全、股市和房地产安全等几个方面，共 22 个监测指标，每一类指标组成一个监测子系统，如图 4-1 所示。

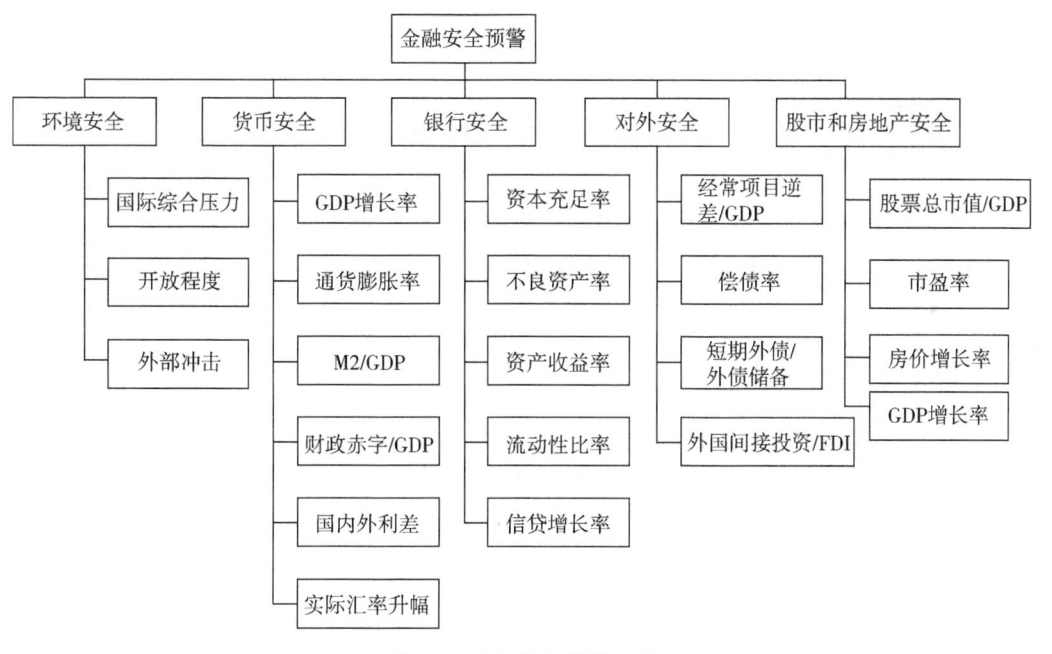

图 4-1　金融安全监测指标

闵亮等在《现代经济探讨》2008 年第 7 期上提出了我国新的金融安全预警监测指标体系——国内信贷指标：国内信贷/GDP，外币贷款增长率和外币存贷比；金融自由化指标，即 M2/GDP；货币政策指标，即 M1 增长率和 M2 增长率；汇率及国际收支指标，即实际汇率，国际储备变化，贸易净额/GDP，国际储备资产结构，国际储备货币结构，国际储备期限结构；利率指标，即国内真实利率，存贷利率比；宏观经济情况，即工业产品增长率，宏观经济景气指数。不过，这种一级指标分类的合理性有待商榷。

此外，近年来国内其他学者还研究了非线性评价与预警指标体系，它们依赖于人工神经网络模型、动态信息融合模型、案例推理模型等；但是，在实际应用中并未成熟和普遍。需要特别说明的是，一些新的情况也对现有金融系统性风险评价与预警指标体系构建带来冲击、影响。例如，美国金融危机后在国内出现的政府融资平台已经成为我国金融系统性风险的重要来源隐患。据中国银行业监督管理委员会前任主席刘明康透露，2009年年末，我国地方政府融资平台贷款余额为7.38万亿元，同比增长70.4%；占全部人民币贷款余额的18.5%；2010年6月月末，政府融资平台余额增加至7.66万亿元。专家预测，2011年年末地方融资平台负债高达12万亿元，而地方政府债务总额达到15万亿元。在国家对房地产市场持续加码调控的背景下，土地收入下降将难以避免，地方债务风险或将演变为银行业系统性风险的重要来源。尽管有学者开始构建包含地方政府融资平台在内的金融系统性风险评价与预警指标体系，但在数据完整性、权重测定等方面并未成熟和完善，有待深入研究。

4.2.2 金融业系统性风险评价指标体系构建——以资本市场为例

本节以资本市场为例，全面、系统、科学地构建我国金融系统性风险的评价指标体系。从4个不同的侧面和维度进行重点考察：①交叉传染；②微观结构；③持续发展；④宏观影响。

1. 交叉传染侧面

交叉传染侧面主要从5个角度具体入手，构建分级指标体系：①国外市场冲击，下设18个指标；②主要商品价格波动，下设5个指标；③传统金融业，下设6个指标；④外汇市场，下设4个指标；⑤投资、消费市场，下设8个指标。

2. 微观结构侧面

微观结构侧面主要从3个角度具体入手，构建分级指标体系：①整体表现，下设6个指标；②系统重要性机构，其中，银行业下设23个指标，证券业下设7个指标，保险业下设12个指标；③投资理财者，其中，投资者情绪下设12个指标，机构理财者下设6个指标，个体理财者下设3个指标。

3. 持续发展侧面

持续发展侧面主要从4个角度具体入手，构建分级指标体系：①公司治理；②客户保护教育；③监管制度完善程度；④股东安定性。共设8个指标或指标群。

4. 宏观影响侧面

宏观影响侧面主要从3个角度具体入手，构建分级指标体系：①国内宏观经济波动，下设15个指标；②产业泡沫，下设6个指标或指标群；③国内政治环境，下设3个指标。

具体的结构框图如图4-2所示。

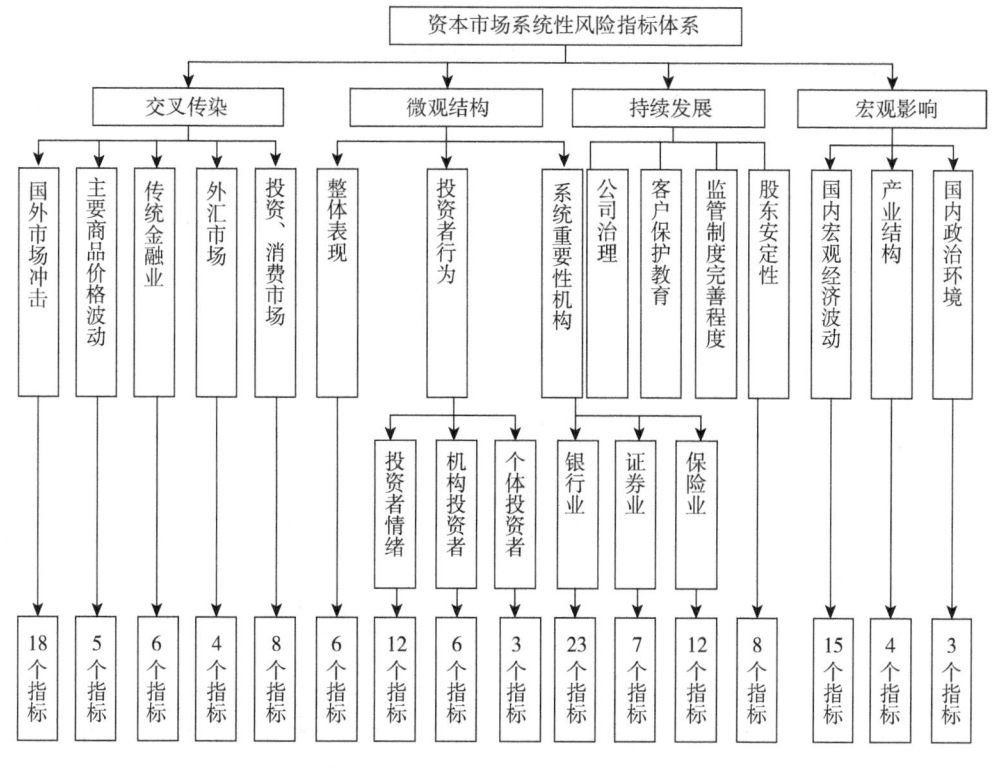

图 4-2 资本市场系统性风险指标体系

基于以上指标体系（表 4-6～表 4-9），可以利用多指标综合评价分析方法，以及动态相关分析法，或者合成指数法等，对各项指标的内在结构关系及影响权重做出判断，分类识别金融业资本市场系统性风险的来源和影响。

表 4-6 交叉传染

一级指标名称	二级指标名称		
国外市场冲击	美国股市指数收益率（IXIC，SP500）		
	日本股市指数收益率（N225）		
	德国股市指数收益率（GDAXI）		
	世界经济增长率		
	美国长期国债利率与短期利率之差		
	美国信用风险价差		
	中美一年期存款利差		
	外债风险	外债清偿能力	外债偿债率（当年外债还本付息额/当年商品和劳务出口收入）
			外债偿息率（利息支付额/当年 GDP）
			外债债务率（当年外债余额/当年货物和服务项下外汇收入）
			出口创汇系数（外债增长率/出口创汇收入增长率）
			外汇储备与外债余额的比率（外汇储备增长率）

续表

一级指标名称	二级指标名称		
国外市场冲击	外债风险	外债增长指标	外债负债率（外债余额/GDP）
			外债利用系数（外债增长率/GDP 增长率）
			外债依存度（外债余额/财政收入）
		外债结构指标	短期债务/外债余额
			浮动汇率外债/外债余额
			国际商业银行贷款/外债余额
	资本流入率（BOP 口径）		FDI 流入率（FDI 流入量/FDI 流出量）
			证券投资流入率
			其他投资流入率
	国际收支误差与遗漏增长率（反映游资的规模）		
	TED 利差等于美国 T-BILL 利率和 Euro Dollar 利率的差值（三个月期，LIBOR，度量流向新市场的资本水平）		
	外汇储备所能支持进口额月份数（适合在海外融资较少的国家）		
	经常项目逆差比率（经常项目逆差额/GDP）		
	外汇储备占短期外债之比（适用于在海外筹资较多但筹资条件和筹资额不稳定的国家）		
	外汇储备占广义货币之比（适合于观察对本币信心变化、资本外逃情况，尤其适用于银行部门和本币信心比较脆弱的国家）		
	贸易条件指数（也称进出口比价指数=出口物价指数/进口物价指数）		
	经常账户余额/国内投资总额（或 GDP）		
	M2/外汇储备（承受能力）		
	银行资产/GDP 或增长率（大额资本流动可能引起的贷款膨胀率）		
主要商品价格波动	房地产价格（投资）增长率（建筑业贷款/银行贷款）		
	国际原油价格变化率		
	国际黄金期货价格变化率		
	生产者物价指数（producer price index，PPI）增长率		
	居民消费价格指数（consumer price index，CPI）增长率		
传统金融业	储蓄增长率		
	贷款增长率（贷款/存款）		
	金融业对外依存度（外资金融机构资产总额/国内金融资产总额）		
	储蓄存款/M2		
	银行负债/M2（增长率）银行吸引力		
	M2/中央银行储备或增长率比		
与外汇市场的交叉传染	人民币对美元升值率［实际利率∝名义利率×（美 CPI/中 CPI）］		
	加权平均升值率=人民币对日元升值率+人民币对欧元升值率		
	外汇现价与期货价格差		
	真实人民币汇率偏离度		

续表

一级指标名称	二级指标名称
与投资、消费市场的交叉传染	固定资产投资增长率
	房地产空置率
	FDI 增长率
	FDI 期限结构（短期与长期 FDI、私人与官方 FDI）
	FDI 依存度（FDI 存量/国内资本存量）
	FDI/GDP（FDI 项目的股票投资/GDP）
	社会消费品零售额增长率（社会零售企业产出量增长率）
	社会消费品批发额增长率（社会批发类企业产出增长率）

表 4-7 微观结构

一级指标名称	二级指标名称	
整体表现	上证综指指数收益率，深证成指指数收益率，两市成交量波动率	
	股价指数的稳定程度	
	证券化率（股票总市值/GDP）	
	上市公司整体市盈率	
	上市公司整体市净率	
	商业银行的资产负债期限差（资产平均期限−负债平均期限）	
	M2/GDP	
	M2/M1	
投资者行为	投资者情绪的一般指标	A 股新增开户数（自然对数）
		A 股新增开户数比率（同比与环比）
		市场日均换手率（日交易量/当日流通股数）
		市场周均换手率（连续 5 日期初期末成交市值均值/首日成交市值）
		市场动态市盈率（市值/最近报告期利润总和）
		投资者政策信心指数（看多人数/看空人数）
		投资者经济乐观指数（看多人数/看空人数）
		封闭式基金折价率（公开发行封闭式基金折价率的加权平均）
		零股买卖比例（零股卖出/零股买入）
		IPO 数量及首日收盘收益率（年度发行数量，收盘价/发行价−1）
		分析师情绪指数（官网推荐股票数）
		市场成交量指标（日交易量/流通市值）
	机构投资者特别指标	基金持仓现金比例[现金/（现金+持仓市值）]
		合格境内机构投资者（qualified domestic institutional investor, QDII）
		合格境外机构投资者（qualified foreign institutional investor, QFII）
		动量效应指标

续表

一级指标名称	二级指标名称			
投资者行为	机构投资者特别指标	共同基金净赎回比率（买入–赎回）		
		机构交易量密度（FRQ）		
	个体投资者特别指标	羊群效应指标（LSV）		
		过度自信指标（DHS）		
		处置效应指标（PGR/PLR）		
系统重要性机构	银行业稳定指标	资本充足性	核心资本充足率（核心资本与风险资产的比率）	
			资本充足率	
			资本/资产比率或贷款额/银行负债	
		行业结构	银行集中度	
			存款性机构的资产规模	
		资产质量	不良贷款/全部贷款总额	
			期末不良贷款余额/期初不良贷款余额	
			贷款损失准备/不良贷款	
			单个最高贷款总额/资本净额	
			前十户贷款总额/资本净额	
		盈利状况	资产利润率	
			资本利润率	
			利差收入/营业收入	
		流动性	存贷款比率	
			流动资产比率	
			拆入资金/各项存款	
			拆出资金/各项存款	
			净拆借资金比率	
			准备金比率	
		银行对市场风险的敏感性	资产持续期（duration of assets）	
			负债持续期（duration of liabilities）	
			市值敏感性比率	
			累计外汇敞口头寸比例	
	证券业	结构（综合反映行业的发展状况）	总资产	
			所有者权益	
			净资本	
		盈利能力	资产利润率	
			资本利润率	
		安全性（体现证券公司资产质量）	净资本比率	
			净资本对外负债率	

续表

一级指标名称	二级指标名称		
系统重要性机构	保险业	结构	保费收入
			保险深度
			保险密度
		盈利能力	资产利润率
			资本利润率
		安全性	认可资产
			认可负债
			认可负债/认可资产
			认可资产/总资产
			融资风险率
			偿付能力充足率
			偿付能力溢额

注：货币（M0）=流通中的现金，狭义货币（M1）=M0+支票存款，广义货币（M2）=M1+储蓄存款

表 4-8　持续发展

一级指标名称	二级指标名称
公司治理	外国金融机构证券投资与直接投资比例
公司治理	各金融机构拥有金融资产比重
股东安定性	马歇尔 K 值（又叫马歇尔 K 比率或货币化比率，它是各个层次货币与国民生产总值或国民收入之比）
股东安定性	银行业 OLR 值［银行业向中央银行的超额融资比率。其计算公式为 OLR=（CBL−SCD）/CBL×100%。SCD 是指银行业在中央银行存款余额，CBL 是指中央银行对银行业的债权，这一指标反映银行业对金融管理部门的依赖程度］
公司治理	公司治理指数
客户保护教育	信息披露情况
监管制度完善程度	金融衍生品指标
监管制度完善程度	制度创新、制度完善

表 4-9　宏观影响

一级指标名称	二级指标名称
国内宏观经济波动	GDP 增长率
	失业率
	真实利率水平（一年期存款率−通胀率）
	财政赤字/GDP
	财政债务依存度（债务收入/财政支出）
	国内信贷增长率/GDP 增长率

续表

一级指标名称	二级指标名称
国内宏观经济波动	出口增长率
	出口依存度
	企业的净资产收益率变动
	上市公司企业景气指数
	PMI指数
	工业总产值增长率（工业增加值增长速度）
	长短期利差
	宏观经济景气指数
	信用风险价差
产业结构	行业集中率（指该行业的相关市场内前N家最大的企业所占市场份额的总和，反映行业发展的成熟度）
	赫希曼指数（即将相关市场上的所有企业的市场份额的平方后再相加的总和）
	产业结构相似度（中国与某一国家三大产业GDP占比的相关系数）
	产业结构变动速度K值（三大产业就业率变动之和）
国内政治环境	政府腐败指数
	政府执政能力
	政府稳定性

4.3　产业安全工程风险测度（I）——以金融业为例

目前，国内外学术界对产业安全工程风险测度的定量研究还十分有限。近年来，国际学术界围绕金融系统性风险的测量，展开了广泛、深入的研究，提出了众多可以实际操作的方法，为研究更广泛的产业安全工程风险测度方法奠定了坚实基础。

2008年美国金融危机爆发，是自20世纪30年代以来最为严重的一场世界性金融业经济危机，对世界经济的重创和影响需要较长时间弥合和修复。国际上普遍认为，金融系统性风险的累积和宏观审慎监管的缺失，是导致此次严重金融危机的重要因素之一。危机发生以来，各国金融监管部门纷纷出台措施，加强对金融机构系统性风险的监管。然而，能够有效识别并科学测度系统性风险，是监管当局进行科学应对的前提。目前，国际学术界对金融系统性风险测度方法的研究已积累了相当多的文献。

4.3.1　金融业系统性风险测度方法

下面，将几种主流方法归纳为六大类加以综述。

1. 宏观经济分析法

Kaminsky等（1998）提出了一种信号法，来预测外汇交易和银行业危机。Alessi

和 Detken（2009）对信号法进行了改进，来预测总资产价格的变动周期。该方法使用一系列实体经济变量和金融变量作为总资产价格变动周期的预警指标，并基于 18 个经济合作与发展组织国家在 1970~2007 年的数据，对这些指标的预警效果进行了检验。结果显示，M1 基差和个人信贷基差是总资产价格变动周期最好的早期预警指标。Borio（2009）构建了宏观经济早期预警指标，并用来预测银行部门的危机发生，主要使用的预警指标包括房价基差、股价基差、信贷基差等。本节认为，若信贷和资产价格同时异常地高速增长，则表明存在金融失衡现象，进而爆发金融危机的概率会增大。

2. 违约强度模型法

Giesecke 和 Kim（2011）发展了一种违约强度模型（default intensity model，DIM）。它假设违约率服从某个类似利率方程的扩散方程，通过估计系数来确定违约率，以违约率来度量系统性风险。违约事件发生时，违约率会显著增加，说明溢出效应导致其他违约事件发生的可能性会明显增加。违约率的增量是破产事件发生前违约率的函数。国际货币基金组织利用 Giesecke 和 Kim（2011）的早期版本 DIM，对次贷危机中美国资产规模排名前 12 位的大银行进行了实证分析，结果表明：DIM 能够准确地捕捉到整个经济领域的违约事件，即模型具有很强的样本外预测能力。

3. 网络结构分析与压力测试法

网络结构分析法（特别是动态网络矩阵模型法）和压力测试法是当前颇受人关注的、前沿性的方法。按照国际货币基金组织对网络结构模型的解释，它是基于银行间资产负债表相互敞口和交易数据来建立网络，并根据银行间市场的网络形状，来模拟风险相互传染情况，进而测算每个银行网络中积累的系统性风险。网络分析的起点是构造一个银行间风险敞口矩阵，再基于模拟的风险在网络中的传导，来获得倒闭的银行数，借此来度量系统性风险。这种网络分析法，既能够捕捉整个系统中的违约事件和流动性短缺的影响，又能够度量金融机构应对金融危机引发多米诺效应的弹性。

4. 前瞻性测量方法

Gray 和 Jobst（2010）在 Merton 模型基础上，提出了未定权益分析法（contingent claims analysis，CCA），用以度量源于市场隐含的期望损失的系统性风险，估计系统性困境条件下来自金融部门的政府或有债务。这种方法不仅能够度量由金融部门转移至政府的潜在风险，而且，还能识别单个金融机构对政府或有债务的贡献度。

Kritzman 等（2010）基于主成分分析法思想，提出了用"吸收率"（absorption ratio，AR）这一指标来度量系统性风险。定义吸收率 AR 为一组资产收益率的总方差被确定数目的特征向量解释或"吸收"的比例。这样，吸收率越高，意味着风险的来源越统一，对应的系统性风险水平越高。若吸收率较低，意味着风险的来源更加分散，因而，对应的系统性风险水平越低。

5. 横截面方法

Huang 等（2009）提出用"困境保费"（distressed insurance premium，DIP）作为系统性风险的测量指标。这种方法具有一般性，可用于任何具有 CDS 合约的上市公司。在该方法下，单个机构对系统性风险的边际贡献是其规模、违约概率和资产相关系数的函数。

Adrian 和 Brunnermeier（2011）提出，可利用金融系统的条件在险价值（CoVaR）来测量系统性风险。在该分析框架下，一家金融机构对系统性风险的贡献度被定义为它在危机状态下与平均状态下 CoVaR 的差额。实证研究发现，一家金融机构的 CoVaR 与 VaR 联系并不十分紧密。因此，孤立地基于单个机构的风险管理并不足以管理好系统性风险。他们还发现，CoVaR 与公司的杠杆率、到期期限错配程度及资产规模等有关。

Acharya 等（2010）基于期望损失（expected shortfall，ES），发展了系统性风险期望损失（systemic expected shortfall，SES）和边际期望损失（marginal expected shortfall，MES）两种新的系统性风险测量方法。该方法与宏观审慎监管理论很好地吻合，监管当局可以通过加强对那些边际风险贡献和杠杆率大的金融机构监管，来降低系统性风险，防范金融危机爆发。美国金融危机后，这两种方法得到了广泛的推崇。在此基础上，Brownlees 和 Engle（2011）提出了 SRISK 指标，并且，发展出用 DCC-GARCH 计量模型来估计边际期望损失 MES 的方法。

6. 多元密度估计法

Segoviano 和 Goodhart（2009）基于银行系统的多元密度函数（BSMD），提出了几种测量系统性风险的方法。定义银行系统为一些银行的组合，先推导出它的多维密度函数，再基于多维密度函数估计系统性风险的测量指标，包括联合违约概率（JPoD）、银行业稳定性指数（BSI）、困境依赖矩阵（DDM）及连锁反应概率。具体说明如下。

假设有 n 家银行，每家银行的对数收益率为 x_i，解优化问题：

$$\min_{p(x_1,x_2,\cdots,x_n)} \iint \cdots \int p(x_1,x_2,\cdots,x_n) \log\left[\frac{p(x_1,x_2,\cdots,x_n)}{q(x_1,x_2,\cdots,x_n)}\right] \mathrm{d}x_1 \mathrm{d}x_2 \cdots \mathrm{d}x_n \qquad (4\text{-}28)$$

其中，$p(x_1,x_2,\cdots,x_n)$ 是我们要求解的 BSMD，$q(x_1,x_2,\cdots,x_n)$ 是先验联合概率密度函数。优化问题（4-28）需服从以下约束条件。

违约概率约束（PoD）：对于每家银行，在 t 时刻 BSMD 必须同实证估计的违约概率 PoD_t^i 一致。银行 i 的违约概率为

$$\mathrm{PoD}_t^i = \iint \cdots \int p(x_1,x_2,\cdots,x_n) \mathbf{1}_{x_i < x_i^d} \mathrm{d}x_1 \mathrm{d}x_2 \cdots \mathrm{d}x_n \qquad (4\text{-}29)$$

其中，x_i^d 为银行 i 的破产边界。定义 λ_i 为与银行 i 的 PoD 约束相关的拉格朗日乘数。

规范性约束为

$$1 = \iint \cdots \int p(x_1,x_2,\cdots,x_n) \mathrm{d}x_1 \mathrm{d}x_2 \cdots \mathrm{d}x_n \qquad (4\text{-}30)$$

定义 μ 为与该约束相关的拉格朗日乘数。拉格朗日函数为

$$L = \iint \cdots \int p(x_1, x_2, \cdots, x_n) \log\left[\frac{p(x_1, x_2, \cdots, x_n)}{q(x_1, x_2, \cdots, x_n)}\right] dx_1 dx_2 \cdots dx_n$$
$$+ \sum_{i=1}^{n} \lambda_i \left[\iint \cdots \int p(x_1, x_2, \cdots, x_n) 1_{x_i < x_i^d} dx_1 dx_2 \cdots dx_n - \text{PoD}_t^i\right] \quad (4\text{-}31)$$
$$+ \mu\left[\iint \cdots \int p(x_1, x_2, \cdots, x_n) dx_1 dx_2 \cdots dx_n - 1\right]$$

估计出 BSMD 为

$$p(x_1, x_2, \cdots, x_n) = q(x_1, x_2, \cdots, x_n) \exp\left[-\left(1 + \mu + \sum_{i=1}^{n} \lambda_i 1_{x_i < x_i^d}\right)\right] \quad (4\text{-}32)$$

基于 BSMD,估计以下几个测量系统性风险的指标。

(1) 联合违约概率,表示系统中所有银行陷入困境的概率(即系统的尾部风险),可表示为

$$\text{JPoD} = \int_0^{x_d^1} \int_0^{x_d^2} \cdots \int_0^{x_d^n} p(x_1, x_2, \cdots, x_n) dx_1 dx_2 \cdots dx_n \quad (4\text{-}33)$$

(2) 银行业稳定性指数,表示已有至少一家银行陷入困境的情况下,预期的将要陷入困境的银行数。数值越大,系统稳定性越差,可表示为

$$\text{BSI} = \frac{\sum_{i=1}^{n} \Pr(x_i < x_i^d)}{1 - \Pr(x_1 > x_1^d, x_2 > x_2^d, \cdots, x_n > x_n^d)} \quad (4\text{-}34)$$

(3) 困境依赖矩阵,DDM 矩阵的 (i, j) 元素为

$$\Pr(x_i < x_i^d | x_j < x_j^d) = \frac{\Pr(x_i < x_i^d, x_j < x_j^d)}{\Pr(x_j < x_j^d)} \quad (4\text{-}35)$$

(4) 连锁反应概率,假设系统含四家银行,X,Y,Z 和 R,X 已陷入困境,则连锁反应概率 PCE 为

$$\text{PCE} = P(Y|X) + P(Z|X) + P(R|X) - [P(Y \cap R|X) \\ + P(Y \cap Z|X) + P(Z \cap R|X)] + P(Y \cap R \cap Z|X) \quad (4\text{-}36)$$

我国学者对金融系统性风险测量研究十分关注,一方面对现有方法的发展脉络进行了梳理,另一方面对我国商业银行的系统性风险进行了实证分析。高国华和潘英丽(2011)基于动态 CoVaR 方法测算了我国 14 家上市银行的系统性风险贡献度,分析了银行财务特征对其系统性风险贡献度的影响。研究发现,这些银行的溢出风险 CoVaR、自身风险 VaR 水平、不良贷款率以及宏观经济波动对于预测银行系统性风险的边际贡献具有显著影响。此外,马君潞等(2007)利用中国的银行间数据,研究了单个银行倒闭的特质性冲击和多家银行同时倒闭的集合性冲击的系统性风险特征。范小云等(2011)分析了 CoVaR 方法与 MES 方法的优劣,并基于边际风险贡献 MES 与杠杆率,测度了我国金融机构在美国次贷危机期间以及危机前后对金融系统的边际风险贡献程度。朱元倩和苗雨

峰（2012）基于测量方法使用的数据、分类对系统性风险度量和预警模型进行了文献综述。本节梳理了不同模型的发展脉络，总结了系统性风险度量方法的最新进展，特别是针对在2008年金融危机之后得以广泛发展的度量模型进行了综述。

4.3.2 实证方法与计量模型框架

本节基于 Acharya 等（2010）提出的边际期望损失（marginal expected shortfall，MES）方法，来测量我国银行业的系统性风险，并运用 Brownlees 和 Engle（2011）提出的 DCC-GARCH 模型来估计 MES。

1. 边际期望损失

假设系统包含 N 家金融机构，用 MES 表示金融机构 $i(i=1,2,\cdots,N)$ 对系统性风险的边际贡献，而用条件期望损失来度量系统性风险，机构 i 在 t 时刻的收益率为 $r_{i,t}$，t 时刻的市场收益率用 $r_{m,t}$ 表示，定义为

$$r_{m,t} = \sum_{i=1}^{N} \omega_i r_{i,t}$$

其中，ω_i 表示机构 i 的总资产在系统总资产中的占比。系统的条件期望损失定义为

$$\mathrm{ES}_{m,t\text{-}1}(C) = E_{t\text{-}1}(r_{m,t} \mid r_{m,t} < C) = \sum_{i=1}^{N} \omega_i E_{t\text{-}1}(r_{i,t} \mid r_{m,t} < C) \tag{4-37}$$

即在市场收益率 $r_{m,t}$ 低于临界值 C 的条件下，市场的期望收益率。机构 i 的边际期望损失 MES 定义为

$$\mathrm{MES}_{i,t}(C) = \frac{\partial \mathrm{ES}_{m,t\text{-}1}(C)}{\partial \omega_i} = E_{t\text{-}1}(r_{i,t} \mid r_{m,t} < C) \tag{4-38}$$

2. 基于 DCC-GARCH 模型计算 MES

为计算 MES，运用 TARCH 模型对动态的波动率进行建模，运用动态条件相关系数（DCC）模型，对机构收益与市场收益之间的相关系数进行建模。

设定一个二变量的条件异方差模型来刻画机构和市场日收益率的动态特征。假设 $r_{m,t}$ 和 $r_{i,t}$ 服从如下过程（这里的收益指对数收益）：

$$r_{m,t} = \sigma_{m,t}\varepsilon_{m,t} \tag{4-39}$$

$$r_{i,t} = \sigma_{i,t}\varepsilon_{i,t} = \sigma_{i,t}\rho_{i,t}\varepsilon_{m,t} + \sigma_{i,t}\sqrt{1-\rho_{i,t}^2}\zeta_{i,t} \tag{4-40}$$

$$v_t \triangleq (\varepsilon_{mt}, \xi_{it}) \sim F \tag{4-41}$$

其中，模型中 $\{v_t\}$ 为独立同分布序列，且有 $E(v_t)=0$，$E(v_t v_t')=I_2$，协方差为 0，但 $\varepsilon_{m,t}$ 和 $\zeta_{i,t}$ 并不相互独立，F 则为一个未指定具体分布的二变量分布过程。

根据式（4-39）～式（4-41），机构 i 的条件 MES 可表示为公司收益的波动率、它与

市场收益之间的相关系数,以及收益率分布的尾部期望的函数,即有

$$\text{MES}_{i,t}(C) = \sigma_{i,t}\rho_{i,t}E_{t-1}\left(\varepsilon_{m,t} \mid \varepsilon_{m,t} < \frac{C}{\sigma_{m,t}}\right) + \sigma_{i,t}\sqrt{1-\rho_{i,t}^2}E_{t-1}\left(\zeta_{i,t} \mid \varepsilon_{m,t} < \frac{C}{\sigma_{m,t}}\right)$$

因此,要计算 MES,需要估计波动率 $\sigma_{i,t}$、$\sigma_{m,t}$ 以及相关系数 $\rho_{i,t}$,还要计算两个尾部期望

$$E_{t-1}\left(\varepsilon_{m,t} \mid \varepsilon_{m,t} < \frac{C}{\sigma_{m,t}}\right), \quad E_{t-1}\left(\zeta_{i,t} \mid \varepsilon_{m,t} < \frac{C}{\sigma_{m,t}}\right)$$

为此,分如下三个步骤进行。

(1) 波动率。选用 TARCH 模型对波动率进行建模,进而求得 $\varepsilon_{m,t}$ 和 $\varepsilon_{i,t}$。假设:

$$\sigma_{m,t}^2 = \omega_m + \alpha_m r_{m,t-1}^2 + r_m r_{m,t-1}^2 I_{m,t-1}^2 + \beta_m \sigma_{m,t-1}^2$$
$$\sigma_{i,t}^2 = \omega_i + \alpha_i r_{i,t-1}^2 + \gamma_i r_{i,t-1}^2 I_{i,t-1}^2 + \beta_i \sigma_{i,t-1}^2$$

运用准极大似然估计法(QML)对模型进行估计。

(2) 相关系数。运用 DCC 模型对相关系数建模,求得 $\zeta_{i,t}$。协方差矩阵 Σ 可表示为

$$\Sigma_t = D_t R_t D_t, \quad R_t = \begin{bmatrix} 1 & \rho_{i,t} \\ \rho_{i,t} & 1 \end{bmatrix}, \quad D_t = \begin{bmatrix} \sigma_{i,t} & 0 \\ 0 & \sigma_{m,t} \end{bmatrix}.$$

其中,R_t 是市场收益与公司收益的动态相关系数矩阵。标准的 DCC 模型引入了一个所谓的伪相关系数矩阵 Q_t,它是一个正定阵,通过如下变换使它们之间进行连接:

$$R_t = \text{diag}(Q_t)^{-\frac{1}{2}} Q_t \text{diag}(Q_t)^{-\frac{1}{2}}$$

在标准的 DCC 模型中,定义 Q_t 为

$$Q_t = (1-a-b)S + a\eta_{t-1}\eta'_{t-1} + bQ_{t-1}$$

其中,S 是一个截距阵,$\eta_t = (\varepsilon_{i,t}, \varepsilon_{m,t})'$ 是标准化收益率向量。当 $a>0$,$b>0$,$a+b<1$ 且 S 正定时,Q_t 是正定阵。为了减少参数的个数,矩阵 S 可通过下式来估计:

$$\hat{S} = \frac{1}{T}\sum_{t=1}^{T}\eta_{t-1}\eta'_{t-1}$$

在此基础上,运用极大似然估计法来估计 DCC 模型。

(3) 尾部期望。运用非参数核估计方法,来估计尾部期望 $E(\varepsilon_{m,t} \mid \varepsilon_{m,t} < k)$ 和 $E(\zeta_{i,t} \mid \varepsilon_{m,t} < k)$。两个尾部期望的非参数估计分别为

$$\hat{E}_{t-1}(\varepsilon_{m,t} \mid \varepsilon_{m,t} < k) = \frac{\sum_{n=1}^{t-1}\varepsilon_{m,n}K_h(\varepsilon_{m,n}-k)}{(t-1)\hat{p}_h}, \quad \hat{E}_{t-1}(\zeta_{i,t} \mid \varepsilon_{m,t} < k) = \frac{\sum_{n=1}^{t-1}\zeta_{i,n}K_h(\varepsilon_{m,n}-k)}{(t-1)\hat{p}_h}$$

其中,$\hat{p}_h = \frac{\sum_{n=1}^{t-1}K_h(\varepsilon_{m,n}-k)}{t-1}$,$K_h(t) = \int_{-\infty}^{t/h}k(u)\text{d}u$,$k(u)$ 是高斯核函数,h 是正的窗宽。

4.3.3 实证度量

为刻画美国金融危机对我国金融业银行系统性风险,本节选取我国 14 家上市银

行 2007 年 10 月 7 日至 2012 年 5 月 31 日的收盘价数据作为样本，按照上述方法和模型来计算 MES，用以度量每家银行对系统性风险的贡献度。理论上，市场收益率 $r_{m,t} = \sum_{i=1}^{14} \omega_i r_{i,t}$，其中，$\omega_i (i=1,2,\cdots,14)$ 为每家银行的总资产占这 14 家银行总资产的比重。由于 $\omega_i (i=1,2,\cdots,14)$ 是时变的，选用 2007 年第 4 季度至 2012 年第 1 季度的均值 $\overline{\omega}_i$ 代替。数据来源于 Wind 数据库；处理数据用到的软件有 OxMetrics6.01[①]和 Eviews6.0。

首先，检验样本序列 $r_{i,t} (i=1,2,\cdots,14)$ 的平稳性。单位根检验结果表明，在 95%的置信水平下，14 家上市银行的收益率数据均拒绝了单位根原假设，即收益率序列均是平稳的。

参照 Scaillet（2005），因为 $E(\nu_t \nu_t') = I_2$，故在计算 MES 过程中确定窗宽 $h = T^{-1/5} = 0.245\,036$；常数 C 定为市场收益率分布的 5%分位数[②]，用 SPSS 软件计算得 $C = -0.03119$。

图 4-3 给出了沪深 300 银行指数 2007 年 10 月至 2011 年 12 月的走势。从图 4-3 中可以看出，银行股在 2007 年 10 月至 2008 年年底持续走低，到 2009 年年初开始逐渐回暖，2009 年下半年以后趋稳。

图 4-4 给出了我国 14 家上市银行 MES 中值的走势。计算 MES 需要先估计波动率和动态相关系数，因此，图 4-5 和图 4-6 分别给出了动态相关系数和波动率的走势，样本区间均为 2008 年 1 月 2 日至 2012 年 3 月 13 日[③]。从图 4-4 可以看出，2008 年年初我国银行业系统性风险开始逐渐走高，且 2008 年全年一直在高位振荡，到 2008 年年底系统性风险开始逐渐降低。结合图 4-3 看，这比较符合我国的实际：金融危机在 2007 年年末才对我国金融市场产生较大影响，到 2009 年年初随着我国政府实行大规模经济刺激政策后，此次金融危机对我国金融市场的影响基本接近尾声（股市开始反弹、企稳）。

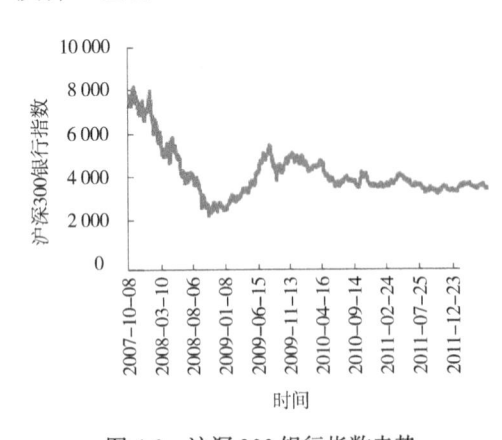

图 4-3　沪深 300 银行指数走势 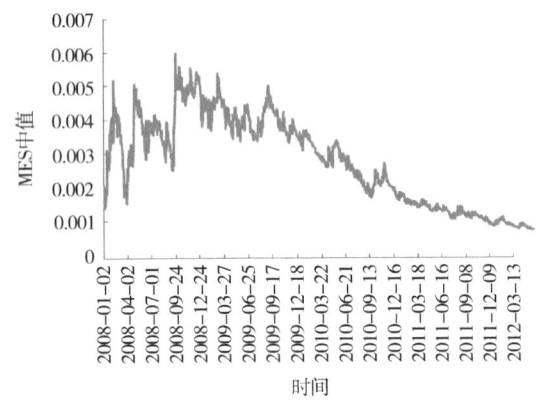　　　　图 4-4　我国 14 家上市银行 MES 中值的走势

[①] 用 OxMetrics6.01 软件计算波动率和动态相关系数。

[②] 即市场表现最差的 5%状况下收益率的临界值。

[③] 在计算 MES 时要求的时间跨度不能过短，最好不要低于 1 年，否则，会导致市场表现最差的 5%的天数太少，影响 MES 的稳健性。因此，本节选用的是 2007 年 10 月 7 日至 2012 年 3 月 13 日的收盘价数据，计算出 MES，再截断 2008 年 1 月之前的结果，保留 2008 年 1 月 2 日至 2012 年 3 月 13 日的结果。参见范小云等（2011）。

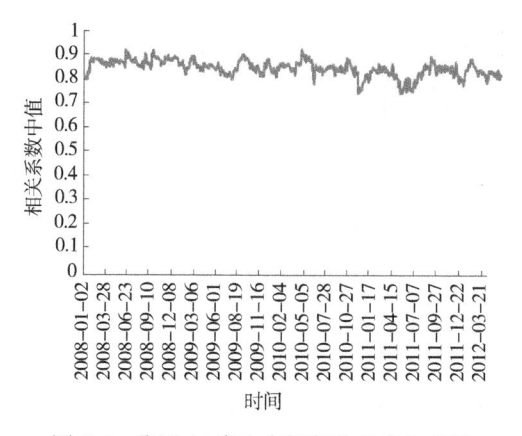

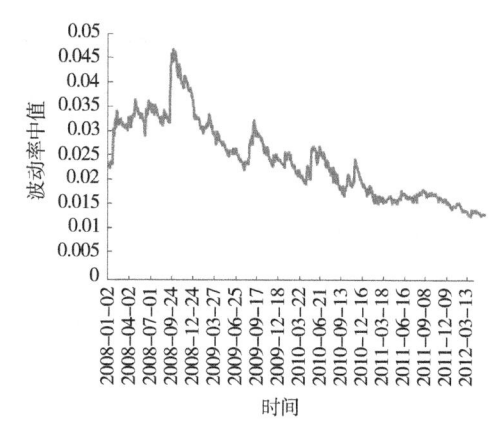

图 4-5　我国 14 家上市银行收益率与市场收益率相关系数中值

图 4-6　我国 14 家银行收益波动率中值

表 4-10 给出了基于 MES 均值对 14 家上市银行进行排序的结果。这里，我们依据图 4-3 将时间区间分为两段：第一段为 2008 年 1 月至 2008 年 12 月，称为危机期间；第二段为 2009 年 1 月至 2012 年 5 月，称为危机后。由表 4-10 可以看出，危机期间和危机后银行系统性风险排名有一定差异。大型国有商业银行（如中国银行、建设银行）在整个区间对系统性风险的贡献度都较小，工商银行的系统性风险贡献度在危机期间排名第 7，但危机后却变得很低。比较而言，规模较小的股份制商业银行（如浦发银行、兴业银行）对系统性风险贡献度相对较大。究其原因，可能的重要因素包括：大型国有商业银行的自身贷款质量较高，风险管理能力强；监管部门对大型国有商业银行的监管力度更大等。

表 4-10　基于 MES 均值对我国 14 家上市银行排名

序号	银行	MES 均值（2008.1~2008.12）	序号	银行	MES 均值（2009.1~2012.5）
1	浦发银行	0.006 208 387	1	兴业银行	0.004 524 285
2	深发展	0.005 601 369	2	浦发银行	0.003 108 172
3	招商银行	0.005 405 656	3	南京银行	0.003 004 091
4	交通银行	0.004 748 327	4	华夏银行	0.002 770 752
5	南京银行	0.004 289 54	5	宁波银行	0.002 720 359
6	华夏银行	0.004 272 479	6	深发展	0.002 571 972
7	工商银行	0.003 943 12	7	北京银行	0.002 524 222
8	北京银行	0.003 571 591	8	交通银行	0.002 475 707
9	兴业银行	0.003 435 85	9	招商银行	0.002 409 253
10	中信银行	0.003 080 359	10	中信银行	0.002 379 974
11	中国银行	0.002 896 102	11	民生银行	0.002 197 164
12	民生银行	0.002 870 828	12	工商银行	0.001 787 213
13	建设银行	0.002 858 636	13	建设银行	0.001 618 312
14	宁波银行	0.002 610 132	14	中国银行	0.001 614 324

4.4 产业安全工程风险测度（II）——金融业系统性风险度量方法的比较与应用

2008 年金融危机之后，学术界对系统性金融风险的研究空前繁荣。国外学者提出了许多度量系统性风险的方法，主要分为两大类：第一类是度量整个金融系统的整体风险；第二类是度量单个金融机构对系统性风险的贡献度。其中，边际期望损失和条件在险价值（CoVaR）两种方法都属后者，且颇为流行。

本节主要基于 Brownlees 和 Engle（2011）、Adrian 和 Brunnermeier（2011）的研究分析框架，采集我国 14 家上市银行 2007 年 10 月至 2012 年 5 月的股票价格数据，从理论和实证两个层面及中国银行业视角，来比较边际期望损失和条件在险价值这两种系统性金融风险度量方法的联系与区别，并研究它们与传统风险度量方法 ES 和 VaR 的关系，提出在使用不同系统性金融风险度量方法时应注意方法的差异和应用环境，不应盲目应用。

4.4.1 文献综述

国外的研究中，Acharya 等（2010）基于期望损失模型，率先提出系统性期望损失和边际期望损失两种方法，来度量金融系统性风险。该文给出了预测金融机构系统性期望损失的两个先行指标：边际期望损失和杠杆率，并验证了这两个指标对 SES 的预测能力。他们认为，监管当局可以通过加强对那些边际风险贡献和杠杆率大的金融机构的有效监管，来降低系统性风险，防范金融危机爆发。Brownlees 和 Engle（2011）在此基础上提出了 SRISK 指标，并且发展出用 DCC-GARCH 计量模型来估计边际期望损失方法。他们基于美国金融类公司数据进行的实证研究发现，这种方法可以对危机期间金融公司的系统性风险进行排名，并成功捕捉到 2008 年金融危机的一些早期症状。

Adrian 和 Brunnermeier（2011）建议利用金融系统的条件在险价值来测量金融系统性风险。一家机构对系统性风险的贡献度被定义为它在危机状态下和平均状态下系统的条件在险价值的差额。他们提出可以用分位数回归来估计 CoVaR。他们的实证研究发现，一家机构的 VaR 和 CoVaR 联系并不太紧密。因此，孤立地基于单个机构的风险管理并不足以管理好系统性风险。基于上市金融公司数据，该文度量了公司的杠杆率、规模和期限错配程度对系统性风险贡献 ΔCoVaR 的预测能力。Girardi 和 Ergün（2011）对 CoVaR 的定义做了进一步推广，并用多维 GARCH 模型来估计金融机构的条件在险价值。

Benoit 等（2012）对 MES 和 CoVaR 两种方法做了比较。他们研究了 MES 和 ES、CoVaR 和 VaR、MES 和 CoVaR 之间的理论关系，并基于美国金融公司的数据验证了它们之间的关系。

在国内，范小云等（2011）分析了 CoVaR 和 MES 方法的优劣，认为：CoVaR 方法只考虑损失分布的 α 分位数，不能很好地捕捉条件在险价值门限值以下极端情况下的尾部风险,并且,不具有可加性;MES方法不仅度量了门限值以外的所有损失、具有可加性,能很好地解决条件在险价值方法存在的问题,而且,该方法能与宏观审慎监管理论很好地吻合,对监管系统性风险具有重要参考价值。进一步,该文还基于边际风险贡献MES与杠杆率,测度了我国金融机构在美国次贷危机期间以及危机前后对金融系统的边际风险贡献。此外,高国华和潘英丽(2011)基于动态CoVaR方法测算了我国14家上市银行的系统性风险贡献度,分析了银行财务特征对其系统性风险贡献度的影响。研究发现,银行的溢出风险CoVaR、自身风险VaR水平、不良贷款率以及宏观经济波动这些因素对于预测银行系统性风险的边际贡献具有显著影响。

4.4.2 系统性风险度量指标表达

假设系统包含N家金融机构,机构i在t时刻的收益率为$r_{i,t}$,t时刻的市场收益率用$r_{m,t}$表示,定义为

$$r_{m,t}=\sum_{i=1}^{N}\omega_i r_{i,t}$$

其中,ω_i表示机构i的市场份额。

1. 边际期望损失

Acharya等(2010)将系统的条件期望损失定义为

$$\text{ES}_{m,t-1}(C)=E_{t-1}(r_{m,t}|r_{m,t}<C)=\sum_{i=1}^{N}\omega_i E_{t-1}(r_{i,t}|r_{m,t}<C) \tag{4-42}$$

即在市场收益率$r_{m,t}$低于临界值C的条件下,市场的期望收益率。在此基础上,又定义金融机构i的边际期望损失为机构i对系统性风险的边际贡献

$$\text{MES}_{i,t}(C)=\frac{\partial \text{ES}_{m,t-1}(C)}{\partial \omega_i}=E_{t-1}(r_{i,t}|r_{m,t}<C) \tag{4-43}$$

即系统ES关于机构i的市场份额ω_i求偏导数。

2. 条件在险价值

Adrian和Brunnermeier(2011)提出,用金融系统的条件在险价值来测量系统性风险,而以一些机构处在财务困境状态为"条件"。通常,金融机构i在q分位数上的在险价值(value-at-risk,VaR)由式(4-44)来测定

$$P_r(r_i \leqslant \text{VaR}_q^i)=q \tag{4-44}$$

其中,r_i表示金融机构i的资产收益率,VaR_q^i是负数。

在事件$\{r_i=\text{VaR}_q^i\}$发生的条件下,即机构i的资产收益率等于它的在险价值时,定义金融机构j(或整个金融系统)的条件在险价值为$\text{CoVaR}_q^{j|i}$,则

$$P_r(r_j \leqslant \text{CoVaR}_q^{j|i}|r_i=\text{VaR}_q^i)=q \tag{4-45}$$

定义单个金融机构对系统性风险的贡献为两个不同条件下金融系统VaR之差,这两个

条件分别为机构处在财务困境状态和机构处在平均状态。机构 i 对机构 j 的风险贡献为

$$\Delta \text{CoVaR}_q^{j/i} = \text{CoVaR}_q^{j/i} - \text{CoVaR}_{50\%}^{j/i} \quad (4\text{-}46)$$

其中，$\text{CoVaR}_{50\%}^{j/i}$ 表示当机构 i 处于平均状态时机构 j 的条件 VaR。特别地，若 $j=$ 系统，可省略上标 j，即 CoVaR^i 表示金融机构 i 处于财务困境状态和处于平均状态分别对应的金融系统条件 VaR 之间的差额。因此，ΔCoVaR^i 度量了单个机构 i 对整个系统性风险的贡献。

4.4.3 MES 和 CoVaR 的理论比较

1. 建立统一分析框架

Brownlees 和 Engle（2011）建立了一个统一的系统性金融风险分析框架。假设市场收益率 $r_{m,t}$ 和公司收益率 $r_{i,t}$ 服从以下过程：

$$r_{m,t} = \sigma_{m,t} \varepsilon_{m,t} \quad (4\text{-}47)$$

$$r_{i,t} = \sigma_{i,t} \varepsilon_{i,t} = \sigma_{i,t} \rho_{i,t} \varepsilon_{m,t} + \sigma_{i,t} \sqrt{1-\rho_{i,t}^2} \zeta_{i,t} \quad (4\text{-}48)$$

$$v_t \triangleq (\varepsilon_{mt}, \xi_{it}) \sim F \quad (4\text{-}49)$$

模型中 $\{v_t\}$ 为独立同分布，$E(v_t)=0$，$E(v_t v_t')=I_2$，协方差为 0，但 $\varepsilon_{m,t}$ 和 $\zeta_{i,t}$ 不是相互独立的，F 是一个未指定具体形式的二变量分布。

在这个简单的框架下，当我们假设时变的相关系数能够完全地捕捉公司收益率与市场收益率之间的关系时，可以推导出 MES 和 CoVaR 的理论表达式，并从理论上比较这两种度量方法，说明二者的主要区别。

2. 系统性风险测量方法的理论比较

Benoit 等（2012）基于 Brownlees 和 Engle（2011）构建的系统性金融风险分析框架，对 MES 和 CoVaR 两种重要的度量方法做了理论推证和仔细比较。本段内容主要来自该文的分析框架和重要结论。根据式（4-47）～式（4-49），条件 MES 被表示为公司收益率的波动率、它与市场收益率之间的相关系数，以及收益率分布的尾部期望的函数，即有

$$\text{MES}_{i,t}(C) = \sigma_{i,t} \rho_{i,t} E_{t-1}\left(\varepsilon_{m,t} \mid \varepsilon_{m,t} < \frac{C}{\sigma_{m,t}}\right) + \sigma_{i,t}\sqrt{1-\rho_{i,t}^2} E_{t-1}\left(\zeta_{i,t} \mid \varepsilon_{m,t} < \frac{C}{\sigma_{m,t}}\right) \quad (4\text{-}50)$$

分两种情况考虑：若市场收益率与公司收益率之间仅存在线性关系，则条件期望 $E_{t-1}(\zeta_{i,t}|\varepsilon_{m,t}<C/\sigma_{m,t})$ 等于 0；若 $\varepsilon_{m,t}$ 和 $\zeta_{i,t}$ 之间存在非线性关系，则条件期望 $E_{t-1}(\zeta_{i,t}|\varepsilon_{m,t}<C/\sigma_{m,t})$ 不等于 0。这里，我们假设是前种情况，即时变的相关系数能完全捕捉到公司收益与市场收益之间的关系。

假设 1：随着时间的变化，标准化残差 $\varepsilon_{m,t}$ 和 $\zeta_{i,t}$ 是独立同分布，公式为

$$E(\varepsilon_{m,t}) = E(\zeta_{i,t}) = 0, \quad \text{Var}(\varepsilon_{m,t}) = \text{Var}(\zeta_{i,t}) = 1$$

引论 1：在假设 1 下，金融机构 i 的 MES［条件事件设为 $C=\text{VaR}_{m,t}(\alpha)$］等于市场的条件期望损失 ES 与该机构时变的 β 值的乘积，即有

$$\text{MES}_{i,t}(\alpha)=\beta_{i,t}\text{ES}_{m,t}(\alpha) \quad (4\text{-}51)$$

其中

$$\beta_{i,t}=\text{cov}(r_{i,t},r_{m,t})/\text{VaR}(r_{m,t})=\rho_{i,t}\sigma_{i,t}/\sigma_{m,t}, \quad \text{ES}_{m,t}(\alpha)=E_{t-1}(r_{m,t}|r_{m,t}<\text{VaR}_{m,t}(\alpha))$$

引论 1 表明：在假设 1 下，当市场收益处于分布的左尾时，公司收益的尾部期望与 beta 值（由 CAPM 模型决定）度量的系统风险严格地成比例，比例系数为市场的 ES。金融机构的收益对市场收益的变化越敏感，由 MES 度量的该机构的系统性风险贡献越大。

对于更广义的条件事件 $C\in R$，命题 1 的结论仍然成立：MES 与时变的 β 值成比例。但是，如果 $C\neq\text{VaR}_{m,t}(\alpha)$，比例系数则为 $E_{t-1}(r_{m,t}|r_{m,t}<C)$，而不再是市场期望损失 ES。

MES 还可以表示为公司的期望损失 ES 与相关系数 $\rho_{i,t}$ 的乘积，即有

$$\text{MES}_{i,t}=\rho_{i,t}\text{ES}_{i,t}(\alpha) \quad (4\text{-}52)$$

公司的期望损失 ES 越大，自身风险越高。因此，只有当金融机构的收益与市场相关时，高风险机构才是系统性的高风险机构。相比之下，如果一家金融机构自身风险（就其 ES 而言）不高，但它的收益与市场强相关，它也可能是系统性高风险机构。

类似地，在假设 1 下，ΔCoVaR 也可以表示成相关系数和波动率的函数。给定式（4-47）～式（4-49），我们得到以下结论。

引论 2：在假设 1 下，金融机构 i 的 ΔCoVaR 与市场收益率在公司收益率上的线性投影系数成比例，公式为

$$\Delta\text{CoVaR}_{i,t}(\alpha)=\gamma_{i,t}\cdot[\text{VaR}_{i,t}(\alpha)-\text{VaR}_{i,t}(0.5)] \quad (4\text{-}53)$$

其中

$$\gamma_{i,t}=\rho_{i,t}\sigma_{m,t}/\sigma_{i,t}$$

式（4-53）说明：若公司收益与市场收益相互独立，则 ΔCoVaR 为 0，金融机构 i 对系统的整体风险没有影响；若公司收益与市场收益完全正相关，则 ΔCoVaR 等于 $\sigma_{m,t}/\sigma_{i,t}\text{VaR}_{i,t}(\alpha)$；若相关系数等于 -1，则 ΔCoVaR 等于 $-\sigma_{m,t}/\sigma_{i,t}\text{VaR}_{i,t}(\alpha)$。

比较引论 1 和引论 2 的结果发现：MES 方法是基于公司的 β 值，即公司收益在市场收益上的线性投影系数；相反，ΔCoVaR 是基于市场收益在公司收益上的线性投影系数。这一差别非常重要，也正因为此，基于 MES 的任何一种系统性风险测量方法都与公司收益对市场收益的敏感度根本上相关；相比之下，基于 ΔCoVaR 的系统性风险测量方法捕捉了市场收益对公司收益变化的敏感度。尽管两者都用于测量系统性风险，但方法完全不同。

引论 3：若假设 1 成立，则有

$$\frac{\Delta\text{CoVaR}_{i,t}(\alpha)}{\text{MES}_{i,t}(\alpha)}=\frac{\text{VaR}_{i,t}(\alpha)-\text{VaR}_{i,t}(0.5)}{\sigma_{i,t}^2}\times\frac{\sigma_{m,t}^2}{\text{ES}_{m,t}(\alpha)} \quad (4\text{-}54)$$

观察方程（4-54），MES 和 ΔCoVaR 之比可表示为两项之积：第一项是公司特定的，第二项仅依赖于市场条件。因此，对不同的金融机构，这一比例不同。在 t 时刻，这一

比例依赖于公司收益的波动率和它的 VaR 。然而
$$\text{VaR}_{i,t}(\alpha)/\sigma_{i,t}^2 = F_i^{-1}(\alpha)/\sigma_{i,t}$$

所以，这一比例不仅依赖于波动率，还依赖于公司的收益边际分布的分位数。若两家公司收益的条件波动率相同，MES 与 ΔCoVaR 的比值也可能不同。

在现实中，假设 1 的条件太过理想。现在释放假设 1，对 MES 和 CoVaR 两种度量方法做实证比较，以下部分基于假设 2。

假设 2：若 $\varepsilon_{m,t}$ 和 $\zeta_{m,t}$ 不是独立分布，但满足：$\text{cov}(\varepsilon_{m,t},\zeta_{m,t})=0$，$\varepsilon_{m,t}$ 和 $\zeta_{i,t}$ 真实的边际分布和联合分布都未知。

3. 估计 MES

本节基于 Brownlees 和 Engle（2011）提出的 DCC-GARCH 模型来估计 MES。根据式（4-50），要计算 MES，需要估计波动率 $\sigma_{i,t}$，$\sigma_{m,t}$ 及相关系数 $\rho_{i,t}$，还要估计两个尾部期望 $E_{t-1}(\varepsilon_{m,t}|\varepsilon_{m,t}<C/\sigma_{m,t})$ 和 $E_{t-1}(\zeta_{i,t}|\varepsilon_{m,t}<C/\sigma_{m,t})$。为此，基于 TARCH 模型对动态的波动率建模，运用动态条件相关系数模型来估计公司收益与市场收益之间的相关系数，而用非参数核估计方法来计算尾部期望。

4. 估计 CoVaR

首先，使用分位数回归估计 CoVaR（Adrian and Brunnermeier，2011），进而估计 ΔCoVaR。定义条件事件
$$C(r_{i,t}): r_{i,t} = \text{VaR}_i(\alpha)$$

其中，$\text{VaR}_i(\alpha)$ 表示第 i 家银行的非条件在险价值。CoVaR 定义为
$$P_r\left(r_{m,t} \leqslant \text{CoVaR}^{m|\text{VaR}_i(\alpha)} | r_{i,t} = \text{VaR}_i(\alpha)\right) = \alpha$$

估计 α-分位数回归：$r_{m,t} = \mu_\alpha^i + \gamma_\alpha^i r_{i,t}$，得参数 $\hat{\mu}_\alpha^i$ 和 $\hat{\gamma}_\alpha^i$，即
$$\text{CoVaR}^{m|\text{VaR}_i(\alpha)} = \hat{\mu}_\alpha^i + \hat{\gamma}_\alpha^i \text{VaR}_i(\alpha)$$

为了与动态的 MES 进行比较，接下来计算动态的 CoVaR。重新定义条件事件：
$$C(r_{i,t}): r_{i,t} = \text{VaR}_{i,t}(\alpha)$$

其中，$\text{VaR}_{i,t}(\alpha)$ 表示第 i 家银行的条件在险价值。条件 $\text{VaR}_{i,t}(\alpha)$ 的计算式为
$$\text{VaR}_{i,t}(\alpha) = F_i^{-1}(\alpha)\hat{\sigma}_{i,t}$$

其中，$F_i(\cdot)$ 是标准化收益 $r_{i,t}/\sigma_{i,t}$ 的真实分布，实证分析时真实的 $F_i^{-1}(\alpha)$ 用 SPSS 软件计算得到，标准差使用的是计算 MES 时 TARCH 模型的估计结果。因此，条件 CoVaR 的估计式为
$$\text{CoVaR}_t^{m|\text{VaR}_{i,t}(\alpha)} = \hat{\mu}_\alpha^i + \hat{\gamma}_\alpha^i \hat{\text{VaR}}_{i,t}(\alpha) = \hat{\mu}_\alpha^i + \hat{\gamma}_\alpha^i \hat{\sigma}_{i,t} \hat{F}_i^{-1}(\alpha)$$

为了测度非线性关系对引论 2 的影响，我们比较基于分位数回归得到的 CoVaR 和基于 DCC 模型得到的 CoVaR。两种方法的估计式分别为
$$\Delta\text{CoVaR}_{i,t}(\alpha) = \hat{\gamma}_\alpha^i [\hat{\text{VaR}}_{i,t}(\alpha) - \hat{\text{VaR}}_{i,t}(0.5)]$$
$$\Delta\text{CoVaR}_{i,t}(\alpha) = \hat{\gamma}_{i,t} [\hat{\text{VaR}}_{i,t}(\alpha) - \hat{\text{VaR}}_{i,t}(0.5)]$$

其中，$\hat{\gamma}_{i,t}=\hat{\rho}_{i,t}\hat{\sigma}_{m,t}/\hat{\sigma}_{i,t}$。

4.4.4 MES 和 CoVaR 的实证比较

基于我国 14 家上市银行的收盘价数据，对两种方法做实证比较。样本区间选为 2007 年 10 月 7 日至 2012 年 5 月 31 日。本节中收益率 $r_{i,t}(i=1,2,\cdots,14)$ 均为对数收益率，定义为

$$\ln(P_t)-\ln(P_{t-1}),\qquad r_{m,t}=\sum_{i=1}^{14}\omega_i r_{i,t}$$

其中，$\omega_i(i=1,\cdots,14)$ 为每家银行的总资产占这 14 家银行的总资产的比重，为方便计算，选择沪深 300 银行指数收益率代替市场收益。数据来源于 Wind 数据库，处理数据用到的软件有 OxMetrics6.01[①]，Eviews6.0 及 SPSS16.0。

先根据 DCC-GARCH 计算每家银行的 MES，参照 Scaillet（2005），计算 MES 过程中确定窗宽 $h=T^{-1/5}=0.245\,036$，常数 C 定为市场收益率分布的 5%分位数，用 SPSS 计算得 $C=-0.039\,29$。

1. 比较 MES 和 β 值

在假设 2 的条件下，引论 1 不再成立。为了评估引论 1 的结论对尾部传染效应的敏感度，分三步对结果做出分析：对样本内 14 家银行做横截面分析；比较每家银行的 MES 和 β 值的时间趋势；基于估计的 MES 大小和 β 值对 14 家银行排序。

首先，比较每家银行的 MES 均值和 β 均值。均值计算公式分别为

$$\overline{\mathrm{MES}}_i(\alpha)=T^{-1}\sum_{t=1}^{T}|\mathrm{MES}_{i,t}(\alpha)|$$

$$\bar{\beta}_i=T^{-1}\sum_{t=1}^{T}\beta_{i,t}=T^{-1}\sum_{t=1}^{T}(\rho_{i,t}\sigma_{i,t}/\sigma_{m,t})$$

图 4-7 显示：MES 均值和 β 均值线性关系较强。即使命题 1 结论不再成立，但 OLS 估计的系数仍与市场的非条件 5%-ES 接近。

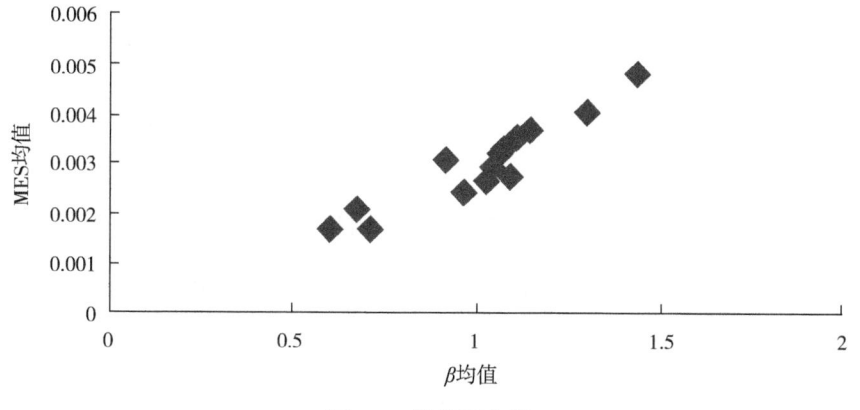

图 4-7 横截面分析

[①] OxMetrics6.01 软件主要用于估计收益率的动态条件相关系数即条件波动率。

横截面分析忽略了系统性风险的动态性,所以还要比较 MES 和 β 的时间趋势。为此,只对四家银行的情况进行比较,它们分别是:建设银行、浦发银行、招商银行和中国银行。图 4-8 画出了四家银行的 MES 和 β 的走势。从图 4-8 中可以看出,尽管 MES 和 β 的走势有些相似,但还是有较大差异,尤其是招商银行的差异十分明显。对这些差异有两点解释:首先,市场期望损失 ES 是时变的,所以 MES 和 β 之间的关系是时变的,这一点差异对每家银行都一样;其次,相关系数不能完全捕捉市场收益和公司收益之间的关系。

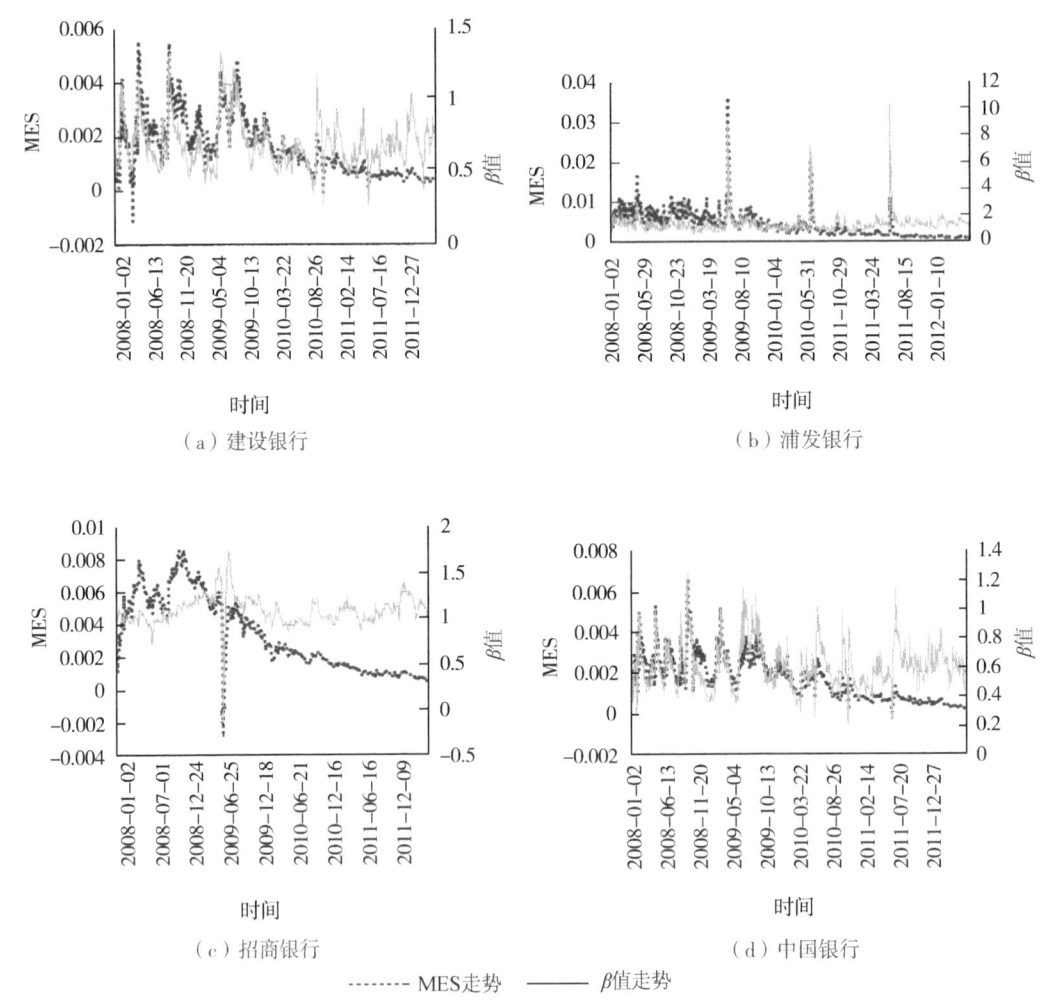

图 4-8 四家银行的 MES 值和 β 值走势

为了研究非线性关系的相对重要性,我们计算 MES 和市场的 ES 之比,称之为调整的 MES。根据 MES 的定义可得

$$\frac{\mathrm{MES}_{i,t}(\alpha)}{\mathrm{ES}_{m,t}(\alpha)} = \frac{\partial \mathrm{ES}_{m,t}(\alpha)}{\partial \omega_i} \frac{1}{\mathrm{ES}_{m,t}(\alpha)}$$

$$= \beta_{i,t} + \left(\frac{\sigma_{i,t}\sqrt{1-\rho_{i,t}^2}}{\mathrm{ES}_{m,t}(\alpha)} E_{t-1}\left(\zeta_{i,t} \mid \varepsilon_{m,t} < \frac{C}{\sigma_{m,t}} \right) \right)$$

ES 为

$$\mathrm{ES}_{m,t-1}(\alpha)=\sum_i \omega_i E_{t-1}[r_{i,t}|r_{m,t} \leqslant C]=\sum_i \omega_i \mathrm{MES}_{i,t-1}$$

上式表明：对每家银行，MES 与市场 ES 的比值和 β 值之间存在差异，主要是由收益之间的非线性关系引起。图 4-9 画出了前述四家银行调整的 MES 值和 β 值的走势。

（a）建设银行

（b）浦发银行

（c）招商银行

（d）中国银行

-------- MES 走势　——— β 值走势

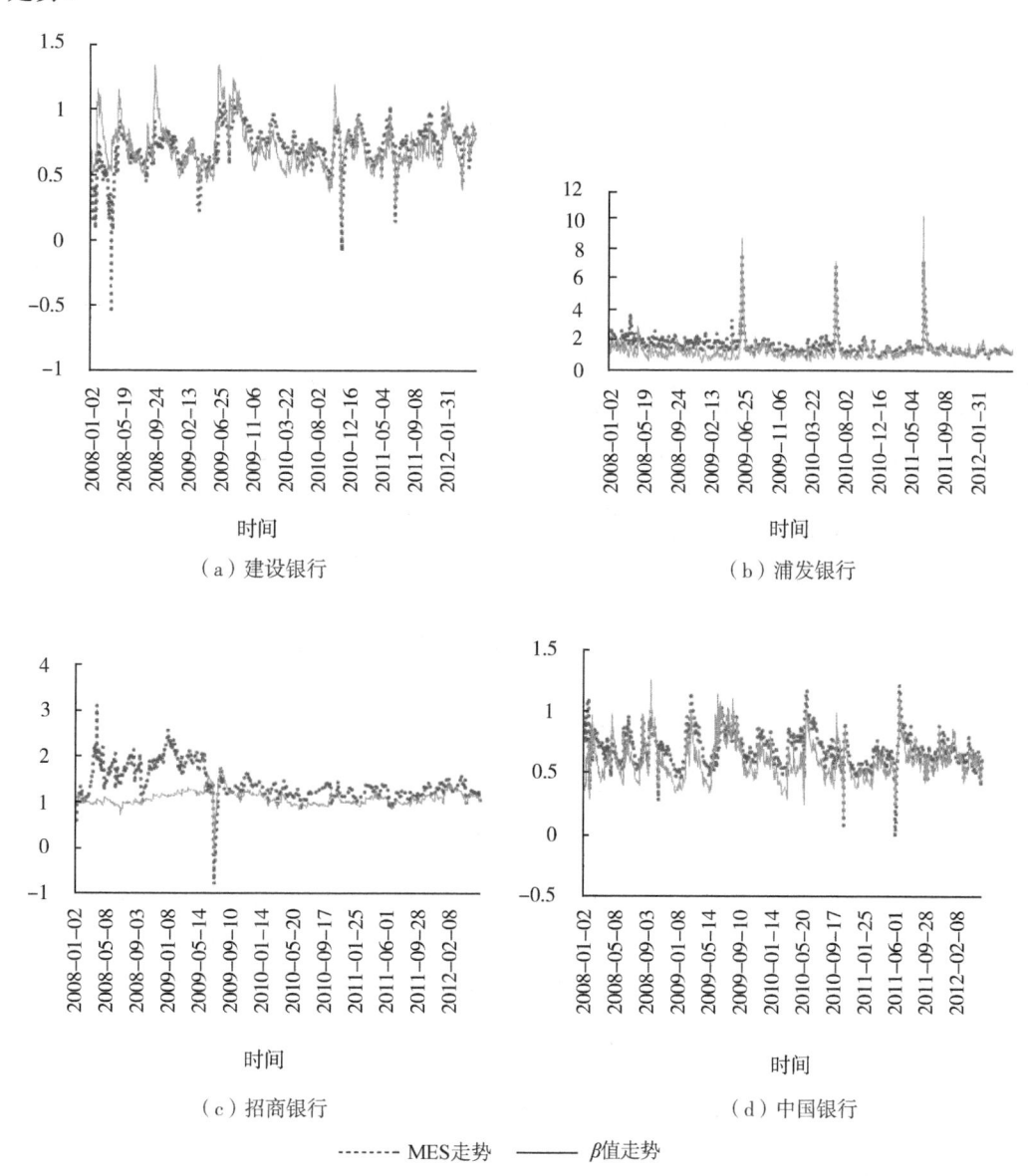

图 4-9　四家银行调整的 MES 值和 β 值走势

由图 4-9 可看出，调整的 MES 和 β 之间的差异减小，招商银行也是如此。因此，对每家银行而言，MES 近似等于时变的 β 和市场的条件 ES 之积，正如命题 1 的结论。

最后，基于系统性风险指标 MES 和银行自身 β 值分别对所有 14 家银行排序，如表 4-11 所示。

表 4-11 基于 MES 均值和 β 均值对 14 家上市银行排序

序号	银行	MES 均值	序号	银行	β 均值
1	兴业银行	0.004 803	1	兴业银行	1.434 993
2	浦发银行	0.004 033	2	浦发银行	1.302 223
3	华夏银行	0.003 669	3	华夏银行	1.144 806
4	深发展	0.003 535	4	深发展	1.105 665
5	招商银行	0.003 382	5	宁波银行	1.093 819
6	南京银行	0.003 172	6	招商银行	1.089 117
7	交通银行	0.003 043	7	南京银行	1.063 316
8	北京银行	0.002 928	8	北京银行	1.044 576
9	宁波银行	0.002 725	9	民生银行	1.021 096
10	民生银行	0.002 611	10	中信银行	0.964 995
11	中信银行	0.002 426	11	交通银行	0.916 428
12	工商银行	0.002 086	12	建设银行	0.712 929
13	建设银行	0.001 663	13	工商银行	0.670 056
14	中国银行	0.001 658	14	中国银行	0.604 507

由表 4-11 可知，大型国有商业银行的系统性风险贡献很小（如中国银行、建设银行），而较小的股份制商业银行的系统性风险贡献较大（如兴业银行、浦发银行）。

2. 比较 5%-分位数 ΔCoVaR 和 DCC-ΔCoVaR

分别运用分位数回归和 DCC 模型估计 ΔCoVaR，比较这两种结果以评估估计方法对结果的影响。

首先，对 14 家银行的 ΔCoVaR 做横截面分析。根据引论 2 可得

$$\overline{\Delta \text{CoVaR}_i} = \gamma_{i,t} \overline{\text{VaR}_i}$$

其中，$\overline{\Delta \text{CoVaR}_i} = T^{-1} \sum_{t=1}^{T} \Delta \text{CoVaR}_{i,t}(\alpha)$，$\overline{\text{VaR}_i} = T^{-1} \sum_{t=1}^{T} \text{VaR}_{i,t}(\alpha)$。

图 4-10 画出了比较结果，5%-分位数 $\overline{\Delta \text{CoVaR}_i}$ 和 $\overline{\text{VaR}_i}$ 粗略呈线性关系，DCC-$\overline{\Delta \text{CoVaR}_i}$ 和 $\overline{\text{VaR}_i}$ 之间几乎不见线性关系，而 5%-分位数 $\overline{\Delta \text{CoVaR}_i}$ 和 DCC-$\overline{\Delta \text{CoVaR}_i}$ 的区别仅在于前者的系数 γ_i 不随时间改变，后者系数 $\gamma_{i,t}$ 是时变的。这一横截面分析说明选择动态或静态框架影响系统性风险的度量。

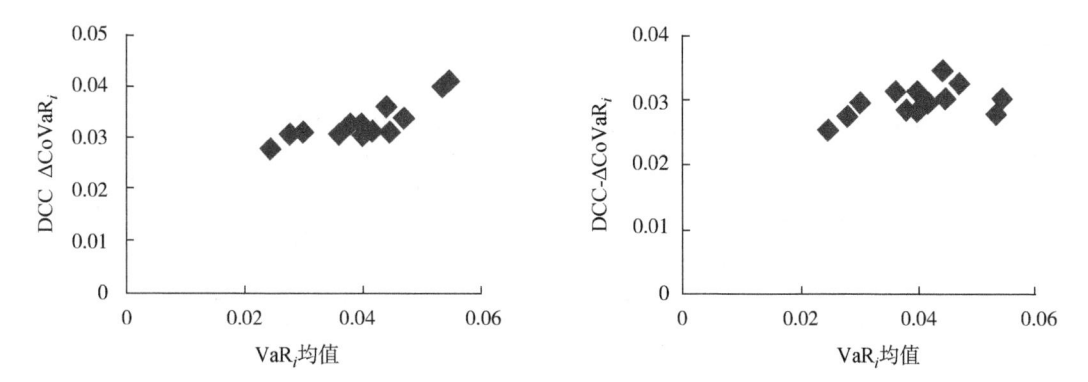

图 4-10　分位数回归和 DCC 模型估计 ΔCoVaR 对结果的影响

其次,比较 5%-分位数 ΔCoVaR 和 DCC-ΔCoVaR 的时间趋势。图 4-11 显示了比较结果,可以看出:尽管估计方法不同,但两种方法估计结果的走势比较相近,尤其招商银行极为明显。

(a) 建设银行

(b) 浦发银行

(c) 招商银行

(d) 中国银行

------- ΔCoVaR走势　——— DCC-CoVaR走势

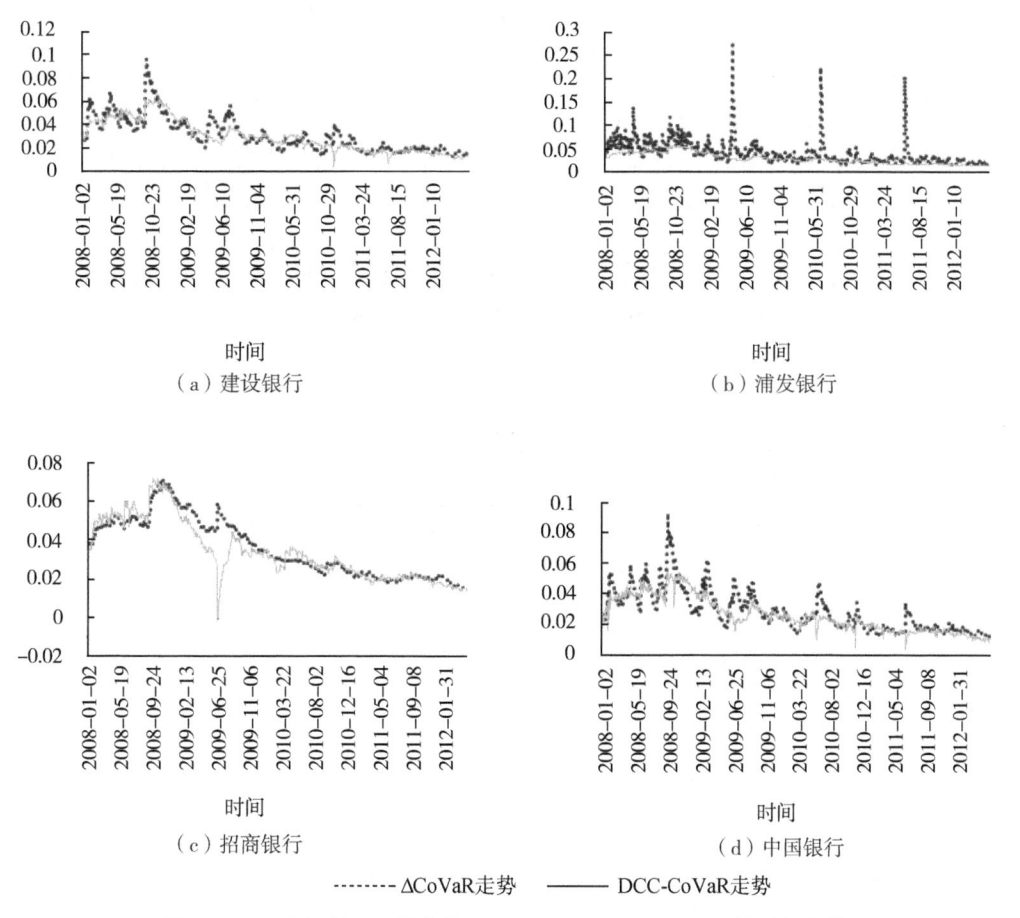

图 4-11　四家银行 5%-分位数 ΔCoVaR 和 DCC-ΔCoVaR 的时间走势

因为 ΔCoVaR 是负数,为方便比较,取其相反数

最后,基于 5%-分位数 ΔCoVaR 和 DCC-ΔCoVaR 对我国 14 家上市银行的系统性风险

进行排序，如表 4-12 所示。

表 4-12　基于 5%-分位数 ΔCoVaR 和 DCC-ΔCoVaR 对 14 家上市银行排序

序号	银行	MES 均值	序号	银行	5%-分位数 ΔCoVaR	序号	银行	DCC-ΔCoVaR
1	兴业银行	0.004 803	1	兴业银行	0.040 885 6	1	招商银行	0.034 481 185
2	浦发银行	0.004 033	2	浦发银行	0.039 801 5	2	华夏银行	0.032 541 006
3	华夏银行	0.003 669	3	招商银行	0.036 203 1	3	交通银行	0.031 409 314
4	深发展	0.003 535	4	华夏银行	0.033 733 7	4	北京银行	0.031 197 636
5	招商银行	0.003 382	5	南京银行	0.032 777 8	5	中信银行	0.031 062 600
6	南京银行	0.003 172	6	民生银行	0.032 777 7	6	兴业银行	0.030 351 909
7	交通银行	0.003 043	7	中信银行	0.031 504 7	7	深发展	0.030 132 569
8	北京银行	0.002 928	8	宁波银行	0.031 249 7	8	建设银行	0.029 489 068
9	宁波银行	0.002 725	9	建设银行	0.030 994 1	9	宁波银行	0.029 431 157
10	民生银行	0.002 611	10	深发展	0.030 991 2	10	民生银行	0.028 380 445
11	中信银行	0.002 426	11	交通银行	0.030 889 5	11	南京银行	0.028 176 169
12	工商银行	0.002 086	12	工商银行	0.030 716 8	12	浦发银行	0.027 780 598
13	建设银行	0.001 663	13	北京银行	0.030 409 9	13	工商银行	0.027 502 771
14	中国银行	0.001 658	14	中国银行	0.027 904 3	14	中国银行	0.025 468 263

由表 4-12 可以看出，分位数回归估计的系统性风险与 DCC 模型估计的结果差异较大，同时说明了估计方法的选择对系统性风险度量的重要性。

3. 比较 MES 和 CoVaR

根据引论 3，在假设 1 的条件下，MES 和 ΔCoVaR 存在关系

$$\frac{\Delta \text{CoVaR}_{i,t}(\alpha)}{\text{MES}_{i,t}(\alpha)} = \frac{[\text{VaR}_{i,t}(\alpha) - \text{VaR}_{i,t}(0.5)]}{\sigma_{i,t}^2} \times \frac{\sigma_{m,t}^2}{\text{ES}_{m,t}(\alpha)}$$

图 4-12 显示，两种方法估计结果的时间趋势比较相似，尤其是浦发银行趋势非常接近。

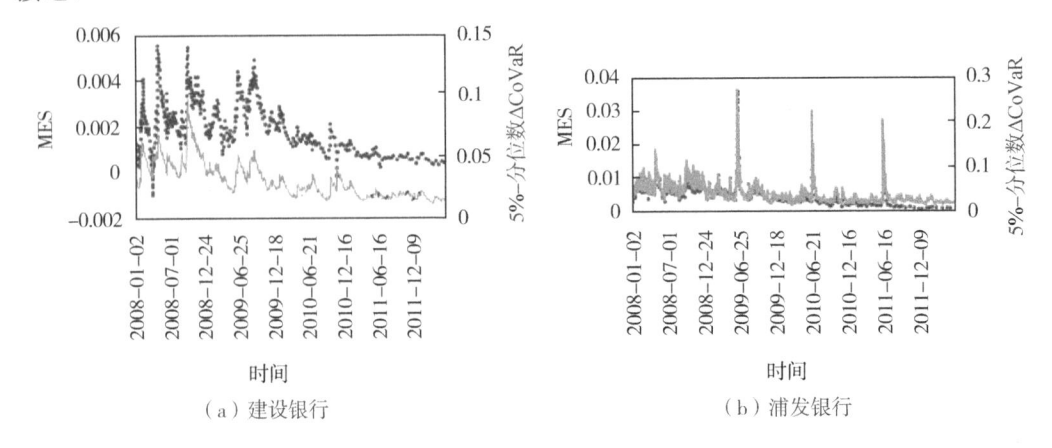

（a）建设银行

（b）浦发银行

(c)招商银行　　　　　　　　　　　(d)中国银行

-------- MES走势　　　——— 5%分位数ΔCoVaR走势

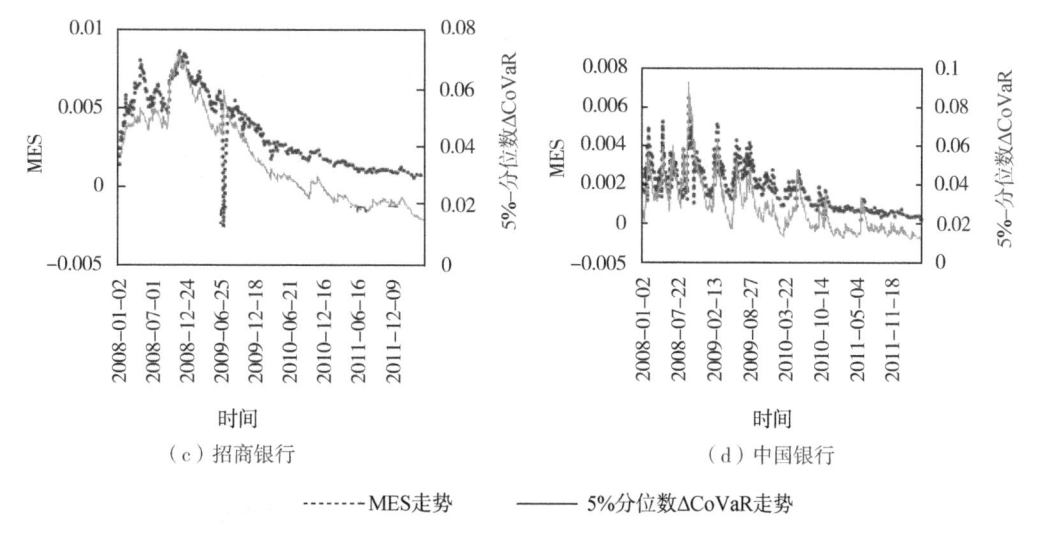

图 4-12　四家银行比较 MES 和 ΔCoVaR 的时间态势

再将 MES 和 ΔCoVaR 两种方法标准化，并比较均值看能否发现系统性风险的差异。计算公式为

$$\widetilde{\mathrm{MES}}_i(\alpha)=\frac{1}{T}\sum_{t=1}^{T}\frac{\sigma_{m,t}^2 \mathrm{MES}_{i,t}(\alpha)}{\mathrm{ES}_{m,t}(\alpha)}, \quad \widetilde{\Delta\mathrm{CoVaR}}_i(\alpha)=\frac{1}{T}\sum_{t=1}^{T}\frac{\sigma_{i,t}^2 \Delta\mathrm{CoVaR}_{i,t}(\alpha)}{[\mathrm{VaR}_{i,t}(\alpha)-\mathrm{VaR}_{i,t}(0.5)]}$$

比较结果如图 4-13 所示，从图 4-13 中可以看出，只有标准化的 DCC-ΔCoVaR 均值和标准化的 MES 均值之间关系比较稳定。

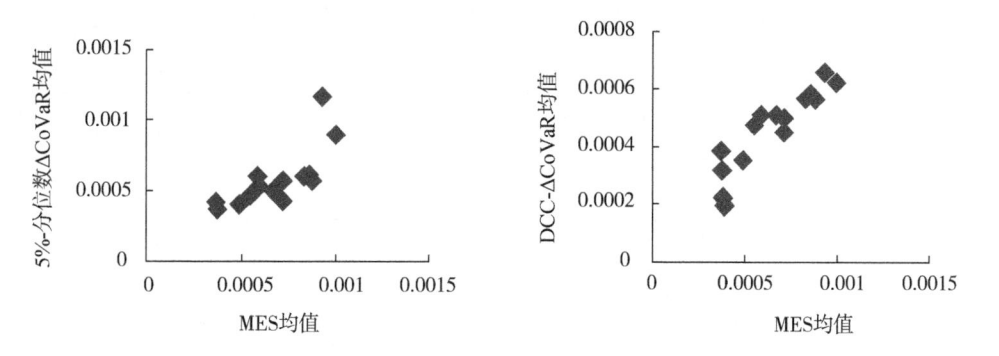

图 4-13　标准化的 DCC-ΔCoVaR 均值和 MES 均值之间关系

4.4.5　基本结论

边际期望损失和条件在险价值都是度量系统性风险的流行方法。本节从理论和实证两个层面比较这两种方法，旨在探讨它们的联系，并研究它们与传统风险度量方法 ES 和 VaR 的关系，而非评判方法的优劣。当假设"时变的相关系数能够完全捕捉机构收益与市场收益之间的关系"成立时，MES 等于市场的条件 ES 和 β 值的乘积；金融机构的 ΔCoVaR 与该机构的条件 VaR 严格成比例，比例系数为市场收益在机构收益上的线性投

影系数；经过一定的标准化处理之后，MES 和 ΔCoVaR 关系更加紧密。

另外，为验证这些结论，本节基于我国 14 家上市银行的收盘价数据对两种方法做了实证比较。结果发现：尽管放松假设条件，MES 和 β 之间线性关系仍然很强；横截面分析和排序都说明分位数回归和 DCC 模型估计的 ΔCoVaR 差异明显，说明估计方法影响系统性风险的度量结果；标准化的 DCC-ΔCoVaR 均值和标准化的 MES 均值之间关系比较稳定。

4.5 产业安全工程风险测度（Ⅲ）——不同行业系统性风险测定

4.5.1 行业分类与样本选取

Brownlees 和 Engel(2011)提出用 DCC-GARCH 模型计算金融机构的边际期望损失，以此来度量单个金融机构的系统性风险贡献度。作为应用拓展和推广，我们把中国股票市场看成一个系统，按照中国证券监督管理委员会（简称证监会）的行业分类，将该系统分成 23 个部分，运用 MES 方法度量每个行业的系统性风险贡献度。中国的行业分类如表 4-13 所示。样本选自中国上海证券交易所行业指数 2001 年 4 月 2 日至 2013 年 1 月 18 日的收盘价数据。

表 4-13　中国证监会的行业分类

编号	名称	编号	名称
1	农林牧渔（证监会）指数	13	综合行业（证监会）指数
2	采掘行业（证监会）指数	14	食品饮料（证监会）指数
3	制造行业（证监会）指数	15	纺织服装（证监会）指数
4	公用事业（证监会）指数	16	木材家具（证监会）指数
5	建筑行业（证监会）指数	17	造纸印刷（证监会）指数
6	交运仓储（证监会）指数	18	石油化工（证监会）指数
7	信息技术（证监会）指数	19	电子行业（证监会）指数
8	商业贸易（证监会）指数	20	金属非金属（证监会）指数
9	金融服务（证监会）指数	21	机械设备（证监会）指数
10	房地产（证监会）指数	22	医药生物（证监会）指数
11	社会服务（证监会）指数	23	其他制造业（证监会）指数
12	文化传播（证监会）指数		

4.5.2 行业系统性风险实证度量

我们选取证监会行业指数 2001 年 4 月 2 日至 2013 年 1 月 18 日的收盘价数据作为样本，按照上述方法和模型来计算行业 MES，用以度量每个行业对系统性风险的贡献度。理论上，市场指数收益率 $r_{m,t} = \sum_{i=1}^{23} \omega_i r_{i,t}$，其中 $\omega_i (i=1,2,\cdots,23)$ 为每个行业所有公司的总资产占这整个股票市场总资产的比重。由于 $\omega_i (i=1,2,\cdots,23)$ 是时变的，计算不便，所以使用上证指数收益率替代 $r_{m,t}$。数据来源于 Wind 数据库，使用 OxMetrics6.01[①]处理数据。

首先，检验样本序列 $r_{i,t} (i=1,2,\cdots,23)$ 的平稳性。单位根检验结果表明，在 95%的置信水平下，23 个行业指数的收益率数据均拒绝了单位根原假设，即收益率序列均是平稳的。

参照 Scaillet（2005），因为 $E(v_t v_t') = I_2$，所以在计算 MES 过程中确定窗宽 $h = T^{-1/5} = 0.20356$；常数 C 定为市场收益率分布的 5%分位数[②]，用 SPSS 软件计算得：$C = -0.02657$。

表 4-14　美国金融危机前、中、后基于 MES 对我国 23 个行业排名

序号	行业名称	MES 均值（2002.5.8～2007.12.28）	序号	行业名称	MES 均值（2008.1.2～2008.12.31）	序号	行业名称	MES 均值（2009.1.5～2013.1.18）
1	采掘行业	0.000 735	1	采掘行业	0.003 674	1	金属非金属	0.002 401
2	交运仓储	0.000 621	2	金属非金属	0.003 535	2	采掘行业	0.002 304
3	金属非金属	0.000 443	3	交运仓储	0.003 308	3	房地产	0.002 13
4	金融服务	0.000 312	4	房地产	0.003 302	4	机械设备	0.002 04
5	机械设备	0.000 165	5	金融服务	0.003 252	5	商业贸易	0.001 994
6	公用事业	0.000 11	6	机械设备	0.002 834	6	木材家具	0.001 993
7	房地产	0.000 787	7	社会服务	0.002 788	7	交运仓储	0.001 985
8	商业贸易	0.000 407	8	商业贸易	0.002 782	8	石油化工	0.001 952
9	食品饮料	−0.000 511	9	文化传播	0.002 641	9	综合行业	0.001 883
10	制造行业	−0.000 35	10	木材家具	0.002 59	10	社会服务	0.001 839
11	石油化工	−0.000 55	11	建筑行业	0.002 498	11	制造行业	0.001 837
12	社会服务	−0.000 13	12	食品饮料	0.002 488	12	文化传播	0.001 81
13	医药生物	−0.000 17	13	制造行业	0.002 439	13	其他制造业	0.001 727

---

① 用 OxMetrics6.01 软件计算波动率和动态相关系数。
② 即市场表现最差的 5%状况下收益率的临界值。

续表

序号	行业名称	MES 均值（2002.5.8~2007.12.28）	序号	行业名称	MES 均值（2008.1.2~2008.12.31）	序号	行业名称	MES 均值（2009.1.5~2013.1.18）
14	文化传播	−0.000 19	14	综合行业	0.002 394	14	金融服务	0.001 72
15	综合行业	−0.000 2	15	造纸印刷	0.002 387	15	纺织服装	0.001 707
16	建筑行业	−0.000 25	16	其他制造业	0.002 311	16	造纸印刷	0.001 692
17	造纸印刷	−0.000 29	17	石油化工	0.002 278	17	信息技术	0.001 68
18	信息技术	−0.000 32	18	纺织服装	0.002 243	18	电子行业	0.001 678
19	木材家具	−0.000 34	19	医药生物	0.002 229	19	建筑行业	0.001 675
20	电子行业	−0.000 35	20	信息技术	0.002 213	20	食品饮料	0.001 636
21	纺织服装	−0.000 41	21	公用事业	0.002 179	21	医药生物	0.001 591
22	农林牧渔	−0.000 62	22	电子行业	0.002 027	22	公用事业	0.001 491
23	其他制造业	−0.000 65	23	农林牧渔	0.001 695	23	农林牧渔	0.001 462

4.6 产业安全工程风险诊断——以金融业系统性风险为例

由 4.3 节和 4.4 节分析可知，各个商业银行对系统性风险的贡献度差异较大，在一定程度上还与选择哪种度量方法有关。研究表明，系统性风险的成因十分复杂。国内学者张晓朴（2010）在前人研究的基础上做了总结，认为系统性风险的成因主要包括五个方面：金融市场存在的根本缺陷、金融机构和金融体系的内在脆弱性、金融监管放松和难度加大、宏观经济周期和调控政策失误、市场主体的非理性。陈华和伍志文（2004）、张筱峰等（2008）对金融体系脆弱性的影响因素做了分析，综合他们的观点，影响金融体系脆弱性的因素可能有：宏观经济变量（信贷额/GDP、通货膨胀率、经常项目/GDP、GDP 增长率、财政赤字占 GDP 的比重、股市市盈率），金融市场变量（一年期存款利率、M2 增长率、间接融资比例、集中度和贷款增长率），微观变量（不良贷款率、资产利润率、资本充足率、净资产收益率、存贷比等财务指标）。

本节借鉴专家学者的研究成果，结合我国的实际情况，考虑数据的可获得性，选取了四个财务指标和一个宏观经济指标，探究它们对金融业银行系统性风险贡献度的影响评价与诊断。选取样本区间为 2008Q1~2012Q1，数据来源于 Wind 数据库，使用 Eviews6.0 软件来处理数据。我们建立如下面板回归计量模型：

$$\text{MES}_{i,t} = \alpha + \beta_1 \text{roa}_{i,t-1} + \beta_2 \text{npl}_{i,t-1} + \beta_3 \text{lnasset}_{i,t-1} + \beta_4 \text{leverage}_{i,t-1} + \beta_5 g\text{GDP}_{i,t-1} + \lambda_i + v_{i,t}$$

其中，MES度量银行系统性风险贡献度，因为部分财务指标只有季度数据，所以对MES取季度均值；roa为总资产收益率，表示银行的盈利能力；npl为不良贷款率，反映贷款违约风险；lnasset为总资产对数值，表示银行规模；leverage为权益比资产；gGDP表示GDP的增长率指标；λ_i和$v_{i,t}$为误差项。

通过Hausman检验发现，不能拒绝随机效应的原假设，遂建立随机效应面板回归模型，实证结果如表4-15所示。

表4-15 面板回归估计结果

Hausman 检验	检验概述	Chi-Sq. Statistic	Chi-Sq. d.f.	Prob.
		0.000 0	5	1.000 0
变量	系数	Std. Error	t 值	Prob.
C	2.219 2	0.056 2	39.522 2	0.000 0
roa（-1）	0.078 4	0.024 5	3.194 6	0.001 4
npl（-1）	0.106 3	0.003 6	29.480 5	0.000 0
lnasset（-1）	-0.061 2	0.001 8	-33.323 9	0.000 0
leverage（-1）	-0.031 2	0.001 6	-19.047 5	0.000 0
gGDP（-1）	-0.017 5	0.001 7	-10.486 2	0.000 0

由表4-15可知，在5%的显著性水平下，银行的总资产对数值和杠杆率的一阶滞后项统计显著，说明商业银行的规模和杠杆率与系统性风险贡献度均存在负相关关系。因此，金融监管部门对规模小、杠杆率低的银行的系统性风险要特别关注。另外，不良贷款率的一阶滞后项与系统性风险贡献度存在显著正相关关系，说明不良贷款率越高，系统性风险贡献越大。总资产收益率也与系统性风险贡献度正相关，收益率越高，银行的系统性风险贡献度越大。这些结果都表明，高风险的银行系统性风险贡献度也较大。因为，通常我们认为：杠杆率低、不良贷款率高的银行风险较大；高收益必然要承担高风险。实证结果还表明，宏观经济变量GDP增长率与MES表示的系统性风险贡献度显著负相关，经济环境好时，银行业系统性风险低。

上述基于Achaya，Engle等的研究方法，运用股票收盘价数据测量了我国14家上市银行的系统性风险贡献度。实证研究发现：2008年1月至2008年12月，我国上市银行系统性风险明显高于平常时期，MES方法度量的结果比较符合实际情况。无论是美国金融危机期间和危机之后，大型国有商业银行的系统性风险贡献度都很小，规模较小的股份制商业银行（如浦发银行、兴业银行）对系统性风险贡献度相对较大。在系统性风险贡献度的影响因素分析时，更是得出"商业银行的规模和杠杆率都与系统性风险贡献度存在负相关关系"的结论。因此，我们认为，金融监管部门需要对规模小、杠杆率低的银行的系统性风险特别关注。此外，实证研究还发现：高风险的银行系统性风险贡献度也较大；经济环境好时，银行业系统性风险低。可见，银行业系统性风险的影响机理较为复杂，亟须深入研究。

4.7 产业安全风险传导——以金融业系统性风险为例

由于世界经济一体化趋势日渐明显,产业安全的风险来源不仅来自国内,还来自国外,影响机理十分复杂,对其传导机制的研究必须秉持一种开放的、宏观与微观结合的视角进行。本节仍以金融系统性风险的传导为例,对其研究路径和进展进行概要陈述。

一般的,广义的系统性风险是指宏观经济冲击或不可抗力事件发生对银行、金融体系以至整个经济部门产生负效应,从而导致金融系统瘫痪,使得金融部门不能有效地融通资金;狭义的系统性风险则强调金融体系中个别单元的负外部性对整个系统功能的影响。其中,"冲击"和"传染"是系统性风险的两大特征,这种特征既存在于经济部门对金融体系的影响,也存在于金融系统的内部,同时,还存在于国际间市场的联动。系统性风险的共同冲击源于宏观经济环境的变化,包括商品市场冲击、外汇市场冲击、货币市场冲击和资本市场冲击;系统性风险的金融机构间传染是基于微观个体的相互联系以及行为。具体形成过程如图4-14所示。

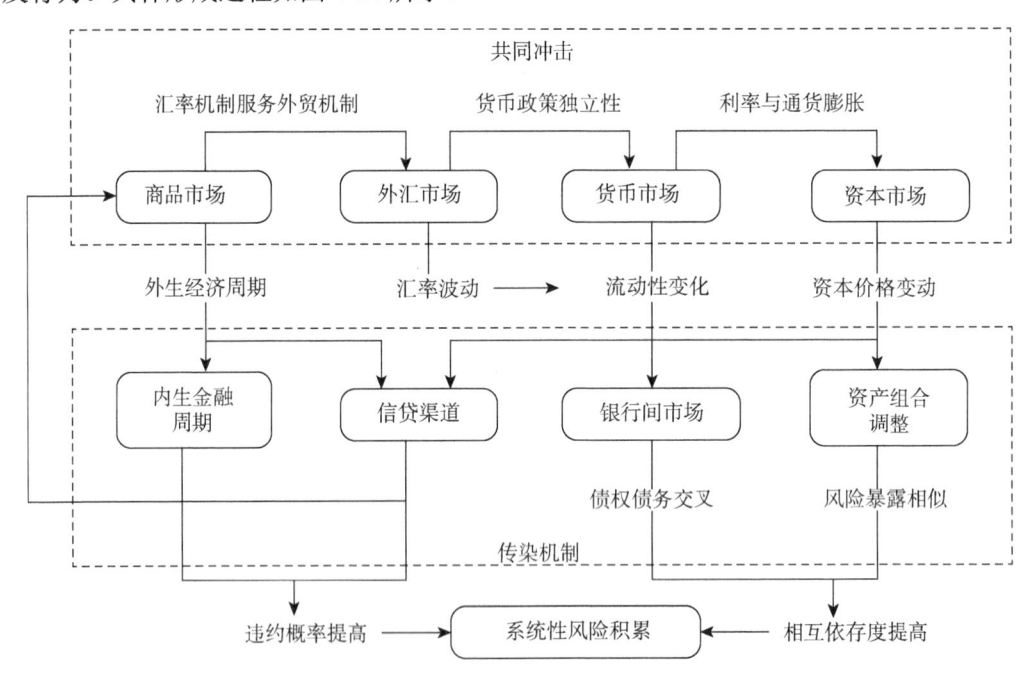

图4-14 开放经济下金融系统性风险形成机制结构框

有相当多的文献从不同角度进行了冲击和传染研究。

首先,金融机构间的紧密联系以及信息不对称使风险更容易在金融机构之间传染,并在传染过程中放大风险。Freixas 等基于银行间市场构建了系统性风险的传染模型。Castiglionesi 运用信息不对称理论,认为银行利用与存款人间的信息不对称,进行高收益、高风险的信贷投资,最终可能损害存款人的利益,加大了风险溢出;Acharya(2009)运用多期模型进行的研究发现,由于信息搜集的成本和便利性,银行初期会倾向于投资类似的风险资产,这种高度相关性增加了系统性风险,同时,单个银行倒闭会影响其他银行的存续。一方面存款的部分转移使存续银行市场份额扩张；另一方面存款的减少使市场出清利率上升，恶化了存续银行的盈利能力。银行的投资偏好取决于两种效应的净作用，而有限责任制更促使银行出现逆向选择，因此，会出现集体性风险转移的现象发生，大大增加倒闭概率，从而导致系统性风险爆发。Uhlig（2010）强调，在资产证券化过程中产生的信息不对称和逆向选择是 2008 年金融危机的原因之一。

其次，Eichengreen 等（1996）运用 Probit 模型进行了金融危机的风险传染概率估计，得出了经济方面具有紧密联系的国家更容易发生金融危机的风险传染这一结论。Nicolo 和 Kwast（2002）通过研究美国大型复杂金融机构（LCBOs）的股价相关性，指出金融融合和机构为增加市场份额而展开的并购会增加系统单元的相互依存度，从而埋下系统性金融风险爆发的隐患。Bae 等运用多项式 Logit 模型估计了金融危机的风险传染概率，发现在拉美地区风险传染效应比在亚洲更加严重。Lehar（2005）用三大指标来研究银行系统性风险的传导，即资产的相关度、资产波动性、银行经营权的资本化价值，并用蒙特卡罗方法模拟多家银行的资产波动，构建基于资产系统风险指数（SIV）以及基于银行数量的系统风险指数（SIN），发现欧洲银行的资产组合相关度最低，而其他地区诸如拉丁美洲、大洋洲、亚洲等相关度异常高，并且，亚洲金融危机后除日本以外其他地区的系统风险均上升，银行的规模越大越是倾向于持有关联度较高的资产组合。Tai（2004）用 GARCH 模型计算了亚洲金融危机期间泰国、日本和美国的股价回报率相关度，证实金融危机期间地区间传染会增加。Simpson 和 Evans（2005）研究了伦敦、纽约和东京的银行间利率的协整关系，认为三大银行间市场的贷款利率的相互关系可能引发系统性风险。Baur 和 Schulze（2005）采用分位数回归模型计算了亚洲股票市场指数的条件超额回报和超额损失，发现风险传染程度取决于指数回报的波动率，且超额损失的波动率远高于超额回报。Brailsford 等（2006）基于 GARCH-M 模型计算了中国内地、香港和台湾三地银行业风险回报率的相关度，由此反映银行间的风险传染，发现台湾与香港银行业的风险联动密切，且大银行风险对于中小型银行有很强的外溢性。Iori 等（2006）对银行间债权债务矩阵模型进行了仿真模拟，力图反映在外生冲击和系统内传染的多阶段银行失败情况。Adrian 和 Brunnermeier（2009）采用分位数回归方法计算了美国各大金融机构资产市场价值的 CoVaR，指出次贷危机中外部事件会在各金融机构间传染，而监管模式的缺陷直接导致了金融危机的蔓延。郭晨（2010）发现，中国银行体系内部风险会相互传染，同时，还受境外银行同业和货币政策的影响，金融体系间的外溢效应十分显著。

此外，近年来学术界在如下资产价格变动传导系统性金融风险的三种途径方面逐渐取得共识，温博慧和柳欣（2009）对此进行了总结。

1. 资产价格波动通过抵押品价值-信贷渠道影响金融系统性风险

银行的抵押贷款是企业为项目进行融资的传统方式，也是主要方式之一。抵押品价值-信贷渠道是指资产价格波动通过影响抵押物价值进而直接影响金融体系中的信贷量。具体表现为：资产价格上升使所对应的可供抵押的资产价值上升，提高了借款者获取银行贷款的能力。如果存在盈利空间，借款人会增加对贷款的需求，从而扩大了银行资产暴露于风险的比重，为金融系统性风险的发生埋下隐患。而当资产价格转而下跌时，借款人可供抵押的资产价值下降，导致其获取信贷的能力下降，减少投资，银行贷款进一步减少。当抵押物价值下跌幅度较大，借款人甚至可以放弃抵押物而违约时，各部门的损失可能性将大范围的传导开来。

Kiyotaki 和 Moore（2002）认为资产的抵押价格与其市场价格紧密相关，市场价格在很大程度上代表了抵押价格，并证明了受信用约束的企业对资产的需求是资产价格的增函数，从而满足上述传导机制。Bernanke 等（1996）认为资产价格越高，借款企业的资产负债表中资产与负债的价值越高，状况越好，越容易以较低的利率成本获得贷款；而如果资产价格下跌，则由于借款企业的资产负债状况不佳，借款企业将面临很高的筹资成本，甚至难以获得贷款。这也是从资产负债表渠道进行的最简单的分析。借助资产负债表渠道的分析思想，即使是完全采用信用贷款的企业，同样也会经历资产价格越高，资产负债表状况越好，信用等级越高，越容易获得较多贷款的事实。从而在资产价格高涨阶段为金融系统性风险的发生埋下隐患。同样，如果资产价格下跌，则资产负债状况不佳，信用等级下降，信贷紧缩，导致金融系统性风险的发生与扩散。Brunnermeier 和 Pedersen（2007）指出抵押品价格波动对信贷的影响在次贷危机的传导中十分鲜明。

可见，资产价格波动可以经由抵押品价值-信贷渠道传导金融系统性风险。

2. 资产价格波动通过资本金-信贷渠道影响金融系统性风险

资本金这一变量并非专属于银行部门，企业运营也需要资本金作为支撑，甚至在投资一个项目时，即使使用抵押贷款也需要一定比重的资本金作为支撑。关于资产价格波动通过资本金-信贷渠道影响金融系统性风险的研究成果，可以分为对企业资本金影响的研究，对银行资本金影响的研究，以及将企业资本金和银行资本金变化相融合的研究三方面。

多数研究以企业净资产作为企业资本金的替代变量。资产价格下跌会使企业净资产价值减少，引发债权人对债务的追偿。在信贷约束下，受冲击的企业会被迫削减开支，包括削减对资产的投资。低投资导致低收入、低资本金和进一步的低投资。Kiyotaki 和 Moore（2002）认为，资产价格的下跌不仅影响当期受信用约束企业的净资产价值，而且还会因资产收益流量的减少使企业期初发行在外的债务存量相对于收益流量更大，产生杠杆效应而加速影响其以后各期的净资产价值。虽然这一研究没有过多论及无信用约束企业的问题，但实际上其中依然存在着资本金-信贷渠道的传导。因为净资产价值也是企业信用评级的重要变量，它的改变意味着企业资信等级的变化。Kiyotaki 和 Moore（2002）以资产价格为核心，强调企业净资产价值相应发生变动的传导过程，是此方面研究的典范。而遗憾的是，虽然论述中提到所研究的企业可以被替换为银行，但在其后续研究中并没有进行实际替换后的专门研究，焦点还是企业，进而产出，再进而金融体系，没有将金融体系作为核心进行研究。Von Peter（2004）从银行资本金变动的角度分析认为，资产价格下跌会使企业经历一个未预期到的资产出售时的损失，并通过负向财富效应使支出减少，从而消费物价水平下降。物价水平的下降会使固定的名义债务发生违约，并在企业间传递。当贷款损失较多时，银行资本金就会受到蚕食，从而在资本金约束之下引起整个系统的反馈,即信贷紧缩,资产价格进一步下跌,贷款利率升高,使在资产价格高涨时期埋下的损失的可能性变为现实。Von Peter(2004)成功地基于银行资本金变动解释了资产价格波动对金融系统性风险的传导,但缺陷在于没有将企业净资产价值的变动与银行资本金的变动相结合,而且其研究的资产价格系固定资产价格与消费物价水平。在现代金融体系中,金融资产价格波动较前两者的波动更值得关注和研究。

Shin(2006)在分析中既探讨了资产价格变动对企业资本金的影响,也探讨了其对银行资本金的影响。在 Shin(2006)的研究中以房地产作为唯一的资产,认为一旦房地产价格下跌,借款人和银行的净资产价值都会随之下跌,违约的产生也会侵蚀银行的资本金存量。当银行资本金存量触及资本充足约束时,更会加剧贷款收缩,从而金融系统性风险不仅会继续蔓延而且还会加剧损失的实现。但其对借款人简化过度,更侧重的还是银行资本金的变动。在 Chen(2001)的家庭、企业、银行三部门动态一般均衡模型中,通过银行资本金和企业资本金的变动,资产价格和银行信贷间存在一个相互作用的机制。其通过企业资本金与银行资本金之比,巧妙地将银行资本金和企业资本金的相互作用体现出来。

3. 资产价格波动通过流动性-信贷渠道影响金融系统性风险

基于这一传导机制的早期研究主要以 Alen 和 Gale 为代表。Allen 和 Gale(2000)认为,若银行为了满足存款者的流动性需求而试图出售他们所持有的风险资产,贷款量自然会缩减,并导致资产价格的进一步下跌,从而加剧金融系统性风险的蔓延。Holmstrom 和 Tirole(1998)认为,在逐日盯市制度下,投资者的保证金账户余额受资产价格波动的影响很大。以多头投资者为例,当资产价格大幅上扬时投资者保证金账户余额增加,并可提取进行投资,从而投资增加;而一旦价格下跌,增加了的市场投资额导致需要追加更多保证金,于是市场流动性紧张,违约和进一步出售资产的情况发生,银行信贷紧缩,金融系统性风险传染开来。随后,Pavlova 和 Rigobon(2008)提出,由商品的相对价格变化和金融资产价格变化引起的财富的再分配会改变市场上的流动性状态,进而造成银行贷款分布的变化,从而对原有贷款分配格局形成冲击,导致一国国内甚至国际间的系统性风险的传染,并且整个传导的反馈过程在正反馈作用机制下会呈扩大化趋势。Shin(2006)还对"多米诺骨牌效应"和"价格效应"进行了区分,认为"多米诺骨牌效应"指冲击在金融部门间通过支付系统或层叠的违约传染,但"价格效应"甚至可以在没有资产负债表或支付联系时传导冲击,并对系统内的所有参与者同时产生影响。

上述研究从多个视角对金融危机或风险传导的探讨十分有益,但现存的研究大多是基于静态模型的,其相依性在时间维度上是不变的,或假设某时间段内相依性是保持不变的。这种静态性决定它们不适合描述开放进程中的中国金融市场和国际金融市场间的风险传染与溢出效应,不能反映开放过程中的结构性变化。下面就本节研究即将选用的时变 Copula 函数模型相关文献进展进行概述。

Copula 理论作为多元分析和结构相关性研究的热门理论,在近几年来受到广泛的重视和使用,尤其是其在金融经济领域的研究日益增多,Copula 的理论体系也在应用中得到了进一步的补充和完善。丰富的 Copula 函数族所囊括的偏斜、不对称、厚尾等特性大大地提高了风险度量研究领域的准确性。Clemen 和 Reilly(1999)开始将 Copula 建模思想应用于风险决策的相关性度量，采用 Copula 联合分布模型进行决策分析，并进行了 Copula 函数的灵敏度测试。

Patton（2002）首先建立了条件 Copula 的概念，用以研究多国汇率之间的联动问题，并以此预测目标国的汇率走向。Hu（2006）提出了混合 Copula 函数概念，将原有 Copula 函数依照宏观经济研究环境的变化性转化为阶段函数进行处理，并以此建立金融研究模型。随后 Patton（2006）再次建立了基于时变性 Copula 模型，用于考量目标汇率的波动走向。其中对于时变 Copula 函数 Joe-Clayton（SJC）模型的应用，将 Copula 理论的应用正式由静态结构相关提升为时变结构相关的范畴。在我国，王永巧和刘诗文（2011）沿用了 Patton 的思想，以上下尾部相关的方式，针对目标证券市场进行了时变性相依结构分析。结构相关描述是基于 Copula 的相依模型所具有的又一特殊优势。

在非对称相关研究中，Embrechts 等（1999，2002，2003）在 Copula 的研究应用方面做了大量的工作：首次将 Copula 方法用于 VaR 的多元建模，并解决了对于高频数据 Copula 模型的处理以及特殊相关结构的处理等问题。针对极值问题与不对称相关问题，Cizeau 等（2001）以 Copula 为基础实现了金融应用的建模分析。纽约大学的 Engle 将 Copula 函数的架构思想带入金融时间序列的模型中，针对不对称相关，尾部相关发表了研究论文（Engle，2002）。Patton 在 2006 年之后的研究中，将条件 Copula 函数的理论和数值处理办法应用到了时间序列模型，针对二元变量建模并计算（Clive et al.，2006；Patton，2006）。

需要注意的是，Patton 及依照其思想进行扩展的研究者，所使用的依然是二维变量相关模型。针对中国金融市场开放将面对的是国际环境，显然二维变量模型不足以描述，会受到多个跨国市场影响的系统风险度量问题，因此，高维相关模型的建立势在必行。

在高维相关领域的研究中，带有生成函数的 Archimedean Copula 有着其他函数不能比拟的优点。Archimedean Copula 函数族出现之后，基于 Copula 函数的非线性相关度度量开始由成对二元变量扩展到多元变量，该类研究为架构复杂市场多元环境建立了理论基础。Matteis（2001）对 Copula 函数，特别是对 Archimedean Copula 函数族及其应用做了比较详尽的总结，依据 Copula 生成函数的参数，进行 Archimedean Copula 分类分析。Nelsen（2006）再次总结了 Archimedean Copula 依照生成函数建立多元相关结构的问题，并提出了性质定理。Savu 和 Trede（2006）使用 Archimedean Copula 建立了叠加形式多元 Copula 结构，并论证了该结构的合理性和使用范围。这些度量技术的改进和完善，无疑为研究系统性金融风险的传导机制提供了科学的理论和方法。

最近，赵进文等（2013）借鉴 Samarakoon（2011）的思想，以未预期收益率作为分析基础，通过区分市场间交易时间的重叠性，建立传染模型并引入非线性方法，考察上海市场与世界其他 27 个资本市场在次贷危机与欧债危机期间传染性的特点。结果表明：首先，次贷危机期间，上海市场对世界各国市场的传染性显著增强；欧债危机期间，上海市场对欧洲与美洲市场的传染性大幅下降，但仍保持对周边地区国家较强的传染效应。其次，次贷危机期间，上海市场受到的传染性影响主要来自当期的周边地区市场，以及滞后一期的美洲市场。再次，欧债危机期间，欧洲发达国家的市场对上海市场的传染性影响显著增强。最后，未预期收益率具有晴雨表的作用，未预期收益率的非线性变化对危机的发生具有一定的预测作用。

4.8 产业安全风险影响——以金融业系统性风险为例

自从 2008 年爆发金融危机至今,世界资本市场先后遭受次贷危机与欧债危机的严重冲击,这两次危机最显著的特点是影响范围的全球化,各国资本市场无论其实体经济是否遭受严重损失,无论其宏观经济是否与危机爆发国联系密切,都无一例外地遭受了重创。危机期间,美国标准普尔 500 指数最低时与其历史高点相比下降了 56.78%,而中国的上证综指则下降了 71.98%。进入 2010 年,欧洲各国主权债务危机频发,各国资本市场持续低迷并延续至今。2011 年全球股票整体下跌 9.42%,其中发达国家股票下跌 7.62%,新兴市场国家下跌 20.41%,与此同时,在整体下跌过程中存在的某些问题值得我们关注。新兴经济体虽然保持了相对高的经济增长,但其股票投资在这一年的回报却令人沮丧,金砖四国的股票市场下跌均超过 20%,其中经济增长最快的中国,在经历了 2010 年 14.31%的下跌后,2011 年又下跌了 21.68%,下跌幅度接近葡萄牙与意大利。同样在 2011 年度,经济持续低迷的爱尔兰,全年股市回报却达 15.12%,进而成为摩根士丹利资本国际(MSCI)世界股票指数成分中表现最好的国家。这些特点促使我们思考全球资本市场是否存在联动性,如何基于投资者心理预期与资产调整行为的角度去分析这两次危机在全球范围的传染性以及对实体经济和虚拟经济的影响。

事实上,在经济全球化和金融自由化浪潮的推动下,系统性金融风险不仅可能转化为金融危机,而且,发生具有高度传染性,不但影响各国金融体系的稳定,更是深入到实体经济和各个产业。

2008 年美国金融危机的蔓延和随后爆发的欧债危机加深,使人们对系统性金融风险的理解更加强调对实体经济带来的危害。Acharya(2009)把金融系统性风险模型化为银行持有资产的回报率内生选择的相关关系。FSB,IMF,BIS 把系统性风险定义为由于金融系统的整体或部分减值而产生的、可能给实体经济造成潜在负面经济后果的金融行业崩溃的风险。这个权威性定义的核心是强调某个或多个金融机构破产或崩溃的负外部性,特别是给实体经济造成的负面经济后果。Goodhart 和 Segoviano(2009)认为,银行的系统性风险可由银行系统的共同危机、特定银行间的危机以及与某个特定银行相联系的系统危机这三个不同的、相互补充的方面构成。他们首次清楚地阐述了可量化的系统性风险的内涵,有助于清晰理解系统性风险的演变,也便于识别风险的传染性在哪个方面最有可能发展。这些认识上的变化对后续的监管具有极其重要的意义。

数据显示,本次金融危机将是数十年来影响实体经济最严重的一次。理由是脆弱的银行将外部的金融风险扩散到了实体经济,表现为美国的金融风险首先传染到欧洲各国银行,各国银行的资产负债表迅速恶化,并通过信贷渠道将银行危机扩散到实体经济,造成经济衰退。一直以来,经济学家普遍认为,问题银行是实体经济发展的障碍,并放大了不良冲击的影响。当银行体系比较脆弱时,公司在内部资金不足的情况下难以获得负债融资,甚至导致部分企业破产。

Bernanke 和 Gertler(1989,1990)利用信息经济学的理论,研究了抵押品对企业贷款的影响,发现抵押对于企业获得贷款的作用非常显著,为抵押品价值(如房地产价格)可以影响实体经济提供了理论依据。Altman(1998)首先建立了评价企业破产概率的基本模型，认为过度负债加大了企业的破产概率，为实体经济自身脆弱性评价提供了分析框架。实体经济自身如果过于脆弱，其过度负债必然会加大系统性风险和金融危机的传染。Bernanke 和 Gertler（2000）以 20 世纪 90 代的美国市场为例，认为银行资本不足与经济衰退关系不大。Domac 和 Ferri（1999）以 1997～1998 年发生银行危机的马来西亚和韩国为例，却得出了相反的结论。他们发现，规模小或者中等的企业相对于大公司损失更严重。因为中小型公司对银行信贷的依赖相对于大型企业更严重。2000 年，研究表明，短期借贷结构的不合理是直接导致公司在面临危机时表现脆弱的主要原因。Borio 和 Lowe（2002）认为，资产价格的过度繁荣也会提高金融系统性风险发生的可能性。Ariccia 等（2005）使用国家和行业的数据得出结论：对外部融资越依赖，在危机中所受影响越大。Danielesson 和 Zigrand（2008）建立了多资产价格均衡模型，发现资产价格波动是引发金融系统性风险的重要原因。Goetz（2004）将银行和资产价格纳入到一个简单的宏观经济学模型中，认为在资产价格波动和系统性风险之间存在一个间接、非线性和涉及反馈的过程。

在国内，沈悦和闵亮（2009）以在亚洲金融危机中受冲击最严重的国家和地区为样本，实证分析了金融危机的传染是如何通过银行体系的不稳定作用于实体经济，进而导致实体经济出现脆弱性，最终引致经济危机的。该文检验结果表明，作为新兴市场实体经济负债融资的主要来源，银行体系的健康状况将通过信贷渠道直接影响实体经济；高负债企业更容易受到影响，业绩出现大幅下滑。

有关系统性金融风险宏微观经济和各个产业影响的其他文献不在此一一列举。

第 5 章 产业安全应对工程

5.1 产业保护工程

工程是指为了创造某一东西,或者解决某一问题,在方法上寻求突破的实践性研究活动。而工程学是为上述实践性活动提供认识论和方法论的解释,提供模式和说明的方法,是将自然科学的原理应用到工农业生产活动中而形成的各学科的总成。

产业保护工程是指为了保护特定行为体自主产业不受国际市场冲击而提供的系统的认识论和方法论的解释,其核心是"量化处理",即通过对相关产业的保护效果评价与预警,提出相应的安全应对方案。本节,我们将根据现有的研究成果,在前人的基础上进一步详细讨论如何进行产业保护工程研究。首先,需要了解产业保护工程的理论基础——产业保护理论。

5.1.1 产业保护理论概述

产业保护理论是主要研究产业保护对象、产业保护手段、产业保护程度和产业保护效果的一种产业安全理论(李孟刚,2012)。产业保护理论分为传统的产业保护理论和开放条件下的产业保护理论两种。传统的产业保护理论其本质上是一种贸易保护主义,其核心观点是:处于发展期的新兴产业,由于自身竞争力不强,经不起国外相关产业的冲击,所以有必要通过对该产业采取适当的保护措施或政策,以达到提高产业竞争力,对国民经济发展做出贡献的目的。通常采用的保护措施有收取关税、进行行政管理、采用配额制等。而开放条件下的产业保护理论,则是针对贸易自由化和经济全球化的时代背景提出的。当今社会开放度越来越高,降低关税、放开配额管制的呼声越来越高,采用传统的产业保护手段进行产业保护,有可能不但起不到产业保护效果,反则容易引起国际社会不满,不利于国家开展国际贸易。因此,开放条件下的产业保护不是关起门来自己搞发展,完全排斥竞争,而是一种引入竞争的动态保护,通过引入竞争企业,使被保护产业不断增强参与国际竞争的能力,在竞争中逐步成长为具有国际竞争力的产业。开放条件下的产业保护理论是一种国家层面上的开放,产业层面上的适度保护的理论,这就要求保护手段更加隐蔽和灵活多变(图 5-1)。

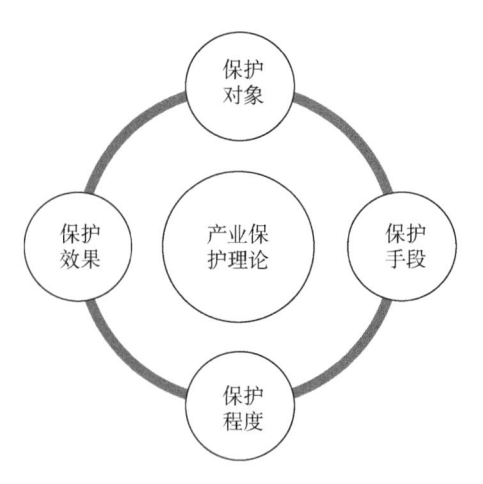

图 5-1 产业保护理论框架图

5.1.1.1 产业保护的核心思想

（1）重商主义的保护民族工业思想。代表人物有托马斯·孟（Thomas Mun）、詹姆斯·斯图尔特（James Stewarts）等。重商主义者认为一个国家国力强弱与该国拥有的财富多少有关，一国积累的金银越多，国家就越富强，同时他们又认为民族工业是民族经济、民族利益的来源，因此要获得这种财富必须由政府出面，采取各种手段（如高关税、垄断行业及其他贸易限制）来保护国内市场防止外来制造品的竞争，其实质是保护民族工业的"民族工业主义"。

（2）汉密尔顿的保护关税理论。美国独立后由于自身的战争创伤和英国对其实施经济封锁，国内经济一片萧条，在面临到底选择怎样的经济发展道路的生死关头，汉密尔顿提出：第一，美国必须坚持独立自主地发展本国工业尤其是制造业；第二，实行关税保护政策，以保护本国工业。他认为制造业是国民经济发展的基础，不但关系到一个国家的财富，而且国家的独立与安全也与制造业的繁荣息息相关，因此应该大力发展工业而不是坚持原有的农业发展模式；同时他也指出在没有任何政府支持和产业保护的情况下，一国新兴产业无法与另一国的成熟产业竞争，因此美国要想维护其经济和政治独立，就应当采用关税保护制度、发放津贴等政府保护手段保护美国的幼稚工业。

（3）李斯特的幼稚产业保护理论。李斯特从产业保护对象、保护期限、保护手段和保护程度等多个角度详细论述了如何进行幼稚产业保护。关于保护的产业选择，李斯特主张保护那些具有发展前途，且面临国外强有力竞争的幼稚产业，通常的保护期限不超过 30 年，建议的保护手段则是要么采取高关税提高国外相关产品的价格，要么禁止进口，防止国外产品流入国内市场。关于保护度的大小，李斯特认为，针对不同产品应采取不同的保护程度，甚至同一产品在不同时期也应根据实际情况进行适度保护。李斯特的幼稚产业保护学说的提出确立了贸易保护理论在国际贸易理论体系中的牢固地位，标志着自由贸易学派与保护贸易学派的理论对峙局面完全形成。

（4）约翰·穆勒的新生产业保护论。约翰·穆勒认为政府之所以应该保护幼稚产业是因为其具有外部性。新生产业的外部性主要体现在两个方面：第一，新生产业具有可共享的技术信息及市场优势,在发展壮大的过程中,其他产业无形中获得提高效率、降低成本的收益;第二,新生产业具有动态规模经济,即其产品的单位成本是递减幂函数。新生产业的这两点外部性决定了只要新生产业在成熟之后带来的好处超过其保护成本,那么该产业就值得保护。

5.1.1.2 产业保护的界定

产业保护是一国政府在一定经济发展阶段和一定时间内,为了发展某一产业而实行的保护措施和支持政策,其实质是一种政府规制或干预行为(李孟刚,2012)。

产业保护可综合地描述为:在对外经贸交往中,以坚持向国际惯例靠拢为原则,以维护贸易自由化、公平竞争与公共交往、互惠互利为基础,以优化全球资源配置、促进多边贸易利益、提高国际贸易效率为动力,对本国具体产业在初生时、在其形成过程中、在其力量相当弱小时或甚至在其已经强大但抢占国际竞争制高点时,实施各种相应措施下的有效保护,从而使国民经济各产业部门达到积极、稳步、健康、高效发展的目的,并避免消极影响、消极作用出现的一种积极、理性的外向型行为(于新东,2000)。

5.1.1.3 产业保护的分类

依据保护的产业领域不同,产业保护可以划分为幼稚产业保护、结构衰落产业保护和高度发达产业保护三种类型(李秀香,2004)。从保护效果来看,产业保护可分为三种情形:第一种是产业正保护或积极保护,即产业保护的效果大于产业保护的成本,有利于产业进步和发展,资源配置结果具有正效应;第二种是产业零保护,即产业保护的效果与产业保护的成本相当,这对产业发展没有什么障碍,资源转移为零增长量;第三种是产业负保护或消极保护,即产业保护的效果小于产业保护的成本,这对产业发展很不利的,资源配置的结果出现负效应(何维达和宋胜洲,2003)。从产业保护的程度来看,产业保护还可以分为三种情形:一般性产业保护,主要手段为对有关产业的企业实行税费的减免;中度性产业保护,主要手段表现为国家对有些产业的企业不仅减免税费,而且还对有些产业的企业进行收益性补贴;深度性产业保护,就是指某些产业的企业由于某些不可抗拒的原因,其收入不仅不能向社会提供税费,自身的投资收益也受损,而且连非工作性成本支付都需要企业自身承担,而企业又无力支付,这就要求国家对企业的非工作性成本支付进行补贴(李孟刚,2012)。

5.1.1.4 产业保护的意义

产业安全保护带来的收益主要体现在以下几个方面。

(1) 从短期看,其一,实施产业保护可以避免经济受制于人,维护国家经济安全,这也是进行产业安全保护的最主要目的;其二,减少非健全的对外经济机制在开放市场冲击下带来的社会成本。

(2) 从长远看,虽然产业安全保护会暂时降低竞争程度,甚至降低经济效益,但如果保护得当,最终必然促使被保护产业的生产率提高、生产能力上升、竞争力增强、社会总福利增加,这也是实施产业保护的最终目标。产业保护并不是目的,只是暂时的治标措施,而产业发展才是真正的目的,才是治本的措施。

5.1.2 产业保护工程研究概述

目前就我们查阅相关文献掌握的资料来看,国内外并没有哪位学者针对产业保护理论进行过系统性、工程化的研究,大部分的研究都只是针对产业保护理论的某一分支部分进行。例如,在产业保护对象选择方面,国外比较著名的有穆一巴一肯标准、小岛清标准和筱原三代平标准等。国内学者宗明华(1993)从社会需求、技术、产业关联度、市场竞争四个方面提出了以产品需求收入弹性指数、技术进步速度、感应度系数、影响力系数、交叉关联度系数、产业换汇成本率等为指标的产业选择标准。肖天生和刘光华(1995)认为单纯依靠穆勒-巴斯塔布尔-肯普标准进行产业选择存在一定局限性,必须结合我国经济发展的实际情况,进行多角度的分析选择,提出从产业竞争力、技术水平和产业潜在比较优势三方面选择幼稚产业进行保护,并量化了幼稚产业"长大"标准:当某一产业的产品出口连续几年在该产品世界贸易中的比重达 3.25%以上时,应停止产业保护。景一凡(2008)认为:"在选择幼稚产业保护对象时,应以发挥贸易的动态比较优势为原则,按照国家中长期产业结构调整的需要,借鉴产品竞争力、市场需求弹性、产业关联度、科技进步状况的标准来衡量,我国应在继续保持已经具有比较优势的制造工业同时,深入挖掘出这些行业当中的幼稚产业,以及努力培养整体都处于幼稚阶段的高科技产业。"在产业保护度方面,Melitz(2005)基于产业潜在学习能力、学习曲线形状和国内外产品替代性,得出配额比关税、补贴等在产业保护方面更有效的结论。Ederington 和 McCalman(2011)研究了关税与产业科技创新能力的关系,最后得出的结论为:关税减缓了新技术进入幼稚产业的速度,并且提高了该产业衰败的概率。Pack(2006)的研究则采用另外一种思路,先假设受保护产业的生产率增速一直在上升,然后检验保护政策所引起增速的大小,最后得到的结论为:在平均增速 10%的产业中,只有 0.5%的增速是政策引起的。于立等(1988)详细讨论了名义保护利率与有效保护利率的区别,得出了有效保护利率更能反映真实保护度的结论,同时提出了有效保护率的不足之处,认为应该将有效保护率与其他工具和经验结合。刘国栋(2011)详细研究了 1986～2008 年玉米、水稻、小麦和大豆四种粮食产品的有效保护率,得出我国政府对于大豆的各项政策并起到达到预期效果。王恬(2009)详细分析了 1999～2007 年我国制造业关税有效保护率和名义保护率的变动情况,得出:①我国制造业在 1999～2007 年的保护程度有不同程度降低;②我国关税结构基本合理,形成阶梯形有效保护;③有效保护利率下降幅度大于名义关税的下降幅度,同时建议政府对不可再生的资源性行业实行低保护或不保护,鼓励进口,节约国内资源。

综合上述国内外产业保护研究成果可以看出,在产业保护对象选择和产业保护程度度量这两方面的研究已相当成熟,在产业保护效果这一方向的量化研究少之又少,这也是本节的研究重点和创新点。由于产业保护手段的丰富多样(如配额、补贴、产业倾斜、关税等),所以度量产业保护效果比单纯计算产业保护度更能反映我国对某一产业保护的有效性。接下来我们将从定性和定量分析两方面介绍产业保护效果工程。在进行定性分析时,我们介绍了在产业保护过程中经常出现的三种错误的保护效果:保护过度、保护的引资保护陷阱和高保护名义下的保护不力，并简要介绍了他们的危害；在进行定量分析时，我们立足中国能源行业，以 T-S 模糊神经网络为方法，从产业国内环境、产业国际竞争力、产业对外依存度、产业控制力和产业保护度五个方面，选取 22 个具有代表性的指标，建立基于 T-S 模糊神经网络的能源行业保护效果评价模型。

5.1.3　产业保护效果评价与预警

5.1.3.1　产业保护效果定性分析

1. 保护过度

中国无论是改革开放前，还是改革开放后，均存在过度保护的倾向。改革开放以前，是因高度计划的管理体制和高关税而过度保护的；改革开放以后，是因过高的有效保护率和非关税壁垒而产生过度保护的。目前发达国家的加权关税水平在 3.8%左右，发展中国家的加权关税水平在 12.3%左右，而我国不仅关税水平高，实行数量限制的产业也较多，由于保护壁垒过高，保护时间过长，国内企业和市场长期缺乏竞争机制，也缺乏足够的国际市场竞争的外部压力，使得相当一部分产业和产品不具备参与国际市场竞争的能力，特别是那些过去享受国家高度保护的企业和行业，国家给予的保护越多，其竞争力就越差。而在中国出口产品中具有较强竞争力的产品恰恰是保护时间短、保护程度适中、国内竞争激烈、产品升级换代快、从国外引进技术或资本都相对较多的产业，如家电产品、纺织品和机电产品等。

此外，过度保护也导致大量的重复建设，造成资源的浪费。20 世纪 80 年代初的彩电业，大量重复引进和重复建设使得彩电生产厂多达 100 多家，生产能力严重过剩，造成彩电行业过度竞争。汽车产业存在的重复建设、小规模经营、资源浪费等现象到现在为止仍无法彻底扭转。

2. 保护的引资陷阱

一般说来，保护程度越高，受保护产业对外资的吸引力就越大。因为，贸易保护程度越高，两国间的交易费用越大，而外商的直接投资正是将这种高昂的交易费用内部化的方式。政府在确定贸易保护程度时应考虑外商直接投资因素。当然，外商的直接投资大量进入，在一定时期内一定会带来一个国家的经济繁荣，但若外资企业的冲击导致大量民族企业的"死亡"，形成"引进-落后-再引进-再落后"的恶性循环，也将会对一个国家的长期经济发展带来毁灭性的打击。韩德强在分析中国国情时认为，20 世纪 80 年代国有企业的整体状况相当不错，取得这一成就的原因是多方面的，其中重要一条就是中央政府充分注意保护民族工业的结果。20 世纪 80 年代引进外资多以间接投资为主，引进直接投资也大多采取合资、合作的形式。合资企业还以中小企业为主，数量也较少，外资占领、控制中国市场的能力较弱。合资企业不仅没有对民族工业造成冲击，而且还通过示范效应传播了先进技术和管理方法，起到了适度竞争激励和沟通国际市场的作用，保证了国有企业的技改和产业投资效益良好，成功培育了大批新兴产业并吸收数千万知青就业。但是 1992 年以后，引进外资成为一种狂热。各地对外资敞开大门竞相给予优惠政策，到 1999 年时，外资已经主导甚至垄断了某些行业。20世纪90年代中国所面临的工人失业、企业破产、银行坏账累累的形势，正是各地竞相引进外资，以至外资企业全面占领中国市场、打垮中国企业的必然结果，正是开放时不注意保护的结果。虽然，外资进入为国家经济整体繁荣和形成良好的市场竞争环境起到了相当大的积极作用；但是，各地的盲目引资，造成的重复建设和过度竞争，特别是对中国尚不具备竞争能力的幼稚产业的冲击作用也是无法回避的。

3. 高保护名义下的保护不力

根据张曙光等1994年的研究成果，中国的贸易保护程度并不高，远低于日本。在选定的25种产品中，中国的关税和非关税措施等价的加权平均值为43.29%，其中经过调整的关税率为21.74%，非关税数量限制的关税等价为21.55%。日本采取价值量方法对1989年五大类产品（食品和饮料、轻纺产品、金属产品、化工产品、机械产品）的贸易保护程度进行了估计，关税和非关税数量限制的关税等价为178.2%，非关税数量限制的关税等价为173.5%（冯德连，1997）。另据张小济统计，在2000年时，我国关税平均税率为17%，但实际征收率（关税收入/进出口总额）不到8%，实际关税税率更是只有5%，关税对中国民族产业的保护程度是有限的。

5.1.3.2 产业保护效果工程化研究

鉴于当前我国在产业保护效果方面存在的问题，本节以T-S模糊神经网络为方法，从产业国内环境、产业国际竞争力、产业对外依存度、产业控制力和产业保护度五个方面，选取22个具有代表性的指标，建立了基于T-S模糊神经网络的能源行业保护效果评价模型，为我国政府进行能源产业保护的政策制定及力度把握提供参考依据。具体工程化步骤如图5-2所示。

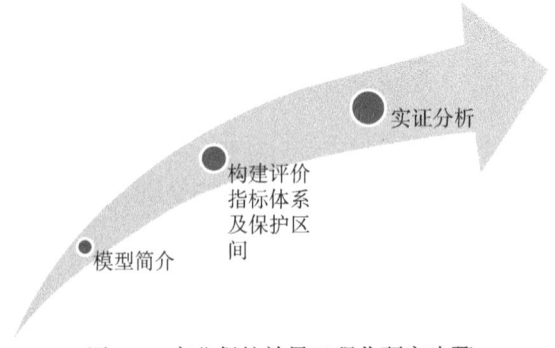

图5-2 产业保护效果工程化研究步骤

1. T-S模糊神经网络简介

神经网络是一种非线性模拟技术（刁美娜等，2012），能够模拟人脑的功能，具有对信息进行并行处理、分布式存储以及良好的自组织、自适应、自学习和自推理能力，适合处理模糊信息或非线性关系（Bishop，1995）；但缺点是要使学习结果满意，需要很多数据进行训练，并且网络的权值难以理解。与之相反，模糊系统是建立在被人容易接受的"如果—则"表达方式上，而且它是建立在专家知识的基础之上，但自动生成和调整隶属度函数及模糊规则是个难题。本节将神经网络与模糊系统相结合，构建出模糊神经网络（fuzzy neural netvoork，FNN）综合评价模型。一方面 FNN 可以对专家用语言描述的事件直接进行编码，可以用语言描述方式来采集知识，容易引入启发性知识，也可以追踪推理过程，能使网络中的权值具有明显意义；另一方面，像其他神经网络一样，FNN 具有学习能力，也可通过学习来提高编码精度。将神经网络与模糊系统结合起来，可以充分发挥各自的优势，从而减少主观因素的影响，使网络稳定性和泛化性更强。

在正式介绍 T-S 模糊神经网络之前，先简单介绍下 T-S 模糊系统。T-S 模糊系统是一种自适应能力很强的模糊系统（央峰等，2010），该模型不仅能自动更新，而且能不断修正模糊子集的隶属函数。T-S 模糊系统用如下规则形式来定义，在规则为 R^i 的情况下，模糊推理如下：

$$R^i: 假如 x_i \in A_1^i, x_2 \in A_2^i, \cdots, x_k \in A_k^i, 那么 y_i = p_0^i + p_1^i x_1 + \cdots + p_k^i x_k \tag{5-1}$$

其中，$A_j^i(j=1,2,\cdots,k)$ 为模糊系统的模糊集；$p_j^i(j=1,2,\cdots,k)$ 为模糊系统参数；y_i 为根据模糊规则得到的输出，输入部分是模糊的，输出部分是确定的，该模糊推理表示输出为输入的线性组合。

假设对于输入量 $x=[x_1, x_2, \cdots, x_k]$，首先根据模糊规则计算各输入变量 x_j 的隶属度，公式为

$$\mu_{A_j^i} = \exp(-(x_j - c_j^i)^2 / b_j^i) \quad (j=1,2,\cdots,k; i=1,2,\cdots,n) \tag{5-2}$$

将各隶属度进行模糊计算，采用模糊算子为连乘算子，公式为

$$\omega^i = \mu_{A_j^i}(x_1) \times \mu_{A_2^i}(x_2) \times \cdots \times \mu_{A_k^i}(x_k) \quad (i=1,2,\cdots,n) \tag{5-3}$$

根据模糊计算结果计算模糊模型的输出值 y_i，公式为

$$y_i = \sum_{i=1}^n \omega^i \left(p_0^i + p_1^i x_1 + \cdots + p_k^i x_k \right) \bigg/ \sum_{i=1}^m \omega^i \tag{5-4}$$

从式（5-4）可以看出，输出值 y 是输入变量 x 的线性组合。T-S 模糊神经网络分为输入层、模糊化层、模糊推理层和输出层四层。输入层与输入向量 x_i 连接，节点数与输入向量的维数相同。模糊化层采用隶属度函数（5-2）对输入值进行模糊化得到模糊隶属度值 μ。模糊推理层采用模糊连乘公式（5-3）计算得到 ω。输出层采用式（5-4）计算模糊神经网络的输出。

T-S 模糊神经网络的学习算法如下。

（1）误差计算。公式为

$$e = \frac{1}{2}(y_d - y_c)^2$$

其中，y_d 是网络期望输出；y_c 是网络实际输出；e 是期望输出和实际输出的误差。

（2）系数修正。公式为

$$p_j^i(k) = p_j^i(k-1) - a \frac{\partial e}{\partial p_j^i}$$

$$\frac{\partial e}{\partial p_j^i} = (y_d - y_c)\omega^i \bigg/ \sum_{i=1}^m \omega^i \cdot x_j$$

其中，p_j^i 为神经网络系数；α 为网络学习率；x_j 为网络输入参数；ω^i 为输入参数隶属度连乘积。

（3）参数修正。公式为

$$c_j^i(k) = c_j^i(k-1) - \beta \frac{\partial e}{\partial c_j^i}$$

$$b_j^i(k) = b_j^i(k-1) - \beta \frac{\partial e}{\partial b_j^i}$$

其中，c_j^i 和 b_j^i 分别为隶属度函数的中心和宽度。

2. 我国能源行业保护效果评价指标体系的构建

本节以能源行业为例，构建能源行业的评价与预警指标体系。遵循指标体系的设计原则，我们选取产业国内环境、产业国际竞争力、产业对外依存度、产业控制力、产业保护度五大部分，作为一级指标。然后在一级指标的基础上我们再分别选取并建立相应的二级指标。具体指标体系如表 5-1 所示。

表 5-1 能源行业的评价与预警指标体系

一级指标	二级指标	三级指标
产业国内环境	生产要素环境	资本成本
		劳动力素质
		劳动力成本
	市场需求环境	市场需求增长率
		固定资产投资增长率
		储产比
	可持续发展能力	单位 GDP 能源消耗增长率
		单位能源消耗排放工业废气总量增长率
		单位能源消耗排放工业废水总量增长率
		能源生产弹性系数
		能源消费弹性系数
		能源加工转换效率
产业国际竞争力	产业国内市场占有率	无
	产业国际市场占有率	无
	产业贸易竞争力指数	无
	显示性比较优势指数	无
	产业 R&D 经费	无
	产业集中度	无
产业对外依存度	出口对外依存度	无
	进口对外依存度	无
产业控制力	产业外资资本控制率	无
产业保护度	产业保护度	无

对二级、三级指标的解释如下。

(1) 资本成本，是产业内企业筹集和使用资本需要付出的代价。它可以以短期实际利率来衡量。

(2) 劳动力素质，即劳动力的综合素质，不仅包括生产技能、文化专业知识，而且还包括政治思想、职业道德等。这里我们以人均能源生产量衡量劳动力素质。

(3) 劳动力成本，可以根据产业国际间工资相对水平的比较来衡量。

(4) 市场需求增长率，预期的较高的国内需求增长率可以促使产业内企业更快地采取新技术，采用大型、高效的设备提高技术水平和产量，这对产业的生存非常有利。

(5) 固定资产投资增长率，衡量行业固定资产投入情况。

(6) 储产比，即储存量与产量的比值。由于煤、石油、天然气等能源是不可再生资源，所以必须考虑可持续发展能力对能源行业的影响。

(7) 单位 GDP 能源消耗增长率=[t 时刻单位 GDP 能源消耗−(t−1) 时刻单位 GDP 能耗]／(t−1) 时刻单位 GDP 能耗。

(8) 单位能源消耗排放工业废气增长率=[t 时刻单位能源消耗排放工业废气量−(t−1) 时刻单位能源消耗排放工业废气量]／(t−1) 时刻单位能源消耗排放工业废气量。

(9) 单位能源消耗排放工业废水增长率=[t 时刻单位能源消耗排放工业废水量−(t−1) 时刻单位能源消耗排放工业废水量]／(t−1) 时刻单位能源消耗排放工业废水量。

(10) 能源生产弹性系数，研究能源生产增长速度与国民经济增长速度之间关系的指标。

(11) 能源消费弹性系数，反映能源消费增长速度与国民经济增长速度之间比例关系的指标。

(12) 能源加工转换效率，一定时期内能源经过加工转换后，产出的各种能源产品的数量与投入到加工转换的各种能源数量的比率，它是观察能源加工转换装置和生产工艺先进与落后、管理水平高低等的重要指标。

(13) 产业国内市场占有率，该指标反映国内产业在国内市场上的竞争力状况，其份额越大，表示它在国内市场上的竞争力越强。它可以用国内产业在国内市场的销售额与国内市场全部销售额之比来衡量。

(14) 产业国际市场占有率，该指标反映国内产业在世界市场上的竞争力情况，某产业的国际市场占有率越大，表明该产业在国际市场上的竞争力越强。产业国际市场占有率可以用一国某产业的出口与世界该产业出口总额之比来衡量。

(15) 产业贸易竞争力指数，也称净出口指数或贸易专业化系数（trade specialization coefficient，TSC），或叫产业国际竞争力指数。该指数直接反映产业的国际竞争力大小，可以用一国某产业的净出口与某产业进出口总额的比值来衡量。

(16) 显示性比较优势（revealed comparative advantage，RCA）指数，该指数等于一国某产业出口额占其出口总值的份额与世界该产业出口占世界出口份额的比率。

(17) 产业 R&D 费用，其支出的多少预示着产业未来国际竞争力的强弱。它可以用产业 R&D 费用的绝对值来衡量。

(18) 产业集中度，从产业的内部组织来反映产业的国际竞争力状况。它可以用产业内最大几家企业的销售额与产业总销售额之比来衡量。

(19) 出口对外依存度，该指标反映国内产业的生存对产品出口的依赖程度。它可以用国内产业当年出口的金额与产业当年的总产值或总销售额之比来衡量。

（20）进口对外依存度，该指标反映国内产业的生存对进口的原材料、零部件等的依赖程度。产业进口对外依存度可以用国内产业当年进口的原材料、零部件等的金额与产业当年的总产值或总销售额之比来衡量。

（21）产业外资资本控制率，该指标反映国内产业的生存对外国资本的依赖程度，它可以用当年年末国内产业国外资本存量与产业总资本存量之比来衡量。

（22）产业保护度，由于实行各种保护措施引起的某种商品国内市场价格超过国际市场价格的部分，占国际市场价格的百分比。这个百分比越大，保护程度越高。

确定指标体系后，还必须对各指标划定保护效果区间。在这里我们将能源行业指标保护效果分为四级，即Ⅰ级保护、Ⅱ保护、Ⅲ级保护和Ⅳ级保护，保护等级越低，保护效果越好。对于指标等级标准的确定，主要参照各具体指标的国际公认警戒值并结合了中国能源产业的实际情况，其他的等级标准则在此基础上进行了一定增减。能源行业评级指标预警值如表5-2所示。

表 5-2 能源行业各评价指标保护效果等级

评价指标	Ⅰ级保护	Ⅱ级保护	Ⅲ级保护	Ⅳ级保护
资本成本/%	7%以下	7%~10%	10%~15%	15%及以上
劳动力素质/（千克标准煤/人·年）	1500及以上	700~1500	500~700	500以下
劳动力成本/（千元/人·年）	0~100	100~400	400~700	700及以上
市场需求增长率/%	6%~12%	3%~6%或者12%~20%	1%~3%或者20%~25%	0~1%或者25%以上
固定资产投资增长率/%	30%及以上	20%~30%	10%~20%	10%以下
储产比	120及以上	80~120	40~80	40以下
单位GDP能源消耗增长率/%	−5%以下	−3%~−5%	0~−3%	0以上
单位能源消耗排放工业废气增长率/%	0~5%	5%~10%	10%~15%	15%及以上
单位能源消耗排放工业废水增长率/%	−10%以下	−7%~−10%	−3%~−7%	−3%及以上
能源生产弹性系数	1及以上	0.7~1	0.3~0.7	0.3以下
能源消费弹性系数	0~0.3	0.3~0.7	0.7~1	1及以上
能源加工转换效率/%	90%及以上	70%~90%	50%~70%	50%以下
产业国内市场占有率/%	98%及以上	90~98%	80~90%	80%以下
产业国际市场占有率/%	30%及以上	20~30%	10~20%	10%以下
产业贸易竞争力指数	0及以上	−60%~0%	−80%~−60%	−80%以下
显示性比较优势指数	2.5及以上	1.25~2.5	0.8~1.25	0.8以下
研究经费投入强度/%	4%及以上	2.5%~4%	1%~2.5%	1%以下
产业集中度/%	90%及以上	70%~90%	30%~70%	30%以下
出口对外依存度/%	4%~6%	2%~4%或者6%~10%	1%~2%或者10%~15%	0~1%或者15%以上
进口对外依存度/%	0.2%~0.5%	0.5%~2%	2%~10%	10%及以上
产业外资资本控制率/%	0~5%	5%~15%	15%~30%	30%及以上
产业保护度/%	0~20%	20%~50%	50%~70%	70%及以上

3. 实证分析

基于 T-S 模糊神经网络的能源行业保护效果评价算法流程如图 5-3 所示。其中，模糊神经网络构建根据训练样本维数确定模糊神经网络输入和输出节点数、模糊隶属度函数个数，由于输入数据为 22 维，输出数据为 1 维，所以模糊神经网络结构为 22-44-1，即有 44 个隶属度函数，选择 22 组系数 $p_0 \sim p_{22}$，模糊隶属度中心和宽度 c 和 b 随机得到。

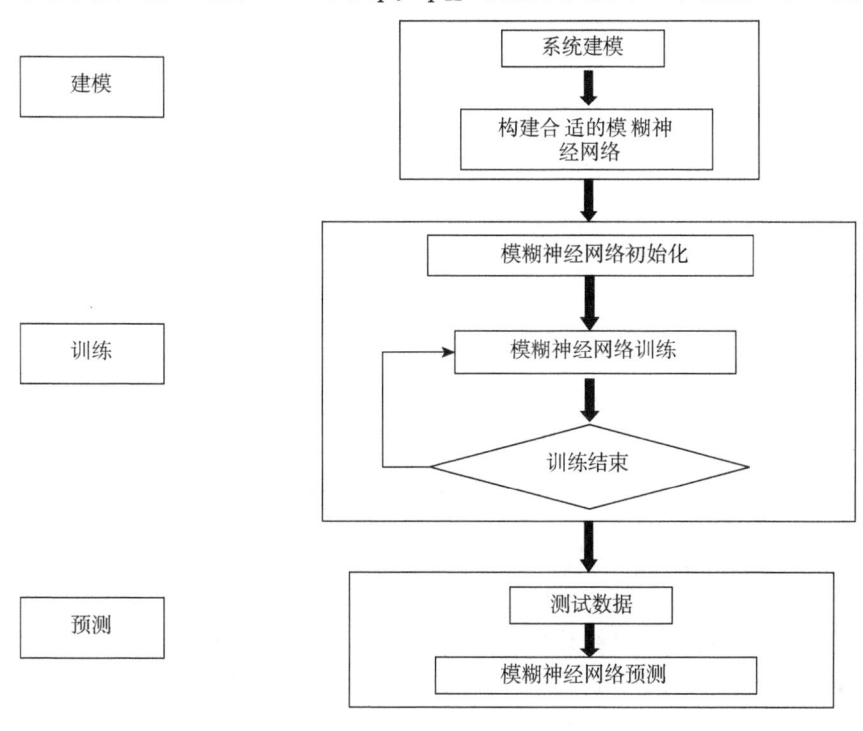

图 5-3 算法流程图

由于目前对我国能源行业保护效果评价没有公认的数据，所以在用模糊神经网络进行综合评价之前，先以各等级保护效果的分类标准作为标准指标值，采用线性内插各等级标准值的方式来生成训练样本和测试样本，共生成 360 个训练样本，Ⅰ类、Ⅱ类、Ⅲ类、Ⅳ类各 90 个数据。采用同样方法生成 40 个测试数据用于对训练好的网络进行测试。对于输出值，规定各级之间的训练样本和测试样本的输出值为对应于上述比例的 1~2、2~3、3~4、4~5 中的数值。为了消除因输入变量量纲及变化幅度不同所带来的影响，避免网络训练时出现大权重，数据训练之前应先进行归一化处理，处理后的网络输入和输出在[-1，1]，均值为 0。

对于能源行业保护效果中区间值的等级确定，我们采用四舍五入法，即令

$$L = \begin{cases} 1, & 1 \leqslant y < 1.5 \\ 2, & 1.5 \leqslant y < 2.5 \\ 3, & 2.5 \leqslant y < 3.5 \\ 4, & 3.5 \leqslant y < 4.5 \\ 5, & 4.5 \leqslant y \leqslant 5 \end{cases}$$

其中，y 为模型的输出值，L 为所确定的保护效果等级。

根据模糊神经网络的方法步骤与输入数据和输出数据的特点设置神经网络结构，其中网络的输入节点数为 22，输出节点数为 1，设置 22 组系数 $p_0 \sim p_{22}$，并对其进行训练，给定一组输入值 x_i，得到网络预测值 y_c，通过比较预测值 y_c 和期望输出值 y_d，不断调整参数 $p_0 \sim p_{22}$、b、c 值，反复训练 200 次。训练结果如图 5-4 所示。

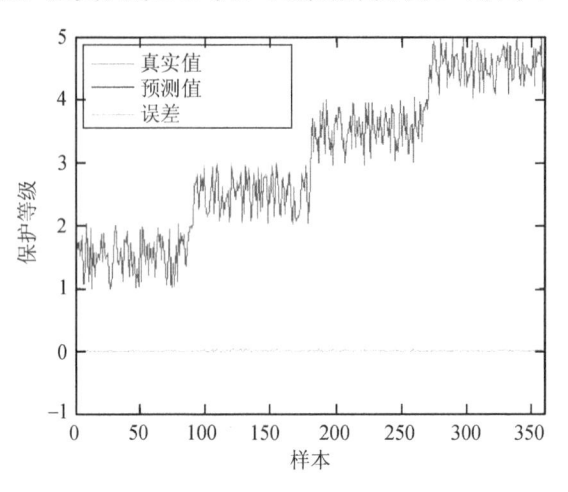

图 5-4 训练样本预测结果

从图 5-4 中可以看到，训练样本的预测结果很好，预测输出与真实输出的误差很小，接着我们对测试样本进行预测，预测结果如图 5-5 所示。经计算，测试样本的预测误差只有 0.058 63%，说明网络已经具有良好的泛化能力，从而我们可以将中国能源行业的真实数据代入该网络以获得评价值。中国能源行业真实数据如表 5-3 所示。由于在计算真实指标值过程中，存在少许数据缺失，所以本节只选取了 2005～2011 年的中国能源行业指标数据（所有数据均由《中国统计年鉴》《中国能源统计年鉴》《BP 世界能源统计年鉴》《中国贸易外经统计年鉴》所刊登或计算得出）。

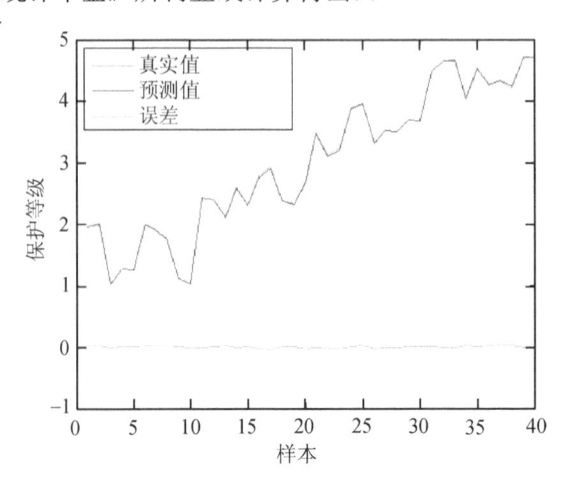

图 5-5 测试样本预测结果

表 5-3 中国能源行业真实指标数据

分类	2005年	2006年	2007年	2008年	2009年	2010年	2011年
资本成本/%	5.58	6.12	6.93	5.59	5.31	5.56	6.19
劳动力素质（千克标准煤/人·年）	16.58	17.71	18.76	19.67	20.63	22.20	23.66
劳动力成本/（千元/人·年）	24.75	28.42	33.47	39.20	41.87	47.31	52.72
市场需求增长率/%	10.60	9.60	8.40	3.90	5.20	6.00	7.10
固定资产投资增长率/%	30.83	19.32	18.08	18.24	25.98	12.16	2.22
储产比	89.79	84.03	79.37	71.94	66.88	53.72	45.29
单位GDP能源消耗增长率/%	−0.67	−3.13	−4.84	−5.09	−3.57	−4.63	−2.47
单位能源消耗排放工业废气增长率/%	18.59	12.27	8.143	0.137	2.62	12.36	2.21
单位能源消耗排放工业废水增长率/%	−9.68	−9.86	−5.31	−5.71	−7.81	−7.66	−9.04
能源生产弹性系数	0.88	0.58	0.46	0.56	0.59	0.78	0.76
能源消费弹性系数	0.93	0.76	0.59	0.41	0.57	0.58	0.76
能源加工转换效率/%	71.55	71.24	70.77	71.55	72.01	72.83	72.31
产品国内市场占有率/%	88.93	87.34	87.4	89.58	87.96	87.92	87.81
产品国际市场占有率/%	1.58	1.41	1.41	1.46	1.18	1.07	0.95
产业贸易竞争力指数	−40.38	−47.95	−54.44	−57.38	−69.7	−72.6	−76.1
显示性比较优势指数	2.18	1.76	1.62	1.64	1.23	1.01	0.82
研究经费投入强度/%	1.34	1.42	1.49	1.54	1.70	1.79	1.89
产业集中度/%	96.35	96.53	96.31	95.51	94.32	91.11	94.90
出口对外依存度/%	5.29	4.71	4.04	3.82	3.07	2.98	2.66
进口对外依存度/%	12.30	13.43	14.18	14.11	17.23	18.77	19.58
产业外资资本控制率/%	2.53	1.82	1.26	1.51	1.55	1.42	1.36
产业保护度/%	9.68	9.57	9.75	7.23	6.45	10.73	9.67

将表 5-3 中的真实数据带入训练好的网络，根据网络输出值，按照四舍五入的等级划分方法，对我国各年能源行业保护效果进行评价。中国能源行业保护效果评价的结果如图 5-6 所示，标准化的结果如图 5-7 所示。

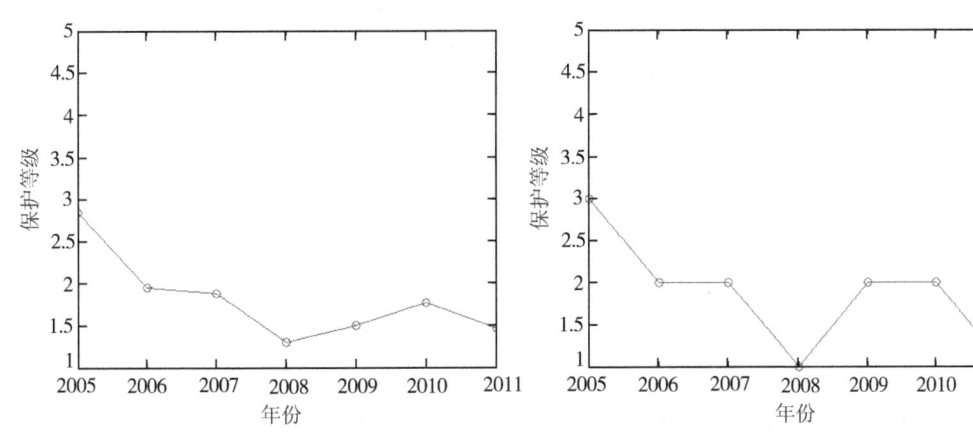

图 5-6 中国能源行业保护效果评估结果

图 5-7 标准化的中国能源行业保护效果评估结果

从图 5-6 和图 5-7 可以看到，2005~2011 年能源行业保护效果介于Ⅰ级保护到Ⅲ级保护之间，以Ⅱ级保护为主，另外从整个趋势来看，我国能源行业的保护效果一直在不断提高，并且在 2006 年金融危机爆发的时候达到了Ⅰ级保护状态，主要原因是当时中国政府为了避免中国实体经济受到冲击实施了一系列救市方案，如 4 万亿投资计划，天量信贷开放及其他扩大内需的措施等，来保证"三驾马车"——投资、出口、消费正常"行驶"。从数据上可以看出，相比于 2007 年，2008 年的固定资产投资增长率在增加、资本成本有所降低、出口对外依存度降低、显示性比较优势指数上升，再加上 2008 年奥运会的关系，能源消耗、工业废气、工业废水的排放指标创新低，所以综合各方面数据来看 2008 年能源行业处于Ⅰ级保护状态。可见 T-S 模糊神经网络很好地评价了我国能源行业的保护效果，证明了它的有效性。另外，将 T-S 模糊神经网络的输出结果与产业保护度指标进行比较，会发现两者出入很大。以 2008 年为例，2008 年产业保护度数据比 2005~2007 年均低，若仅以产业保护度作为产业保护效果的唯一衡量标准，则会得出 2008 年产业保护效果不如前几年的结论，但从整个能源行业发展安全的角度看，显然这一结论是有偏差的，所以度量产业保护效果比单纯计算产业保护度能更加全面地反映政府对能源行业保护的有效性。

5.2　产业损害防护工程

根据加入 WTO 的有关协议，成为 WTO 的成员国后我国大幅降低进口关税水平，取消进口配额等非关税壁垒，市场空前对外开放，越来越多的外国产品涌入中国市场，国内外企业间的竞争更加激烈。某些国外企业为了抢占中国市场份额，不惜采取低价倾销等贸易手段，对我国相关产业造成了极大冲击。在对外开放的同时如何有效抵制进口产品的倾销，维护国内产业安全这一问题近年来引起了我国社会各界的关注，现已成为我国贸易发展的重大课题。

产业损害理论主要研究倾销对进口国产业造成的损害，以及进口国为平衡倾销造成的产业损害而进行的反倾销活动。倾销对一国产业具有很强的破坏性和不公平性。为预防不公平竞争的发生，保障国内相关产业的生存，政府需要进行产业损害调查，并在调查的基础上，结合产业损害幅度测算，以征收反倾销税的方式来维护倾销所导致的产业损害。

综上所述，产业损害防护工程理论是研究倾销、反倾销现象，以产业损害成因、产业损害调查、产业损害幅度测算、产业损害预警及产业损害维护为主要研究内容，通过产业损害调查确认倾销的存在和幅度，并以产业损害幅度为基础，通过征收反倾销税的方式，平衡倾销对国内产业造成的损害，并依据过往数据资料建立产业损害预警体系，从而维护国内产业安全的理论（李孟刚，2012）。本节首先梳理了产业损害防护理论，然后将这五个从不同角度、运用不同的方法的研究产业损害的理论纳入到同一个框架里，从而形成产业损害理论体系，如图 5-8 所示，并将产业损害防护问题工程化，创新性地提出产业损害工程化的两种产品形式，产业损害评价预警和产业损害应对方案。

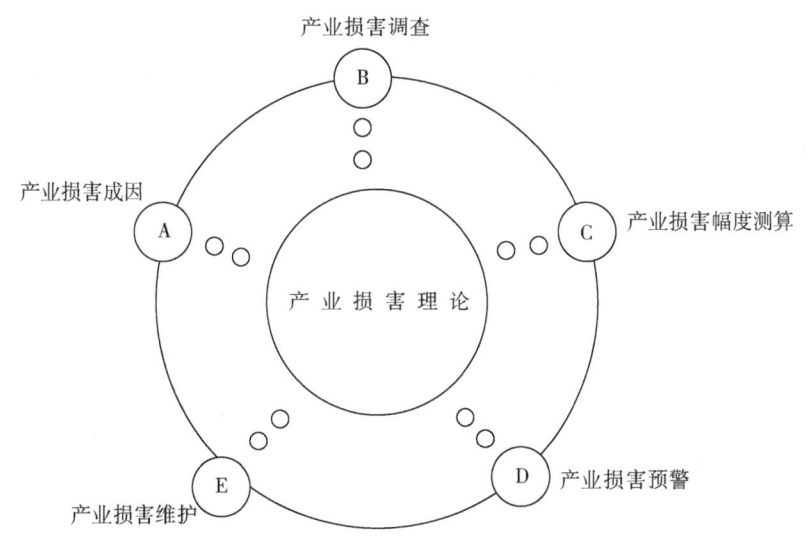

图 5-8　产业损害理论工程体系

5.2.1　产业损害理论概述

产业损害指在国际贸易中，国外商品在某进口国的大量低价销售，对该国国内相关产业的建立或发展造成威胁、阻滞甚至毁灭的过程（李孟刚，2006）。产业损害是国际反倾销领域的基本核心概念，被国际社会公认为可以作为认定有无倾销发生的基本条件。为保证国内产业的健康发展，世界各国严格防范任何妨碍国内产业健康发展的因素，因此产业损害问题得到普遍关注。

5.2.1.1　产业损害成因

倾销是导致产业损害的重要原因之一，深入分析倾销对相关产业的损害，对产业损害调查、产业损害幅度测算和产业安全维护具有重要研究意义。倾销对相关产业的损害主要有以下四个方面：①倾销对进口国产业的直接损害；②倾销对进口国产业的间接损害；③倾销对进口国倾销商品上游产业的损害；④倾销对进口国生产相似产品产业的损害。

（1）倾销对进口国产业的直接损害。倾销商品在进口国的低价销售，改变了进口国消费者的消费意向。这样进口国的同类产品就可能失去市场，造成进口国相关企业销量减少、利润下降、工人失业甚至倒闭。因此，倾销商品会对进口国生产相似产品的企业造成直接冲击。

（2）倾销对进口国产业的间接损害。进口国的某些产品尽管与倾销商品不构成直接竞争关系，但倾销品低廉的价格，将消费者的注意力转向了倾销商品，这样进口国的这些产业遭受了间接损害。

（3）倾销对进口国倾销商品上游产业的损害。以倾销商品作为原材料的进口国产业，因受低价信息诱导扩大生产规模，但在出口国停止倾销后，无法继续以相同规模继续生产，这将造成相关产业产能过剩和资源浪费。

（4）倾销对进口国生产相似产品产业的损害。即使进口国产业仍然保持与倾销前相同的市场份额，但实际上该产业已经失去了潜在的增长力，故该产业仍遭受倾销商品的损害。

5.2.1.2 产业损害调查

产业损害调查是确认有无倾销行为发生的基础工作。对被控倾销的进口商品进行产业损害调查的内容包括三个方面：①被控倾销进口商品对已经建立的生产同类产品的国内产业造成实质损害；②被倾销进口商品对已经建立的生产同类产品的国内产业造成实质损害威胁；③被控倾销进口商品对拟建立的国内相关产业造成实质阻碍。

根据分析思路和实施步骤的不同，Oykes（1996）将已有产业损害认定方法分成两大类，经济学方法和非经济学方法。非经济学产业损害认定是先调查本国产业是否受到损害，其次判定产业损害是否是由倾销所引起；经济学方法则是根据经济学中的供需理论，再加上价格弹性的概念，考察进口产品价格变化对进出口国相关产业的产出、价格以及收益等指标的影响。

非经济学产业损害认定首先要进行产业损害幅度测算。按照测算方法的差异，Kelly（2006）进一步将其分为指标体系法和计量分析法，指标体系法就是通过观测有关行业的产出、就业以及产品的价格等指标的变化来确定倾销的损害程度，但这种方法的调查结果比较主观，而且这种方法没有严格论证损害与倾销之间的因果关系。为了克服指标体系法的弊端，使评估结果更客观，Grossman（1986）最先利用计量方法来分析产业损害问题，他将以度量产业损害的某个指标（如本国产业的产出）看成自变量，将进口价格、原材料价格及代表整体经济状况的宏观指标看成因变量，利用美国钢铁行业的有关数据进行回归分析，以考察进口钢铁的倾销对美国钢铁产业的影响。非经济学产业损害认定方法的第二步就是因果关系检验，一般用 Granger 因果检验模型进行产业损害中的因果关系认定。

近年来，国内少数学者也对产业损害进行了一些研究，使用的方法主要是前面所述的指标体系法。早在 2001 年，以于永达带领的"中国产业损害标准计算方法"课题组就提出了基于层次分析法的产业损害测度法（何海燕和于永达，2002）。何海燕（2003）构建了产业损害测算指标体系。姜国庆和凡刚领（2004）利用相关矩阵等方法研究了指标体系中的相关性问题。王明明和隋伟莹（2004）、寇琳（2005）等研究利用多层模糊综合评判方法来建立判定产业损害程度的模型。王明明等（2003）还用寡占竞争模型对倾销与损害的因果关系进行了理论分析。向洪金和赖明勇（2012）使用 COMPAS 模型进行产业损害的认定的理论与实证研究。

综上所述，目前国内学术界在进行反倾销产业损害认定时，主要采用非经济学方法中的指标体系法与计量方法。Irwin（2003）认为，非经济学的产业损害认定方法存在以下缺点：一是该方法不能对倾销行为、非倾销行为以及进口国宏观经济环境等因素对进口国产业的影响进行有效区分，因此造成产业损害测度结果不够准确，难以令人信服；二是该方法将产业损害测度与因果关系鉴定分开进行，增加了产业损害认定的工作量，使其实用性受到限制；三是统计或计量分析方法属于事后验证，并不能够进行事前预测，无法达到预警作用。

5.2.1.3 产业损害认定方法

国内外对产业损害的确定进行了一系列的理论方法研究，许多已经得到应用。根据研究方法以及研究时间的不同，可以将这些方法大致分为四种：两分法、一元法、计量经济法和指标体系法。下面我们将对这些方法进行一一说明。

1. 两分法

两分法是最早被用于实践的方法之一，又叫做趋势分析法。它将产业损害的判定划分为两个问题：一是国内产业是否受到了损害，二是产业损害是否是由倾销引起的。按照这种方法，产业损害确定被划分为两个步骤：产业损害测定和因果关系确定。在产业损害测定阶段，调查机关对国内产业情况的调查进行评估。其评估的内容是能够反映调查期内国内产业状况和趋势的一系列指标，包括国内相关产业的产能、产能利用率、存货、销售量、工资、研发支出、就业、资本支出、资产回报率、投资等。如果这些指标表现出下降的趋势或者出现严重受损的情况，就可以认定该产业受到了损害。产业损害被认定之后，调查机关还要确定这两者间是否存在因果关系。需要评估的指标包括市场份额、国内相似产品的价格趋势、进口产品的价格变化趋势、销售额损失、利润损失等。如果出现进口价格低于国内价格、国内产业滞销等情况，那么就可以认定进口与国内产业损害存在因果关系。其中价格比较和国内销售额的损失是两项非常重要的考察指标。

如果调查机关认为既存在产业损害，又存在倾销与损害的因果关系，那么就会做出肯定性的裁决。然而，两分法存在一个致命的缺陷：它并不能清晰地解释倾销与损害之间的因果关系。倾销与损害同时存在，不代表两者之间存在必然因果关系；而如果两者不同时存在，也不代表不存在倾销造成的产业损害。此外，两分法需要根据相关因素或指标分析产业损害和因果关系确定，那这些指标的完整性及取得时间的一致性便会影响到该方法判断结果的准确性。例如，国内产业损害部分的资料观察期限为三年，但进口部分相关资料则只有半年，这样指标的时间一致性便很难保证。

2. 一元法

一元法是相对于两分法而言的，又称为比较分析法或假设法，它是利用经济学方法对损害和因果关系同时进行判定。这种方法首先假设不存在倾销，然后将该虚拟情况下国内产业的表现与现实情况相比较，以确定倾销对国内的产出和价格的影响，从而确定产业损害的程度。

使用一元法确定产业损害步骤：首先，利用倾销幅度以及其他信息来计算不存在倾销时进口产品的价格受到的影响，即确认倾销对进口产品价格的下降的影响有多大。其次，用估算的进口产品的价格变化计算其对国内同类产品所产生的影响。需求的变动幅度主要取决于倾销品的价格降低幅度，倾销品的市场份额，及进口产品的供给弹性。最后，使用国内的需求变化来估算倾销造成的影响。

事实上，比较分析法主要使用的经济学模型是 COMPAS 模型，它是一种较为常用的实证分析的模型，经济理论基础也比较完善。该模型在国际上有相当大的影响，在美国、加拿大、欧盟、日本、韩国均被广泛使用。

3. 计量经济法

计量经济学方法是使用联立方程组模型定量分析造成产业损害的因素。该方法不但可以分析倾销产品对国内产业的影响，还可以对其他引起产业损害的因素进行分析。通过建立供给需求方程组，计量经济法能够对所有引起产业损害的因素进行回归分析，从而得出这些因素对国内产品价格和数量的影响程度，当然倾销活动的影响也包含在内。计量经济法，主要有以下步骤：首先，建立产品的需求供给的联立方程组，并且要明确所有可能影响需求和供给变量。需求方面的影响主要包括倾销品的价格、替代品价格、消费者支出等；供给方面的影响则包括原材料价格、国内产品的产能等。我们可以根据实际情况对这些因素进行适当调整。其次，为了对联立方程组进行无偏一致估计，一般使用最小二乘估计来进行参数估计，从而计算出各变量的相关系数。再次，使用相关系数对各变量的影响程度进行分析。相关系数是衡量自变量对因变量影响程度的指标，通过相关系数可以计算出各因素对国内产品价格变化的影响程度。最后，在确定各因素对国内产品价格影响程度后，就可以比较各因素的影响程度，从而明确倾销品是否对国内相关产业造成了损害，或是其他更为重要的因素造成了国内的产业损害，并可以据此裁决是否是因为进口产品造成了产业损害。

4. 指标体系法

《反倾销协议》对产业损害的判定列举了 15 个指标，但是，如何利用这 15 个指标，使用何种方法进行产业损害确定，该协议并未给出明确说明。因此，许多学者据此提出了构建产业损害评估指标体系法。该方法主要包含以下内容：首先，构建产业损害指标体系，包括倾销因素、非倾销因素、定性指标、定量指标，并消除指标的相关性；其次在构建出评价指标体系后，引入层次分析法、神经网络方法、多层模糊综合评判法、多层次灰色模型法等模型对指标体系进行综合评估。通常这些方法首要构建出产业损害评价的等级，然后计算各层次的指标权重，最后通过模糊数学、灰色系统理论、神经网络等模型得出产业损害的定量化评估结果。该方法中定量评价与定性评价相结合，有效利用反倾销协议规定的指标，并通过完善的理论方法得出定量化的评估结果，从而为产业损害的判定提供理论依据。但是，这一方法依然是有缺陷的：一方面，由于反倾销涉案产业间存在较大差别，不同指标对评估结论的影响程度和重要程度也有所不同，所以，各指标权重分配的合理性直接影响着评估结论的可靠性；另一方面，构建指标体系时如果对各指标间的相关性分析不足，将直接影响到评估结果的客观性。

5.2.1.4 产业损害幅度测算

产业损害幅度测算是指在产业损害调查中，将被控倾销品的价格与设定的进口国产业不受损害的价格进行比较，从而将产业损害程度量化的方法。

产业损害幅度的测算方法主要分为两种模式：假设法和阶段法。其中假设法包括差额分析法和比较分析法，阶段法包括简单推论法和趋势分析法。这些方法间的关系可通过图 5-9 清晰地看出。

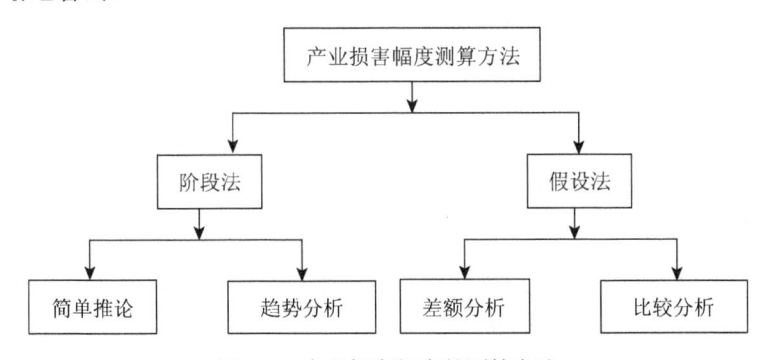

图 5-9 产业损害幅度的测算方法

阶段法，也就是先确认进口产品是否对国内产业造成重大损害，再进一步检验产业损害与进口产品间的因果关系；如果其中任何一部分的分析结果为否定，那么产业损害的认定便无法成立。假设法则强调比较"倾销进口产品存在"与"假设其不存在"的两种情况下国内产业状况的差别，如果两者差别非常大，则产业损害的认定便告成立。

此外，研究者纷纷提出用各种数学方法来解决产业损害幅度的确定问题。王明明和隋伟莹（2004）提出使用多层模糊综合评价法建立一种新的判定损害及损害程度的模型。此外又采用神经网络方法，优化损害程度的综合评判模型中企业经营指标的评判权重，进行更精确地综合评判。寇琳（2005）将层次分析法与灰色评判模型相结合提出了利用多层次灰色模型对产业损害状况进行评判。数学方法的引入使损害及损害程度的认定更有科学性，对相关部门裁决有一定的辅助决策作用。

5.2.2 产业损害评价预警工程

产业损害防护工程是指为了维持特定行为体自主产业的生存和发展不受产业损害的状态而提供的系统的认识论和方法论的解释，并提供产业损害维护及预警的模式和操作平台。

产业损害预警机制是在国际贸易过程中，对产业发展可能面临的风险进行预警，以达到保护产业不受损害的目的。具体是通过监测货物、产业发展状况、服务和技术进出口情况等，分析其对国内产业的影响，及时对国内产业可能受到的损害进行预测，及时发布相关信息，提醒相关产业采取防范措施，从而有效缓解国外产品对国内产业的冲击，同时，商务部也可以及时采取贸易救济措施，为国内产业提供保护屏障。总之，产业损害预警是对目前产业安全状态的评判和对未来产业安全形势的预测，为提前做出某些安全决策、实施某些防范化解措施提供依据。产业损害预警机制的建立是在 WTO 规则下有效运用反倾销、反补贴等手段维护国家经济安全的重要工作。

目前，很多国家为了保护国内产业并及时发起贸易救济，纷纷建立了预警体系。美国建立了"早期预警系统",南非、欧盟建立了"进口监测快速反应系统",印度建立了"进口监测机制",中国台湾地区建立了"贸易救济防火墙系统"。

自2000年以来,中国有关部门也在积极研究产业损害预警工作的方法,并在重点产品、重点行业建立产业损害预警机制,并积极推动在试点省市开展产业损害预警。2001年国家经济贸易委员会对汽车及零部件建立了产业损害预警机制,并从2002年起发布月度监测报告;2002年中国化肥行业和钢铁行业产业损害预警系统也正式启动。各行业的预警研究成果也开始大量出现,如纺织行业、电信产业、建材行业等。

5.2.2.1 产业损害预警方法

关于预警模型国内外比较成熟的研究集中于金融危机预警和银行脆弱性预警,采用的方法主要有两类:参数法与非参数法。

(1)参数法,是通过对一系列变量进行回归估计,进而估计出事件发生的概率。该方法能够把所有重要指标信息合成一个数字来预测事件发生的可能性,常用的方法有单位对数模型和单位概率模型。这两种方法都是对历史数据的拟合,但是不管拟合的程度如何,对未来的外推总是存在不可靠性,需要随着新情况对模型进行修正,在逻辑上也存在矛盾。

(2)非参数法,用的比较广泛的是信号分析法。首先需要确定预警事件的信号区间,其次再对预警指标进行显著性检验,挑选出重要预警指标。如果预警指标超出阈值,则可以认为该指标发出预警信号。最优阈值是通过搜索、调整后的噪声信号比最小的阈值。由于一个指标只能反映一个方面的问题,需要根据预警功能给予各预警指标不同的权重,得到综合指标,据此构造出一个基于样本的条件概率。

5.2.2.2 基于支持向量机的产业损害预警

支持向量机(support vector machine,SVM)是数据挖掘领域的一项新技术,是借助于最优化方法解决机器学习问题的新工具,是在Vapnik(1996)创建的统计学习理论基础上提出的。传统的机器学习方法采用经验风险最小化准则,以训练集样本点误差达到最小的模型为最优模型,这样不可避免会有过拟合的问题,这样就限制了模型的泛化能力。而以统计学习理论为基础的支持向量机采用结构风险最小化准则,在保证样本点误差最小的同时,缩小模型泛化误差的上界,从而提高模型的泛化能力。这一优点在小样本学习问题解决中显现出突出的优势,因为它避免了传统机器学习问题过学习、欠学习等问题,所以被公认是解决小样本分类回归问题的最佳方法。

1. 支持向量机评价模型

SVM方法的基本思想是:使用核函数将样本空间映射到一个高维特征空间,然后使用线性分类机方法解决样本空间中的非线性分类回归问题。

分类问题可描述为:根据训练集 $T = \{(x_1, y_1), (x_2, y_2) \cdots (x_n, y_n)\} \in (X \times Y)^n$ 其中,$x_i \in X = R^n$;$y_i \in Y = \{1, -1\}$,$i = 1, 2, \cdots, n$。寻找一个 $X = R^n$ 上的实值函数 $g(x)$ 使之可以用决策函数 $f(x) = \text{sgn}(g(x))$ 推断每一个 x 对应的 y。

对图示的两类样本，选定法方向 w，有两条直线 l_1, l_2，这两条直线之间的距离被称为分类间隔（图 5-10）。将样本归一化后两条直线的方程可写为

$$\langle w,x \rangle + b = 1, \quad \langle w,x \rangle + b = -1$$

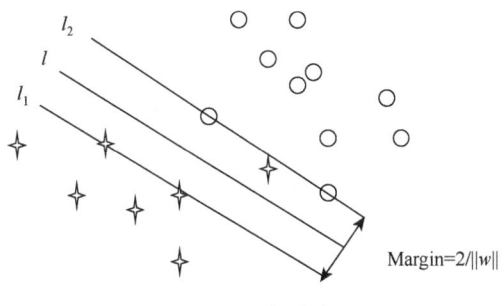

图 5-10 最优分类面

其中，$\langle w,x \rangle$ 表示 w 与 x 的内积，l_1 与 l_2 的间隔是 $2/\|w\|$ 利用最大间隔法可得到优化问题

$$\min_{w,b} \frac{1}{2}\|w\|^2$$
$$\text{s.t.} \quad y_i(\langle w,x \rangle + b) \geq 1 \quad (i=1,2,\cdots,n)$$

假设上述优化问题的解为 w^*, b^*，则 $\langle w^*, x^* \rangle + b = 0$ 是 l_1, l_2 中间的直线，是所有规划线中最好的，成为最优分化超平面，此时 l_1, l_2 上的训练样本被称为支持向量。

我们在前文已经讨论了线性可分二类划分的 SVM 分类机。对线性不可分二类划分可引入松弛变量，类似求解。对 k 类线性划分，可转化为多个二类划分。对非线性问题引入和函数 $K(x_i, x_j)$ 转化为线性分类，优化问题转化为

$$\min_{w,b} \frac{1}{2}\sum_{i=1}^{n}\sum_{j=1}^{n} y_i y_j a_i a_j K(x_i, x_j) = \sum_{j=1}^{n} a_j$$
$$\text{s.t.} \quad \sum_{i=1}^{n} y_i a_i = 0 \quad (0 \leq a_i \leq C)$$

其中，C 为惩罚参数。令其最优解为 $a^* = (a_1^*, a_2^*, \cdots, a_n^*)^\text{T}$，并且 $b^* = y_j - \sum_{l=1}^{n} y_i a_i^* K(x_i, x_j)$，则决策函数为 $f(x) = \text{sgn}\left(\sum_{l=1}^{n} y_i a_i^* K(x_i, x) + b^*\right)$。

2. 产业损害指标体系的构建

为了准确及时地监测和预警产业损害的具体状况，需要建立一套既能体现产业运行状态、又能描述产业损害状况的指标体系。本着预警性、开放性、系统性和科学性原则，同时考虑产业中的企业经济实力、发展前景、经营效益等，根据商务部产业损害调查局的《预警指导意见》中的预警指标体系来建立相应的数学模型。其中一级指标包括生产指标、销售指标、财务指标、价格指标、人力资本指标。对应各个一级指标又分为多个二级指标，具体情况可参照表 5-4。

表 5-4　产业预警指标体系

一级指标	二级指标
生产指标	生产能力
	实际生产产量
销售指标	实际总销售量
	国内销售量
	出口量
	总销售额
	销售成本
	期末库存量
财务指标	税前利润
	经营现金流量净额
	平均投资额
价格指标	平均出厂价
	平均销售单价
	出口价格
人力资本指标	从业人员平均人数
	从业人员劳动报酬

以上监测指标数据是产业损害警情预报的主要基本依据。警情预报是各种监测指标数据对产业状态的体现，通过对各个监测指标进行技术处理后及时对产业运行的各种状态做出科学判定，对不利情形发出预警，从而维护产业的正常发展。

3. 将 SVM 用于产业损害预警及分级

在有了产业损害的预警指标体系，并获得样本数据后，便可基于 SVM 将产业损害分为五类。

下面将说明如何将 SVM 用于产业损害评估，简单地讲主要有以下四个步骤：①数据采集及整理；②对预警指标体系进行特征选择；③将数据带入 SVM 模型进行预测；④根据预测结果做出对应的应对措施。

借鉴国际经验，依照前文建立的预警指标体系和预警模型对产业损害程度进行评定，可将产业损害程度分为依次递增的五个级别：正常、关注、警惕、预案、启动。后三个级别意味着产业遭受损害，第二个级别意味着应该对产业进行密切关注，防止其遭受损失。根据预警等级内容，分别给出绿色、蓝色、橙色、黄色和红色预警信号，形成相应的预案（表 5-5）。例如，当产品出口对当地产业发展带来压力，特别是出现企业或协会要求政府进行产业保护的呼声，或者发生针对国内产品的特殊事件时，显示橙色预警。

此时商务部等政府部门需要积极响应企业或协会的反映，对以上情况给予高度重视，对相关方面进行协商调查，做好反倾销预防准备。推行科学合理的预警分级制度可及时观测产业对外贸易状况，动态监测能准确地判定产品进口的内在风险，有效保护国内对外贸易。

表 5-5　产业损害预警与应对

产业损害状态	预警信号	含义	应对方案	支持机制
正常	绿色	产品进出口维持原有秩序，进口量有一定增长，没有数据显示对外贸易出现波动	动态地检测产品进出口情况，关注国际市场变化	信息共享机制
关注	蓝色	尽管产品按照原有数量、价格进口，但存在一些可能对国内产业产生不利影响的因素	密切关注对国内产业可能造成不利影响的因素，及时向企业发布引起企业注意，尽可能避免形成潜在的威胁	危机控制机制
已受威胁或阻碍	橙色	产品进口对国内企业发展带来压力，出现企业或者协会要求产业保护的呼声，发生针对外国产品的特殊事件	积极响应企业或协会的反映，对特殊事件给予高度重视，与国外相关机构进行协商，做好预防准备	管理协调机制
存在损害或严重威胁	黄色	出现个别企业或者协会提请政府调查倾销的要求，政府部门接受调查申请	根据企业或者协会的要求，建立反倾销、反补贴、特殊保障措施或者技术贸易壁垒预案	政策配套机制
严重损害	红色	经过调查，政府裁定倾销造成损害，并采取反倾销措施	根据实际情况对国外企业的倾销行为进行调查，积极申诉，施行反倾销措施	应急启动机制

5.2.2.3　基于支持向量机的反倾销预警工程

反倾销预警是通过选定能提前反映对企业出口的产品发起反倾销迹象的监测指标，观测这些指标参数的变化，带入到预警模型中，从而对本国出口产品对国外产业的影响进行分析，及早发现国外发起的反倾销信号。在本国大量低价出口产品有可能使得外国某一产业遭受损害的情况下，提前做出判断，主动采取措施，避免遭受指控而被征收巨额反倾销税。

1. 反倾销预警研究综述

国外鲜见关于专门针对反倾销预警的研究，但对于企业反倾销申请行为的研究成果对我们的预警研究有很大可借鉴性。Sabry（2000）研究指出，决定国内厂商提起申诉的因素有进口产品国内占有率、该产业的资本密集度和国内产业就业状况。Feinberg（1989）认为真实 GDP 增长率、真实汇率水平对厂商发起反倾销意愿也有明显影响。国内一些学者也对企业反倾销申请行为进行了研究，从理论上分析了生产设备利用率、GDP 增长率等因素对进口国企业反倾销申请的影响。

随着我国出口产品遭遇反倾销指控的快速增加，反倾销预警逐渐引起了我国企业和政府部门的关注，一些学者也对这个课题进行了专门研究。瞿东升等（2007）以中国出口到美国的棉纱为研究对象，利用 BP 神经网络方法建立了产品出口价格的预警模型。方勇和张二震（2004）使用产业组织理论对申诉阶段问题进行预测，用博弈分析对倾销裁定进行预测。

根据付克华（2003）的研究，关于预警模型国内外比较成熟的研究集中于金融危机预警和银行脆弱性领域，主要有两类方法：参数法与非参数法，上文已进行详细介绍。总之，为了使预警模型有实用功能，需要满足以下三条原则：第一，模型必须能够在事前定量估计反倾销事件发生的概率大小而不仅是定性描述；第二，预警模型的计算过程必须清晰可见，并且得符合反倾销调查机构的方法及决策行为；第三，可以通过公开便捷的渠道，以合理的成本连续获得模型中相关变量的数据。根据这三条原则，采用支持向量机方法进行预警是一条可行的途径。

2. 反倾销预警指标体系

国内有的研究在指标选取上随意性很大，往往仅根据主观判断选取指标。这里我们以中国主要贸易伙伴美国作为案例研究反倾销指标体系的构建。

为了平衡促进公平竞争和保护本国生产商利益的要求，美国的产业损害调查极为重视大量的客观数据的搜集分析。数据也不仅涵盖生产领域，而且将库存、流通、宏观经济形势等都包含在内。

在选取考察指标时要综合考虑四方面的因素：第一，必须全面反映供求关系，而这是一直以来被很多研究者忽略的问题。第二，要符合美国国际贸易委员会的惯例。通过美国国际贸易委员会的公开资料分析发现，该委员会对每个调查案例使用的指标大体一致。由此我们获得需要的指标体系，主要包括 3 个一级指标和 20 个二级指标，大多数指标反映的是美国国内产业的经营状况。第三，重视相对量以及对国内同类产品的影响。美国侧重于考察市场占有率、国内外产品数量比这样表示相对变化的数据。这体现其反倾销政策的重点是平衡国内外厂商在竞争中的地位，而不只为了创造公平竞争的环境，因此美国反倾销政策有较强烈的贸易保护目的。第四，指标数据要简单可得。例如，企业的库存关系到商业秘密，一般很难公开获得，因此在该模型中给予忽略。

综合以上研究结论，得到表 5-6 所示预警指标，其中，与美国同类产品可替代性、美国行业集中度用 0~1 的数值表示，根据可替代性不同分别赋值为 0，0.5 和 1。

表 5-6 预警指标的选取

类别	指标
中国出口产品	X_1=中国出口产品在美国市场份额的增长率−美国市场总消费量增长率
	X_2=（美国同类产品售价−中国产品在美国售价）/中国出口产品在美国售价
	X_3=与美国同类产品的可替代性

续表

类别	指标
美国国内产业状况	X_4=美国产业就业增长率
	X_5=美国行业集中度
	X_6=成本比例=售出商品成本/销售额
	X_7=利润率=营业收入/销售额
其他国家同类产品	X_8=（其他出口到美国产品价格−中国产品在美国市场价格）/中国产品在美国市场价格

3. 基于支持向量机的反倾销预警

将 SVM 用于反倾销预警及分级。在有了反倾销的预警指标体系，并获得样本数据后，便可基于 SVM 将反倾销警情分为三类。

将 SVM 用于反倾销的评估步骤包括：①数据采集及整理；②将数据带入 SVM 模型进行预测；③根据预测结果做出对应的应对措施。

5.2.3 产业损害应对方案

产业损害防护应对主要是围绕进出口贸易中可能出现的问题适时采取相应措施而进行运作的。产业损害防护体系的运作流程是发现问题后识别问题，相关部门启动预案解决争端，它包括四个子系统：信息汇集系统、监测分析系统、预案启动系统、处理反馈系统。下面将对各个子系统的内容进行说明。

（1）信息汇集系统。该系统主要是为了收集进出口产品的有关数据信息，这是建立产业损害防护机制的前提。在企业、政府和行业协会等中介组织的共同配合下，系统从行业统计部门、驻外机构、监测企业、民间咨询机构、经贸研究机构、中介组织等渠道收集产品的进出口数量、价格、补贴情况，以及相关产业保护政策、法律、技术标准等各方面的信息。信息汇集系统通过收集、整理和分析产品的相关数据，动态掌握产品状态，根据预警级别，企业和部门可以尽早准备预案应对可能出现的问题。

（2）监测分析系统。该系统主要是对进出口产品的异常信息进行监测，其核心构造是产业损害预警模型。该模型主要通过对数据进行定量分析，并邀请专家进行定性分析，综合两种分析方式对有关进出口产品是否对国内相关产业存在威胁和损害进行识别。

（3）预案启动系统。如果监测分析系统监测到出现国内产品大量低价出口或同类产品企业竞相压价出口等有可能引起反倾销调查的情况，预案启动系统要及时发出预警信息；若国外组织实施起诉后，政府或协会应及时组织企业应诉。同时，因大量进口国外产品而对国内产业造成实质损害时，预案启动系统要及时发出预警信息，并提出相关应对措施，形成快速反应机制。

（4）处理反馈系统。处理反馈是产业损害防护机制的重要环节，直接决定产业损害防护机制的成效。它包括两大方面：一是做出贸易争端处理决定；二是根据处理决定，向国外产业损害调查机构、行业组织以及本国行业组织和企业做出反馈。

产业损害防护防护的工程化体系如图 5-11 所示。这四个系统的有效运行，可以在早发现的基础上，通过自己的行为调整和双方的协商谈判，将贸易争端问题化解在矛盾激化之前，消除造成的贸易不利影响，防止问题扩大化。

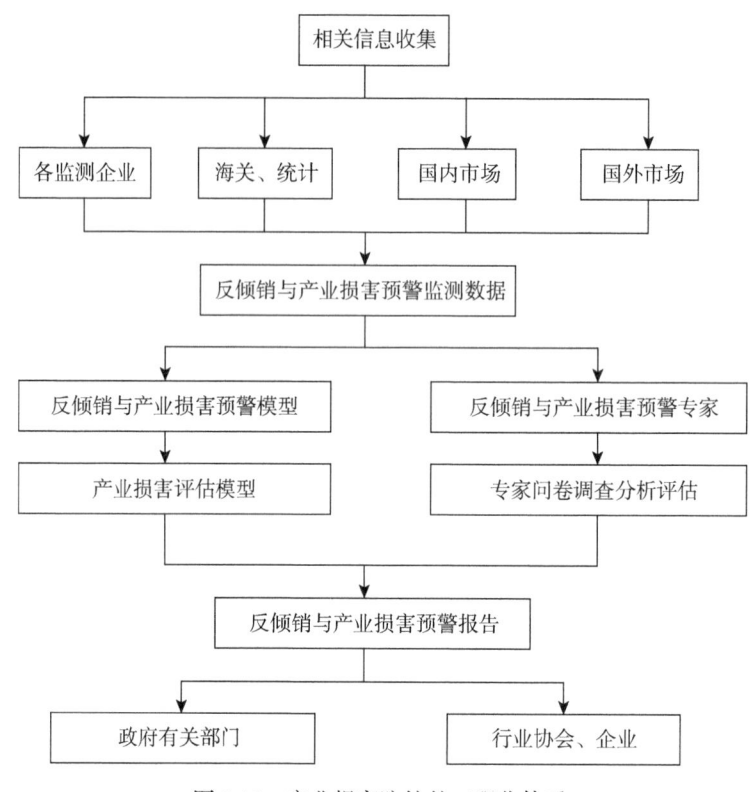

图 5-11 产业损害防护的工程化体系

5.3 产业国际竞争力工程

5.3.1 产业竞争力是产业安全的核心

产业竞争力是衡量一个国家经济实力的重要指标，是评判国家经济是否处于安全状态的主要因素，更是维护产业安全、稳定发展的核心内容。对于某一产业，所处的环境以及自身条件的约束使其具有不同的竞争力。而在市场生存中，产业竞争力无疑是产业发展的动力和活力。它促进产业在良性竞争中不断壮大，在恶性竞争中顽强生存，使得在面对来自各个方面对于产业安全的威胁时，该产业可以将其危害最小化。由此可见，产业竞争力是产业安全的重中之重。

随着经济全球化进程的加快和国际竞争的加剧，世界进入了一个联系越来越紧密的时代。各国的贸易形式发生了重大转变，不再单一依靠国内市场的变动，相反更加受到了世界这个大市场的影响。中国产业所处的竞争环境发生了翻天覆地的变化，从单一的国内竞争逐渐扩展到国际竞争中，受到的来自国际市场各方面的对于安全的威胁因素逐渐增多。

这种由国内市场向国际市场转变的机遇正是中国各个产业寻求发展的机遇和挑战。无疑，机遇越珍贵，竞争越大，自然对于该产业安全的威胁也就越大。因而，提升产业国际竞争力已经不单是增强国家竞争力的重要环节，更是在国际竞争中维护产业安全的重要保障。因此，产业国际竞争力是关系到未来国家经济、社会发展的不可或缺的因素。

经济全球化可以说是机遇与挑战并存。一方面，经济全球化给我国带来了发展机遇。在产业国际化、生产国际化的作用下，大规模的投入产出扩大了国际市场的规模，从而我们可以寻求更多的机会发展生产；精确的分工打破了以往"一家独揽"的局面，带给我国的效益逐渐增大；区域集团化带动了贸易政策的调整，更加促使了我国在国际市场中的进出口发展，有效增加了进出口贸易，进而繁荣了我国经济。另一方面，经济全球化给我国带来了巨大挑战。首先，技术的革新越来越占据主导地位，相对而言，我国科技发展速度缓慢，在某一程度上，加大了我国与国际市场的差距。其次，国际分工的逐渐明确，使得我国需要调整产业结构，这一艰巨任务仍然需要时间和人、财、力的相互配合。最后，在国际市场逐渐公开化的今天，我国的出口产品偏向于以人工为主、技术含量低、加工程序少的劳动密集型产业。这样的结构难以使我国在国际市场中长期立于不败之地。因而，严峻的挑战是我们不得不考虑的重大问题。

综上所述，经济全球化的趋势对产业安全带来了一定威胁，而在国际市场中，同时给予我们提供了提升产业国际竞争力的机遇。因此，从国际市场角度出发，提升产业国际竞争力是维护产业安全不可或缺的一项任务。

5.3.2 产业国际竞争力的理论综述

近年来，产业国际竞争力逐渐成为各个国家的研究热点。瑞士的洛桑国际管理学院（International Institute of Management Development，IMD）以及世界经济论坛（World Economic Forum，WEF）每年都会进行国家竞争力的排名，由此可见，与竞争力相关的一切事物现已为社会各方面所关注。自20世纪80年代以来，我国学术界也开始对产业竞争力给予关注，并将其作为研究重点，投入精力研究。在此，对国内外的研究成果进行总结。

5.3.2.1 国外有关产业国际竞争力的研究

随着经济的全球一体化，产业竞争力逐渐由国内向国外延伸。国内经济局势的变化不再成为单一影响产业竞争力的因素；反而，同国际经济环境一起，共同对产业国际竞争力起作用。在世界经济不断发展的今天，对于某一产业来说，为寻求长期发展，绝不能仅盯住国内市场，更重要的是紧跟国际市场，适时调整对外对内政策。因而，提高产业国际竞争力成为该产业谋求长存的关键目标。

自竞争力一词出现，世界各地涌现出大批优秀学者对其进行探究。马克思曾经从竞争力的来源讨论过，认为劳动生产率是其最为根本的来源。此外，商品价值的实现和科学技术的应用也都可以提升产业国际竞争力。

1. 比较优势理论及发展

紧随其后的有关产业国际竞争力的经典理论是李嘉图在亚当·斯密的绝对优势理论

的基础上提出的。他认为生产技术的相对差别造就了生产成本和产品价格的差别,使得各国生产的产品具有了相对优势。进一步而言,如果在同一个国家,两种产品的生产技术都相对落后,即两种产品均处于劣势,但是处于劣势的程度不同,这样相对而言,还是有一种产品是具有相对优势的。

20世纪初,瑞典经济学家伯尔蒂尔·俄林与他的老师伊利·赫克歇尔提出了资源禀赋学说(H-0理论),从生产要素比例的差别角度解释了成本与商品价格的不同,这是导致优势存在的原因。由于生产不同的商品需要不同的生产要素比例,并且不同的国家具有不同比例的生产要素,这样在生产过程中,必然会有比较优势的产生。一国具有比较优势的产业往往能够形成较强的产业国际竞争力,反之,一国缺乏比较优势,则很难保持竞争优势。

保罗·克鲁格曼在俄林之后用"规模经济"和"不完全竞争"来解释相似资源储备国家之间和同类工业产品之间的"双向贸易"或者行业内贸易,即通过扩大市场来增加生产,实现降低成本获取利润的目的。

美国当代经济学家蒙德·弗农提出了产品周期理论,对比较优势理论和要素禀赋学说进行了补充,他认为生产要素不局限于劳动和资本,还包括自然资源、生产技术的变化等。

2. 竞争优势理论

波特的"钻石体系"是国外研究竞争力的典范。波特重新定义了国际竞争力,他认为国际竞争力就是一国在某一产业的国际竞争力,能否为一个国家创造一个良好的商业环境,使该国企业获得竞争优势的能力(李孟刚,2012)。在对许多国家的产业进行实证研究的基础上,波特认为一国的特定产业是否具有国际竞争力,取决于四个基本决定因素和两个辅助因素,四个基本决定因素是:生产要素、需求条件、相关及支持性产业以及企业的战略、结构和竞争,这些决定要素创造了企业竞争的一个基本环境,每一个决定因素都会决定产业国际竞争优势的形成;两个辅助因素是机会和政府,这六个因素之间的彼此互动构成了产业国际竞争力的"钻石模型"(赵晓颖,2008),如图5-12所示。在1980~1990年,波特先后发表了《竞争战略》《竞争优势》《全球产业中的竞争》《国家竞争优势》四本专著,对全世界的竞争力研究产生了重要影响,深受各国学术界的青睐。

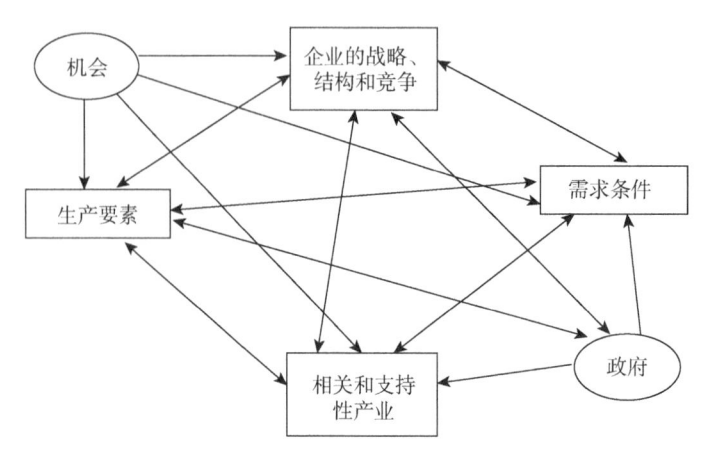

图 5-12 波特"钻石模型"

波特指出：生产要素是指一个国家在特定产业竞争中有关生产方面的表现，如人工素质的差异；需求条件是指本国市场对该项产业所提供产品或服务的需求如何；相关和支持性产业是指其相关的或者其上游产业是否具有产业竞争力；企业的战略、结构和竞争是指企业在一个国家的基础、组织和管理形态，以及国内市场竞争对手的表现。这四个因素可能会给产业带来发展机会，同时也可能造成产业的停滞不前（李鉴，2010）。因而，这四个要素为关键因素，但是还有另外两个因素也可能会对产业竞争力产生影响。机会是指企业不可控制的突发事件，如经济危机、战争等；政府是指政府对该产业的干预情况（李孟刚，2012）。机会的出现由于其不可控制性，可能会打破原有的竞争环境，成就全新的发展机会。政府的政策导向更是直接影响到产业的竞争力。

3. IMD/WEF 的国家竞争优势理论

瑞士洛桑国际管理开发学院和世界经济论坛对竞争力的探讨均已经有较为完整的研究体系。IMD 认为国际竞争力是创造增加价值，从而增加国民财富的能力。其衡量竞争力的指标包括六项：①资产（asset），用于创造国民财富的资源；②资产创造过程（processes），一国创造附加价值的方式或转化能力；③吸引力（attractiveness），一国吸引外资的能力；④积极性（aggressiveness），某国企业在国际市场的积极程度；⑤全球性（globality），本国产品相对于他国被接收的程度；⑥地区性（proximity），本国产品相对于进口产品被本国人民接受的程度。在 IMD 国际竞争力模型中，从国家竞争力和企业的国际竞争力出发，认为国家竞争力的核心就是企业创造增加值的能力，即企业竞争力。反之，企业竞争力是其所处的国家环境对企业运营的影响好坏造就的。由此可见，国家竞争力与企业竞争力是互补的。

WEF 认为国际竞争力是国家实现国民经济高速增长进而改善居民生活水平的能力，它认为国家之间的竞争不是零和，而是相互促进、共同增长的。

尽管 IMD 和 WEF 研究的主要对象不是产业竞争力，但是他们的研究方法和研究模型对产业竞争力研究产生了一定影响，尤其是 IMD 的研究公式：

$$竞争资产 \times 竞争过程 \xRightarrow{国际化} 国际竞争力$$

5.3.2.2 国内有关产业国际竞争力的研究

我国对国际竞争力的研究最早开始于 1989 年，由原国家经济体制改革委员会经济体制改革研究院和国外经济体制司开始与世界经济论坛和瑞士洛桑国际管理学院联系，商讨关于共同开展国际竞争力的使用研究。1993 年 11 月《中共中央建立社会主义市场经济体制若干问题的决定》指出的"积极参与国际竞争和国际合作，发挥我国经济的比较优势，发展开放型经济，是国内经济与国际经济实现互接互补；按照我国国情和国际经济活动的一般规则，规范对外经济活动，正确处理对外经济关系，不断提高国际竞争力"表明国际竞争力问题已经引起中国政府的高度重视。随着中国日益参与到全球化竞争中，我国在 1996 年，由原国家经济体制改革委员会经济体制改革研究院、深圳综合开发研究院及中国人民大学组成的"中国国际竞争力研究"课题组，运用《世界竞争力报告》的方法，开始了中国的国际竞争力研究。

自 2001 年我国加入 WTO，产业国际竞争力越来越受到重视，自此，涌现出大量针对各个产业的专项竞争力评价分析，并针对不同产业、不同地域的竞争力给予评价。由此可以看出，不仅产业国际竞争力受到重视，加快提高我国各个产业国际竞争力也已成为我国产业发展的重要目标。根据以往统计，自 2000~2011 年，产业竞争力评价一直是国内学者关注的热点。自 2007 年起，国内学者对产业竞争力的研究更加趋向多元化，并逐渐加强了对影响因素、指标体系建立等问题的研究。随着时间的迁移，评价的多元化也带动了多种研究方法的深入。评价方法大体可以分成四类，包括指标综合评价法、竞争结果评价法、影响要素剖析法和全要素生产率法。在不断探究的过程中，产业国际竞争力工程化的脚步也逐渐加快。

对于这一热门课题，我国诸多学者也纷纷提出了自己的研究理论。中国社会科学院金碚教授是国内从事产业国际竞争力研究的第一位学者。他提出产业竞争力是产业组织的问题，形成有效竞争的市场结构和产业组织结构是培育和增强产业竞争力的根本途径和决定性条件。他将影响竞争力的因素分为三类，分别为间接因素、直接因素以及竞争结果，相对应竞争潜力、竞争实力以及竞争力的实现。通过对国产工业品的市场占有率以及盈利情况等内容的研究，成功构建了工业品国际竞争力分析框架。

中国社会科学院裴长洪在前人的研究基础上，建立了行业分析、市场类型和价值链三种方法相结合的产业国际竞争力经济分析框架。他主张将影响产业国际竞争力的指标分成两类：一是显示性指标；二是分析性指标。厦门大学的周星和付英则根据世界经济论坛和洛桑国际惯例开发学院对国际竞争力的定义研究，提出了资产和过程相结合为原则的指标体系。原国家计划委员会课题组将产业国际竞争力具体化，分为竞争实力、竞争能力、竞争潜力、竞争压力、竞争动力、竞争活力六方面内容，并在此基础上设计了相对应的指标体系。另一位学者，中国社会科学院张金昌则是从出口与国际竞争力的关系出发，根据其具有正相关关系，提出了用进出口指标来评价国际竞争力。

现如今，竞争力问题研究逐渐成为我国经济研究的一个热点。从以上理论看来，我国对产业竞争力的研究受到西方，尤其是国际竞争力的研究的影响。随着研究的不断深入，我国学者已经把竞争力应用到了其他领域，如企业竞争力、产品竞争力等，充分丰富了我国对竞争力研究的理论。

5.3.3 产业国际竞争力评价指标

5.3.3.1 产业国际竞争力评价指标设计目标

研究产业国际竞争力存在以下几个问题：①不同产业的实际情况不同，因而最终指标的设定不同；②产业国际竞争力的发展是不断变化的，因此从静态分析角度出发，只能描述变化，而不能完整描述整个过程；③产业国际竞争力不是简单的某个产业内的所有企业竞争力的线性叠加，它受到多种元素的制约。

在以上问题的基础上，我们的指标设计必须综合考虑各个方面的因素，最终达到以下目标：①从总体角度评价产业国际竞争力，寻求产业间的关联指标；②寻求能够表示出产业国际竞争力形成、变化过程的指标；③尽可能多地将指标体系完整化、精确化。

5.3.3.2 产业国际竞争力评价指标设计原则

在以上目标的确立下，我们构建产业国际竞争力的指标体系应该遵循以下原则。

1. 客观性

指标的选取不能受到各方面主观因素的影响，能够客观地选取有代表性的指标以及明确指标代表的经济含义。

2. 系统性

我们的目标是构建一个相对完善精确的指标体系，因而评价指标首先应该体现系统性，即在某种程度上与总体评价的结果一致。

3. 产业特性

由于产业各式各样，所以要设计一个通用的产业国际竞争力指标体系相对比较困难。但是我们针对不同的产业特性设计相对灵活的部分以便来使评价体系完整、丰富。

4. 可行性

尽可能选取能够获取数据的指标。一般的定性指标如果不经过专家评价进行量化，对于一般工作人员，很难处理和操作，不利用指标体系的构建。

5. 代表性

产业国际竞争力的影响因素有很多，我们很难将所有的因素都归入到指标体系中，太多的指标不利于后续的处理工作；而太少的指标又不能完全反映某一产业的特性进而进行评价。因此，我们要选取有代表性的指标，尽量剔除次要的间接的目标。

5.3.3.3 产业国际竞争力的评价指标分析框架

在设计评价指标时，我们发现，指标总体来看，可以分成两类，一类是从竞争结果角度分析的指标，即显示性指标；另一类是从竞争原因分析的指标，即分析性指标。从竞争结果角度来看，我们发现最直接的体现就是在进出口贸易中该产业在国际市场的占有率。因而我们围绕这一特征，针对竞争结果设计了一系列指标。从原因角度分析，既有直接因素，又有间接因素。直接原因是竞争力的驱动力，即我们可以形象描述为竞争实力。在实力的牵引下，竞争力不断变化。间接原因可以看成是该产业的竞争潜力，它的推动尽管不如直接原因来得直接，但是在其影响下，我们可以分析出这个产业的竞争前景，故称为竞争潜力。

（1）直接原因。我们当然不能离开产业本身，无论是著名的波特理论，还是国内大量的研究，我们都清楚生产要素、技术创新以及产业结构无疑是影响因素中的重中之重。

生产要素离不开人、财、物。产业中人的素质直接影响产业的发展速度，简单来说，如果某一产业遍布高技术人才，那么无疑它将是最具竞争力的产业之一。财是奠定产业发展的基础，没有足够的资产，一个产业无法兴起，更加无法涉及国际竞争力了。自然资源更是产业前进发展的助力，任何行业的发展都需要物质的支撑，丰富的自然资源必将带来一段时间内物质的极大丰富，最终带动产业的国际竞争力的提高。随着社会的不断发展，技术的创新能力对产业国际竞争力提高与发展的作用日益增强，我们也无法忽视其带来的重大影响。此外，产业的内部结构也将影响产业的未来发展，结构是否合理化，将直接决定产业的发展是否能朝着健康的方向快速前进。

（2）间接原因。任何事物无法脱离其所处环境以及其他相关或者相反的事物而独立生存，对于产业来讲更甚。某一产业是由不同企业组成的，在讨论外因时，我们重点以企业为对象，意图在不脱离产业的大方向同时，将其影响因素具体化、形象化。在该产业中，企业的发展直接决定并影响着产业竞争力。而企业的内部环境，如企业设施、企业运营策略都对产业国际竞争力有所推进。此外，相关产业的辅助以及相同产业之间的竞争都会影响产业国际竞争力的发展结果。良性竞争将会促进其发展，而恶性竞争将导致发展的滞后。产业所处的最大环境就是社会环境，在此，我们始终无法忽略政府政策的影响。政府决策是确定国家某产业的发展方向的标准，换句话说，我们对于产业国际竞争力的探讨是建立在响应政府决策，积极执行政府方案的基础上，并同时能够促进国家某产业繁荣。

（3）产业在国际竞争中的发展是处于一个动态环境中，它具有往复性和累积性。也就是说，前期的发展将影响后期，作用于后期。我们讨论国际竞争力时，最直接面对的是国际市场，那么对于一个产业来说，其出口进口情况是直接与国际竞争力挂钩的内容。在此基础上，我们将衍生出的一系列其他效果以及直接作用具体分为现实竞争力、进出口情况以及价格比三方面内容。每一个层面必须涉及已经参与过国际市场的产业。

根据以上讨论内容，我们从三个层面来讨论影响产业国际竞争力的因素，并具体地、有针对性地建立起完整的因-果指标分析框架（图 5-13）。

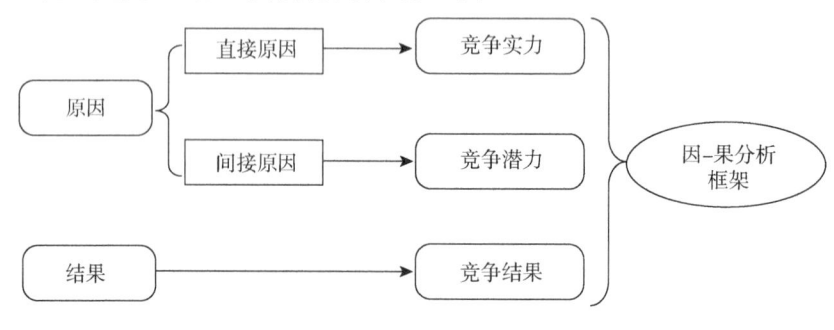

图 5-13 因-果分析框架

5.3.3.4 产业国际竞争力具体评价指标

1. 竞争结果指标

国际市场占有率（international market share，IMS），是反映某一产业（或产品）在

国际市场的占有率，衡量某一国家某一产业（或产品）的出口总值相对于世界各国出口总值的百分比。公式为

$$\text{IMS}_{ij} = \frac{X_{ij}}{\sum_j X_{ij}}$$

其中，X_{ij} 表示第 j 国第 i 个产业（或产品）的出口额，$\sum_j X_{ij}$ 表示世界第 i 个产业（或产品）的出口总额，所以 IMS_{ij} 的取值在（0，1）之间，IMS_i 越大，则竞争力越强。

渗透率（permeability，P），是某一国某个产业（或产品）的出口在某一国总进口中所占的比例，从出口国的角度反映某产业（或产品）在其进口国市场上的占有率。公式为

$$P_{ij} = \frac{X_{ij}}{\sum_i M_{ij}}$$

其中，X_{ij} 表示第 j 国第 i 个产业（或产品）的出口额，M_{ij} 表示第 j 国第 i 个产业（或产品）的出口额，$\sum_j M_{ij}$ 表示第 j 国的进口总额。我们不能确定 P_{ij} 的取值范围，但是我们发现，P_{ij} 越大，则该产业的出口竞争力相对于进口国市场来说越大。

进口份额（import share，IS），某产业（或产品）进口占该国进口总额的比例，反映某产业（或产品）在一国进口由的重要性，其份额增加表示对该产业（或产品）进口需求的增额加，IS_{ij} 取值在（0，1）之间。公式为

$$\text{IS}_{ij} = \frac{M_{ij}}{\sum_i M_{ij}}$$

出口贡献率（export share，ES），某产业（或产品）出口占该国总出口的比例，该指标取值范围在（0，1）之间，值越大该产业（或产品）的贡献越大。公式为

$$\text{ES}_{ij} = \frac{X_{ij}}{\sum_i X_{ij}}$$

出口增长优势指数（export growth advantage index，EGDI），又称出口变差指数，表示某产业（或产品）出口增长率与总的贸易增长率之比，反映产业（或产品）出口优势的变化情况。公式为

$$\text{EGDI}_{ij} = \frac{G_{ij}}{G_{\sum_i j}}$$

其中，G_{ij} 表示第 j 国第 i 个产业的出口增长率，$G_{\sum_i j}$ 表示第 j 国的总出口增长率。该指数越大说明 i 产业（或产品）的出口增长越快。

贸易竞争力指数（trade competition index，RCI），反映产业的国际竞争力大小，可以用一国某产业的净出口与某产业进出口总额的比值来衡量（潘百祥，2007）。公式为

$$\text{RCI}_{ij} = \frac{X_{ij} - M_{ij}}{X_{ij} + M_{ij}}$$

由以上表达式可以看出，贸易竞争力指数一般在[-1,1]区间。

当 $\text{RCI}_{ij} \leqslant 0$，表明产业竞争力缺乏。如果 $\text{RCI}_{ij} \geqslant -1$，则说明产业进口额很大，而出口额很小，属进口主导型产业，其国际市场竞争力较弱；如果 $\text{RCI}_{ij} = -1$，则说明该产业的出口为零，属于完全进口化产业；如果 $\text{RCI}_{ij} = 0$，则该产业属于贸易平衡型产业。当 $\text{RCI}_{ij} > 0$，则表明产业很有竞争力。如果 $\text{RCI}_{ij} = 1$，该产业出口额很大，进口额相对较小，属出口主导型产业，表明产业在国际上具有较强的竞争力；如果 RCI_{ij} 在[0,1]区间，则数值越高，表明产业的国际竞争力越强，反之，越弱。

显示性比较优势指数（revealed comparative advantage index，RCAI），是指一国某产业（或产品）出口额占其出口总值的份额与世界该产业出口占世界出口份额的比率（潘自祥，2007）。公式为

$$\text{RCAI}_{ij} = \frac{X_{ij} \big/ \sum_{j} X_{ij}}{\sum_{j} X_{ij} \big/ \sum_{j} \sum_{i} X_{ij}}$$

其中，X_{ij} 表示第 j 国第 i 种产业（或产品）的出口额，$\sum_{i} X_{ij}$ 表示 j 国所有产业（或产品）的出口总额，$\sum_{j} X_{ij}$ 表示世界第 i 种产业（或产品）的出口总额，$\sum_{j}\sum_{i} X_{ij}$ 表示世界所有产业（或产品）的出口总额。

根据日本贸易振兴协会的标准，RCAI 可以分成四种等级，如表 5-7 所示。

表 5-7 RCAI 等级划分

出口竞争力等级	代号	RCAI 取值范围	意义
极强	S	≥2.5	该产业具有强烈的比较利益
次强	R	1.25~2.5	该产业具有次强的比较利益
中等	M	0.8~1.25	该产业具有中等的比较利益
较弱	W	<0.8	该产业的比较利益不大

2. 竞争实力指标

总产值（total value，TV），是某产业在一定时期内生产的以货币形式表现的最终产品和提供劳务活动的总价值量。它反映一定时间内某产业生产的总规模和总水平。由此可见，某产业的生产规模越大，水平越高，竞争力越强。

利润总额（profit value，PV），指某产业在一定会计期间的经营成果，是生产经营过程中各种收入扣除各种耗费后的盈余，反映企业在报告期内实现的亏盈总额。某产业实现的利润总额越高，毫无迟疑，该产业的国际竞争力越强。

全员劳动生产率（overall labor productivity，OLP），反映某产业（或产品）在劳动生产中推动其他要素发挥作用的能力，可以用人均年产值表示。公式为

$$\text{OLP}=\frac{\text{TV}}{\text{AN}}$$

其中，TV 表示某产业的总产值，AN 表示年平均从业人数。

成本费用利润率（cost profit ratio，CPR），反映企业投入的生产成本及费用的经济效益，同时也反映企业降低成本所取得的经济效益。公式为

$$\text{CPR}=\frac{P}{C}\times 100\%$$

其中，C 表示成本费用总额，P 表示利润总额。成本费用总额为主营业务成本、销售费用、管理费用、财务费用之和。

3. 竞争潜力指标

总资产贡献率（total assets contribution，TAC），反映某产业全部资产的获利能力。如果产业利用资本的能力越强，无疑将影响其竞争力的大小。公式为

$$总资产贡献率=\frac{利润总额+税金总额+利息支出}{平均资产总额}\times 100\%$$

资产负债率（asset-liability ratio，ALR），该指标既反映企业经营风险的大小，也反映企业利用债权人提供的资金从事经营活动的能力。在企业运行过程中，我们无法排除风险的存在，只能将其减小而不能消除。因此，该指标可以表示在竞争过程中，对于风险的把控能力。公式为

$$资产负债率=\frac{负债总额}{资产总额}\times 100\%$$

流动资产周转次数（current asset turnover，CAT），指一定时期内流动资产完成的周转次数，反映投入工业企业流动资金的周转速度。一般情况下，该指标值越高，表明某一产业的流动资产周转速度越快，利用越好，在一定程度上可以增强某一产业的盈利能力。因此，从这个角度看，流动资产周转次数也多，产业盈利能力越强，国际竞争力越强。公式为

$$\text{CAT}=\frac{主营业务收入}{全部流动资产平均余额}$$

国内市场占有率（domestic market share，DMS），反映国内某产业（或产品）在国内市场上的竞争力状况。如果在国内市场份额越大，储备力量越大，则竞争力越强。公式为

$$\text{DMS}=\frac{S_i}{\sum_i S_i}$$

5.3.3.5 产业国际竞争力评价指标体系

产业国际竞争力评价指标体系，如表 5-8 所示。

表 5-8　产业国际竞争力评价指标体系

一级指标	二级指标	三级指标
产业国际竞争力指标体系	竞争实力指标	总产值
		利润总额
		全员劳动生产率
		成本费用利润率
	竞争潜力指标	总资产贡献率
		资产负债率
		流动资产周转次数
		国内市场占有率
	竞争结果指标	国际市场占有率
		渗透率
		进口份额
		出口贡献率
		出口增长优势指数
		贸易竞争力指数
		显示性比较优势指数

5.3.4　产业国际竞争力工程化分析模型

国际金融危机爆发以来，推进科技创新成果的工程化研究，成为培育和发展产业的先驱动力。工程化是指将科学技术与产业发展紧紧融合在一起，利用相应的理论基础，通过一定的量化手段，将其成果转化为有形或者无形的产品。在产业国际竞争力的研究中，工程化的成果主要有以下三点：其一，通过建立产业国际竞争力评价模型将产业国际竞争力的评价结果量化，从而根据所在的区间进行强弱判断；其二，通过产业国际竞争力评价模型得到的连续时间段的评价结果，与相关时间段的事实结合联系，从而从"因"的角度控制产业国际竞争力，从"果"的角度控制各个指标值；其三，从产业安全角度确定产业国际竞争力与产业安全的关系，从而确定该产业在国际市场中的发展情况。其中，第三点需要结合产业安全评价的综合结果，进而度量产业国际竞争力对产业安全的影响。

5.3.4.1　基于支持向量机的产业国际竞争力工程化评价模型

在对产业国际竞争力做出以上分析的同时，我们发现，通过利用支持向量机的模型，可以对产业国际竞争力进行评价。与此同时，根据现有结果，研究产业国际竞争力对产业安全的影响，进而达到预警的效果。

1. 基于支持向量机方法的确定

在传统的统计学习中，通常寻求的是得到的解与问题真实解的误差，即风险。然而真实风险往往无从得知，因此我们利用逼近的思想，求出样本分类的结果与样本真实结果之间的差值，称之为经验风险 $R_{emp}(W)$。传统的方法都是以经验风险最小化为努力的目标，即使经验风险 R_{emp} 最小，有 $\min R_{emp}(W) = \frac{1}{n}\sum_{i=1}^{n} L(y_i, f(x_i, W))$。然而统计学习理论告诉我们，经验风险和实际风险至少以概率满足下列关系 $R(W) \leq R_{emp}(W) + \sqrt{\frac{h[\ln(2n/h)+1]-\ln(\eta/4)}{n}}$。上式表明，实际风险由经验风险和置信风险两部分组成。置信风险不仅受到置信水平的影响，还会受到样本数量以及分类函数的 VC 维的影响。VC 维越大，置信风险越大。在支持向量机中，学习的目标从经验风险最小化变化为寻找经验风险与置信风险的和最小，也就是我们常说的结构风险最小。

由此可见，从支持向量机的模型以及原理出发，符合我们对产业国际竞争力研究的出发点。在产业国际竞争力研究中，数据来源少，数据内容不丰富是我们的一个弱势，而支持向量机正巧解决了小样本的缺点，同时，在众多的影响因素中，我们基于支持向量机处理高维度的方法，巧妙地化解了对产业国际竞争力研究的难题。

2. 基于支持向量机的单一评价模型

根据上述讨论的支持向量机原理以及算法，我们建立某一产业的国际竞争力评价模型。

（1）构造数据。首先，将产业国际竞争力水平分为五类，具体为很强、强、一般、弱、很弱等。其次，确定各个评价等级的标签。五个评价等级很强、强、一般、弱、很弱分别对应的标签区间为[0, 1]，[1, 2]，[2, 3]，[3, 4]，[4, 5]五个区间中的数字。再次，用 MATLAB 构造属于[0，1]区间的任意 100 个随机数作为等级很强所对应的标签，然后经过相应的函数变化将很强对应的各个指标值求出来。同理，依此构造属于强、一般、弱、很弱四个等级的随机数。最后，我们将获取的数据进行整理，将其作为评价模型的训练集以及测试集。

（2）数据预处理与网格寻优确定参数。基于支持向量机的原理，对于训练集和测试集的自变量以及因变量数据进行[-1, 1]的归一化处理。由于参数 C 和 g 的确定没有统一的方法，现有的方法是让 C 和 g 在一定范围内取值，然后用训练集通过交叉验证选择方法得到在此时的 C 和 g 下的验证分类准确率，最终得到验证分类准确率最高的一组作为最佳参数。

（3）训练模型并进行评价。在确立最优参数后，利用支持向量机训练集建立起来的模型，获取现有的某一产业各个指标的数据。将各个指标值输入到模型当中，进行处理，最终得到对该产业国际竞争力的评价值，根据该值所在的区间，确定某一产业所处的竞争力等级。

（4）首先根据上述构建的指标体系，获取所需要的原始数据，对其进行处理加工，得到最终要求的指标数据。其次进行支持向量机回归器的设计，即取一定数量的样本，取80%作为训练集参与设计回归器，取剩下的20%作为测试集，用来判断回归器的准确率，达到既定目标的回归器可以用来对样本进行回归预测。最后，我们将实际得到的数据代入到设计好的回归器中，对其进行回归预测，从而得出评价结果。

3. 模型的推广-连续时间段的评价结果分析控制

在得到某一产业某一年的评价值后，我们可以利用连续时间的评价结果，对该产业的国际竞争力评价结果进行分析预警。首先，当得到的连续时间段的竞争力评价结果与实际符合时，我们可以确定从国际、国内环境以及各个指标值来分析这段时间主要影响其国际竞争力发展的因素。通过分析判断，我们可以从"因"的角度得到增强或者减弱其国际竞争力的有效路径。与此同时，结合当下的该产业国际竞争力的等级，确定其指标所处的合理范围，进而从"果"的角度控制各个评价指标的范围。

与此同时，还可以根据当下某产业的安全状态，确定产业国际竞争力对产业安全的影响强弱，进而从产业安全以及产业保护的角度实现对产业国际竞争力的控制。

5.3.4.2 工业国际竞争力工程化研究成果

1. 获取数据

在确定以工业为研究对象后，本节对1998～2011年工业产业的数据进行研究。从数据来源上看，可以分为两大类，一类是从中华人民共和国国家统计局网站上获取的历年中国工业以及中国进出口贸易等方面的信息；一类是从世界贸易组织网站上获取的历年世界工业以及世界进出口贸易等方面的信息。从数据处理来看，同样可以分成两类，一类是从网站上获取的直接数据，一类是以我们确立的指标为依托，根据公式利用源数据经计算获得的间接数值。在获取数据时，难免有些指标的数据不明确，我们通过四则运算并且参考不同文献的计算方法对个别不明确的数据进行了重新定义。在处理数据中，我们为了将评价区间简化，将某些指标做了标准化处理，目的旨在划分指标值的区间时更加规范化、系统化。

竞争实力、竞争潜力和竞争结果的各个指标值如表5-9～表5-11所示。

表5-9 竞争实力各个指标值

年份	总产值 TV/亿元	利润总额 PV/亿元	全员劳动生产率	成本/元	费用利用率 CPR/%
2011	1.921 952 501	1.992 841 376	1.897 69	7.71	
2010	1.325 647 543	1.539 455 569	1.115 484 1	8.31	
2009	0.710 509 837	0.534 143 196	0.656 053 9	6.91	
2008	0.542 575 892	0.317 960 275	0.462 108 4	6.61	
2007	0.124 618 074	0.132 883 88	0.215 882 6	7.43	
2006	−0.237 999 991	−0.282 699 452	−0.132 75	6.74	
2005	−0.503 939 561	−0.538 103 67	−0.403 190 5	6.42	

续表

年份	总产值 TV/亿元	利润总额 PV/亿元	全员劳动生产率	成本/元	费用利用率 CPR/%
2004	−0.708 184 28	−0.694 176 24	−0.652 525 6	6.52	
2003	−0.951 535 008	−0.889 294 655	−0.888 913 4	6.25	
2002	−1.080 452 466	−1.027 958 956	−1.082 688 7	5.62	
2001	−1.143 192 54	−1.085 051 323	−1.187 150 7	5.35	
2000	−1.183 205 87	−1.103 517 191	−1.275 302 3	5.56	
1999	−1.236 282 151	−1.217 872 489	−1.394 712 5	3.42	
1998	1.256 625 449	−1.262 964 623	−1.460 587	2.35	

表 5-10　竞争潜力各个指标值

总资产贡献率 TAC/%	资产负债率 ALR	流动资产周转次数/(次/年)	国内市场占有率 DMS/%
16.09	58.1	2.62	39.855 684 81
15.68	57.41	2.5	40.029 159 72
13.44	57.88	2.43	39.671 102 73
13.96	57.71	2.67	41.478 142 97
14.09	57.48	2.63	41.584 129 73
12.74	57.76	2.5	42.212 122 73
11.82	57.81	2.35	41.760 509 23
12.26	59.17	2.16	40.787 273 82
10.5	58.96	2.16	40.453 811 88
9.45	58.72	2	39.416 800 25
8.91	58.97	1.8	43.925 591 6
9	60.81	1.62	44.641 943 15
7.45	61.83	1.47	42.488 771 04
7.12	63.78	1.41	43.075 988

表 5-11　竞争结果各个指标值

国际市场占有率 IMS/%	渗透率 P/%	进口份额 IS/%	出口贡献率 ES/%	出口增长优势指数	贸易竞争力指数 TCI	显示性比较优势指数
5.487 125 371	1.031 174 316	65.341 293 64	94.703 644 84	0.992 565 829	0.224 245 68	1.034 045 007
5.352 962 198	1.071 495 383	68.927 350 81	94.822 703 67	1.003 382 182	0.217 076 686	1.032 753 073
4.981 962 924	1.131 779 47	71.190 240 21	94.746 307 46	0.989 17 070 5	0.227 738 35	1.037 944 958
4.541 327 702	1.194 398 212	68.001 893 04	94.551 102 16	0.986 390 497	0.274 420 923	1.023 649 443

续表

国际市场占有率 IMS/%	渗透率 P/%	进口份额 IS/%	出口贡献率 ES/%	出口增长优势指数	贸易竞争力指数 TCI	显示性比较优势指数
4.403 875 43	1.209 337 57	74.558 421 78	94.740 572 38	1.010 587 173	0.237 223 481	1.021 486 559
3.969 039 295	1.157 374 779	76.356 510 3	94.534 344 43	1.048 525 725	0.205 008 85	1.015 049 385
3.559 506 635	1.080 252 685	77.617 497	93.564 301 21	1.019 326 732	0.163 797 234	1.007 444 418
3.148 536 69	0.984 940 194	79.105 320 64	93.165 814 41	1.046 111 603	0.109 171 007	1.006 553 63
2.799 287 979	0.977 362 147	82.371 353 81	92.056 189 93	1.035 040 312	0.085 309 357	0.999 428 683
2.401 770 928	1.006 389 538	83.307 585 46	91.234 536 05	1.068 776 305	0.094 219 595	0.990 177 562
2.029 214 219	0.984 426 388	81.218 461 69	90.102 142 82	1.055 909 723	0.095 870 375	0.976 960 365
1.785 003 111	0.993 998 063	79.235 785 94	89.783 429 57	1.000 675 342	0.112 877 955	0.968 205 406
1.756 569 871	1.056 071 551	83.789 333 12	89.770 226 39	1.180 492 57	0.115 143 559	0.986 612 196
1.728 130 787	1.163 886 849	83.635 559 8	88.847 035 26	5.485 964 973	0.163 745 776	0.985 093 812

2. 数据处理以及模型构建

根据上述内容，我们利用训练集训练可以得到的支持向量回归机模型（图 5-14），将测试集数据代入到训练好的模型中，对模型进行测试（图 5-15）。通过运行程序，得到该模型的测试集 mse=0.002 3853，r^2 = 0.993 76。表明了测试集通过该模型检验，与真实的数据非常接近，充分体现了模型的有效性。

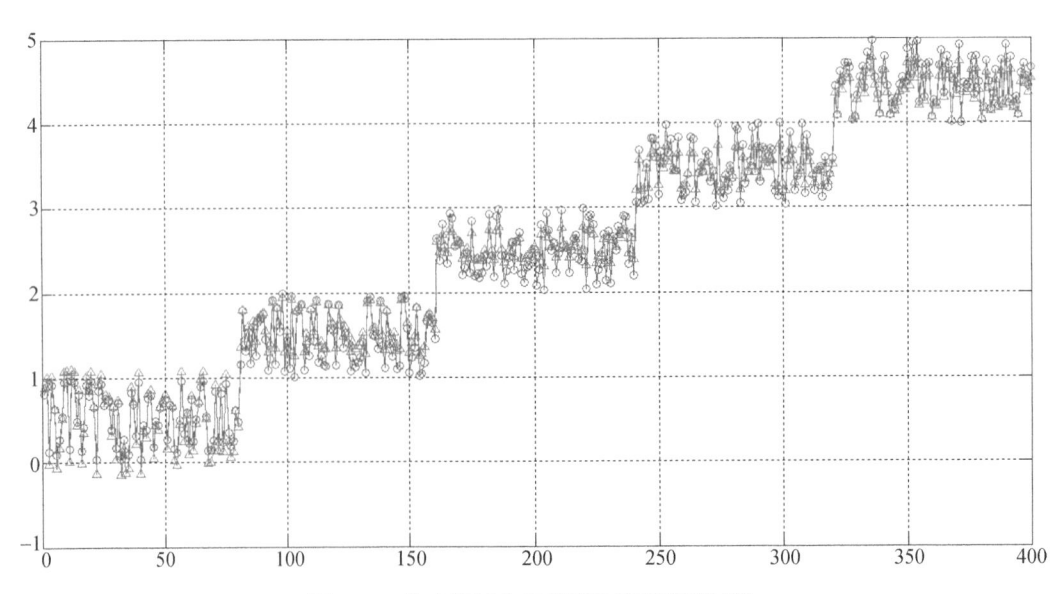

图 5-14 代入训练集后得到的模型训练结果

图 5-15　代入测试集后得到的模型结果

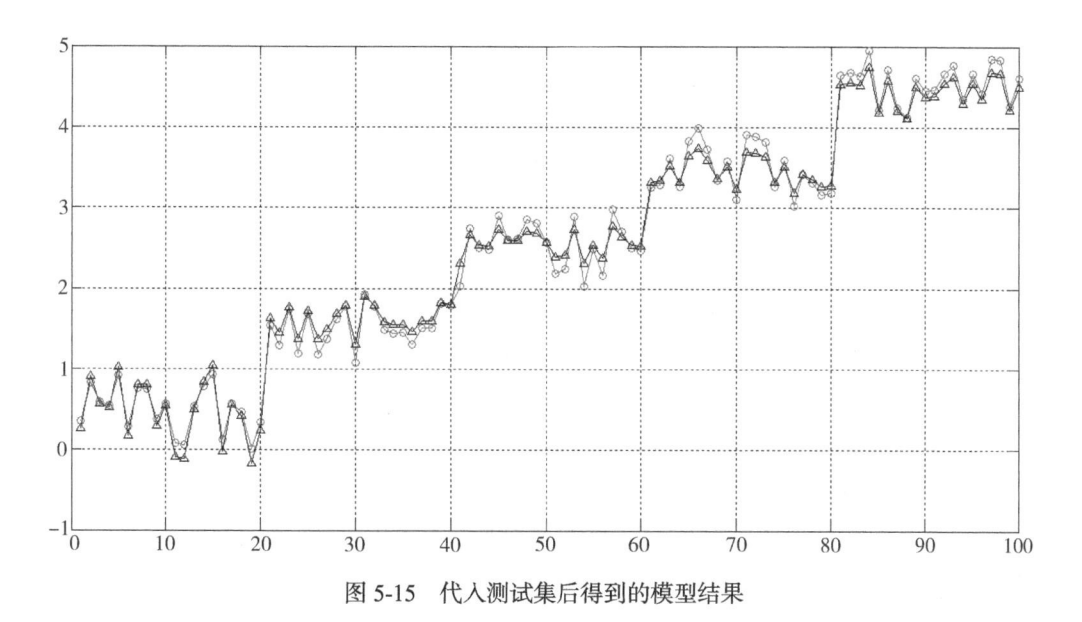

该模型使用的核函数为常用的高斯径向基核函数。由图 5-16 可以看到，在此 SVR 模型中最优参数 $C=8, g=0.011049$。

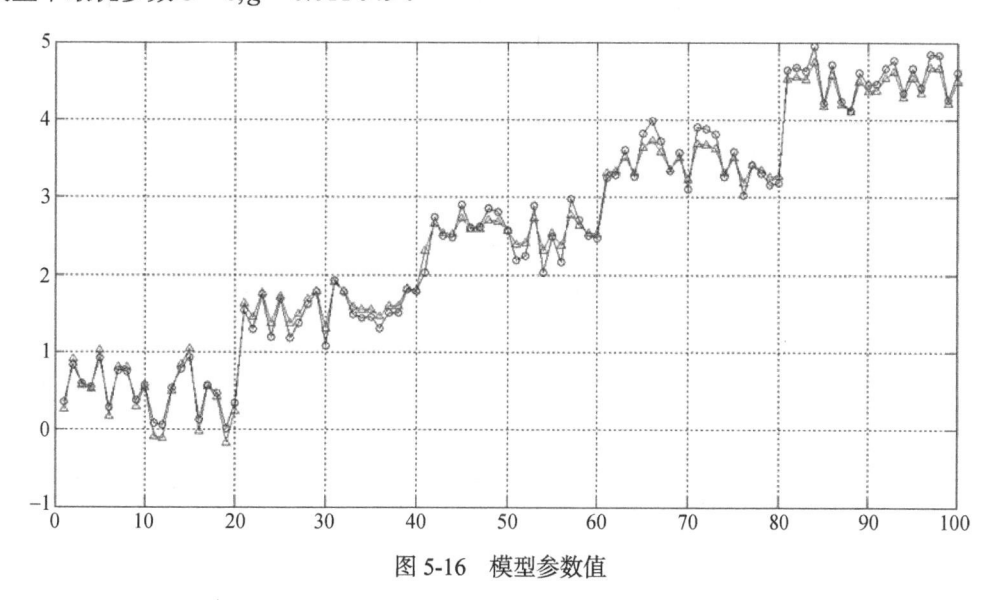

图 5-16　模型参数值

3. 工程化成果——单一评价结果

带入回归集，即样本数据，利用训练好的模型对样本进行评价预测。由于样本数据的标签位置，所以我们随意假设其标签值，预测值则为本模型的评价值，最后根据评价值所在区间，可以得到 1998~2011 年工业的国际竞争力强弱。

由图 5-17 得到，从 1998~2011 年，我国工业的国际竞争力逐渐增强。从 1998~1999 年实现了竞争力的猛增，在接下来的几年中，变化幅度不大。2002~2008 年，我国工业国际竞争力整体呈上升趋势。2008~2009 年，国际竞争力略有下降，直至 2010 年，产业国际竞争力开始回升。

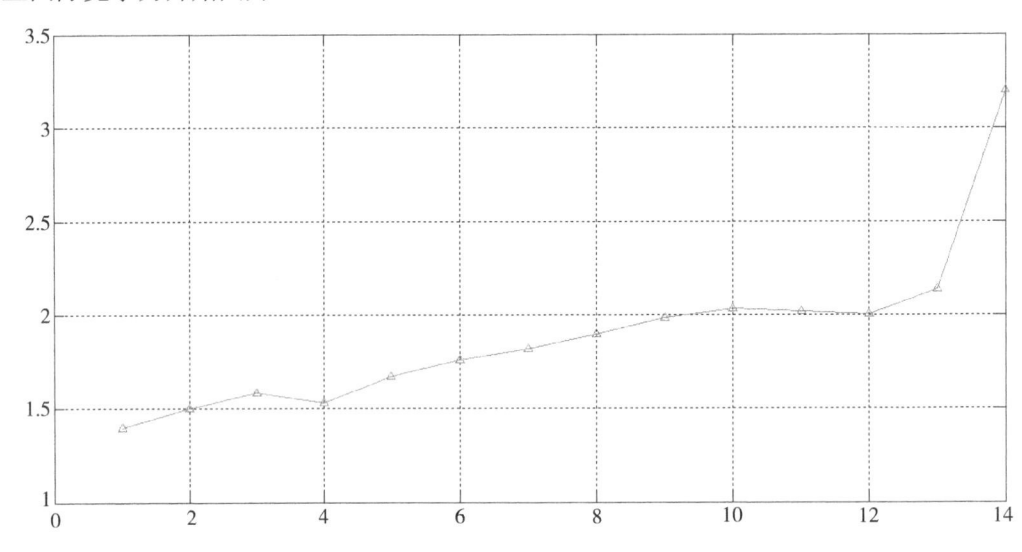

图 5-17 工业国际竞争力评价结果

由图 5-17 的具体数值，我们可以得到 1998～2011 年的工业国际竞争力单一评价结果（表 5-12）。

表 5-12 单一评价结果

年份	y 取值	评价结果	很强 [0, 1]	强 [1, 2]	一般 [2, 3]	弱 [3, 4]	很弱 [4, 5]
1998	3.2	弱				x	
1999	2.2	一般			x		
2000	2	一般					
2001	2.02	一般			x		
2002	2.08	一般			x		
2003	2	一般			x		
2004	1.9	强		x			
2005	1.8	强		x			
2006	1.75	强		x			
2007	1.62	强		x			
2008	1.51	强		x			
2009	1.58	强		x			
2010	1.5	强		x			
2011	1.4	强		x			

4. 工程化成果——因果竞争力评价分析

通过以上研究，我们针对工业的国际竞争力可以得出以下结论。

（1）自从改革开放以来，我国大力发展工业，因而工业的竞争力逐渐增强。自20世纪90年代起，随着大量外资的引入、我国廉价的劳动力以及市场的开放与自由，我国工业的进出口货物在国际市场中的比例不断增加，竞争实力不断增强。经济全球一体化，更是给我国工业的发展带来了空前绝后的机遇，如今，我国已经是工业制造大国，竞争力不断增强。该模型得到我国工业近十年左右竞争力较强，并且竞争力总体趋势与实际情况非常吻合。

（2）1997年亚洲金融风暴对全球造成了影响，同时也给我国的工业带来一定干扰。正如模型所示，1998年的工业竞争力较弱，我们初步分析是1997年带来的金融风暴影响所致。

（3）自2001年，我国加入WTO后，进出口贸易由于政策的优惠，得到繁荣发展。模型显示，自2002年起，直至2008年，工业的竞争力不断增强，评价等级也由"一般"晋级至"强"。

（4）2008年年底，由于全球次贷危机的影响以及行业之间的相关性，我国2008～2009年的工业国际竞争力明显下降。

（5）2009～2011年，模型所得我国工业竞争力逐渐回升。

同时，通过以上分析研究，我们最终可以得到各个指标值的控制区间，如表5-13所示。

表5-13 指标控制

评价指标 \ 评价等级	很强	强	一般	弱	很弱
总产值 TV/亿元	[2, 3]	[1, 2]	[0, 1]	[-1, 0]	[-2, -1]
利润总额 PT/亿元	[2, 3]	[1, 2]	[0, 1]	[-1, 0]	[-2, -1]
全员劳动生产率 LP/（元/人·年）	[2, 3]	[1, 2]	[0, 1]	[-1, 0]	[-2, -1]
成本费用利用率 CM/%	[7, 10]	[6, 7]	[5, 6]	[3, 5]	[0, 3]
总资产贡献率 TTA	[16, 20]	[14, 16]	[11, 14]	[8, 11]	[5, 8]
资产负债率 ALR	[0, 55]	[55, 57]	[57, 60]	[60, 70]	[70, 100]
流动资产周转次数/（次/年）	[2.5, 3]	[2, 2.5]	[1.5, 2]	[1, 1.5]	[0, 1]
国内市场占有率 DMS	[50, 100]	[35, 50]	[20, 35]	[10, 20]	[0, 10]
国际市场占有率 IMS	[5, 10]	[4, 5]	[3, 4]	[2, 3]	[0, 2]
渗透率 P	[1.3, 1.5]	[1.1, 1.3]	[0.9, 1.1]	[0.5, 0.9]	[0, 0.5]
进口份额 IS	[0, 40]	[40, 60]	[60, 70]	[70, 80]	[80, 90]
出口贡献率 ES	[95, 100]	[93, 95]	[90, 93]	[80, 90]	[0, 80]
出口增长优势指数 EGD	[0, 2]	[2, 4]	[4, 6]	[6, 8]	[8, 10]
贸易竞争力指数 TSC	[0.25, 1]	[0.2, 0.25]	[0.15, 0.2]	[0, 0.15]	[-1, 0]
显示性比较优势指数 RCA	[2.5, 5]	[1.75, 2.5]	[1.25, 1.75]	[0.8, 1.25]	[0, 0.8]

5.4 产业控制力工程

5.4.1 产业控制力的概述

产业控制力（或称产业控制度）是指一国控制本国产业的能力或者程度，首先强调的是东道国对本国产业的控制力。在李孟刚（2006）的《产业安全理论》一书中，对产业控制力的定义如下：产业控制力是指外资对东道国产业的控制能力，以及对东道国产业控制力的削弱能力和由此影响产业安全的程度。但在开放市场和全球化竞争越演越烈的情况下，东道国产业的发展需要外资的进入和支持，尤其是发展中国家，而外资和东道国对产业的控制力是一种零和博弈，外资产业控制力的增加是以东道国产业控制力的等量减少为条件的，也就是说，外资产业控制力的不断提高必然会削弱本国资本的产业控制力。当外资对产业的控制力大于东道国对产业的控制力时，可以认为该国的产业安全出现了问题。外资对东道国产业的控制是通过外国直接投资的方式实现的（李孟刚，2006）。

5.4.2 产业控制力相关理论和研究综述

5.4.2.1 产业控制力的国内外研究现状

1. 国外研究现状

目前对产业控制力的研究主要源于垄断优势理论、内部化理论、区位优势理论、国际生产折衷理论、产品生命周期理论、边际产业扩张理论。

（1）垄断优势理论。该理论由 Hymer 首次提出，Kindleberger 整理后形成，是要素禀赋理论在外商直接投资领域与产业组织理论的融合。当地公司相比跨国公司的优势主要体现在母国给本国企业所提供的政策优势、法律法规及投资环境的优势，跨国公司只能利用其垄断优势，即其先进的技术、在管理上所积累的丰富的经验、营销渠道及资本实力等，在满足拥有特定优势及市场不完全的条件下对外进行直接投资。

垄断优势理论认为外企在知识资产和产品差异化能力上所具有的优势在其对外直接投资过程中起重要作用，强调正是由于外企在知识和技术上所拥有的相对优势，才使得在外商直接投资的过程中技术外溢成为可能。

（2）内部化理论。Buckley 等提出，内部化即在企业内部建立市场交易的过程，通过内部化可以使企业以较低的交易成本对其特点优势在企业内部进行转移，而这恰是企业进行对外直接投资的直接原因。跨国公司正是利用其内部化优势对外进行直接投资，将先进技术转移到其在东道国的子公司或分支机构，进而实现相对本国企业的相对优势，也为技术外溢创造了条件。

（3）区位优势理论。该理论认为区位因素不仅在跨国公司是否决定进行对外直接投资起重大作用，也对其选址产生重大影响并且主导着 FDI 的行业结构和投资的方向以及具体的行业类型，这就导致了 FDI 在一定的区域内发生，并且根据 FDI 的具体分布使得技术溢出在不同的区域发生。

区位优势是决定 FDI 在何处发生的关键，并认为区位因素主要包括：要素投入和市场的地理分布、生产要素成本和质量、运输成本与通信成本、基础设施、政府干涉、金融状况、东道国市场特征、由于经济条件形成的与其他国的物质距离以及由于历史、文化、偏好等形成的心理距离等。

（4）国际生产折衷理论。国际生产折衷理论由 Dunning 提出，是垄断优势理论、内部化理论和区位优势理论的综合，在解决 FDI 上是目前综合性最强、影响力和适用范围最广的理论。它主要强调只有外企具备以上三个条件方可选择进行 FDI。当内部优化和区位优势不同时具备时，选择对外技术转让。其中所有权优势是跨国公司对外经济活动的先决条件，若企业的内部化可以进行且国外的区位优势较大，则外企可以选择 FDI。若没有区位优势则选择出口的方式；当没有内部化且区位优势不明显则选择许可证安排方式。

（5）产品生命周期理论。Vernon 通过对外直接投资的实证研究认为，企业的对外直接投资与其产品的生命周期有关，产品生命周期理论将产品生命周期划分为三个阶段，分别为产品创新阶段、产品成熟阶段和产品标准化阶段。

在产品创新阶段，产品一般在创新国生产，由于产品的技术不成熟、市场对产品的需求量较小，产品的创新阶段需要科研投入和开拓市场。

在产品成熟阶段，由于技术成熟、国内市场日趋饱和，为了开拓新市场，向技术水平接近的发达国家的出口不断扩大。随着进口国产品模仿能力的增强，为了减少交易成本，创新国开始在这些发达国家进行直接投资，同时向发展中国家进行出口。

在产品标准化阶段，成本因素成为主要问题，发达国家失去技术上的垄断优势，发展中国家成为最理想的投资地。

产品生命周期理论认为 FDI 技术溢出的最主要原因是由外国企业对技术的垄断优势所决定，这种相对技术优势的丢失导致产品技术溢出的发生。

（6）边际产业扩张理论。日本学者小岛清在比较优势理论的基础上，通过对美日经济的具体导向型的研究，提出了边际产业扩张理论，并将比较利益原则作为企业进行对外直接投资决策的重要因素。

边际产业扩张理论把分析的对象从企业转向了产业，从跨国公司为主转向了投资国母国。该理论认为对外直接投资的产业应该是母国内已经或即将失去比较优势的产业，强调对外直接投资方式的选择，要根据该国技术所处的发展阶段决定，技术对外溢出的程度也由该国技术的具体发展阶段所决定。对母国具有比较优势的产业进行 FDI，会导致贸易顺差的巨大损失，如果只是对母国内已经失去比较优势的产品进行对外直接投资，不仅不会由于对外直接投资导致产品出口被取代，也将会带动其他相关品的出口。由此通过对母国 FDI 具体的情况的研究，对研究 FDI 的技术溢出效应具有重大的意义。

2. 国内研究现状

目前国内持有产业控制力的产业安全观的学者较多，尽管表述各异，但核心都是强调本国资本对本国产业的控制能力。持这种观点的学者普遍认为：一方面跨国公司的直接投资可以促进东道国经济增长；另一方面跨国公司过度投资会导致对东道国经济和产业命脉的控制，危害本国经济安全，进而危及国家安全。王允贵（1998）提出，产业安全是指本国资本对影响国计民生的国内重要经济部门掌握控制权，且国民经济各部门的发展主要依赖于本国资金、技术和品牌。于新东（2000）提出，如果一国在某一产业的创始、调整和发展过程中拥有相应的自主权（或称控制权）的话，即可认定该国该产业安全。祝年贵（2003）提出，产业安全是指当一国经济处在对外开放时具有保持民族产业生存和持续发展的能力，并能始终保持本国资本对本国主体产业的控制。因此，只有始终保持着本国资本对本国产业的有效控制，才能保证经济独立发展，以免受制于人。

5.4.2.2 FDI 对产业控制力的影响

1. FDI 的界定

外国直接投资又称为国际直接投资、外商直接投资、对外直接投资等。联合国贸易与发展会议代表联合国每年发布当年度的《世界投资报告》，在对 FDI 的规范、定义、分类方面较有权威性。其定义为：一国的居民实际在本国以外的另一国的企业中建立长期关系，享有持久利益，并对之进行控制的投资。联合国贸易和发展会议还将 FDI 的融资方式划转为三类：①股权投资，即对外直接投资者在本国之外拥有的企业股权。②利润再投资，既对外直接投资者用于再投资的国外分支机构股份的未分配红利或未汇回的收益。③企业内贷款，即对外直接投资者与其分支企业之间的短期和中长期贷款。其股权投资是最主要的融资形式，占全球 FDI 流量的 1/3。

2. FDI 的分类

FDI 的量化标准各国不尽相同。美国商务部 1956 年规定，如果某外国公司完全由美国公司控制，或其 50%以上的股份由一群无组织的美国人所拥有，或其 25%以上的股份由一群有组织的美国人所拥有，或其 10%以上的股份由一个美国人或美国法人所拥有，则美国人对该公司的投资属于 FDI。日本规定，拥有外国企业股票 10%，即属 FDI。

经济合作与发展组织（Organization for Economic Cooperation and Development，OECD）定义的量化标准是：在股份有限企业中，外国投资者拥有10%或以上的股份或投票权；在非股份制企业中拥有相当于10%的所有权或等价控制权，就能够影响或参与企业管理。一家符合 FDI 定义的企业不等于是外国投资者拥有绝对的控股权。

中国规定的外商直接投资为：外国企业和经济组织或个人（包括华侨、港澳台胞以及中国在境外注册的企业）按中国有关政策、法规，用现汇、实物、技术等在中国境内开办外商独资企业，与中国境内的企业或经济组织共同举办中外合资经营企业、合作经营企业或合作开发资源的投资（包括外商投资收益的再投资），以及经政府有关部门批准的项目投资总额内企业从境外借入的资金。具体的数量规定是外资所占股份股本份额通常不低于25%。

3. FDI 对产业控制力的影响

基于产业控制力角度的产业安全研究，往往着重于对外资产业控制的研究和分析，用外资对产业控制力的强弱反映本国资本产业控制力的大小，从而来判断其对产业安全的影响程度。

改革开放以来，我国积极利用外商直接投资以促进技术进步、产业升级及就业，与此同时，外资进入也带来很多负面影响：加剧了同质化竞争、导致我国民族资本产业控制力失衡等。目前国内学者们一般都集中于分析 FDI 对一国产业的所有权控制、市场控制、品牌控制、技术控制等几个方面的影响来判断外资进入对一国产业控制力的影响。

1）FDI 对所有权控制的影响

外商投资企业在进入东道国初期，由于各种因素的限制以及出于自身安全的考虑，多会采取合资的方式，但发展到一定时期，便会倾向于独资或通过各种方式谋求在合资企业中的控股权，以期形成对东道国企业的股权控制，通过控制东道国的企业，然后控制东道国的产业，从而影响东道国对本国产业的实际控制力，带来产业风险。毕冶等（2011）的研究中指出 FDI 进入中国的股权形式越来越"独资化"，指出外资存在谋求中国产业控制权的企图。

2）FDI 对市场控制的影响

外商投资企业通过股权控制，同时通过并购和品牌控制等方式，逐渐成长到对东道国行业和市场控制的目的，对某些行业市场进行垄断。景玉琴（2006）认为跨国公司通过"本土化"战略，确立在中国市场得以长期发展的"合法"地位，奠定扩张基础，寻找自己的合作伙伴和建立供应链，并使之成为跨国公司全球化扩张的重要一环。

3）FDI 对品牌控制的影响

品牌控制是外资抢占我国市场的一个重要手段。在合资时，有些知名跨国公司明确要求使用自有品牌，挤压国产品牌；或表面上要求中方将商标转让于合资企业，实际上利用中方已建立的销售渠道推销外国产品，等到外国产品达到一定知名度后就开始逐步减少甚至停止使用中方产品；或跨国公司独资企业凭借其强大的销售网络和广告宣传，排挤和打压国产品牌在消费者心目中的影响。外商通过以上各种竞争方式削弱国产品牌的市场影响，同时不断提高自有品牌的影响力和市场地位，从而达到提高市场份额甚至垄断市场的目的。王苏生等（2008）认为跨国并购对我国民族产业产生较大威胁，导致洋品牌充斥市场，许多民族品牌处于消失边缘。

4）FDI 对技术控制的影响

当一个国家的某一产业绝大多数技术来源于国外时，就可能导致技术依赖，使该产业在国际竞争中处于非常不利的境况。国内学者代谦和别朝霞（2006）研究认为 FDI 的技术转移实现很大程度上取决于东道国承接技术的水平，如果东道国技术承接水平低会限制 FDI 带来的技术外溢效应。刘宏伟（2007）认为 FDI 偏向于对东道国实行技术封锁，进而垄断经营，东道国的民族产业可能被外资控制。高春亮等（2007）则认为我国企业市场换技术的战略存在缺陷，技术研发是产业进步甚至科技进步的必要条件。傅利平等（2007）的研究指出 FDI 在我国创新溢出效应并不明显。

5）FDI 对某个重要企业控制的影响

外资进入某个产业，往往是通过将资金集中于该产业中的某个或某几个重要企业，通过在这些企业中的股权控制或技术控制等，达到对这些企业某种程度的控制，从而利用该企业在整个产业中的重要地位和作用以达到对整个产业的某种程度的控制，并危及该产业的安全。

除以上几点之外，FDI 导致的国内产业结构失衡也常被探讨，FDI 较为集中的第二产业，特别是劳动密集型的加工业，这些产业投资回收期短、见效快，能够在一定时期内获得稳定的投资收益，但却提高了我国产业结构的不合理，结构性过剩加剧，使我国成为所谓的"世界加工厂"。这种产业结构失衡恰恰是我国产业安全的最大隐患。

4. 研究 FDI 对产业控制力影响的意义

FDI 对中国经济增长产业安全存在双重影响，一方面 FDI 的流入，引进了母国所缺乏的先进的技术、管理、营销等先进理念技术，促进母国生产技术、生产率、产业先进性等提高，扩大了母国贸易总额，促进了母国经济增长；另一方面，FDI 的国际背景以及资本的逐利性，会促使 FDI 通过各种手段控制母国产业以达到利益最大化，给一国经济带来危险。例如，FDI 所导致的国际收支、国内投资和国内货币供给量的变化，提高了中国通货膨胀率，进而对中国经济增长产生影响。如何更好地控制 FDI，促进其对我国产业控制力、经济发展的正效应，限制其对我国产业控制力的威胁，对处理我国经济安全问题十分必要。

5.4.3 产业控制力的工程分析

5.4.3.1 产业控制理论工程化研究现状

FDI 会提高东道国的资本结构、技术水平、人力资本，在规模报酬递增的生产函数基础上极大地提高了生产率以促进经济增长。在理论模型方面，MacDougall 在研究 FDI 的一般福利效应时，首次把技术外溢作为 FDI 的一个重要现象进行了分析，研究 FDI 与产业控制的关系。Findlay 构建了一个简单的内生动态模型，检阅了诸如技术差距、FDI 份额等静态特征对技术扩散的影响。Koizumi 和 Kopecky 构建了一个国际资本长期流动的模型，用于研究 FDI 对一国经济增长的影响和 FDI 对母国产业促进与否，它假设 FDI

内含的技术具有公共产品的性质，能给社会带来额外的利益。Walz 实证研究了 FDI 对于技术控制力的影响，表明技术创新是一个动态过程，具有创新能力的公司主要存在于发达国家，但通过 FDI 知识便得到间接性转移，这为发展中国家的技术创新和地区经济增长起到关键性的自己作用。

Borensztein 等通过对 69 个发展中国家 1970~1989 年的数据进行分析，认为 FDI 是引进新技术的重要渠道，其对国民经济的贡献超过国内投资。Aminihmadi 和 Wu 甚至将经济衰退经济安全部分归因于外国投资的匮乏。De Mellon 对经济合作与发展组织国家以及非经济合作与发展组织国家 1970~1990 年的数据进行时间序列分析和横截面分析，认为 FDI 作为本国内资本的补充，对经济增长有积极的促进作用。Helleiner 指出 FDI 特别是大型跨国公司的进入，可以把先进的技术、管理和经销经验转移到东道国，从而改善东道国的生产率和要素生产率，FDI 对增强东道国国内部门技术水平的作用是巨大的，有时由于 FDI 对一国产业控制、技术限制以及股权控制对母国产业带来危险，所以这种作用有时难以衡量。

5.4.3.2 产业控制力评价指标体系介绍

1. 指标体系的设计方法

（1）创建一级和二级指标。任何系统都具有整体的形态、结构、边界和功能等，而且系统整体具有其他部分简单总和所没有的系统性。同时，系统还具有等级性，由不同的子系统组成，不同层次之间有着高低、上下、深浅、内外的区别，而各部分组成后则具有一定功能作用。据此，在创建产业安全评价体系时，首先，根据产业安全的几大主要影响因素，构造指标体系的基本结构，即一级指标。其次，将描述这些影响因素的各项具体指标，分别列入相应的一级指标之下，作为二级指标，并建立起两级指标之间的逻辑关系。最后，从反映同一个影响因素的众多指标中挑选出具有代表性的指标，剔除那些与该代表性指标相关度过高的指标。

（2）利用国内外已有的对产业控制力以及相关联的研究成果。

（3）根据需要将已有的产业控制力指标拆成一些更加具体的次级指标，以便对产业控制力的相关影响因素进行更加详细的描述。

（4）当一些指标难以获得或者难以量化时，应当尽可能用其他相关的可以量化的指标进行代替，若在某种情况下，一些指标无法寻找到替代指标时，只能采取推演的方法进行估算否则只能忽略。

2. 产业控制力评价指标体系的建立

目前国内现有的产业控制力评价都是构建指标体系，而且均是基于外商直接投资对所有权控制、市场控制、品牌控制、技术控制、经营决策权控制等几个方面。

李孟刚（2006）在何维达等学者的基础上进一步将产业控制力评价体系完善成一个两级指标体系（表 5-14）。

表 5-14 产业控制力评价指标体系

一级指标	二级指标	说明
产业控制力评价指标体系	外资市场控制率	该指标反映外资控制企业对该产业国内市场控制程度
	外资品牌拥有率	该指标反映国内产业市场外资品牌控制程度
	外资股权控制率	该指标从股权角度反映外资对国内产业的控制情况
	外资技术控制率	该指标从技术角度反映外资对国内产业的控制情况
	外资经营决策权控制率	该指标从经营决策权角度反映外资对国内产业的控制情况
	重要企业受外资控制情况	外资控制了产业内某个重要企业，也可能对产业的发展安全产生重要影响
	受控制企业外资国别集中度	该指标反映国内产业发展受外资的母国政府影响的情况

5.4.4 我国银行业产业控制力的实证研究

5.4.4.1 银行控制力的相关理论及研究

银行业控制力是我国金融安全的重要组成部分，自从中国签署《WTO 服务贸易总协议》以来，对于外资银行的进入和对中国银行业以及总体经济影响的争论就没停止过。

钱小安（2000）、何德旭（2004）认为，外资进入中国银行业将会干扰货币政策、降低货币政策的有效性，有可能影响到我国的金融安全。钱小安（2000）、何德旭（2004）等学者认为，外资银行在经营管理、资产质量、人才资源、产品创新等方面相比中资银行都有绝对优势，一旦进入国内之后，在这些方面必然要与中资银行展开激烈竞争，试图抢夺优秀人才和优质客户资源，威胁到我国对银行业的控制力。黄宪（2000）、何德旭（2004）、赵雅玲（2005）通过对我国银行业集中度指数和赫芬达尔指数的计算，得出：①外资银行的进入提高了我国银行业的竞争程度；②外资银行在外汇存款、外汇贷款、国际结算等业务占有一定的市场份额，具有较强的业务竞争力；③外资银行集中化策略将改变客户群在中外资银行间的分布格局。杨吉田和陆文萍（2008）认为，外资银行的进入冲击了中国的中小企业融资，对我国的中小企业成长极为不利。陈向聪（2006）等学者认为外资进入中国银行业会加剧中国金融业的地区不平衡状态，目前境内的外资银行营业机构或外资入股的国内股份制商业银行，主要位于中国经济发达和较发达的东部和中部地区。

对于引进国外投资方作为战略投资者的中资银行，外国战略投资者绝对不会毫无保留地为参股银行提供先进的管理经验和经营方法，甚者有可能借借合作之机挖国有商业银行墙角。刘崇献（2005）认为，在引入外资战略投资者的中资银行中，内资和外资对控制权的争夺将会影响该银行的运作效率。史建平（2006）认为，国外金融机构向中资银行投资，是为控制、占领、垄断中国银行业市场做铺垫，它们试图通过合作把中资银行变成其产品的销售渠道，中资银行合作者变为其一个分销机构，长远来看必将影响我国银行业整体的稳定性。

本节采用黄宪（2000）给出的银行控制力定义：银行业控制力指东道国银行作为一

个整体或企业集群,在本国银行业竞争中所拥有市场权力的状态。其中市场权力包括两部分:市场资源掌控力和市场话语权或市场主导权。市场资源掌控力体现"硬"实力,包括掌握资本(股权)、客户资源、信息资源、业务份额、专利和技术;市场话语权或主导权体现"软"实力,包括品牌的影响力、产品标准的制定权、市场产品的定价权以及对银行经营决策的影响力等。

5.4.4.2 银行业的产业控制力评价指标体系的构建

本节结合何维达等(2003)提出的产业控制力评价指标体系,并结合李孟刚(2012)提出的中国金融产业安全评价指标体系,构建了我国银行业的产业控制力评价指标体系。从外资银行竞争力、外资银行控制力、外资银行影响力三个方面综合评价中国银行业的产业控制力,并细分为12个三级指标,分别从硬实力和软实力两个角度对中国银行业的产业控制力水平进行系统度量,指标体系明细,如表5-15所示。

表5-15 银行业的产业控制力评价指标体系

一级指标	二级指标	三级指标	备注
银行控制力	外资银行竞争力指标	市场集中度	大型银行外资银行所占比例
		外资技术控制率	发明专利占比
		中外资银行不良贷款比率差额	外资银行与中资银行不良贷款比率的差额
		中外资银行资金充足率差额	外资银行与中资银行资本金充足率的差额
	外资银行控制力指标	市场控制率	外资银行营业收入总额/国内银行业营业收入总额×100%
		股权控制率	外资银行股权所有者权益/国内银行业股权所有者权益总额×100%
		资产控制率	外资银行资产总额/全行业资产总额×100%(注:中外合资银行以股权比例×银行总资产)
		投资控制率	外资银行固定资产投资总额/全行业固定资产投资资产总额×100%
		外汇贷款占比	外资银行外汇贷款额/国内银行业外汇贷款额×100%
		外汇结算占比	外资银行外汇结算额/国内银行业外结算款额×100%
	外资银行影响力指标	外资银行品牌影响力	从营销手段考量,外资银行市场美誉度,共有1~5个级别
		外资银行对市场经营决策影响力	是否有某些业务或新产品成为行业领头羊,共有1~5个级别

1. 外资银行竞争力指标

外资银行竞争力指标共包括市场集中度、外资技术控制率、中外资银行不良贷款比率差额、中外资银行资金充足率差额四个细分指标。

外资银行进入除了带来竞争之外，还会带来整个银行系统的经营管理改善、技术溢出效应和制度学习效应等益处，有助于帮助东道国银行业提升经营理念，提高东道国银行业的市场竞争力，进而影响本国银行业的控制力。如果东道国银行业的竞争力加速提高直至缩短了其与外资银行间的差距，那么东道国对银行业的控制力就不会降低，反而会加强。在黄宪和赵征（2009）的研究中，将银行业竞争力作为银行业控制力的内生变量对银行业控制力进行了分析。因此，本节将外资银行竞争力指标引入，外资银行竞争力越强，越会威胁到中国银行业的控制力水平。

2. 外资银行控制力指标

外资银行控制力指标共包括市场控制率、股权控制率、资产控制率、投资控制率、外汇贷款占比、外汇结算占比6个细分指标，从市场控制、所有权控制、资产控制、外汇业务垄断几个角度进行了分析。

FDI会影响到我国银行业的所有权控制、市场控制、外汇业务等多个方面，结合何维达等（2007）的产业控制力评价指标体系，我们把外资银行控制力引入，外资银行对银行业的所有权、市场、业务等方面的控制力越强，我国对银行业的控制力越弱。

3. 外资银行影响力指标

外资银行影响力指标包括外资银行品牌影响力、外资银行对市场经营决策影响力两个指标。

结合FDI将影响到民族企业生存，并会逐渐逼出民族品牌，甚至导致民族品牌消失，本节从外资银行软实力角度对其控制力做出评价，外资银行的品牌影响力和对市场经营决策影响力越强，说明其对银行业的控制力呈逐渐上升的趋势，这会影响到东道国对银行业的控制力水平。

5.4.4.3 基于支持向量回归机的银行业产业控制力实证分析

1. 用支持向量回归机计算银行业控制力的方法

根据5.1.4节所介绍的支持向量机原理，利用支持向量机对银行业产业控制力水平进行分类，分为很弱、弱、一般、强、很强五个等级。结合产业安全评价中的封闭式评价方法，只针对过去历史中的一些产业安全指标数据进行定量的评价，通过运用封闭式评价中的分组式评价，也就是通常所说的预警，根据当时的特定产业状况，对每个评价指标建立安全区间，然后对该产业进行安全综合评价，评价的结果是离散的数值。具体的实证研究包括两个阶段：回归器的设计和回归的实现。回归器的设计，即设计一定数量的样本，取80%作为训练集进行回归器的设计，取20%作为测试集，用于判断回归器的正确率，达到标准即可用于回归预测，再将实际数据带入设计的回归器对待识别的样本进行分类回归决策，从而得出预测结果。

在本次实证研究中，具体的研究步骤如下（图5-18）。

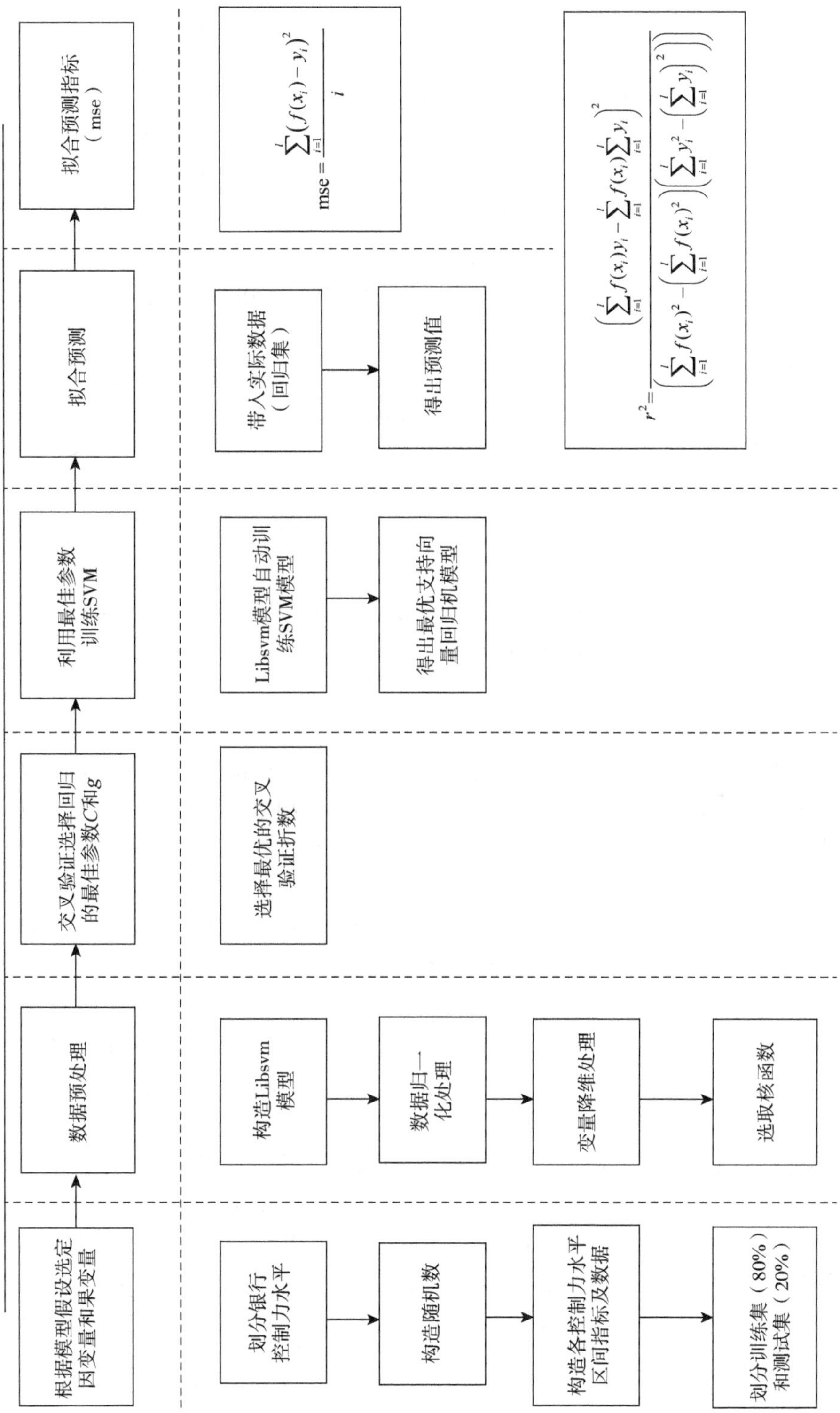

图 5-18 支持向量回归机计算银行业控制力流程

$$\mathrm{mse} = \frac{\sum_{i=1}^{l}(f(x_i) - y_i)^2}{i}$$

$$r^2 = \frac{\left(\sum_{i=1}^{l} f(x_i) y_i - \sum_{i=1}^{l} f(x_i) \sum_{i=1}^{l} y_i\right)^2}{\left(\sum_{i=1}^{l} f(x_i)^2 - \left(\sum_{i=1}^{l} f(x_i)\right)^2\right)\left(\sum_{i=1}^{l} y_i^2 - \left(\sum_{i=1}^{l} y_i\right)^2\right)}$$

（1）构造数据。确定银行控制力水平的标签，将很强、强、一般、弱、很弱的标签分别为[0，1]，[1，2]，[2，3]，[3，4]，[4，5]之间的数字表示。用matlab构造[0，1]之间的任意100个随机数作为很强所对应的标签，经相应的函数变换将这100个随机数变换到不同自变量指标所对应的很强的区间。依次构造强到弱的5个控制力水平等级区间，最终得到对很强区间而言的100行10列的矩阵，5个控制力区间将得到5000组数据，将其中80%作为训练集，其余20%作为测试集，标签数列80%作为训练集标签，20%作为测试集标签。

（2）数据预处理。对训练集和测试集数据进行[-1，1]区间上的归一化处理。用主成分分析法对自变量进行降维处理，当数据相关性>80时删除对控制力水平影响较小的自变量，保留较大的。最后，通过训练集和测试集寻找最优核函数。

（3）交叉验证选择回归的最佳参数C和g。通过matlab模型寻找最优交叉数，一般选取5，避免过学习和欠学习。得到最佳惩罚参数C，最佳核参数g。

（4）利用最佳参数训练svm。通过最佳参数C和g，最终得到使CVmse最小的支持向量回归机模型。

（5）拟合预测。将回归集带入训练好的支持向量回归机模型，得出预测结果，判断我国银行业产业控制力水平的强弱。

（6）拟合预测指标。得出均方根误差mse最小时所对应的最佳惩罚参数C，最佳核参数g，最佳核函数为高斯径向基核函数。

2. 数据来源

本节采用2004～2011年银行业的数据进行研究，数据主要来源是每年的《金融统计年鉴》，也有部分数据是经过手工计算所得或从网页或新闻中推导得出，其中外资银行影响力指标的数据是经过5位金融学教授的主观打分取平均分所得。从1979年我国批准第一家外资银行——日本输出入银行在北京设立代表处以来，截至2010年年末[1]，中国的外资银行营业机构共有576家（表5-16），其中包括45个国家和地区的185家银行在中国设立216家代表处，25个国家和地区的74家外国银行在华设立90家分行，14个国家和地区的银行在华设立37家外商独资银行（下设223家分行）、2家合资银行（下设6家分行，1家附属机构）、1家外商独资财务公司。截至2010年年末，44家外国银行分行、35家外资法人银行获准经营人民币业务，56家外资银行获准从事金融衍生产品交易业务。外资银行在中国27个省（自治区、直辖市）的45个城市设立机构网点，较2003年年初增加25个城市。此外，不得不提的是，目前外资已大量参股国内大型商业银行（表5-17）。截至2011年年末，在华外资银行营业性机构资产总额（含外资法人银行和外国银行分行）1.74万亿元，同比增长29.13%，实现税后利润77.85亿元，资本充足率18.98%。总体上看，在华外资银行营业性机构主要指标均高于监管要求，基本面健康，表5-18为银行业控制力研究所需数据。

---

[1] 数据来源：《2011年中国金融年鉴》。

表 5-16　我国外资银行数量统计　　　　　　　　　　单位：个

外资银行	外国银行	独资银行	合资银行	独资财务公司	合计
法人机构总行	—	37	2	1	40
法人机构分行及附属机构	—	223	7	—	230
外国银行代表处	216	—	—	—	216
外国银行分行	90	—	—	—	90
总计	306	260	9	1	576

表 5-17　外资机构参股中资银行基本情况概览表

国内银行	外资股东	持股比例/%
中国光大银行	亚洲开发银行	3.29
上海银行	国际金融公司	7.00
	汇丰银行	8.00
	香港上海商业银行	3.00
南京市商业银行	国际金融公司	15.00
上海浦东发展银行	花旗银行	4.62
兴业银行	恒生银行	15.98
	新加坡淡马锡公司	5.00
	国际金融公司	4.00
交通银行	汇丰银行	19.90
西安市商业银行	国际金融公司	2.50
	加拿大丰业银行	12.40
济南市商业银行	澳大利亚联邦银行	11.00
民生银行	国际金融公司	1.08
	新加坡淡马锡公司	4.55
深圳发展银行	新桥投资	17.89
渤海银行	渣打银行	19.99
北京银行	荷兰国际集团	19.90
	德意志银行	5.00
杭州市商业银行	澳大利亚联邦银行	19.90
中国建设银行	美国银行	9.10
	新加坡淡马锡公司	5.10
南充市商业银行	德国投资与开发有限公司	10.00
	德国储蓄银行国际发展基金	3.30
中国银行	苏格兰皇家银行	10.00
	瑞银行集团和亚洲开发银行	5.00

续表

国内银行	外资股东	持股比例/%
中国工商银行	美国高盛、德国安联、美国运通	10.00
华夏银行	德意志银行卢森堡股份有限公司	9.28
华夏银行	德意志银行	8.21
宁波银行	新加坡华侨银行	12.20
上海农村商业银行	澳新银行	19.90
中信银行	西班牙毕尔巴鄂维茨卡亚对外银行	5.00
重庆市商业银行	香港大新银行	17.00
重庆市商业银行	美国凯雷投资基金	7.99
青岛市商业银行	意大利联合圣保罗银行	19.99

资料来源：根据各银行年报、相关报刊及公开资料整理计算

表 5-18 银行业控制力评价指标体系实证研究所需数据（2004～2011 年） 单位：%

一级指标	二级指标	三级指标	2004年	2005年	2006年	2007年	2008年	2009年	2010年	2011年
银行控制力	外资银行竞争力指标	市场集中度	10	10.4	11	11.7	12.1	12.4	13	14
		外资技术控制率	30.5	28.6	27.4	26.3	25.1	23.6	21	19.7
		中外资银行不良贷款比率差额	12.2	8	6.73	6.26	4.63	0.74	0.61	0.5
		中外资银行资金充足率差额	10.5	9.8	9.7	9.6	8.4	7.8	7.4	6.63
	外资银行控制力指标	市场控制率	9	9.6	9.1	10.3	11.4	12.6	13.4	14.5
		股权控制率	7	8.1	9.5	11.2	12.6	13.7	14.3	15
		资产控制率	6.8	8	9.2	10	10.68	11.02	11.25	13.32
		投资控制率	6	7.1	8.5	9.6	10	10.3	10.9	12.1
		外汇贷款占比	19	18.5	18.3	17.7	18.8	19.4	20.7	21.2
		外汇结算占比	36	40	39	38	37.6	38.7	39.8	40.9
	外资银行影响力指标	外资银行品牌影响力	5	5	5	5	5	5	5	5
		外资银行对市场经营决策影响力	3	3	3	3	3	3	4	5

3. 数据分析和银行业控制力水平标准划分

本节中将每一指标所揭示的产业控制力水平分为很弱、弱、一般、强、很强。对于指标控制力水平区间的确定,则参照各具体指标的国际公认警戒值数据,确定其基本安全状态的上下限,并根据实际需要适当在上下限的基础上做出一定调整。

不得不承认,本节在确定某些指标的安全区间难免带有个人主观意见,但是在目前数据可得性低,并缺乏银行业控制力相关研究的情况下,无疑这已经是较为可取的一种办法。但是究竟哪些指标最具有代表性,控制力水平区间如何划分才更合理、科学,都还需要在实践中进一步检验。中国银行业的产业控制力水平区间划分如表 5-19 所示,2004~2011 年各指标数值所处的区间如表 5-20 所示。

表 5-19 中国银行业的产业控制力水平区间划分表

一级指标	二级指标	三级指标	很弱	弱	一般	强	很强
银行控制力	外资银行竞争力指标	市场集中度	[50, 100]	[30, 50]	[15, 30]	[5, 15]	[0, 5]
		外资技术控制率	[50, 100]	[30, 50]	[15, 30]	[5, 15]	[0, 5]
		中外资银行不良贷款比率差额	[10, 15]	[7, 10]	[4, 7]	[1, 4]	[0, 1]
		中外资银行资金充足率差额	[10, 15]	[7, 10]	[4, 7]	[1, 4]	[0, 1]
	外资银行控制力指标	市场控制率	[50, 100]	[30, 50]	[20, 30]	[10, 20]	[0, 10]
		股权控制率	[50, 100]	[30, 50]	[20, 30]	[10, 20]	[0, 10]
		资产控制率	[50, 100]	[30, 50]	[20, 30]	[10, 20]	[0, 10]
		投资控制率	[50, 100]	[30, 50]	[20, 30]	[10, 20]	[0, 10]
		外汇贷款占比	[50, 100]	[30, 50]	[20, 30]	[10, 20]	[0, 10]
		外汇结算占比	[50, 100]	[30, 50]	[20, 30]	[10, 20]	[0, 10]
	外资银行影响力指标	外资银行品牌影响力	5	4	3	2	1
		外资银行对市场经营决策影响力	5	4	3	2	1

表 5-20　银行业控制力评价指标值所处区间（2004～2011 年）

一级指标	二级指标	三级指标	2004 年	2005 年	2006 年	2007 年	2008 年	2009 年	2010 年	2011 年
银行控制力	外资银行竞争力指标	市场集中度	强	强	强	强	强	强	强	强
		外资技术控制率	弱	一般	一般	一般	一般	一般	一般	一般
		中外资银行不良贷款比率差额	很弱	弱	一般	一般	一般	很强	很强	很强
		中外资银行资金充足率差额	很弱	弱	弱	弱	弱	弱	弱	一般
	外资银行控制力指标	市场控制率	很强	很强	很强	强	强	强	强	强
		股权控制率	很强	很强	很强	强	强	强	强	强
		资产控制率	很强	很强	很强	很强	强	强	强	强
		投资控制率	很强	很强	很强	很强	很强	强	强	强
		外汇贷款占比	强	强	强	强	强	强	一般	一般
		外汇结算占比	弱	弱	弱	弱	弱	弱	弱	弱
	外资银行影响力指标	外资银行品牌影响力	很弱	很弱	很弱	很弱	很弱	很弱	很弱	很弱
		外资银行对市场经营决策影响力	一般	一般	一般	一般	一般	一般	强	很弱

4. 用支持向量机处理数据

通过训练集对 Libsvm 模型的训练得到的支持向量回归机模型（图 5-19），再将已有的测试集数据带入该模型，得到测试集均方根误差 mse=0.003 406 7，所得结果非常接近于 0，由 mse 均方根误差的定义可得通过支持向量机模型所得到的结果与测试集中的真实数据非常接近。测试集相关系数 r^2=0.993 99 非常接近于 1，由平方回归系数的定义可知真实值和预测值的相关性很高。该模型选用的最佳核函数为高斯径向基核函数,惩罚参数 $C=2$,核参数 $g=0.125$,此时得到最小交叉验证均方根误差 CVmse=0.003 760 2（图 5-20）。

图 5-19 训练得到支持向量回归机模型

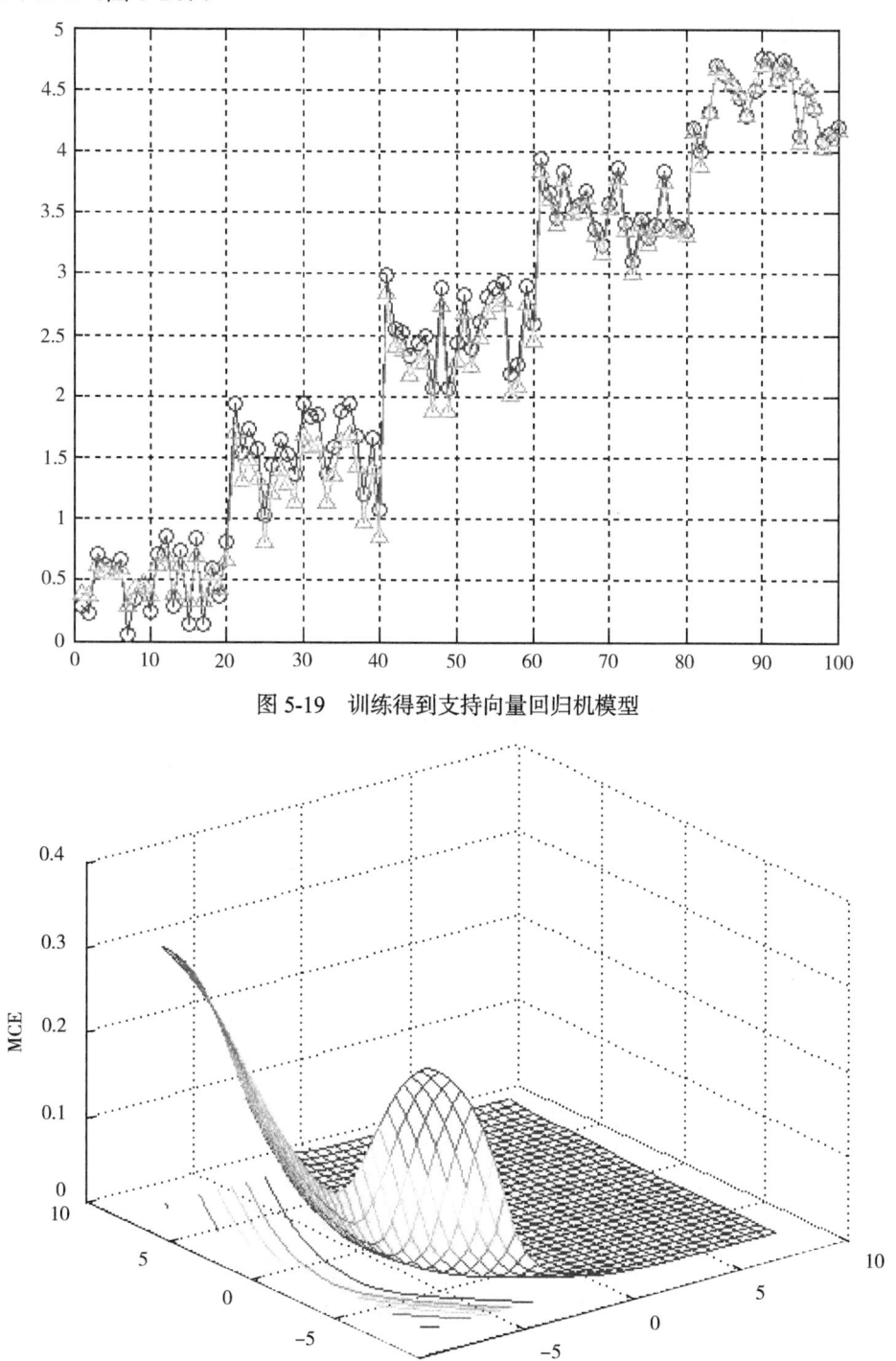

图 5-20 训练测试集数据所得到的结果

通过已得到的支持向量回归机模型,将回归集 2004～2011 年的数据带入模型进行核函数和参数寻优,最终确定最佳核函数为高斯径向基核函数,惩罚参数 C=2.8284,核参数 g=0.125,此时有最小交叉验证均方根误差 CVmse=0.003 422 6（图 5-21）。

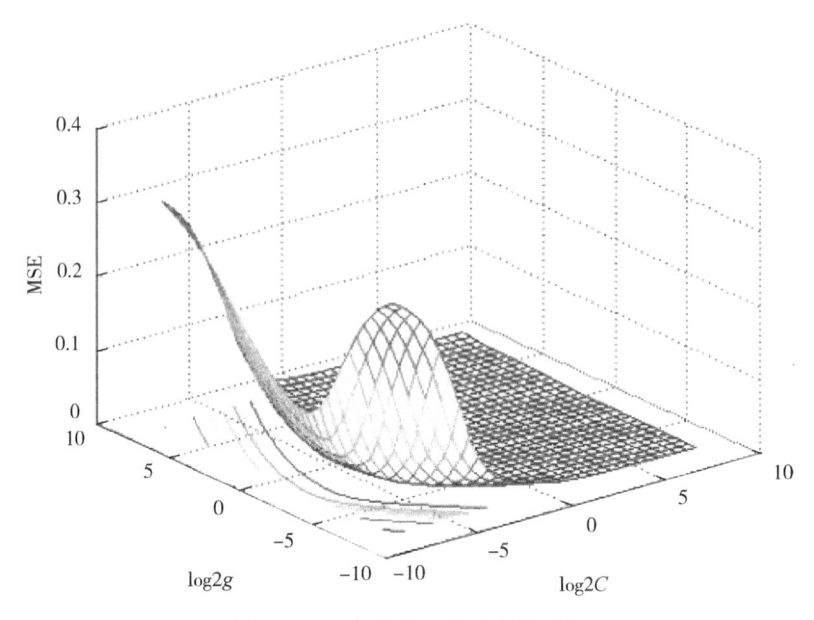

图 5-21 回归集带入模型所得结果

模型所得预测结果如图 5-22 所示,跟据预测结果,得出以下结论。

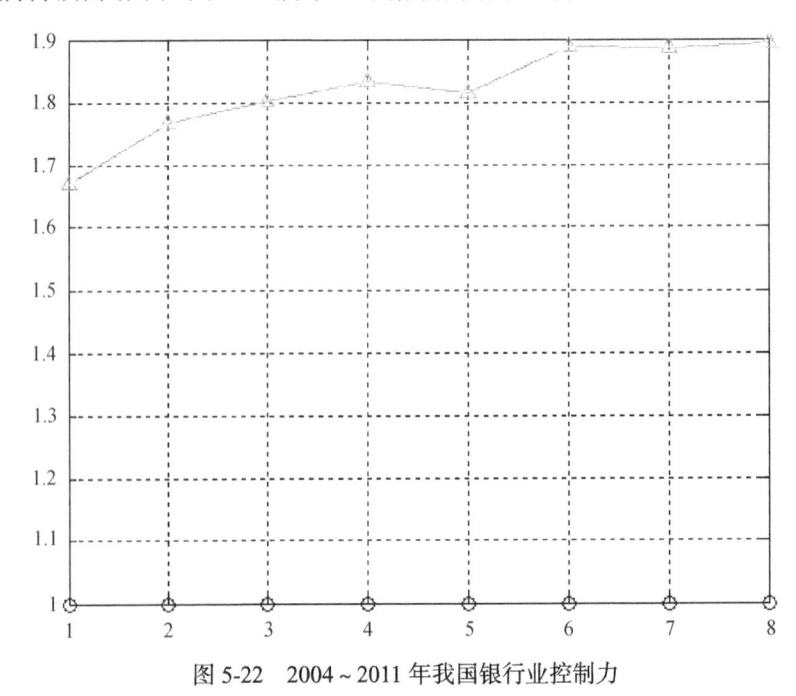

图 5-22 2004～2011 年我国银行业控制力

（1）2004～2011 年的 8 年间中国银行控制力水平一直处于强的区间中,但总体来说控制力水平有逐渐下降的趋势。换个角度说就是外资对我国银行业的控制力在不断地增强。

（2）虽然 8 年间我国对银行业的控制力一直处在强的状态下，但是各年间的控制力水平变化稍有差别，具体来说：2004~2007 年我国对银行业的控制力水平不断下降，2008 年又有小幅回升，2009 年在 2008 年的基础上控制力水平下降并在 2009~2011 年控制力水平基本保持不变。

5.4.4.4　主要研究结论

通过以上的实证分析，得出以下结论。

（1）2004~2011 年的 8 年间中国银行控制力水平一直处于强的区间中，但总体来说控制力水平有逐渐下降的趋势。换个角度说就是外资对我国银行业的控制力在不断地增强。本节认为之所以出现这种情况是自从 2001 年中国加入《WTO 服务贸易总协定》以来，我国对银行业的开放力度逐渐加大，外资进入中国银行业呈逐年加强的趋势，这一点我们可以从市场控制率、股权控制率、资产控制率、投资控制率四个指标从 2004~2011 年逐年增加看出。

（2）虽然 8 年间我国对银行业的控制力一直处在强的状态下，但是各年间的控制力水平变化稍有差别。究其原因，不得不追溯到 2008 年金融危机，一方面外资银行由于在国外的业务受金融危机影响甚大，而且这种影响因其跨国性蔓延到其在中国的分支机构，且外资银行急于处理国外受金融危机影响严重的分支机构而对处于中国的分支机构无暇顾及；另一方面中国方面在金融危机开始时及时采取了各项应对措施，如及时修订了《外汇管理条例》，出台了《银行与信托公司合作业务指引》《商业银行并购贷款风险管理指引》等法律法规。同时中国政府有很好的应对危机的经验，在 2008 年，我国银行业围绕着保增长、防风险、促稳定，沉着应对各种困难和挑战，不断深化对国有银行的股份制改造工作，对中小商业银行的主要监管指标达到历史最好水平，金融创新取得良好的进步，电子银行业务、针对中小企业的金融产品和服务不断发展，这些综合作用使得我国对银行业的控制力在 2008 年出现一定反弹，较 2007 年有所加强。

（3）2009~2011 年外资银行控制力水平较 2008 年加强，并基本保持不变。2009 年开始金融危机影响的余波未消，欧洲、美国、日本等国家和地区还未能充分从金融危机的阴影中走出，经济和金融业的发展受到严重影响，著名跨国银行因市场寻求动机把中国当成其发展业务的一方活土，与中资银行展开了激烈竞争，因此 2009 年的外资银行控制力水平有所增强。但国内银行业对此也有适合的应对方针，中国工商银行、中国建设银行、招商银行、中信银行等大型银行的竞争力水平不断增强，对外资银行控制力有一定的抵消作用，因此 2009~2011 年中国对银行业的控制力水平能够基本保持不变。

综上所述，我国银行业主权的能力很强，从目前情况判断，还谈不上外资通过控制我国银行市场以致威胁我国金融安全。分析我国银行业结构可知，目前我国四大国有商业银行的国有控股基本保证了我国银行业的控制权稳定。但银行业作为事关国计民生的重要命脉部门，国家还是应该努力掌握对其的控制权。

5.4.4.5 政策建议

本节通过对中国银行业发展现状和银行业产业控制力的分析,发现目前国内银行业控制力水平一直处在强区间,但银行业控制力方面依然存在一些问题。

(1) 目前对外资银行准入的监管力度很大,但是关于外资监管和银行并购等方面的立法还不足。

(2) 外资经营性机构占我国银行业的份额还较低,但外资银行的品牌优势、产品和服务创新能力、服务质量等远高于中资银行,这对中资银行是一项重要威胁。

(3) 外资银行对金融技术以及现代金融业务的控制、在我国重点城市和区域的而已应该引起我国监管部门重视。

对此,我们提出如下政策建议。

1. 对外审慎开放,外资银行准入政策更富弹性

跨国银行的企业利益与母国战略利益直接相关并受其指导,且跨国银行影响东道国资源配置与利益分配的机制。2008年金融危机以来,尽管不少外资银行在国外特别是欧美地区纷纷裁员或是卸下包括零售业务在内的非核心业务,但它们步调一致地把中国视为发展宝地,多家外资银行在华逆势扩张零售业务,且有进一步扩大在华业务的计划。面对外资银行积极进取的市场扩张倾向,可预期的是如果国内银行竞争力依然处于劣势的情况下,一旦取消现有的外资准入约束和对国内银行的适度保护,外资银行对中国银行业的控制力可能会进一步加强,对我国金融主权造成潜在侵蚀。

监管层可以在WTO承诺的基础上,给予外资银行适度的发展空间,让其与国内银行展开适度竞争,发挥其在经营管理和技术外溢方面的正效应,但要注意对外资银行进入带来的市场控制和品牌吞噬等的监控和及时响应,并注意将外资银行来源国适度分散化。

2. 对内加强学习,稳增长,保主权

在监管部门审慎对外开放银行业的同时,国内银行部门要加强学习,加速深化改革。在对外开放时达到适度引入国际竞争的目的,同时对国内银行形成一定的鞭策,督促其改革,不断学习,增强其自身实力,在复杂环境下保持稳定增长,保障其对国内银行业的控制主权。

3. 慎重引入外资战略投资者

关于外国战略投资者的资本准入,监管部门尤其应保持谨慎的态度,对大型国内银行的外资参股应建立个案审议机制,警惕跨国银行对国内重要银行资源的并购,警惕跨国银行将后者积累的本土优势转化为自身的专有优势,进而迅速强化其竞争地位。

5.5 产业安全评价与预测工程

5.5.1 产业安全评价与预测的涵义

产业安全评价是指运用数理统计学原理,制定指标体系,对照统一的标准,按照一

定的程序，通过定量定性对比分析，对产业一定运行期间的发展状况做出客观、公正和准确的综合评判。产业安全评价可以分为封闭式评价和开放式评价，如图 5-23 所示。

```
                          ┌── 单一式评价
              ┌── 封闭式评价 ──┤
              │              └── 分组式评价
        评价 ──┤                 （预警）
              │
              └── 开放式评价 ── 单一式评价
```

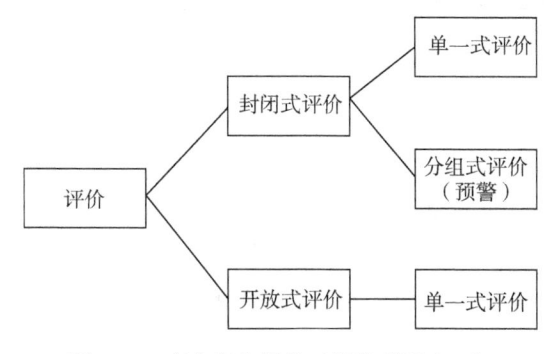

图 5-23　产业安全评价工程关系图（一）

封闭式评价是指只针对过去历史中的一些产业安全指标数据进行定量的评价，而不能将新的一年的产业安全指标数据放入原来的评价模型中直接地做出评价。

开放式评价与封闭式评价不同，是指利用统计学和机器学习的方法对过去历史中的产业安全评价结果进行拟合，然后可以将新的产业安全指标数据代入拟合出来的函数中直接地做出评价，它与封闭式评价具有不同的量化模型。

封闭式评价又可以分为单一式评价和分组式评价。

单一式评价是指产业安全综合评价的结果可以是连续的数值，评价的结果只有序的关系。例如，2011 年的某产业安全单一式评价结果是 3.2，2012 年的单一式评价结果是 8.5，如果评价结果越大越安全，则只可以认为该产业 2012 年相比 2011 年更安全，而不可以因此断定 2012 年的结果就是安全的。

分组式评价，也就是通常所说的预警，是指对根据当时的特定产业状况，对每个评价指标建立安全区间，然后对该产业安全综合评价，评价的结果是离散的数值，如 1，2，3，4，5，以判定产业运行的景气状况。实际上，指标的安全区间应该是动态变化的。

而开放式评价只包含单一式评价，因为当新加入一年的产业安全数据对其进行分组式评价时，之前所建立的指标安全区间可能对于该年的产业安全指标已经不适用了。例如，在十几年前，中国的 GDP 增长率达到 5% 已经很安全了，但现在或许达到 10% 才算安全。

产业安全预测是指在产业安全历史数据的基础上，对未来的产业安全状况进行预测分析，试图探寻产业安全未来的发展走势。产业安全预测分为简单式预测和复合式预测，如图 5-24 所示。

```
              ┌── 简单式预测
        预测 ──┤
              └── 复合式预测
```

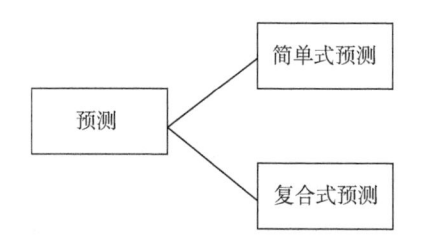

图 5-24　产业安全预测工程关系图（二）

简单式预测是指简单地利用产业安全的历史评价结果对未来的评价结果进行预测。

复合式预测是指先利用产业安全的历史指标数据对未来的指标数据进行预测,然后再利用所预测的指标数据对其进行开放式评价,从而达到预测未来产业安全的评价结果的目的。

5.5.2 产业安全评价工程指标体系

产业安全评价工程指标体系主要包括产业生存环境、产业国际竞争力、产业对外依存度、产业控制力、产业发展能力五方面。其中,产业生存环境是产业安全的基础,产业国际竞争力是产业安全的核心,产业对外依存度反映国际贸易要素对产业安全的影响,产业控制力反映外资因素对东道国产业安全的影响,产业发展能力反映产业安全的潜力与空间(李孟刚,2013)。

产业安全评价工程指标体系包括 5 个一级指标,19 个二级指标、35 个三级指标。具体指标、计算方法及说明如表 5-21 所示。

表 5-21 产业安全评价工程指标体系

一级指标	二级指标	三级指标名称及计算方法	三级指标说明
产业生存环境指标	金融环境指标	资本效率:根据企业获得银行信贷的难易程度、进入股票市场的难易程度以及获得风险资本的难易程度来衡量	资本效率低下,不利于产业安全
		资本成本:以短期实际利率来衡量	资本成本过高,会使企业增加成本负担,不利于产业安全
		换汇成本:出口所需总成本(人民币)/出口销售净收入(美元)人民币总成本	换汇成本过高,会使企业增加成本负担,减少经济效益,不利于产业安全
	劳动要素环境指标	产业全员劳动生产率:产业工业增加值(或总产值)/产业全部从业人员平均人数	劳动生产率越高,越有利于产业安全
		单位劳动力成本:劳动力总成本/产业全部从业人员平均人数	较高工资水平更有利于吸引优秀人才,但也会增加行业的成本负担
	资源与生态环境指标	单位耗能:能源消耗总量/工业增加值(或总产值)	单位能耗越高,行业发展受到节能减排压力越大,不利于产业安全
		单位废水排放:废水排放总量/工业增加值(或总产值)	废水、废气、固体废物等污染物的单位排放量越高,行业对生态环境的影响越大,治理成本越高,受国际环境壁垒的影响越大,越不利于产业安全
		单位废气排放:废气排放总量/工业增加值(或总产值)	
		单位固体废物排放:固体废物排放总量/工业增加值(或总产值)	
		综合利用率:"三废"综合利用量/"三废"排放总量	废水、废气、固体废物等污染物的综合利用率越高,行业适应循环经济的水平越高,越有利于产业安全
	政策环境指标	国际国内经济贸易状况	国际国内经济贸易有哪些新情况、新特点,对产业安全产生何种影响
		国际规制环境	国际组织、其他国家与地区有哪些新法规、新政策、新标准等,对产业安全产生何种影响
		国内规制环境	国家与地区政府、主管部门、行业协会有哪些新法规、新政策、新标准等,对产业安全产生何种影响

续表

一级指标	二级指标	三级指标名称及计算方法	三级指标说明
产业国际竞争力指标	市场竞争力指标	贸易竞争力指数（TSC）：（出口额−进口额）/（出口额+进口额）	TSC<0，产业处于比较劣势 TSC=0，产业属于贸易平衡性产业，产业的进口额与出口额基本持平 TSC>0，产业处于比较优势
	绩效竞争力指标	产能利用率：产业总产量（开工生产能力）/产业总生产能力×100%	如果产能利用率在90%以下，且持续下降，表示限制过多，不利于产业安全
		产销率：产业销售收入/当年产业工业总产值×100%	产销率反映产品生产实现销售的程度，比率越高，说明产品符合社会现实需要的程度越大，反之则越小
	结构竞争力指标	市场集中度：产业大中型企业销售收入/产业全部企业销售收入	如果产业集中度提高，即使总体上产业的市场份额都没有变或略有下降，产业的国际竞争力状况也可以得到提高
	技术竞争力指标	研发投入占比：产业研发投入总额/产业销售收入总额×100%	研发占比越高，产业安全受影响的程度越小
		专业技术人员占比：产业科技开发人员数量/产业从业人员数量×100%	比率越高，产业安全受影响的程度越小
		新产品产值占比：新产品产值/总产值×100%	比率越高，产业安全受影响的程度越小
产业对外依存度指标	进口依存度指标	产业进口依存度：产业进口金额（或进口）/总销售额×100%	产业对外依存度越高，受国际因素的影响越大，产业安全的不确定性就越高
	出口依存度指标	产业出口依存度：产业出口金额（或出口）/总销售额×100%	
产业控制力指标	外资市场控制率指标	外资市场控制率：外资销售额/产业销售额×100%	反映外资控制企业对该产业国内市场控制程度。外资市场控制率越高，产业发展安全受影响的程度越大
	外资股权控制率指标	外资股权控制率：外资所有者权益/产业所有者权益×100%	单个企业外资股权份额超过30%即达到对企业的相对控制，超过50%即达到对企业的绝对控制。该比率越高，产业安全受影响的程度越大
	外资资产控制率指标	外资资产控制率：外资资产总额/产业资产总额×100%	该比率越高，产业安全受影响的程度越大
	外资投资控制率指标	外资投资控制率：外资固定资产净值总额/产业固定资产净值总额×100%	该比率越高，产业安全受影响的程度越大
	外资技术控制率指标	外资专利技术控制率：外资拥有的技术专利数/产业拥有的技术专利数×100%	该比率越高，产业安全受影响的程度越大
		外资投研发投入控制率：外资研发投入总额/产业研发投入总额×100%	该比率越高，产业安全受影响的程度越大
		外资新产品产值控制率：外资新产品产值总额/产业新产品产值总额×100%	该比率越高，产业安全受影响的程度越大
产业发展能力指标	资本积累能力指标	固定资产净值增长率：$\left(\dfrac{\text{当年固定资产净值年均余额}}{\text{前一年固定资产净值年均余额}}-1\right)\times100\%$	该比率越高，产业安全受影响的程度越小

続表

一级指标	二级指标	三级指标名称及计算方法	三级指标说明
产业发展能力指标	吸引就业能力指标	就业人数增长率：（期末就业人数/期初就业人数−1）×100%	该比率越高，产业安全受影响的程度越小
	市场开拓能力指标	产品销售收入增长率：$\left(\dfrac{当年国内产业企业销售收入总额}{上年国内该产业企业销售收入总额}-1\right)\times 100\%$	较高的销售收入增长率可以促使行业采取新技术，采用大型、高效的设备提高技术水平和产量，有利于产业安全
	盈利能力指标	总资产收益率：利润总额/总资产×100%	总资产收益率直接反映了行业的发展能力，比例越高，越有利于产业安全
		产值利润率：利润总额/工业总产值×100%	产业利润率反映单位产值获得的利润，比例越高，越有利于产业安全
		产业亏损面：亏损企业个数/产业企业总数×100%	行业亏损越小，产业发展能力越强，越有利于产业安全

注：考虑到由于每个产业均有不同的特性，每个产业的具体评价指标会有所增删，或者计算方法更加体现产业特点

5.5.3 产业安全评价工程指标体系的工程化

5.5.3.1 定性指标的处理

由于定性指标的衡量具有主观性，为了指标识别的准确性和科学性，采用模糊数学的方法对定性指标进行处理和识别（王培志，2008），其具体处理方法如下：将每一个定性指标的状态划分为五个等级，即很差 v_1、较差 v_2、一般 v_3、较好 v_4、很好 v_5，得到评语集 $V=\{v_1,v_2,v_3,v_4,v_5\}$，与评语集相对应的隶属度为 $u=\{1,2,3,4,5\}$。

5.5.3.2 指标的无量纲化处理

无量纲化即归一化，由于指标体系中各指标直接存在着方向、量纲不同等问题，为使各指标在整个系统中具有可比性，应将定性指标进行定量化处理。定性指标的处理只是将定性指标数量化，但还不能将其与定量指标等同，因为量纲不一样，上述处理后的定性指标只是反映了指标的一个大体趋势。为了进行比较，应对数据进行适当的处理。具体来讲，反映产业安全的指标一共分为三类，即正向指标（越大越好）、反向指标（越小越好）、适度型指标（指标值在某数附近最好）。不同类型的指标处理方法也不同，具体处理方法如下。

（1）对于指标数值越大产业越安全的指标，处理方式为

$$x'_{ij} = \frac{x_{ij} - \min x_{ij}}{\max x_{ij} - \min x_{ij}}$$

（2）对于指标数值越大产业越不安全的指标，处理方式为

$$x'_{ij} = \frac{\max x_{ij} - x_{ij}}{\max x_{ij} - \min x_{ij}}$$

（3）对于指标的数值稳定在某一固定值时产业越安全的指标，处理方式为

$$x'_{ij} = \frac{1}{1+|a-x_{ij}|}$$

其中，a 表示某一固定值。

指标经上述方法处理后，数据都压缩在[0,1]的闭区间内，避免了不同类型的数据由于量纲的不同，对结果的影响程度产生较大差异。

5.5.3.3 指标权重的处理

某一指标的权重是指该指标在整体评价中的相对重要程度。它取决于该指标本身在评价决策中的作用及其价值的大小。它既是决策者的主观评价，又是指标本质的物理属性的客观反映，是主客观综合度量的结果（王茹，2000）。

在产业安全评价工程中，指标权重的确定是一个难点。在目前常用的是专家评分法，这在一定程度上存在很大的主观性，从而影响了产业安全评价结果的准确性。本节介绍如下三种量化权重的方法，一是层次分析法，二是基于熵理论的权重估计方法（简称熵权法）、三是 Delphi 法。

1. 层次分析法

层次分析法可以只需要一名专家的意见就可以计算出权重，也可以参考多名专家的意见。在询问多名专家时，先分别由每个专家所填表格计算出权重，然后取它们的平均值即可。发放给专家的表格格式，可参考下面的示范表格（表5-22）。

专家在比较时对每个指标的重要程度的描述可以参考以下赋值方法（表5-23）。

表 5-22　专家打分表

基准指标 被比较指标	指标1	指标2	指标3	指标4	…
指标1	1	X_{12}	X_{13}	X_{14}	…
指标2	$1/X_{12}$	1	X_{23}	X_{24}	…
指标3	$1/X_{13}$	$1/X_{23}$	1	X_{34}	…
指标4	$1/X_{14}$	$1/X_{24}$	$1/X_{34}$	1	…
…					1

注：表格中，最左侧一列为被比较指标，最上面一行为基准指标。在进行比较时，最左侧第一列的指标分别与最上面一行指标进行比较，比较结果填写在两个相比较的指标的交点处的方框里。例如，表格中指标2与指标3相比较，其重要程度为 X_{23}

表 5-23　比例标度表

标度	意义
1	表示两个元素相比，具有同样重要性
3	表示两个元素相比，前者比后者稍重要
5	表示两个元素相比，前者比后者明显重要
7	表示两个元素相比，前者比后者重要得多
9	表示两个元素相比，后者几乎可以忽略
2, 4, 6, 8	表示上述相邻判断的中间值
它们的倒数	元素 i 与元素 j 的重要性之比为 X_{ij}，则元素 j 与元素 i 的重要性之比为 $x_{ij}=\frac{1}{x_{ij}}$

将专家填写的表格结果分别列成矩阵的形势：

$$\begin{pmatrix} 1 & X_{12} & X_{13} & X_{14} & \cdots \\ X_{21} & 1 & X_{23} & X_{24} & \cdots \\ X_{31} & X_{32} & 1 & X_{34} & \cdots \\ X_{41} & X_{42} & X_{43} & 1 & \cdots \\ \cdots & \cdots & \cdots & \cdots & \cdots \end{pmatrix}$$

列出矩阵后，计算矩阵的最大特征根 λ_{max}。如果计算出的 λ_{max} 比这个矩阵的阶数 n 要大，那就要进行一致性检验。之所以要进行一致性检验，是因为专家比较打分的方式主观成分比较大，难免会出现判断不准确的情况。打分的结果中可能会出现大量的类似于"元素 i 比元素 j 重要，元素 j 比元素 k 重要，而元素 k 又比元素 i 重要"这种不合理的结果。为了将这种不合理的数量和程度控制在一定范围内，使比较出的分数更具有说服力，就要进行一致性检验。

将不一致程度指标用 CI 表示，平均随机一致性指标用 RI 表示，随机一致性比率用 CR 表示，一致性检验的步骤如下所示。

先计算出矩阵的 CI。

对于 n 阶的矩阵，$\text{CI} = \dfrac{\lambda_{max} - n}{n - 1}$。

RI 值可以通过查表得到，将 RI 值再带入下列公式，可以求出一致性结果 CR，公式为

$$\text{CR} = \dfrac{\text{CI}}{\text{RI}}$$

如果 CR<0.1，则通过一致性检验，否则不能通过一致性检验。如果未能通过一致性检验，则需要重新让专家进行比较打分。对于通过一致性检验的 n 阶矩阵，要进行处理，最后可以得出权重。

接下来要将每一行的指标得分进行几何平均值的计算。进行几何平均值的计算主要是为了量化指标的重要程度。对于第 i 项指标，其得分的几何平均值为

$$\overline{W}_i = \sqrt[n]{\prod_{j=1}^{n} x_{ij}}$$

其中，i 表示行，j 表示列。

得出每一项指标的几何平均值后，接下来就要计算出每个指标的权重，公式为

$$W_i = \dfrac{\overline{W}_i}{\sum_{i=1}^{n} \overline{W}_i}$$

其中，W_i 表示第 i 项指标的权重。

将每个一级指标和每个二级指标相对其所属的一级指标的权重的计算出来之后，将每个二级指标的权重乘以其所属的一级指标的权重，就可以得出每一个二级指标相对于整个产业体系的权重了。

2. 熵权法

熵权法是一种在综合考虑各项指标所提供的信息量的基础上，对各种指标权重进行

确定的方法。具体而言，熵权法是根据各指标所包含的信息量大小来确定权重，某个指标所包含的信息量（或变异程度）越大，熵值就越小，该指标的权重越大；反之亦然。如果某个指标值的各个取值都相等，则该指标并不向系统提供有用信息，该指标权重为零。根据各指标所提供的信息量计算熵值来确定各指标的权重，再对所有指标进行加权，可以得出较为客观的结果（张农科，2011）。

（1）评价矩阵的定义。假设有 m 个指标、每个指标有 n 种不同取值。这 n 种不同取值可能分布来自于 n 个专家对各指标的打分，也可能是在 n 个不同时期对指标的观测值，或是对 n 个不同对象的评价。m 个指标对应于 n 种不同值所构成评价矩阵 R 为

$$R = \begin{pmatrix} r_{11} & r_{12} & \cdots & r_{1m} \\ r_{21} & r_{22} & \cdots & r_{2m} \\ \vdots & \vdots & & \vdots \\ r_{n1} & r_{n2} & \cdots & r_{nm} \end{pmatrix}$$

在产业安全评价中，R 即为综合评价矩阵。为了去除不同指标的量纲，对评价矩阵 R 进行归一化处理，得到矩阵 R'

$$R' = (r'_{ij})_{n \times m}$$

（2）基于熵理论的权重计算。在有 m 个指标，n 种取值的系统内，定义在第 j 个指标的熵值为

$$H_j = -K \sum_{i=1}^{n} f_{ij} \ln f_{ij} \quad (j=1,2,\cdots,m)$$

其中，$f_{ij} = \dfrac{r'_{ij}}{\sum_i r'_{ij}}$，$K = \dfrac{1}{\ln n}$，同时假定 $f_{ij} = 0$ 时，$f_{ij} \ln f_{ij} = 0$。第 j 个指标的熵权定义为

$$w_j = \dfrac{1 - H_j}{m - \sum_{j=1}^{m} H_j}$$

3. Delphi 法

Delphi 法的具体步骤如下。

（1）确定各指标 u_i 的重要性序列值 $e_i(i=1,2,\cdots,m)$，其中 m 为因素的个数。邀请专家们凭个人的经验和见解，划定各指标的重要性序列，对最重要的指标取 $e_i = m$，对最次要的指标取 $e_i = 1$。共有 n 位专家，这样对每个指标均有 n 个排序值，记第 k 个对指标 u_i 所给定的指标重要性序列值为 $e_i(k)$。

（2）编制优先得分表。对专家的评分表进行以下的统计：

当 $\dfrac{e_j(k)}{e_i(k)} > 1$ 时，$A_{ij}(k) = 1$；　当 $\dfrac{e_j(k)}{e_i(k)} > 1$ 时，$A_{ij}(k) = 0$

将所有参加评议的专家的 $A_{ij}(k)$ 值累加，即

$$A_{ij} = \sum_{k=1}^{n} A_{ij}(k) \quad (i,j=1,2,\cdots,m)$$

由此得到 $m \times m$ 个统计值组成的得分表（表 5-24）。

表 5-24 优先得分表

指标序号	u_1	u_2	$\cdots$	u_m	累积和
u_1	A_{11}	A_{12}	$\cdots$	A_{1m}	$\sum A_1$
u_2	A_{21}	A_{22}	$\cdots$	A_{2m}	$\sum A_2$
$\vdots$	$\vdots$	$\vdots$	$\vdots$	$\vdots$	$\vdots$
u_m	A_{m1}	A_{m2}	$\cdots$	A_{mm}	$\sum A_m$

注：表中 A_{ii} 是没有值的

（3）求 $\sum A_i$。将表 5-24 中各行的 A_{ij} 值相加，得 $\sum A_i$，并求其中最大值和最小值。

（4）计算级差 d。令 $a_{\max}=1, a_{\min}=0.1$，则 $d = \dfrac{\sum A_{\max} - \sum A_{\min}}{a_{\max} - a_{\min}}$

（5）计算各指标重要程度系数 a_i。公式为

$$a_i = \frac{\sum A_i - \sum A_{\min}}{d} + 0.1 \quad (i=1,2,\cdots,m)$$

或

$$a_i = 1 - \frac{\sum A_{\max} - \sum A_i}{d} \quad (i=1,2,\cdots,m)$$

5.5.4 产业安全评价工程

由 5.5.1 节可知，产业安全评价工程分为封闭式评价和开放式评价，封闭式评价又分为单一式评价和分组式评价，下面对其进行具体阐述。

5.5.4.1 产业安全单一式评价工程化的步骤

产业安全单一式评价即对过去历史中一段时间的产业，根据所给的条件，采用一定的方法，给每年的产业运行情况赋予一个评价值。产业安全单一式评价工程化的完整处理过程可以分为七个步骤。

1. 确定所选取的产业及其时间段

根据评价目标 a，确定被评价产业集，设为 $\{s_i | i=1,2,\cdots,n\}$，其中

$$s_i = f_1(a)$$

其中，f_1 为评价目标的生成函数；$i=1,2,\cdots,n$；n 为被评价产业数。

2. 根据所评价产业，建立评价指标体系

把评价目标按照总目标、准则层、指标层逐步分解为各级子目标，得到具有递阶层次结构的评价指标体系，各级子目标就统称为评价指标。评价指标描述被评价产业的不

同侧面，刻画被评价产业所具有的某种特征的大小。总目标直接分解为评价指标集 $\{x_j | j=1,2,\cdots,m\}$，其中

$$x_j = f_2(a)$$

其中，f_2 为评价指标生成函数；$j=1,2,\cdots,m$；m 为评价指标的数目（郭亚军，2012）。

3. 获取评价指标样本集

用已取得的评价指标来测度全体被评价产业，可以得到整体评价指标样本集为 $\{x_{ij} | i=1,2,\cdots,n; j=1,2,\cdots,m\}$，其中

$$x_{ij} = f_3(s_i, x_j)$$

其中，f_3 为指标测度函数，对于被评价产业 s_i 而言，其在指标 x_j 上的表现为 x_{ij}。

4. 评价指标的预处理

一般来说，指标 $x_1, x_2, \cdots x_m$ 之间由于各自特性，存在着成本型指标和效益型指标等指标类型的区别。另外，即使相同类型的指标也会由于各自量纲及量级不同而存在着不可公度性，所以需要对这些指标进行类型一致化和无量纲化处理，即

$$x_{ij}^* = f_4(x_{ij})$$

其中，f_4 为指标预处理函数；x_{ij}^* 为预处理之后的指标值，通常简记为 x_{ij}。

5. 确定指标权重

各评价指标值 x_{ij} 在评价中的作用和重要性一般不尽相同，需要用指标权重系数来刻画，即

$$w_j = f_5(s_i, x_j)$$

其中，f_5 为指标权重函数。

6. 选择和构造综合评价函数

把被评价产业指标值和权重系数代入综合评价函数，就可以得到各被评价产业的综合评价值。综合各单指标评价值及其权重，就可以得到各被评价产业 s_i 的综合评价值为

$$y_i = f_6(x_{ij}, w_j)$$

其中，f_6 为综合评价函数；y_i 为被评价产业 s_i 的综合评价值。

7. 反馈

根据评价结果，向产业管理者上交评价报告，提出相应的意见。

5.5.4.2 产业安全单一式评价工程化模型

1. 线性多属性综合评价

这种方法比较直观，它假定产业安全与各因素之间为线性相关（张农科，2011）。为

简化起见，可以设产业安全度满足以下函数关系：

$$S = \beta_1 X_1 + \beta_2 X_2 + \cdots + \beta_m X_m \tag{5-5}$$

其中，S 是产业安全度，X_i 是各一级影响因素指标，β_i 是各一级指标的权重，且 $\sum_{i=1}^{m} \beta_i = 1$。

同时，X_i 满足以下关系：

$$X_i = \prod_{j=1}^{n_i} a_{ij} x_{ij} \tag{5-6}$$

其中，x_{ij} 是二级指标，a_{ij} 是二级指标的权重，$\sum_{j=1}^{n} a_{ij} = 1$。

2. 非线性多属性综合评价

这种方法假定产业安全与各影响因素之间为非线性相关。为简化起见，可以设产业安全度满足以下函数关系：

$$S = \alpha X_1^{\beta_1} X_2^{\beta_2} \cdots X_m^{\beta_m} \tag{5-7}$$

$$S = \alpha \left(\prod_{i=1}^{m} X_i^{\beta_i} \right) \tag{5-8}$$

其中，S 是产业安全度，X_i 是各一级影响因素指标，α 是一级指标的系数，β_i 是各一级指标的指数，且 $\sum_{i=1}^{m} \beta_i = 1$。同时，$X_i$ 满足以下关系：

$$X_i = \prod_{j=1}^{n_i} x_{ij}^{a_{ij}} \tag{5-9}$$

其中，x_{ij} 是二级指标，a_{ij} 是二级指标的指数，且 $\sum_{j=1}^{n} a_{ij} = 1$。

首先，将式（5-7）两端取对数，可以得出

$$\log S = \log \alpha + \beta_1 \log X_1 + \beta_2 \log X_2 + \cdots + \beta_m \log X_m \tag{5-10}$$

将式（5-9）带入式（5-10），可以得出

$$\begin{aligned}
\log S &= \log \alpha + \beta_1 \log \prod_{j=1}^{n_1} x_{1j}^{a_{1j}} + \beta_2 \log \prod_{j=1}^{n_2} x_{2j}^{a_{2j}} + \cdots + \beta_m \log \prod_{j=1}^{n_m} x_{mj}^{a_{mj}} \\
&= \log a + \beta_1 \sum_{j=1}^{n_1} a_{1j} \log x_{1j} + \beta_2 \sum_{j=1}^{n_2} a_{2j} \log x_{2j} + \cdots + \beta_m \sum_{j=1}^{n_m} a_{mj} \log x_{mj} \\
&= \log a + \beta_1 (a_{11} \cdots a_{1n_1}) \begin{pmatrix} \log x_{11} \\ \vdots \\ \log x_{1n_1} \end{pmatrix} + \beta_2 (a_{21} \cdots a_{2n_2}) \begin{pmatrix} \log x_{21} \\ \vdots \\ \log x_{2n_2} \end{pmatrix} + \cdots + \beta_m (a_{m1} \cdots a_{mn_m}) \begin{pmatrix} \log x_{m1} \\ \vdots \\ \log x_{mn_m} \end{pmatrix}
\end{aligned} \tag{5-11}$$

其中，$\sum_{i=1}^{m} \beta_i = 1$，$\sum_{j=1}^{n_1} a_{ij} = 1$。

我们可以设定 $S' = \log S$，从而可将式（5-11）重新表述为

$$S' = \log a + \beta_1 \begin{pmatrix} a_{11} \cdots a_{n1} \end{pmatrix} \begin{pmatrix} \log x_{11} \\ \vdots \\ \log x_{1n_1} \end{pmatrix} + \beta_2 \begin{pmatrix} a_{21} \cdots a_{2n_2} \end{pmatrix} \begin{pmatrix} \log x_{21} \\ \vdots \\ \log x_{2n_2} \end{pmatrix} + \cdots + \beta_m \begin{pmatrix} a_{m1} \cdots a_{mn_m} \end{pmatrix} \begin{pmatrix} \log x_{m1} \\ \vdots \\ \log x_{mn_m} \end{pmatrix}$$
(5-12)

该方法的整个过程体现了系统工程决策思维的基本特征，即分解、判断与综合，易学易用，而且定性与定量相结合，是一种较为有效的系统分析方法，所以应用也非常广泛。所用模型以层次分析法为基础，建立了一个多层次的递阶机构，按模板的不同和实现功能的差异将系统分为几个等级层次。但与层次分析法不同的是，该方法在计算各级指标的安全度时，对同一层次的指标安全度不是采用加权平均，而是把每个指标的安全度相乘（张农科，2011）。

3. 主成分分析

（1）主成分分析的基本原理。假定有 n 个样本，每个样本共有 p 个变量，构成一个 $n \times p$ 阶的数据矩阵。

$$X = \begin{pmatrix} x_{11} & x_{12} & \cdots & x_{1p} \\ x_{21} & x_{22} & \cdots & x_{2p} \\ \vdots & \vdots & & \vdots \\ x_{n1} & x_{n2} & \cdots & x_{np} \end{pmatrix}$$

当 p 比较大时，在 p 维空间中考察问题比较麻烦。为了克服这一困难，就需要进行降维处理，即用较少的几个综合指标代替原来较多的变量指标，而且使这些较少的综合指标既能尽量多地反映原来较多变量指标所反映的信息，同时它们之间又是彼此独立的（张农科，2011）。

定义：记 $x_1, x_2, \cdots, x_p$ 为原变量指标，$z_1, z_2, \cdots, z_p (m \leqslant p)$ 为新变量指标。

$$\begin{cases} z_1 = l_{11}x_1 + l_{12}x_2 + \cdots + l_{1p}x_p \\ z_2 = l_{21}x_1 + l_{22}x_2 + \cdots + l_{2p}x_p \\ \cdots \cdots \\ z_m = l_{m1}x_1 + l_{m2}x_2 + \cdots + l_{mp}x_p \end{cases}$$

如果满足：①z_i 与 $z_j (i \neq j; i,j = 1,2,\cdots,m)$ 相互无关。②z_1 是 $x_1, x_2, \cdots, x_p$ 的一切线性组合中方差最大者；z_2 是与 z_1 不相关的 $x_1, x_2, \cdots, x_p$ 的线性组合中方差最大者；以此类推，z_m 是与 $z_1, z_2, \cdots, z_{m-1}$ 都不相关的 $x_1, x_2, \cdots, x_p$ 的所有线性组合中方差最大者，则新变量指标 $z_1, z_2, \cdots, z_m$ 分别为原变量指标 $x_1, x_2, \cdots, x_p$ 的第 1，第 2，$\cdots$，第 m 个主成分。

以上分析可以看出，主成分分析的实质就是确定原来的变量 $x_j (j = 1,2,3,\cdots,p)$ 在诸主成分 $z_i (i = 1,2,\cdots,m)$ 上的荷载 $l_{ij} (i = 1,2,\cdots,m; j = 1,2,3,\cdots,p)$。

从数学上可以证明，它们分别是相关矩阵 m 个较大的特征值所对应的特征数量。

（2）主成分分析计算步骤如下。

第一步，计算相关系数矩阵，公式为

$$R = \begin{pmatrix} r_{11} & r_{12} & \cdots & r_{1p} \\ r_{21} & r_{22} & \cdots & r_{2p} \\ \vdots & \vdots & & \vdots \\ r_{p1} & r_{p2} & \cdots & r_{pp} \end{pmatrix}$$

其中，$r_{ij}(i,j=1,2,\cdots,p)$ 为原变量 x_i 与 x_j 的相关系数，$r_{ij}=r_{ji}$，其计算公式为

$$r_{ij} = \frac{\sum_{k=1}^{n}(x_{ki}-\bar{x}_i)(x_{kj}-\bar{x}_j)}{\sqrt{\sum_{k=1}^{n}(x_{ki}-\bar{x}_i)^2 \sum_{k=1}^{n}(x_{kj}-\bar{x}_j)^2}}$$

第二步，计算特征值与特征向量。

首先，解特征值与特征向量 $|\lambda I - R|=0$，常用雅可比（Jacobi）法求出特征值，并使其按大小顺序排列 $\lambda_1 \geq \lambda_2 \geq \cdots \lambda_p \geq 0$。

其次，分别求出对应于特征值 λ_i 的特征向量 $e_i(i=1,2,3,\cdots,p)$，要求 $\|e_i\|=1$，即 $\sum_{i=1}^{p} e_{ij}^2 = 1$，其中 e_{ij} 表示向量 e_i 的第 j 个分量。

第三步，计算主成分贡献率及其累计贡献率。

主成分贡献率为

$$b_i = \frac{\lambda_i}{\sum_{k=1}^{p} \lambda_k} \quad (i=1,2,3,\cdots,p)$$

累积贡献率为

$$\sum_{k=1}^{i} b_k = \frac{\sum_{k=1}^{i} \lambda_k}{\sum_{k=1}^{p} \lambda_k} \quad (i=1,2,3,\cdots,p)$$

一般取累计贡献率达 85%～95% 的特征值 $\lambda_1, \lambda_2, \cdots, \lambda_m$ 对应第 1，第 2，…，第 $m(m \leq p)$ 个主成分。

第四步，计算主成分载荷，公式为

$$l_{ij} = p(z_j, x_j) = \sqrt{\lambda_i} e_{ij} \quad (i,j=1,2,\cdots,p)$$

第五步，可得各主成分，即

$$Z = \begin{pmatrix} z_{11} & z_{12} & \cdots & z_{1m} \\ z_{21} & z_{22} & \cdots & z_{2m} \\ \vdots & \vdots & & \vdots \\ z_{n1} & z_{n2} & \cdots & z_{nm} \end{pmatrix}$$

4. 投影寻踪分析

投影寻踪分析是分析和处理高位数据，尤其是处理来自非正态总体的高维数据的一种

统计方法。投影寻踪分析的基本思想是把高维数据投影到 1～3 维子空间上，寻找能反映原来数据的结构或特征的投影，以达到研究、分析高维数据的目的（许国根和贾瑛，2012）。

传统的多元分析是建立在正态分布的基础上的，而实际上许多数据并不满足这个假定，因此需要用稳健的、实用的方法来解决。但当数据的维数较高时，这些方法都面临三个方面的困难：一是随着维数的增加，计算量迅速增加，而且不可能将其画出可视的分布图或其他图形。二是维数较高时，即使数据的样本点很多，散在高维空间中仍显得非常稀疏。高维空间中数据的稀疏性使许多在一维情况下比较成功的传统方法也不能适用处理高维数据。三是在低维时稳健性很好的统计方法应用到高维空间，其稳健性就变差，因此需要对高维数据进行降维处理（杜红英，2009）。

现在降维方法应用较多的有聚类分析、因子分析、典型相关分析等，但这些方法仅着眼于变量的距离，而忽略了不相关变量的存在，使人无法确定结果的正确性。

投影寻踪是根据实际问题的需要，通过确定某个准则函数，将高维数据投影到低维子空间，使得投影后的数据可以很好地进行分类或预测，并且信息损失最小。其中的关键是准则函数即投影指标的确定，它应能衡量投影到低维空间上的数据是否是有意义的目标函数，即应能找到一个或几个投影方向，使它的指标值达到最大或最小。

设 $X=\{x_1,x_2,\cdots,x_n\}$ 是 n 个 p 维向量，其分布函数记为 F_x。设 $\alpha \in R^p$ 为一方向向量，满足 $\alpha^T\alpha=1$；X 在 α 方向上的投影为 Y，则 $Y=\alpha^T X$。对于投影方向 α，投影数据 $\alpha^T X$ 的投影指标记为 $Q(X)$ 或 $Q(\alpha^T X)$，它有三种类型。

第Ⅰ类指标是位移、尺度同变的，即对任何 $\alpha,\beta \in R$，有
$$Q(\alpha Y+\beta)=\alpha Q(Y)+\beta$$

第Ⅱ类指标是位移不变、尺度同变的，即
$$Q(\alpha Y+\beta)=|\alpha|Q(Y)$$

第Ⅲ类指标是投影不变的，即
$$Q(\alpha Y+\beta)=Q(Y)$$

从计算角度，可以将投影指标分为密度型投影指标和非密度型投影指标。

投影寻踪分析的过程包括以下几步。

1）数据预处理

为消除各指标值的量纲和统一各指标值的变化范围，需要对原始数据进行极值归一化处理。

设数据矩阵为

$$X=\begin{pmatrix} x_{11} & \cdots & x_{1m} \\ \vdots & & \vdots \\ x_{n1} & \cdots & x_{mm} \end{pmatrix}$$

其中，n 为样品数，x_{ij} 为每个样品测得 m 项指标（变量）的观测数据，$i=1,2,\cdots,n; j=1,2,\cdots,m$。

2）构造投影指标函数

投影寻踪分析就是把 m 维数据 $\{x^*(i,j)|j=1,2,\cdots,m\}$ 综合成以 $a=\{a(1),a(2),\cdots,a(m)\}$

为投影方向的一维投影值 $z(i)$，公式为

$$z(i) = \sum_{j=1}^{m} a(j) x^*(i,j) \quad (i=1,2,\cdots,n)$$

其中，a 为单位长度向量，然后根据 $z(i)$ 的一维散布图进行分类。

确定投影指标时，要求投影值 $z(i)$ 在局部的投影点尽可能密集，最好凝聚成若干个点团，而在整体上投影点团之间尽可能散开。因此，投影指标函数可以表示成 $Q(a) = S_z D_z$，其中，S_z 为投影值 $z(i)$ 的标准差，D_z 为投影值 $z(i)$ 的局部密度，即

$$S_z = \sqrt{\frac{\sum_{i=1}^{n}[z(i)-E_z]^2}{n-1}}$$

$$D_z = \sum_{i=1}^{n}\sum_{j=1}^{n}\{R - r(i,j) \cdot u[R - r(i,j)]\}$$

其中，E_z 为 $z(i)$ 的平均值，R 为局部密度的窗口半径。在一定范围内不同的密度窗口取值，必然得到不同的投影方向向量，也即从不同方向观察数据样本特征，有可能得到不同的结果。所以 R 的选取既要使包含在窗口内的投影点的平均个数不能太少，避免滑动平均偏差太大，但又不能使它随着 n 的增加而增加太高，它可以根据试验来确定，在实际计算中可选取

$$r_{\max} + \frac{m}{2} \leqslant R \leqslant 2m$$

其中，$r(i,j)$ 表示样本之间的距离，$r(i,j) = |z(i) - z(j)|$，$r_{\max} = \max[r(i,j)]$；$u(t)$ 为一单位阶跃函数，当 $t \geqslant 0$ 时，其值为 1，当 $t < 0$ 时，其值为 0。

投影指标的构造并没有固定的形式和标准，在实际应用中可以根据具体情况灵活选择，所构造的投影指标必须能够反映问题的特性，以达到对数据样本进行合理聚类的目的。

3）优化投影指标函数

当各指标值的样本集给定时，投影指标函数 $Q(a)$ 只随着投影方向 a 的变化而变化。不同的投影方向反映不同的数据结构特征，最佳投影方向就是能最大限度地反映高维数据某类特征结构的投影方向，因此可以通过求解投影指标函数最大化问题来估计最佳投影方向。

最大化目标函数为

$$\max Q(a) = S_z D_z$$

约束条件为

$$\sum_{j}^{m} a^2(j) = 1$$

可以采用各种有效的方法进行优化，常用的是遗传算法。

4）输出评价结果

把求得的最佳投影方向 a^* 代入

$$z(i) = \sum_{j=1}^{m} a(j) x^*(i,j) \quad (i=1,2,\cdots,n)$$

其中，$z^*(i)$ 即为所求的评价结果，若按 $z^*(i)$ 值从大到小排序，则可以将样本从优到劣进行排序。

5.5.4.3 钢铁产业安全单一式评价工程

本节应用投影寻踪法，对钢铁产业进行单一式评价。综合考虑指标的系统性、代表性与数据可得性等原则，确定分析指标及数据如表 5-25 所示。

表 5-25 钢铁产业安全单一式评价指标数据

指标	2006 年	2007 年	2008 年	2009 年	指标属性
产业全员劳动生产率/[万元/(人·年)]	22.24	28.10	31.47	35.49	正向
单位劳动力成本/[万元/(人·年)]	2.33	2.73	3.10	3.49	反向
单位能耗/(吨标准煤/万元)	1.64	1.37	1.14	1.02	反向
贸易竞争力指数/%	13.93	36.45	46.05	6.92	正向
产销率/%	101.32	103.26	101.66	99.50	正向
市场集中度/%	80.72	81.09	80.65	79.50	正向
新产品产值占比/%	13.12	13.83	14.40	14.69	正向
产业进口依存度/%	30.20	29.05	28.35	31.60	反向
产业出口依存度/%	14.90	15.10	14.10	7.60	正向
外资市场控制率/%	13.30	13.00	12.90	12.70	反向
外资技术控制率/%	4.56	3.70	14.06	18.39	反向
固定资产净值增长率/%	26.30	20.90	21.70	16.00	正向
就业人数增长率/%	4.06	3.56	6.07	4.48	正向
总资产收益率/%	6.27	7.84	5.92	5.83	正向

对表 5-25 中的指标数据进行归一化处理，结果如表 5-26 所示。

表 5-26 2006～2009 年钢铁产业的指标数据归一化结果

指标	2006 年	2007 年	2008 年	2009 年
产业全员劳动生产率/[万元/(人员·年)]	0.00	0.44	0.70	1.00
单位劳动力成本/[万元/(人员·年)]	1.00	0.66	0.33	0.00
单位能耗/(吨标准煤/万元)	0.00	0.44	0.82	1.00
贸易竞争力指数/%	0.18	0.75	1.00	0.00
产销率/%	0.48	1.00	0.57	0.00
市场集中度/%	0.77	1.00	0.72	0.00
新产品产值占比/%	0.00	0.46	0.82	1.00
产业进口依存度/%	0.43	0.78	1.00	0.00
产业出口依存度/%	0.03	0.00	0.13	1.00
外资市场控制率/%	0.00	0.50	0.67	1.00
外资技术控制率/%	0.94	1.00	0.29	0.00
固定资产净值增长率/%	1.00	0.48	0.55	0.00
就业人数增长率/%	0.20	0.00	1.00	0.37
总资产收益率/%	0.22	1.00	0.05	0.00

然后利用 matlab 的遗传算法工具箱计算最佳投影方向 a^* 为
$$a^* = (0.0144, 0.3137, 0.0815, 0.3609, 0.3928, 0.4032, 0.0240, 0.3739, 0.0033, 0.3093,$$
$$0.3209, 0.2308, 0.0202, 0.2344)$$

最后计算出各年钢铁产业的投影值 z^* 为
$$z^* = (1.6273, 2.4396, 1.9124, 0.4397)$$

从而钢铁产业 2006～2009 年的单一式评价结果如表 5-27 所示。

表 5-27　2006～2009 年钢铁产业的单一式评价结果

年份	2006 年	2007 年	2008 年	2009 年
评价结果	1.6273	2.4396	1.9124	0.4397

从表 5-27 中,可以看出在 2006～2007 年,钢铁产业安全状况呈上升趋势,而在 2007～2009 年,产业安全状况大幅下降。因此,需要及时向钢铁产业相关管理部门进行上报,采取一定的措施,防止这种趋势的继续发展。

5.5.4.4　产业安全分组式评价(预警)工程化步骤

产业安全分组式评价与单一式评价的步骤之间最大的不同就在于预警指标界限的确定。分组式评价能够发挥作用其中一项关键工作就是预警指标界限的确定,即阈值的确定。预警界限确定是否合适,对于准确地检测各项预警指标的变动情况,从而对产业的运行状况和趋势做出正确的判断影响很大。预警指标界限的确定是依据国际公认、历史经验、专家意见并结合产业发展的实际情况综合考虑而确定的。随着产业的发展,各个预警指标的界限也会发生变动,因而它是一个动态的数据(李孟刚,2006)。

另外,在以往关于产业安全预警的研究中,大多是 5 个等级,即很安全、安全、基本安全、不安全、很不安全,显然,这样的分类关注的是安全。但在事实上,我们研究安全问题更多需要关注的是不安全,所以我们提出以下 5 个等级,即安全、基本安全、次安全、可疑安全、不安全,而且,显然他们都有自身的意义。

产业安全分组式评价(预警)的完整处理可以分为 9 个步骤。

1. 明确预警目标,确定所选取的产业及其时间段

根据预警目标 a,确定预警产业集设为 $\{s_i | i = 1, 2, \cdots, n\}$,其中
$$s_i = f_1(a)$$
其中,f_1 为预警目标的生成函数;$i = 1, 2, \cdots, n$;n 为预警产业数。

2. 根据所需预警的产业,建立预警指标体系

把预警目标按照总目标、准则层、指标层逐步分解为各级子目标,得到具有递阶层次结构的评价指标体系,各级子目标就统称为预警指标。预警指标描述被评价产业的不同侧面,刻画被评价产业所具有的某种特征的大小。总目标直接分解为预警指标集 $\{x_j | j = 1, 2, \cdots, m\}$,其中

$$x_j = f_2(a)$$

其中,f_2 为预警指标生成函数;$j = 1, 2, \cdots, m$;m 为预警指标的数目。

3. 确定预警指标各安全等级的阈值

设定每个预警指标的阈值 $[l_{ijk}, l'_{ijk}]$,其中

$$y_{it} = f_1(y_{i(t-1)}, y_{i(t-2)}, \cdots, y_{i(t-m)})$$

其中,f_3 为预警指标安全等级的阈值生成函数,k 为产业安全等级的数目。

4. 获取预警指标样本集

用已取得的预警指标来测度全体被预警产业,可以得到整体预警指标样本集为 $\{x_{ij} | i = 1, 2, \cdots, n; j = 1, 2, \cdots, m\}$,其中

$$x_{ij} = f_4(s_i, x_j)$$

其中,f_4 为指标测度函数,对于被预警产业 s_i 而言,其在指标 x_j 上的表现为 x_{ij}。

5. 预警指标的预处理

一般来说,指标 $x_1, x_2, \cdots, x_m$ 之间由于各自特性,存在着成本型指标和效益型指标等指标类型的区别。另外,即使相同类型的指标也会由于各自量纲及量级不同而存在着不可公度性,所以需要对这些指标进行类型一致化和无量纲化处理,即

$$x_{ij}^* = f_5(x_{ij})$$

其中,f_5 为指标预处理函数;x_{ij}^* 为预处理之后的指标值,通常简记为 x_{ij}。

6. 确定指标权重

各预警指标值 x_{ij} 在预警中的作用和重要性一般不尽相同,需要用指标权重系数来刻画,即

$$w_j = f_6(s_i, x_j)$$

其中,f_6 为指标权重函数。

7. 选择和构造综合预警函数

把被预警产业指标值和权重系数代入综合预警函数,就可以得到各被预警产业的综合预警值。综合各单指标评价值及其权重,就可以得到各被预警产业 s_i 的综合预警值为

$$y_i = f_7(x_{ij}, w_j)$$

其中,f_7 为综合预警函数;y_i 为被预警产业 s_i 的综合预警值。

8. 确定产业安全等级

被预警产业的安全等级为

$$z_i = f_8(y_i)$$

其中，f_8为产业安全等级生成函数。

9. 反馈

根据预警结果，向产业管理者上交预警报告，如果有危机，则发出警示，并提出产业出现的问题。

5.5.4.5　产业安全分组式评价（预警）工程化模型

1. 模糊综合评价

模糊综合评价法是利用模糊集理论进行评价的一种方法，该方法利用模糊关系的合成的原理，从多个指标对评判事物的隶属等级状况进行综合性评判。模糊评价法不仅可对评价对象按综合分值的大小进行评价和排序，而且还可根据模糊评价集上的值按最大隶属度原则去评定对象所属的等级。这克服了传统数学方法结果单一性的缺陷，较好地解决判断的模糊性和不确定性问题。对于多因素的评价，可以按照因素或指标的情况，将它们分为若干层次，先进行低层次各因素的综合评价，其评价结果再进行高一层次的综合评价。每一层次的单因素评价都是低一层次的多因素综合评价，如此从底层向高层逐层进行（张农科，2011）。

模糊综合评价法的步骤如下。

第一，建立模糊集合。首先构造预警指标集 $M=\{m_1,m_2,\cdots,m_k\}$，然后构造评判集 $N=\{n_1,n_2,\cdots,n_l\}$。

第二，建立隶属度矩阵。由专家参照评判集 N 对指标集中各因素进行评价，给出各因素的评语，构造模糊映射 $f:M\to F(N)$。$F(N)$ 是 N 上的模糊集全体，$m_i\to f(m_i)=(y_{i1},y_{i2},\cdots,y_{il})\in F(N)(I=1,2,\cdots,k)$。映射 f 表示相对于指标集 m_i 分别做出评价 n_i 的隶属度。因此，整个指标集内诸因素的隶属度组成隶属度矩阵，即模糊矩阵：

$$Y=\begin{pmatrix} y_{11} & y_{12} & \cdots & y_{1l} \\ y_{21} & y_{22} & \cdots & y_{2l} \\ \vdots & \vdots & & \vdots \\ y_{k1} & y_{k2} & \cdots & y_{kl} \end{pmatrix}$$

第三，假设各指标相应的权向量为 $A=(a_1,a_2,\cdots,a_k), a_i\in(0,1)(i=1,2,\cdots k)$，且 $\sum_{i=1}^{k}a_i=1$。

第四，模糊综合评价结果为 $S=AR=(s_1,s_2,\cdots,s_l)$。按照最大隶属度原则，$s_j(j=1,2,\cdots,l)$ 中的最大值所对应的安全等级即为该产业的安全等级。

该方法对安全度因素的评价不是简单地进行肯定或否定，而是构造隶属度函数，并以一个模糊集合来表示，有助于更加客观科学地分析、拟合产业实际。

需要指出的是，该方法存在其局限性。除了各级指标评判值存在模糊性之外，评价结果还与各指标的赋权有关，从而或多或少存在人为主观因素；另外，有些指标明显影响到安全，但由于该指标的权重微不足道，经过综合"稀释"，最后总的结论还是"安全"或"基本安全"。因此，使用该方法分析产业安全状况时，不仅要关注总的估算成果，还要注意考虑风险程度较高的具体指标。

2. 物元可拓模型

物元是可拓学的逻辑细胞之一，是形式化描述物的基本元，它是以事物、特征及事物关于该特征的量值三者所组成的有序三元组，记为 R=（事物、特征、量值）=（N, c, v）。它把物的质与量有机地结合起来，反映了物的质和量的辩证关系。

设 $I_i(i=1,2,\cdots,m)$ 是产业 P 的 m 个安全等级，$I_i \subset P(i=1,2,\cdots,m)$，对任何待测对象 $p \in P$，用以下步骤判断 P 是属于哪个安全等级 I_i，并计算 P 属于每一安全等级 I_i 的关联度。

（1）确定经典域和节域。令

$$R_i = (I_i, C, X_i) = \begin{pmatrix} I_i & c_1 & \langle a_{i1}, b_{i1} \rangle \\ & c_2 & \langle a_{p2}, b_{p2} \rangle \\ & \vdots & \vdots \\ & c_n & \langle a_{pn}, b_{pn} \rangle \end{pmatrix}$$

其中，c_1，c_2，…，c_n 是产业第 i 个安全等级 I_i 的 n 个不同特征值；而 X_{i1}，…，X_{in} 分别为 I_i 关于预警指标 c_1，c_2，…，c_n 的取值范围，即为经典域，并且记 $X_{ij} = \langle a_{ij}, b_{ij} \rangle$ $(i=1,2,\cdots,m; j=1,2,\cdots,n)$。再令

$$R_p = (P_i, C, X_P) = \begin{pmatrix} P & c_i & X_{p1} \\ & c_2 & X_{p2} \\ & \vdots & \vdots \\ & c_n & X_{pn} \end{pmatrix} = \begin{pmatrix} P & c_i & \langle a_{p1}, b_{p1} \rangle \\ & c_2 & \langle a_{p2}, b_{p2} \rangle \\ & \vdots & \vdots \\ & c_n & \langle a_{pn}, b_{pn} \rangle \end{pmatrix}$$

其中，X_{p1}，X_{p2}，…，X_{pn} 分别为 P 的取值范围，即称 P 的节域，记为 $X_{pj} = \langle a_{pj}, b_{pj} \rangle$ $(j=1,2,\cdots,n)$。

（2）确定待测物元，即所要预警的数据。

待测物元表示为

$$R_x = (P, C, x) = \begin{pmatrix} P & c_i & x_1 \\ & c_2 & x_2 \\ & \vdots & \vdots \\ & c_n & x_n \end{pmatrix}$$

其中，x_1，x_2，…，x_n 分别为待测物元的 n 个特征的观测值。

（3）根据矩的定义，确定关联函数值。

产业安全各预警指标与各安全等级的关联程度按下式计算

$$K_i(x_j) = \begin{cases} -\rho(x_j, X_{ij}) + |X_{ij}|, & x_j \in X_{ij} \\ \rho(x_j, X_{ij}) + \rho(x_j, X_{pj}) - \rho(x_j, X_{ij}), & x_j \notin X_{ij} \end{cases}$$

其中

$$\rho(x_j, X_{ij}) = |x_j - (a_{ij} + b_{ij}) + 2| - (b_{ij} - a_{ij}) + 2$$

$$\rho(x_j, X_{pj}) = |x_j - (a_{pj} + b_{pj})/2| - (b_{pj} - a_{pj})/2$$

(4) 确定权重系数，计算产业安全总体状况与各安全等级隶属程度。

权重系数采用比重权数，即根据某指标在所有评价对象上的观测值比重差异大小来确定的一种数量权数，它用该指标的比重差异信息来衡量其重要性大小（邓振良，2010）。对于每一个要进行判别的等级来说，待测样本每个因子的权系数由其与相对应特征的经典域最大值的比值占这一类中各因子与其相对应特征值经典域最大值的比值之和的比例确定（邓振良，2010），具体计算公式如下

$$\lambda_{ij} = \left(x_j/b_{ij}\right) \Big/ \sum_{j=1}^{n}\left(x_j/b_{ij}\right)$$

其中，j 表示特征（$j=1,2,\cdots,n$）；i 表示安全等级（$i=1,2,\cdots,m$）。关联度表示所有预警指标符合各安全等级的程度，其值域为全体实数。产业状况 p 对 I_i 安全等级的关联度为

$$K_i(p) = \sum_{j=1}^{n}\lambda_{ij}K_i(x_j)$$

(5) 对待测的产业状况所属安全等级的评定。

若 $K_i = \max K_s(p)(s=1,2,\cdots,m)$，则判定产业安全状况 p 属于第 i 类。

5.5.4.6 石化产业安全分组式评价（预警）工程

本节应用物元可拓模型，对石化产业进行分组式评价（预警）。从文献中发现，在以往的研究中，关于安全的评价是五个等级，即很安全、安全、基本安全、不安全、很不安全，显然，这样的分类关注的是安全，但实际上，我们研究安全问题更多需要关注的是不安全，所以我们从这个角度出发，设定以下五个安全等级，即安全、亚安全、次安全、可疑安全、不安全，而且，他们都有自身的意义。对于指标安全等级区间的确定，主要参照各具体指标的国际公认警戒值，并结合了中国石化产业的实际情况，其他的安全等级标准则在此基础上做了一定增减。当然，这样做会有一定的主观观念。石化产业安全分组式评价（预警）指标体系如表 5-28 所示。

表 5-28 石化产业安全分组式评价（预警）指标体系

指标	安全	亚安全	次安全	可疑安全	不安全
产业全员劳动生产率/[万元/（人员·年）]	[35, 40]	[30, 35]	[25, 30]	[20, 25]	[0, 20]
固废综合利用率/%	[80, 90]	[75, 80]	[70, 75]	[60, 70]	[0, 60]
单位能耗/（吨标准煤/万元）	[0, 0.5]	[0.5, 1]	[1, 1.5]	[1.5, 2]	[2, 3]
贸易竞争力指数/%	[30, 50]	[20, 30]	[10, 20]	[5, 10]	[-5, 5]
产销率/%	[100, 110]	[95, 100]	[85, 90]	[80, 85]	[0, 80]
市场集中度/%	[80, 90]	[75, 80]	[70, 75]	[65, 70]	[0, 65]
新产品产值占比/%	[8, 10]	[6, 8]	[4, 6]	[2, 4]	[0, 2]
产业进口依存度/%	[0, 20]	[20, 30]	[30, 35]	[35, 40]	[40, 50]
产业出口依存度/%	[0, 5]	[5, 10]	[10, 15]	[15, 20]	[20, 30]
外资市场控制率/%	[0, 10]	[10, 15]	[15, 20]	[20, 25]	[25, 30]
外资股权控制率/%	[0, 10]	[10, 15]	[15, 20]	[20, 25]	[25, 30]
总资产收益率/%	[15, 20]	[10, 15]	[8, 10]	[5, 8]	[0, 5]
固定资产净值增长率/%	[20, 30]	[10, 20]	[8, 10]	[5, 8]	[0, 5]
产业亏损面/%	[0, 8]	[8, 12]	[12, 15]	[15, 20]	[20, 30]

石化产业安全分组式评价（预警）指标数据如表 5-29 所示。

表 5-29　石化产业安全分组式评价（预警）指标数据

指标	2006年	2007年	2008年	2009年	指标属性
产业全员劳动生产率/[万元/（人员·年）]	25.95	30.62	28.88	28.29	正向
固废综合利用率/%	68.59	73.66	73.06	73.89	正向
单位能耗/（吨标准煤/万元）	0.94	0.83	0.64	0.55	反向
贸易竞争力指数/%	−0.41	−0.36	−0.38	−0.39	正向
产销率/%	99.65	99.91	96.53	98.08	正向
市场集中度/%	75.01	73.01	71.82	70.19	正向
新产品产值占比/%	4.29	5.93	5.73	5.47	正向
产业进口依存度/%	32.60	30.30	31.20	29.50	反向
产业出口依存度/%	13.70	14.00	13.40	9.30	反向
外资市场控制率/%	17.00	19.47	18.05	19.70	反向
外资股权控制率/%	18.36	18.91	17.27	16.55	反向
总资产收益率/%	13.08	13.38	10.60	7.43	正向
固定资产净值增长率/%	18.98	12.58	19.1	25.78	正向
产业亏损面/%	14.36	14.92	15.79	18.97	反向

根据建立的石化产业安全分组式评价指标体系，可以确定中国石化产业安全分组式评价的经典域、节域和待测物元，计算关联函数值和评价等级。

（1）确定经典域和节域。按照 5 个不同等级，将石化产业安全的经典域分别表示为矩阵 R_1, R_2, R_3, R_4, R_5，为了简便起见，在此只写出 R_1，节域表示为 R_p。

$$R_1 = \begin{bmatrix} I_1 & c_1 & \langle 35, 40 \rangle \\ & c_2 & \langle 0, 1 \rangle \\ & c_3 & \langle 0, 0.5 \rangle \\ & c_4 & \langle 30, 50 \rangle \\ & c_5 & \langle 100, 110 \rangle \\ & c_6 & \langle 80, 90 \rangle \\ & c_7 & \langle 15, 20 \rangle \\ & c_8 & \langle 20, 25 \rangle \\ & c_9 & \langle 0, 5 \rangle \\ & c_{10} & \langle 0, 10 \rangle \\ & c_{11} & \langle 0, 10 \rangle \\ & c_{12} & \langle 20, 30 \rangle \\ & c_{13} & \langle 20, 30 \rangle \\ & c_{14} & \langle 0, 8 \rangle \end{bmatrix}, \quad R_p = \begin{bmatrix} P & c_1 & \langle 10, 40 \rangle \\ & c_2 & \langle 0, 5 \rangle \\ & c_3 & \langle 0, 3 \rangle \\ & c_4 & \langle -5, 50 \rangle \\ & c_5 & \langle 70, 110 \rangle \\ & c_6 & \langle 60, 90 \rangle \\ & c_7 & \langle 5, 20 \rangle \\ & c_8 & \langle 20, 50 \rangle \\ & c_9 & \langle 0, 30 \rangle \\ & c_{10} & \langle 0, 30 \rangle \\ & c_{11} & \langle 0, 30 \rangle \\ & c_{12} & \langle 0, 30 \rangle \\ & c_{13} & \langle 0, 30 \rangle \\ & c_{14} & \langle 0, 8 \rangle \end{bmatrix}$$

（2）确定待测物元。为了简便起见，在此只写出 2006 年的待测物元 R。

$$R = \begin{bmatrix} P & c_1 & 25.95 \\ & c_2 & 68.59 \\ & c_3 & 0.94 \\ & c_4 & -0.41 \\ & c_5 & 99.65 \\ & c_6 & 75.01 \\ & c_7 & 4.29 \\ & c_8 & 32.60 \\ & c_9 & 13.70 \\ & c_{10} & 17.00 \\ & c_{11} & 18.36 \\ & c_{12} & 13.08 \\ & c_{13} & 18.98 \\ & c_{14} & 14.36 \end{bmatrix}$$

（3）计算待测的 2006~2009 年石化产业安全 14 个指标数据关于 5 个等级的关联度，由于篇幅有限，在此省略。

（4）确定权重系数，计算石化产业安全总体状况的关联度，如表 5-30 所示。

表 5-30　2006~2009 年石化产业安全状况的关联度

年份	安全	亚安全	次安全	可疑安全	不安全
2006	−0.3296	−0.0585	0.0144	−0.2522	−0.4468
2007	−0.3394	−0.0611	0.0275	−0.2719	−0.4603
2008	−0.3278	−0.0453	0.0850	−0.2561	−0.4462
2009	−0.3054	−0.1443	0.0923	−0.3101	−0.5186

（5）根据关联度对待测的石化产业状况所属安全等级进行评定，结果如表 5-31 所示。

表 5-31　2006~2009 年石化产业的分组式评价结果

年份	2006 年	2007 年	2008 年	2009 年
安全等级	次安全	次安全	次安全	次安全

从表 5-30 和表 5-31 中我们可以知道，2006~2009 年中国的石化产业安全一直处于次安全的状态，较为稳定，没有达到不安全的等级，但同时还有很大的提高空间。

5.5.4.7　产业安全开放式评价工程化的步骤

产业安全开放式评价的步骤如下：①获取已知的该产业的安全指标数据及其对应的

单一式评价结果，将其作为训练集。②利用统计学或者机器学习的方法对训练集进行训练拟合，并获得回归函数。③将新的产业指标数据作为测试集数据，代入该回归函数，得到其的评价结果。④将评价结果向相关管理者进行反馈。

5.5.4.8　产业安全开放式评价工程化的模型

本书之前所写到的支持向量机、神经网络也可以用来做产业安全开放式评价，这里不再具体陈述。

5.5.4.9　钢铁产业安全开放式评价工程

本节利用之前所得到的钢铁产业安全单一式评价结果，使用支持向量机回归模型，把2006～2008年的评价结果作为支持向量机的训练集，2009年的指标数据作为测试集，对其进行开放式评价。

这里采用多项式核函数进行训练，惩罚参数 C 为1，训练结果如图5-25所示。

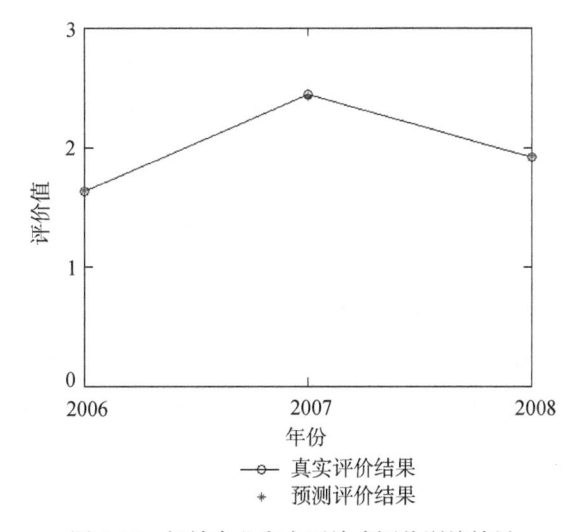

图5-25　钢铁产业安全开放式评价训练结果

训练结果的MSE为0.0001，可见，训练效果很好，然后可以将2009年的钢铁产业安全指标数据作为测试集代入拟合好的支持向量机回归模型，得到开放式评价结果0.7995。

虽然结果与2009年钢铁产业安全的真实评价值0.4397有一定的差距，但是这是由训练集数据太少所造成的，随着训练集样本数据的增加，产业安全开放式评价的结果会越来越好。

5.5.5　产业安全预测工程

产业安全预测工程是根据某一产业历史的安全状况，利用一些数学模型，对这一产业未来的产业安全评价结果做出预测，从而做到心中有数。

5.5.5.1 产业安全简单式预测工程化的步骤

产业安全简单式预测工程化的完整处理过程可以分为四个步骤。

1. 确定所要预测的产业集

确定预测产业集，设为 $\{s_i|i=1,2,\cdots,n\}$。

2. 获取产业的历史安全评价结果数据

设产业历史安全评价结果数据中最后一年为时间 $t-1$，所要预测的时间为 t，则产业的过去 p 年的评价结果表示为 $y_{i(t-p)}(p=1,2,\cdots,N)$，$N$ 为历史数据总年数。

3. 选择和构造预测函数

把历史产业安全评价结果代入预测函数，就可以得到未来一年的产业安全评价的预测值

$$y_{ij} = f_1\left(y_{i(t-1)}, y_{i(t-2)}, \cdots, y_{i(t-m)}\right)$$

其中，f_1 为产业安全评价预测函数，y_{it} 为 t 年的预测评价值。

4. 反馈

将产业安全预测结果及时反馈给管理者，给其作为参考。

5.5.5.2 产业安全复合式预测工程化的步骤

产业安全复合式预测与简单式预测的区别在于首先需要对所要预测时间为 t 的安全指标数据进行预测，然后再对所预测的指标值进行开放式评价，所得的评价结果即为产业安全复合式预测结果。具体步骤如下。

1. 确定所要预测的产业集

确定预测产业集，设为 $\{s_i|i=1,2,\cdots,n\}$。

2. 获取产业的历史安全指标数据与评价结果数据

设产业历史安全评价结果数据中最后一年为时间 $t-1$，所要预测的时间为 t，则产业的过去 p 年的指标数据表示为 $x_{ij(t-p)}$。其中，$j=1,2,\cdots,m$；$p=1,2,\cdots,N$；m 为指标个数；N 为历史数据总年数。

3. 选择和构造预测函数

把历史产业安全指标数据代入预测函数，就可以得到未来一年的产业安全指标的预测值

$$x_{ijt} = f_1\left(x_{ij(t-1)}, x_{ij(t-2)}, \cdots, x_{ij(t-m)}\right)$$

其中，f_1 为产业安全指标预测函数，x_{ijt} 为 t 年的预测指标值。

4. 对预测出来的产业安全指标值进行开放式评价

将预测出来的产业安全指标带入开放式评价模型，从而得到产业安全的预测结果。

5. 反馈

将产业安全预测结果及时反馈给管理者，给其作为参考。

5.5.5.3 产业安全预测工程化模型

无论是简单式预测工程，还是复合式预测工程，本书之前所写到的支持向量机与人工神经网络均可达到目的。下面介绍两种新的产业安全预测工程化模型。

1. 多项式曲线拟合法

曲线拟合就是设法找出某条光滑曲线，使它最佳地拟合数据，但不必要经过任何数据点。最佳拟合是指在数据点的最小误差平方和，且当所用的曲线限定为多项式时，曲线拟合称为多项式的最小二乘曲线拟合。

一元多项式的基本形式为

$$y = a_1 x^n + a_2 x^{n-1} + \cdots, a_n x + a_{n+1}$$

其中，系数 $a_1, a_2, \cdots, a_{n+1}$ 是需要拟合的未知参数。

2. ARMA 模型预测法

1）APMA(p, q) 模型的三种基本形式

（1）自回归模型 AR(p)。如果时间序列 $\{X_n\}$ 满足

$$X_n = \phi_1 X_{n-1} + \cdots + \phi_p X_{n-p} + \varepsilon_n$$

则称时间序列 $\{X_n\}$ 服从 p 阶自回归模型 AR(p)；$\phi_1, \cdots, \phi_p$ 为自回归系数（邓振良，2010）。其中，ε_n 是独立同分布的随机变量序列，且满足 $E(\varepsilon_n) = 0$，$\mathrm{Var}(\varepsilon_n) = \sigma_\varepsilon^2 > 0$。

（2）移动平均模型 MA(q)。如果时间序列 $\{X_n\}$ 满足

$$X_n = \varepsilon_n - \theta_1 \varepsilon_{n-1} - \cdots - \theta_q \varepsilon_{n-q}$$

则称时间序列 $\{X_n\}$ 服从 q 阶移动平均模型 MA(q)；$\theta_1, \cdots, \theta_q$ 为移动平均系数。

（3）自回归移动平均模型 APMA(p, q)。如果时间序列 $\{X_n\}$ 满足

$$X_n = \phi_1 X_{n-1} - \cdots - \phi_p X_{n-p} = \varepsilon_n - \theta_1 \varepsilon_{n-1} - \cdots - \theta_q \varepsilon_{n-q}$$

则称时间序列 $\{X_n\}$ 服从 (p, q) 阶自回归移动平均模型 APMA(p, q)；$\phi_1, \cdots, \phi_p$ 为自回归系数；$\theta_1, \cdots, \theta_q$ 为移动平均系数。

2）模型建立的条件及判定法

随机性时间序列模型的特点是明确考虑时间序列的平稳性。平稳性是指随着时间的

变化期望不变，且自相关函数只与时间间隔有关，而与起点无关。如果时间序列非平稳，则需要对原序列进行调整，把它变换成平稳的时间序列，再运用 ARMA 模型进行建模。

自相关分析法是进行时间序列分析的有效方法，它简单易行，较为直观。它可以测定时间序列的随机性和平稳性，以及时间序列的季节性。

（1）随机性判断。随机性是指时间序列各项之间没有相关关系的特征。因此，若时间序列的自相关函数基本上都落入置信区间，则该时间序列具有随机性；若较多自相关函数落在置信区间之外，则认为该时间序列不具有随机性。

（2）平稳性判断。若时间序列的自相关函数衰减得很快，在 $k>3$ 时都落入置信区间，且逐渐趋于 0，则该时间序列具有平稳性；若时间序列的自相关函数非常缓慢地衰减，更多地落在置信区间之外，则该时间序列具有非平稳性。也可以直接利用时序图，观察是否在均值上下波动来判断平稳性。

（3）季节性判断。若某一时间序列在 $k>2$ 或 $k>3$ 以后的自相关函数值仍存在着显著不为 0 的值，则该时间序列具有季节性。

3）ARMA 模型的相关性分析及识别

根据绘制的自相关分析图和偏自相关分析图，可以初步识别平稳序列的模型类型和模型阶数。

a. AR(p)模型

（1）AR(p)模型的自相关函数为

$$\rho_k = \phi_1 \rho_{k-1} + \cdots + \phi_p \rho_{k-p}$$

其解满足

$$|\rho_k| < g_1 \mathrm{e}^{-g_2^k} \quad (k \geqslant 0, g_1, g_2 \text{ 是正常数})$$

表明 ρ_k 随 k 的增加按指数形式衰减，呈"拖尾"状。

AR（1）模型为

$$\rho_k = \phi_1^k \ (k \geqslant 0)$$

AR（2）模型为

$$\rho_k = \begin{cases} 1, & k=0 \\ \dfrac{\phi_1}{1-\phi_2}, & k=1 \\ \phi_1 \rho_{k-1} + \phi_2 \rho_{k-2}, & k \geqslant 2 \end{cases}$$

（2）AR(p)的偏相关函数为

$$\varphi_{kk} = \begin{cases} \rho_1, & k=1 \\ \dfrac{\rho_k - \sum\limits_{j=1}^{k-1} \varphi_{k-1,j} \rho_{k-j}}{1 - \sum\limits_{j=1}^{k-1} \varphi_{k-1,j} \rho_j}, & k=2,3,\cdots,p \\ 0, & k>p \end{cases}$$

$$\varphi_{kj} = \varphi_{k-1,j} - \varphi_{kk}\varphi_{k-1,k-j}$$

其中，φ_{kk} 是 AR(p) 模型的偏相关函数，由此可知偏相关函数具有"截尾"状。

b. MA(q) 模型

（1）MA(q) 自相关函数为

$$\rho_k = \begin{cases} 1, & k=0 \\ \dfrac{-\theta_k + \theta_1\theta_{k+1} + \theta_2\theta_{k+2} + \cdots + \theta_{q-k}\theta_q}{1+\theta_1^2+\theta_2^2+\cdots+\theta_q^2}, & 1 \leqslant k \leqslant q \\ 0, & k > q \end{cases}$$

其中，ρ_k 是 MA(q) 模型自相关函数，由此可知自相关函数具有"截尾"状。

（2）MA(q) 偏相关函数。由于任何一个可逆的 MA 过程都可以转化为一个无限阶的系数按几何递减的 AR 过程，所以 MA 过程的偏自相关函数同 AR 模型自相关函数一样呈缓慢衰减特征。

c. ARMA(p,q) 模型

根据 AR 模型和 MA 模型可知，ARMA 模型的自相关函数和偏相关函数也是无限延长的，其过程也是呈缓慢衰减，是"拖尾"状的。

归纳以上，可得三个基本模型的相关性特征，如表 5-32 所示。

表 5-32 相关性特征

模型	自相关函数	偏相关函数
AR(p)	拖尾	p 阶截尾
MA(q)	q 阶截尾	拖尾
ARMA(p,q)	拖尾	拖尾

根据相关性特征，可利用自相关函数与偏相关函数的截尾性来识别模型类别，并利用偏相关函数（partial auto correlation function，PACF），确定 AR 模型的滞后阶数；利用自相关函数（auto correlation function，ACF），确定 MA 模型的滞后阶数。

5.5.5.4 钢铁产业安全简单式预测工程

下面利用本书之前得到的 2006～2009 年的钢铁产业安全单一式评价结果，对 2010 年的钢铁产业安全单一式评价结果进行预测，这里所使用的是多项式拟合法。

设：2006～2009 年的钢铁产业安全单一式评价的评价结果为因变量 y(1.6273, 2.4396, 1.9124, 0.4397)，年份为自变量 t=(0,1,2,3)。

首先画出这四年评价结果的折线图，如图 5-26 所示。

由图 5-27 发现，2006～2009 年钢铁产业安全单一式评价结果的折线图类似于一个一元二次多项式，因此可以设多项式拟合函数为 $y=at^2+bt+c$，利用 matlab 软件求解拟合函数，结果为 $y=-0.5713t^2+1.3048t+1.6470$，拟合结果图像如图 5-27 所示。

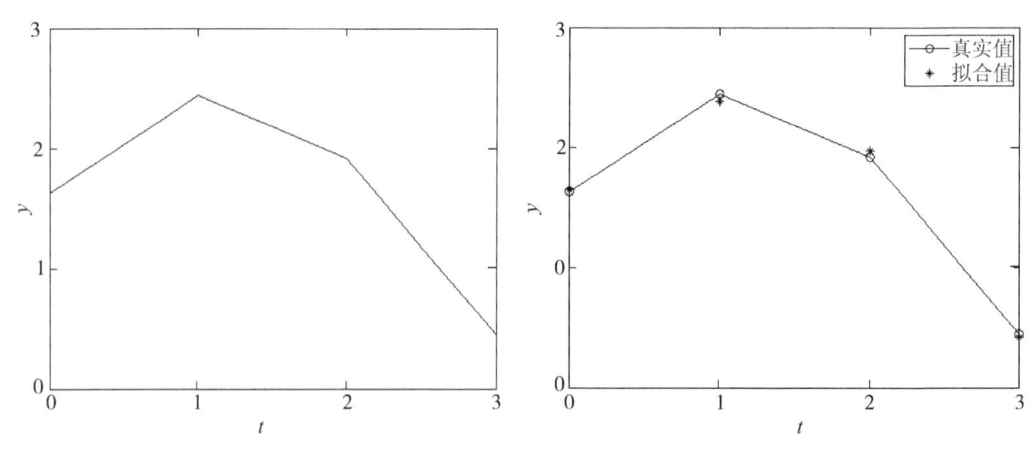

图 5-26　2006~2009 年钢铁产业安全单一式评价结果　　图 5-27　多项式拟合结果

由图 5-28 可见，拟合效果很好，下面可以对 2010 年钢铁产业安全的单一式评价结果进行预测，令 $t=4$，代入多项式可得 $y=-2.2746$，由于基于投影寻踪法的单一式评价结果不可以为负值，所以我们可以认为 2010 年的钢铁产业安全简单式预测的结果为 0。

因此，钢铁产业相关部门需要积极改善运行状况，从而避免钢铁产业安全状况的大幅下滑。

5.5.5.5　钢铁产业安全复合式预测工程

下面利用多项式拟合与支持向量机相结合的方法对 2010 年的钢铁产业安全状况进行复合式预测。

首先，对 2006~2009 年的钢铁产业的 14 项指标数据进行拟合，并对 2010 年钢铁产业的这 14 项指标数据进行预测，预测结果如表 5-33 所示，其中，贸易竞争力指数和产业出口依存度两项指标的预测值为负数，但这是不可能的，因此为了简便考虑，将其分别设为 1。

表 5-33　2010 年钢铁产业安全指 14 项指标的预测结果

指标	2010 年
产业全员劳动生产率/[万元/（人·年）]	40.11
单位劳动力成本/[万元/（人·年）]	3.88
单位能耗/（吨标准煤/万元）	0.77
贸易竞争力指数/%	1
产销率/%	94.55
市场集中度/%	77.57
新产品产值占比/%	15.33
产业进口依存度/%	35.61
产业出口依存度/%	1
外资市场控制率/%	12.5

续表

指标	2010年
外资技术控制率/%	29.63
固定资产净值增长率/%	13.7
就业人数增长率/%	4.12
总资产收益率/%	3.58

然后,利用 2006~2009 年钢铁产业安全单一式评价结果,使用支持向量机回归模型,把 2006~2009 年的评价结果作为支持向量机的训练集,2010 年的指标数据作为测试集,对其进行开放式评价,从而达到预测的目的。

这里仍然采用多项式核函数进行训练,惩罚参数 C 为 1,训练结果如图 5-28 所示。

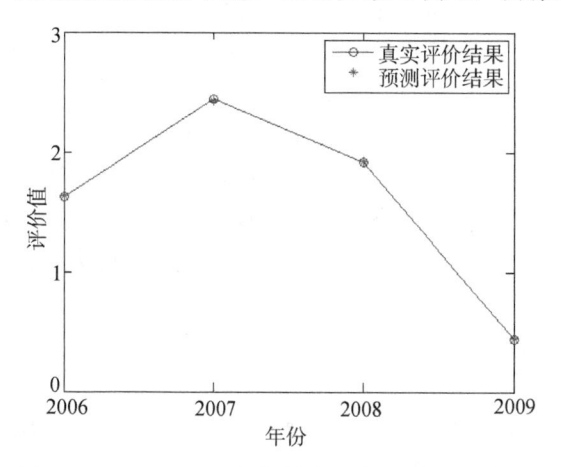

图 5-28 2006~2009 年钢铁产业安全状况训练结果

训练结果的 MSE 为 0.0001,可见,训练效果很好,然后可以将之前预测出来的 2010 年的钢铁产业安全指标数据作为测试集代入拟合好的支持向量机回归模型,得到开放式评价结果–0.6277,同样由于基于投影寻踪法的产业安全单一式评价结果不可以为负值,所以,可以将 2010 年钢铁产业安全复合式预测评价值视为 0,这与简单式预测评价值结果相同。

这样,必须将预测的结果向钢铁产业相关部门进行汇报,以便及时采取应对措施,防止钢铁产业向下降的趋势发展。

第6章 产业安全管理工程

6.1 产业安全管理工程概述

6.1.1 概念及分类

6.1.1.1 产业安全管理工程的概念

管理工程是在一定限度的资源条件下,综合运用系统工程、管理科学、数学、经济和行为科学及工程方法,结合信息技术,研究解决社会、经济、工程等方面的管理问题,使目标达到理想值,并能预测和评价其效果的学科。

产业安全管理工程是管理工程在产业安全管理中的应用,基于产业安全管理需求和特征,应用管理工程的理论、方法和手段,分析产业安全管理中的相关问题,通过建立相应理论及模型,研究产业安全业务管理、资源管理、技术管理、信息管理、组织管理、环境管理等存在的问题,从而提高产业持续生存和发展的能力,保持各产业部门的均衡协调发展。

6.1.1.2 产业的分类

对产业安全管理进行研究,首先要明确产业的分类标准。我国的《国民经济行业分类》国家标准于1984年首次发布,分别于1994年和2002年进行修订,2011年第三次修订。我国目前使用的《国民经济行业分类》(GB/T4754—2011)是由国家统计局起草,国家质量监督检验检疫总局、国家标准化管理委员会批准发布,并于2011年11月1日起实施的新标准。该标准将我国的产业分为三大类:第一产业、第二产业和第三产业,如表6-1所示。

表6-1 三大产业分类

产业分类	门类	类别名称
第一产业	A	农、林、牧、渔业
第二产业	B	采矿业
	C	制造业
	D	电力、热力、燃气及水生产和供应业
	E	建筑业
第三产业	F	批发和零售业
	G	交通运输、仓储和邮政业
	H	住宿和餐饮业

续表

产业分类	门类	类别名称
第三产业	I	信息传输、软件和信息技术服务业
	J	金融业
	K	房地产业
	L	租赁和商务服务业
	M	科学研究和技术服务业
	N	水利、环境和公共设施管理业
	O	居民服务、修理和其他服务业
	P	教育
	Q	卫生和社会工作
	R	文化、体育和娱乐业
	S	公共管理、社会保障和社会组织
	T	国际组织

1. 第一产业

第一产业为农业，通常指产品直接取自自然界的产业部门。具体来说，是指以利用自然力为主，生产不必经过深度加工就可消费的产品或工业原料的部门，包括农、林、牧、渔业（不含农、林、牧、渔服务业）。

2. 第二产业

第二产业为工业，是指加工产业，利用基本的生产资料进行加工并出售。具体包括采矿业（不含开采辅助活动），制造业（不含金属制品、机械和设备修理业），电力、热力、燃气及水生产和供应业，建筑业。

3. 第三产业

第三产业即服务业，是指除第一产业、第二产业以外的其他行业。第三产业包括：批发和零售业，交通运输、仓储和邮政业，住宿和餐饮业，信息传输、软件和信息技术服务业，金融业，房地产业，租赁和商务服务业，科学研究和技术服务业，水利、环境和公共设施管理业，居民服务、修理和其他服务业，教育，卫生和社会工作，文化、体育和娱乐业，公共管理、社会保障和社会组织，国际组织，以及农、林、牧、渔业中的农、林、牧、渔服务业，采矿业中的开采辅助活动，制造业中的金属制品、机械和设备修理业。

6.1.2 产业安全管理工程的特征

产业安全管理工程作为一门新兴的学科，既具有管理工程的一般特征，又体现了产业安全自身的特点，结合产业安全和管理工程的特点，产业安全管理工程主要有以下几个特征，如图6-1所示。

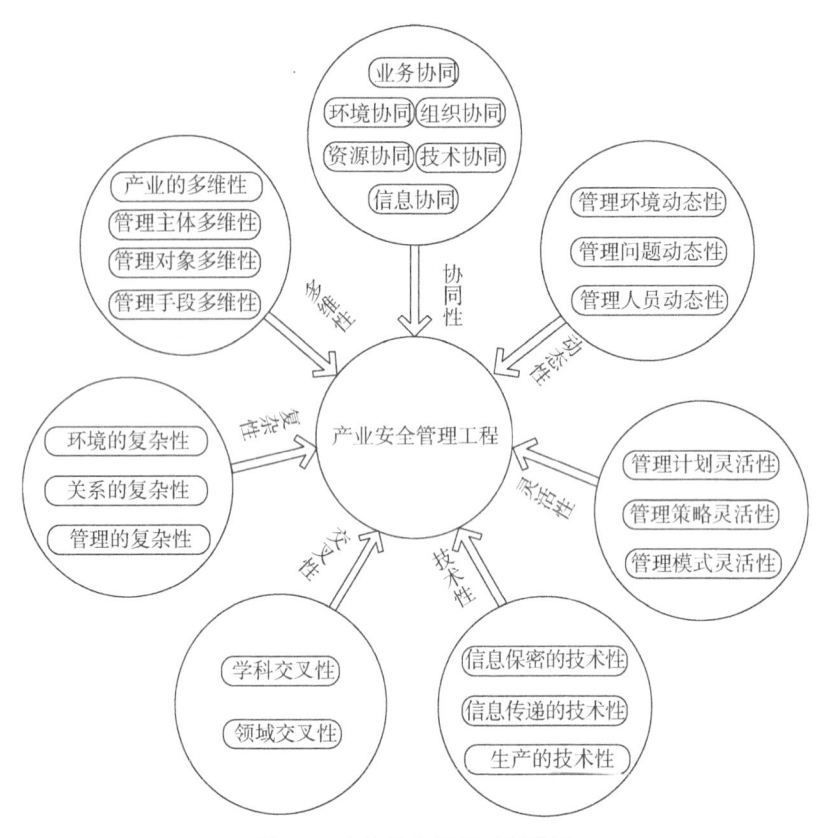

图 6-1 产业安全管理工程特征

1. 多维性

多维性又叫层次性，指的是产业、管理主体、管理对象以及管理手段的多维性。产业分为第一产业、第二产业和第三产业。每个产业纵向又包含行业和企业。管理主体既包括管理的宏观主体，如国务院、商务部、农业部、林业部、交通部等，也包括管理的中观主体，如各省市级的产业部门以及协会等，还包括管理的微观主体企业等。管理主体的多维性决定了管理对象的多维性和管理手段的多维性。

2. 协同性

协同性特别要求各管理要素具有一致性，注重管理横向和纵向的协调。协同性体现在业务协同、环境协同、组织协同、资源协同、信息协同和技术协同六个方面。

3. 动态性

产业安全的动态性有两层含义：一是指产业安全管理环境和问题是变化的，在不同的时期有不同特点。二是指产业安全管理人员不是一成不变的，而是动态变化的。

4. 灵活性

灵活性是指应对环境的变化，其反应要灵敏、快速，这主要体现在管理计划、管理策略和管理模式的灵活性上。不论对产业、行业，还是企业而言，在内外部环境变化的情况下，相应的管理计划、管理策略和管理模式也要快速、灵敏地做出反应，以应对环境的变化，确保产业的安全。

5. 技术性

产业安全管理工程是一个技术性很强的学科，对于政府而言，技术性主要体现在信息保密的技术性上；而对于行业部门而言，技术性主要是指信息传递的技术性；对企业，技术性主要是生产活动的技术性。

6. 交叉性

产业安全管理工程是一个多学科交叉的新兴学科，涉及系统工程、管理科学、数学、经济学以及工程学等，同时也是多领域交叉的学科。需要综合运用多领域、多学科专业知识进行管理，确保产业的安全。

7. 复杂性

复杂性是混沌性的局部与整体之间的非线形形式。产业安全管理工程的复杂性主要体现在环境的复杂性、关系的复杂性以及管理的复杂性等方面。关系的复杂性是指在管理过程中各管理主体之间的关系复杂。

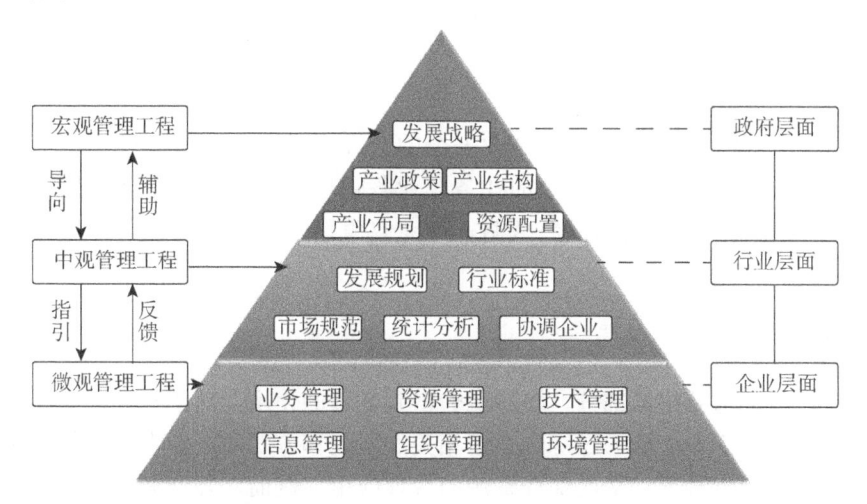

6.1.3 产业安全管理工程的层次与类型

6.1.3.1 产业安全管理工程的层次

产业安全管理工程可按其管理范围和要素进行层次划分，可分为产业安全宏观管理工程、产业安全中观管理工程和产业安全微观管理工程，层次自上而下具有包含关系，如图 6-2 所示。

图 6-2 产业安全管理工程的层次

1. 产业安全宏观管理工程

产业安全宏观管理工程研究的范围最大，是指一个国家从总体上研究和把握产业安全的发展战略和方向，制定产业发展战略、产业政策、产业结构、产业布局、资源配置等，使国内产业的发展处于一个可控的范围之内。产业安全宏观管理工程对一个国家的产业安全来说是至关重要的，它直接关系到一个国家产业安全的重大问题。同时，其要求也是较高的。

2. 产业安全中观管理工程

产业安全中观管理工程研究范围仅次于产业安全宏观管理工程，是指一个地区或一个产业或一个行业对本身范围内的产业安全进行的管理活动，管理的内容主要包括制定本行业的发展战略、行业标准等，为微观的企业发展指明方向。产业安全中观管理工程也是非常重要的，它是衔接产业安全宏观管理工程和产业安全微观管理工程的纽带。

3. 产业安全微观管理工程

产业安全微观管理工程的研究范围一般限于某一个公司或企业，其研究范围是最小的，是指某一个公司或企业对本公司或企业安全进行的管理活动。产业安全微观管理工程涉及的范围虽然是最小的，主要是针对企业自身的要素的管理，但其作用却是不容忽视的，因为只有公司或企业的产业安全得到保障，中观和宏观安全才能有保障。

6.1.3.2 产业安全管理工程的类型

产业安全管理工程可按其管理要素进行类型划分，可分为产业安全业务管理工程、产业安全资源管理工程、产业安全技术管理工程、产业安全信息管理工程、产业安全组织管理工程和产业安全环境管理工程，如图6-3所示。

1. 产业安全业务管理工程

业务是产业安全管理的核心，产业安全的管理都是围绕业务而进行的。产业安全业务管理工程研究与产业安全相关的业务及业务管理，根据产业安全管理的层次和要素，业务管理的内容主要包括发展战略、产业政策、行业标准、生产、加工、流通、服务等。

2. 产业安全资源管理工程

资源是产业的重要组成部分，资源能否得到合理的使用，对于产业安全非常重要。产业安全资源管理工程就是通过综合运用相关的理论和方法对产业中的自然资源和社会资源进行整合和统一管理，从而保证资源的合理应用，进而保障产业的安全。

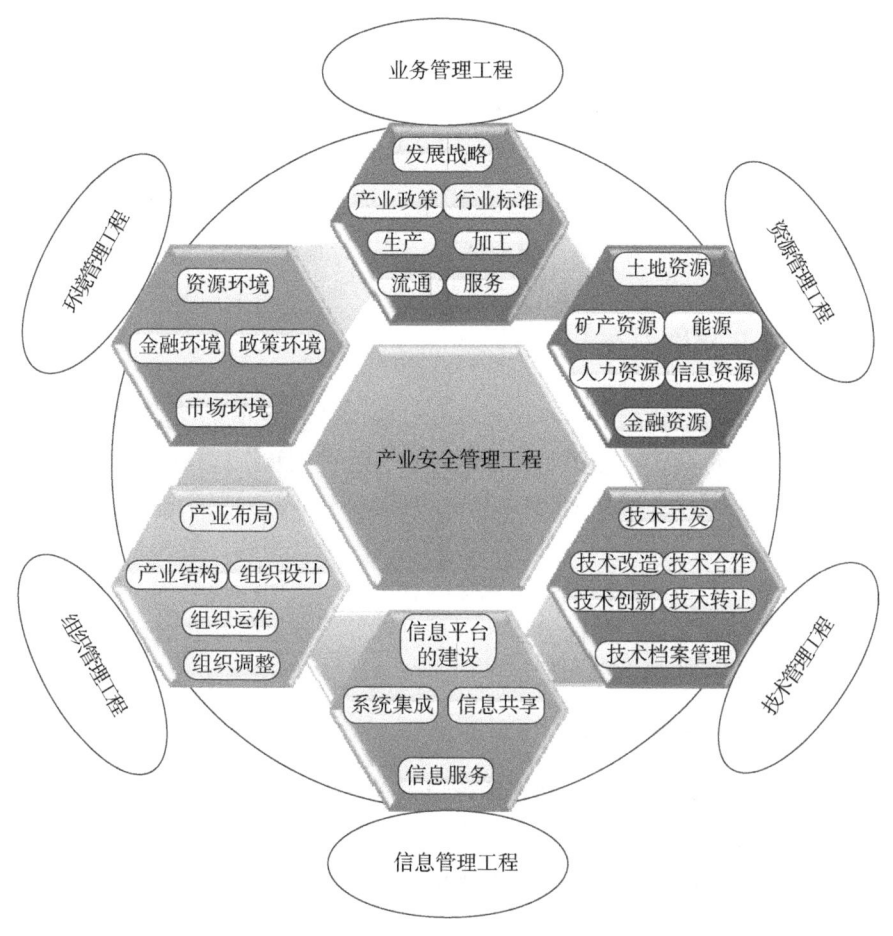

图 6-3　产业安全管理工程类型

3. 产业安全技术管理工程

在当代社会，技术发挥的作用越来越大，与此同时也带来了很多问题。技术管理涉及技术开发、技术改造、技术合作、技术转让、技术创新以及技术档案管理等内容。技术管理是技术和管理的融合，产业安全技术管理工程是管理主体通过一定的技术和手段对产业中的技术问题进行科学管理，使其处于安全状态。

4. 产业安全信息管理工程

产业安全信息管理工程是人类为了有效地开发和利用信息资源，以现代信息技术为手段，对信息资源进行计划、组织、领导和控制的社会活动。信息管理涉及信息平台的建设、系统集成、信息共享、信息服务等。

5. 产业安全组织管理工程

产业安全组织管理工程是管理主体运用组织的权力，通过协调组织内部人力、物力和环境，实现组织目标的活动和过程。组织管理的内容包括：产业布局、产业结构、组织设计、组织运作和组织调整。

6. 产业安全环境管理工程

环境时刻影响着产业的安全，因此有必要对其进行科学的管理。影响产业安全的环境分为资源环境、金融环境、政策环境和市场环境。产业安全环境管理工程就是研究影响产业安全的环境内部要素之间的关系，运用管理理论对其进行科学管理，确保对产业安全有利。

6.1.4 产业安全管理的方法

为了保证产业安全，实现产业持续生存和发展以及各产业部门的均衡协调发展的目标，需要对整个产业链从价值链维、供需链维、企业链维和空间链维进行分析，得出产业链要解决的核心问题，并指出如何从这四个维度对产业链的层次进行管理的思想，作为产业安全管理分析问题的框架。协同和博弈之间，是互相包含的关系，协同之间有博弈，博弈的同时也存在协同。基于对产业链的分析，应用协同理论和博弈理论分别对产业链中的管理主体与要素进行协同管理和管理主体的博弈分析，实现产业协同和主体协同，同时为产业安全管理提供方法论支撑。

6.1.4.1 基于产业链的产业安全管理方法

基于产业链理论，结合宏观、中观和微观三个管理维度，本部分提出了基于产业链的产业安全管理方法，如图6-4所示。其中，中间层是产业链的构成维度以及各维度管理的内容，最外层是对产业链进行管理的维度。

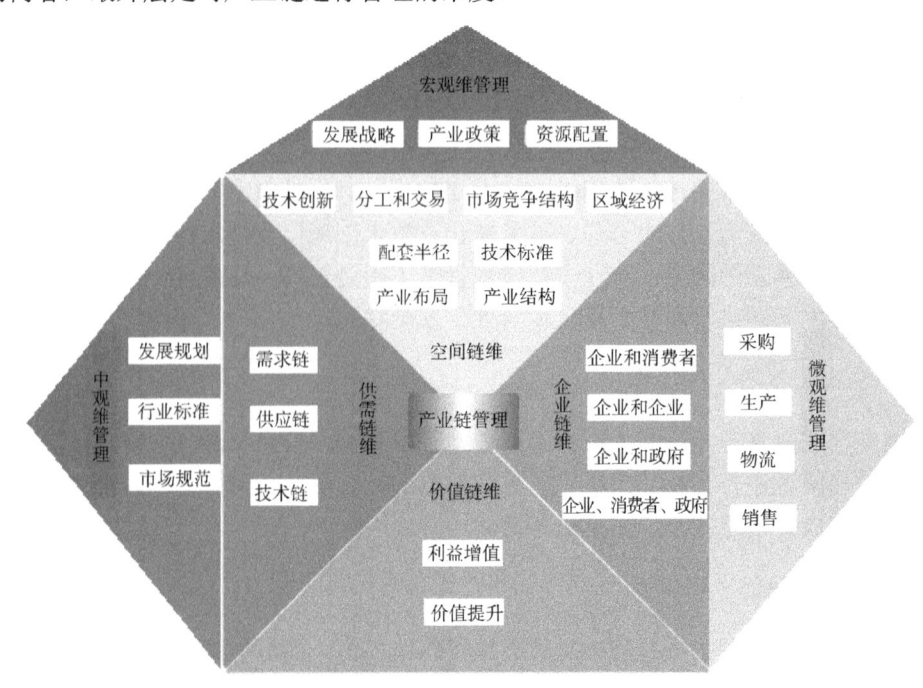

图6-4 基于产业链的产业安全管理方法

1. 产业链的维度

产业链是一个包含价值链、空间链、供需链和企业链四个维度的概念。这四个维度在相互对接的管理中实现对产业链的管理。

（1）价值链作为产业链的对接向导，所关注的是整个产业链条的利益增值和价值提升问题。价值链在经济活动中是无处不在的，上下游关联的企业与企业之间存在行业价值链，企业内部各业务单元的联系构成了企业的价值链，企业内部各业务单元之间也存在着价值链联结。价值链上的每一项价值活动都会对企业最终能够实现多大的价值造成影响。

（2）空间链是指同一种产业链条在不同地区间的分布。产业链在空间的分布形成空间链。如果产业链在地理上具有集中的特点，那也就形成产业链中的集聚。产业集聚不一定是为了形成产业链，但产业链是形成产业集聚的一种动力之一。空间链的管理从宏观上来看，是管理产业布局和产业结构；对于中观而言，要解决的是配套半径和技术标准的问题；而从微观角度来看，管理的是技术创新、分工和合作、市场竞争结构和区域经济。

（3）供需链是由物料获取并加工成中间件或成品，再将成品送到顾客手中的一些企业和部门构成的网络。供需链包括需求链、供应链和技术链。供应链维管理也就是从这三方面而进行的管理，将这三链统一起来，共同形成一个有效的供需链。

（4）企业链是指由企业生命体通过物质、资金、技术等流动和相互作用形成的企业链条。企业链需要正确处理企业和消费者之间的关系、企业和企业之间的关系、企业和政府的关系以及企业、消费者和政府的关系，才能最终保证产业的安全。

2. 管理维度

除了要从构成产业链的四个维度对产业链进行管理之外，还需要从管理的层次方面对产业链进行管理。宏观维管理是指政府从宏观上对发展战略、产业政策和资源配置进行管理。中观维管理是由行业部门对行业发展规划、行业标准和市场规范等方面进行管理。而微观维是指企业内部的自我管理，也就是企业对自身要素的管理。

6.1.4.2 基于协同理论的产业安全管理方法

基于协同理论，结合管理主体、管理对象、目标、环境，本部分提出了基于协同理论的产业安全管理方法，以达到提高产业生存和发展的能力以及保持各产业部门均衡协调发展的目标，如图 6-5 所示。

基于协同理论的产业安全管理方法，就是研究这些要素之间的协同关系，从而达到产业安全的目标。管理主体以产业安全管理的目标为指导，结合协同理论，对管理对象、环境进行管理，使它们之间产生协同效应。

管理对象和环境的协同既包括各自要素之间的协同，也包括它们之间的协同。如图 6-5 所示，目标在管理中处于核心地位，其作用在于对管理主体、管理对象和管理环境的凝聚作用和导向作用，对管理主体的激励作用以及对管理绩效的评价作用。管理主体在管理中居于主导地位，管理主体的协同既包括横向的管理部门之间针对相关对象的协同管理，也包括纵向的政府部门、行业部门和企业之间的协同。在协同管理的过程中，管理主体还要与产业安全相关的环境协同起来。环境协同是指管理主体要将政策环境、市场环境、金融环境和资源环境协同管理，共同为产业安全管理提供一个安全的环境。

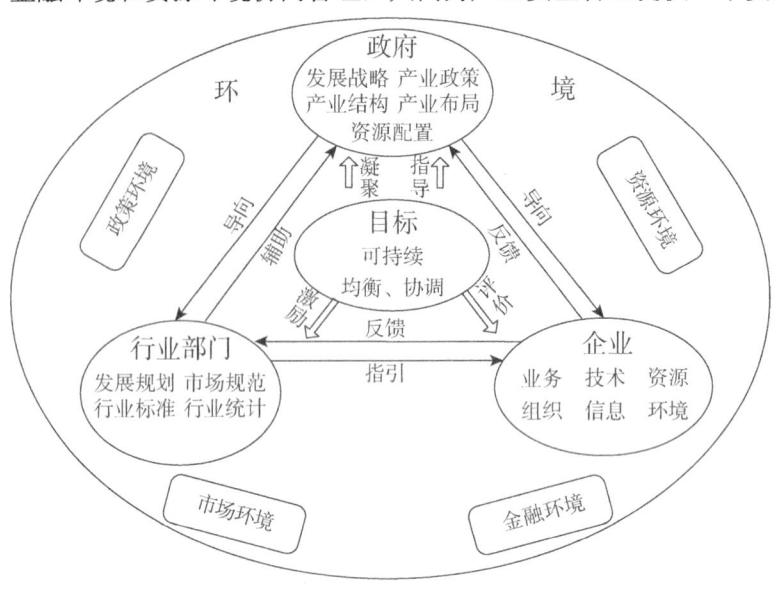

图 6-5　基于协同理论的产业安全管理方法

6.1.4.3　基于博弈理论的产业安全管理方法

基于产业安全管理的需求，结合产业安全管理的内容，应用博弈论，通过分析产业之间以及产业内部的博弈关系，本部分提出了基于博弈论的产业安全管理方法，如图 6-6 所示。

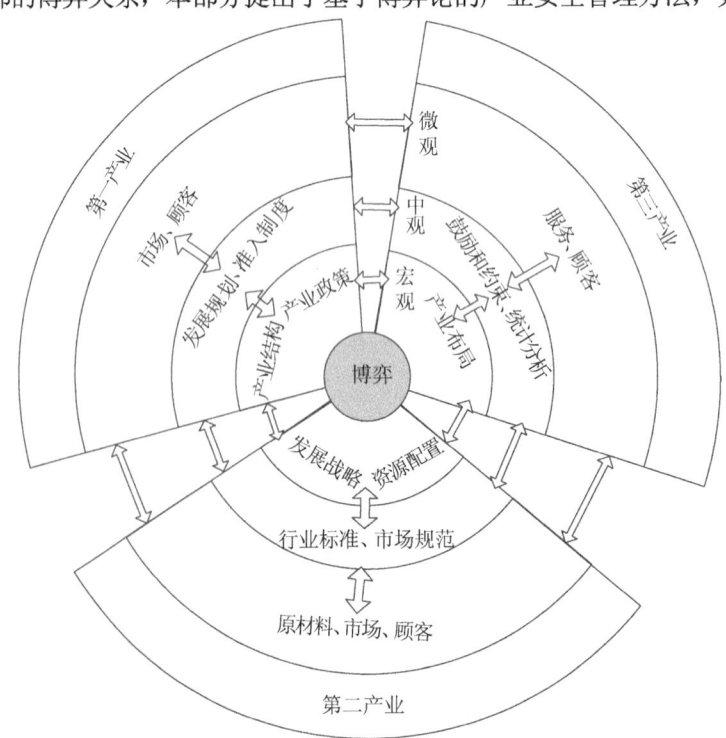

图 6-6　基于博弈论的产业安全管理方法

基于博弈论的产业安全管理方法研究的是管理主体之间的博弈行为，基于产业和管理的维度，管理主体之间的博弈既有横向之间的博弈，又有纵向之间的博弈。

1. 横向博弈

横向博弈是指同一管理层次之间的博弈。对宏观管理层次而言，是主管三大产业的政府部门之间，就产业结构、产业布局和资源配置等进行博弈，最终达到一个三大产业均衡发展的状态。从中观维度来看，是行业主管部门基于行业发展规划、市场规范、准入制度和行业标准等的博弈。而对于微观层次而言，是企业就顾客、市场等进行博弈，使各自的利益最大化。

2. 纵向博弈

纵向博弈是指同一产业的不同层次的管理主体之间的博弈。宏观主体和中观主体围绕产业发展战略、产业政策和行业标准进行博弈，博弈的结果是主体之间达到一个平衡状态，这个平衡状态既有利于宏观主体利益的实现，又有利于中观主体利益。中观主体和微观主体的博弈大致与宏观和中观的博弈相同，只是博弈的内容不同，它们之间主要博弈的内容是市场规范、鼓励和约束企业和市场、顾客等。除此之外，还包括企业和政府的博弈以及它们三者之间的博弈。

6.2　产业安全管理需求分析

随着社会经济和产业的发展，产业安全又出现了新的问题和隐患，人们对产业安全管理提出了更高的要求。产业安全管理需求分析是指对产业安全管理的发展状况和存在的问题进行详细的分析，从而弄清楚产业安全管理的要求，为进一步保障产业安全提供依据。产业安全管理需求包括：业务管理需求、资源管理需求、技术管理需求、信息管理需求、组织管理需求和环境管理需求，如图6-7所示。

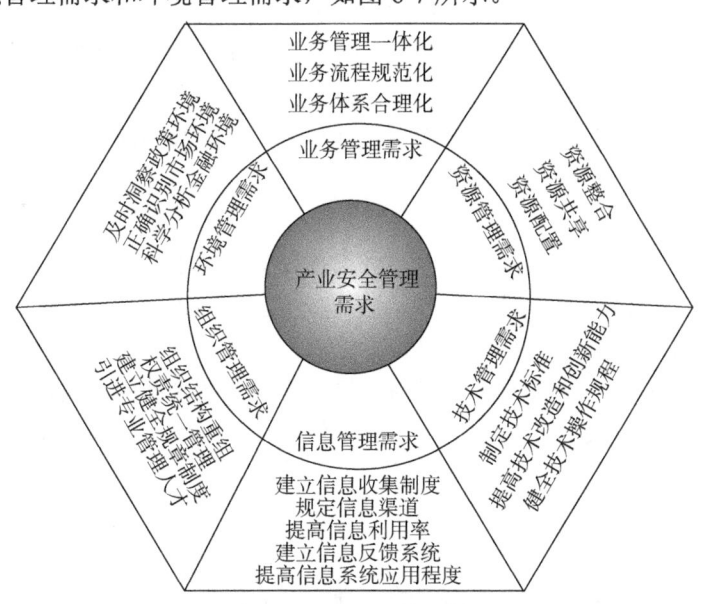

图6-7　产业安全管理需求

1. 业务管理需求

随着产业的不断发展，业务管理作为产业安全管理的核心越来越引起关注。不同层次的管理主体，所管理的业务各不相同，政府主要负责产业的发展战略、产业政策、产业布局、产业结构和资源配置的管理；行业部门则主要制订行业发展规划、行业标准以及协调企业间的经营关系等；而企业主要管理与本企业有关的各要素。

通过对现有产业业务的分析和总结，目前产业安全业务管理中存在的问题主要有：业务管理比较分散、业务冗余、管理过程不规范、业务管理体系不健全等。基于目前产业安全业务管理存在的问题，业务管理一体化、业务流程规范化、业务体系合理化成为产业安全业务管理的重要环节。

2. 资源管理需求

资源是维系国民经济运行及市场主体生产经营过程中所必须具备的基本因素。影响产业安全的资源因素主要包括自然资源、社会资源。其中，自然资源包括土地资源、水资源、矿产资源、生物资源等；社会资源包括人力资源、科技资源、经济资源等。

通过对产业各种资源管理的分析，总结出资源管理存在的问题主要有资源管理分散、资源共享程度较低、资源配置不合理等几方面，要求我们要从这几个方面对产业安全中的资源进行改进，确保产业安全目标的实现。

3. 技术管理需求

技术作为产业的组成要素，对产业安全有重要意义。随着社会的发展和进步，对产业安全构成威胁的因素越来越多，有非技术方面的，也有技术方面的。影响产业安全的技术因素主要有经验技术、实体技术和知识技术。

目前产业安全技术管理存在的问题主要包括：目前还没有技术管理的相关标准、技术改造和创新能力不足、技术操作规程不规范等。结合存在的问题，制定技术标准、提高技术改造和创新能力、健全技术操作规程是目前亟待解决的问题。

4. 信息管理需求

信息在产业中的作用越来越大，已经成为市场竞争的重要手段。信息管理的内容包括：信息资源开发、调配与组织管理，信息传递与交流组织，信息的揭示、控制与组织，信息研究、咨询与决策组织管理，信息技术管理，信息系统管理。

通过对信息管理的分析和总结，目前信息管理需要解决的问题包括：建立信息收集制度、规定信息渠道、提高信息利用率、建立信息反馈系统、提高信息系统应用程度等方面。

5. 组织管理需求

组织作为管理的承担者，发挥着实施各项管理的作用。组织管理内容包括四个方面

(李可，2010)：第一，确定实现组织目标所需要的活动，并按专业化分工的原则进行分类，按类别设立相应的工作岗位；第二，根据组织的特点、外部环境和目标需要划分工作部门，设计组织机构和结构；第三，规定组织结构中的各种职务或职位，明确各自的责任，并授予相应的权力；第四，制定规章制度，建立和健全组织结构中纵横各方面的相互关系。

通过对产业安全组织管理的分析，组织管理存在的主要问题有：组织结构不合理、组织层次多、管理的上传下达繁琐、管理效率不高、部门本位主义忽视全局利益、专业技术人员缺乏、管理经验落后，等等。鉴于此，组织结构重组、权责统一管理、建立健全规章制度以及引进专业管理人才就显得尤为重要。

6. 环境管理需求

产业安全环境管理分为内部环境管理和外部环境管理。其中，内部环境包括资源环境和技术环境；外部环境包括政策环境和市场环境。对内外部环境管理得当与否，会直接影响到产业安全目标的实现。

基于产业安全环境管理存在的对产业政策不敏感、对市场环境的判别不准确、对金融环境的方向把握不对等问题，本节提出了及时洞察政策环境、准确识别市场环境、科学分析金融环境等要求。

6.3 产业安全管理主体分析

6.3.1 管理主体构成

管理主体是指拥有一定的管理权力和范围，承担相应管理责任，决定管理方向和进程的有关组织和人员。管理者和管理机构是管理主体的两个有机组成。产业安全的管理主体分为宏观主体、中观主体和微观主体。

1. 产业安全管理的宏观主体——政府

产业安全管理的宏观主体，也就是政府，包括农业管理部门、林业管理部门、交通管理部门、水利管理部门等，通过制订国家层面或产业层面的战略规划以及重大方针，对地方政府的相关部门以及行业部门等进行指导和管理，从总体上把握国家的产业布局、产业结构及资源配置等。

2. 产业安全管理的中观主体——行业管理部门

产业安全管理的中观主体是指宏观主体下的行业管理部门等，它们起到承上启下的作用，负责分析宏观主体制订的战略规划以及重大方针，结合本行业的实际制订规划和方针，以作为对行业、企业的指导和管理。

3. 产业安全管理微观主体——企业

企业在产业安全管理中的作用是积极贯彻行业标准，结合业务、资源、技术、信息、组织、环境等要素，制订适合本企业的规划和方针，进行相应的监督和控制，并及时进行相应调整，以确保本企业的安全，为整个产业的安全提供保障。

6.3.2 管理主体协同模型

产业安全管理的主体由宏观主体——政府部门、中观主体——行业管理部门和微观主体——企业构成。针对产业安全管理主体的层次性和多样性，结合产业的分类，采用协同理论，从业务、资源、技术、环境、信息、组织六大要素出发，研究产业安全管理主体之间的协同关系，本部分构建出产业安全管理主体的协同模型，如图 6-8 所示。

依据管理主体构成，将管理主体自上而下分为宏观主体、中观主体和微观主体。宏观主体管理的内容包括产业发展战略、产业政策、产业结构、产业布局和资源配置；中观管理主体依据宏观主体制定的相关方面来管理行业的发展规划、行业标准、市场规范，协调企业间经营关系以及统计研究等；企业作为微观主体，管理的内容主要是企业内部的发展规划和要素管理，以及企业间关系等。产业安全管理主体的协同是基于管理要素的协同，不论是主体之间、主体内部还是上下级之间，都是围绕管理要素而进行的协同。

宏观管理主体之间基于产业进行协同，得出产业之间的发展战略、政策、结构等，宏观管理主体内部各部门，依据产业之间的发展战略、政策等，就本产业的发展战略、资源配置等情况进行协同管理，并以此作为对中观和微观主体的指导。中观管理主体依据宏观主体的指导，相关行业管理部门协同制订出适合行业的标准、规范等，为企业管理提供指引。企业通过行业管理部门的指引，通过与其他企业协同，制订出本企业的发展规划，并依据规划对企业内的要素进行协同管理。反过来，企业对中观管理主体提出要求，中观主体向上对宏观主体进行反馈，并协助宏观主体制定相关战略和政策等。

6.3.3 协同管理指标体系

产业安全管理包括业务、技术、资源、环境、信息和组织六大要素。这六大要素之间既有密切的联系，又有相对的独立性。对产业安全协同管理的评价，既要从每个要素的协同角度进行评价，又要综合考虑六大要素之间的协同。基于产业安全管理的要素以及它们之间的关系，本部分构建了产业安全管理指标体系，如图 6-9 所示。

产业安全协同评价，评价的是其协同度，从业务管理协同、组织管理协同、信息管理协同、环境管理协同、资源管理协同、技术管理协同六个二级指标进行协同评价。

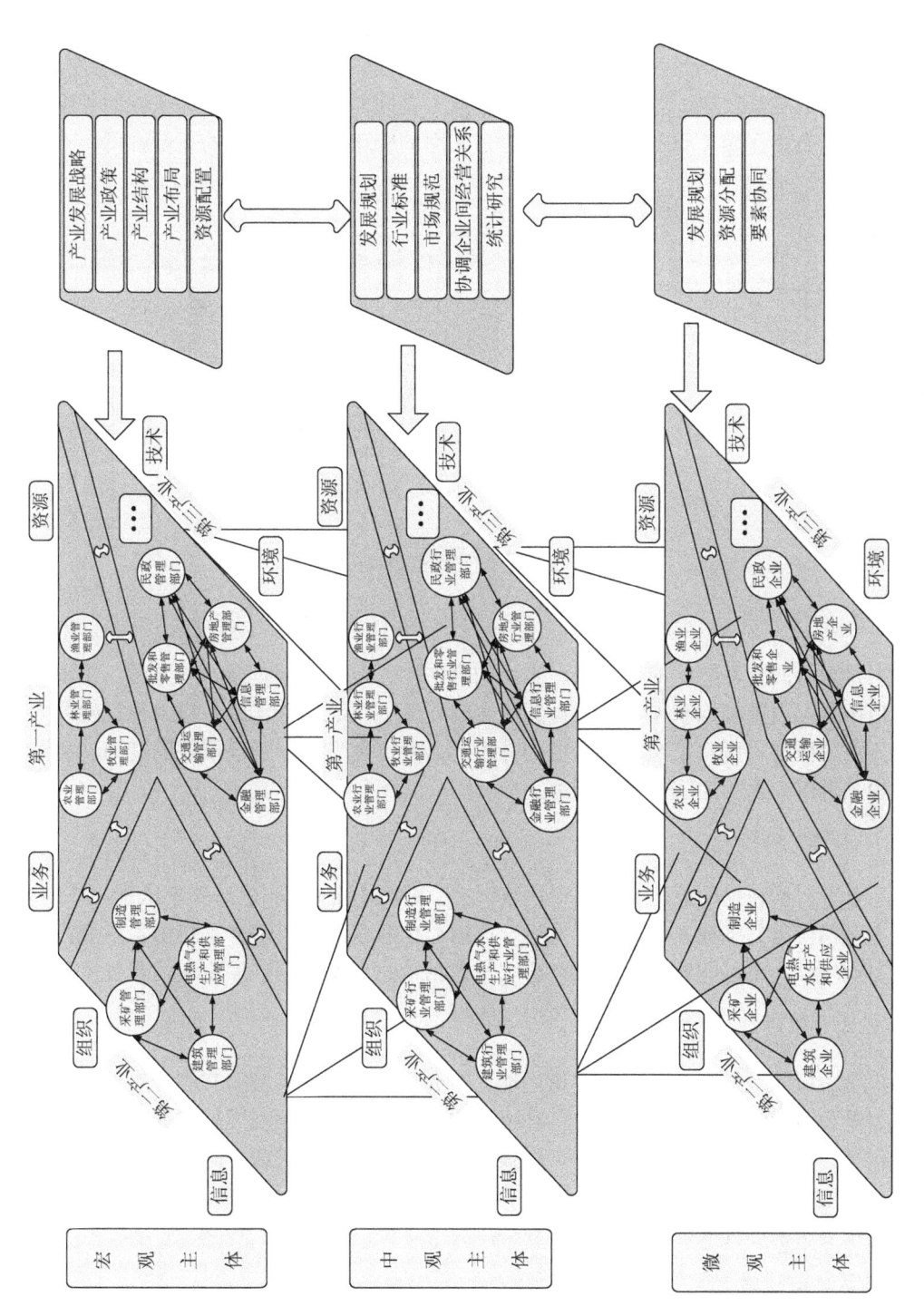

图 6-8 产业安全管理主体协同模型

1. 业务管理协同

业务管理协同包括业务流程的合理性、业务的协作性和业务的规范性三方面。业务流程的合理性是指结合具体的产业、行业或企业，分析其中业务的构成和流程是否合理，能多大程度的适应其发展。业务的协作性，指业务之间的协同程度，相互依赖的程度。业务的规范性是指在相关业务的运营过程中，采用的管理方法和手段的规范程度。

产业安全协同管理指标体系																
业务管理协同度			组织管理协同度			信息管理协同度			环境管理协同度				资源管理协同度				技术管理协同度			
业务流程的合理性	业务的协作性	业务的规范性	组织的合理性	组织的合作度	组织创新能力	信息成本的高低程度	信息系统应用水平	信息共享水平	社会环境有利程度	金融环境有利程度	需求环境有利程度	政策环境有利程度	调整的灵活性	资源配置的合理性	资源共享水平	利用的充分性	创新性	集成性	先进性	辐射能力

图 6-9　产业安全协同管理指标体系

2. 组织管理协同

组织管理协同包括组织的合理性、组织的合作度、组织的创新能力三方面。组织的合理性是指组织内部机构和人员职能设置的合理程度。组织的合作度是指内部机构及人员完成任务的协同程度。组织的创新能力是组织创新管理方法和管理模式的能力。协同性是指相关机构或部门之间沟通的能力。

3. 信息管理协同

信息管理协同包括信息成本的高低程度、信息系统应用水平和信息共享水平三方面。信息成本包括信息共享成本和信息开发运作成本。信息系统应用水平是指信息系统在管理中应用的程度和所占的比重。信息共享水平包括信息广度、信息深度和信息强度。

4. 环境管理协同

环境管理协同包括需求环境、政策环境、社会环境、金融环境的有利程度。需求环境是指市场和消费者需求的程度。政策环境是国家或政府对产业发展提供的政策性的支持程度。社会环境是指社会法制环境、科技环境、文化环境等宏观方面对产业安全的有利程度。通过对产业发展的资本效率高低、资本成本大小的分析，来评价一个产业的生存和安全发展所需要的产业金融环境。

5. 资源管理协同

资源管理协同包括调整的灵活性、利用的充分性、资源的共享水平和资源配置的合理性。调整的灵活性是指对内外部资源进行配置的灵活程度。利用的充分性是对已有各类资源的利用所能达到的最大程度。共享水平是指可共享资源在相关部门的共享程度。资源配置的合理性是指资源在各部门分配的合理性。

6. 技术管理协同

技术创新性、集成性、先进性和辐射能力，对于产业的持续生存发展非常重要。创新性就是指产业在技术方面创新的能力。集成性是指集成已有先进技术多少的程度。先进性是指技术在企业、行业，甚至产业中的先进程度。辐射能力是指技术所具有的推广应用前景，即技术共性程度。

6.4 基于产业链的产业业务体系与流程研究

基于产业链的业务体系是在产业链研究的基础上，结合产业安全的相关理论，通过分析三大产业的基本过程，进而实现产业的安全管理。本节主要针对基于产业链的产业业务体系与流程进行分析，提出基于产业链的产业业务体系与流程的具体内容。

6.4.1 产业链、价值链及供应链的内涵、区别与联系

6.4.1.1 产业链、价值链及供应链的内涵

1. 产业链的定义及内涵

产业链是指在各个产业部门之间，以产品为对象，以投入和产出为纽带，基于一定的技术经济关联，并依据特定的逻辑关系和时空布局关系形成的链条式关联形态。它是以产业分工和供需关系为基础，主要包括产业价值链、供应链、需求链、资金链和技术链等内部链条，产业链的基本结构如图 6-10 所示。

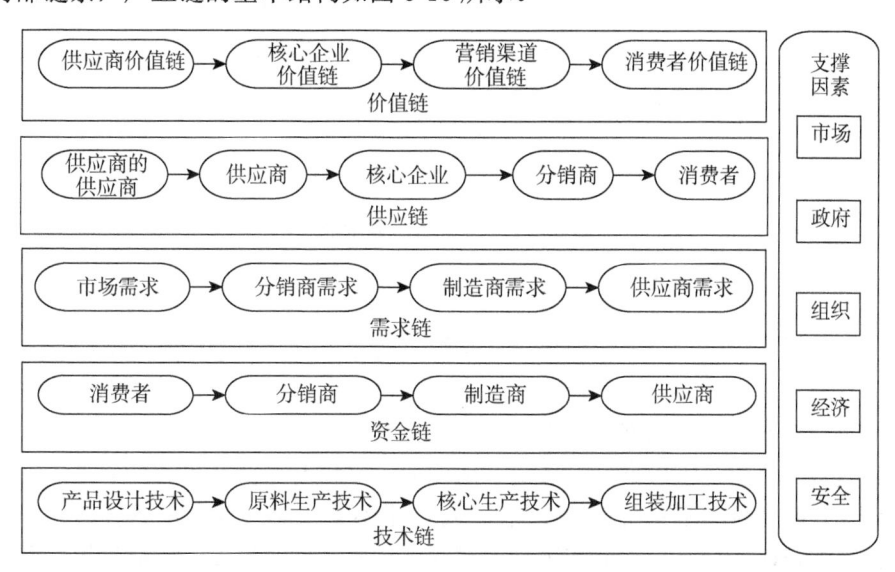

图 6-10 产业链结构图

产业链定义具有三层含义：首先，产业链是企业群体的集合，企业是产业链的载体。其次，产业链是以投入产出为纽带，上一企业群体生产的产品一定是下一企业群体的投入，直到完成整个产品的生产为止。最后，链内不同企业群体的专业化分工和企业部门间的垂直协作关系在生产功能上是完全一致的，众多企业围绕某一核心企业或某一产品系列在垂直方向上形成了前后关联的一体化链条。

2. 价值链的定义及内涵

价值创造过程主要由基本活动（含生产、营销、运输和售后服务等）和支持性活动（含原材料供应、技术、人力资源和财务等）两部分完成，这些活动在价值创造过程中是相互联系的，由此构成价值创造的行为链条，这一链条就称之为价值链（王坤和秦志宏，2009）。价值链由许多条价值链条构成，从供应商的价值链到顾客的价值链，其中还有包括其他可能进入此链条的企业价值链，价值链的基本结构如图6-11所示。

价值链在经济活动中是无处不在的，价值链可分为三个层面：①上下游关联的企业与企业之间存在产业价值链；②企业与相关产业之间存在产业价值链；③产业与产业之间也存在产业价值链。

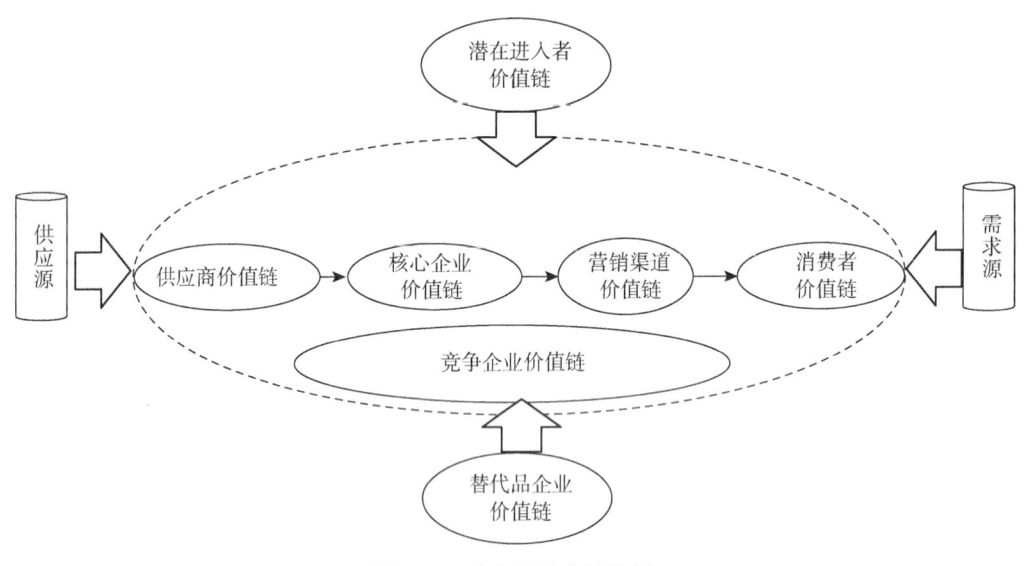

图 6-11 价值链基本结构图

3. 供应链的定义及内涵

供应链是指围绕核心企业，通过对信息流、物流、资金流的控制，将产品生产和流通中涉及的原材料供应商、生产商、分销商、零售商以及最终消费者连成一体的功能网链结构模式，供应链形成的网络结构如图6-12所示。

供应链是一个包含供应商、制造商、运输商、零售商以及客户等多个主体的系统。供应链通过对整个供应链系统进行计划、协调、操作、控制和优化的各种活动和过程，将客户所需的正确的产品，能够在正确的时间，按照正确的数量、质量和状态送到正确的地点，并使这一过程所耗费的总成本最小（翁鸣，2010）。

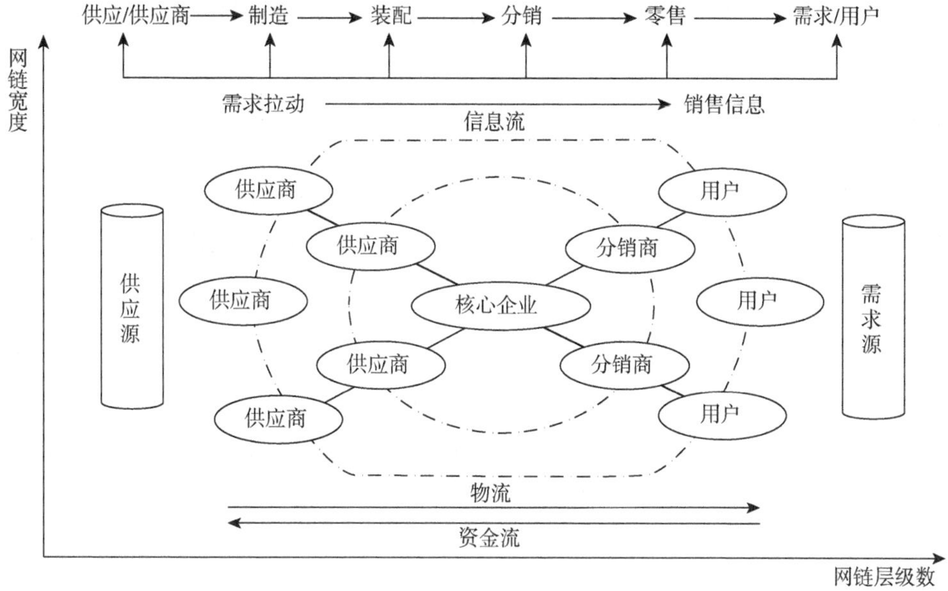

图 6-12　供应链结构图

6.4.1.2　产业链、价值链与供应链的区别

尽管产业链、价值链和供应链在形式上都呈现出以"链网"结构为基本的形态，但是由于三链的关注角度不同，它们在运作中的关注层面、实现手段和总体目标也不同。所以，分析三条链的区别有利于对产业链的理解，进而实现基于产业链的业务体系与流程的设计。

1. 产业链与价值链的区别

产业链是从产业聚集区的整体战略角度出发，通过不断调整产业结构，进而提高区域的综合竞争力。而价值链作为产业链的一部分，它是以产业增值为核心目标，通过不断提高产业的创新能力，而实现产业价值的最大化。产业链为价值链提供了物质载体，而价值链则是针对某一特定的产业链来体现的。

2. 产业链与供应链的区别

供应链是个管理学概念，产业链是个经济学概念。供应链是从供应角度考察上下游企业之间关系的，产业链则是对不同产业而言的。产业链总是客观存在的，而供应链不构成供应关系就不存在。供应链是产业链众多链条中的一个，因此，产业链是供应链的一个物质基础，供应链也是针对某一产业链而言的。

3. 价值链与供应链的区别

价值链和供应链都是产业链中的一部分，为产业链提供不同的支持和作用。价值链注重产业价值的创造和产业的不断增值，而供应链注重产业生产的高效运行。价值链的核心环节可能是产业各环节中的一个或者几个，而供应链则是关注整个产业的各个环节。

6.4.1.3 产业链、价值链与供应链的联系

无论是价值链、产业链还是供应链，在形态上都表现出一种"链式"结构，从而表现出一种"共性"。本节通过对产业链、价值链与供应链每两个之间的联系进行研究和分析，从而分析得到三者之间存在的联系。

1. 产业链与价值链的联系

产业链和价值链，都涉及产业中产品的输出和输入问题，在操作层面上会变得一致。所以，产业链和价值链在最终操作的层面是相似的。价值链是对产业链的一种结构性的描述，价值链就是从价值的角度描述产业链中的每一个环节，因此，价值链是分析产业链的方法和工具。

2. 产业链与供应链的联系

产业链和供应链存在一定的"形似"，它们都是覆盖从最始端的原材料采购到最终端的消费者服务的全过程与所有环节。供应链和产业链统一于企业运动之中，两者的研究对象相同，都离不开具体的企业和具体业务，如物流、资金流、信息流等；产业链、供应链都是顾客价值的提供链和传递链，也是一条增值链，两者主要都是由市场需求拉动的，而且随着市场的变化而不断发展；产业间的竞争，实质上是产业链间的竞争，也是供应链间的竞争；产业链决定供应链，供应链服务和服从于产业链。

3. 价值链与供应链的联系

从价值的角度来说，供应链也是一条价值链，是自身企业创造价值的一个过程。同时，价值链是实施供应链管理的前提，为企业创造价值是供应链的最终目的。在企业的价值系统里，价值链和供应链是同时存在的，它们为企业的基本运作和不断增值提供保障。最后，价值链和供应链都是以客户为中心，以市场为导向，使企业不断提高市场竞争力和创造力。

三条链互为基础链，都有资金、物质、信息、价值的流动，其目的都是使链上的价值增值，提高组织及其成员的竞争力。随着价值链、供应链和产业链的不断发展，三者将在更多方面交叉重合彼此互为补充和借鉴、相辅相成，为产业和地区经济发展创造更多的竞争优势和经济效益。

6.4.2 基于产业链的第一产业业务体系与业务流程

结合产业的不同类型，将产业链分为第一产业产业链、第二产业产业链和第三产业

产业链。本节主要针对第一产业产业链，结合产业安全的基本理论，通过对第一产业产业链的过程分析，进而设计出基于产业链的第一产业业务体系与业务流程。

6.4.2.1 第一产业产业链分析

第一产业产业链是产业链中特殊的一类，也是目前研究较多的一类。第一产业产业链是指与第一产业初级产品生产密切相关且具有关联关系的产业群所组成的链状结构，这些产业群依其关联顺序主要包括生产筹备、生产环节、加工环节、流通环节和销售环节五个主要环节。在整个第一产业产业链中，人员、资金、物资、环境和信息等要素贯穿于整个过程，为第一产业产业链不断提供支持，第一产业产业链的基本结构图如图6-13所示。

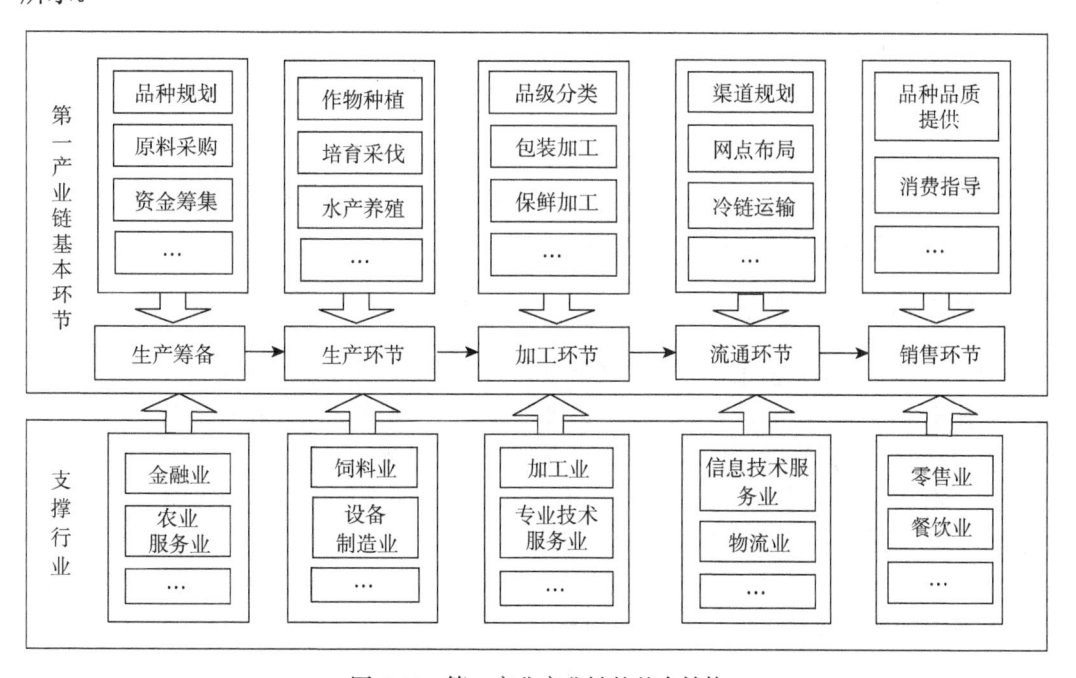

图 6-13　第一产业产业链的基本结构

1. 生产筹备

生产筹备环节是为生产环节提供所需要的物资、原料、技术、信息等的准备过程。在生产筹备环节中，需要进行资金筹备、原料采购、品种规划、信息指导等工作，以保证生产过程的正常进行。在此过程中，金融业、农业服务业等行业为生产筹备等提供相关原料支持。

2. 生产环节

生产环节是第一产业产业链中最为重要的环节之一，是农产品从生产到收获的过程。凭借饲料业提供的肥料和饲料、农用物资的不断供应和先进的技术指导，农户或者相关农业生产企业能够保证第一产业生产活动的进行。

3. 加工环节

加工环节是将生产环节产出的初级产品加工成为能够流通的半成品或者产成品的过程。在加工环节中，首先要对初级产品进行品级分类，然后需要针对初级产品的不同类型，进行不同的加工作业。例如，肉类等产品需要保鲜加工，蔬菜等产品需要包装加工等。

4. 流通环节

流通环节是将加工环节产出的第一产业半成品或者产成品运输到最终销售地点的过程。在流通环节中，凭借信息技术业和物流业提供的产业支持，可以实现流通渠道规划、网点布局等工作，使第一产业能够进入最后的销售环节，从而使最终产成品的质量能够得到保证，进而使第一产业产业链的价值最大化。

5. 销售环节

销售环节是将第一产业最终产成品销售到消费者手中的过程。在销售环节中，农产品销售企业需要对农产品的销售渠道、销售方式以及销售价格进行规划和研究。同时，也需要对第一产业最终产品的质量提供保证。

6.4.2.2　第一产业业务体系

第一产业业务体系按第一产业的类型以种植业业务、林业业务、畜牧业业务、渔业业务和副业业务等为核心内容，同时，以辅助业务、增值业务和应用业务为支撑，在它们的有机结合下完成高效、低耗的第一产业生产全部过程。

根据各项第一产业业务在整个第一产业活动中的重要程度及作用可将第一产业业务划分为四个层次：辅助业务层、核心业务层、增值业务层和应用业务层。其中，核心业务层是整个第一产业业务体系的核心，由第一产业生产活动中最关键的业务构成；辅助业务层位于核心业务层之下，它为核心业务层中的各项业务提供辅助支持，保证核心业务的正常运行；增值业务层位于辅助业务层和核心业务层之上，它是在完成核心业务与辅助业务的基础之上延伸的增值服务业务，因此，增值业务层的服务水平受到辅助业务层和核心业务层的共同限制；应用业务层是第一产业业务的目标实现层面，它需要辅助业务层、核心业务层和增值业务层的共同支持，第一产业业务体系如图6-14所示。

1. 核心业务层

根据第一产业的不同类型，第一产业业务形成了种植业业务、林业业务、牧业业务、渔业业务和副业业务等核心业务，它们是第一产业最基本也是最重要的业务，其他业务层都是为核心业务层服务或围绕核心业务层展开的。

2. 辅助业务层

辅助业务层位于核心业务层之下，为各项核心业务提供辅助支持。第一产业业务的

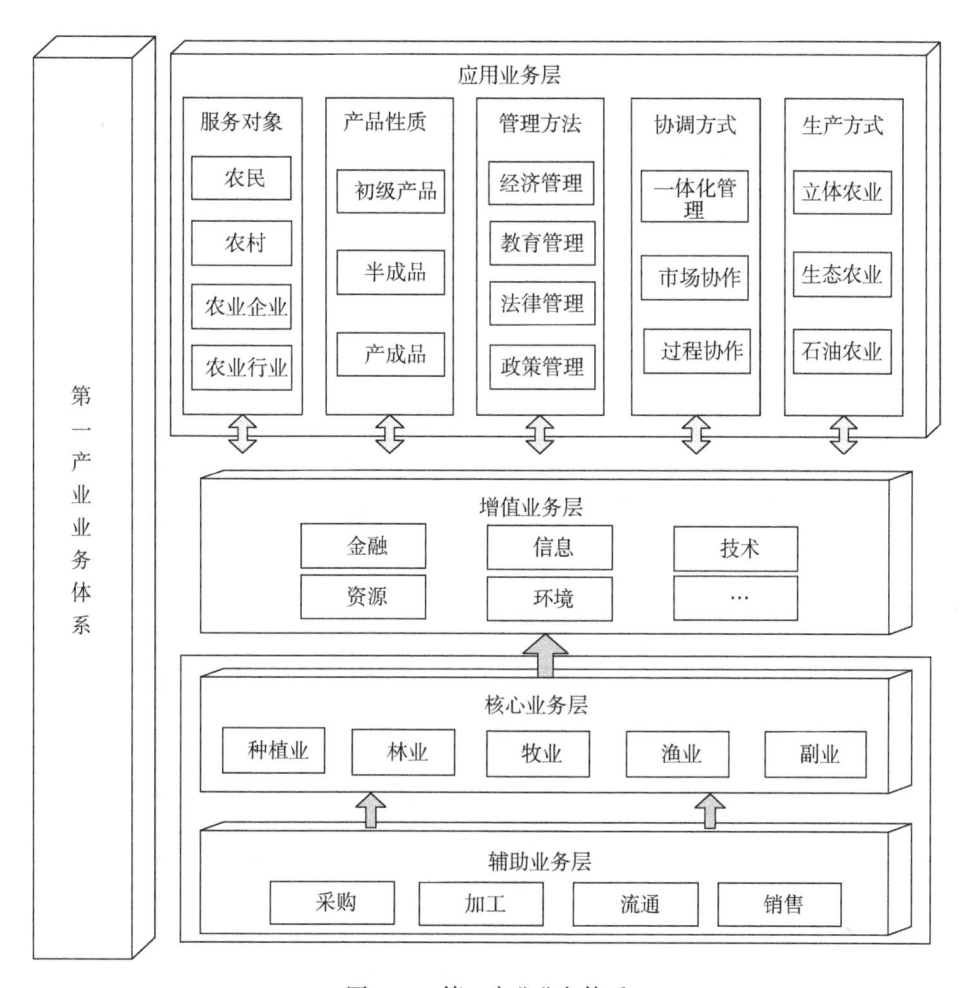

图 6-14 第一产业业务体系

辅助业务包括采购、加工、流通和销售。这些辅助业务就整个第一产业业务体系而言是不可或缺的，它们贯穿于第一产业生产活动的全过程中，为第一产业的各个行业的高效进行起到重要作用。

3. 增值业务层

第一产业增值业务是指在完成第一产业核心业务和辅助业务的基础上，根据需求提供的各种延伸业务活动，它使第一产业产业链中的各个企业能够通过共同努力提高效率和效益。根据第一产业增值业务的含义及功能，增值业务主要包括金融、信息、技术、资源和环境等业务。

4. 应用业务层

应用业务层的作用是有机综合辅助业务层、核心业务层和增值层中的各项第一产业业务，利用协调手段和管理方法实现第一产业业务的应用价值。可基于服务对象、产品性质、管理方法、调节方式和生产方式对应用业务层进行分类。

6.4.2.3 第一产业业务流程

第一产业业务是保障第一产业产业链从最初的生产筹备阶段到最终的产成品销售阶段的安全、高效运行而进行的规划、实施与控制的过程。结合第一产业产业链各环节的具体业务和第一产业业务体系，设计出第一产业业务流程，如图 6-15 所示。

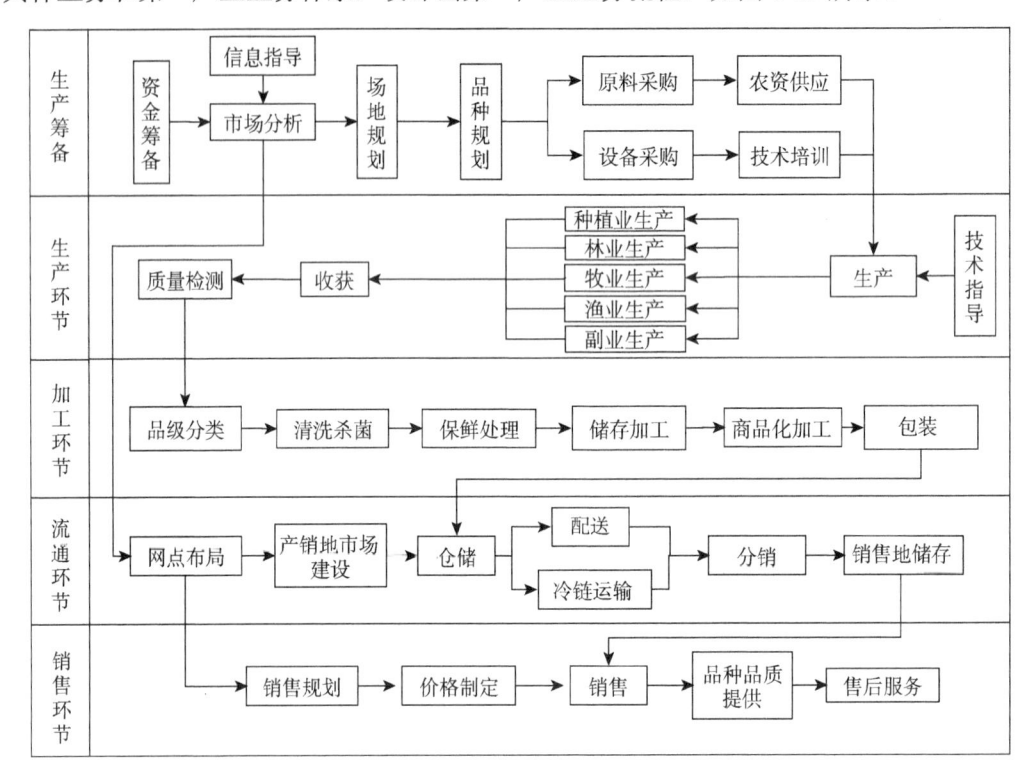

图 6-15 第一产业业务流程图

第一产业业务体系根据第一产业产业链的五个环节，可以分为五个阶段流程。在生产筹备阶段，首先进行生产必需品的筹备工作；在生产阶段，通过技术指导和信息的获取，进行从生产到收获的过程；加工环节通过对第一产业初级产品的分类，对其进行一系列加工作业；流通环节中，凭借对销售网点的合理规划和布局及流通方式的正确选择，使产成品能够运送到最终销售地点；最终，在销售环节进行销售及售后服务，完成第一产业业务流程。

6.4.3 基于产业链的第二产业业务体系与业务流程

6.4.3.1 第二产业产业链分析

第二产业产业链就是第二产业流程中形成的一系列产业的集合，是一条与工业产品制造密切相关且具有关联关系的产业群所组成的完整的产业链，即从最初始的原材料到中间产品，再到最终产品的生产、销售和维护的全过程。其中包括采购筹备、制造环节、加工流通、销售环节和售后环节五个环节。第二产业产业链基本结构如图6-16所示。

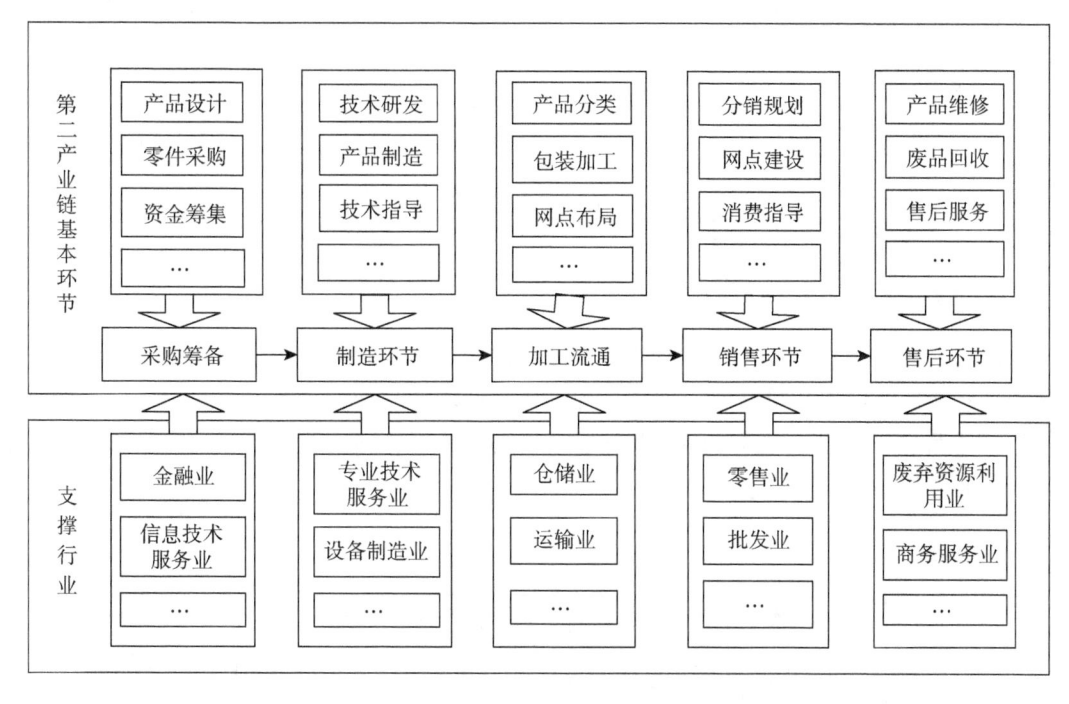

图 6-16 第二产业产业链基本结构

1. 采购筹备

采购筹备环节是为第二产业生产环节提供所需要的物资、技术、信息等的过程。和第一产业类似，在采购筹备环节，首先要进行资金筹备，同时，要获得及时、准确的信息指导，以保证生产过程的正常进行；还需要从其他企业采购工业生产过程中所需的零部件和设备。

2. 生产环节

生产环节是工业产品从生产到最终产品的过程。在生产环节中，借助于上游企业的技术和产品支持，本企业可以进行基本的工业生产活动，同时，还要可以将制造出的成品作为零部件提供给其他生产企业。为了保证产品质量，在进行加工之前，需要借助相关技术对产品质量进行检测。

3. 加工流通

加工流通环节是将生产环节产出的工业半成品或者成品运输到最终销售地点的过程。与第一产业类似，工业流通环节除了包括产品分类、网点布局和商品化的加工之外，还需要运输业和仓储业的设备和技术支持。

4. 销售环节

销售环节是将第二产业最终成品销售到消费者手中的过程。在销售环节中，销售企业需要对工业制品的销售渠道、销售方式以及销售价格进行规划和研究。同时，也需要对工业最终产品的质量提供保证。

5. 售后环节

售后环节是工业制品销售之后，对产品的质量问题进行维护及废旧产品再回收的过程。可以一个企业对多个工业企业的产品进行售后服务，也可以本企业对自身产品进行售后服务。在售后环节中，对于报废产品，可以进行回收再利用。

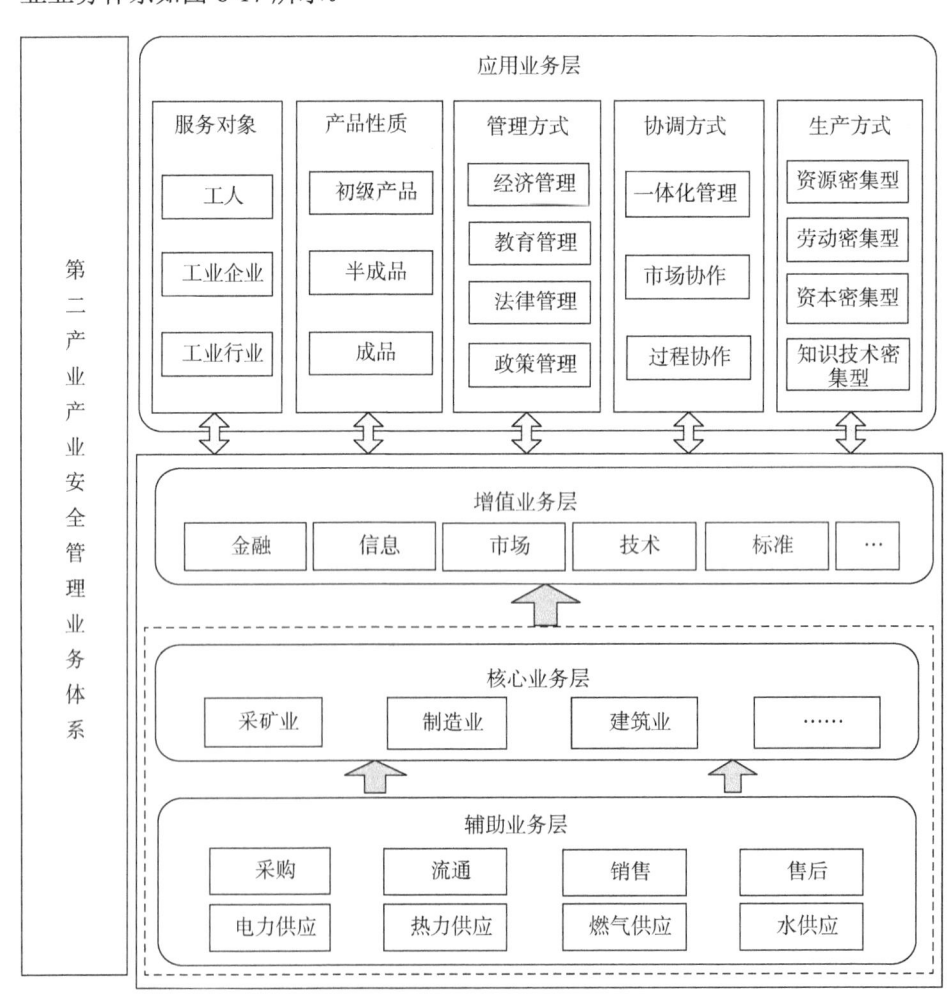

6.4.3.2 第二产业业务体系

第二产业业务体系按第二产业的类型以采矿业业务、制造业业务和建筑业业务等业务为核心内容，以保证第二产业生产过程高效、低耗的进行。与第一产业相同，第二产业业务体系也分为四个层次：辅助业务层、核心业务层、增值业务层和应用业务层，第二产业业务体系如图6-17所示。

图6-17 第二产业业务体系

1. 核心业务层

通过对第二产业产业链的分析，结合第二产业行业的分类，将第二产业业务的核心业务分为采矿业业务、制造业业务、建筑业业务等。这些业务覆盖了第二产业的各个行业，是第二产业中最为核心也是最为重要的业务。

2. 辅助业务层

第二产业业务的辅助业务同样为核心业务提供辅助支持，也存在于第二产业生产活动中的每一环节。根据第二产业的环节，第二产业业务体系的辅助业务包括：采购、流通、销售、售后以及电力、热力、燃气和水的供应。

3. 增值业务层

结合第二产业产业链的特点，第二产业的生产活动同样需要在资金、信息、人员、技术等方面进行管理，因此，第二产业业务的增值业务层可分为金融、信息、市场、技术和标准等业务。

4. 应用业务层

第二产业业务体系中的应用业务层可基于服务对象、产品性质、管理方式、协调方式和生产方式对应用业务层进行分类。其中按照服务对象可分为工人、工业企业和工业行业；按照产品性质可分为初级产品、半成品和成品；与第一产业相同，按照管理方式与协调方式可分别分为经济管理、教育管理、法律管理、政治管理、一体化管理、市场协作和过程协作；按照生产方式可分为资源密集型、劳动密集型、资本密集型和知识技术密集型。

6.4.3.3 第二产业业务流程

与第一产业相似，第二产业业务是保障第二产业产业链从最初的生产筹备阶段到最终的产成品售后阶段的各个企业能够安全、高效同时产生最高效益而进行的管理的过程。结合第二产业产业链各环节的具体业务和第二产业业务体系，设计出第二产业业务流程，如图6-18所示。

根据第二产业产业链的五个环节，第二产业业务体系可同样分为五个阶段流程。在采购筹备阶段，首先进行生产资金、技术和零部件等的采购筹备工作；在生产阶段，通过技术的准备和信息的指导，进行从实现产品制造到质量检测的过程；加工流通环节通过对初级产品的分类，对其进行一系列加工作业，并将其运送到最终销售地点进行销售；在售后环节进行产品维修及废旧产品的回收工作，完成第二产业业务流程。

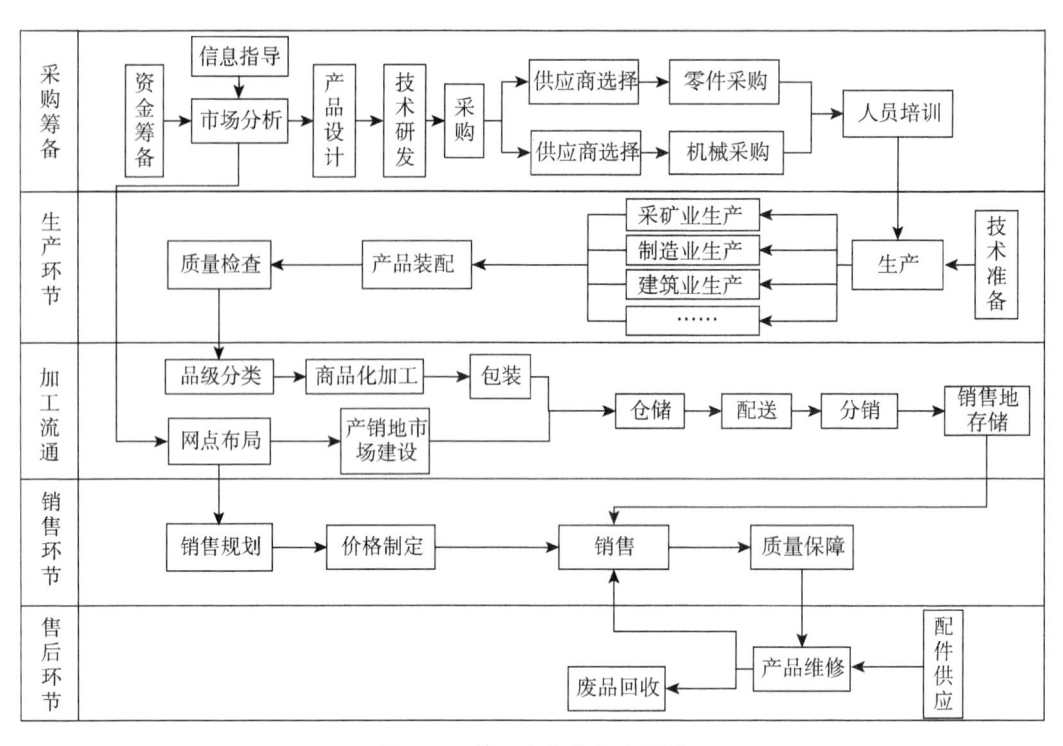

图 6-18　第二产业业务流程图

6.4.4　基于产业链的第三产业业务体系与业务流程

6.4.4.1　第三产业产业链分析

由于第三产业中行业较多，所以，第三产业产业链与第一产业、第二产业产业链不同，是产业链中较为特殊的一类。第三产业产业链是指与第三产业进行的服务生产密切相关的具有关联关系的产业群所组成的链状结构，这些产业群包括筹备环节、推广环节、服务环节和反馈环节四个主要环节。同时，在整个服务业产业链中，人员、资金、物资、环境和信息等因素贯穿于整个过程，为第三产业产业链不断提供物质等方面的支持，第三产业产业链基本结构如图 6-19 所示。

1. 筹备环节

由于第三产业的行业特点，在筹备环节中，凭借租赁业和设备制造业为服务企业提供的相关支持，服务企业首先要进行资金的筹集、场地的规划和设备的采购等工作，进而才能进行服务规划和技术准备等工作。

2. 推广环节

推广环节是第三产业企业为了使客户能够了解到本企业的服务信息而进行的信息推广过程。在此过程中，可以进行信息的投放和广告的投放，同时，需要对门店的位置和服务范围进行规划和设计。

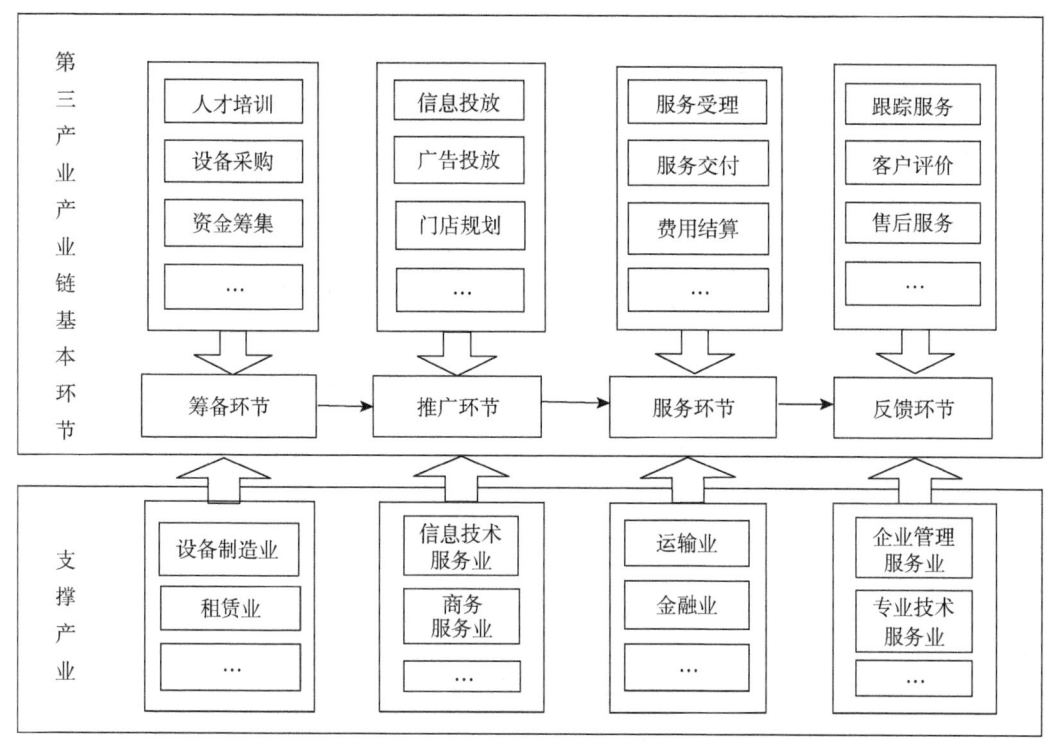

图 6-19 第三产业产业链基本结构

3. 服务环节

服务环节主要是第三产业的各个行业进行企业自身服务的过程，是第三产业产业链中最为核心的过程。第三产业的行业不同，服务的过程也不同，从宏观上来说，首先要进行服务受理，进而进行各个行业的服务工作，最终进行服务交付、客户验收和费用结算等工作。

4. 反馈环节

反馈环节主要是第三产业企业对服务进一步完善的过程。在此过程中，需要进行跟踪服务、客户评价和售后服务等工作。企业管理服务业和专业技术服务业等其他行业为这个过程提供支持和辅助作用。

6.4.4.2 第三产业业务体系

第三产业业务体系按第三产业的类型以批发零售业业务、物流业业务、餐饮业业务、金融业业务、教育业业务、房地产业业务、科学技术业业务和设施管理业业务等核心业务，以居民服务业务、租赁业业务、社会工作服务业业务、娱乐业业务和国际组织服务业业务为辅助业务，同时，结合应用业务形成第三产业业务体系，第三产业业务体系如图 6-20 所示。

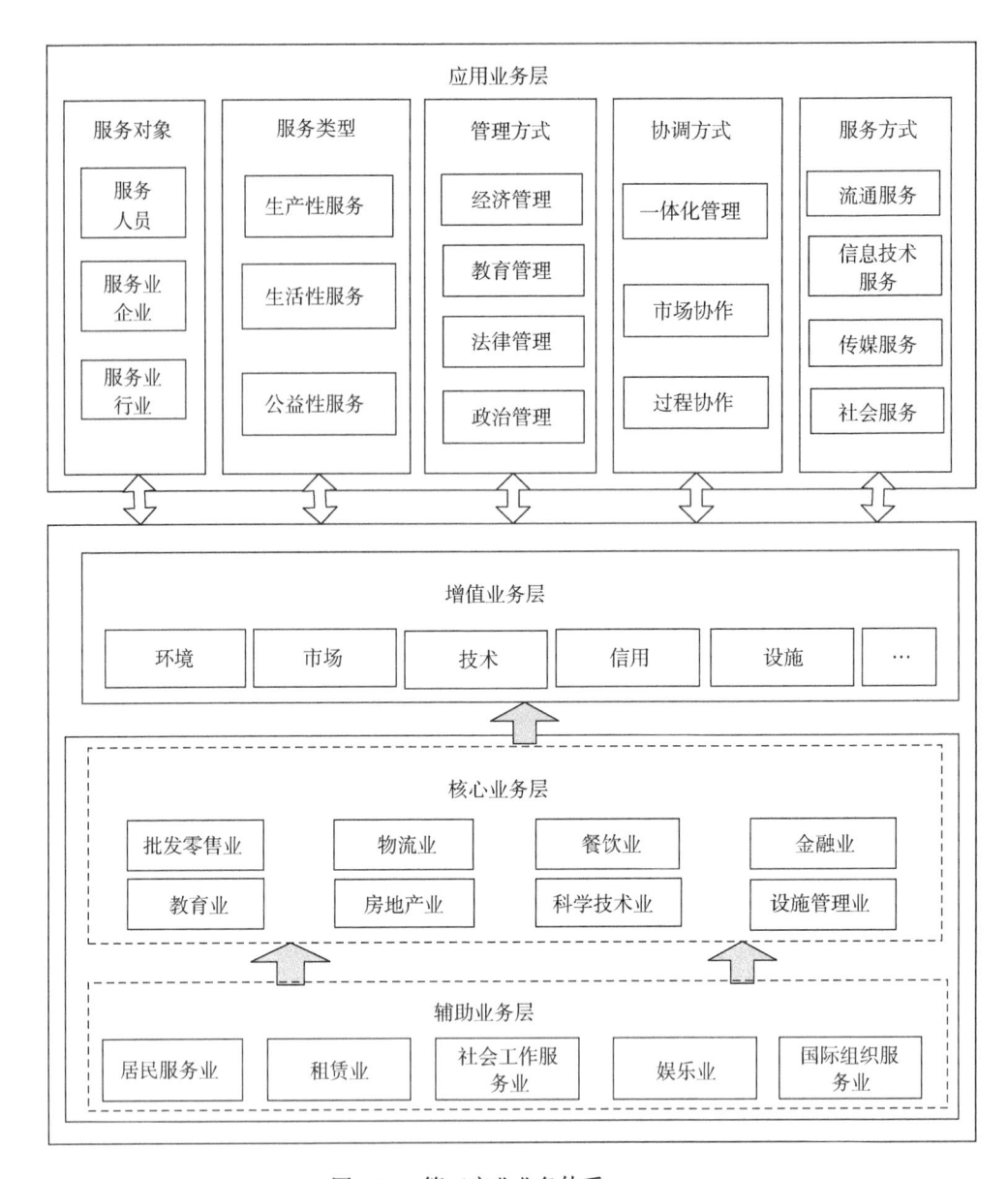

图 6-20 第三产业业务体系

1. 核心业务层

结合产业链相关理论，根据第三产业的不同类型，第三产业核心业务主要包括批发零售业业务、物流业业务、餐饮业业务、金融业业务、教育业业务、房地产业业务、科学技术业业务和设施管理业业务等，它们为第三产业提供最基本也是最重要的业务支持，同时，也为其他业务层提供支持和依据。

2. 辅助业务层

辅助业务层中的业务为各项核心业务提供辅助支持。第三产业业务的辅助业务包括：

居民服务业业务、租赁业业务、社会工作服务业业务、娱乐业业务和国际组织服务业业务等，是第三产业产业链中不可或缺的业务。

3. 增值业务层

基于第三产业产业链的分析，第三产业增值业务与第一产业、第二产业的增值业务略有不同，分为环境、市场、技术、信用和设施等业务。

4. 应用业务层

第三产业应用业务层可基于服务对象、服务类型、管理方式、协调方式和服务方式进行分类。其中按照管理方式和调节方式的分类与第一产业和第二产业相同；按照服务对象可分为服务人员、服务业企业和服务业行业等；按照服务类型可分为生产性服务、生活性服务和公益性服务；按照服务方式可分为流通服务、信息技术服务、传媒服务和社会服务。

6.4.4.3 第三产业业务流程

第三产业业务是保障第三产业服务过程安全、高效运行而进行的规划、实施与控制的过程。通过对第三产业产业链的具体分析和对第三产业业务体系的设计，提出第三产业业务流程，如图 6-21 所示。

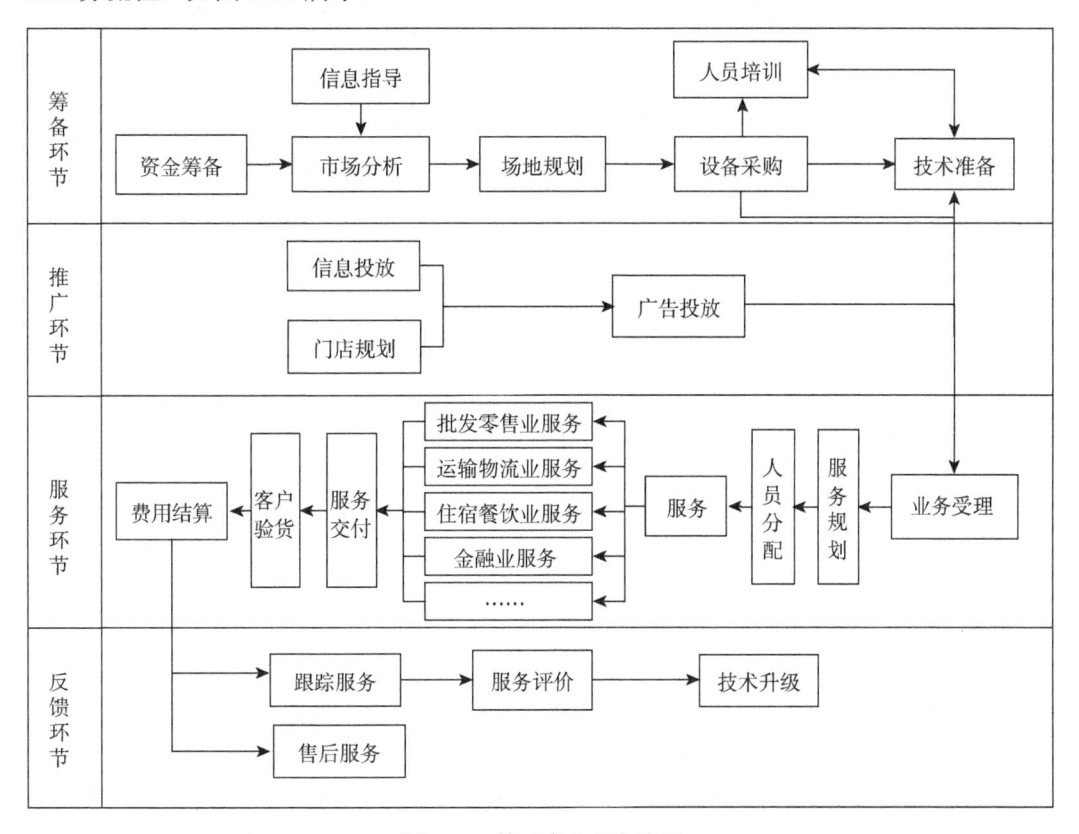

图 6-21 第三产业业务流程

第三产业业务流程根据第三产业产业链的四个环节，可以分成四个阶段流程。在筹备环节阶段，首先进行服务所需资金、设备等的筹备工作；在推广环节中，通过相关信息和广告的投放，使客户能够获得服务企业的相关信息；在服务环节中，通过技术指导和信息的获取，进行从业务受理到费用结算的过程；最终，在反馈环节进行跟踪服务、服务评价和技术升级等工作，进而完成第三产业业务流程。

6.5 产业安全协同管理决策研究

6.5.1 产业安全协同管理决策概述

6.5.1.1 产业安全协同管理决策的概念

协同管理决策，是把局部力量合理地排列、组合，通过对该系统中各个子系统进行时间、空间和功能结构的重组，产生一种具有"竞争—合作—协调"的能力，促使系统内部各子系统或要素按照协同方式进行整合，相互作用、相互合作和协调而实现一致性和互补性，从而做出管理决策，并使系统产生整体作用大于各要素作用力之和的系统管理方法。

产业安全协同管理决策，就是结合产业安全的特征和需求，利用协同管理的理论与方法，应用系统论、协同学、博弈论，以协同的视角，纵向上研究农业、工业和服务业的协同，横向上研究产业安全各构成要素的协同；以博弈的视角，研究产业安全管理当中各主体的博弈行为，研究产业安全问题中主体以及要素的协同、博弈关系，以提高产业管理功效为目的，对产业内部的各子系统或要素进行优化组合与配置，达到产业系统的目标，最终实现国家产业的安全运行。

与传统产业管理理论相比，协同管理在思想、视角及处理问题的方法上都有很大的不同。传统管理的理论和思想是建立在高度分工的基础上，强调分工的重要性而对整体重视不足，而协同管理则突出强调要素间协同、配合的思想，以使系统产生自组织功能而实现协同效应，达到产业管理目标（王芳，2009）。

6.5.1.2 产业安全协同管理决策的过程

产业安全协同管理决策是按照"国家部门—行业管理部门—企业"的决策顺序，由国家部门先进行决策，制定出产业政策，行业管理部门再根据制定出的产业政策，制订本行业的发展方案，企业再在此基础上，决定自身对于生产要素的投入，如图6-22所示。

如图6-22所示，国家部门对各行业进行生产要素的投入，同时制定行业法规，而行业管理部门为国家部门收集、整理市场信息，以便国家部门做出决策。行业管理部门的管理对象为行业内的企业，策划企业的并购与重组，对企业进行监督管理，以维持公平的竞争环境，而企业要对行业部门的决策进行及时反馈，以便行业管理部门及时调整策略。

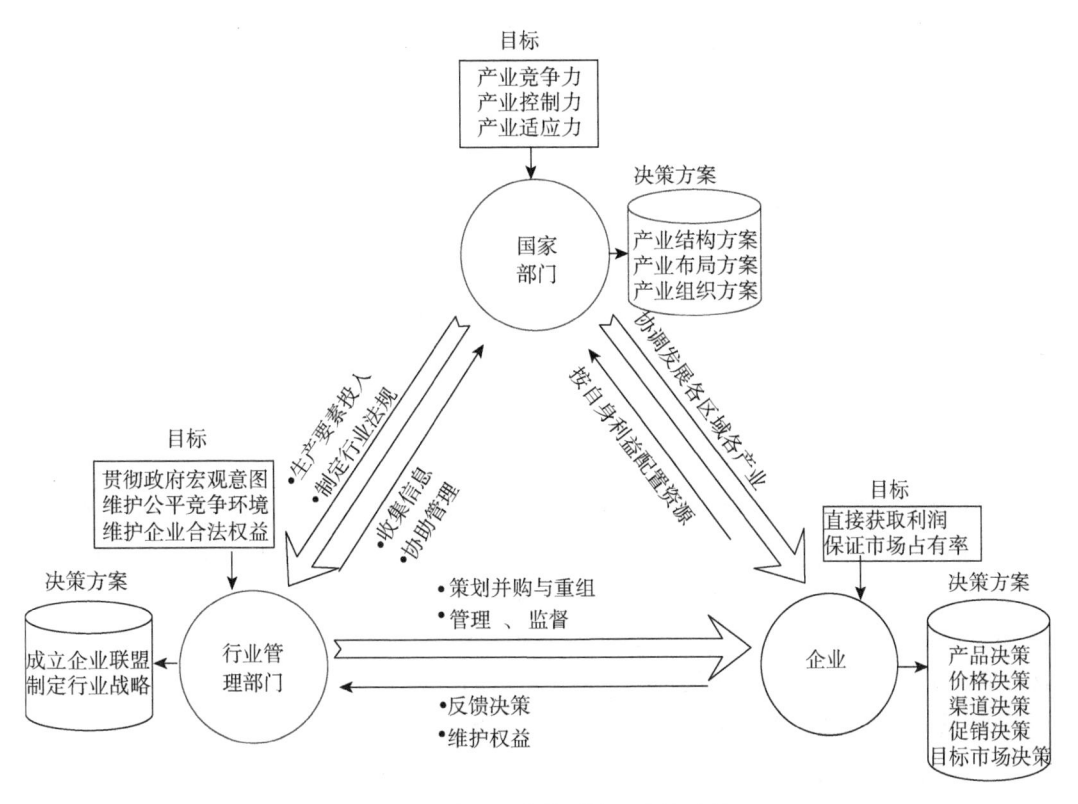

图 6-22　产业安全协同管理决策过程

国家部门、行业管理部门以及企业按照先后顺序，分别根据自身目标，针对各自的决策对象，做出决策。

1. 国家部门协同管理决策过程

国家部门从宏观角度出发，其决策目标是国家的产业安全，即产业竞争力、产业控制力以及产业适应力的最大化。在协同考虑环境（金融环境）、资源、组织、结构、布局这五项要素的基础上，国家部门以产业政策为其决策对象，主要手段包括启动经济杠杆进行间接管理的间接诱导手段、按着法律运用行政权力进行直接经济管理的直接干预手段、利用所掌握的信息进行政策引导的信息指导手段以及法律规则四个方面，最终给出其协同管理决策的方案，即产业布局方案、产业结构方案以及产业组织方案。

2. 行业管理部门协同管理决策过程

行业管理部门立足中观层面，在沟通政府与企业关系上起到承上启下的桥梁和纽带作用，体现行业的整体利益，协同考虑市场和技术要素，对行业内企业进行协调管理。行业管理部门的决策目标包括三个方面：贯彻政府宏观意图、维护公平竞争环境、维护企业合法权益。行业管理部门以本行业内企业为对象，包括对行业内企业提供信息咨询、发布统计资料等服务职能，作为独立的社会团体法人对行业内企业进行管理以及对企业的经营管理进行监督，使其能够顺应经济发展的需求。行业管理部门的决策方案包括制定多元化发展战略、策划企业并购与重组以及成立企业联盟等。

3. 企业协同管理决策过程

企业是产业安全协同管理的微观主体,其在国家部门和行业管理部门决策的基础上,根据产业政策和行业发展方案,制订自身发展计划。在要素方面,企业主要是协同考虑经营、管理这两项要素,体现生产要素的组合方式和组合过程的动态性关系。企业以直接获取利润、保证市场占有率、保持价格稳定和应付竞争为决策目标,以生产要素为对象进行资本、劳动力和技术的投入,最终做出产品决策、价格决策、渠道决策、促销决策以及目标市场决策。

6.5.1.3 产业安全协同管理决策的基础理论

产业安全协同管理涉及三大产业、四个经济区域、十项要素。横向上,需要考虑十项要素的协同;纵向上,需要解决农业、工业、服务业这三大产业以及各产业下行业的协同。三大产业的结构如何调整,产业如何布局,如何利用现有技术发挥资源的最大效绩,都需要从协同的视角出发,基于协同学的理论,从而政府制定出顺应市场需求的产业政策。而在产业政策的实施过程中,由于区域的机会主义和短期利益追求,必然造成中央政府和各经济区域的博弈以及各区域之间的博弈。

1. 产业安全与协同论

协同论(synergetics)也称"协同学"或"协和学",是 20 世纪 70 年代以来在多学科研究基础上逐渐形成和发展起来的一门新兴学科,是系统科学的重要分支理论(刘彩虹,2009)。协同理论研究不同事物共同特征及其协同机理,是近十几年来获得发展并被广泛应用的综合性学科。一方面,我们所研究的对象是许多子系统的联合作用,以产生宏观尺度上的结构和功能;另一方面,它又是由许多不同的学科进行合作,来发现自组织系统的一般原理。

产业的开放性、非平衡、非线性是产业经济现象复杂性与多样性的源泉,是产业演化的前提条件和动因。对于产业安全的管理而言,需要不断地吸收外界的资本、人力、技术、信息等,同时相关产业之间在资本、人力、技术、信息等诸多方面存在联系和交流。政府在制定产业政策时,如何调整三大产业的结构,怎样对产业内行业进行布局;以及企业在实际经营的过程中如何协调各生产要素,都需要从协同的视角出发,对各子系统以及要素进行协同。

2. 产业安全与博弈论

通常认为,现代经济博弈论是在 20 世纪 50 年代由美国著名数学家冯·诺依曼(John von Neumann)和经济学家奥斯卡·摩根斯坦(Oscar Morgenstern)引入经济学的,目前已成为经济分析的主要工具之一。它是指研究多个个体或团队之间在特定条件制约下的对局中利用相关方的策略,而实施对应策略的学科。有时也称为对策论,或者赛局理论,是研究具有斗争或竞争性质现象的理论和方法,主要研究公式化了的激励结构间的相互作用，是研究具有斗争或竞争性质现象的数学理论和方法。

博弈论为产业安全管理的研究提供了一个全新的视角，探讨了企业策略性行为以及企业内部代理人的策略性行为。在具体的分析中，博弈论通过 Nash 价格模型、Betrand 数量模型和 Stackelberg 领导者模型等一系列模型，对传统的结构、行为和绩效的简单关系进行了多重关联的拓展，提出了更加接近现实经济的解释。从博弈论的视角来看，产业中的企业都希望通过策略选择来最大化自身利率，并减少竞争对手所造成的损害，以此来保证自己在市场中的份额和地位，扩大规模。

6.5.1.4 产业安全协同管理决策的基本框架

针对产业安全管理决策中主体的多样性，依据"国家部门—行业管理部门—企业"的决策路线，采用协同管理的思想，从国家部门、行业管理部门、企业三个主体出发，构建出产业安全协同管理决策的基本框架，如图 6-23 所示。

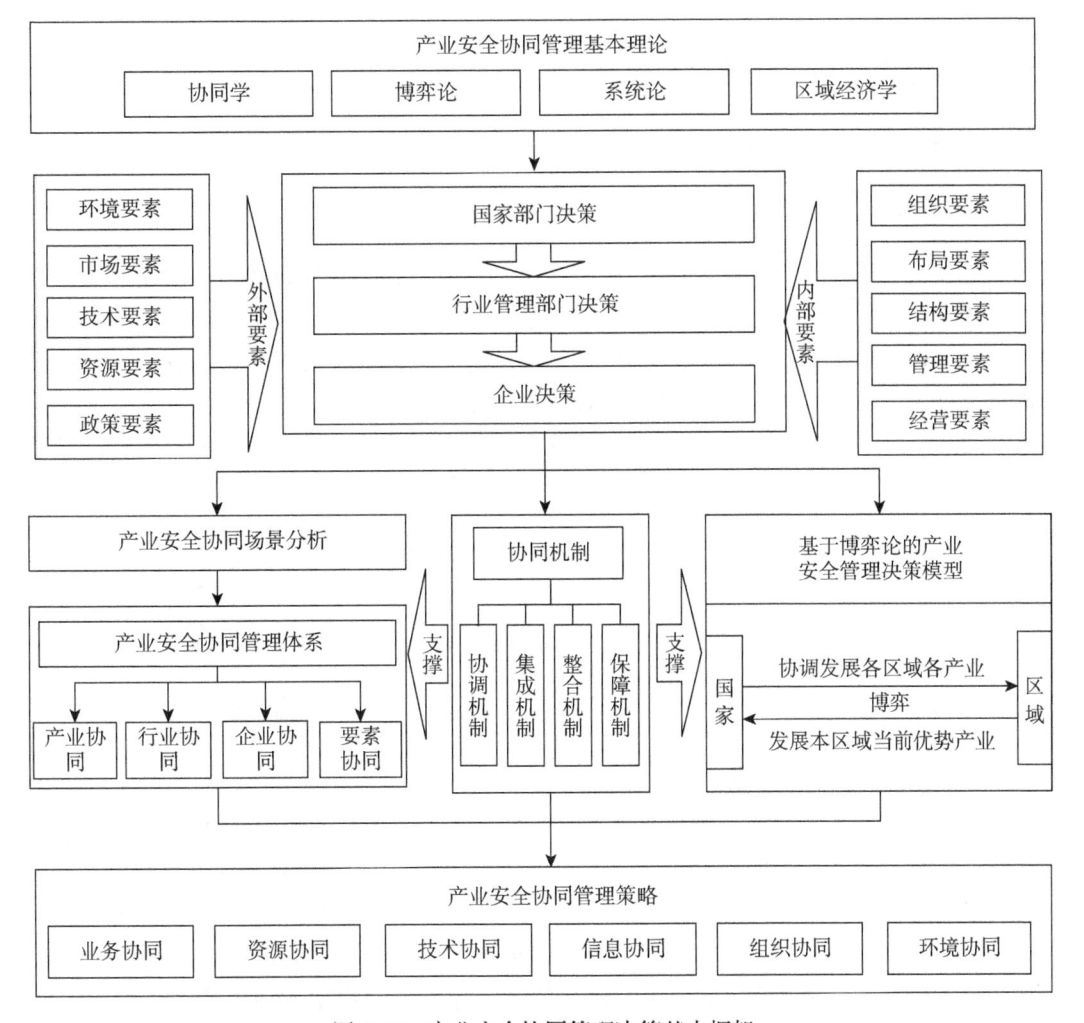

图 6-23　产业安全协同管理决策基本框架

如图 6-23 所示，在产业安全协同管理决策框架体系中，协同学、博弈论、系统论等是协同管理决策的基础理论。协同、博弈的思想，是产业安全管理的理论依据。

国家部门通过对环境、资源、组织、结构、布局五项要素的协同考虑，协同管理三大产业的结构以及三大产业在东北、东部、中部、西部四个区域的布局，针对现阶段各经济区域中各产业的发展情况，制定出符合当前的产业政策。行业管理部门在国家产业政策的大背景下，通过策划企业并购与重组、成立企业联盟等方式，对行业内企业进行协同管理，制定出行业发展战略。企业是产业安全管理决策三个主体中最后做决策的，通过协同管理自身的生产要素，如协同管理资本、劳动、技术的投入，制定出自身的管理经营决策。在产业安全协同管理决策的过程中，符合国家部门决策—行业管理部门决策—企业决策的顺序，因此，上级的决策降低了信息的不确定性和不对称程度，规范了每个下级成员的策略集，使下级成员对彼此可能的行为有一个明确的预期，为其决策提供依据。在产业安全协同管理决策的整个过程中，其协同管理机制包括协调机制、集成机制、组合机制以及保障机制，保证产业系统顺畅运转，管理决策过程合理有效。

6.5.2 产业安全协同管理体系研究

6.5.2.1 产业安全协同场景分析

1. 环境分析

产业安全协同环境是指产业生产要素环境、产业市场需求环境和产业组织环境，三者协同作用，缺一不可。产业生产要素环境是产业协同的基本条件，为产业协同提供要素基础；产业市场需求环境是产业协同的重要动力，为产业发展提供市场支持；产业组织环境是产业协同的必要手段，实现产业内的技术、资源共享。产业的生产要素环境、市场需求环境、组织环境三者的协同以及各自的协同对于产业安全协同管理而言都是必不可少的。产业安全协同环境如表 6-2 所示。

表 6-2　产业安全协同环境

产业环境	反映	协同作用
产业生产要素环境	生产要素的优先度、协同度	提供劳动力、资本等生产要素支持
产业市场需求环境	市场需求信息	提供市场支持
产业组织环境	产业内同类企业的协同程度	产业技术、资源共享

1）产业生产要素环境的协同

生产要素是指进行社会生产经营活动时所需要的各种社会资源，是维系经济运行及市场主体生产经营过程中所必须具备的基本因素。生产要素环境是产业的内部环境，是产业内部的构成要素，如何合理地管理各生产要素，是企业必须面对的问题。在产业或者企业这个大系统中，各生产要素不是孤立存在的，相互之间有一定的联系，企业的情况不同，要素之间的联系也有所不同，各要素的优先程度也有区别。因此，企业在经营管理中，要结合自身实际情况，以协同的视角理清各要素的优先度，实现生产要素的协同管理。

2）产业市场需求环境的协同

对于产业而言，市场需求环境是其外部环境，产业在发展过程中要充分掌握市场信息。竞争产业的发展水平、同行业替代品的出现以及供应链上下游的供应和需求量都是产业生存的必备信息，协同处理这些市场信息是产业在竞争中必不可少的步骤。只有协同考虑市场需求，产业才能做出正确的管理决策，才能在竞争中获取利益。

3）产业组织环境的协同

产业组织是指产业内企业间的市场关系和组织形态。产业组织环境是从产业内企业间的组织形态角度，分析产业内同类企业的协同。产业内企业间的组织形态是指同类企业相互联结的组织形态，如企业集团、分包制、企业系列等。这些不同的产业组织形态根源于企业间技术关联的专业化协同，协同的程度决定这类企业组织的竞争力，进而决定企业所属产业的竞争力。

2. 效应分析

管理协同效应可以更有效地配置、使用人力资源及企业的管理能力，可以对整个行业内企业的管理资源进行协同，使得管理能力相对缺乏的企业得到有效的管理资源补充，提高其资产的管理效率。对于管理能力过剩的企业来说，所转移的只是过剩的管理能力从而并不会降低其资产的管理效益和企业的管理水平（杨倩，2011）。因此，整个行业的整体管理水平必然会提高。如果将这种效应进一步扩大化，则对所在产业总体资源的合理配置和有效利用也是极为有意义的，可以实现产业内的组织协同（李雅君，2011）。

协同应用提供了一种整体应用的方案，它关注的是全面的调控，更有利于对各种资源进行充分的整合，让被分隔开的资源重新处于同一管理和调配下，解决"信息孤岛"和信息共享的矛盾，"应用孤岛"和业务整合的矛盾以及"资源孤岛"和资源协同的矛盾，通过协同管理，使得孤岛消失，实现信息的协同、业务的协同和资源的协同。

3. 应用分析

产业安全协同管理在协同考虑十项要素的基础上，从产业布局角度，结合四个经济区域的现状、特征，进行资源和生产要素的合理配置；从产业结构角度，针对具体时期内的需求，协调平衡产业之间的数量比例关系，使产业结构合理化、高级化，如图 6-24 所示。

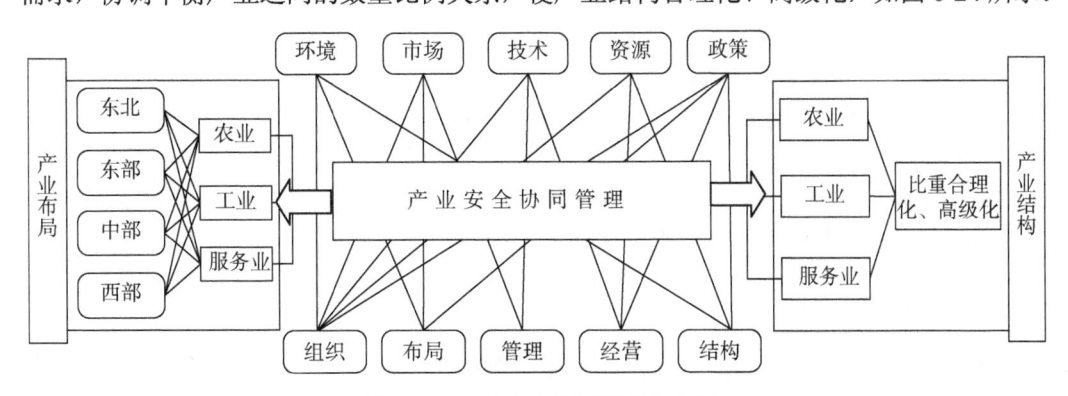

图 6-24 产业安全协同管理的应用

如图 6-24 所示，在对十项要素进行协同考虑的基础上，产业安全协同管理向左实现产业布局的优化，向右实现产业结构优化，通过分析协同管理在农业、工业以及服务业的应用，对三大产业进行合理配置，同时实现各产业内的协同。

1）协同管理产业布局

产业布局就是产业在一国或地区范围内的空间分布和组合的经济现象。产业安全协同管理把我国划分为东北部、东部、中部、西部四个经济区域。各经济区域具有产业发展的比较优势。不同区域的基础条件各不相同，这些基础条件包括产业现状、技术资金、人力资本、市场大小、市场完善程度以及供求水平等。通过分析各区域的比较优势，选定区域的主导产业，确定区域内三产的结构。主导产业的发展会对区域经济的增长产生扩散作用，把自身已有的优势辐射到其产业链上相关的行业中去，进而带动整个区域经济的发展。这种区域产业的协同联动发展，能够促进资源的优化配置和有效利用，客观上增强区域可持续发展的能力。同时，把发达地区的一部分对于欠发达地区仍然具有比较优势的边际产业向欠发达地区转移过来，把发达地区在资本、技术、管理和人才等方面上的优势，与欠发达地区的土地、劳动力、能源等优势结合起来，相互补充，通过技术扩散效应、示范效应等途径来带动经济欠发达地区的经济发展，实现对于产业布局的协同管理（崔荐，2010）。

2）协同管理产业结构

产业结构就是生产过程中形成的各产业的相互联系和数量比例关系。一国经济的发展不仅是国民经济总量的增长，更重要的是产业结构协调与发展的过程。对于产业结构的研究，不能只局限于静态的角度，因为国民经济各产业之间时刻处于动态平衡和失衡的交替当中，因此，有必要以动态的分析方法，协同考虑产业结构。产业结构协同，实际上就是使产业结构的演进趋于高度化和合理化，促使三大产业形成一个合理的比例关系。协同管理过程中，依据产业生命周期规律，淘汰掉那些不适合社会需要的、技术落后的、生产效率低下的行业，通过改进和更新现有的行业部门，实现单个产业下行业布置的合理化，从行业结构的角度，实现产业体系的自我完善。确定三大产业的结构时，结合本国产业现状、技术资金、人力资本、市场完善程度以及国内外供求水平、市场规模等，确定本国各产业的发展优势，并以三大产业各自的优势为着手点，确定产业结构。同时，发挥各产业在产业关联链中的优势，将其辐射到其他产业中去，通过产业结构协同联动，实现三大产业协同发展。

6.5.2.2 产业安全协同管理体系

针对产业安全协同管理中产业的相关性、要素的关联性，依据产业协同、要素协同的分析思路，建立二维坐标体系图。水平方向考虑构成产业安全问题十项要素的协同关系，垂直方向考虑农业、工业、服务业三大产业的协同关系以及产业下行业之间的协同关系，构建产业安全协同管理体系，如图 6-25 所示。

1. 纵向协同

产业安全协同管理体系的纵向协同主要是指产业协同、行业协同以及企业协同三个层次的协同。

图 6-25 产业安全协同管理体系

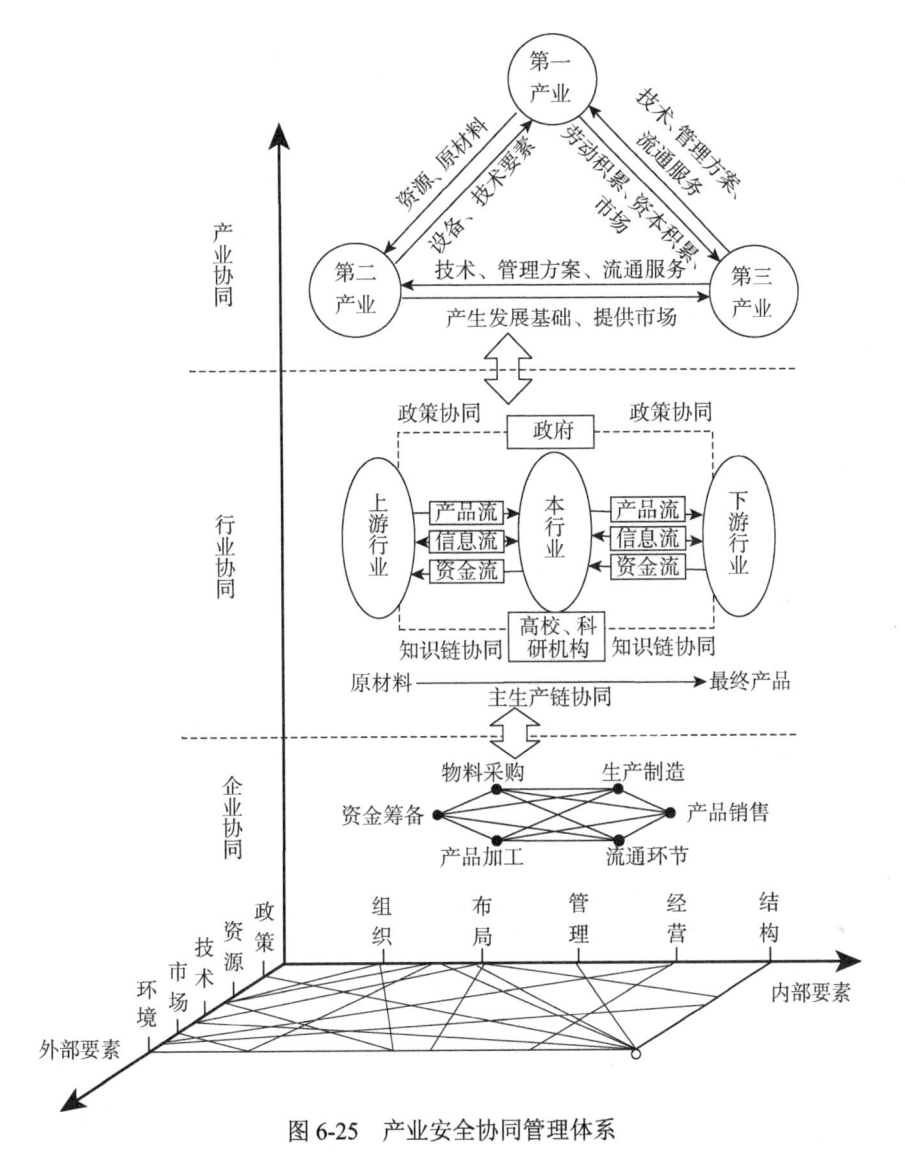

1）产业协同

我国第一产业、第二产业、第三产业的产值占 GDP 的比重分别从 1978 年的 28.2%、47.9%和 23.9%，变为 2012 年的 10.1%、45.3%和 44.6%，从 1978～1984 年，三大产业比重次序为："二、一、三"；从 1985～2012 年，三大产业比重次序变为："二、三、一"，与发达国家类型"三、二、一"相比差一个发展阶段，处于工业化主导的产业发展阶段。三大产业在发展过程中，第一产业为第二产业提供资源和原材料，第二产业为第一产业提供装备和技术要素；第二产业是第三产业产生的前提和基础，并为第三产业提供市场；而第三产业为第一产业和第二产业提供技术、管理方法以及流通等服务。

2）行业协同

行业协同包括政策协同、主生产链协同和知识链协同。政策规定了产业的发展路径，而产业发展则进一步巩固了政策，推动政策向更有效率的方向变化，这种良性循环就是产业和政策的协同。主生产链的协同主要包括本行业与上游行业及下游行业的协同，以及行业内部竞争与合作共存的协同。下游行业从上游行业中获得产品、信息、技术和服务，而上游行业则靠向下游行业销售新产品或提供服务以获得资金进行生存。同行业内，竞争对于行业内生产同类产品的企业是一种强有力的选择力，对方的每一点进步都会作为一种选择压力促进自身核心竞争力的提高，一方面需在竞争中取得领先，另一方面又要同对方合作以取得共赢，实现行业内的协同。同时，整个行业需要接收来自高校与科研机构的新技术等，实现知识链协同。

3) 企业协同

企业的协同包括竞争型协同、合作型协同和竞争合作混合型协同三类。竞争型协同是指在对同类企业进行协同管理时，需要考虑利用同种资源的企业之间的竞争关系；合作型协同是指企业相互需求、相互依存的生存状态或生存结构；在现实的市场环境，企业协同圈协同元之间的关系往往更复杂，它们之间一般不只是单纯的竞争关系，也不仅是单纯的互利共生，往往是在竞争的同时有合作、合作中带有竞争的复杂相互关系。这种竞争和合作对于双方都是一种强有力的选择力，对方的每一点进步都会作为一种选择压力促进自身核心竞争力的提高，一方面需在竞争中取得领先，另一方面又要同对方合作以取得"共赢"，这就是企业协同圈的竞争合作型混合协同（陈思云，2008）。企业自身协同管理包括资金筹备、物料采购、生产制造、产品加工、流通环节以及产品销售的协同。

2. 横向协同

产业协同、行业协同以及企业协同都是建立在十项要素协同的基础之上的，产业安全的协同管理就是基于这十项要素，考虑要素的协同性，做出管理决策。

环境、资源、技术、市场以及政策是产业安全的外部因素，其中，资源、技术、市场在产业发展过程中是不可人为调控的，是产业安全的客观因素。环境和政策是政府对于产业安全做出的决策，产业安全是由产业协同和政策、环境的协同两方面的力量决定的产业协同决定了产业发展的方向和空间，而政策、环境推动合理有效的投资，实现产业安全；组织、结构、布局、经营和管理是产业安全的内部因素，组织、结构、布局是从宏观层面，以三大产业为对象，决策时需要协同分析区域差别、三大产业产值比例、市场控制力等因素。经营和管理对于产业安全的影响基于微观层面，决策主体是企业，企业需要基于市场、技术、资源现状，在金融环境和政策导向下，结合产业组织、结构、布局，协同开发、管理、组合生产要素，做出经营管理决策，以基层的协同带动产业协同，实现产业安全。

6.5.3 产业安全协同管理机制研究

从产业安全协同管理的十项要素出发，研究协同管理机制。管理协同有四大机制：协调机制、集成机制、整合机制以及保障机制。这四大机制的相互作用，实现管理协同效应，促使整个系统有效而顺畅运转，达到协同管理的目标。管理协同机制如图 6-26 所示。

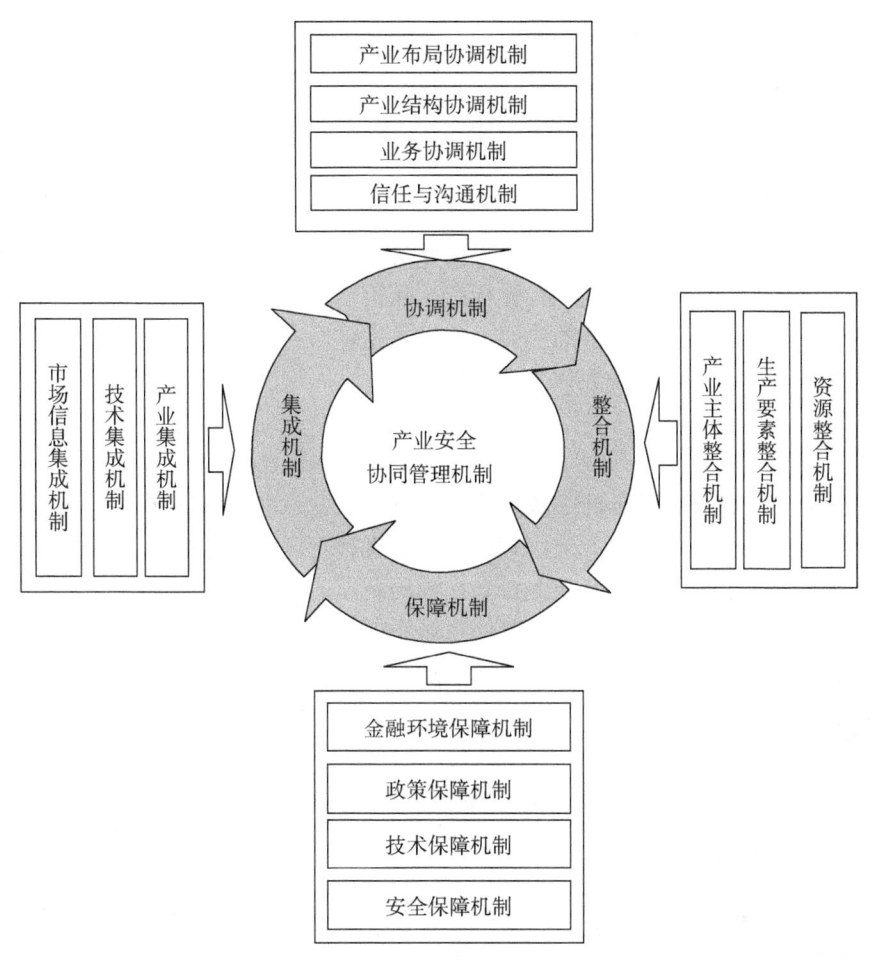

图 6-26　产业安全协同管理机制

6.5.3.1 协调机制

产业安全协同管理，从宏观主体角度出发，需要国家部门考虑产业结构和产业布局的协调。从微观主体出发，需要各参与企业在信任的基础上进行有效沟通和协商，它能在产业系统内外产生互动性的信息交流与沟通，便于各主体了解协同对象的相关信息而进行协同。协调机制包括产业布局协调机制、产业结构协调机制、业务协调机制以及信任与沟通机制。

1. 产业布局协调机制

本节将我国划分成为东北部、东部、中部、西部四个经济区域，各经济区域的资源、市场、环境等要素各不相同。产业布局协同机制是把发达地区在资本、技术、管理和人才等方面上的优势，与欠发达地区的土地、劳动力、能源等优势结合起来，通过优势互补，实现产业布局的协调，进而实现产业的区域联动。

2. 产业结构协调机制

产业结构的协调和演进，是产业发展必不可少的环节。研究产业结构，必须考虑三大产业的动态平衡，协调三大产业的比例及其联系。通过分析本国产业现状以及市场、技术等要素，确定三大产业各自发展的比较优势，确定其比例。同时，基于产业关联，将优势辐射到其他产业，通过产业结构协调促进产业协同。

3. 业务协调机制

产业安全协同管理在业务方面，包括政府制定发展战略、产业政策，进行产业布局、资源配置等，行业制订发展规划、行业标准，规范市场、协调企业等，企业进行采购、库存、生产、流通、销售等业务的协调。通过各主体对各自业务的协调，实现业务管理一体化、业务流程规范化、业务体系合理化。

4. 信任与沟通机制

信任有助于在管理协同目标一致的情况下整合产业系统内部各子系统或要素，使系统发挥整体功能效应；有效的沟通，有助于顺利进行管理协同，达成管理协同目标。信任和沟通对整合各主体管理目标和各要素在共同利益的一致性方面具有重要的作用，便于实现资源共享、理解对方事务、定制信息系统或投入生产要素，弥补各自的不足，增强双方的能力，降低协同成本，为更好地进行管理协同创造了条件。

6.5.3.2 集成机制

产业安全协同管理的集成机制包括市场信息集成机制、技术集成机制和产业集成机制。

1. 市场信息集成机制

产业生存于市场，产业安全问题的协同管理决策需要充分掌握市场信息，市场信息集成就是在海量的市场信息中，对信息进行有效分析与过滤，提取出有用的信息，把分散信息汇集成有效的、可靠的信息资源，消除产业安全管理中各主体间的"信息孤岛"，并使他们协调一致，协同工作。

2. 技术集成机制

行业管理部门在对行业内企业进行管理时，会进行企业并购与重组、企业联盟等决策，使企业群作为一个整体，参与市场竞争。这个过程需要技术的集成与共享。产业安全协同管理的技术集成机制就是按照一定的技术原理或功能目的，将两个或两个以上的单项技术进行重组，通过单项技术重组而获得具有统一整体功能的新技术，从而实现单个技术实现不了的技术需求目的。

3. 产业集成机制

产业集成就是以传统产业或成熟产业乃至衰退产业的核心产品为平台，通过其相关性产业或支持性产业的集成融合来形成新的利润来源。这种结合突破了传统产业的界限，通过延长产业价值链，延长了传统产业或成熟产业乃至衰退产业的生命周期，实现传统产业与新兴产业的协同发展。

6.5.3.3 整合机制

整合是产业系统有序化的过程，它是为实现管理协同而对协同要素进行的权衡、选择和协调。产业安全协同管理的整合机制包括资源整合机制、生产要素整合机制以及产业主体整合机制。

1. 资源整合机制

产业安全协同管理的资源包括自然资源和社会资源。资源整合机制就是对不同来源、不同层次、不同结构、不同内容的资源进行识别与选择、汲取与配置、激活和有机融合，使其具有较强的柔性、条理性、系统性和价值性，以实现资源协同的一个复杂的动态过程。

2. 生产要素整合机制

生产要素整合就是对产业系统的要素或各子系统的协调与配置，如资金、产品、技术、人力资源等要素之间的配置，以及研发、采购、生产、营销、服务等子系统之间的衔接和配合。通过生产要素的整合机制，使得各生产要素处于一个动态的平衡状态，发挥其整体协同效应。

3. 产业主体整合机制

产业主体整合包括对产业内诸如企业间的并购、动态联盟及企业与政府、高校、科研院所的合作等。通过整合实现信息、技术、资源等的共享，以便各主体进行优势互补。主体整合机制可以使协同主体更好地进行协同，改善或突破影响和限制主体合作的瓶颈，从而实现产业主体的协同。

6.5.3.4 保障机制

在产业安全协同管理决策中，保障机制是保证管理决策过程顺利、平稳运行的基本需求。保障机制包括金融环境保障机制、政策保障机制、技术保障机制以及安全保障机制。

1. 金融环境保障机制

金融环境反映国家对于产业的支持力度。金融环境保障机制从两个方面保障产业安全，一是通过对相关产业的固定资产投资，从资金上保障产业的基础设施建设，同时提高产业运作效率；二是通过贷款差异、关税减免等间接诱导方式，引导产业发展和演进的方向。

2. 政策保障机制

政策保障机制首先通过产业政策的实施，为行业和企业的决策提供可选集合，使各主体对彼此可能的行为有一个明确的预期，形成一个正确的策略空间。其次，通过从制度和法律上对产业主体活动的明确认可和利益的维护，最大限度地激励产业协同发展的积极性。最后，通过完善市场体系，确立竞争原则，从政策角度为产业安全协同管理提供保障。

3. 技术保障机制

产业技术是技术演化到产业层面的存在形态，是对知识的物化和产业化。技术是产业竞争过程中，保证一国产业安全的关键要素。技术保障机制就是通过对技术的投入，提高现有技术水平，增加技术知识储备。通过增强技术的控制力与创新力，保证产业的生存与发展不受威胁。

4. 安全保障机制

由于产业中各主体本质上还是各自独立的实体，当协同管理没有达到战略合作伙伴模式的情况下，无法保证系统中各企业间协同过程的安全性。为了避免产业的整体效益受到损害，保证各类企业实体能够放心地与产业系统中其他类企业进行合作，必须通过安全机制认证，建立企业实体的安全性评价和信用评价体系，确保企业在系统中发布的信息的安全有效，确保各个企业实体与产业系统连接过程的安全。

6.5.4 基于博弈论的产业安全管理决策模型研究

6.5.4.1 产业安全管理博弈行为分析

博弈的实质是通过博弈方行为的相互影响和互动，实现双方利益的均衡。根据国家统计局2011年经济区域的划分办法，把我国划分成东北部、东部、中部、西部四个经济区域，以投入产出研究产业安全管理的博弈。国家对各区域协调投入，区域在此基础上对三大产业进行劳动、技术、资本的投入，形成区域自身的产出。

1. 国家与区域的博弈行为

经济区域的产业发展涉及经济区域发展决策与国家宏观经济政策之间的矛盾。例如，国家要求建立一个高效的、统一的全国性市场，但地方却从本地利益出发，或明或暗地保护本地的市场；国家要求按比较优势的原则来发展地方产业，但是大多数地方却按价高利大的原则来发展本地的产业。从而导致国家从宏观大局出发做出的宏观经济政策不可能与所有地方利益相吻合（有时要牺牲一些地方利益）。在这种利益格局下，地方就会采取一些变通措施来对待国家的政策，形成一个区域与国家的利益博弈过程，利益博弈均衡解的寻找过程往往也是一个制度创新的过程。

2. 区域之间的博弈行为

在我国区域经济发展中，区域之间的博弈集中体现在要素和市场的争夺战上。在一定时间、空间条件下，市场的规模和容量是有限的，任何一个区域提高自己产品的市场占有率，都意味着别的区域的市场份额被争占，加之各区域产业结构趋同现象严重，区域间同类产品争夺市场产生的博弈现象更加突出；此外，欠发达市场发育程度不高，尤其是要素市场不健全，加之基础条件差，要素报酬低于发达地区，而发达经济急需向其他地区市场扩张，输入其工业扩张所必需的原材料、能源、技术和人才等要素。从而形成生产要素争夺而产生的博弈行为，博弈的均衡带动各区域的协调发展。

3. 区域与企业的博弈

产业安全管理决策的过程中，区域为达到其区域经济效益最大化目标而制定出相应的经济发展决策。例如，通过贴息贷款或直接投资等方式给予区域内新兴产业或重点行业以资金支持，通过限期达标、发放许可证等方式对工艺落后企业、污染严重企业逐步改造甚至限制部分企业发展。在这种情况下，企业通过观察政府行动，获得信息，进而采取自身行动。当政府决策对企业有利时，企业的反应为积极配合，此时政府和企业都将得到最大报酬；当政府决策对企业起抑制作用时，企业的反应为消极抵抗，通过反抑制来达到延缓生存的目的。形成企业与区域的博弈行为，博弈的均衡实现区域经济效益最大化。

4. 企业之间的博弈行为

企业的目标是直接获取利润、保证市场占有率，以提高自身在市场中的竞争力。在一个区域之内，由于企业占有该区域内相同的资源、技术等发展优势，其产品往往具有同质性，于是便产生了企业之间争夺市场的博弈。要想取得更好的竞争优势，只好在产品的歧异性上做文章，进行产品创新，扩大产品差别化，而每一次产品创新之后，由于知识的外溢性和信息传播的快速性，其他同行竞相模仿，从而产品又趋于同质性。如此往复的竞争便产生了企业之间的博弈，博弈的均衡是各类企业的协同发展。

在产业安全协同管理决策中，以投入产出的基本思路，研究国家、区域两方面的博弈，依据柯布-道格拉斯生产函数，建立产业安全管理博弈论模型。

6.5.4.2 产业安全管理决策目标

针对产业安全管理中两方面的博弈，通过给出的支付函数，结合公式化的区域博弈关系，从而寻找到利益均衡解。从国家层面，政府能够不断修正多种已有的经济政策，使其变得更规范、更科学，更适应全国经济发展的实际需要，得出帕累托最佳配置，为区域产业发展提供合理的约束条件；从各经济区域层面，能够立足于所处地区的比较优势，明确在全国地域分工体系中的地位和作用，以政策为约束条件，得出有效的决策空间，从各种策略组合中选取与所处区域相适应的策略。从而提高资源的宏观配置效益，塑造合理的区域产业结构，以正确的区域产业发展方向实现国家的产业安全。

1. 区域目标函数

区域考虑的是本区域内投入与产出的关系，其目标函数是本区域内产出与投入的比值，用 f_{ij} 表示区域 i 在 j 产业的目标函数，所以 i 区域的目标函数为 $f_i = \sum_{j=1}^{3} \mu_{ij} f_{ij}$，$\mu_{ij}$ 表示 i 区域内 j 产业的权重系数，根据柯布-道格拉斯生产函数，区域 i 在 j 产业的产出为

$$g_{ij} = A(a_{ij} + s_{ij} + h_{ij})^{\alpha_i} (b_{ij} + t_{ij} + k_{ij})^{\beta_i} (c_{ij} + u_{ij} + l_{ij})^{\gamma_i}$$

其中，α_i，β_i，γ_i 分别表示在劳动上、资本上、技术上对区域 i 总效益函数的弹性系数，a_{ij}，b_{ij}，c_{ij} 表示第 i 区域在 j 产业的劳动、资本、技术的本阶段以前投入量在相应资源上形成的基础，A 表示那些能够影响产出，但既不能单独归属于资本也不能单独归属于劳动的因素。

区域 i 在 j 产业的投入成本为

$$c_{ij} = x_{ij}(s_{ij} - p_{ij}) + y_{ij}(t_{ij} - q_{ij}) + z_{ij}(u_{ij} - r_{ij})$$

其中，x_{ij}，y_{ij}，z_{ij} 为区域 i 在 j 产业劳动、资本、技术的投入系数。

所以，区域 i 在 j 产业的目标函数为

$$f_{ij} = \frac{A(a_{ij} + s_{ij} + h_{ij})^{\alpha_i} (b_{ij} + t_{ij} + k_{ij})^{\beta_i} (c_{ij} + u_{ij} + l_{ij})^{\gamma_i}}{x_{ij}(s_{ij} - p_{ij}) + y_{ij}(t_{ij} - q_{ij}) + z_{ij}(s_{ij} - r_{ij})}$$

区域 i 的总体目标函数为

$$f_{ij} = \sum_{j=1}^{3} f_{ij} = \sum_{j=1}^{3} \frac{A(a_{ij} + s_{ij} + h_{ij})^{\alpha_i} (b_{ij} + t_{ij} + k_{ij})^{\beta_i} (c_{ij} + u_{ij} + l_{ij})^{\gamma_i}}{x_{ij}(s_{ij} - p_{ij}) + y_{ij}(t_{ij} - q_{ij}) + z_{ij}(s_{ij} - r_{ij})}$$

2. 国家目标函数

国家的目标是本国的产业安全，产业竞争力、产业控制力、产业适应力是构成产业安全系统的三大要素，而博弈涉及竞争力和控制力，所以从竞争力和控制力角度出发，构建国家的目标函数。

竞争力目标函数为

$$F_1 = a_1 X_1 + b_1 X_2 = a_1 \frac{\sum_{i=1,j=1}^{4,3} g_{ij}}{c} + b_1 X_2$$

$$\sum_{i=1,j=1}^{4,3} g_{ij} = \sum_{i=1,j=1}^{4,3} A(a_{ij} + s_{ij} + h_{ij})^{\alpha_i} (b_{ij} + t_{ij} + k_{ij})^{\beta_i} (c_{ij} + u_{ij} + l_{ij})^{\gamma_i}$$

其中，X_1 为生产投入产出水平，X_2 为市场占有率水平；a_1、b_1 为产业竞争力权重系数，且 $a_1 + b_1 = 1$；C 表示国家的投入成本，公式为

$$C = \sum_{i=1,j=1}^{4,3} (h_{ij} + p_{ij}) + \sum_{i=1,j=1}^{4,3} (k_{ij} + q_{ij}) + \sum_{i=1,j=1}^{4,3} (l_{ij} + r_{ij})$$

控制力目标函数为

$$F_2 = a_2 X_3 + b_2 X_4 + c_2 X_5$$

$$= a_2 \frac{\sum_{i=1,j=1}^{4,3}(h_{ij}-p_{ij})}{\sum_{i=1,j=1}^{4,3}(h_{ij}-p_{ij}+s_{ij})} + b_2 \frac{\sum_{i=1,j=1}^{4,3}(k_{ij}-q_{ij})}{\sum_{i=1,j=1}^{4,3}(h_{ij}-p_{ij}+t_{ij})} + c_2 \frac{\sum_{i=1,j=1}^{4,3}(l_{ij}-r_{ij})}{\sum_{i=1,j=1}^{4,3}(h_{ij}-p_{ij}+u_{ij})}$$

其中，X_3 为资本投入控制力水平，X_4 为技术投入控制力水平，X_5 为劳动力投入控制力水平；a_2，b_2，c_2 为产业控制力权重系数，且 $a_2+b_2+c_2=1$。

6.5.4.3 产业安全管理决策空间

产业安全管理的博弈中，国家与区域是主从博弈，政府先于区域做出决策，即产业政策，区域根据产业政策发展区域内的产业。

1. 国家决策空间

国家通过产业政策进行决策，包括产业结构政策、产业组织政策和产业布局政策，具体的实现手段包括间接诱导手段、直接干预手段、信息指导手段以及法律规则。由于直接干预手段和法律规则都是按着法律运用行政权力进行直接经济管理，信息指导的幅度大小并不对区域的投入产出关系造成直接影响，所以产业安全管理的博弈不考虑这三方面的内容，只是基于间接诱导手段进行分析。间接诱导手段是政府启动经济杠杆进行管理的手段，主要包括政府直接投资、政府补贴等财政手段；贷款优惠等金融手段；关税减免等外贸手段以及政府订购。用 h_{ij}，k_{ij}，l_{ij} 表示中央政府对区域 i 中 j 产业劳动、资本、技术进行直接投资或者补贴，p_{ij}，q_{ij}，r_{ij} 表示区域 i 中 j 产业劳动、资本、技术进行投入时，中央政府的贷款优惠以及关税减免等，H_{ij}，K_{ij}，L_{ij}；P_{ij}，Q_{ij}，R_{ij} 表示 h_{ij}，k_{ij}，l_{ij}；p_{ij}，q_{ij}，r_{ij} 的决策集，即

$$h_{ij} \in H_{ij} = \begin{pmatrix} h_{11} & \cdots & h_{13} \\ \vdots & & \vdots \\ h_{41} & \cdots & h_{43} \end{pmatrix}, \quad k_{ij} \in K_{ij} = \begin{pmatrix} k_{11} & \cdots & k_{13} \\ \vdots & & \vdots \\ k_{41} & \cdots & k_{43} \end{pmatrix}, \quad l_{ij} \in L_{ij} = \begin{pmatrix} l_{11} & \cdots & l_{13} \\ \vdots & & \vdots \\ l_{41} & \cdots & l_{43} \end{pmatrix}$$

$$p_{ij} \in P_{ij} = \begin{pmatrix} p_{11} & \cdots & p_{13} \\ \vdots & & \vdots \\ p_{41} & \cdots & p_{43} \end{pmatrix}, \quad q_{ij} \in Q_{ij} = \begin{pmatrix} q_{11} & \cdots & q_{13} \\ \vdots & & \vdots \\ q_{41} & \cdots & q_{43} \end{pmatrix}, \quad r_{ij} \in R_{ij} = \begin{pmatrix} r_{11} & \cdots & r_{13} \\ \vdots & & \vdots \\ r_{41} & \cdots & r_{43} \end{pmatrix}$$

所以，政府的决策空间为

$$(h_{ij}, k_{ij}, l_{ij}; p_{ij}, q_{ij}, r_{ij}) \in \{H_{ij}, K_{ij}, L_{ij}; P_{ij}, Q_{ij}, R_{ij}, i=1,2,3,4, j=1,2,3\}$$

2. 区域决策空间

区域在产业博弈中的决策表现为对某个产业的投入，分别以 $i=1,2,3,4$ 表示东北部，东部，中部，西部四个经济区域；$j=1,2,3$ 表示农业，工业，服务业三大产业；用 s_{ij} 表示区域 i 在 j 产业的劳动投入；t_{ij} 表示区域 i 在 j 产业的资本投入；u_{ij} 表示区域 i 在 j 产业的技术投入，所以区域的决策空间为

$$s_{ij} \in \{S_{ij}, i=1,2,3,4, j=1,2,3\}$$

$$t_{ij} \in \{T_{ij}, i=1,2,3,4, j=1,2,3\}$$
$$u_{ij} \in \{U_{ij}, i=1,2,3,4, j=1,2,3\}$$

6.5.4.4 产业安全管理约束条件

1. 国家约束条件

国家首先考虑产业结构，即对于农业、工业以及服务业的投入比例，比例一旦确定，中央政府对于任意一个产业的总投入随之确定下来。即对于某个固定的产业，国家的总投入是固定的，表现为国家对四个区域的投入总和为常数，即

$$\sum_{i=1}^{4}(h_{i1}+k_{i1}+l_{i1})=H_1$$

$$\sum_{i=1}^{4}(h_{i2}+k_{i2}+l_{i2})=H_2$$

$$\sum_{i=1}^{4}(h_{i3}+k_{i3}+l_{i3})=H_3$$

其中，H_1，H_2，H_3为定值。

国家对于所有区域所有产业的投资之和为定值，即

$$\sum_{i=1,j=1}^{4,3}(h_{i3}+k_{i3}+l_{i3})=H$$

2. 区域约束函数

对于任意区域i，一个时期内对与某个产业的总投入是固定的。表现为区域i在j产业的劳动、资本、技术投入之和为常数，即

$$s_{i1}+u_{i1}+t_{i1}=M_{i1}$$
$$s_{i2}+u_{i2}+t_{i2}=M_{i2}$$
$$s_{i3}+u_{i3}+t_{i3}=M_{i3}$$

其中，M_{i1}，M_{i2}，M_{i3}为定值。

6.5.4.5 管理博弈均衡

如果有一个策略组合

$$h_{ij}^*=\begin{pmatrix}h_{11}^* & \cdots & h_{13}^* \\ \vdots & & \vdots \\ h_{41}^* & \cdots & h_{43}^*\end{pmatrix}, \quad k_{ij}^*=\begin{pmatrix}k_{11}^* & \cdots & k_{13}^* \\ \vdots & & \vdots \\ k_{41}^* & \cdots & k_{43}^*\end{pmatrix}, \quad l_{ij}=\begin{pmatrix}l_{11}^* & \cdots & l_{13}^* \\ \vdots & & \vdots \\ l_{41}^* & \cdots & l_{43}^*\end{pmatrix}$$

$$p_{ij}^*=\begin{pmatrix}p_{11}^* & \cdots & p_{13}^* \\ \vdots & & \vdots \\ p_{41}^* & \cdots & p_{43}^*\end{pmatrix}, \quad q_{ij}^*=\begin{pmatrix}q_{11}^* & \cdots & q_{13}^* \\ \vdots & & \vdots \\ q_{41}^* & \cdots & q_{43}^*\end{pmatrix}, \quad r_{ij}^*=\begin{pmatrix}r_{11}^* & \cdots & r_{13}^* \\ \vdots & & \vdots \\ r_{41}^* & \cdots & r_{43}^*\end{pmatrix}$$

满足在区域取策略$\{s_{ij}^*,t_{ij}^*,u_{ij}^*\}$时，国家的目标函数$F_1$，$F_2$满足

$$F_1\left(h_{ij}^*, k_{ij}^*, l_{ij}^*, p_{ij}^*, q_{ij}^*, r_{ij}^*; s_{ij}^*, t_{ij}^*, u_{ij}^*\right) \geqslant F_1\left(h_{ij}^{'}, k_{ij}^{'}, l_{ij}^{'}, p_{ij}^{'}, q_{ij}^{'}, r_{ij}^{'}; s_{ij}^*, t_{ij}^*, u_{ij}^*\right)$$

$$F_2\left(h_{ij}^*, k_{ij}^*, l_{ij}^*, p_{ij}^*, q_{ij}^*, r_{ij}^*; s_{ij}^*, t_{ij}^*, u_{ij}^*\right) \geqslant F_2\left(h_{ij}^{'}, k_{ij}^{'}, l_{ij}^{'}, p_{ij}^{'}, q_{ij}^{'}, r_{ij}^{'}; s_{ij}^*, t_{ij}^*, u_{ij}^*\right)$$

则 $(h_{ij}^*, k_{ij}^*, l_{ij}^*; p_{ij}^*, q_{ij}^*, r_{ij}^*)$ 为国家的博弈均衡解。

对于区域 i，如果有一策略组合

$$s_{ij}^* = \{s_{i1}^*, s_{i2}^*, s_{i3}^*\}, t_{ij}^* = \{t_{i1}^*, t_{i2}^*, t_{i3}^*\}, u_{ij}^* = \{u_{i1}^*, u_{i2}^*, u_{i3}^*\}$$

满足在国家采取策略 $\{h_{ij}^*, k_{ij}^*, l_{ij}^*; p_{ij}^*, q_{ij}^*, r_{ij}^*\}$ 时，$f_i = \left(s_{ij}^*, t_{ij}^*, u_{ij}^*\right) \geqslant f_i\left(s_{ij}^{'}, t_{ij}^{'}, u_{ij}^{'}\right)$，即

$$\operatorname{Max} f_i = f_i\left(s_{ij}^*, t_{ij}^*, u_{ij}^*\right)$$

$$= \sum_{j=1}^{3} \frac{A\left(a_{ij} + s_{ij}^* + h_{ij}^*\right)^{\alpha_i} \left(b_{ij} + t_{ij}^* + k_{ij}^*\right)^{\beta_i} \left(c_{ij} + u_{ij}^* + l_{ij}^*\right)^{\gamma_i}}{x_{ij}\left(s_{ij}^* - p_{ij}^*\right) + y_{ij}\left(t_{ij}^* - q_{ij}^*\right) + z_{ij}\left(u_{ij}^* - r_{ij}^*\right)}$$

则 $(s_{ij}^*, t_{ij}^*, u_{ij}^*)$ 是区域 i 的均衡解。

所以，$\{(h_{ij}^*, k_{ij}^*, l_{ij}^*, p_{ij}^*, q_{ij}^*, r_{ij}^*); (s_{ij}^*, t_{ij}^*, u_{ij}^*)\}$ 为产业安全管理博弈模型的均衡解。

6.5.4.6 博弈论模型均衡条件

产业安全管理博弈论模型的建立是为了找出纳什均衡解 $\{(h_{ij}^*, k_{ij}^*, l_{ij}^*, p_{ij}^*, q_{ij}^*, r_{ij}^*);$ $(s_{ij}^*, t_{ij}^*, u_{ij}^*)\}$，即各目标函数取最大值时对应的解，对区域和国家的目标函数求偏导

$$\frac{\partial f_i}{\partial s_{ij}} = \frac{\sum_{j=1}^{3}\left(\frac{\partial g_{ij}}{\partial s_{ij}} \cdot c_{ij} - g_{ij} \cdot \frac{\partial c_{ij}}{\partial s_{ij}}\right)}{c_{ij}^2}$$

$$= \frac{\sum_{j=1}^{3}\left[A\left(b_{ij} + t_{ij} + k_{ij}\right)^{\beta_i}\left(c_{ij} + u_{ij} + l_{ij}\right)^{\gamma_i} \alpha_i\left(a_{ij} + s_{ij} + h_{ij}\right)^{\alpha_i - 1} c_{ij} - x_{ij}g_{ij}\right]}{c_{ij}^2}$$

$$\frac{\partial f_i}{\partial t_{ij}} = \frac{\sum_{j=1}^{3}\left(\frac{\partial g_{ij}}{\partial t_{ij}} \cdot c_{ij} - g_{ij} \cdot \frac{\partial c_{ij}}{\partial t_{ij}}\right)}{c_{ij}^2}$$

$$= \frac{\sum_{j=1}^{3}\left[A\left(a_{ij} + s_{ij} + h_{ij}\right)^{\alpha_i}\left(c_{ij} + u_{ij} + l_{ij}\right)^{\gamma_i} \beta_i\left(b_{ij} + t_{ij} + k_{ij}\right)^{\beta_i - 1} c_{ij} - x_{ij}g_{ij}\right]}{c_{ij}^2}$$

$$\frac{\partial f_i}{\partial u_{ij}} = \frac{\sum_{j=1}^{3}\left(\frac{\partial g_{ij}}{\partial u_{ij}} \cdot c_{ij} - g_{ij} \cdot \frac{\partial c_{ij}}{\partial u_{ij}}\right)}{c_{ij}^2}$$

$$= \frac{\sum_{j=1}^{3}\left[A\left(a_{ij} + s_{ij} + h_{ij}\right)^{\alpha_i}\left(b_{ij} + t_{ij} + k_{ij}\right)^{\beta_i} \gamma_i\left(c_{ij} + u_{ij} + l_{ij}\right)^{\gamma_i - 1} c_{ij} - x_{ij}g_{ij}\right]}{c_{ij}^2}$$

$$\frac{\partial F_1}{\partial h_{ij}} = a_1 \frac{\sum_{i=1,j=1}^{4,3}\left(\frac{\partial g_{ij}}{\partial h_{ij}} \cdot C - g_{ij} \cdot \frac{\partial C}{\partial h_{ij}}\right)}{C^2}$$

$$= a_1 \frac{\sum_{i=1,j=1}^{4,3}\left[A\left(b_{ij}+t_{ij}+k_{ij}\right)^{\beta_i}\left(c_{ij}+u_{ij}+l_{ij}\right)^{\gamma_i}\alpha_i\left(a_{ij}+s_{ij}+h_{ij}\right)^{\alpha_i-1}C - g_{ij}\right]}{C^2}$$

$$\frac{\partial F_1}{\partial k_{ij}} = a_1 \frac{\sum_{i=1,j=1}^{4,3}\left(\frac{\partial g_{ij}}{\partial k_{ij}} \cdot C - g_{ij} \cdot \frac{\partial C}{\partial k_{ij}}\right)}{C^2}$$

$$= a_1 \frac{\sum_{i=1,j=1}^{4,3}\left[A\left(a_{ij}+s_{ij}+h_{ij}\right)^{\alpha_i}\left(c_{ij}+u_{ij}+l_{ij}\right)^{\gamma_i}\beta_i\left(b_{ij}+t_{ij}+k_{ij}\right)^{\beta_i-1}C - g_{ij}\right]}{C^2}$$

$$\frac{\partial F_1}{\partial l_{ij}} = a_1 \frac{\sum_{i=1,j=1}^{4,3}\left(\frac{\partial g_{ij}}{\partial l_{ij}} \cdot C - g_{ij} \cdot \frac{\partial C}{\partial l_{ij}}\right)}{C^2}$$

$$- a_1 \frac{\sum_{i=1,j=1}^{4,3}\left[A\left(a_{ij}+s_{ij}+h_{ij}\right)^{\alpha_i}\left(b_{ij}+t_{ij}+k_{ij}\right)^{\beta_i}\gamma_i\left(c_{ij}+u_{ij}+l_{ij}\right)^{\gamma_i-1}C - g_{ij}\right]}{C^2}$$

令 $\frac{\partial f_i}{\partial s_{ij}} = 0$,$\frac{\partial f_i}{\partial t_{ij}} = 0$,$\frac{\partial f_i}{\partial u_{ij}} = 0$;$\frac{\partial F_1}{\partial h_{ij}} = 0$,$\frac{\partial F_1}{\partial k_{ij}} = 0$,$\frac{\partial F_1}{\partial l_{ij}} = 0$,解得

$$\begin{cases} h_{ij} = h_{ij}^*, & k_{ij} = k_{ij}^*, & l_{ij} = l_{ij}^* \\ p_{ij} = p_{ij}^*, & q_{ij} = q_{ij}^*, & r_{ij} = r_{ij}^* \\ s_{ij} = s_{ij}^*, & t_{ij} = t_{ij}^*, & u_{ij} = u_{ij}^* \end{cases}$$

为国家和区域博弈的唯一纳什均衡解。当区域和国家取这组解时,目标函数都达到最大,即各自的产出和投入之比最大。

6.6 产业安全协同管理策略研究

产业安全管理工程是一个复杂的系统,影响产业安全的因素众多,对产业安全的研究及其重要。产业安全协同管理策略是指在产业安全管理工程中,结合产业安全管理工程自身的特点,通过采取适当的策略对系统的内外影响因素进行综合控制和管理,进而保障产业的安全。本部分从业务协同、资源协同、技术协同、信息协同、组织协同、环境协同六个方面提出了协同管理策略。

1. 业务协同管理策略

基于产业安全业务管理需求的分析,目前业务管理方面存在的问题主要有业务管理

比较分散、业务冗余、管理过程不规范、业务管理体系不健全等。这些问题能否得到合理解决直接关系到产业的安全。

要想实现真正意义上的业务协同,供应链上的企业应该对业务进行详细的分析,将核心业务保留作为核心业务部门,其他非核心部门可以外包,如生产部门、人事部门等,从而简化企业的组织结构,面向业务流程提升业务价值(邓珊和陈廷斌,2008)。

事实上,要想实现企业对市场和客户的快速反应,业务流程必须标准化、模块化、可复用。供应链上企业的协同主要包括销售协同、采购协同、制造协同与设计协同,即需求和预测数据的协同、采购订单作业协同、生产计划和供应能力协同、质量管理与品质认证协同、价格与成本信息共享、研发协同等。首先,要对主要的协同点进行详细的业务分析,找出业务部门内的可标准化的业务模块,将其封装成基本的服务模型;其次,在服务模型的基础上,进行企业间的业务流程集成,重构业务链,新的业务流程可以通过调整服务的组合来实现。

2. 资源协同管理策略

根据产业安全资源管理需求分析,总结出资源管理存在的问题主要有资源管理分散、资源共享程度较低、资源配置不合理等,资源管理作为产业安全管理的后备力量,对产业安全有至关重要的作用,为了保证产业的安全,必须对资源管理存在的问题给予足够的重视。

产业安全资源协同管理策略是采用协同管理理论从自然资源、人力资源、科技资源和经济资源四个方面进行协同管理。同一层次内部,以及不同层次之间都是围绕这四个方面进行的协同,所不同的是协同管理的范围不同。政府是从宏观方面对国家层面的四个方面进行统筹规划和统一配置;行业是依据政府的规划从所有企业的角度进行资源分配和控制;企业则更多的是考虑本企业内部的资源配置和利用。

3. 技术协同管理策略

技术作为产业安全管理的要素之一,对产业安全非常重要。技术研发是一个系统工程,需要多个主体的合作和协同,同时,技术协同也是产业安全的战略要求。结合产业安全技术管理需求,目前产业安全技术管理中存在的问题主要有缺乏技术管理的相关标准、技术改造和创新能力不足、技术操作规程不规范等。

基于产业安全技术管理的必要性和存在问题,本部分应用协同理论,提出了全产业技术协同管理策略。技术的管理涉及技术开发、技术改造、技术合作、技术转让、技术创新和技术档案管理等内容。协同管理策略也要针对这几个方面,从三大产业的角度进行技术协同。政府、行业和企业所关注的技术协同管理策略各有侧重点。政府提出创新要求并依靠大学或科研机构对国家的技术理论进行创新以及进行相应的技术开发。行业针对国家的创新要求向下传达,并为企业的技术协同管理创造有利条件。企业结合自身的情况进行技术开发、技术改造、技术合作等。

4. 信息协同管理策略

信息作为产业安全管理的资源，在当今产业安全管理中发挥的作用越来越大，能否及时有效地获取准确信息，对产业安全管理非常重要。根据产业安全信息管理需求分析，产业安全信息管理存在的问题主要有信息收集制度不健全、信息传递渠道不合理、信息的利用率低下等。

基于产业安全信息管理存在的问题，结合信息管理的内容，应用协同管理理论，提出了产业安全信息协同管理策略。信息协同管理策略是指不论是政府、行业，还是企业内部以及之间的信息协同都是围绕信息平台、系统集成、信息共享和信息服务这四个方面进行的。

5. 组织协同管理策略

结合产业安全组织管理的需求分析，组织管理存在的主要问题有：组织结构不合理、组织层次多、管理的上传下达繁琐、管理效率不高、部门本位主义忽视全局利益、专业技术人员缺乏、管理经验落后等。

组织是实施管理的主体，组织协同管理的程度和质量对整个产业的安全起到举足轻重的作用。针对产业安全组织管理中存在的问题，本部分提出了产业安全组织协同管理策略。组织协同管理策略要求从优化价值链的角度，建立敏捷的组织结构，强化核心管理主体的功能，由核心管理主体担当组织者的角色，对协同的业务以及资源等进行统一规划和管理。

6. 环境协同管理策略

产业环境的协同程度表明了产业安全的状态，产业环境协同程度越高，对产业的发展就越有利，产业也就越安全。但是通过对产业安全环境管理的需求分析，对产业政策不敏感、对市场环境的判别不准确、对金融环境的方向把握不对等问题严重影响着产业的安全。结合环境管理存在的问题，本部分采用协同理论，提出了产业安全环境协同管理策略。

产业安全环境协同管理策略是指应用协同管理理论对资源环境、金融环境、政策环境和市场环境进行一体化管理，为产业的发展提供一个有利的环境，进而保证三大产业的安全。资源环境又包括内部资源环境和外部资源环境，协同管理策略要求内外部资源的协同。金融环境、政策环境和市场环境更多的是作为外部环境对产业安全进行影响。环境协同管理要求将这四个环境有机地统一起来，充分发挥它们的作用。

第7章 产业安全信息工程学

信息技术引领信息社会，信息社会基于信息化建设。产业安全的信息涉及国家、产业及产业内企业等多方面信息，它的信息化建设同样离不开信息工程。信息工程是指以信息为研究和处理对象，应用工程的方法和多种手段，为达到预定的目标，而对信息进行研究、开发、管理、应用的各种事物的集合。信息工程从目前的专业划分上来看，有侧重于工业控制领域中电子信息采集和处理的电子信息工程，也有侧重于管理领域中组织信息系统开发和应用的管理信息系统。本书侧重于前者，对后者也有一定的讨论。本章介绍了信息的概念、信息科学与信息技术的理论基础以及产业安全信息需求、产业安全元数据、产业安全信息融合与共享的产业安全信息理论基础，并概述了产业安全信息系统的构建和管理维护等内容。

7.1 信息工程概述

产业安全信息工程化与信息理论密切相关，并依托相关信息技术才能得以实现。本节简要地介绍了一般信息理论、信息技术和信息系统的相关内容。

7.1.1 信息与数据概念

7.1.1.1 信息的概念

关于信息的定义，国内外有很多不同的理解。信息论创始人申农（Claude Elwood Shannon）认为信息是用以消除不确定的东西。控制论创始人维纳（Norbert Wiener）认为，信息是人与外界交换内容的名称。在不同应用领域对信息的认识也不同，在产业安全信息系统中，可以认为信息是对事物的状态、运动方式和特征的描述，反映的是客观系统中某一事物的属性或表现形式。例如，关于产业的利润状况、产业的负债率、产业的竞争力、产业的供需状况等的描述都是信息。

从本体论上说信息是物质存在方式、运动状态和属性的反映。

信息、物质与能量是当今世界的三大资源，它们三者之间相互联系又相互区别。信息离不开物质和能量，因为信息的存储必须以物质为载体，信息的传输必须以能量为动力，即特定的物质、能量和信息都是其统一整体在不同运动状态下的某一存在方式。从自然属性上说，信息没有重量，便于存储和传输，信息经过反复使用，不会耗尽也不排他，从而使信息具有可共享性。从信息的社会经济属性上讲，除国家机密、商业机密和个人隐私外的一切信息，均可供社会共享。

7.1.1.2 信息的性质

尽管从不同的角度出发对信息存在不同的定义，但是信息的一些基本性质还是得到了共识。信息的主要性质如下。

（1）普遍性。只要有事物的地方，就必然存在信息。信息在自然界和人类社会活动中广泛存在。

（2）真伪性。信息脱离源物质后与源物质失去联系，人们容易通过主观想象产生虚假信息，动机不纯易形成伪信息。例如，被篡改的数据、假情报等虚假信息。

（3）客观性。信息是客观现实的反映，不随人的主观意志而改变。如果人为地篡改信息，那么信息就会失去它的价值，甚至不能称之为"信息"了。

（4）动态性。事务是在不断变化发展的，信息也必然随之运动发展，其内容、形式、容量都会随时间而改变。

（5）时效性。由于信息是动态变化特性，那么一个信息的实用价值必然会随着时间的变化而变化。时效性实际上是与信息的价值性联系在一起，如果信息没有价值也就无所谓时效。

（6）识别性。人类可以通过先进的科学仪器和口、鼻、眼等方式来获取、认知信息，如果一个信息无法被识别，人类对相应事物的认识就无从开始。

（7）传递性。信息是可以利用各种媒介载体，在人与人、人与物及物与物等之间相互传递，信息只有被传递才能够更有效地被认识和开发。

（8）共享性。在共享性方面，信息与能量、物质显著不同，它既不满足能量守恒定律，也不满足质量守恒定律，它能够被多个主体共享，也能够被无限地复制和传递。

（9）载体依附性。信息不能独立存在，需要依附于一定的载体，而且同一个信息可以依附于不同的载体。

（10）价值性。信息有价值。物质、能量和信息是构成世界的三大要素，缺一不可。但是，信息与物质、能量不同，其价值主要体现在两方面：可以满足人们对精神领域的需求，如学习、娱乐信息等；可以促进物质能量的生产和使用，如通过获取有效的供销信息提高产品流通效率等。

（11）增值性。在加工与使用信息的过程中，经过选择、重组、分析、统计以及其他方式的处理，可以获得更重要的信息，使原有信息增值，从而更有效地服务于不同的对象或不同的领域。

（12）不完全性。受人认识能力的限制，关于客观事实的信息是不可能全部得到的，因此人们认识的信息总是不完全的。

产业安全信息同样具有一般信息的性质，这也促使我们必须去研究由这些性质所带来的问题和挑战。例如，本章后部分将详细介绍产业安全信息共享、产业安全信息提取与融合等相关问题和技术。

7.1.1.3 信息的分类

信息只有被人们利用才能体现出其价值，而有些信息的价值则尚未被人们发现，分类便于人们对信息进行比较研究。基于不同的应用和研究目的，信息可被分成不同的种类。

根据产业安全信息的自身特征，有必要对信息进行如下分类。①按照主客观性，信息可分为客观信息和主观信息，如专家信息为主观信息、统计信息为客观信息。②按作用，信息可分为有用信息、无用信息和干扰信息；并不是所有与产业相关的信息都是有用的或者重要的，也不是所有的信息都是有益的。例如，汽车产业的汽车平均重量对产业安全并没有显性影响，而人为的杜撰统计信息则属于干扰信息。③按照产业，信息可分为制造业、农业、金融业、餐饮业、IT业、公共服务业、能源产业等。④按内容可以分为三类：消息、资料和知识。⑤按空间状态，可分为宏观信息、中观信息和微观信息。例如，国民经济发展状况信息、GDP、M2等属于宏观信息，产业信息则属于中观信息，而产业内主要企业的经营状况信息则属于微观信息等。⑥按信息来源类型，可分为内源性信息和外源性信息。⑦按时间性，可分为历史信息、现时信息和预测信息。⑧按载体，可分为文字信息、声像信息和实物信息。⑨按价值，可分为有用信息、无害信息和有害信息。⑩按事物的运动方式，还可以把信息分为概率信息、偶发信息、确定信息和模糊信息。

产业安全信息研究需要从多角度对信息进行分类研究。在产业安全信息系统构建不同时期，需要依据信息特征差异，对信息进行分门别类的处理。在信息采集阶段，需要对不同源信息进行分类采集。例如，文字、声像信息需要分别使用不同的信息采集方式；专家信息、微观信息及宏观信息等都源于不同的信息源，需要使用相对应的采集工具和方法才能有效地进行信息采集。而确定信息和不确定信息等需要不同的信息萃取、信息融合及信息萃取方式进行处理。产业安全信息系统输出，可能是数字、文字、图表、图像及声音等，这些不同格式的数据需要使用多种信息存储、处理、管理及共享技术来支撑。

7.1.1.4 数据的概念

所谓数据就是描述事物的符号。在日常工作和生活中，数字、文字、图表、图像及声音等都是数据。例如，如下信息："2011年中国GDP为471 564亿人民币"，信息不仅指这句话外在的表现形式，还包含这句话的内在含义，而数据仅指代"2011年""GDP"及"471 564亿"等这些符号和数字。

数据和信息这两个概念，既有区别，又有联系。数据是信息的载体，是承载信息的符号，而信息是数据有意义的表现。数据不能独立出现，必须伴随其属性，如上面的471 564亿，如果独立出现471 564亿这个数据，则无法知道其具体含义。数据是对客观事物状态和运动方式记录下来的符号（数字、字符、图形等），不同的符号可以有相同的含义。数据处理后仍是数据，处理数据是为了便于更好地解释数据，只有经过解释，数据才有意义，才能成为信息。

7.1.2 信息资源的概念及特征

7.1.2.1 信息资源概念

信息资源是相对于天然资源的社会智力资源，是人类社会智力的结晶，是无价的财富。为了使无价的财富为人类发挥更大的作用，人们对信息资源的组织、管理、建设、开发、利用进行了深入的研究。信息资源是一个具有丰富内涵的术语，是信息概念与资源概念交互衍生而成的新概念。

信息资源的含义，可以从以下几个层次来理解（代根兴和周晓燕，1999）。

1. 信息不但是一种资源，而且是一种必须谨慎对待的重要资源

信息资源是由信息和资源两个词组成。要理解其含义，首先就必须从语义上肯定信息是一种资源，把信息作为财富来看待，这也是研究信息资源的动力源泉。

信息的概念随申农信息论而诞生以来，不同领域的专家学者根据其学科的不同，对其做出了各种各样的解释，使它成为一个具有多层次含义的概念。作为一个科学的概念，信息既不是物质也不是能量，而是一种关于事物运动形式和运动状态的反映。

中文《辞海》里的"资源"释义是："资财的来源，一般指天然资源。"《现代汉语词典》里把它解释为："生产资料或生活资料的天然来源。"它们所说的资源都是物质形态的自然资源。《牛津英语大词典》（第二版）里对"resource"释义，大体有以下几项：①满足需求和匮乏的手段，在需要时可以提取的原料与存储；②援助或帮助的可能性；③可以从困境和紧急状态下解救出来的方法、权宜之计、办法、谋略；④采取手段达到目的或应付困难的能力。从中外权威文献中，可以看出，资源既指物质形式的自然资源，也有信息的精神和智力方面的含义。

而我们研究的信息资源中的资源是指自然界中或人类生活中一切可以利用来创造物质和精神财富的并具有一定量积累的客观存在形式。因此，汉语对资源的释义应该积极地吸收英语对该词的解释，以消除信息资源概念在语义上的障碍和由此而导致的人们对信息价值认识不足的观念性障碍。只有如此信息作为一种重要的资源的观念，才能得到全社会的普遍接受。

尽管人类可以利用的资源形式多种多样，但真正能称之为战略性资源的，主要有物质、能量、信息三种。信息是一种不同于物质和能量资源的非物质形态的社会财富，它们组成现代社会经济发展的三大支柱。物质资源为人类经济发展提供了各式各样的材料，能量资源为经济发展提供了源源不断的动力，而信息资源为经济发展提供的则是不断发展的知识和科技。

2. 信息资源的含义

信息资源管理概念最早来自美国联邦政府官方管理部门文件。信息管理专家 F. W. Horton 认为，信息资源分为两个层次：①指某种内容的来源；②指信息管理的支持工具，包括设备、供给、资金、环境人员等。

乌家培教授则认为，对信息资源有两种理解：狭义上来说，指信息内容本身；广义上来说，除指信息的具体内容以外，还应包括与其紧密相连的信息人员、信息设备、信息网络、信息系统等。

尽管学术界对信息资源的概念有着多种多样的解释，但以上的两种表述却具有

一定的代表性。另外一种具有代表性的观点是列维坦对信息资源的定义，他利用生命周期理论研究信息资源。他关于信息生产模式的研究也不仅注意到信息的渠道和信息系统，而且注意了信息的传递和转移，从而确定了信息资源在信息生产过程中的地位和作用。生命周期的概念是用来捕捉信息生产演化的最佳方法。对此，我国学者也有同论。乌家培教授就指出，特定的信息资源从其开发到使用以至废弃，为其他的信息资源所取代，有一个生命周期的问题。信息法规要更多地发挥正面效应，尽量避免负面效应，必须适应信息资源开发、利用的周期变化及其每个阶段的特点和要求。

总之，信息资源既是一个学术概念，但又不只是一个简单的概念，也不是一种简单的操作。要想构建一个合理的、高效的产业安全信息管理系统，应该从狭义和广义两种角度来理解和把握信息资源的含义，从多个角度去开发、利用、管理信息资源。

7.1.2.2 信息资源的特征

信息资源作为一种经济资源，它具有自然资源、人力资源、资本资源等经济资源的一般特征，即有用性（满足人类需求的属性）、稀缺性（在既定的时间、空间或其他约束条件下，某一特定经济活动的信息资源拥有量总是有限的）、可选择性（使用方向和用途是可以选择的）这一组完备的特征。下面重点把信息资源与物质资源和能量资源相比较，来探讨其所具有的基本特征。

（1）依附性。信息资源与其载体不可分割。物质资源是具体的、实在的，而信息资源则是抽象的。信息资源自身不能单独存在，它是以一定的符号系统附载于一定的物质载体上的。信息的表现脱离不了它附着的物质载体，如文献、数码相片、数据库等，它们必须借助于实在的物质载体来存储和传播。

（2）转换性。信息资源尽管不能独立于载体而存在，但是它却可以在不同的载体之间相互传播，或者在同一个载体上以不同的形式出现。例如，物质信息可以转换为文字、语言、图像、数据等形式，也可转换为计算机语言、电讯信号等。

（3）传递性。信息在时间上的传递就是存储，在空间上的传递就是传播。信息资源可传递性是信息资源管理和共享的前提条件。

（4）共享性。信息资源可以在一定程度自由为人所享用。在物质市场的交换中，双方的交换是对等的。在信息的交换中，双方的交换却是不对等的，卖方并不失去信息，如果交换双方之间没有一定限制，卖方仍然可以使用这一信息，或者再与其他买方进行交易。这种不对等性，使信息资源不能像工业产品那样被独占。信息资源与信息一样，在消费和使用过程中具有明显非排他性。信息资源就是为了持续不断地反复使用，禁止或不允许他人使用信息资源不仅很困难，而且也违反了信息的本质属性。另外，用户的增加也不会降低信息资源的价值。只有在信息资源成为权利的情况下才可能会具有排他性，如商业秘密类，有知识产权保护等的信息资源。尽管它们在一段特定的时间内或一定区域内表现为占有和垄断，但是从历史发展的观点来看，它们最终还是要被共享的。

（5）时效性。信息资源具有极强的时间依赖性。信息资源只有在过去、现在或将来三种时态上的合理开发和利用，才能将其效益的发挥最大。一般的，信息的价值与它的传播速度成正比。因此，收集和加工处理信息要及时、迅速，开发利用信息更要及时、迅速，才会产生信息的最佳效益。

（6）无限性。信息就其存在的时间区间和信息资源的储量而言是无限的。信息资源并非一成不变，它产生于物质世界的演变和发展，并作用于人类的社会实践活动，它是一个生生不息的过程。信息资源是可再生资源，可以被多次开发、利用。从某种意义上来说，信息资源不同于物质和能量资源，它是取之不尽、用之不竭的。

（7）增值性。信息资源的投入不但可以使自然资源、人力资源和资本资源增值，同时自身具有增值的特性。社会经济发展到现阶段，信息资源已成为一项极其重要的生产投入要素，它对其他投入要素具有先导和决定性的影响。同时，信息资源也能使自身增值，把知识一次又一次地附加到价值链上去，信息产业已成为高增值、低污染与低消耗的产业。

7.1.3　信息技术概述

7.1.3.1　数据库系统概述

数据库系统（database system，DBS）是指包含数据库应用的计算机系统。它不仅是一组对数据进行管理的软件（即通常所说的数据库管理系统），也不仅是一个数据库，而是一个可运行的、按照数据库方式组织、存储、维护和向应用系统提供数据支持的系统。数据库系统一般由数据库、硬件、软件、数据库管理员和用户五部分构成。

数据库（data base DB），是指与各项应用相关的全部数据的集合。

硬件，即数据库赖以保存的物理设备，包括CPU、内存等各种设备。

软件，主要包括操作系统、数据库管理系统（database management system，DBMS），如Oracle，SQL server、Access，以及各种应用程序等。

数据库管理员（database administrator，DBA），即负责建立、维护和管理数据库系统的专业人员。

用户，即数据库系统的使用者，可对数据库进行添加、修改、删除、统计及生成报表等操作。

随着信息管理内容和需求不断增加，出现了各种各样的数据模型（层次模型、网状模型、面向对象模型、半结构化模型、关系模型等），与此同时也出现了各式各样的信息管理新技术（数据流、数据挖掘等）（Bernstein et al.，1989；Silbersch et al.，1991；Inmon，1991）。

数据库通常分为层次式数据库、网络式数据库和关系式数据库三种。它们的主要特征包括以下几个方面。

1. 实现数据的共享

数据的共享指所有数据库用户可以同时存取数据库中的数据，也包括用户可以通过各种方式接口使用数据库。

2. 减少数据的存储冗余

由于数据库实现了数据共享，所以，同文件系统相比它避免了用户各自建立应用文件，减少了大量重复数据的存储，并维护了各用户间数据一致性。

3. 数据的独立性

数据独立性一方面包括逻辑独立性（指数据库的逻辑结构与应用程序的相互独立），另一方面包括物理独立性（指数据物理结构的变化不会影响数据的逻辑结构的响应变化）。

4. 数据实现集中控制

文件管理方式中，数据处于一种分散的状态，不同的用户或同一用户在不同处理中其文件之间毫无关系。利用数据库可对数据进行集中控制和管理，并利用数据模型表示各种数据的组织以及各个数据间的相互联系。

5. 数据一致性与可维护性

数据一致性与可维护性主要包括：①安全控制，主要为了防止数据的丢失、错误以及更新和越权使用等；②完整性控制，主要为了保证数据的正确性、相容性和有效性；③并发性控制，指使在同一时间段内内，允许多用户对数据多路存取，又能防止用户之间的非正常交互。

6. 故障恢复

由数据库管理系统提供的一套方法，可用来及时发现故障并修复故障，从而防止数据被进一步破坏。数据库系统能尽快恢复数据库系统运行时出现的故障，可能是物理上或是逻辑上的错误，如对系统的误操作造成的数据错误等。

7.1.3.2　计算机软件和硬件

计算机系统由硬件和软件两大部分组成。

所谓硬件，是指计算机的实体部分，它由看得见摸得着的各种电子元器件，各类光、电、机设备的实物组成，如主机、外部设备。常见的计算机硬件包括：主板、内存、中央处理器（CPU）、CPU风扇、电源、硬盘、光驱、显卡等。

所谓软件，它看不见摸不着，由人们事先编制的具有各类特殊功能的程序组成。计算机软件主要有系统软件和应用软件。系统软件主要用来管理整个计算机系统，监视服务，使系统资源得到合理调度，高效运行，如操作系统、语言处理程序等。经典的四个系统软件包括 DOS、Windows、Linux、Unix。应用软件又称为应用程序，它是用户根据任务需要所编制的各种程序，如科学计算程序、数据处理程序、过程控制程序、事务管理程序等。

7.1.3.3 泛在网络概述

1. 泛在网络的定义

计算机网络是现代计算机技术与通信技术密切结合的产物，是利用通信设备和线路将地理位置不同的、功能独立的多个计算机系统互联起来，借助于功能完备的软件，实现信息传递和信息共享的系统。

当前，随着各种无线技术的发展，催生出丰富多彩的无线业务应用，无线通信已经迎来了崭新的发展机遇。全球电信业正在经历一场创新革命，用户需求的不断增加和技术业务的不断创新改变了电信业的原有发展轨迹，给无线业带来了前所未有的结构性变革和商业模式挑战。目前，以无所不在为特征的泛在网络正日渐清晰，已成为全球性研究热点，并逐步走入人们的日常生活。

在未来，我们只要拥有一个终端，就可以享受由各种接入方式提供的网络服务，就可以拥有比任何个体计算机更加强大、更加快速的计算能力，可以拥有更加个性与智能的社会服务体系，这就是网络发展的终极目标——泛在网络（简称 U 网络）。

1991 年 Xerox 实验室的计算机科学家 Mark Weiser 首次提出了"泛在运算"的概念，描述了任何人无论何时何地都可通过合适的终端设备与网络进行链接，获取个性化信息服务的全新信息社会。由此衍生出了泛在网络、环境感知智能和普适计算等概念。

简单来说，泛在网络就是指无处不在的网络，随时随地可以接入网络的服务，在日常生活的具体表现就是可以不受任何限制地上网、打电话、看网络电视等。从某种意义上讲，当 3G 网络完善之后，泛在网络就可以普及，但实际上这种认识是片面的。因为泛在网络所包含的网络通信，不单是人与人之间的通信，还应包括人与物、物与物之间的网络通信。

产业安全信息系统需要通过一定的媒介和工具来实现各个部门、系统与用户、用户与用户之间的信息共享，而泛在网络能够实现计算机与计算机、计算机与移动通信之间的通信，是信息系统完整性的重要环节。

2. 泛在网络的特点

泛在网络特点包括泛在性、自组织、自愈性、透明性、移动性、多媒体、融合性等。另外，泛在网络服务方式包括信息服务网络、流媒体信息服务、个性化信息服务、移动信息服务等。具体体现如下。

（1）无论在何时何地使用，无论使用何种模式，是固定的还是移动的，是有线的还是无线的，U 网络都能一如既往地提供在线的快带接入服务。

（2）U 网络不仅能够连接传统的大型计算机和个人电脑，也能连接移动电话、游戏机、PDA、数字电视机、信息家电、汽车导航系统、RFID 标签以及传感器等各种各样的信息设备，这些设备可以通过 IPv6 协议或者更高级的协议连接到网络中。

（3）U 网络不仅能够实现对信息的综合利用，而且能处理数据、文本和静态图像，又能传输动态图像。

（4）传感器网络及泛在智能终端能够进行环境感知与上下文的信息采集，支持信息空间与物理控制的融合。

（5）信息空间、网络空间及物理空间之间实现无缝链接，硬件、软件、系统、终端实现高度整合，基础的通信网络、应用层网络和射频感应网等渐渐走入融合。

7.1.4 信息系统基础

7.1.4.1 信息系统概念

系统存在于一定的环境之中，环境在支撑和制约着系统，并与系统发生密切的联系。以产业安全监测预警系统为例，系统由指标、方法模型、预警模型等要素结合而成，具有产业安全的监测预警功能。例如，系统的支撑环境有强有力的产业信息获取平台、后勤员工等。系统的输入是产业发展状况，输出是产业的安全程度，对产业安全进行监测预警则是系统功能。

一般来说，信息系统（information system，IS）是一个人机交互系统，由人、计算机硬件、软件和数据资源组成，目的是及时、正确地收集、加工、存储、传输和提供决策所需的信息，实现组织中各项活动的管理、调节和控制。

7.1.4.2 信息系统发展

信息系统大致经历了四个发展阶段。

（1）电子数据处理（electronic data processing，EDP）阶段，如电子业务处理。

（2）事务处理阶段（transaction process system，TPS），此阶段已经将计算机应用于组织局部事务管理。

（3）管理信息系统阶段（management information system，MIS），使用信息系统思想建立起来的，以计算机为基本处理手段，以现代通信设备为基本传输工具，且能为管理决策提供信息服务的人机交互系统，可以进行管理信息的收集、传输、存储、加工、维护和使用的系统。

（4）决策支持系统阶段（decision support system，DSS），把数据库处理和经济管理数学模型的优化计算方法结合起来，具有管理、辅助决策和预测功能等的管理信息系统。决策支持系统面向组织内部的高层管理人员，以解决半结构化问题为主；强调决策过程中人的作用，系统对人的决策只起辅助和支持的作用；更重要的是决策过程的支持以应用模型为主，系统模型反映了决策制定原理和机理。另外，从结构上来看决策支持系统是由数据库、模型库、方法库和相关的部分组成。

综上所述，EDP，TPS，MIS 和 DSS 各代表了信息系统发展过程中的各个阶段，至今仍各自不断地发展着，而且呈现出相互交叉的作用关系：EDP 和 TPS 是面向业务的信息系统，MIS 是面向管理的信息系统，DSS 则是面向决策的信息系统。DSS 在组织中可能是一个独立的系统，也可能作为 MIS 的一个高层子系统而存在。

7.1.4.3 信息系统功能

本节研究基于产业安全的信息系统,它具有一般信息系统的功能,如通信、信息处理、信息传输的基本功能,同时具有为实现产业安全监测预警、评估诊断等功能所附带的特殊功能。具体分类如下。

1. 信息处理

产业安全信息系统的信息处理基本功能包括信息采集、信息输入、信息萃取、信息融合、信息传输、信息存储与处理、信息维护及结果输出与共享。

2. 业务处理

针对不同的业务需求,产业安全信息系统可以包含多个不同的功能处理子系统,如监测预警系统、评估诊断系统、产业损害应急系统、预警信息发布系统等。

3. 管理决策功能

产业安全信息系统能够管理系统各种信息资源,协调各个子系统使系统能够正常、稳定地运行,并把产业安全分析结果共享给决策者,为决策者做出最终决策提供了科学可靠的依据。

7.1.4.4 信息系统模型

1. 信息系统建模方法

1)面向功能的建模方法

含义:通过对系统功能的分析,分步、分层建立信息系统模型的方法,与面向功能的开发方法相对应。

模型特点:侧重在系统功能,由粗到细分步建模,依次有需求、设计、实现等多个建模阶段。

各个阶段的建模工具:需求模型,如数据字典等;设计模型,如软件结构图、模块图、层次输入-处理-输出(hierarchy plus input-process-output,HIPO)图等;实现模型,如程序流程图。

2)面向数据的建模方法

含义:通过对系统所处理的数据及其结构的分析,分步、分层建立模型的方法。

模型特点:侧重在系统的数据及其结构上,由粗到细分步建模,需求、设计、实现等多种模型。最典型的方法就是 JSD 方法。

实际上,JSD 方法是一组连续的支持软件分析与设计的技术步骤。

(1)实体动作分析,基于实际问题的描述,提取与软件系统产生和运用相关的实体(人、物或组织),以及现实世界作用于相应实体上的动作。

(2)实体结构分析,把和实体直接相关的动作,按时间发生的先后次序进行排序,构成进程,并使用一个层状的 Jackson 图来表示。

（3）定义初始模型，把实体和动作都表示成一个进程模型，并定义模型和现实世界的联系。关于模型系统的规格说明可以用系统规格说明图（system specification diagram, SSD）来表示。

（4）功能描述，就是为已定义的动作加入功能函数。

（5）决定系统时间特性，即对系统进程加入时间因素，对进程的调度特性进行评价和说明。

（6）实现，具体设计组成系统的软件和硬件，进而实现系统的原型。

其中，JSD 方法的前三个步骤属于需求分析阶段，后三个步骤属于设计阶段。

3）面向对象的建模方法

含义：采用与人的思维方式相一致的、直接面向客观事物、面向所要解决的需求问题，并用一套对象、类、继承、消息等机制开发的系统化建模方法。

特点：对象是系统建模的重心，需求、设计、实现等多种模型。

建模工具：用例图、活动图、类图、顺序图、构件图等。

2. 信息系统建模语言

信息系统建模语言是描述信息系统模型的规则符号集。信息系统建模语言与信息系统开发方法和开发过程有关，不同的开发过程规定了不同的开发步骤和开发工作，不同的开发方法规定了不同的建模语言。UML 是现今最常用的建模语言。

7.1.5 信息工程

所谓信息工程，就是指以信息为研究和处理对象，应用工程的方法和多种手段，为达到预定的目标，而对信息进行研究、开发、管理、应用的各种事务的集合。

克莱夫·冯克尔斯顿（Clive Finkelstein）和詹姆斯·马丁（James Martin）在 20 世纪 80 年代初所编写的《信息工程》一书，标志着一种崭新的信息系统开发方法论的诞生。约翰·柯林斯（John Collins）在其序言中说："信息工程作为一门学科要比软件工程更为广泛得多，它包括了为建立基于当代数据库系统的计算机化组织所必需的所有相关学科。"目前，几种主要管理信息系统（management information system，MIS）开发方法理论有：信息工程方法论、快速应用开发（rapid application development）方法论、应用开发周期（application development，cycle，AD/Cycle。）方法论以及新结构化方法论等。经过十年来的发展，信息工程方法论已成为国际上管理信息系统开发的主流方法论。

詹姆斯·马丁发现数据处理中存在一个基本原理（数据类和数据之间的内在联系是相对稳定的，而对数据的处理过程和步骤则是经常变化的），于 1988 年出版了《信息工程》（Information Engineering）一书，提出了信息工程的概念、原理和方法，勾画了一幅建造大型复杂信息系统所需要的一整套方法和工具的宏伟蓝图；第二年出版了《总体数据规划方法论》（Strategy Data Planning Methodologies）一书，对信息工程的基础理论和奠基性工作（总体数据规划方法）从理论上到具体做法上详加阐述。经过几年的实践和深入研究，他于20世纪80年代中期又出版了《信息系统宣言》（*An Information Systems Manifesto*）一书，对信息工程的理论与方法加以补充和发展，特别是关于"自动化"的思想，关于最终用户与信息中心的关系，以及用户在应用开发中应处于恰当位置的思想，都有充分的发挥；同时加强了关于原型法、第四代语言和开发工具的论述；最后，向与信息工程有关的各类人员，从决策程序员到维护人员，从计算机制造商到软件公司，以"宣言"式的忠告，提出了转变思维和工作内容的建议。

国内多年来运用软件工程的结构化法和原型法等开发方法实现了不少好的应用系统，积累了许多经验和成果。但也存在若干严重问题，主要有：同类项目重复开发，应用水平与效益偏低；单项应用项目开发多，资金、设备和技术分散；总体规划不够全面，开发工具研制与方法论研究不配套；数据环境档次低，数据结构或应用程序的微小变更会引起连锁式的大面积修改；行业所需的集成性综合性数据无法从许多分散系统中提取，信息不能共享等。存在这些问题的重要因素之一就是软件工程方法论的局限性——没有高层设计方法的指导，而信息工程方法论能解决这一难题。用信息工程的观点着眼大型MIS的开发是一项非常复杂的社会-技术系统工程，它的研究对于保证大型、复杂的MIS高质量、高效率地研制，加深对信息工程的复杂性和多学科性的认识，并正确地把握其方法论在开发过程中的具体评判，有着十分重要的意义。这对顺利完成当前我国正在组织进行的"三金工程"（金桥、金关、金卡）和"金税工程"更具有现实意义。

信息工程的基本原理主要包括以下几点（钱汉臣，1995）。

1. 数据库是现代数据处理的核心

从简单的数据处理到复杂的人机交互以及辅助决策等活动，都是对数据库进行的存取操作，因此，数据库的规划、设计与实施，是现代数据处理建设的核心。

2. 稳定的数据和多变的处理

一个行业所使用的数据类型很少变化，变化的只是数据实体的属性值。对于一些数据项的集合，可以找到一种最好的方法来表达它们之间的联系和结构，这就是稳定的数据模型。因为行业发展或行业结构的变动，要求数据处理过程经常变化，只有建立了稳定的数据结构，才能保持数据处理系统的稳定性，从而适应各种应用需求。

3. 最终用户必须真正参加开发工作

政府、行业领导和管理维护人员都要使用计算机辅助管理工作，信息需求、新的人-机结合工作方式和各项具体功能要求，只有在他们的参与下才能真正搞清楚，从而建成有效的应用系统。因此，应该有一套适当的组织方法，使计算机人员与管理人员密切配合，联合搞好信息工程的建设工作。信息工程十分强调MIS建设的高层设计工作，即以总体数据规划为中心的总体规划与总体设计。它发展了数据库技术，提出了产业安全信息系统的数据环境建设的方法与步骤，如图7-1所示。

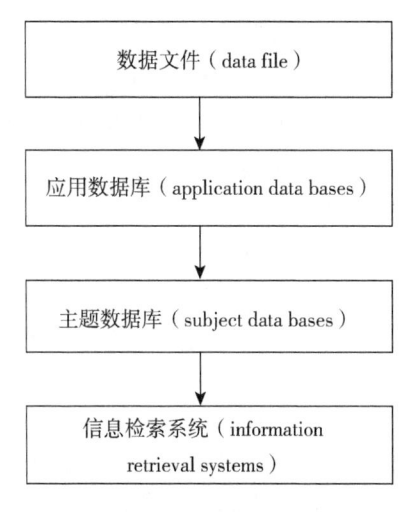

```
数据文件（data file）
   ↓
应用数据库（application data bases）
   ↓
主题数据库（subject data bases）
   ↓
信息检索系统（information retrieval systems）
```

图 7-1　信息系统数据环境建设步骤

信息工程吸取了以结构化技术为中心的软件工程的精华，克服了其不足之处；提倡组建先进的开发小组，掌握原型方法和四代语言，进行高质量、高效率的开发；同时又十分强调以上这些必须建立在数据模型的深入研究和科学的信息系统体系结构的规划之上。

7.2　产业安全信息需求分析

产业安全需求具有模糊性、动态性、不完整性、不一致性以及易变性等特点，越来越受到人们的重视。产业安全信息需求是指为解决产业安全问题或构建产业安全信息系统所必需的条件或能力。按照需求对象的不同，分为产业安全认知信息需求、产业安全监测预警信息需求、产业安全评估诊断信息需求、产业安全公众需求等。本节先介绍了一般的信息需求分析方法，在此基础上介绍了具体的产业安全监测预警信息需求、产业安全评估诊断信息需求、产业安全管理决策信息需求、产业安全公众信息需求。

7.2.1　信息需求分析方法

产业安全信息需求分析是指对产业安全信息需求进行解析、认识的过程。信息需求分析一直是产业安全信息系统理论研究中的一个重要课题。信息需求分析主要有内在联系分析法、逻辑分析法、文献调查分析法、德尔菲法、问卷调查法等方法。

（1）内在联系分析法。抓住需求信息的内在联系进行分析的方法，它便于决定信息内容方面的分类，以便将同类信息需求归并一起进行信息采集。例如，可以用分层抽样调查法对不同层次的产业安全信息需求用户进行调查。

（2）逻辑分析法。采用流程图等方法进行因果关系、逻辑关系推理，不仅可以分析产业安全信息需求还可以对系统的安全状态进行定性分析。

(3) 文献调查分析法。产业安全需求包括了国民经济和社会全面、稳定、协调和可持续发展等各方面的信息，这些信息很难从用户那里得到，文献调查分析法能很好地帮助产业相关人员获取这方面的信息。所谓文献调查分析法就是指通过寻找文献搜集有关市场信息并进行分析得到有关信息的调查方法，它是一种间接的非介入式的市场调查方法。文献调查分析法也是决定管理者信息需求的传统方法，也称为由下而上的分析法或间接分析法。这一方法是通过分析已有的信息流以决定系统的需求。因此，产业安全系统分析员通过分析各种报告、文献和目前应用的其他信息源以推导出产业安全管理者的信息需求。文献调查分析法可以分为许多具体的技术。其中包括报告分解法即分析现有报告的条款项目以决定输入和处理的数据。

(4) 德尔菲法，它运用匿名方式反复多次征询意见和进行背靠背的交流，以充分发挥专家们的智慧、知识和经验，最后汇总得出一个能比较反映群体意志的预测结果。德尔菲法也叫做专家意见法，也可以用于信息需求的分析，依据系统的程序，团队成员之间不得互相讨论，即采用匿名发表意见的方式，只能与调查人员发生关系，以反复地填写问卷，来集结问卷填写人的共识及搜集各方意见，可用来搜集专家对产业安全信息需求的意见。

德尔菲法的步骤如下。

第一，开放式的首轮调研。由组织者发给产业安全专家的第一轮调查表是开放式的，不带任何框框，仅咨询产业安全信息需求问题，请专家围绕需求问题提出其相应的意见，因为，如果限制太多，会漏掉一些重要事件。组织者汇总整理专家调查表，归并同类产业安全信息需求，排除次要需求，用准确术语提出一个产业安全信息需求一览表，并作为第二步的调查表发给专家。

第二，评价式的第二轮调研。专家对第二步调查表所列的每个产业需求做出评价。例如，当专家第一轮调研确定了产业安全包括产业国内环境安全、产业国际竞争力安全、产业对外依存度安全、产业控制力安全等指标时，专家应在这个环节对这些指标做出评价。组织者统计第二步专家意见，整理出第三张调查表。第三张调查表包括影响产业安全各个需求的权重，即每个需求影响产业安全的重要性程度。

第三，重审式的第三轮调研。把第三张调查表发放给专家，请专家重审争论，并给出自己新的评价（尤其是与大多数专家意思不同的专家，应重述自己的理由）。如果要修正自己的观点，也应叙述改变的理由。组织者回收专家们的新评论和新争论，总结专家观点，形成第四张调查表。其重点在争论双方的意见。

第四，复核式的第四轮调研。发放第四张调查表，专家再次评价和权衡，得出新的结论。

值得注意的是，并不是所有信息需求的讨论都要经过四步。有的事件可能在第二步就达到统一，而不必在第三步中出现；有的事件可能在第四步结束后，专家还没有达到统一意见时，对于不统一的意见可以采取大多数专家的意见。

(5) 问卷调查法，也称"书面调查法"，或称"填表法"，是用书面形式间接搜集需求、数据等研究材料的一种调查手段。通过向调查者发出简明扼要的征询单（表），请示填写对有关问题的意见和建议来间接获得材料和信息的一种方法（见附录）。由于产业安全的特殊性，对产业安全需求进行调查时，其调查对象应是相关的产业人员。

7.2.2 产业安全认知信息需求

认知信息需求是泛指个体对事物的追寻、认知、了解的内在动力，如求知欲、好奇心等。美国人格学家默里（Murray）提出人的28种需求之一——认知的需求（need for understanding），指凡事好问、对新奇事物非常有兴趣、喜欢探讨问题、爱好钻研抽象理论知识。美国人本主义心理学家马斯洛需求模式中的心理的需求、社交的需求、尊敬的需求和自我实现的需求这些高级层次的需求，指个体在基本需求满足后产生的认知需求，即人具有解决疑难和理解问题的欲望，以及探索各种事物的需求。认知需求对人满足低级需求，特别是最高级的自我实现都是必需的。一旦认知需求受阻，人不但难以有所作为，而且会处于变态心理状态，失去健康幸福和人生价值。因此，认知信息需求是人类发挥认识能力的基础，也是人类认知的结果。信息需求渗透到人类所有活动过程中，必然与人类认知密切相关。用户信息认知过程是对需求信息不断寻找、判断、选择、学习的过程。用户对自身的信息需求的认识并非总是清晰的，往往存在显性信息需求、隐蔽信息需求和灰色信息需求。

7.2.2.1 用户信息认知的一般过程

人类对信息的认知过程是一个认识客观事物的非常复杂的过程，是人类由表及里、由现象到本质地反映客观事物特征与内在联系的心理活动，是一个人通过对客观世界的认识和观察，利用感官加以选择、接受，在神经通路和脑中进行编码、储存、确定意义，并运用经验、知识认识世界和解决问题的过程。人类对信息的认知过程由人的感觉、知觉、记忆、思维、想象和语言等生理和心理活动组成。人类认知客观世界从感觉和知觉开始，并需要以注意为前提，从众多信息中过滤出有用的信息，储存到记忆系统，继而形成表象和概念。人在认识事物时，依靠具有高度概括性和间接性的思维过程去联系和抽象出内外部规律，且需要借助语言来进行思维活动和思想交流。认知过程中，人脑接受外界输入的信息，经过头脑的加工处理，转换成内在的心理活动，进而支配人的行为。信息用户的认知过程是用户认知活动的信息加工过程，如图7-2所示，是由信息的获得、编码、储存、提取和使用等一系列连续的认知操作环节组成的、按一定程序进行信息加工的系统（徐娇扬，2009）。信息的获得就是接受直接作用于感官的刺激信息。信息的编码是为了更好地进行信息的储存和提取、使用，将一种表现形式的信息转换为另一种表现形式的信息。在认知过程中，通过信息的编码，外部客体的特性可以转换为具体形象、语义或命题等形式的信息，再通过储存，保持在大脑中。这些具体形象、语义和命题实际就是外部客体的特性在个体心理上的表现形式，是客观现实在大脑中的反映。个体在知觉、表象、想象、记忆、思维等认知活动中都有相应的、不同的信息编码方式。然后，信息以多种形式被储存在记忆活动中，人们依据一定的线索从记忆中寻找所需要的信息提取出来，并利用所提取的信息对新信息进行认知加工。

信息获得 → 信息编码 → 信息储存 → 信息提取 → 信息使用

图 7-2 用户信息需求认知的过程

7.2.2.2 用户认知结构与信息需求

美国教育心理学家奥苏伯尔（D.P.Ausubel）认为，陈述性知识中的符号、概念、命题以及图示如果存在于人的大脑之外就是知识结构，存在于人的大脑之中，即为"认知结构"。而程序性知识作为加工信息的一些方法和技术，属于认知策略，能有效地促进知识吸收与利用，以及将所需要的知识从记忆中提取出来。

认知结构是由个人过去的知识经验组成的（王新海和王志宏，2008）。不同的人认识世界的角度、方式、观念不同，其形成的认知结构也就不同。用户的认知结构不能有效处理信息时，就有必要重新构建现有的认知结构，这就需要进一步获取相关信息，产生信息需求。用户的认知结构也决定了信息需求的具体内容与形式；而获取的信息，不是被现有的认知结构所同化，就是改进现有的认知结构。

用户在接受信息服务的过程中可以说是主动参与者，其认知结构起到重要作用。用户往往根据自身认知结构特点，在信息获取过程中从信息的符号、内容和结构中挖掘信息意义，并不断修正需求目标，选择信息获取渠道、路径、方法等，对信息的内容和表现形式进行筛选性吸收。不同的信息需求会引发不同的信息行为。信息需求得以满足的过程，也就是用户不断获取适用于其认知结构的信息，或是其认知结构被深层激活或重新构建的过程。

7.2.2.3 用户认知情境与信息需求

人类从推理到感知速度与精度，可以说具有一套不寻常的认知能力，从而每个人都拥有从社会文化层面得到的经验、知识结构、语言、学习方式等，这些均构成了信息用户的认知情境。用户认知情境在某种程度上，对其信息需求的认识与表达、同信息服务系统的交互过程以及用户对信息服务结构所表现出来的满意程度有关。用户的信息需求往往是在特定的认知情境中不断明确与表达，并且时刻受到认知情境各要素的多维影响。这些认知情境要素主要包括用户自身的认知结构、领域知识、教育背景、专业背景、工作环境、生存环境等。在用户特定认知情境中，用户信息需求可以看成是由一系列具有复杂关联的信息需求的子集合，这些关联是靠用户认知情境加以维持的，当用户认知情境发生某种变化时，很可能改变信息需求子集合的结构与内容，导致产生新的信息需求，抛弃没有必要的信息需求。如此势必会造成信息服务针对某个特定用户发生服务方向上、服务形式上、服务内容上的改变。用户的认知情境对信息需求从产生到逐步满足，均起到整体的影响作用，尤其在信息服务系统与用户交互中有明确信息需求、信息服务结果满足用户信息需求程度等方面表现明显。

7.2.3 产业安全监测预警信息需求

产业安全是国家安全的根本，因此对产业安全理论进行定性分析和定量研究，建立一套符合产业发展的产业安全评价体系，进行客观和准确的监测并实时预警，对产业安全具有重要的现实意义。

建立产业安全监测预警系统，首先必须建立产业安全评价指标体系，根据产业安全的几大主要影响因素，构造指标体系的基本结构，即一级指标。其次，将描述这些影响因素的各项具体指标，分别列在相应的一级指标之下，作为二级指标，逐次类推建立多层次评价指标体系。最后，从反映同一个影响因素的众多指标中挑选出具有代表性的指标，剔除与该代表性指标相关度过高的指标。根据选择的指标，来确定各指标的权重、数据和警界值的需求。然后对各指标进行建模，通过对模型的仿真，得到产业安全监测预警情况。

产业安全监测预警信息需求分为两大类，一类是产业安全信息系统的功能性需求，另一类是产业安全信息系统的非功能性需求，包括指标体系的权重、数据和警界值的需求。产业安全信息监测预警框如图 7-3 所示。

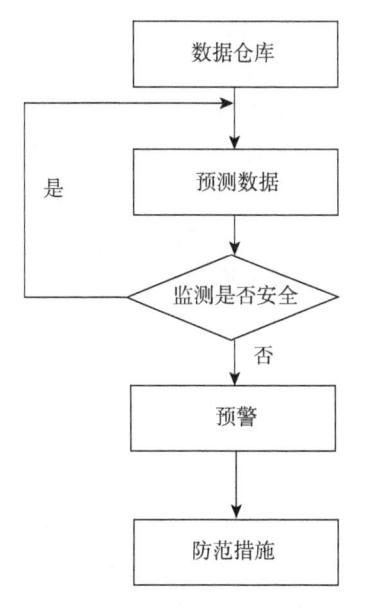

图 7-3　产业安全信息监测预警框

本节经过对系统功能的分析，以简单实用为原则得到的产业安全监测预警系统的功能需求如下。

（1）基本功能实现。产业安全监测预警系统的基本功能是对现有产业进行实时监测预警。首先考虑什么模型可以通过相关指标来评价产业的安全状态，并给出其安全状态，因此第一步是建立模型。然后对各指标在不同时期的权值进行分配管理，根据实际情况对各指标的权值进行修正。选择各种系统参数，查看各指标的曲线变化，并对系统监测的产业进行预警，根据警情的大小判断损害程度。

（2）用户管理。对于已分配账号的用户，提供系统服务，可以登录、退出系统，用户可以修改自己的基本信息。管理员用户可以添加、删除、修改其他用户的信息。

（3）数据管理。对于一般的企业级用户，能够通过登录系统提交本企业的年度或季度生产信息报表，以便供给系统进行产业安全监测预警系统使用。对于管理员，可以修改、删除、查询其他用户提交到系统的各类相关数据。

（4）产业安全系统管理员功能。管理员可以对监测的企业基本信息进行添加、修改管理，对企业级用户提交的数据报表中不包含的各指标数据进行添加、修改。对企业级用户提出的问题进行回复，加强交互性，同时可以在相关网站发布、修改、删除相关领域内的新闻公告，使用户和公众可以了解动态产业信息。

7.2.4　产业安全评估诊断信息需求

产业安全评估诊断系统是一套针对国家产业安全状况进行定量分析、归纳和得出结论的系统工程，是产业安全研究的关键环节。产业安全评估诊断主要的信息需求研究工作包括评估标准和方法论的研究。标准指出了安全评估诊断的目的，产业安全评估的主要目的是使我国产业有良好的生存环境和发展条件，使各产业能赢得利益，保证国民经济和社会全面、稳定、协调和可持续发展。对产业进行实时评估诊断，能使我国政府及产业协会专家等在第一时间发现产业面临的问题，并及时想出对策解决产业问题。方法论描述实现评估目标的方法和流程，即产业安全评估诊断需要哪些方法和过程。产业安全评估诊断标准的制定需要以科学的安全评估方法学为基础，才能具有令人信服的科学性和公正性，开展对信息系统安全评估方法的研究具有重要的现实意义。本节将介绍产业安全评估诊断所构建的指标体系和采用方法。

目前维护国家产业安全是形势发展的迫切要求，国内外很多学者对此进行了研究。洛桑国际管理发展学院建立了的相关的国际竞争力评价方法，它被公认为国际上最具权威性的方法之一，其创建的经济表现、政府效率、企业效率和基础设施四个一级指标在内的评估诊断指标体系具有一定的参考价值。瑞士世界经济论坛创立了国际竞争力评估体系。1946 年，美国经济学家 W. A. Brown 最先提出了依存度的概念，成为评估产业安全的一个重要的一级指标。我国学者何维达和宋胜洲（2003）的产业安全评价指标体系，将指标划分为产业国内环境评价指标、产业国际竞争力评价指标、产业对外依存评价指标、产业控制力评价指标。景玉琴（2006）的产业安全评价指标体系，在产业国内环境评价方面加入了政府规制环境因素，取消了对产业对外依存度的评价指标，她认为产业的进出口对外依存度只是体现一个国家的产业融入世界经济程度的指标，其高低并不直接反映产业安全的状况。李孟刚在一级指标产业国内环境指标中加入产业政策环境评价，他指出有效的整体治理与防范机制对保护国家产业安全的必要性。根据不同产业和产业的不同发展阶段，这些指标体系还需要不断的调整和完善。

产业安全评估诊断信息需求的任务是对产业安全威胁以及威胁发生概率两个因素的估计。根据估计方式的不同，产业安全评估诊断可分为定性评估、定量评估、定性与定量相结合的评估三种方法（李节，2009）。

7.2.4.1 定性评估

定性评估方法是依据产业研究者的知识、经验、历史教训、政策走向及特殊案例等非量化资料对系统安全状况做出判断的过程。它主要以与调查对象的深入访谈得出的个案记录为基本资料,然后根据产业安全指标体系,对资料进行编码整理,在此基础上得出调查结论。典型的定性分析方法有文献调查分析法、德尔菲法、因素分析法等。文献调查分析法可以根据历史数据对风险状况做出定性评价。德尔菲法是对影响信息系统安全的各种因素进行问卷调查,经过反复多次征求意见,充分发挥专家们的智慧、知识和经验,得到信息系统评估的统一结果。洛斯阿拉莫斯国家实验室(Los Alamo National Laboratory,LANL)实验室提出的因素分析法是一种前概念风险分析方法,作为后续详细的定量分析的基础,该方法适用于中等规模系统的安全状况分析。定性评估过程中没有复杂的推理过程,容易理解,能够让管理决策者明确产业安全评估诊断过程的重要性;定性评估的计算过程简单,可以人工实现;数据收集过程比定量分析简单,采用问卷调查方式就可以实现;定性评估用到的参数可以采用主观评价方式获得,产业评估者还可以根据需要确定各指标的权重。

7.2.4.2 定量评估

定量评估方法是指运用量化指标来对产业安全风险进行评估。典型的定量分析方法有主成分分析法、聚类分析法、时序模型、决策树法等。主成分分析法的思想是通过主成分分析,减少影响系统安全评估的多种指标,降低因素分析的复杂度,提高安全分析的效率和准确性。聚类分析法是在评估前对安全数据进行聚类分析,在简化数据分类的同时,降低安全分析和安全评估的复杂度,提高评估效率和准确性。此外,由于产业的资产、统计漏洞、外部威胁等的不断变化,采用聚类分析可以将新的安全数据归类,便于安全数据的更新。聚类分析的算法有很多种,需要根据系统的实际情况选择。时序模型是对系统风险随时间动态变化进行建模,目的是预测系统风险属性(发生概率和造成后果)变化的趋势。决策树法是采用树形结构对风险进行分类,然后对每类风险采用不同的评价指标分别分析和评估。定量分析中,风险属性的评价指标值有多种表达方式,定量评估方法可以提供可靠的参数集,可以采用成本效益分析方法进行决策;风险分析过程的结果可以为风险管理提供量化数据,有助于企业实现业务目标。

7.2.4.3 定性与定量相结合的评估

定量分析是定性分析的基础和前提,定性分析应建立在定量分析的基础上才能揭示客观事物的内在规律。因此,不能将定性分析和定量分析两种方法简单的割裂开来,而是应该将这两种方法融合起来,采用综合的评估方法。综合评估方法中最为典型的是层次分析法,该方法是由美国著名的运筹学专家 Saaty 于 20 世纪 70 年代末提出的。它是一种定性和定量分析相结合的决策方法,是模仿人们对复杂决策问题的思维和判断过程进行构造的,这种方法将决策者的思维过程数量化,将复杂的问题分解为各个组成因素,再将这些因素按支配关系分成若干组,形成有序的递阶层次结构,通过两两比较的方式确定层次中诸因素相对重要性的总排序,即分解、判断、综合要经过建立递阶层次结构、构造两两比较矩阵、计算各要素的权重、计算当前一层元素关于总的目标的排序权重等步骤。

评估诊断系统的功能性需求和监测预警的功能性信息需求类似，非功能性需求可以根据不同的评估诊断方法来决定。

7.2.5 产业安全管理决策信息需求

所谓产业安全管理决策，就是决策者在掌握一定产业信息的基础上，针对某具体产业的运行或管理而必须做出的选择与决定。在现代化的产业管理决策体制中，产业管理决策者对信息有着强烈的需求，而这种需求随着我国社会的变革也发生了一些变化。同其他种类的信息用户相比，管理决策者属于一类特殊的用户，他们责任重大且拥有众多的信息服务者，也拥有本系统内的信息服务网络。管理决策者同其他类型信息用户的不同之处在于：多数情况下，他们主要不是自己亲自去获取信息，而是通过其产业管理员给他们的汇报或提供各种文字材料（周晓英，1999）。管理决策者实际上是信息服务的"间接"用户，他们有时对信息有巨大的需求量，但他们没有过多的时间考虑过从哪些渠道、通过什么方式去获取什么类型的信息，他们的确是信息的需求者，但他们不了解我们学术界所说的"信息需求情况"，也许真正了解这些情况的是给管理决策者提供信息的管理员。因此，研究决策信息需求必须具体情况具体分析。如果沿袭传统的方法，直接让决策者本人参与信息需求调查，并不能取得如同其他类型用户调查那样好的效果。这是我们分析决策信息用户的特殊性而得出的结论。

为更好地分析管理决策者与信息需求的关系，可以从决策与信息的函数关系说起。在西方信息经济学权威的眼里，决策是信息的函数，决策水平取决于信息的完备程度。同样产业安全管理决策水平也可以表示成信息的函数关系，用公式表示就是：$D=f(I)$。其中，I 表示信息（产业安全信息），D 表示决策（决策者做出的选择）。在产业诊断预警中，若提供了足够的产业相关信息量来判断各产业的安全程度，则管理决策者在分析产业实时状态、管理者制定相应措施、国家相关部门制定相关政策时，决策水平会有一定的提高。同样在市场经济欠发达国家，产业安全信息有时表现出来的是决策的函数，即：$I=f(D)$。将"信息是决策的函数"的思想，沿信息经济理论延伸就是"信息产值是决策体制的函数"。其意义是：决策体制 D 是自变量，信息产值 I 是因变量；在社会经济技术发展的变化过程中，I 随着 D 一起变化，而且依赖于 D；如果 D 取某个特定的值（如国家扶持某个产业），I 会依上式中确定的关系实现并取得相应的有效值。因此，产业安全决策管理信息需求与管理决策息息相关。

7.2.5.1 产业安全管理决策与相应的信息需求

根据对管理决策者信息需求研究方法的分析，采取将文献调研、召开座谈会、专访和个案分析相结合的方式，对决策信息需求的情况进行了解。

（1）决策提出信息需求。决策是人们基于一定信息的分析而对事、物的比较与选择。决策的选择性可从五个方面看出：①决策是在各种可供选择的方案中按照既定组织目标与准则择优；②一个完整的决策问题，除决策人、判断方案优劣的准则以及约束条件等要素外，还包括可供选择的目标或方案；③决策的基本依据是至少存在一个以上的目标或方案，因为如果只有一个目标或方案，没有选择的余地，那就根本不需要决策；④择优的一般准则是方案具有可行性，符合利益、效率、经济性三大原则；⑤择优的步骤，首先是根据约束条件选出可行方案，其次是比较可行方案、处理多目标问题，最后是运用决策思维方法求解最优方案或次优方案。以上几点实质上都从不同的角度，以不同的形式提出对产业信息的需求，决策者正是从不断的比较、选择，从不断的决策行为中引发、提出、激励信息需求的。

(2) 决策者决定信息需求的质与量。从决策者的角度可以看出决策与信息需求的关系，其一是决策者的个数决定产业的需求水平。如果是以产业中的企业为单位的决策主体，一个社会如能激发更多的个人创业，创建更多的企业，在信息经济学上就是在创造信息需求。一般来说，企业越多，市场的信息需求量越大。其二是决策者的决策素质，它决定信息占有程度和对关键信息的掌握程度，从而直接决定产业市场的信息需求质量。因此，决策者决定着信息的需求，但不同的决策者对信息的需求、占有和掌握是必然存在差异的。政府决策者、产业管理决策者、企业经营决策者或个体决策者，他们有不同的决策者角色、不同的决策目标、不同的决策内涵和外延，所以会产生不同的信息需求，导致不同的信息差异。即使在同一个决策群体中，处在不同的决策地位，采用不同的决策方法也会产生不同的信息需求，从而形成不同的信息差异。

(3) 决策结构推动信息需求的结构性发展。如果将一项决策拆解开来，决策就是一个由若干决策要素组成的结构，因而由决策提出的每一项信息需求也就具有结构性特征。就产业决策而言，其信息需求结构一般包括产业发展目标信息及其与之相关的信息，产业发展与政府政策协调程度方面的信息，产业发展模型中各因子的理论数据、经验数据，与现实的、潜在的竞争对手存在着的差异信息，经营环境方面的信息等。总的来说，社会信息需求结构决定产业信息发展的方向与结构，大的方面主要有信息收集与加工服务业、信息代理业、信息处理机器制造业与销售业等。

7.2.5.2 产业安全管理决策过程与信息需求过程

决策是一个从信息收集到调查了解、系统分析和总结、抉择及评价的完整过程。当然，在关键时刻做出决策的成功者应该说是在十字路口选定最佳路线的人。具体的产业管理决策过程和信息需求过程具有如下关系，在信息准备阶段，先从信息源收集到产业安全相关数据，然后经过产业安全相关系统，对相关信息进行分析、决策，最后选择方案实施，如图 7-4 所示。

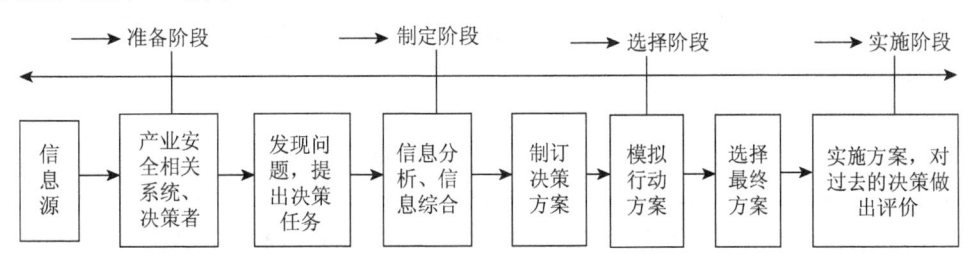

图 7-4 产业安全管理决策的需求过程

例如，在准备阶段，从产业安全监测预警和产业安全评估诊断等系统看信息是否安全，或者直接对产业提出问题，并针对问题提出相应的决策任务。在决策制定阶段，对收集的信息进行分析、综合，提出相关决策方案来解决产业安全问题。在决策选择阶段，可以模拟行动方案，来判断方案的优劣，最后选择一个最优的方案为最终方案。在实施阶段，把所选择的方案投入实际产业活动中，并通过所选方案的实施效果来评价所做决策的优劣。

产业安全管理决策与相应的信息需求具有多重关系，信息是决策的基础，决策首先是决策者对信息的有组织集中；决策是决策者按组织或个体的目标对信息的有效需求分析、使用的过程，决策的实质是思想对信息的组合。可见，人们对信息的需求主要体现在人的决策（或判断）活动过程中。

7.2.6 产业安全公众信息需求

公众是指与公共关系主体——社会组织发生相互联系、相互作用，其成员面临共同问题、共同利益和共同要求的社会群体。

7.2.6.1 公众信息需求的特征

由于社会环境的广阔性和需求层次的多样性，公众对产业安全信息需求也具有如下特点。

（1）广泛性。公众生活的环境是复杂的，其对产业安全需求也是多对象、多方面的，且这些需求基本是相互联系的。

（2）社会性。人类是社会化的，其对产业安全的信息需要也具有社会化的特点。信息需求常常以个人欲求的形式出现，但其内容并不完全由个人意志决定。公众的信息需求及满足往往是由人与自然、人与人的关系及其相互联结形成的社会环境和社会活动决定。

（3）同质性。这是指构成公众的成员都面临共同产业安全相关问题、利益和要求。也正是他们在面临的问题、利益和要求上的共同性，因而彼此之间很容易产生互动和共鸣，具有天然的一致性，甚至形成心理上、情感上的默契，从而表现出明显的合群意识。

（4）可变性。这是指不仅公众群体的产生、解体是可变的，而且随着时间的推移，公众群体的构成、态度和作用也是变化的。例如，某家商店出售一批摩托车，不到一个月顾客纷纷要求退换或退赔；商店了解后马上与厂家联系解决了这个问题，顾客满意而去。这个因摩托车质量问题而形成的公众群体很快便因这个问题的解决而消失了。假如这个问题不及时解决，这个公众群体的态度就可能会变得强烈，甚至可能上告有关部门或在其他顾客中散布不满言论、情绪，对商店自然会造成不良影响。公众需求也会随着公众的人数、性别、年龄的变化而变化。

（5）多样性。影响公众对产业安全信息需求的因素多样，这包括信息活动主体自身因素和社会环境因素的作用。同时，社会角色理论认为，人在社会中总是在不同的场合扮演不同的角色。他们的信息需求也因其承担职责、社会地位和工作性质等的不同而具有巨大差异。

7.2.6.2 公众的信息需求模型

公众信息服务是在一定的社会历史背景下出现的，其直接原因就是因科学技术飞速发展和社会生活信息剧增引起的"信息爆炸"（陈伟大和孙成权，2006）。在这样的态势下，公众满足其生存和发展需要的行动更难展开，而为达到其行为目的，人们必须获得各信息的支持才能使问题得到解决。信息需求指人们在从事各种实践活动中为解决各种问题而产生的对信息的不满足感。按马斯洛的理论，个体成长发展的内在力量是动机，而动机是由多种不同性质的需求所组成，各种需求之间，有先后顺序与高低层次之分，每一层次的需求与满足，将决定个体人格发展的境界或程度。他由低到高把人的需求划分为五个层次：生理的需求、安全的需求、社交的需求、尊敬（自尊和受他人尊敬）的需求和自我实现的需求。研究产业安全信息系统的公众行为，我们发现信息需求实际上是由用户各层次需求不能得到满足而产生的，而为达到需求满足的状态，必须通过一定的渠道获得信息，即信息需求产生。因此，我们将公众对产业安全的信息需求也类似地分为五个层次，具体内容如下。

（1）为满足生理的信息需求。衣、食、住、行是人类生活和生存的基本需求，这些需求必须得到基本的满足。因此，公众对其相关产业，如农业、交通业、房地产行业等非常关注。例如，房地产业一直是舆论和公众关注的热点问题之一，2013年的全国人民代表大会和中国人民政治协商会议中就有不少代表提交了和房地产市场有关的提案。

（2）为满足安全的信息需求。人们在满足了生理需求之后，会希望自己的人身安全、财产和生活条件能够得到一定程度的保障，并为此购买相应的产品或服务。关于医药业、保险业等，目前市场上很多医疗体检中心、中医坐诊咨询、保险咨询等专业知识提供机构，都为公众提供了相关的信息和知识。

（3）为满足社交的信息需求。人在社会中生活，离不开必要的社交活动。希望自己能够成为群体的一员，希望能够从群体中获得友谊、温暖和爱情，人们自然产生社交的需求。通信业中Email、QQ、移动通信等能够提供传递信息、发表言论的条件和平台，因此对有这种需求的消费者产生了巨大的吸引力。

（4）为满足尊重的信息需求。尊重包括自我尊重和受别人尊重两个方面。前者包括自主、自由、自尊、自豪等；后者包括地位、荣誉和被尊重等，如电子商务业提供的个人主页、企业主页的宣传、各种服务业提供的综合服务等。

（5）为满足自我实现的信息需求。满足这种需求就要求完成与自己能力相称的工作，最充分地发挥自己的潜在能力，成为所期望的人物，这是一种创造的需求。各行业都为公众提供了相应的工作，使公众能实现自我价值。

公众在不断地参与社会实践活动，公众所需的产业安全信息需求也在不断发展变化。事实上，信息需求是一个具有一定外部联系和内在结构的有机整体。由于公众所处的社会信息环境总在不断变化，信息需求也呈现不同的状态和运动方式。信息需求的各基本形态以及由此决定的表现形式，决定了信息需求结构的复杂性。由于需求满足的方式直接由需求结构决定，信息服务机构满足公众的信息需求时，也具备相当的复杂性。当公众在生活或工作中遇到问题,需要获得信息来解决该问题时,我们就说他产生了相应的信息需求。

如图 7-5 所示,公众信息需求产生和满足可描述为图示过程。其中公众在生活过程遇到某些问题,则它认识到所需的信息需求并表达相应的需求。当公众的需求得到满足时,则整个过程结束;当公众需求得不到满足时,公众将再次表达自己的信息需求,直到需求改变或者需求得到满足。例如,公众需要购买住房,则由于现在房价过高或者支付能力不足,那么公众就想要政府调控房价、房地产业不景气房价下跌或者支付能力增强。当房价下降或者公众增加工资等后,他购买到住房时,需求得到满足。

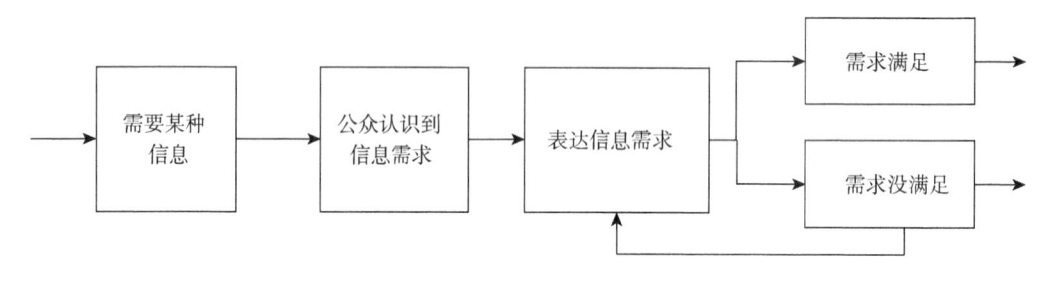

图 7-5 公众需求满足过程

7.3 元数据及信息分类

元数据是关于数据的数据,最早出现于计算机信息技术领域,目前广泛应用于多个专业领域,如图书馆、博物馆及档案等。元数据的开发和管理是信息资源开发和管理的基础性工作,本节简要阐述了基于产业安全信息资源的元数据的开发和管理以及基于元数据的信息资源分类。

在信息发展的当今社会,元数据技术对于高效的信息组织和提取起着至关重要的作用。面对纷繁复杂的各行各业,建立完备的产业信息元数据内容体系是异构系统、复杂数据类型、多种信息处理模型协调运行以及构筑大型分布式产业信息系统和实现各子系统间信息交换的重要基础性工作。但是,目前对产业信息元数据的研究还停留在尝试和起步阶段,如何通过元数据,实现产业的信息资源的共享,进而提高产业安全度是产业安全信息理论研究的核心问题。因此产业信息元数据具有举足轻重的作用。

本章的产业安全系统采用一级指标(产业环境、产业国际竞争力、产业对外依存度和产业控制力)及与其对应的二级指标来建立产业安全评价体系,基于这种模块化、结构化的特点,本节采用元数据来对产业安全进行描述。

7.3.1 元数据介绍

7.3.1.1 元数据的定义

元数据是描述信息各项结构和功能的基础性概念。尽管现有文献中对于元数据的定义很多，却没有一个统一的概念。林海清（2000）在其论著中认为元数据是用来描述数字化信息资源，特别是网络信息资源的基本特征及其相互关系，从而确保这些数字化信息资源能够被计算机及其网络系统自动辨析、分解、提取和分析归纳的一整套编码体系。马费成和宋恩梅（2011）在《信息管理学基础》中指出，元数据是关于数据的数据，或描述数据的数据，是专门用来描述数据的特征和属性，也是描述和组织信息资源、发现信息资源的语言和工具。元数据是组织数据、各种数据域及他们之间的相互关系的信息。元数据的类型包括：元素名称（element names）、元素描述（element description）、元素表示（element representation）、元素代码（element coding）、元素语义（element semantics）和元素分类（element classification）。本节将马费成的元数据定义和信息资源的开发管理相结合，认为元数据是用于描述信息资源的数据，从而达到对信息的管理与维护、信息查询与检索、数据转换、数据存储与分类的目的。

7.3.1.2 元数据的分类

根据元数据的标准不同，可以对元数据进行不同的分类。本节结合产业安全数据的特点将其分为：知识描述型元数据、结构型元数据、存取控制型元数据、评价型元数据。知识描述型元数据，用来描述、发现和鉴别信息，主要是描述信息的主题、内容特征，如产业安全信息系统资源的名称、主题、类型、记录、索引、超链接、用户所做的注解等。结构型元数据，用于描述数字化信息资源的内部结构，如产业安全信息系统中的结构型元数据描述数据仓库的种类、数据所在的位置、数据的提供方式等。相对知识描述型元数据而言，结构型元数据更侧重于数字化信息资源的内在特征，如目录、章节、段落等特征。存取控制型元数据，用来描述数字化信息资源能够被利用的基本条件和期限，以及指示这些资源的知识产权特征和使用权限，如存取控制型元数据用于描述产业安全信息系统的使用权限是产业有关人员，普通用户无法进入该系统。评价型元数据，用于描述和管理数据在信息评价体系中的位置，如在产业安全评价体系中，该元数据描述了哪些指标属于一级指标，哪些指标属于二级指标。根据元数据的功能可将元数据分为技术元数据和业务元数据，技术元数据是存储关于数据库系统技术的数据，用于开发和管理产业数据库使用的数据硬件及软件文档，如格式、系统响应时间的记录、加密密钥。业务元数据是从业务来描述数据库中的数据，它作为用户和系统之间的交流工具，使得不懂编程语言的业务人员也能读懂数据库中的数据。

7.3.1.3 元数据的特点

元数据是为了解决某一特定应用而产生的。每一个应用都需要描述有效内容的数据编码或元数据，它通常包含每一个代码的文字描述。这些信息在传统数据库中通常存在，而在数据仓库中必须存在，当发生下载和修改时需要对它们进行维护。元数据反映仓库数据的源信息、下载的频率和完全度；仓库数据决策性映射中的关键字、属性、安全性、转化等；关系完整性约束和相关性约束；复制和分布规则；数据净化和保持条件；聚集方法和规则；异常自动报告信息等，总之元数据包含了描述数据仓库的所有信息特征。

元数据有一些特点值得我们关注。第一，元数据是一种编码体系，是根据某种标准来对元素进行编码，从而揭示描述这些基本元素。第二，元数据是用来描述数字化信息资源，特别是网络信息资源的编码体系。这导致了元数据和传统的数据库的编目体系存在根本区别。第三，元数据的重要特征和功能是为数字化信息资源建立一种机器可以识别的框架，并在此基础上衍生出了元数据在信息系统中的重要功能（描述功能、整合功能、控制功能和代理功能）。

通过统一的元数据，能够实现产业安全信息系统结构简单、模块化，产业安全评价体系结构清晰、明了的特点，利用这种特定的编码体系可以明确各元数据之间的联系，建立产业安全评价体系的框架。

7.3.1.4 元数据的应用

一切实践都离不开理论的指导，但没有实践一切理论皆显得毫无价值。元数据也是如此，元数据不仅有强大的理论支持，而且还有着广泛的实践应用。国外在元数据方面的研究开展较早，已有许多元数据标准被广泛采用，我国元数据的研究和应用也取得了不少成果。我国元数据研究与应用的主要方式：一是直接采用现行的元数据标准，对产业的信息资源制定详细的描述规则，扩展采用的元数据标准；二是借鉴其他元数据的成功经验，制定相应的新的元数据标准。我国元数据的开发应用起源于图书馆工作，并在统计调查项目管理数据库以及教育、生物等信息资源的标准化工作中都取得了不少成果。在指定国家元数据标准这方面，2001~2003年，国家质量监督检验检疫总局颁布了中国版的元数据标准《信息技术——数据元的规范与标准化》。该标准是国际标准化组织（International Organization for Standardization，ISO）和国际电工委员会（International Electrotechnical Commission，IEC）制定的，该元数据标准由数据元的规范与标准化框架、数据元的分类、数据元的基本属性、数据定义的编写规则与指南、数据元的命名和标识原则、数据元的注册六部分组成。

在产业安全动态数据库系统中，元数据描述的是一种有关数据库内容的，以概念、主题或层次等形式建立的信息结构。它不仅起定义数据库的作用，还指明了数据库中信息的内容、位置以及数据的存取和转换规则，存储了与数据库主题有关的各种信息，而且整个数据库的结构都是基于元数据的。因此，元数据是贯穿数据库整个生命周期的一个关键因素，它支持数据库的构建、用户的访问，以及数据的维护和数据库的扩充，通过获取数据库的元数据信息，自动分析数据库特征，生成相关应用，如数据库常用的数据插入、删除、更新等操作代码。

值得注意的是，元数据在产业安全信息系统方面没有得到广泛的应用。为了使产业安全信息系统更好地为产业安全系统服务，起到功能完备、全局协调一致的作用，必须将元数据应用于产业安全信息系统中。

7.3.1.5 元数据的功能

结合产业信息资源的具体情况，元数据的功能包括以下内容。

（1）元数据是对产业信息资源的描述，能比较完整地反映出产业信息的全貌。

（2）元数据能够很好地组织信息资源，建立各信息资源之间的关系，为用户提供多角度、多层次、多途径的检索体系。

（3）元数据能让用户在不必浏览信息资源本身的情况，对信息资源有基本的了解和认识，从而决定信息的取舍。

（4）元数据能够保存产业信息资源，从而使相关信息被使用和评价。

（5）元数据是独立于产业安全信息系统平台的，无论使用什么技术平台，元数据本身是不受影响的，这就保证了先期的信息系统管理工作成果的效用最大化。

（6）元数据是生成产业安全信息系统平台相关模型的基础，可以使用代码生成器将元数据转换成系统平台相关代码。

（7）元数据为信息系统的运行提供了统一的、可读的系统模型，系统运行时可以使实体对象通过运行时的元数据模型来得知自身的结构、自身的特征、在系统模型中的位置以及与对象之间的关系等。这样就可以从一个新的角度来观察、设计、开发信息系统。

（8）元数据模型是信息系统运行不可或缺的部分，如果直接修改信息系统平台相关代码而不修改元数据，就会造成系统运行异常，这就强迫元数据模型与代码同步，保证了设计模型和实现代码的一致性。

（9）元数据本身是一个设计模型。信息系统设计人员可以使用元数据对信息系统进行建模，在某种程度上元数据可以取代统一建模语言（unified modeling language，UML）传统的设计模型。设计人员将设计完成的元数据模型交给开发人员，开发人员使用代码生成器将元数据转换成平台相关代码，然后就可以基于这些平台相关代码进行开发了。元数据起到了设计人员和开发人员沟通桥梁的作用。

7.3.2 元数据模型

7.3.2.1 元数据模型的定义

模型是对研究实体进行必要的简化，并用适当的形式或规则把它的主要特征描述出来。模型一般分为两类：一类是概念模型，只是用来描述某个特定组织所关心的信息结构，是对现实世界的第一层抽象；另一类是逻辑模型，直接面向数据库，与数据库底层设计相关，是对现实世界的第二层抽象。

元数据概念模型，是对复杂元数据系统的提炼和抽象，代表人们对元数据系统的抽象认识。它是由一系列关系表构成，在应用中，首先根据实际工作数据模型抽象出一个基本能满足应用需求的数据库模型，作为支持系统的"原型模型"，它和普通的数据库模型没有太大的差别，仍然遵循数据库模型的各种规范，但它又不同于数据库模型，是一个开放的、未定型的模型，在使用中可以动态修改。结构化、形式化的元数据概念模型是实现元数据功能的基础，也是建立各类统计调查元数据应用方案的基石，对于增强产业领域内各类统计调查过程的协调性、数据语义的一致性以及调查数据的整合与共享具有重要意义。

元数据逻辑模型是实现概念模型到物理模型转换的桥梁,着重描述系统要"做什么",或者说具有哪些功能。元数据逻辑模型是数据仓库实施中的重要环节,因为它能直接反映出用户的需求,同时对系统的物理实施有着重要的指导作用。

元数据模型的开发是一项复杂的工作,这是由于各产业数据模型的差别特别大,根据各个产业的数据特点进行模型构建是不可能的。但是模型的开发是具体应用实现的基础,可以通过各个产业提出的需求,创立共享数据库元数据的各组成部分,将各组成部分结合成一个逻辑上协同的整体,从而达到模型泛化的目的。

7.3.2.2 元数据建模过程

元数据建模可分为三层,第一层是对象和数据,描述现实的、最具体的信息。第二层为元数据或模型(运算关系),表达数据结构及其组织方式。第三层为元数据模型,定义元数据属性、类和方法(处理手段)。

元数据建模步骤如下。

(1)建模人员和产业的相关人员结合产业的有关数据、监测预警和评估诊断模型进行交流分析。利用统一建模语言建立元模型,这些模型包含技术规范信息(对象持久型、事务、安全、配置)。

(2)平台无关模型需转换成平台相关模型,平台无关模型通过调用元数据工具的通用服务和领域规范,完成转换过程,生成的结果模型存为特定格式。

(3)结合产业信息系统的实际环境,生成此环境下的应用接口。这些接口与相应的服务进行联编,生成有关文件,最后是对服务端应用程序的自动组装和配置。

7.3.2.3 元数据模型的意义

元数据模型代表人们对元数据系统的认识抽象。一个设计科学的元数据模型的意义在于统一对元数据系统的认识,从而规范化元数据标准的设计。具体来说,元数据模型可以有助于从整体上明确元数据系统的构成,从而统一人们对于元数据系统的概念认识,具体到实践中元数据模型又可以指导元数据标准的整体架构。目前国际元数据标准的设计一般都是遵循一定的元数据模型的。产业安全的元数据也要遵循元数据的标准,以达到易于开发和设计、维修、升级的目的。

7.3.3 元数据管理

产业安全元数据管理和一般元数据管理类似,它是一个根据一定的方式来管理组织数据的流程。此流程能集成、链接和集中管理多个来源的元数据,便于在整个组织内妥善维护、分析和解释数据。有效管理元数据,可以使数据变得更有价值。下面介绍元数据管理的作用、内容和工具。

7.3.3.1 元数据管理的作用

元数据管理是为了提升共享、重新获取和理解产业安全信息资源的水平。良好的元数据管理可以避免信息丢失或隐藏，方便数据集成，从而更好地支持产业业务。元数据管理有助于查找和描述信息资源，从而可以改进对资源进行检索、管理和利用的效率，也可以帮助组织电子资源，促进其互用性，验证其标识，以及确保对它们的长期保存。

7.3.3.2 元数据管理的内容

元数据管理包括元数据的创建、存储、交换、集成、监督和优化等方面。

（1）元数据的创建。元数据通常是被不同的产业机构共享。为了保证元数据的共享和协同操作，必须建立元数据的构建规则，并加以权限控制，从而保证元数据及相应资源的充分利用。

（2）元数据的存储。元数据可以与资源存储在一起（如 HTML 文件），也可以单独存储。共同存储的好处是不会丢失，连接可靠，可以同时更新；分开存储的好处是易于管理。但是有时元数据不能与资源一起存储，尤其是产业业务元数据。

（3）元数据的交换。元数据通常在局部产生，但需要在不同的产业工作人员或机构之间进行信息交换。元数据交换是资源共享的重要前提，尽管很多时候这一过程是隐式进行的。

（4）元数据的集成。局部定义的元数据可能会产生大量的不一致，相同的名字表示不同的属性，或者相同的属性用多种方法命名。为了保证元数据的一致性，有必要建立"中央知识库"，对组织内部的元数据进行集中管理。

（5）元数据的监督。元数据集成后，需要将元数据的修改传播到使用这些元数据的组织或个人。需要建立产业安全信息系统监督体系结构（定义数据和应用的拥有者），监督数据资产（数据仓库、命名标准），并定义监督流程（何时开始更新、如何更新）。

（6）元数据的优化。建立元数据模型和标准的词汇表，建立知识本体，对元数据进行优化，并实现产业安全信息知识库和知识集成。

7.3.3.3 元数据管理的工具

虽然元数据至今尚未引起业界的广泛重视，但是与元数据相关的管理工具其实早就存在，而专业的元数据管理工具则在 2000 年左右开始出现。例如，IBM，CA，DAG 等公司都有自己专门的元数据管理工具。

DAG 公司的 Metacenter 产品，IBM 公司的 WebSphere 元数据服务器，WebMethods 公司的语义元数据管理（Cerebra），CA 公司的 DecisionBase 产品，主要应用于系统维护、表或模型的修改、应用分析、指标管理、影响分析、表重要程度分析、表无关程度分析，缺点是整理元数据耗时费力、管理工具不能自动映射元数据管理、导入元数据范围有限。

结合产业安全信息系统的元数据结构简单、模块化、实时动态更新的特点，以及 WebSphere 产品模块化的特点并且可以随着需要的增长继续扩展环境，本节认为 WebSphere 元数据管理工具更适合于处理产业安全信息系统元数据。

7.3.3.4　产业信息元数据管理系统模型描述

产业信息元数据库管理系统是一个大型分布系统，在结构设计上，应能满足普通大众用户、管理用户和决策者等多层用户简单或复杂的需求。用户可以通过该系统方便地了解数据的来源和使用方法，从而能帮助用户迅速找到所需的信息，并能够按照正确的方法使用数据。按照产业信息元数据内容体系的设计，产业信息元数据管理系统采用基于互联网的分布式元数据管理模式，如图 7-6 所示。在该模式中，元数据与可以获取的在线数据动态连接，并且提供文本和图形可视化的查询功能，或多元数据融合查询检索形式的产业信息共享机制。通过网络元数据代理服务器，通过可视化方式查询元数据库确定产业数据所在的空间范围、时间和类别，代理服务器负责转接到相应的数据库服务器，对于涉及多个数据源的查询代理服务器可以进行数据融合，用户不必关心数据所在的位置和存储格式。

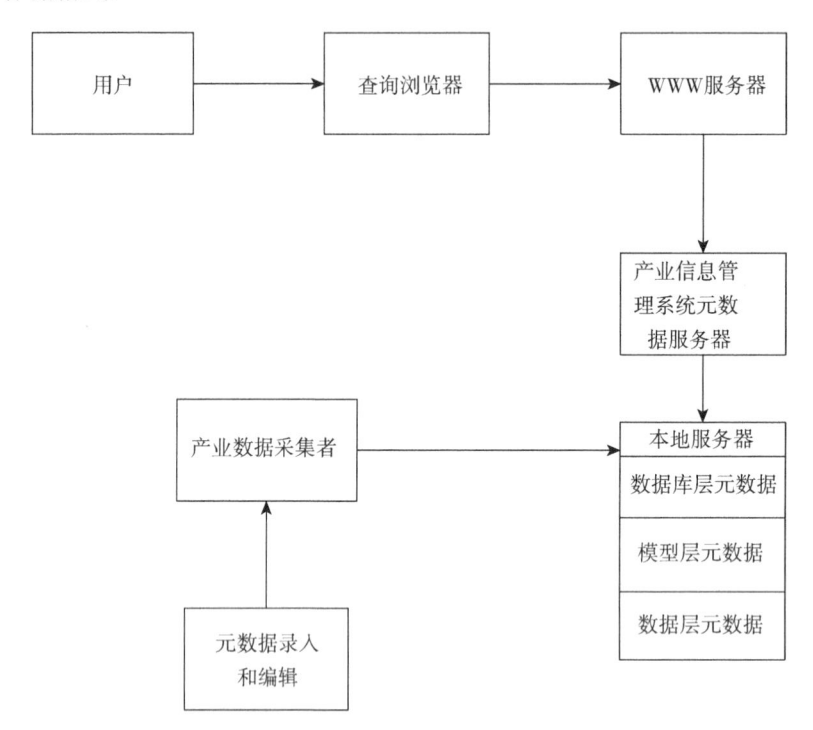

图 7-6　产业信息元数据管理系统结构图

7.3.3.5　产业信息元数据管理系统功能

（1）元数据录入功能。该功能主要面向元数据提供者，指导元数据提供者针对具体的产业各部门的职能按照元数据规范通过元数据网络管理系统主页上的权限验证进入录入界面，录入权限范围内的元数据内容。

（2）元数据编辑功能。该功能主要面向元数据提供者和系统管理员，即允许元数据提供者对产业信息元数据记录进行修改；允许系统管理员建立产业信息元数据库结构，并对产业信息元数据库进行操作和维护。

（3）元数据查询、检索和获取功能。该功能面向普通用户，用户通过管理系统的用户界面设立查询条件，进行产业信息元数据的简单查询和复合查询。系统将查询条件传给本地服务器，查询是否有符合条件的记录。如果本地服务器下没有符合条件的记录，则进一步提交到分布式子系统元数据服务器，查询在分布式子系统的其他服务器是否有符合条件元数据的记录，最后根据检索到的符合条件的元数据记录，提取用户需要的产业信息或数据。

7.3.4　基于元数据的信息资源分类

随着现代科技的迅猛发展，产业的信息资源具有数量巨大、形式多样、传送方便、动态更新等特征，为产业安全的分析和评价提供了原始信息。但同时也对信息发布机构提出了挑战，即如何能准确快速地向用户提供所需的信息。为了保证信息资源的快速性和准确性，必须对信息资源进行有效的分类。因此，如何根据信息资源的特点和用户的需求进行有效的信息资源分类，帮助用户获取所需的信息，是元数据管理的一个组成部分。

分类是揭示事物历史发展规律的必要条件。在科学研究中，由于科学分类系统反映了事物的本质特征和内部规律性的联系，所以具有科学的预见性，能指导人们寻找或认识新的具体事物。信息资源分类是科学发展的必要步骤，科学的进步是同分类系统的不断完善相联系的。元数据的信息资源分类能帮助产业相关人员加工、整理资料与事实，储存各种数据，并把它们条理化、系统化，从而为用户提供一种便利的检索手段，并为深入研究创造条件。

7.3.4.1　基于元数据的信息资源分类概念

分类是指根据事物的性质、属性、特征、社会价值与功能等来确定该事物在社会活动中所属的领域、范畴与位置。分类实际上是将相同或相近的物体放在一起，它是一个知识整理的过程。

基于元数据的产业安全信息资源分类是根据信息资源自身内容的属性或特征，将其按一定的原则和方法进行区分和归类，并建立起一定的分类体系和排列顺序。分类依据取决于分类对象的属性或特征。从信息资源目录服务的角度，通过元数据对信息资源进行分类主要是方便用户通过分类的方式快速找到符合需求的信息资源。

从不同的元数据类型可以对产业安全信息资源进行不同的分类，如按知识描述型的元数据，可把信息资源的名称、主题、类型、记录、索引等信息表示出来，然后根据其名称、主题等的不同进行分类；按结构型元数据，可对数字化信息资源内部结构不同进行分类；按存取控制型元数据，可对信息资源的共享性进行分类；按技术元数据可分为管理信息、采集信息、更新信息。

信息资源分类是信息资源目录建立过程中最为复杂的工作之一，通常从信息资源目录建立的角度来说，信息资源的分类一般会重点考虑以下几个原则。

一是信息资源的分类必须简洁，类目的设置一般以分到二级类目为宜，至多不超过三级类目。因为超过三级类目后,从管理和元数据著录的角度,对信息资源分类的难度和工作量将会有极大地增加。同时,从用户的角度,对信息资源的分类查找变得更加困难,这将偏离对信息资源进行分类的初衷,难以达到对信息资源快速查找定位的目的。

二是在设置不同的分类方式时,不同分类方式的类目设置尽量不要重复,即不同类的信息资源之间尽量不相关。

三是需要注意分类标准的可操作性,很多信息资源的分类都是基于信息资源的业务分类进行细化和合并,尤其对于细化的情况,除非有明确的判定规则和判定依据,应尽量避免。大多数情况下,对已有类目进行细分是一件艰巨的工作。

7.3.4.2 基于元数据的信息资源操作

信息描述的结果是获取描述记录,即元数据,用做信息资源的代替物——组织检索系统。信息描述的目的,就是以元数据为中介,对信息资源进行各种操作。其操作包括以下内容。

(1) 描述。根据元数据的定义,它最基本的功能就在于对信息对象的内容、特征和位置进行描述,从而为信息对象的存取和利用奠定必要的基础。对信息对象描述的详简和深浅,随具体采用的元数据格式不同而不同。

(2) 定位。由于网络信息资源没有具体的实体存在,所以,明确它的定位至关重要。元数据包含有关网络信息资源位置方面的信息,由此可确定资源的位置所在,促进网络环境中信息对象的发现和检索,可提高信息资源的查准率和查全率。

(3) 搜寻。在著录过程中,将信息对象中重要内容抽取并加以组织,赋予语义,建立数据之间的联系,指出相关数据的地址和存取方法,从而有利于用户识别资源的价值,发现其真正的信息资源。

(4) 评价。元数据提供有关信息对象的名称、年代、格式、作者等基本属性,使用户在无需浏览信息对象本身的情况下,就能够对信息对象基本了解和认识,对信息资源的使用价值进行判断,作为存取与利用的参考。

(5) 选择。根据元数据所提供的描述信息,参照相应的评估标准,结合使用环境,用户做出对信息对象的取舍的决定,选择适合用户使用的资源。

7.4 信息融合与共享

7.4.1 信息的不确定性和多源性

7.4.1.1 不确定性与多源性的概念

信息论创始人申农认为,信息是用以消除不确定性的东西。在信息论中,不确定性是表征某随机变量的发生有多么可靠的量,而信息的不确定性,主要表现为信息获取前后,信息量上的变化。一般用熵来计算这个量,记作 $H(X)$。

设总体 X 的 n 种可能状态中各状态出现的概率为 $P(i)$,则信息量为

$$H(X) = \frac{1}{\ln n}\sum_i^n P(i)\log\frac{1}{P(i)} = -\frac{1}{\ln n}\sum_i^n P(i)\log P(i)$$

X是随机变量，当X是一个确定的状态时，$H(X)=0$，信息不确定性最小。当每一个状态的可能性都相等，此时熵最大取 1，信息有最大的不确定性。熵越大信息的不确定性越大，熵越小信息的不确定性越小。

从信息论的角度来看，信息的不确定是信息的本质特征，确定的信息仅是不确定情形的特例。而从现实世界的角度来看，任何信息在被人或其他获取对象获取之前，都经过了人大脑的加工或者机器的处理，处理前后信息发生变化是绝对的，仅是多与少的问题。也就是说，从现实世界我们所能认识到的信息或多或少都带了一定的不确定性。

产业安全信息的另一个重要特征是信息的多源性。一方面，用来衡量产业安全程度的指标信息包括进出口依存度、产业内的供需、竞争力、产品销售率、产业负债率、产业内的工业污染处理率等，这些信息需要从海关部门、各地区各产业统计部门、产业内各主要企业以及国际组织的官方网站等获取。另一方面，用来衡量各指标重要程度、产业的预警区间等信息需要使用专家经验来获得。

信息的不确定性和信息的多源性为信息的获取、萃取及融合带来了各种各样的挑战。例如，信息不确定性会导致不同源信息之间的不一致性，而信息的采集者和处理者又无法确定不确定性的具体来源和程度，这为信息的进一步开发和利用带来了巨大的难题。

7.4.1.2 不确定性来源

信息的不确定可以源于信息的产生、获取、变换、传输、存储、处理、显示、识别和利用等信息生命周期的任何一个环节。在不同的环节中，信息的不确定具有不同的特征，用来解决信息不确定性的处理方法也不尽相同。例如，信息的不确定可以来源于信息产生环节的主观性、获取时传感器的系统误差或者外界干扰等。

信息的不确定性来源会随着系统的特征而有所不同。针对产业安全信息系统构建可能遇到的信息不确定性的主要来源，简要分类如下。

（1）主观不确定性。产业安全评价模型中，主观性指标的信息获取势必要依赖于专家估计，人为因素就不可避免地会影响信息获取的客观性和精确性。可以通过层次分析法、专家平均加权等方法对专家数据进行处理来减小主观不确定性。

（2）方法和模型的不确定性。不同的评估和预警方法与模型是从不同的认识角度来处理产业安全原始数据；同一组数据，使用不同的方法和模型，得出的结果可能不尽相同，也就是说，方法和模型的不确定性也是影响分析结果的主要不确定性因素。方法和模型的不确定性可以通过模型的实证分析，对模型参数或者模型方法进行修正来减少或削弱。

（3）概念的不确定性。概念的难以界定，造成了不同专家对产业安全的研究内涵、领域、角度、背景等不同，势必会影响对产业安全信息处理和最终安全程度的评价上。

（4）测量计算的不确定性。这种不确定可以从系统不确定性和干扰不确定性两个角度来分析。系统不确定性指一些指标值很难用现有的统计数据来计算，而使用异化的方法计算所带来的不确定性，即统计方法带来的不确定性。例如，产业的工业成本指标值很难用现有的统计指标来计算，可以使用产业内的平均工资来衡量，而两者之间又有一定的差别。干扰不确定性，指人为或非人为对测量计算过程结果造成的不确定性。例如，计算错误、记录错误、人为杜撰计算结果等。

（5）传输噪声。这是指信息在系统的不同节点上传输时，因为网络因素所带来的不确定性，包括数据的丢失、外界的干扰等不确定性因素。

（6）硬件故障。这是指硬件物理受损带来信息的丢失或信息连续性的损坏等。可以通过数据库备份或构建数据还原功能来尽可能地减少系统硬件故障所带来的信息不确定性。

（7）系统逻辑故障。这是指系统运行中逻辑故障所带来的系统卡死、崩溃等造成系统数据的丢失、更改甚至于毁灭性破坏。系统逻辑故障可以通过系统设计阶段的不断测试来减少或避免。

7.4.2 信息萃取

信息萃取（information extraction，IE）是指在信息携带干扰、噪声等不确定性条件下把数据库里包含的有用信息进行结构化处理，变成表格一样的组织形式。输入信息萃取系统的是原始搜集数据，输出的是固定格式的信息点。信息点从各种各样的数据库中被抽取出来，然后以统一的形式集成在一起。这就是信息萃取的主要任务。信息以统一的形式集成在一起的好处是不同的信息之间可以融合、比较。可以简单地认为，信息萃取是在信息携带大量干扰、噪声和不相干意义下的信息抽取。在产业安全信息采集时，可以利用信息萃取技术，从巨量的数据库信息中，快速找系统相关的信息。也可以利用网络信息萃取技术，快速高效地从网络中获取那些最新的或者难以获取的信息，通过加权平均减少获取信息的不确定性。

常见的信息萃取技术有很多，包括基于统计理论的技术、基于视觉特征的技术、基于 DOM 树结构的技术、DSE 算法、MDR 算法、Road Runner 系统等。

7.4.3 信息融合

7.4.3.1 信息融合的发展历史与现状

对不同源信息和带不确定性的信息进行融合是产业安全信息系统信息采集和信息处理的主要步骤。例如，在产业安全评价指标体系中，指标信息可能是利用不同源数据对产业指标的统计结果，而在统计过程中，不同领域、不同地区面临的问题各异。统计策略和统计方法的差异，以及人为主观因素等造成的信息不确定与信息多源性为产业指标信息融合提出了各种各样的难题。在这些统计过程中，信息表现形式的多样性、信息容量以及信息的处理速度等要求已经大大超出人脑的信息综合能力。处理各种各样的信息源信息意味着增加了待处理的信息量，很可能会涉及在各信息源数据组之间数据的矛盾和不协调。在这样的情况下，多源信息融合（multi-sensor information fusion，MIF）技术应运而生。融合是指采集并集成各种信息源、多媒体和多格式信息，从而生成完整、准确、及时和有效的综合信息的过程。信息融合是针对一个系统中使用多种信息来源（不同部门、不同地区、不同国家的统计数据）这一特定问题而展开的一种信息处理的研究方向。其实，信息融合是人类的一个基本功能，人类可以非常自如地把自己身体中的眼、耳、鼻、舌、皮肤等各个感官所感受到的信息综合起来，并使用先验知识去感知、识别和理解周围的事物和环境。

信息融合技术研究如何加工、协同利用信息，并使不同形式的信息相互补充，以获得对同一事物或目标的更客观、更本质认识的信息综合处理技术。经过融合后的系统信息具有冗余性、互补性、实时性等特点。根据信息融合的定义，信息融合技术包括以下核心内容。

（1）信息融合是在几个层次上完成对多源信息处理的过程，其中每一个层次都具有不同级别的信息抽象。

（2）信息融合包括探测、互联、相关、估计以及信息组合。

（3）信息融合的结果包括较低层次上的状态估计和参数估计，以及较高层次上的整个发展态势估计。

因此，多源信息是信息融合的加工对象，协调优化和综合处理是信息融合技术的核心。

信息融合的基本目标是通过信息组合而不是出现在输入信息中的任何个别元素，推导出更多的信息，这是最佳协同作用的结果，即利用多个信息源共同操作的优势，提高信息的采集和处理效率。用于融合的信息既可以是未经处理的原始数据，也可以是经过处理的数据，处理后的数据既可以是描述某个过程的参数或状态估计，也可以是支持某个命题的证据或赞成某个假设的决策。在融合过程中，需要对这些性质不同、变化多样的信息进行复合推理，以改进分类器的决策能力。

7.4.3.2 信息融合的主要模型

近 20 年来，人们提出了多种信息融合模型。其共同点或中心思想是在信息融合过程中进行多级处理。现有系统模型大致可以分为两大类：①功能型模型，主要根据节点顺序构建；②数据型模型，主要根据数据提取加以构建。在 20 世纪 80 年代，比较典型的功能型模型主要有 UK 情报环、Boyd 控制回路等；典型的数据型模型则有 JDL 模型。20 世纪 90 年代又发展了瀑布模型和 Dasarathy 模型。1999 年，Mark Bedworth 综合几种模型，提出了一种新的混合模型。下面简单对上述典型模型介绍。

1. UK 情报环

情报处理包括信息处理和信息融合。目前已有许多情报原则，包括：中心控制避免情报被复制；实时性确保情报实时应用；系统地开发保证系统输出被适当应用；保证情报源和处理方式的客观性、信息可达性；情报需求改变时，能够做出响应；保护信息源不受破坏；对处理过程和情报收集策略不断回顾，随时加以修正。这些也是该模型的优点，而缺点是应用范围有限。UK 情报环把信息处理作为一个环状结构来描述。它包括四个阶段：①采集，包括传感器和人工信息源等的初始情报数据；②整理，关联并集合相关的情报报告，在此阶段会进行一些数据合并和压缩处理，并将得到的结果进行简单的打包，以便在融合的下一阶段使用；③评估，在该阶段融合并分析情报数据，同时分析者还直接给情报采集分派任务；④分发，在此阶段把融合情报发送给用户，通常是决策者，以便决策行动，包括下一步的采集工作。

2. JDL 模型

1984 年，美国国防部成立了数据融合联合指挥实验室，该实验室提出了他们的 JDL 模型，经过逐步改进和推广使用，该模型已成为美国国防信息融合系统的一种实际标准。JDL 模型把数据融合分为四级：第一级为目标优化、定位和识别目标；第二级为态势评估，根据第一级处理提供的信息构建态势图；第三级为威胁评估，根据可能采取的行动来解释第二级处理结果，并分析采取各种行动的优缺点；过程优化实际是一个反复过程，可以看做第四级，它在整个融合过程中监控系统性能，识别增加潜在的信息源，以及传感器的最优部署。

3. Boyd 控制环

Boyd 控制环又称 OODA 环，即观测（observe）、定向（orient）、决策（decide）、执行（act）环，它首先应用于军事指挥处理，现在已经大量应用于信息融合。可以看出，Boyd 控制回路使得问题的反馈迭代特性显得十分明显。它包括四个处理阶段：①观测，获取目标信息，相当于 JDL 的第一级和情报环的采集阶段；②定向，确定大方向和认清态势，相当于 JDL 的第二级和第三级，以及情报环的采集和整理阶段；③决策，制订反应计划，相当于 JDL 的第四级过程优化和情报环的分发行为，还有诸如后勤管理和计划编制等；④行动，即执行计划，和上述模型都不相同的是，只有该环节在实用中考虑了决策效能问题。OODA 环的优点是它使各个阶段构成了一个闭环，表明了数据融合的循环性。可以看出，随着融合阶段不断递进，传递到下一级融合阶段的数据量不断减少。但是，OODA 模型的不足之处在于，决策和执行阶段对 OODA 环的其他阶段的影响能力欠缺，并且各个阶段是顺序执行的。

4. 扩展 OODA 模型

扩展 OODA 模型是加拿大的洛克西德马丁公司开发的一种信息融合系统结构。该种结构已经在加拿大哈利法克斯导弹护卫舰上使用。该模型综合了上述各种模型的优点，同时又给并发和可能相互影响的信息融合过程提供了一种机理。用于决策的数据融合系统被分解为一组有意义的高层功能集合。

5. 瀑布模型

瀑布模型（图 7-7）由 Bedworth 等于 1994 年提出，广泛应用于英国国防信息融合系统，并得到了英国政府科技远期规划数据融合工作组的认可。它重点强调了较低级的处理功能。它的传感和信息处理、特征提取和模式处理环相对应于 JDL 的第一级，而态势评估和决策制定分别对应于 JDL 的第二、第三级。可以看出尽管瀑布模型的融合过程划分得最为详细，但是它并没有明确的反馈过程，这应该算是它的主要缺点。

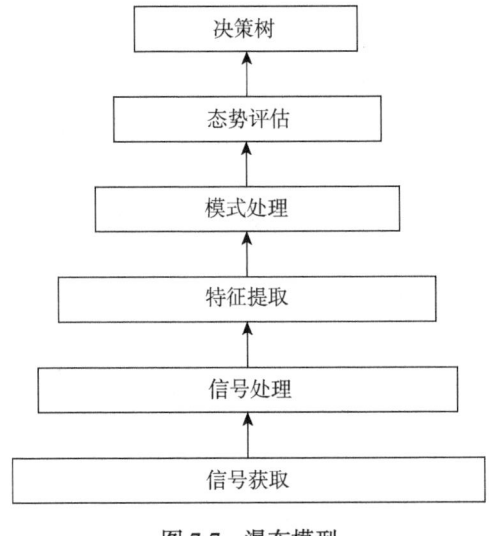

```
决策树
  ↑
态势评估
  ↑
模式处理
  ↑
特征提取
  ↑
信号处理
  ↑
信号获取
```

图 7-7　瀑布模型

6. Dasarathy 模型

Dasarathy 模型包括有五个融合级别，如表 7-1 所示。

表 7-1　Dasarathy 模型融合级别

输入	输出	描述
数据	数据	数据级融合
数据	特征	特征选择和特征提取
特征	特征	特征级融合
特征	决策	模式识别和模式处理
决策	决策	决策级融合

综上可以看到，瀑布模型对底层功能进行了明确区分，JDL 模型对中层功能划分清楚，而 Boyd 回路则详细解释了高层处理。情报环涵盖了所有处理级别，但是并没有详细描述。而 Dasarathy 模型是根据融合任务或功能加以构建，因此可以有效地描述各级融合行为。

7. 混合模型

混合模型利用了信息的往复特点以及 Boyd 回路的回馈轮换特点，并且使用了瀑布模型的概念，所有概念与 Dasarathy 模型层层相关。利用该模型可以识别反馈，并且有 Boyd 回路构造，从而可以确定信息融合处理的循环性，模型任务的描写也可以得到好的重构准确度。另外，通过模型还可以便捷搜索融合行为位置。

7.4.4 信息共享

产业安全信息系统需要把系统的输出信息共享给最终用户才能实现信息的价值。实现信息共享的方法和途径有很多，通过网络来共享信息，是解决最终用户的空间分布特征的最好途径。因此，信息共享（information sharing）指不同终端（客户端）通过网络（包括局域网、互联网）共同管理，分享数据信息的过程。

产业安全信息系统可以使用一个信息共享平台来实现信息的共享，其共享结构图如图 7-8 所示。

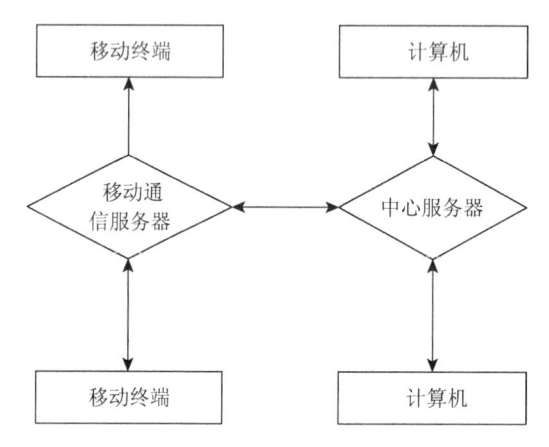

图 7-8 信息共享结构图

图 7-8 揭示了信息共享可以是计算机与计算机之间的网络共享，也可以是计算机与移动通信或移动通信与移动通信之间的数据共享。信息共享需要一定的计算机技术与通信技术相结合才得以实现，泛在网络是实现产业安全信息共享的有效技术支撑。

信息共享可以增强信息有效性，防止在各环节重复。它的根本是信息一般化，并利用法规保障。信息共享取决于信息技术和信息传输在安全和保密的前提下完成。

7.5 产业安全信息资源开发

7.5.1 信息资源规划

7.5.1.1 信息资源规划的概念

信息是一种重要的资源已成共识。对信息资源进行组织、管理、建设、开发、利用成为人们普遍关心的问题。

所谓信息资源规划是以信息为中心，包括信息的提取、组织、存储和流动几个方面的规划。信息资源规划是各种信息系统的开发（尤其是大型复杂的信息系统）的基础性、先导性工作,它需要以系统工程的思想方法为指导,综合应用多种信息技术,尤其是信息组织技术解决信息资源整合与共享问题,全面分析目标系统流程并进行优化整合;建立组织信息系统的数据模型和功能模型;规范组织内部信息资源管理基础标准;对应用系统各种需求进行全面分析。产业安全信息资源规划是指对组织构建产业安全信息系统所需要的信息,从采集、处理、传输到共享的全面规划。产业内外部各主要环节的生产经营活动、信息系统的构建和运行维护都伴随着信息的产生、流动和使用。要使组织各部分之间频繁的、复杂的信息流畅通,充分发挥信息资源的作用,就要进行统一的、全面的规划。

7.5.1.2 信息资源规划的理论基础与研究内容

信息资源规划的理论基础是现代信息工程基本原理:数据在数据处理系统中心;数据是可靠的,方法是灵活的。詹姆斯·马丁在数据库的理论和发展问题的前提下,进一步研究主题数据库,把规划、设计以及实现作为信息工程的核心。

产业安全信息资源规划的最终目的是信息的有效共享和利用。它的完全实现应该包括网络工程、数据库工程和应用软件工程三方面的有效规划,建立起现代信息网络。现代信息网络是现代通信网、计算机网和信息资源网的综合。应用软件工程主要解决信息资源以什么样的形式表现出来,便于用户获取和利用,其中软件体系结构的建立是关键所在。产业安全信息资源规划又有静态和动态之分,所以产业安全资源规划阶段应考虑以下几方面。

(1) 静态信息的存储和管理,包括信息的数据结构、存储方式,以及数据的查询、添加和删除等操作。

(2) 静态信息的载体,包括存储模式的确定、存储设备的选取和存储设备拓扑结构的设计。

(3) 动态信息的流转机制的设计,包括创建、挂起、中断或杀死事务流程控制中心等以实现在线协同工作。

(4) 动态信息的载体,包括互联网的设计规划。

从理论和技术方法创新的角度,将产业安全信息资源规划的要点归纳如下。

(1) 全面分析产业安全信息管理系统的工作流程,并进行不断的优化整合。例如,我们可以初步构建产业安全评估系统的流程图,如图7-9所示。

(2) 对要构建的系统进行各种需求分析,包括数据需求、功能需求与元数据需求等。在7.2节和7.3节我们已经从数据需求和元数据需求的角度对产业安全信息系统进行了规划。

(3) 建立产业安全信息系统的数据模型。这一部分是利用数据需求的结果,分析需求、数据的数据结构、数据操作、数据约束,选择合适的数据库管理软件和技术,如数据仓库技术。

(4) 建立产业安全的功能模型。功能模型描述了系统的所有计算,指出发生了什么,即一个计算如何从输入值得到输出值。例如,产业安全评估诊断系统功能模型的数据流图,如图7-10所示。

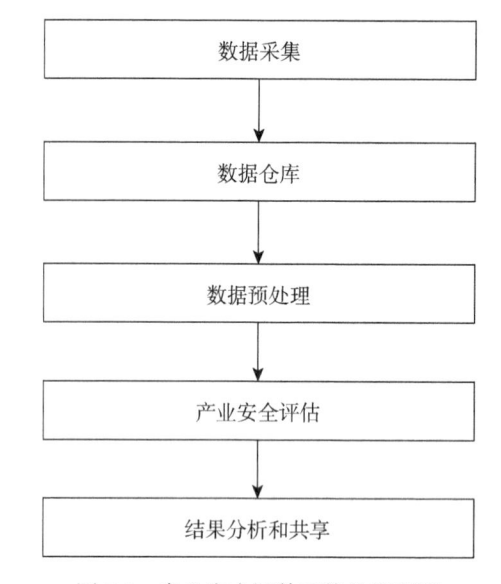

```
┌─────────────┐
│  数据采集   │
└──────┬──────┘
       ↓
┌─────────────┐
│  数据仓库   │
└──────┬──────┘
       ↓
┌─────────────┐
│ 数据预处理  │
└──────┬──────┘
       ↓
┌─────────────┐
│ 产业安全评估│
└──────┬──────┘
       ↓
┌─────────────┐
│结果分析和共享│
└─────────────┘
```

图 7-9 产业安全评估系统的流程图

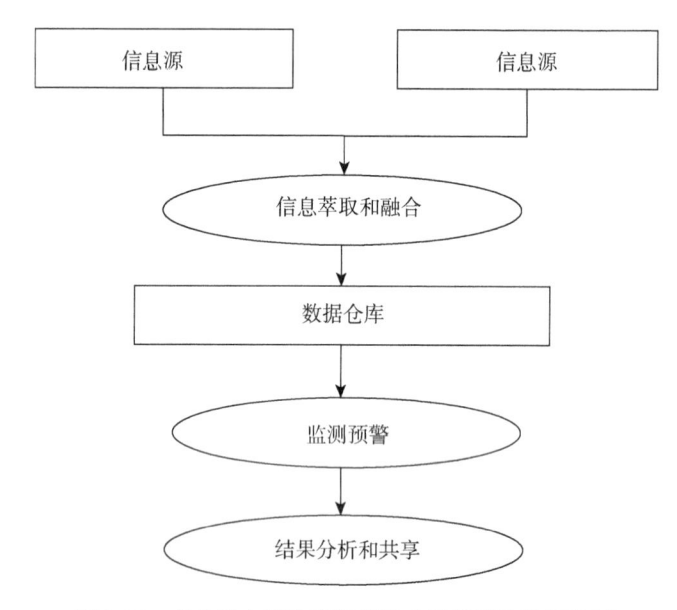

图 7-10 产业安全评估诊断系统功能模型的数据流图

（5）规范产业安全研究组织内部信息资源管理基础标准，将标准规范编写到软件工具之中，软件工具就会引导规划人员执行标准规范，形成以规划元库（planning repository，PR）为核心的计算机文档，确保与后续开发工作的无缝衔接。

7.5.1.3 信息资源规划的步骤

（1）定义职能域。为了按信息工程的思想方法来重新认识产业安全信息系统，以便能系统地、本质地、概括地把握产业安全信息系统的功能。

（2）职能域业务。明确职能域流程，识别各个环节所包括的活动，产生"职能域—

业务过程—业务活动"三个环节形成的业务模型。

（3）职能域数据流。针对各个职能域画出各级数据流图，达到识别职能域内外、职能域之间、职能域内部的信息流效果；研究标准化用户视图（user view），包括单证、报表、屏幕表单等；对各职能的输入、处理、输出进行研究探讨。

（4）建立全组织信息管理基础标准。其中包括元素标准、信息分类标准、用户视图标准、概念数据库标准和逻辑数据库标准。

（5）构建信息系统模型。基于业务模型，利用计算机进行业务可行性分析，结合已有程序模块，建立信息系统模型，系统模型有"子系统—功能模块—程序模块"三层结构组成，并且系统功能建模应与业务流程优化相结合。

（6）构建信息数据模型。信息系统数据模型由各子系统数据模型和全域数据模型组成，数据模型的实体是"基本表"（base table），这是由数据元素组成的达到"三范式"（3-NF）的数据结构，是系统集成和信息共享的基础。

（7）建立信息系统体系结构模型。信息系统体系结构是指系统数据模型和功能模型的关联结构，采用 U-C 矩阵来表示，系统体系结构模型的建立，是决定共享数据库的创建与使用责任、进行数据分布分析和制订系统开发规划的科学依据。

7.5.1.4 信息资源规划的意义

信息资源规划是一件很有意义的工作，任何一个产业安全信息系统都需要在一定的信息模型框架内实现，这种信息模型是在业务模型的基础上抽取数据模型和功能模型，抽取的过程就是信息资源规划的过程，规划的成功与否直接影响到产业安全信息系统开发的成败。

通过信息资源规划的实施，建立组织内部信息资源管理基础标准、系统功能模型和系统数据模型。在这些标准和模型的指导、控制和协调下，进一步实施产业安全信息系统建设的网络工程、数据库工程和应用软件工程。从而保证系统建设高起点、低成本，实现信息资源整合、共享的目标。

目前，有些领域投以巨资建立起来计算机网络、各种生产自动化控制系统和经营管理信息系统，由于缺乏高层的统筹规划和统一的信息标准，设计、生产和经营管理信息不能快捷流通，信息不能共享，形成了许多"信息孤岛"，远没有发挥信息化投资的效益。

解决上述问题，需要进行信息资源规划。通过信息规划，可以把握业务流程，清晰信息需求，建立产业安全信息准则和模型。用该准则和模型考量当前模型，达到要求的就保留，不符合的就删除并再次研发，从而能有效地加快组织信息化建设。

因而，信息资源规划具有如下的意义。

（1）帮助整理并规范表达用户需求，落实"应用主导"。贯彻产业安全信息系统建设的"应用主导"方针，前提是要整理用户要求。通过标准的信息资源规划，才能合理分析和建模进而满足用户的需求。

（2）信息资源重组，消除"信息孤岛"，使信息紧密关联。"信息孤岛"是由于缺乏信息管理标准；信息资源规划过程就是创建据标准的过程，从而为整合信息资源、实现应用系统集成奠定坚实的基础。

7.5.2 信息资源开发

7.5.2.1 信息资源开发的概念

信息资源开发是系统建设的基础与核心工作，是信息资源管理领域的永恒话题，也是近些年来信息学界一直关注的重大理论课题。而对于信息资源开发的定义，各学者理解有所不同，按其理念可分为三种看法。

（1）信息资源开发是一种广泛活动，它包括信息服务和各种开发创新活动。有人认为，信息机构承办文化学习、技能培训热门学习班；承接各类函大、电大、夜大培训点的建设及日常业务；出租场地，经销图书设备和文化用品，设立书店代销部，经销出版社的部分图书和教材等都属于信息活动范畴。

（2）信息资源开发就是信息资源管理活动。持这种看法的人较多，如乌家培先生就指出，开发狭义的信息资源，有两方面含义：一是从外界环境发掘信息来源、拓宽信息渠道、构建信息资源库、加速信息活动；二是从自身丰富更新信息。符福峘先生于2011年主编的《信息资源学》一书认为："信息资源的开发利用是指将收集到的信息，根据用户的需求，有目的地进行不同类型、不同方式、不同深度地整序和加工，使其增值，并以各种类型的产品和方式提供给用户。开发跟信息系统、机构和人员关系密切，而利用则与用户紧紧联系在一起。"还有的学者认为："信息资源开发是通过一定的技术手段，将贮存于信息源中的信息由不可得状态变为可得状态，由可得状态转变为可用状态，有低可用状态转变为高可用状态的过程。"这些表述虽未明确将信息资源开发等同于信息资源管理，但就其内涵与外延来说，两者似乎是重合的，至少区别不大。

（3）信息资源开发是研发新产品的过程，是信息服务的一种高级形式。

不难看出，上述前两种观点，"一般化"了信息资源开发的外延，似乎不可取；而最后一种观点却又"窄化"了信息资源开发的外延。因为研发新的信息产品虽是信息资源开发的主要活动，但不是其全部，如对信息资源的宣传和利用指导，就很难说是一种研发、制造新产品的过程，但它是信息资源开发活动的一部分。下面，我们综合以上三种看法对产业安全信息资源的开发进行研究。

7.5.2.2 信息资源开发的类型

根据不同的划分标准和划分方法，信息资源开发可分为多种类型，主要有以下几种。

（1）从内涵与外延的角度，将信息资源开发分为外延开发与内涵开发。外延开发是指寻找新的信息源和信息渠道，最大化获取信息和搜索信息。内涵开发是指充分搜索利用现有信息，重视对当前信息的深刻发掘、加工，充分利用信息资源功能，探寻新的用途，充分发挥信息资源的潜在能量。

（2）从宏观与微观的角度将信息资源开发分为宏观开发与微观开发。宏观开发是指对社会各行各业的信息资源的搜寻、查找、梳理、应用，增强其整体功能；微观开发是指对某个方面的信息资源提炼、加工、分析、利用，充分发掘其潜在效能。

（3）根据信息资源开发的层次将信息资源开发分为信息化开发、主题指示开发、知识揭示开发、知识重组开发、知识活化开发等，也可以将它分为可得性开发、可用性开发和高水平可用性开发。其中可得性开发，是使信息资源从没有到可获取，并使之处于拥有的状态；然而系统资源的存在并不意味着可以使用，还需通过开发与之相匹配的项目，使信息资源便于用户使用，这就是可用性开发；通过对现有信息资源的再加工，使信息的利用在量和质的方面获得提高，就是高水平可用性开发。

（4）从信息资源存在状态的角度将信息资源开发分为待开发的信息资源开发与已有的信息资源开发。其中已有的信息资源开发可分为文献信息资源开发和网络信息资源开发。

（5）根据开发的深度将信息资源开发分为基本开发与深层度开发。其中前者是指对文献的分类、编制目录索引等工作；后者是指文献深度概括精华。

（6）根据信息资源开发的主体分为个体开发与社会开发。

7.5.2.3 信息资源开发的原则

信息资源开发的原则，应是信息资源开发规律的反映，是那些对全局和整个开发过程都起指导作用的准则。信息资源开发应遵循以下五个方面的原则。

（1）立足现实的原则。紧密联系实际，是我们开发信息资源的根本。从现实出发就是要根据各层单位信息资源的实际情况，根据当前人力（包括素质）、物力、财力、技术、设施、政策等条件，采取各种方法，尽可能开发当前的信息资源，使其有效利用。任何脱离实际的盲目开发都与该原则相反。我们既要立足现实，但不可安于现状，它要求我们从实际出发，放眼未来，在当前情况下，不断发展，加快信息资源开发的步伐，扩大开发规模，提高开发层次，高效地进行开发工作。

（2）需求导向原则。该原则包含四层意思：①信息资源开发应满足用户需求，这是立足现实原则所要求的。②从信息需求导向性我们可以认识到，大量用户的信息需求出现在一部分常用的信息资源中，少量用户的信息需求较少出现在一部分不太常用的信息资源中；还有极少量用户的信息需求出现在一部分偶然使用的信息资源中。③它要求我们，既要重点开发常用信息资源，同时保证少数用户需求的不常用信息资源的开发；开发的方法、层次以及开发的信息产品要有针对性，不能闭门造车；开发的信息资源要具有方便快捷的特点。④情报学中的Mooers定律告诉我们："一个情报检索系统，如果对顾客来说，他取得情报比他不取得情报更伤脑筋和麻烦的话，这个系统就不会得到利用。"这一定律对于信息资源的开发也是有效的。即开发的信息产品，提供的信息服务，不仅要满足用户的需求，还要具有便捷性；需求导向不是寻找用户的需求，而是积极主动地去培养用户的新需求，从而开辟信息资源开发的新领域。

（3）效益最大化原则。这个原则既要考虑经济效益又要考虑社会效益，并使两者区域最大。具体包括三层意思：①利用经济学原理评估信息资源效益。②尽量提高开发的"产出/投入比"，提高信息资源开发的净收益。③改善信息资源开发的社会效益，并追求经济效益与社会效益相一致。信息资源的开发促进了用户获得、利用信息并使其发挥最大的社会效益与经济效益。

（4）特色开发原则。这一原则包含三层意思：①要优先开发本单位有特色的信息。随着时间的推移，各信息部门在信息资源保存方面形成了特色，如地方特色、专业特色、类型特色、文种特色，对资源优势和特色要优先开发，发挥功能。②适当地选择开发项目，突出自己的特色，扩大开发规模，形式产业化。例如，上海图书馆的《全国报刊索引》、清华大学的《中国学术期刊光盘版》就是这方面的典范。③在信息资源开发过程中要追求创新，形成自己独特的方法、技术。

（5）安全开发原则。具体有四层意思：①开发时要注意对信息资源载体的保护，不能使之受到损伤，这在信息资源的转化型开发中尤为重要。②要树立产权意识，在开发信息资源时，不损害所有者的知识产权。③要有保密意识，开发中不泄露国家或单位的有关机密。④要注意对用户乃至公众精神的保护，开发健康、有益的信息产品与信息服务，避免给用户和公众带来信息污染和消极影响。

7.5.2.4 信息资源开发的思路

产业安全信息资源的开发和利用，主要包括六个方面的内容：信息库的建设、信息网络的建设、信息市场的培育、政策法规的建立、社会信息资源的利用和社会环境的创造。这六个方面的正确关系，构成了信息资源的良性循环机制。在这种机制下，产业安全信息资源的循环以信息库为载体，以政策法规为运行规则，以信息网络为流通渠道，以信息市场为运行环境。加强社会合作，利用社会资源是信息资源开发的有效途径；组织机构的建设等社会环境因素是开发和利用信息资源的保证。因而，产业安全的信息资源的开发应从如下几方面进行。

（1）以产业安全合理评价为导向，开发信息资源。信息库是信息资源的载体。信息库的建设，必须以产业安全合理评估为导向。从行业的实时状况出发，分行业、分模块地建立各类有助于国计民生的信息库，是开发信息资源的重点。

（2）建设信息网络，促进信息商品流通。信息网络是信息的流通渠道。我们采用多种手段，建立信息网络，并利用经济纽带，逐步使各类信息库联网，实现信息资源共享。

（3）结合实际，逐步建立信息流通和交换规范。信息资源必须按照一定的规章流通和交换。但信息立法，一直是我们的薄弱环节。

（4）培育信息市场，创造信息资源的开发与应用环境。

（5）加强国际国内合作，广泛利用社会资源。

（6）建立必要的组织机构，营造有利的社会环境。信息资源的开发涉及广大用户群体，受制于方方面面，必须有强有力的领导机构及相关组织，以造就有利于信息资源开发的社会环境。

7.5.3 信息资源管理

7.5.3.1 信息资源管理的起源和发展

信息资源管理（information resource management，IRM），是美国率先发展起来进而传播全球的一系列应用理论，是一种以计算机技术为核心的信息管理理论。信息资源管理有狭义和广义之分。狭义的信息资源管理是指对信息内容进行管理。广义的信息资源管理是指对信息内容以及与其相关的设备、技术、人员等进行管理的过程。

关于 IRM 的发展，国内外许多学者存在不同的看法。例如，中国学者卢泰宏在《国家信息政策》认为 IRM 的发展经历了三个阶段：第一阶段（1900～1950 年）为传统管理时期，以图书管理为特征；第二阶段（1950～1980 年）为技术管理阶段，以信息系统为特征；第三阶段（1980 年至今）为资源管理阶段，以信息资源管理为特征。再如，中国学者谢阳群认为 IRM 的发展经历的三个阶段是：第一阶段（1900～1950 年）为文献管理时期，以文献管理为特征；第二阶段（1950～1980 年）为数据管理阶段，以数据管理为特征；第三阶段（1980 年至今）为资源管理阶段，以信息资源管理为特征。

7.5.3.2　信息资源管理的概念

通过学习、借鉴国内外众多学者对 IRM 的定义，我们给出产业安全信息资源管理的如下定义：产业安全信息资源管理是基于产业安全信息资源的一种管理模式，它综合应用现代信息技术和管理技术，对产业安全信息资源涉及的各个要素（产业、信息、技术、人员、设备、资金、规范、机构等）进行计划、组织、协调和控制，以确保信息资源的有效利用，满足相关产业健康、稳定发展的各种信息需求。

从上述定义可以看出，产业安全信息资源管理的管理对象是信息资源的各个要素，包括信息、技术、人员、设备、资金、机构等；产业安全信息资源管理的管理内容是信息资源的组织、计划、加工、控制；产业安全信息资源管理的手段是现代信息技术和管理技术；产业安全信息资源管理的目的是满足相关产业健康、稳定发展的各种信息需求。

7.5.3.3　信息资源管理的类型

按照不同的分类方法，产业安全信息资源管理可以划分为不同的类型。按产业安全信息资源管理的目的来分，有下述类型。

（1）面向政府部门的产业安全信息资源管理，目的在于使政府部门更好地实施其产业宏观调控和信息服务的职能。

（2）面向一般社会组织（包括协会、各种企业等）的产业安全信息资源管理，目的在于促进组织目标的实现。

（3）面向信息服务业的产业安全信息资源管理，目的在于满足广大用户对信息服务的需求。

（4）面向信息产品生产的产业安全信息资源管理，目的在于满足广大用户对信息产品的需求。

7.5.3.4　信息资源管理的原则

产业安全信息资源管理是关系到产业将来一段时期内是否能够健康、稳定发展的关键。由于产业安全信息资源涉及信息、设备、人、政策、法律、技术和经济等多种因素，并且广泛渗透到与相关产业相关的经济、金融、政策法律及技术等领域，所以它是一项十分复杂的管理活动。搞好产业安全信息资源管理，必须遵循一定的规则，包括共享原则、系统原则、科学原则及安全原则等。

1. 共享原则

共享原则是信息资源管理的目标和归宿。信息资源来源于产业，是全社会的宝贵财富，理应为全产业用户所利用和共享。信息资源分布越广，其功效越强。

随着社会信息化，信息增长繁复，更新加快，任何机构都无法搜集全各方面信息。信息技术时代的到来，人们需要不断丰富自己的信息知识，对信息的需求由专门走向综合。因此，走信息资源整体化的道路，实现资源共享是信息化时代的必然要求。

同时，信息交流的社会化，也要求社会信息资源的共享。原来专业性强的各类信息系统，虽然自成系统，但缺乏联系，既阻碍了自身的发展，也无法实现整体效益最大化，需要重新认识、自我调整，向整体化、社会化的全方位迈进，达到全面信息的集成与共享系统。

2. 系统原则

系统论的最重要的理念是"整体效应"，即"整体大于部分之和"。系统的整体具有各个组成部分在孤立状态时没有的性质。系统的规模越大，机构越复杂、越合理，它所具有的超过个体性能之和的性能就越多。

根据系统论的观点，产业安全信息资源管理涉及设备、人、政策、法律、技术、经济等多种因素，单一要素无法独立发挥其功效，必须有机地组合在一起，形成系统，才能显示出其价值。

具体而言，应根据系统科学的要求，使全社会信息资源相互联系、全面系统化、分工协作、有机运行。当然，要真正"整合"全社会资源，就必须打破相互封锁、条块分割、各自为政的局面，只有这样才能使信息资源管理做到"整体大于部分之和"。

系统原则是产业安全信息资源管理的一大特点，它将使信息管理获得新的生命和新的活力。随着产业信息化、产业环境复杂、影响因素增多，产业安全信息资源管理越来越需要坚持系统原则。

3. 科学原则

科学原则是指产业安全信息资源管理要符合信息运动的客观实际情况，体现产业安全信息资源管理的重要性。信息的功效就在于它能真实地反映事物变化规律，产业安全信息资源管理要充分利用信息的功能，就必须要求信息整个传输过程（即从信源到信息的收集、处理、存储、传递、利用乃至反馈）必须真实、准确、可靠，尤其在"信息污染"日益严重的情况下，追求信息准确显得尤为重要。

4. 安全原则

安全原则也是产业安全信息资源管理的重要原则之一，它要求对信息安全问题从一个崭新的高度予以关注和进行治理。现代信息技术的迅猛发展，使信息资源在信息技术方面发挥其功能显得尤为重要。随着信息共享，尤其是数据信息的共享，信息的安全成为一个不得不重视的问题，也是信息资源管理面临的一个重要问题。信息安全问题呈现多样化，形形色色的电子犯罪、个人隐私权受到的威胁、知识产权的侵占、国家主权面临的侵害、技术泄密以及计算机病毒的蔓延等，使人们日益感到不安和恐怖。信息安全问题涉及的领域广泛、因素众多，单从技术上以传统的密码学为基础的计算机安全防护措施已显得力不从心，需寻求新的途径、运用新的手段、从全新的角度进行综合防范和治理。

7.5.3.5 信息资源管理的特点

产业安全信息资源管理既有物质资源和信息资源管理的特点，又有其研究对象所独有的特点，主要包括以下内容。

（1）信息资源与人力、物力、财力和自然资源一样，同为组织的重要资源。要像管理其他资源那样管理信息资源，IRM 是组织管理的必要环节，应纳入组织管理的预算。

（2）产业安全信息资源管理包括数据资源管理和信息处理管理。数据资源管理强调对数据的控制，后者关心管理人员在一条件下如何获取和处理信息，且强调组织信息资源的重要性。

（3）产业安全信息资源管理是组织管理的新职能，产生产业安全信息资源管理的动因是准确可靠的产业数据难以获取、信息量的激增、各部门人员获取信息的迫切要求。

（4）产业安全信息资源管理的目标是通过增强组织处理动态和静态条件下内外信息需求的能力来提高管理的效益。以期达到高效（efficient）、实效（effective）和经济（economical）的最佳效果，也称 3E 原则，三者关系密切，互相制约。

（5）信息资源管理的发展是具有阶段性的。

7.5.3.6 信息资源管理的作用

产业安全信息资源管理的作用主要体现在下述两个方面。

（1）产业安全信息资源管理开辟了管理的新领域。自 19 世纪以来，基于科学的管理学科已经形成了许多专门领域，如组织管理、生产管理、科学管理、设备管理、人事管理、财务管理、商业管理、金融管理等。

（2）产业安全信息资源管理是信息真正成为资源的必要条件。信息作为一种资源的观念已得到广泛认同，但仅强调信息是一种资源是不够的，信息真正成为资源的前提是信息资源管理，正如奈斯比特在其著作《大趋势》中所说："在信息社会，没有控制和没有组织的信息不再是一种资源，它反倒成为信息工作者的敌人。"当今社会，一方面信息呈"爆炸"态势，另一方面信息又被大量浪费，人们的信息需求得不到满足。对国家信息吸收率的历史变化的研究表明，工业化国家的信息吸收率从 20 世纪 50 年代初至 80 年代的 30 年间一直没有增长，在美国和日本，仅有少数信息被人们吸收。信息使用效率低下主要是由于信息缺乏管理或管理不善，虚假信息和冗余信息的激增，增加了人们利用有效信息的难度。信息资源管理的功能之一就是筛选有效的信息，剔除多余和虚假信息，使有效信息能被人们最大限度地利用，以真正发挥其作为"资源"的作用。

7.5.4 信息资源的价值与利用

7.5.4.1 信息资源的价值

1. 产业安全信息资源的社会功能

产业安全信息资源其实是整合其他资源的资源，信息流引导物流和资金流朝着合理的方向运动，使物流和资金流变得更加精准，从而使产业资源得到最大限度地节约和合理运用。在当今的信息时代下，包括技术、设备、投资和人员等在内的信息资源作为一种重要的生产要素和无形资产，在财富创造中的作用越来越大，所带来的利益惠及各个产业和各个产业的就业人员。通过对产业安全信息资源的开发利用，可以采取各种措施有效地降低产业的风险，增加产业效益、效率，使产业能够长期健康、稳定发展。

产业安全信息资源本身可以从三个层次上说明它的功能。

（1）投资者层次。能够使投资者实时了解产业动态，认知产业安全状况，规避高风险产业，提高投资者决策的科学性和有效性。

（2）企业层次。实时了解产业安全动态，提高企业决策的科学性。

（3）政府层次。监控产业发展状况，合理调整产业的结构，及时实施有利于产业健康、稳定发展的措施。

2. 产业安全信息资源开发对我国经济社会发展的意义

近段时间，一些国家，尤其是发达国家，信息部门比重增大，物质部门比重减少，出现了产业结构"由硬变软"的趋势，这是传统的以物质生产为主的经济模式向新兴的信息生产为主的发展模式的转换。据有关统计资料，信息产业与国民生产总值的比重，发达国家为40%~60%，新兴工业化国家为25%~40%，发展中国家低于25%。

我国是发展中国家，新中国成立以来，经济上已取得了举世瞩目的成就，但与发达国家相比，仍存在较大的差距。如今，要迎头赶上发达国家，把大力开发信息资源、发展信息产业作为一个重要战略，通过大力开发信息资源，进一步发挥物质、能源的作用，并在激烈的国际竞争中，掌握先机和稳操胜券有着极为重要的意义。因此，通过大力开发信息资源，提高产品附加值推动国民经济的发展，促进国民经济信息化，将粗放型经济转变到集约型的轨道上来，是实现我国经济迅速增长的关键。

大力开发信息资源在我国社会主义市场经济中具有极其重要的意义。

（1）大力开发产业安全信息资源，将有利于全社会及时了解产业安全状态，提高政府和市场对产业调控的及时性和高效性，增强政府决策的科学性。现代产业是一个庞大而复杂的大系统，它的经济运行周期短、效率高，内外部环境变化快，利用产业安全信息资源的开发提高产业的信息化程度，避免了传统方法遇到危机时"亡羊补牢"的特征，使得政府和市场能够实时了解产业系统的安全情况，及时实施相关措施提前避免威胁和危机。

（2）产业安全信息资源成为社会主义市场经济下产业发展的先决条件，信息作为资源，在产业的经济活动中，发挥着物质、能源两大资源所不具备的重要作用。现代经济运行是庞大而复杂的大系统，随机因素多，在运行过程受到多种条件的制约，需要掌握和运用大量的信息进行控制、指挥、组织、协调和计划，才能充分发挥各种物质资源和人力资源的作用，使整个经济系统达到有序运行。避免重复投资、重复引进给国家带来的浪费。

（3）大力开发信息资源有利于解决物质、能源两大资源对我国经济发展的制约作用。我国是一个材料、能源高消耗的发展中国家，能源已成为我国经济发展的重要制约因素。信息资源作为知识资源、智能资源，具有可累积性。大力开发信息资源，一则有利于节能减排，加大能源的有效利用率；二则有利于进一步发挥材料、能源的作用，使能源发挥出更大的经济效益；三则信息资源本身随着经济、科技发展不断增加，信息资源不仅取之不尽，用之不竭，而且不会带来材料、能源给人类带来的各种污染。

7.5.4.2 信息资源的利用

面对信息爆炸的今天，要有行之有效的信息分析与之相适应，才能从大量无序信息中提炼出有价值的信息，从而使信息资源得到充分的开发和利用。而所谓信息分析就是信息分析人员根据用户的信息需求，运用各种分析工具和分析技术，采用不同的分析方法，对已知信息进行分析、对比、浓缩、提炼和综合，从而形成某种分析研究成果的过程。

信息分析通过系统的方法将信息转化为知识和谋略，并应用于各种决策活动中，它构成信息资源开发和利用的中心环节，是信息通向应用的桥梁，是决策科学化的支撑。

科学的信息分析不仅需要有大量可靠的信息，而且需要恰当的分析方法，常用的现代信息分析方法如下。

1. 信息联想法

联想本来是指由感知事物联想到另一事物的心理过程，这里是指在事物之间建立或发现相关关系的思维活动，其关键是准确把握事物之间的关系。常见的信息联想法有：比较分析、逻辑分析、头脑风暴、触发词、强制联想、特性列举、偶然联想链、因果关系、相关分析、关联树和关联表、聚类分析、判别分析、路径分析、因子分析、主成分分析、内容分析等。

2. 信息综合法

综合是把研究对象的各个部分、方面和因素等有机地联结和统一起来，从总体上进行考察和研究的一种思维方法。常见的信息综合法有：归纳综合、图谱综合、兼容综合、扬弃综合、典型综合、背景分析、环境扫描、SWOT分析、系统识别、数据挖掘等。

3. 信息预测法

预测是人们利用已掌握的知识和手段,预先推知和判断事物未来发展的活动。常见的信息预测方法有:逻辑推理、趋势外推、回归分析、时间序列、马尔可夫链、德尔菲法等。信息预测的操作过程可以概括为信息提取、信息建模和信息推断三步流程。

4. 信息评估法

信息评估是在对大量相关信息进行分析与综合的基础上,经过优化选择和比较评价,形成能满足决策需要的支持信息的过程。通常包括:综合评估、技术经济评价、实力水平比较、功能评价、成果评价、方案优选等形式。常见的评估方法有:指标评分、层次分析、价值工程、成本-效益分析、可行性研究、投入产出分析、系统工程和运筹学方法等。

7.6 产业安全信息系统体系的构建

信息系统是由计算机硬件、网络和通信设备、计算机软件、信息资源、信息用户和规章制度组成的以处理信息流为目标的人机一体化系统。产业安全信息系统是利用计算机和数据库等网络媒介,从产业安全和发展安全角度出发,利用现有产业的各种数据,建立产业安全信息系统来评价产业的安全状态。维护国内产业安全是形势发展的迫切要求。加入 WTO 后,我国产业既面临着发展的机遇,也面临着严峻的挑战。产业安全是我国经济安全的重要组成部分,是国家安全的重要基础。在公平的市场环境中获得发展的空间,赢得利益,从而保证国民经济和社会全面、稳定、协调和可持续发展;对影响产业安全的各项指标进行监测预警,从而使产业有效地进行风险规避,并为政府及时调整产业决策提供依据。因此,建立相关的产业安全信息系统已经迫在眉睫,如何建立有关的产业安全信息系统是本节所要研究的主要内容。

7.6.1 产业安全信息系统的概述

7.6.1.1 产业安全信息系统的类型

从信息发展和系统特点来看,现有信息系统有:数据处理系统(data processing system,DPS)、管理信息系统(management information system,MIS)、决策支持系统(decision sustainment system,DSS)、专家系统(expert system,ES)和办公自动化(office automation,OA)。针对产业安全的特殊性,产业安全的信息系统可以分为产业安全知识服务系统、产业安全仿真系统、产业损害应急系统、产业安全评估系统、产业安全监测预警系统、产业安全预防保障系统、产业安全专题应用系统等。

7.6.1.2 产业安全信息系统的功能

同一般的信息系统一样,产业安全信息系统也具备五个基本功能:输入、存储、处理、输出和控制。输入功能决定于系统所要达到的目的及系统的能力和信息环境的许可。在产业安全监测预警系统中，需要输入产业安全各指标数据，只有提供了准确的相关数据，对数据的存储和处理才有意义。存储功能指的是系统存储各种产业信息资料和数据的能力。例如，存储输入系统的数据，以便使用的时候方便调用，而不是重新收集、输入数据。处理功能也称信息加工，是产业安全信息系统的基本功能，它把产业的各种基本信息加工处理成为对信息系统有用的信息。在产业安全监测预警系统中，由于各指标数据的量纲不同，处理数据的第一步就是对数据进行归一化，然后才进行其他操作。输出功能是指经信息系统加工后的有用信息的输出，信息系统的各种功能都是为了保证最终实现最佳的输出功能。控制功能是指对构成系统的各种信息处理设备进行控制和管理，对整个信息加工、处理、传输、输出等环节通过各种程序进行控制。

7.6.1.3 产业安全信息系统的权限

对于产业安全信息系统，不同职责的人员，对于系统操作权限是不同的，这是系统最基本的功能。系统用户的操作权限是一种页面级别的权限，通常包括新增、修改、删除、查询功能。可以将权限一致的人员编入同一组，然后对改组的权限进行统一划分，根据操作权限的不同，可将系统的用户类别分为企业级用户和管理员两个角色，角色功能说明如下。

（1）企业级用户。该类用户是指给系统提供本企业规定时间段内的生产基本信息的系统使用者。主要任务是向系统提供对预警指数进行计算所需要的各类主要数据，并具备对系统内的一些公开信息进行访问以及修改用户个人基本信息的权限。其权限主要包括数据提交、信息查询和个人信息修改。

（2）管理员。该类用户主要负责对系统的维护，对各类用户信息和系统数据的维护，具备除提交数据之外的所有系统功能。其权限主要包括用户新增、系统维护与数据的修改、删除等。

7.6.1.4 产业安全信息系统的目标

由于产业安全信息系统本身的特殊性，其目标如下。

（1）系统界面友好。美观、简洁的界面会让使用者更加容易理解系统如何操作。界面越出色用户就越少需要求助，因此有利于系统的推广。产业监测预警系统是具有特定功能的系统，使用人群类型比较单一，包括企业的经营者、国家商务部门的有关人员等。因此，界面还应严肃、典雅，颜色种类不宜过多。

（2）具备较强的权限控制机制。系统的用户地域分布比较广，使用人数较多，且用户访问的信息各异，为了保证系统的安全，需要为用户提供不同的访问权限，保证系统中的文件、数据等不能被随便修改，保证内容的权威性和可信度。

（3）数据库需具备高安全性和易维护性。系统的数据库中存放的是各个企业的生产信息，同类型企业间是一种竞争关系，都不希望本企业的重要生产信息被其他企业获知。因此，数据的安全性，对这些企业以及维护系统预测准确度都十分重要。

（4）强大的数据查询功能。各个产业里都有许多企业处于产业安全监测范围，因此，企业提交的数据将会数目繁杂。如果企业要对提交的数据进行更正修改，一个方便易查的查询系统能大大节约查找时间，增强系统的可操作性。

（5）预测方法的可选性。预测模型的不同会使得预警结果不同，因此为了增大产业安全预警的精确度，需要设计可以使用多种预测模型进行预测的功能，对使用不同的预测模型得到的结果进行比对、分析，得出最准确的结果。

（6）数据表单一致性。由于向系统提交数据的用户对计算机知识掌握程度的不同，系统中数据提交表单的外观应和传统的纸质表单保持一致，这样就不会对用户操作带来不适感，并且还能降低用户培训的时间和费用。

（7）实时性。拥有系统登录账号的企业级用户，无论何时何地，都可通过 Internet 浏览器登录系统，按时快捷地提交企业数据。

产业安全信息系统包括产业安全监测预警系统、产业安全评估诊断系统、产业安全损害应急系统等，考虑到这些系统构建过程的相似性，本节后部分将以产业安全监测预警系统的构建过程为例说明产业安全信息系统的一般构建过程。

7.6.2 产业安全监测预警系统的规划和分析

7.6.2.1 产业安全监测预警系统的规划

建立产业安全监测预警系统的第一个阶段是规划阶段，先要提出监测预警系统建设的设想，对它进行规划和可行性分析，然后决定该系统是否有必要开发，并且制订该系统建设的总体规划。这个阶段是信息系统的开发方向、管理策略、实施计划以及预算的路线图。根据需要和可能，给出拟建系统的备选方案，并且对这些方案从经济、技术、可操作性以及风险等多个方面加以比较，进行分析，完成可行性报告。可行性报告经过项目管理委员会审议通过后，则将系统建设方案和实施计划编写成系统开发任务书，进入到下一个阶段。

1. 监测预警系统规划步骤

（1）规划准备。首先需要成立产业安全监测预警系统规划小组，启动规划工作，确定规划方案以及年限等。

（2）收集信息。进行初步调查，调查影响产业安全的相关指标体系及相应的数据，并调查各指标值的警界值和产业安全面临的机遇和问题以及信息技术现状等。

（3）定义约束条件。根据产业安全的资源情况，明确产业安全监测预警系统建设的约束条件。

（4）进行战略分析。结合产业安全战略目标，明确产业安全监测预警系统建设的目标。

（5）择优选择确定系统的建设方案。在建立了产业安全监测预警相关指标体系后，建立系统的预测模型和评价模型，选择预测方法和相应的评价方法。

（6）完成可行性报告。对整个产业安全监测预警系统的建设方案有一个初步的规划。

2. 监测预警系统规划方法——关键成功因素法

在产业安全信息构建系统中，存在多个变量影响系统的构建，在这些变量中，有一些因素是关键因素，有一些因素是次要因素。关键成功因素法的主要思想是通过识别影响产业安全信息系统构建的关键因素，即重要的指标变量，找出与产业安全系统构建相关度大的影响因素，来确定产业安全系统开发的优先顺序。这方法不仅可以用在产业安全信息系统的构建上，还可以识别产业安全评价指标体系中的各级指标。确定关键因素的常用方法是一种由日本人 Ishikawa 提出的鱼骨图（因果图）。鱼骨图不仅可以明确和发现问题，还可以表示问题的因果关系。下面以产业安全系统构建为例，给出其确定关键因素的鱼骨图，如图 7-11 所示。

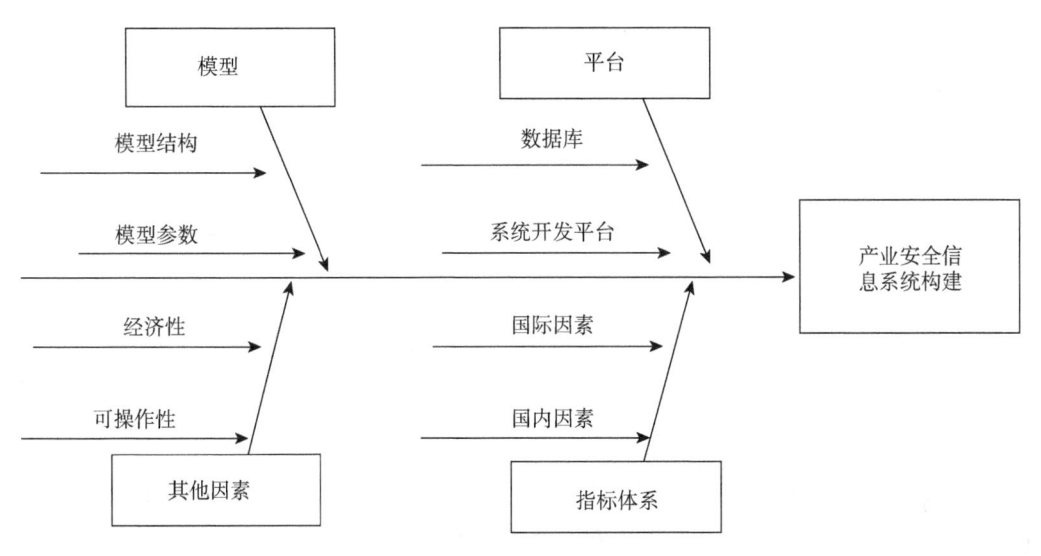

图 7-11 产业安全系统构建的关键因素鱼骨图

7.6.2.2 产业安全监测预警系统的分析

系统分析是明确系统要实现的目标和功能。在产业安全监测预警系统分析阶段的主要内容是根据系统开发任务书所确定的范围进行详细调查，对现行系统的流程进行描述和分析，明确系统的功能需求，进行数据流程分析，分析功能和数据之间的关系，建立拟建系统的逻辑模型，并形成系统分析报告，交由项目管理委员会审议。如果审议能过，则进入系统设计阶段。

系统分析的目标是指通过对业务和系统的详细调查与分析，获得系统的功能性与非功能性需求，通过建模技术将这些需求形式化，并以此为依据提供系统设计和实施的方案，为后续的设计与开发提供指导。

监测预警系统分析的步骤如下。

（1）收集信息，明确产业安全监测预警系统的各个流程分析阶段。首先进行系统初步调查，通过观察、面谈等多种调查手段收集大量相关的产业安全信息，并完成监测预警模型框架的构建。图 7-12 是一个产业安全监测预警系统的流程图。

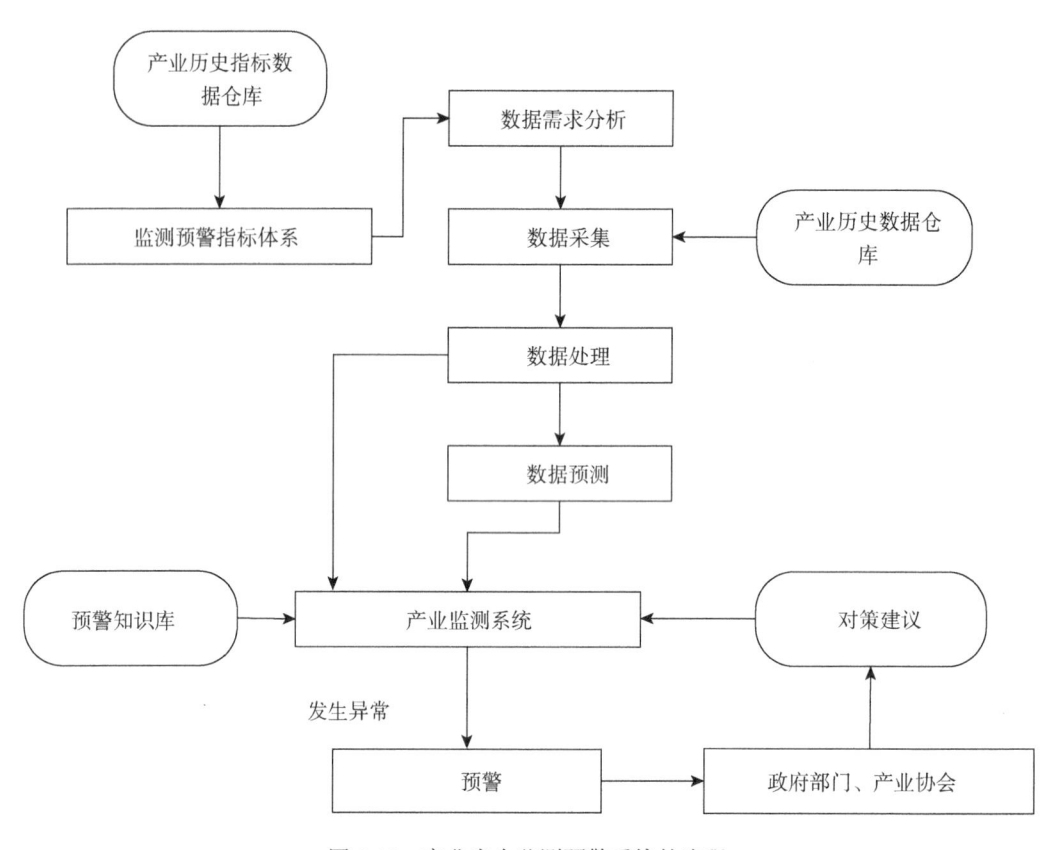

图 7-12 产业安全监测预警系统的流程

（2）确定系统范围和初步方案，进行可行性分析。对初步调查所收集的资料进行分析，根据产业安全监测预警目标和专家意见明确系统要实现的目标和总体功能，并结合现行技术提出多种可行性方案。最后对方案进行可行性分析，从中选择最优方案。

（3）详细调查，定义系统需求。分析与产业安全有密切关系的各个指标，排除相关度大的指标，逐步定义系统的需求，采用不同类型的模型来记录这些需求。要不断进行测试，来确定每个模型的完整性和正确性。

（4）提出新系统的逻辑模型。系统分析师通过建模对系统有更深入的理解，能够发现某个系统流程中的瓶颈或不合理的操作环节，还能运用新的信息技术对某个行业的安全给出警示。

（5）书写系统分析报告。系统分析阶段最终要形成书面报告，这就是系统说明书。系统说明书作为技术文档应完整充分地对系统需求进行描述，并给出下一阶段的计划。

（6）评审分析报告。系统说明书作为系统设计阶段的依据，必须经过同行专家和用户的评审，确保内容符合用户要求、新方案正确可行。

7.6.3 产业安全监测预警系统的设计

系统设计是产业安全监测预警系统的物理设计阶段。根据系统分析阶段所确定的新系统的逻辑模型、功能要求,在给定的环境条件下,设计出一个能在计算机网络环境上实施的方案,即建立新系统的物理模型。

7.6.3.1 系统设计的任务

这个阶段的任务是设计软件系统的模块层次结构,明确软件系统如何做。这个阶段又分两个步骤:概要设计和详细设计。概要设计确定系统模块、模块结构以及数据库设计;详细设计实现模块之间的控制流程,以及算法和数据结构的设计。设计完成之后,要交付设计说明书。

7.6.3.2 系统设计的原则

1. 阶段开发原则

系统框架和数据结构全面设计,具体功能实现分阶段进行。对产业安全预警系统可以分三个阶段进行设计:第一阶段建立评价产业安全的基本构架;第二阶段建立数据库及用户界面,实现对某个产业的安全预警;第三阶段可以实时更新数据库,动态地给出某个产业的安全状态。

2. 易用性原则

为方便相关政府部门、产业协会、企业管理人员浏览和操作,最大限度地减轻后台管理人员的负担,做到部分业务的自动化处理。

3. 完整性原则

系统出现特殊情况时,能够做出及时、正确地响应,保证无论产业哪个环节发生问题,系统指标都能反映出其安全状态,并且监测预警系统能及时发出警报。

4. 规范化原则

对系统流程制定较为完善、易操作的标准,使产业安全预警系统具有较强的通用性。

5. 可扩展性原则

系统设计要考虑到系统未来发展的需要,要尽可能设计得简明,各个功能模块间的耦合度小,便于系统的升级和扩展。例如,系统功能模块增多时,对原有系统改动较少。

7.6.3.3 系统设计的内容

在系统分析的基础上,具体设计产业安全监测预警系统。系统设计内容主要包括:确定设计方针和方法,将产业安全监测预警系统分解为若干子系统,确定各子系统功能、关系,确定子系统管理和控制机制,并对子系统进行设计与评价,对全系统进行技术设计和评价等,如图7-13所示。

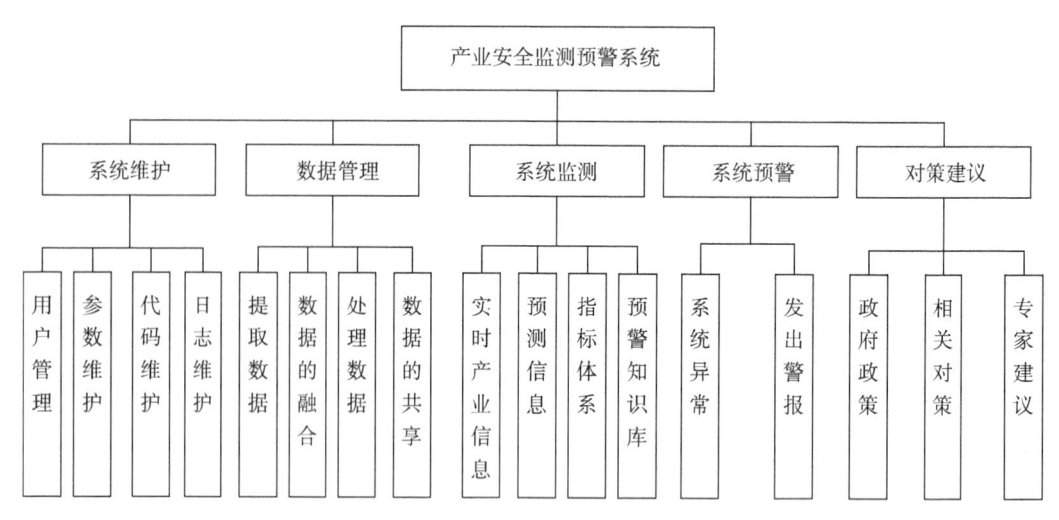

```
                            产业安全监测预警系统
        ┌──────────┬──────────┼──────────┬──────────┐
      系统维护    数据管理   系统监测    系统预警   对策建议
     ┌──┼──┬──┐ ┌──┼──┐  ┌──┼──┐    ┌──┴──┐    ┌──┼──┐
    用 参 代 日  提 数 处 数 实 预 指 预 系 发    政 相 专
    户 数 码 志  取 据 理 据 时 测 标 警 统 出    府 关 家
    管 维 维 维  数 的 数 的 产 信 体 知 异 警    政 对 建
    理 护 护 护  据 融 据 共 业 息 系 识 常 报    策 策 议
                   合    享 信         库
                          息
```

图 7-13 产业安全监测预警系统各模块

7.6.3.4 系统设计的方法

系统设计通常应用两种方法：一种是归纳法；另一种是演绎法。

归纳法系统设计的思想是：首先搜集同类系统相关资料；在对这些系统的设计、制造和运行状况进行分析研究的基础上，选择系统的功能，结合同类系统的功能，最后得出一个理想的系统。

演绎法是一种公理化方法，即先从一般规则和原理出发，根据设计人员的知识和经验，从元素集合中选择适合系统功能的多种元素，将选择的元素有机组合，从而设计具有一定功能的新系统。在系统设计的实践中，这两种方法往往是并用的。

7.6.4 产业安全监测预警系统的实施

产业安全监测预警系统设计后，进入系统实施阶段。系统实施是指把设计的新系统转换成系统运行的过程。通过系统分析和设计，得到有关系统的信息，然后将设计的系统变成能够运行的实际系统。因此，需要制订系统实施计划，其中包括实施方式、步骤、进度、费用等，确保系统的顺利运行。产业安全监测预警系统实施的具体任务包括物理系统的实施、程序设计、系统测试、系统转换、系统运行和支持、系统评价。物理系统的实施包括硬件环境、软件环境和网络环境的建立等方面的工作。

7.6.4.1 计算机系统的安装与调试

按照系统物理配置方案的要求，选择购置该系统所必需的硬件设备（计算机系统）和软件系统。硬件设备包括主机、外围设备、稳压电源、空调装置、机房的配套设施以及通信设备等；软件系统包括操作系统、数据库管理系统、各种应用软件和工具软件等。计算机硬件设备选择的基本原则，是在功能、容量和性能等方面能够满足所开发的管理信息系统的设计要求。值得注意的是，选择计算机系统时要充分进行市场调查，了解设备运行情况及厂商所能提供的服务等。

7.6.4.2 网络环境

计算机网络是现代管理信息系统建设的基础，是创建和测试数据库、编写和测试程序的平台。本项任务的工作由系统分析人员、系统设计人员、系统构建人员共同来完成。其中，网络设计人员和网络管理人员在这项工作中起最主要的作用。网络设计人员应该是局域网和广域网的专业人员，而网络管理人员是构建和测试信息系统网络的专业人员，并且负责网络的安全性。系统分析人员的作用是确保构建的网络满足用户的需求。

7.6.4.3 软件环境

在建立硬件环境的基础上，还需建立适合系统运行的软件环境，包括购置系统软件和应用软件包。按照设计要求配置的系统软件包括操作系统、数据库管理系统、程序设计语言处理系统等。在产业安全预警系统中，有些模块可能有商品化软件可供选择，也可以提前购置，其他则需自行编写。在购买或配置这些软件前应先了解其功能、适用范围、接口及运行环境等，以便做好选购工作。

计算机硬件和软件环境的配置，应当与计算机技术发展的趋势相一致，硬件选型要兼顾升级和维护的要求；软件选择特别是数据库管理系统，应选择 C/S 或 B/S 模式下的主流软件产品，为提高系统的可扩展性奠定基础。

7.6.4.4 程序设计及数据准备

程序设计的任务就是将系统设计阶段得到的系统物理模型，用某种程序设计语言进行编码，以完成每个模块乃至整个系统的代码开发。其主要依据是系统总体结构图、数据库结构设计、代码设计方案、HIPO 图等。在进行程序设计工作中，应尽量采用各种开发工具进行编码，以加快开发进程。

1. 程序设计

由于已在系统设计说明书中规定了系统各模块的功能、要求，所以计算机程序员可以根据系统设计员的要求，利用结构化、模块化方法进行程序的编制工作，结构化编制程序一般采用顺序结构、循环结构或条件结构。程序的编写可以利用最新的技术、软件和方法，也可以采用购买成套软件或平台，再编写一些接口程序的方式。程序完成后，要注意程序的调试工作。

由于一般系统的程序编写工作需要多人完成，所以，要重视程序设计的组织管理工作。应综合考虑任务的轻重缓急、程序的相关程度、程序员的多少、编程能力强弱等因素，进行合理分工。分配任务时，要下达有关的程序设计任务书及有关系统设计资料，要有专人负责验收。最后，要编写程序设计说明书与操作手册或使用说明书。程序设计说明书的主要内容包括：程序概述、程序结构图、程序控制图、算法、程序流程图、源程序和程序注释说明等。

高质量的程序设计必须满足以下五个方面的要求。

（1）正确性。准确无误地实现系统分析阶段的功能要求，反映全部预期的信息流程。

（2）可理解性。程序的内容清晰、明了，并各给出充分的文字说明，以便于理解。

（3）可靠性。程序应有较好的容错能力，不仅保证在正常情况下工作，而且在异常情况下也有相应的处理。

（4）可维护性。程序的应变能力强，当系统的流程有变化时可以方便地修改、调整。

（5）效率性。程序的结构严谨，运行速度快，可提高效率。程序和数据的存储、调用安排得当，可节省存储空间。

2. 数据准备

数据的收集、整理和录入是一项繁琐、劳动量又大的工作。没有一定基础数据的准备，系统调试就不能很好地进行。一般来讲，确定数据库物理模型之后，就应进行数据的整理和录入。这样既分散了工作量，又可以为系统调试提供真实的数据。实践证明，这方面的工作往往容易被忽视，甚至系统完成后只能作为摆设放在那里而不能真正运行。这等于建好工厂，但缺乏原料而不能投产。要特别强调，不能把系统的实现仅归结为编写程序或购买机器。这几方面的任务是相互联系，彼此制约的。

7.6.4.5 系统测试

为了保证新系统运行的正确性和有效性，将一切可能发生的问题和错误尽量排除在正式运行之前，则需要进行系统调试工作。对系统调试工作要事先准备好调试方案，以提高工作效率，压缩时间和降低费用。完成系统测试后，应写测试报告、绘制程序框图、打印系统源程序清单等工作。

1. 系统测试的原则

系统测试的目的是发现程序和系统的错误并加以纠正。系统测试应遵循以下基本原则：①系统测试避免由系统的开发人员承担；②设计测试用例要包括合法有效的数据和不合法的数据形式；③检验程序运行是否合理；④保留测试案例，方便系统重新测试和追加测试等。

2. 系统测试的方法

（1）人工测试。人工测试在于检查程序的静态结构，寻找编译中无法发现的算法错误。其主要的任务就是进行程序代码复审。

（2）机器测试。机器测试是在计算机上运行测试程序模块，从运行结果发现和修改错误。机器测试采用的形式主要有两种，黑盒测试和白盒测试。黑盒测试也称功能测试，即不研究程序的内部结构，仅从外部根据 IPO 图的要求，进行模块测试，即在程序的输入和输出上，测试程序模块是否满足设计。白盒测试也称结构测试，即将软件看成透明的白盒，根据程序的内部结构和处理逻辑，设计测试用例，对软件的逻辑过程进行测试，检查是否符合设计的要求。

3. 系统测试的过程

1）程序测试

对所设计的程序进行语法、逻辑检查，检测程序运行时间和存储空间。程序测试一般从代码测试、程序功能测试两方面进行。程序的逻辑检查的方式是代码测试。通常需要编写各种测试数据，通过考察程序对正常数据、异常数据和错误数据输入的反映，检验程序运行正确性和对错误检测、处理的能力。程序经过代码测试后，验证了它的逻辑正确性，但是否实现了规定的功能，尚未可知。因此，还应该测试其应用功能的需求，即面向程序的应用环境，考察是否达到了设计的功能和性能指标。

2）功能调试

通常，系统总是由多个功能模块组成的，每个功能模块又是由一个或多个程序构成。因此，在完成对单个程序的测试以后，应当将组成一个功能模块的所有程序按照其逻辑结构加以组合，以功能模块为单位，检查该功能模块内各程序之间的接口是否匹配、控制关系、数据传递是否正确、联合操作的正确性和模块运行的效率。

3）系统调试

在实际环境或模拟环境中调试系统是否正常，主要检查各子系统之间接口的正确性，如系统运行功能是否达到目标要求、系统的再恢复性等。其目的就是保证调试的系统能够适应运行环境。

7.6.4.6　系统交付

系统的交付又称系统的转换，即工作平台由旧系统切换到新系统，包括把旧系统的文件转换成新系统的文件，数据的整理和录入，以及人员、设备、组织机构的改造和调整，有关资料档案的建立和移交。系统转换有三种方式，如图 7-14 所示。

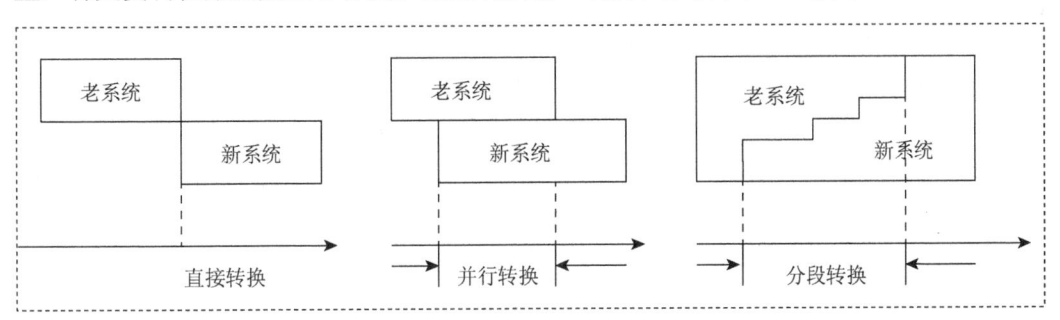

图 7-14　系统转换的三种方式

（1）直接转换。在新系统运行正确的前提下，在某一时刻，将新系统代替原系统来运行。这种转换方便快捷、成本低，但风险大。一旦因新系统运行错误，将导致业务无法运行，损失巨大。因此，需要一定的防范措施，做好准备，制订计划。这种转换方式仅适用于小型管理信息系统的转换。

（2）并行转换。完成系统测试后，新老系统同时运行，然后停止原系统的工作，让新系统单独运行。该方式安全保险，但费用高。转换过程需要投入两倍的工作量，用户可以通过新老系统的同时运行，熟悉操作新系统，确保工作安全有序。这种转换方法适用于银行、财务和某些企业的核心系统的转换过程。

（3）分段转换（试点过渡）。新系统正式运行之前，将新系统子部分依次代替原系统的对应部分，最终代替原系统。这种方案实际上是上述两种方案的折中，既保证了系统的安全运行，又节约了成本，但存在着新老系统不顺利的缺点。大多数的管理信息系统的转换采用这种方式。

7.6.5 产业安全监测预警系统的运行与维护

产业安全监测预警系统的交付使用，意味着开发阶段结束，进入软件生命周期的最后一个阶段——运行和维护阶段。系统运行是指信息系统日常的运行，正式运行的信息系统也称为生产系统，系统运行的整个过程中，系统维护一直运行。为修改潜藏错误、扩充功能、完善功能、结构翻新、延长系统寿命而进行的各项修改和维修活动称为系统维护。系统维护的目的是确保系统安全平稳运行，并能使系统在运行中不断得到改善和提高，以充分发挥作用。

7.6.5.1 系统运行的管理制度

为了保证产业安全监测预警系统的正确和安全运行，必须建立和健全信息系统的运行制度。我国国家和地方相继出台了这方面的法律和法规，如《中华人民共和国计算机信息系统安全保护条例》《计算机信息网络国际联网安全保护管理办法》等。在遵守这些法律的同时，应根据产业安全监测预警系统的具体情况建立相关的制度。对运行关键产业的系统进行监控，不得随意重启产业安全监测系统的服务器、相关网络设备和安全设备。因此，需建立以下管理制度。

（1）机房管理制度，确保机房处于监控之中。

（2）数据管理制度，按照产业数据的重要性，采取不同介质进行备份，如专业存储阵列、磁带、硬盘、光盘等，备份介质要标注内容、日期、操作员和状态等。

（3）密码口令管理制度，保守口令的秘密性，除非有正式批准授权的产业相关人员及下属企业人员，否则禁止把口令提供给其他人使用等。

（4）防治病毒制度，所有计算机必须安装防病毒软件并实时运行。

（5）网络通信安全管理制度，对主机系统上开放的网络服务和端口进行检查，发现不需要开放的网络服务和端口时及时通知相关管理员进行关闭等。

（6）系统的日常运行管理制度，定期对产业安全监测预警系统日志进行审计、备份。对系统运行情况进行记录，每月一到两次对监测预警结果进行分析、统计并形成分析报告向产业管理决策者汇报。

7.6.5.2 系统维护的内容

系统维护面向系统中的各种构成因素，按照维护对象的不同，系统维护的内容可分为以下几类。

（1）应用系统的维护。产业安全监测预警的处理过程是运行程序实现的，一旦程序发生故障或产业相关需求发生变化，就必须重新编写程序，因此系统维护的主要活动是对程序进行维护。

（2）数据的维护。产业相关数据是动态变化的，除系统中主要相关指标数据的动态修改更新外，还有许多数据需要进行不定期的更新，或随环境、产业的变化而进行调整。

（3）代码的维护。当扩大系统应用和应用环境变化时，对应的系统代码要进行增加、修改、删除以及设置新的代码。例如，产业监测预警系统中要加入对某个新产业的监测预警，则需适当增加一些代码。

（4）文档的维护。根据系统、数据、代码及其他维护的变化，对相应文档进行修改，并对所进行的维护进行记载。

（5）硬件设备的维护。主要指对主机及外设的日常管理和维护，都应由专人负责，定期进行，以保证系统正常有效地运行。硬件的维护需要专业维护人员来维护，包括两种类型，一种是定期的设备保养性维护，保养周期是固定的一段时间，维护的主要内容是设备检查与保养；另一种是突发性的故障维修，即设备出现故障时，专业维修人员来进行维修。这种维修活动所花时间不能过长，以免影响系统的正常运行。为了提高硬件系统的可靠性一般可采取双机备份的形式，当一组设备出现故障时立即启动另一组备用设备投入运行，故障排除后再一次进入双机备份状态。

7.6.5.3 系统维护的类型

按照软件维护的不同性质，系统维护可划分为正确性维护、适应性维护、完善性维护和预防性维护四种类型。

正确性维护，用来修改系统开发阶段发现的而在系统测试阶段未发现的错误。适应性维护，是根据软件的外部环境而做的相应调整。完善性维护，是为扩充功能和改善性能而进行的修改，指对已有的软件系统增加一些在软件需求规范书中没有规定的功能与性能特征，还包括对处理效率和编写程序的改进。预防性维护，是为减少或避免以后可能需要的前三类维护而对软件配置进行的修改，从而减少以后的维护工作量、维护时间和维护费用。

根据对多种维护工作的分布情况统计，一般正确性维护占21%，适应性维护占25%，完善性维护达到50%，而预防性维护及其他类型的维护只占4%。可见系统维护工作中，一半以上的工作是完善性维护。

7.6.5.4 系统维护的方法

系统的可维护性对于延长系统的生存期具有决定性意义，因此必须考虑如何才能提高系统的可维护性。为此，需要从以下五个方面入手。

（1）建立明确的软件质量目标和优先级。一个可维护的程序应是可理解的、可靠的、可测试的、可修改的、可移植的、高效率的、可使用的。要实现这所有的目标，需要付出很大的代价。对管理信息系统，更强调可使用性、可靠性和可修改性等目标，同时规定其优先级。这样有助于提高软件的质量和延长系统的生存期。

（2）使用提高软件质量的技术和工具。模块化是系统开发过程中提高软件质量、降低成本的有效方法之一，也是提高可维护性的有效技术。它的优点是如果需要改变某个模块的功能，只要改变这个模块，而对其他模块影响很小；如果需要增加某些功能，仅增加完成这些功能的新的模块或模块层，同时程序错误也容易定位和纠正。而结构化程序设计则把模块化又向前推进了一步，不仅使得模块结构标准化，而且将模块间的相互作用也标准化了，采用结构化程序设计可以获得良好的程序结构，提高现有系统的可维护性。

（3）进行明确的质量保证审查。质量保证审查对于获得和维持系统各阶段的质量，是一个很有用的技术。审查还可以检测系统在开发和维护阶段内发生的变化，可对问题及时采取措施加以纠正，以控制不断增长的维护成本，延长系统的有效生命期。

（4）选择可维护的程序设计语言。程序是维护的对象，要做到程序代码本身正确无误，同时要充分重视代码和文档资料的易读性和易理解性。因此，要注意编码规则、编码风格，尽量采用结构化程序设计和通用性高的程序设计语言。

（5）改进系统的文档。系统文档是对程序总目标、程序各组成部分之间的关系、程序设计策略、程序实现过程的历史数据等的说明和补充。因此，在开发过程中各阶段产生的文档资料要尽可能采用形式描述语言和自动的文件编辑功能。文档是维护工作的依据，文档的质量对系统维护有着直接的影响。一个好的文档资料应能正确地描述程序的规格，描述的内容局部化，并且易读、易理解。

完成各项系统维护工作后，应及时提交系统维护报告，就所做的系统维护的具体内容进行总结，加入到系统维护的有关文档中。

7.6.6 产业安全评估诊断系统

随着经济全球化的不断深入，制定科学合理的国家经济安全战略和政策，保障我国的经济安全和产业安全已经是迫在眉睫的任务。要制定科学合理的国家经济安全战略和政策，首先必须对我国的产业安全状态有一个全面而准确的把握，需要在对我国国家产业安全内涵、特点等问题进行研究的基础上，构建我国的国家产业安全评估诊断系统。产业安全评估诊断系统可以对国家产业安全状态进行实时诊断评估并及时给出相应的对策建议。通过科学选取相应的指标，准确刻画我国产业安全目前所处的状态，是制定科学合理产业安全政策的必要前提。同时，评估指标体系也是为预警服务的，它通过真实地反映当前产业安全的状况，为未来对国家面临的产业安全治理提供依据。

7.6.6.1 产业安全评估诊断系统的设计

1. 设计原则

产业安全监测评估指标系统通过综合一系列相关指标的变化情况，来把握我国产业安全所面临的状态，以及我国产业应对危机的能力。因此，这一系统的设计原则，在很大程度上应该是对指标的选取原则。这些原则既包括选择指标的一般原则，也包括对指标选取的特殊要求。指标的设计原则要充分考虑我国产业安全本身的内涵与特点，参考现有的产业安全评估指标体系，选择具有代表性、独立性、可统计性的关键指标。要注意指标体系的系统性和开放性，不同指标的敏感性不同，有些指标变化较慢，有些指标变化较快，指标体系要注意他们的平衡，而且随着经济形势的变化，影响产业安全的因素肯定也会发生一定变化，要随时了解这些变化并反映到产业安全评估诊断体系中。

2. 设计方法

在产业安全评估诊断系统中主要采用专家调查法、BP 神经网络算法、突变理论。专家法主要是采取电话、问卷、面对面访谈、论文阅读等方式，在指标的选取、各指标权重和临界值的确定等方面征询专家的意见。通过先计算各个子系统指标得分，然后再通过加权计算整个指标系统综合得分的办法，将两者结合起来，全面衡量我国的产业安全状况。BP 神经网络是 1986 年由 Rumelhart 和 McCelland 为首的科学家小组提出，是一种按误差反向传播算法训练的多层前馈网络。BP 网络能学习和存储大量的输入-输出模式的映射关系，而无需事前揭示描述这种映射关系的数学方程。可以通过相当多的产业历史数据作为训练集，然后来评价实时产业安全状态。正符合产业指标数据与产业安全状态之间没有直接的函数关系，只有输入-输出的关系，可以用来计算产业安全状态。突变理论反映了事物的发展变化，在一定的外界条件下，会产生一种不连续的变化，或者说一个连续不断的过程经过一段时间后会从一个状态跳变另一个状态。因此，该理论非常适用于连续时间序列的经济运行分析,同时可根据指标的变化规律进行产业安全评估。

7.6.6.2 产业安全评估诊断系统的功能

产业安全评估诊断系统与产业安全监测预警系统类似，只是监测预警系统强调对产业未来的预测情况，评估诊断系统强调对实时产业的评估并及时给出对策建议。因此系统功能类似，具有以下功能。

（1）用户管理。对于已分配账号的用户，提供系统服务，用户可以修改自己的基本信息。管理员用户可以添加、删除、修改其他用户的信息。

（2）数据管理。对于一般的企业级用户，能够通过登录系统提交本企业的年度或季度生产信息报表，以便供给系统进行产业评估诊断使用。对于管理员，可以修改、删除、查询其他用户提交到系统的各类相关数据。

（3）新闻公告管理。管理员可以发布、修改、删除相关领域内的新闻公告。

（4）权值管理。对各类产品各时间段的权值进行分配管理，主要用于根据实际情况对产品的权值进行修正。

（5）留言板管理。管理员对企业级用户提出的问题进行回复，加强交互性。对不当留言进行删除，加强留言管理。

（6）企业信息管理。对监测的企业基本信息进行添加、修改管理。

（7）其他数据管理。对企业级用户提交的数据报表中不包含的数据进行添加、修改。

7.6.6.3 系统角色权限分析

对于产业安全评估诊断系统，不同职责的人员，对系统的操作权限应该是不同的，这是系统最基本的功能。

（1）企业级用户。该类用户是指给系统提供本企业规定时间段内的生产基本信息的系统使用者。主要任务是向系统提供对评估进行计算所需要的各类主要数据，并具备对系统内的一些公开信息进行访问以及修改用户个人基本信息的权限。其权限主要包括数据提交、信息查询和个人信息修改。

（2）产业管理员。该类用户主要负责对系统的维护，对各类用户信息和系统数据的维护，具备除提交数据之外的所有系统功能。其权限主要包括：用户管理、企业信息管理、新闻功告管理等。

7.6.6.4 系统结构

产业管理用户和企业用户可以根据客户端登录产业安全评估诊断系统，并对该系统完成各种操作，其系统功能结构如图 7-15 所示。

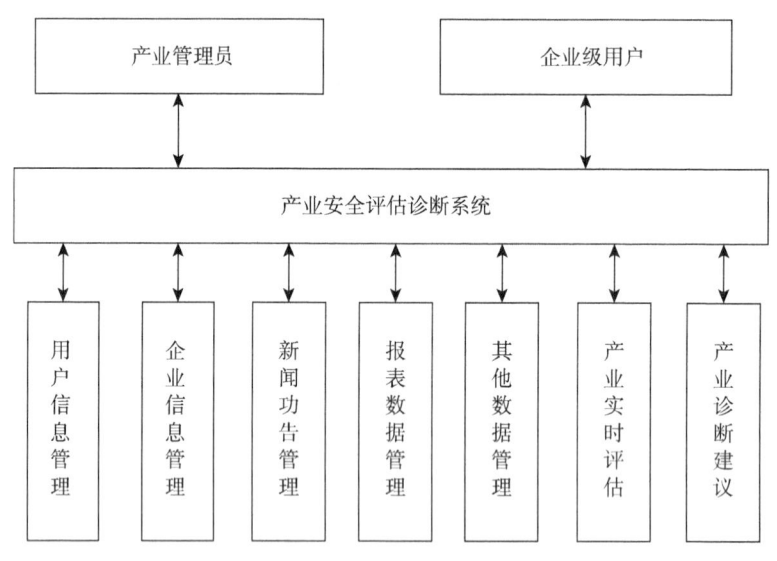

图 7-15 系统功能结构

7.7 产业安全信息系统管理

产业安全信息系统对各产业的运营甚至生存都至关重要，尤其是那些核心产业，如金融、卫生、公共和 IT 业。决策者可通过信息系统进行系统的思考，并做出切合实际的全局性安排，从而对产业进行最优化控制。信息系统也可为信息的需求提供确切的依据，以及提供准确、一致、标准的文档数据。本节以产业安全为背景，描述了信息系统管理的流程，首先获取信息，其次要对信息进行抽取、转换、加载（extract，transform，load，ETL），并及时有效地把信息发布出去，最后概述了产业安全信息服务和信息安全管理机制。

7.7.1 信息采集

7.7.1.1 产业信息采集与信息源

产业信息不仅离散分布,而且具有指数增长和老化的特征,使得记录和传递信息的信息源种类繁多、形式复杂、分布广泛,给产业安全信息系统信息采集工作带来了很大困难。为此,本节将信息采集和信息源作为本节的主要研究对象。

产业信息的采集很多时候被称为数据采集,是产业安全信息系统管理体系的一个重要组成部分,是产业安全评估的首要步骤,是开展信息服务的物质基础。只有实时、准确地采集到所需的信息并对信息进行正确处理和分析,才能得到公正的、客观的产业评价。产业信息采集是根据所建立的指标体系,有选择性地通过各种方法将分散在不同时空域的有关信息采掘和积聚的过程,是将非结构化的信息从大量的信息源中抽取出来保存到结构化的数据库中的过程。

产业数据采集平台的核心是获得产业内完整、有效的数据。合理地构建评价指标体系是建设采集平台的首要任务。评价指标体系的建立需要通过以下步骤:首先,分析产业结构,根据信息源的不同类型划分数据角色域,确定数据采集的目标对象。其次,通过科学的指标构建方法,为各角色域筛选出关键性能指标,形成角色域的内部指标。最后,汇总形成完整的指标体系。

信息源是人们获取信息的最原始的记录。联合国教育、科学及文化组织出版的《文献术语》将其定义为:"个人为满足其信息需要而获得信息的来源,称为信息源。"从绝对意义上看,产生信息的源头才称为信息源;但从研究对象上看,研究对象是有层次的;从使用者的角度来看,信息源就是与研究观察对象有关的信息。

信息源可分为实物信息源、文献信息源、电子信息源、网络信息源。

1. 实物信息源

它是指具体的观察对象在运动过程中直接产生的信息。它能直观、生动、全面、形象地提供全方位、多角度的信息,供人们根据各自的需要去进行分析研究。它是客观存在着的东西,人们可从中获取第一手的完整可靠的信息,因而具有较高的真实性和可信度。它包含的信息往往是潜在的、隐蔽的,不易被完全发现,因此要求信息采集人员必须有强烈的信息意识、敏锐的洞察能力和一定的分析研究水平。必要时要通过实地考察方法才能剖析出来。

2. 文献信息源

它是指记录着各种知识信息的载体,如图书、报纸、期刊、专利文献、论文等。它所记载的信息内容往往是经过人脑加工的知识型信息,是人类在认识世界、改造世界的过程中所形成的认知成果,经过选择、比较、评价、分析、归纳、概括等一系列思维的信息加工活动,并以人类特有的符号系统表述出来的。因此大多比较系统深入,易于表达抽象的概念和理论，更能反映事物的本质和规律。它是通过文字、图形、音像或其他代码符号固化在纸张、化学材料或磁性材料等物质载体上的，在传播使用过程中具有较强的稳定性，不易变形，不失真，从而为人们认识与决策活动提供准确可靠的依据。利用文献信息源不受时空的局限，利用过程也比较简单。用户可根据个人需要随意选择自己感兴趣的内容，决定自己利用文献的时间、地点和方式，遇到问题可以有充分的时间反复思考，并可对照其他文献进行补充印证。文献信息的管理和控制比较方便。信息内容一旦被编辑出版成各种文献，就很容易对其进行加工整理，控制其数量和质量、流速和流向，达到文献信息有序流动的目的。由于文献生产需要花费一定的时间，所以出现了文献时滞问题。文献时滞过长将导致文献内容老化过时，丧失其作为信息源的使用价值。

3. 电子信息源

电子信息源是指以数字化形式（即二进制代码 0 和 1），把文字、图像、声音、动画等多种形式的信息存储在磁介质、光介质等非印刷型介质上，并通过计算机和其他外部设备再现出来的信息内容的集合。电子信息源有以下优点。

（1）存储形式多样化。它不仅可以以文本形式存在，还可以以超文本、多媒体和超媒体的形式存在。

（2）资源数字化。它是以比特为元素的数字化的信息资源，它以二进制代码形式存在，这既利于信息的存储和查询，使信息载体可以无损耗地反复使用，又便于通过网络进行远距离传输，为全球信息共享提供条件。

（3）可交流性强。它是数字化的资源，这使它的传播不再受时空限制，可实现跨时空、跨语言的传播；信息交流能动性增强，随着计算机软件的更新及性能的日益提高，尤其是网络的完善，用户拥有更多的主动性，既是信息资源的使用者，又是信息资源的提供者，用户与用户之间可进行直接的信息交流，信息交流对象增多，网络环境下电子信息资源具有共享性，可供多个用户同时访问和利用。

（4）方便利用。主要表现在：①易获取，用户只要在任一终端轻击鼠标即可快捷浏览信息，不必到专门的文献服务机构查询；②易检索，随着信息技术的发展，电子信息源的检索途径和人口越来越多，获取所需信息更便利；③易保存，可以将数据直接拷贝到机器的硬盘或软盘上，也可打印成纸质文献。

（5）内容丰富。存储载体的变化使电子信息源的内容更为丰富，既可是文字、图像等静态信息，也可是集图像、文字、声音、动画于一体的动态多媒体信息。同时，由于计算机、网络技术的发展和各种工具软件的出现，人们还可以对各类信息进行组合编辑，把文本、图像、声音、动画等组合起来，产生多姿多彩的视觉和听觉效果。然后，信息源通过电子技术实现信息传播，如广播、电视、电子刊物等。

4. 网络信息源

网络信息源的信息源就是计算机网络。利用网络是当今获取信息的最主要途径。从时间和空间上讲，网络对用户没有任何限制，覆盖面遍及全球，24 小时从不间断；就信息符号而言，网络采用宽频传输文字、图像、影视、声音等多种媒体；就服务类型而言，网络提供的信息服务包括数据库、文本、电子函件、文件传输、电子布告、电子论坛等；就检索技术而言，网络采用人工智能、专家系统、超文本、友好界面等让用户访问网上的各种信息资源。因此，无论在服务内容、深度、方式、广度、效益和效果等方面，以往所有传统的信息资源都没有网络信息资源方便，故人们更倾向于网络信息资源。产业研究人员可以通过国家统计局网站来得到指标数据。

产业信息系统为了满足客户对原始数据的需求，也为了能给用户提供更为全面和客观的研究报告，与国内各大数据源建立起战略合作关系。数据主要采用国家统计局、海关总署、商务部等机构的数据库。其中宏观经济数据主要来自国家统计局，部分行业统计数据主要来自国家统计局及市场调研数据，企业数据主要来自于国家统计局规模企业统计数据库及证券交易所等，价格数据主要来自于各类市场监测数据库。

7.7.1.2 信息采集的原则

在信息采集的过程中，为了避免人力、物力和时间上的浪费，提高信息采集的效率，必须坚持目的性、可靠性、可操作性、系统性、科学性和实时性的原则。

（1）目的性原则。目的性原则是指根据需求有目的地采集信息。采集信息之前必须确定产业安全指标体系，必须根据所建立的指标去采集相应的数据。例如，我们要研究我国某产业国际竞争力评价，就需要分析该产业国际市场占有率。产业信息采集人员必须采集我国某种产品的出口额以及世界某种产品的出口总额数据，从而来计算我国某种产品的国际市场占有率。

（2）可靠性原则。可靠性原则是指采集的数据信息必须是真实环境或对象所产生的或从权威部门得到的，不得凭空捏造，没有偏向，能够反映产业的真实情况，它是信息采集的基础。

（3）可操作性原则。采集到的信息按照一定的表示形式，便于使用。

（4）系统性原则。零散的信息不能反映事实的真相，系统性是提高信息利用价值的保证，是信息发挥其效果的前提条件。只有连续地、系统地搜集信息才能保持信息的系统、连贯、完整，才能满足用户的需求，更好地为产业信息系统服务。

（5）科学性原则。如今在这个信息时代，信息源数量庞大、形式多样、内容重复分散、品种繁杂，给信息的采集工作带来了极大的困难。因此，需要科学的采集方法研究信息源的分布规律，选择和确定信息密度大、信息含量多的信息源。

（6）实时性原则。信息采集具有时效性，其价值的大小与提供信息的时间密切相关。信息采集不及时或采集过时信息，都会造成资金和时间的浪费。

7.7.1.3 信息采集的步骤

通常来说，完整的信息采集应包括以下步骤和流程。

（1）定位信息需求。专家和系统管理维护人员必须结合产业安全信息系统来确定数据需求，信息采集人员根据所需数据进行采集。例如，李孟刚在《产业安全理论研究》一书中，研究中国保险业的生存发展环境，单位劳动力成本是生存发展环境的一个指标，单位劳动力成本=劳动力总成本/从业人员平均人数，信息采集人员需要采集保险业的劳动力总成本，以及保险业全部从业人员平均人数。

（2）选择信息源。选择具有权威性的信息源作为研究对象，如各个地区的统计局、各海关部门、产业协会、中国的行业官方网站等。通过与有关部门建立合作关系，准确、实时、有效地收集数据的信息。

（3）确定信息采集的方法，即确定用何种方法采集信息。根据信息资源采集需求不同，采用不同的途径和策略，如与国家统计局进行资料共享、查阅有关部门发布的信息、搜索文献信息、查询有关网站等。当定位好信息需求，确定了信息源之后，下一阶段就是通过某种方法采集信息。采集信息一般分为两个子阶段：信息的感知和信息的识别。信息的感知是对事物运动状态及改变方式的敏感性和直觉力，这是信息采集的首要条件。但感知到信息还不够，必须能识别信息是否对自己有用，并正确地提取有用的信息。

（4）确定信息存储的方式。信息的储存是信息采集的重要方面，如果没有信息储存，就不能充分利用已收集、加工所得信息，同时还要耗资、耗人、耗物来组织信息的重新收集、加工。有了信息储存，就可以保证随用随取，为产业信息的多功能利用了创造条件，从而大大降低了费用。信息存储应当决定什么信息存在什么介质比较合适。常见的信息存储工具有磁盘、U盘等。

7.7.1.4　信息采集的方法

信息采集的方法一般有四种：调查法、实验法、文献检索和网络方法。

1. 调查法

调查法是常用的信息采集的方法，包括访问调查法和问卷调查法。

访问调查法是通过访问相关人员，与相关人员直接交谈而获取有关信息的方法。访问调查首先需要做好充分的准备，认真选择相关人员，了解调查该产业的基本情况，收集有关业务资料和相关的背景资料。其次，在访问过程中，研究人员既要能按照他所研究的思路，控制访问过程，并能根据访问情景适当调整、交流互动、合理提问、得到答案。这种方法可得到更深层次的信息，缺点是研究的对象不可能很多，因此研究的对象必须具有代表性。

问卷调查法是一种包含统计调查和定量分析的信息收集方法，此方法需要考虑产业的指标的个数和研究的年份范围、调查规模以上企业的代表性及企业的数量等。问卷调查法具有调查面广、费用低的特点，但无法对工作人员进行控制，问卷调查法的问卷回收率一般不高，问卷回答的质量也较差。在问卷调查过程中，受访者的态度具有决定性作用。而对于受访者来来说，大多数访问是无偿的，因此被认为是一种干扰，问卷回答的质量也较差。

2. 实验法

实际法是指为了获得特定的信息，通过对参与者类型的恰当限定、对信息产生条件的恰当限定和对信息产生过程的合理设计而获得准确、真实信息的方法。它通过实验过程可以获取正常手段难以获得的信息或结论。特定消息是被考察对象在其自然状态下，用普通方法难以获得的准确真实的信息。用实验方法一方面可以得到其他方法无法得到的某些重要的、能反映客观事物运动状态、变化方向的有效信息，同时也可以观察到某些因素的相互关系、因果关系，易于观察到事物的本质。例如，产业研究人员通过大量的研究实验来预测将来某产业的安全状况。

3. 文献检索法

文献是指用纸张或磁盘、光盘等记录和存储大量的知识信息。文献检索具有较强的条理性、连续性、稳定性的特点。文献资源分布广、信息量大、存放于图书馆中。根据所含内容的性质、特点、用途可将文献分为10类：图书、期刊、会议文献、科技报告、专利文献、标准文献、学位论文、产品资料、技术档案以及政府出版物。文献检索是指以文献为检索对象的信息检索，利用相应的方式与手段、存储文献的检索工具、文献数据库，查询用户在特定的时间和条件下所需文献的过程。文献检索过程一般包括分析研究课题和制定检索策略，利用检索工具查找文献线索以及根据文献出处索取原始文献。

4. 网络方法

网络方法是指通过网络收集有关网络信息资源。网络信息资源是指各种可能通过计算机网络访问并得到的信息资源。信息资源包括时事评论、文学艺术、社会科学、科技数据库以及历史资源等相关资料和软件。网络信息资源具有访问快捷性、内容广泛性、资源动态性的特点。网络方法主要是通过网络搜索引擎实现对有关信息的收集。收集网络信息资源一般采用一类搜索信息搜索系统机制，如百度、Yahoo、Google 等，他们既可以看成是网络信息检索工具，也可以被视为一种网络信息收集和组织的方法或工具。

7.7.2 数据仓库

近年来，计算机技术的不断更新和科技进步发展为大量数据的应用提供了基础，数据库系统为人们积累了大量的数据，这些数据对于我们产业研究来说无异于一个巨大的宝库，蕴藏着大量的对产业决策管理有用的信息。但如何将这些庞大的数据转换成有价值的信息，为我们产业研究所利用，传统的数据库系统已无法满足需求。于是人们尝试对数据库中的数据进行再加工，形成一个综合的、面向分析的环境，以更好地支持决策分析。正是在这种需求下，一种新的信息处理技术——数据仓库（data warehouse，DW）应运而生。

虽然数据仓库不同于传统的数据源，但是其数据仍然由传统数据源中的数据组成，因此有效地从现有数据源中的数据引导至数据仓库的方法和策略就显得非常必要。数据源中的数据转化为数据仓库中的数据必须经过必要的 ETL。本小节分别对数据源、数据仓库与数据仓库管理系统、ETL 进行论述。

7.7.2.1　数据源

数据源（data source）是指提供某种所需数据的原始媒体，是访问该数据所需的信息和该数据位置的特定集合，其中的数据源位置可用数据源名称描述。例如，《中国统计年鉴》可作为一个数据源。数据源是数据仓库系统的基础，是整个系统的数据来源。数据源中的数据包括产业内部信息和外部信息。产业内部信息是该产业内部各种处理数据和各类文档数据。外部信息是包括各类法律法规、国家政策、市场信息和其他产业的信息等。

数据源必须具备更新能力并且可靠，一般的数据源有以下几类。

（1）观测数据，通过现场观测获得的数据，包括量算数据、野外实地勘测、遥感数据、台站的观测记录数据等。

（2）分析测定数据，即利用化学和物理方法对事物进行分析后测定的数据。例如，我国石油、煤炭等资源的可探明储量可以用物理仪器探测出来。

（3）图形数据，即各种专题地图和地形图等。例如，我们用条形统计图可以清晰明了地反映我国各省份物流产业安全指数。

（4）统计调查数据，即各种类型的社会调查数据、统计报表等。例如，我们可以从国家统计局或煤炭工业协会得到煤炭工业企业生产经营总产值报表。

（5）遥感数据，由地面、航空或航天遥感获得的数据。目前，中国的遥感数据源数量庞大。例如，拥有全国范围的土地资源清查及详查数据，航空摄影测量图像和国土普查卫星资料已覆盖全国，定位、半定位观测站网遍布全国，有地面调查、地图测绘等大量数据。

7.7.2.2　数据仓库与数据仓库管理系统

在日益激烈的市场竞争中，信息对产业的生存和发展起着至关重要的作用。产业数据随着时间和业务的发展不断膨胀，"知识爆炸"和"信息爆炸"成了信息社会的常用词汇。各产业建立的用来收集、存储、管理数据的数据库系统，在相当程度上提高了工作效率。然而，传统的数据库只是对数据进行简单的处理，越来越不能满足产业发展对信息更深层次的需要。随着我国经济的对外开放，各产业将面临与其他国家同行的严峻挑战。为了改善产业信息管理系统现状，以满足产业用户越来越复杂的统计、分析、预测需求，数据仓库技术是一种有效的解决途径。建立产业数据仓库系统是在保持现有应用系统功能的基础上，充分利用产业的各种数据源，建立面向产业用户的基于决策支持的、灵活的查询系统和统计分析应用系统；然后根据该数据仓库系统，产业用户可以对产业安全状况进行查询分析、评估诊断、监测预警，使得产业研究人员对产业安全状况的评估和预测更及时、更准确和更科学，帮助政府部门或产业协会做出正确决策。

当前，随着数据量的高速增长，如何将数据转换成有价值的信息已经成为产业提高产业竞争力关键问题之一。数据仓库是把海量的数据转换成有价值的信息的最好方式之一。

数据仓库是在产业管理决策中面向主题的、集成的、与时间相关的、不可修改的数据集合，用以支持系统管理中决策制定的过程。它可以从联机的事务处理系统、异构的外部数据源、脱机的历史数据中得到。建立数据仓库的目的是更好地支持决策分析。数据仓库是一个联机的系统，专门为分析统计和决策支持的应用服务，通过它可满足决策支持和联机分析应用所要求的一切。因此，数据仓库是决策支持系统和联机分析应用数据源的结构化数据环境。数据仓库的任务是从数据源中获取信息。数据仓库是一个以数据仓库管理系统为基础，存储了与产业安全相关的综合数据，并能利用这些综合数据为用户提供经过处理后的有用信息的应用系统。它的重点与要求是能够准确、安全、可靠地从数据库中取出数据，经过加工转换成有规律信息之后，供管理人员进行分析使用。

数据仓库中的数据是分层管理的，其数据可以分为以下几个层次：当前数据、历史数据、综合数据、元数据。

数据仓库管理系统的任务是对数据源的数据进行存储和管理，是数据仓库的核心。数据仓库管理系统包括数据安全与特权管理、数据的更新；数据质量检查；管理和更新元数据；审计和报告数据仓库的使用和状态；删除数据；复制、分割和开发数据；备份和恢复；存储管理。数据获取包括下面四个步骤：①识别所研究的原始数据；②开发抽取策略；③将原始数据转换为目标格式；④将原始数据加载到目标区域，即ETL。

7.7.2.3　ETL

ETL指的是对数据进行抽取、转换、加载的过程。它是实现数据从数据源向数据仓库转化的必要过程以及完成转化需要使用的工具和策略。这个过程往往根据系统定义的元数据，根据原有信息管理系统和数据仓库的特点，一次性或者增量地把数据转化到数据仓库中。

在产业研究过程中，研究人员需要从有关数据库的大量数据中选取对研究有意义的少部分的数据，识别错误，修正格式，进行数据整合，并导入产业信息系统数据仓库中。对于没有信息量的数据，要进行抽取过滤。对于一些有研究需要，但数据源中没有的数据，可将其设为默认值。数据在导入数据仓库前要按照数据仓库的字段长度、字段类型、索引定义等进行转换，并利用UNIX Scrips、SQL数据定义语言等ETL工具，设计数据导入程序。

在建立数据前，必须进行数据预处理。数据预处理，是指将数据从数据库中抽取出来，对数据进行修改，完成数据的转换，最终将数据加载到数据仓库中。例如，产业研究过程中的归一化处理，形成数据量纲的统一。数据ETL的目的是将数据源中的分散、零乱、不一致的数据整合到一起，作为产业研究的决策依据。数据预处理包括抽取、转换、加载三个步骤。

（1）数据抽取。它是指从数据源中抽取数据的过程。数据的抽取需要在调研阶段做大量工作，如确定数据源、是否存在手工数据、手工数据量是否庞大、是否存在非结构化的数据等，当收集完这些信息之后才可以进行数据抽取的设计。数据抽取就是将分散的有关某一主题的数据按主题进行合理的组织，运用数据处理方法，去除无用的数据，消除表达方式不一致，形成完整一致的描述。例如，产业研究人员为了研究某一产业的安全状况，必须从包含各行各业数据信息的《中国统计年鉴》中抽取到该产业评价指标的数据。

（2）数据转换。数据转换是将抽取到的数据转换成另一种更加适于数据仓库计算的格式，数据转换主要完成数据净化、数据融合、拆分的处理和数据聚集任务。常见数据转换包括：日期、时间格式的转换，代码到名称的转换以及字段拆分字段合并等。数据融合是对字段和数据类型进行标准化处理，如统一的计量单位、统一的数据格式、统一的命名。数据净化是处理可能存在的各种错误从而保证数据质量，如数据源中丢失数据或有错误数据等。数据聚集和拆分是将数据从一个或几个数据源中取出，并逐个字段地将数据射到数据仓库的新数据结构，有时需要将一条记录拆分成多条记录存放到数据仓库中。

（3）数据加载。数据加载是将数据按照一定的次序装入到数据仓库的过程。数据仓库中的数据加载过程不是简单的传统数据库中的数据堆积，也不是简单地选择一个工具下载数据的过程，它是一个复杂的容纳数据集成的过程。加载数据应该考虑的问题是要确定数据仓库需要什么信息，并对多个数据源消除数据间的不一致性，形成单一信息源。当数据进入数据仓库时，为保证数据质量和数据来源的正确性，需要再次确认加载的数据，从而确保数据源的可靠性，否则若出现错误的信息，最终可能会导致错误的决策。

7.7.3 信息发布

信息发布系统由服务器、网络、播放器、显示设备等组成，将服务器的信息通过网络发给播放器，再由播放器组合音视频、图片、文字等信息输送给液晶电视机等显示设备，这样就形成了一套可通过网络将所有服务器信息发送给终端，实现一个服务器可以向全国发布信息的链路。

7.7.3.1 信息发布的概念

信息发布是指产业研究人员在合适的时间，通过适当的方式将相关的产业信息或产业安全信息系统软件提供给用户。产业信息发布一方面需要满足当前用户所需信息的要求，另一方面也需要对用户临时信息需求做出应对。及时有效地将信息发送给用户是信息发布成功的关键。系统研究人员进行信息发布之前需要确定信息使用的人员、时间、方法、使用权限、技术手段和反馈渠道等。信息发布的流程是确定计划，然后进行信息沟通、信息收集、信息总结、信息发布，最终得到信息发布的成果。信息发布的媒介包括个人方面的书信、备忘录和报告，法律方面的媒介包括合同、协议、政策、指示、指导方针和程序，组织方面的媒介包括手册、表格和小册子。

7.7.3.2 信息发布的工具

产业信息发布工具是专为产业安全信息系统开发的,实现信息快速发布和管理的一种工具。它能将信息快速发送给用户,有效提高推广速度和效果,并实现搜索引擎快速收录。

信息发布是把所需要的产业数据信息、产业安全信息系统软件的使用及时提供给用户,要做好信息发布工作,必须采取有效的工具和技术。信息发布可通过会议、拷贝文件、共享电子数据库,电子通信等方式实现。

7.7.3.3 信息发布的模式

根据信息发送的方式、内容、目的和发送对象可以选择不同的信息沟通方式,包括正式沟通和非正式沟通。

正式的书面沟通是最常见的沟通形式。正式的书面沟通用于当前产业的状况和产业预测的信息发布。采取的实施方式通常为文档。会议沟通,人们经常在会议上就某一产业安全问题进行交流。从沟通人数上来说这种形式为一对多或多对多的沟通。会议讨论要遵循以下原则:明确会议的内容、明确会议的目标、明确会议参加人员、按时开始会议、控制会议进程、做好会议总结和记录会议内容、将会议决定进行落实。

正式的书面沟通有以下作用:具有权威性,正确性,不易在传达过程中被歪曲;可反复阅读、研究;可长期保存。

非正式沟通,它可以通过口头和书面进行交流,并有以下特点:没有计划,具有突发性;双方在沟通前并没有就沟通范围、内容和所使用的"共同语言"达成一致,所以经常产生理解上的"偏差";没有正式沟通中体现的"约定"和"承诺",因此产生的效果不可预测。

非正式沟通有以下作用:有助于隐形知识的传播;可以通过非正式的沟通,了解该产业的真实状况;有助于产生创造性成果。

7.7.4 信息服务

为了进行合理的产业调整和实施振兴规划,发挥信息对经济社会发展和产业创新活动的支撑作用,建设产业信息服务,为产业提供公益性的专利信息服务是很有必要的。

产业信息服务是产业信息管理活动的出发点和归宿,是产业信息管理学研究的重要内容和领域。信息服务活动通过研究用户、组织用户、组织服务,将有价值的信息传递给用户,最终帮助用户解决实际问题。从这一意义上看,信息服务实际上是传播信息、交流信息,是实现信息增值的一项活动。

7.7.4.1 信息服务的内容

信息服务是采用不同的方式向用户提供所需信息的一项活动。信息服务包括两方面的内容：一是对分散在不同载体上的数据信息进行收集、评价、选择、组织、存储，使之有序化，成为方便利用的形式；二是根据产业的实际情况进行研究，对用户及信息需求进行研究，以便向用户提供有价值的信息。产业信息服务涉及各行各业，无论是工农业、科学研究、商业、文化艺术、军事等职业还是社会管理与服务工作都需要相应的信息服务为其提供保障。信息服务从内容上看，它包括科技信息服务、经济信息、政策法规信息、文化信息、市场信息、金融信息、投资信息、证券信息、旅游信息、娱乐信息、影视信息、生活信息等方面的内容，并且要涵盖有关技术创新和国内外数十个国家专利文献信息。从功能上看，针对有关产业工作人员，提供一般检索、分类导航检索、数据统计分析、机器翻译等多种功能。从服务形式上看，既有被动的信息索取，又有主动的信息提供，既有单向信息传递，又有多向信息发布。从服务载体看，既有印刷文献载体，又有新型的电子载体和网络载体。从服务的层次和深度来看，既有传统意义的零次信息、一次信息、二次信息和三次信息服务，更有直接帮助解决问题的知识型服务。因此，信息服务是一个内容丰富，且又极其重要的知识体系。利用产业信息服务，行业和企业可以提高研发起点、了解竞争对手的技术水平、跟踪最新技术发展动向、防范产业风险和加快产品升级，为技术改造、自主创新、并购重组、产业标准制定发挥重要作用。信息服务活动的三个最基本构成要素包括：信息源、信息活动、信息研究人员。

在信息服务活动中，需要遵循以下原则。

（1）针对性原则。满足用户在特定时间的特定需求是产业信息服务的基本出发点。信息系统研究开发人员要认真研究用户的信息需求与需求的变化，选择所需求的产业研究指标，向用户提供针对性很强的信息服务。信息系统研究开发人员要针对该产业的实际情况，选择该产业具有代表性的指标来进行研究。

（2）及时性原则。信息服务机构一定要在用户需求信息之后，且在作决策之前将信息提供给用户。信息提供过早，用户没有需求，信息效用不能实现；信息提供过晚，信息毫无价值。

（3）易用性原则。用户在决定是否使用该信息之前，易用性往往超过信息本身的价值。产业安全评价过程中，如果选取的指标无法通过现有的数据计算得到或计算量大，则该指标没有研究意义。

（4）效益性原则。信息服务既要讲究社会效益，又要讲究经济效益。信息服务的效益虽然具有潜在性，很难做出评价，但是无论是产业信息系统研发人员还是用户都希望以最小的成本换取最大的效益。

7.7.4.2 信息服务的发展

信息服务作为一种基本社会服务，在社会发展综合因素的作用下，呈现出以下发展趋势。

1. 从单一形式的服务向综合型服务发展

长期以来，各类信息服务基本上处于独立发展的状态，彼此缺乏有机联系。

例如，数据传输与数据处理服务由不同的信息服务部门承担，对于需要远程处理数据的用户来说，不得不利用两类单一的信息服务来满足其信息需求。显然，这种服务模式越来越难以满足用户多方面的信息需求，从而提出了综合形式的信息服务开拓问题。例如，我国通信业的数据传输和信息资源开发服务部门的资源服务进行合作。

2. 从以部门为主体的信息服务向社会化信息服务模式转变

我国传统的信息服务主要按系统、部门发展。除公共信息服务面向社会，其他信息服务分别按科技、经济、交通等各产业组织信息服务。产业内的各部门又有各自的信息服务系统。各部门的信息服务面向内部用户，较少对外开放。然而，在开放的国际化环境下，部门内部的信息服务限制了信息资源的社会共享，造成多方面的浪费，无法发挥现代信息技术的作用，不利于社会的信息化。在社会内外因素促动下，各系统的信息服务开始向社会对外开放，标志着社会化信息服务体系的形成。

3. 信息服务向多元化和多样化方向发展

信息服务多元化是指信息服务机构的多元化，多样化是信息服务方式和内容的增多。除国家和国有信息服务机构的无偿服务外，以经济利益为目的的信息服务机构正快速增长，其服务业务包括生产、金融、交通等。这些服务相互补充、协调发展。信息服务的多样性包括两方面。一是从以文献信息服务为主向多种形式载体信息服务相结合的方向发展。二是信息提供与发布内容的扩展。例如，当前的传真、电子邮件、通信工具等服务得到进一步发展和普及。

7.7.4.3 信息用户及信息需求

信息用户是指在科研、生产、管理、商业、贸易、军事、外交以及生活中需要利用信息的个人或团体。从范围上看，信息用户可以是一切社会成员或团体。但从信息管理学上说，信息用户是指那些利用各种信息方式或信息交流渠道获取所需信息的个人或团体。信息用户是信息传递的终点。任何信息系统都和用户及其信息需求联系在一起，所以信息用户及其需求的研究是信息管理学中一个非常重要的领域，是信息服务工作不可缺少的组成部分。信息需求是人们在实践活动中为解决各种实际问题而对信息的不满足感和必要感。意识到而未表达出来的信息需求就是潜在信息需求，意识到并表达出来的信息需求就是信息需求。信息需求是用户以自己的形式及时获取问题解决所需要的完整可靠的信息的要求。

信息需求有以下特征。

（1）多样性。信息需求的多样性是由信息用户在社会所承担的职责是多种多样决定的。根据用户所承担的职责不同可将其信息需求分为个人信息需求、组织信息需求和社会信息需求。

（2）知识性。信息需求不仅需要需求强度的刺激，还需要具备一定的知识，去挖掘重要的信息。用户需要三方面的知识：行业知识、专业知识和信息源知识。只有同时具备这三方面的知识，才能将信息从客观状态转化到主观状态。

（3）模糊性。用户的信息需求往往是一种模糊状态，这是用户信息需求的一种普遍特征。模糊性具体体现在：第一，用户知道或不知道信息存在；第二，用户知道或不知道信息在那里。这一模糊性制约着用户的信息行为，使用户信息行为过程成为一个探索的过程。

随着产业发展加快，竞争激化速度快于用户数量与需求增长速度，因此对用户需求的把握深度与响应质量，至关重要。用户将从产业的末端，成为产业信息服务的核心，用户需求将成为推动信息服务变革与升级的原动力。

7.7.4.4 网络信息服务

网络信息服务是指信息服务机构为满足用户的信息需求，通过计算机网络提供经过加工、整理的信息产品和服务的总称，它包括信息内容的加工处理、信息内容的提供、信息内容的存储与获取、网络增值服务、信息咨询服务等。其特点有以下几个方面。

（1）信息提供知识化。网络信息服务提供的是经过加工、处理的信息，其内容比未经过整理的内容更加规范，并且能针对用户的需求为其建立"知识库""数据仓库"等，从而为用户节约了时间和精力，达到快速高效的效果。

（2）信息服务社会化。资源共享已成为网络信息服务最鲜明的优点。在网络环境下，网络信息服务机构能最大限度地满足用户的要求，发挥信息资源的最大功效，充分体现网络资源无限与网络服务无限的特色。同时，网络信息服务更多的作用是信息的指引、挖掘与组织。

（3）信息服务便利化。网络打破了地域和时间的界限，网络服务人员可以通过网络与信息用户进行交流，使得用户的信息检索、请求和获取更加快捷及时，为用户节省了时间、精力和成本。

7.7.4.5 网络用户的信息需求

网络信息用户是指利用网络信息的个人或团体。网络信息用户的信息需求是指用户对具体信息的需求、信息检索工具的检索需求、信息服务的需求。网络的广泛使用，使得网络用户信息需求表现出以下一些特点。

（1）信息需求量巨大，且丰富。随着科技的迅速发展，人类对信息的需求量是庞大的，它包括学习、娱乐、经济等各个方面。由于现代网络技术的提高，网络用户在不断地增加，同时信息需求量也在增加。

（2）对信息内容要求越来越高。用户要求准确并且时效性很强的信息。面对日趋信息化的高速发展的社会，快速、准确、高效地获取和利用信息非常重要，人们对信息的质量要求也越来越高。

（3）信息需求社会化。随着社会交往范围的扩大，信息交流日益广泛，致使广大用户从面向部门转向面向社会。城域网、局域网给用户创造了开放性的信息需求客观环境，加速了用户信息需求社会化进程。

7.7.5 信息安全

在信息社会中，一方面信息成为人类的重要资产，社会发展对信息的依赖程度越来越大；另一方面，由于信息的易传播、易扩散、易损毁的特点，信息安全问题变得日益突出。

7.7.5.1 信息安全的发展过程

信息安全是保障信息系统安全的有力手段，引起了世界各国的广泛关注。随着科技信息的发展，信息在给人们带来方便与高效的同时，也带来了许多不可忽视的信息安全问题。信息安全自古有之，并存在至今。普遍存在的信息安全问题有信息的欺骗、破坏、窃取。信息安全从古至今经历了通信保密、计算机安全、信息安全、信息保障的四个阶段。

（1）通信保密阶段，这一阶段存在的威胁是信息窃听和密码分析，解决这一问题的方法是数据加密。在这一阶段，军队和政府涉及通信保密问题。这一阶段，要达到的效果是在远程通信中拒绝未授权用户的访问以及确保通信的真实性。由于当时的计算机技术比较落后，所以通信保密阶段的重点是解决通信保密问题，保证数据的机密性和完整性。人们通常采用密码理论来对数据进行加密。基本的密码算法是将字母编号然后平移、旋转、扩展。

（2）计算机安全阶段，该阶段是由通信保密阶段转变而来的。这一阶段，密码算法和信息系统安全模型取得了很大的进步。主要开发的密码算法有分组加密算法、双密钥公开密钥体制、椭圆曲线离散对数密码体制。用于数据完整性的有数字指纹、消息摘要、安全杂凑算法等。

（3）信息安全阶段，人们关注的已逐步从计算机转向信息本身，便产生了信息安全这一概念。在科技迅猛发展的今天人们对信息的要求不仅是存储、处理和传输过程不被非法访问或者更改，确保合法用户的服务并限制未授权用户服务外，还需要必要的检测、记录和防御攻击的措施。

（4）信息保障阶段，对信息的安全提出了更高的要求。信息保障通过确保信息和信息系统的保密性、完整性、可认知性、可追查性和可恢复性来保护信息和信息系统，包括综合利用保护、检测和相应能力来保障系统的性能。信息保障把原来的静态信息安全扩展为强调保护、检测、响应和恢复等动态环节，强调多层次防护策略，在注重技术防护同时，突出人的因素和安全管理作用的动态安全。信息保障的概念由美国国防部提出："保护和防御信息及信息系统，确保其完整性、可用性、保密性、可鉴别性和不可否认等特性。"这些特性包括在信息系统的保护、检测、反应功能中，并提供信息系统的恢复功能。产业信息正处于信息保障阶段，产业安全信息系统开发人员需要开发信息系统各项功能，确保信息的可用性、完整性、保密性、可鉴别性和不可否认的特性。

7.7.5.2 信息安全介绍

信息已成为人们生活中不可或缺的资源。然而由于信息具有易传输、易扩散、易破损的特点，所以信息资产比传统资产更加脆弱，更易受到损害，信息及信息系统需要严格管理和妥善保护。信息安全是信息本身的安全。信息安全的静态定义采用国际标准化组织对"计算机安全"的定义："在技术上和管理上为数据处理系统建立的安全保护，保护计算机硬件、软件数据不因偶然和恶意的原因而遭到破坏、更改和泄露。"这个定义侧重于信息的静态安全。信息安全的动态定义则要求信息系统能连续正常工作。信息安全的任务是向合法的服务对象提供及时、准确、可靠的信息服务，而对于其他任何组织和人员，包括内部、外部乃至于对敌方，保持最大限度的信息不透明性、不可获取性、不可接触性、不可干扰性，而且不论信息所处的状态是静态的、动态的还是传输过程中。信息安全的任务是保护财产，以防止偶然的或未授权者对信息的恶意泄密、修改和破坏，从而导致信息的不可靠或无法处理等。在计算机上和网络上的信息是以数据的形式出现的，信息安全包括数据安全和系统安全。信息安全发展的潮流是信息安全的外延不断扩大、信息安全技术的长足发展、信息安全管理紧跟时代。信息安全不是一个孤立静止的概念，而是一个多层面、多因素、动态的概念，它会随信息技术的发展而不断发展。

7.7.5.3 信息安全的研究内容

信息安全是一门内容极其丰富的学科，它不仅涉及计算机和网络本身的技术问题、管理问题而且还涉及法律学、犯罪学、心理学、经济学、应用数学、计算机科学、密码学、审计学等学科。信息安全的研究内容主要包括：信息加密、数字签名、数据完整性、身份鉴别、访问控制、安全数据库和反病毒技术等。信息安全研究大致可分为基础理论研究、应用技术研究、安全管理研究等。

1）基础理论研究包括密码学研究和网络信息安全基础理论研究

密码学研究数据加密、消息摘要、数字签名及密钥管理。数据加密是指使有用的信息变为看上去像无用的乱码，使攻击者无法读懂信息的内容从而保护信息。消息摘要是一种数学变化，通常是单向的变换，它将不定长度的信息变换为固定长度的摘要，信息的任何改变也能引起摘要面目全非，因而可通过消息摘要检测消息是否被篡改。数字签名是确保数据真实性的基本方法。数字签名主要是消息摘要和非对称加密算法的组合应用。数字签名是附加在数据单元上的一些数据，或是对数据单元所做的密码变换。这种数据或变换允许数据单元的接收者确认数据单元来源和数据单元的完整性，并保护数据，防止被他人伪造。密钥是指生产、生活所应用到的各种加密技术，能够对个人资料、企业机密进行有效的监管。密钥管理就是指对密钥进行管理的行为，如加密、解密、破解等。密钥管理研究密钥的产生、发展、存储、更换和销毁的算法和协议等。

网络信息安全基础理论研究包括身份认证、授权和访问控制、审计追踪、安全协议。身份认证是指验证用户身份与其声称的身份是否一致的过程，身份认证研究的主要内容包括认证的特征（如知识、推理、生物特征等）和认证的可信协议及模型。授权和访问控制，授权主要是确定用户拥有什么样的访问权限，这种权限并不关心用户是否发起访问请求，而是系统预先设定的；访问控制是对用户访问行为的控制，只有在授权允许的范围内的用户才允许访问。授权和访问控制研究的重要内容是授权策略、访问控制模型、大规模系统的快速访问控制算法等。审计追踪，审计是指对用户的行为进行记录、分析和审查，以确认操作的历史行为。追踪则有追查的意思，通过审计结果追查用户的全程行踪。审计追踪研究的主要内容是审计素材的记录方式、审计模型和追踪算法等。安全协议指构建安全平台时所使用的与安全防护有关的协议，是安全技术和策略实现时共同遵循的规定，如安全传输协议、安全认证、安全保密协议等。安全协议研究的主要内容是协议的内容和实现层次、协议自身的安全性、协议的互操作性等。

2）应用技术研究包括安全技术研究和平台安全研究

应用技术研究是信息在应用环境下提出的，它是基础理论的应用，包括安全技术研究和平台安全研究。安全技术研究是对信息系统进行安全检查和防护的技术，包括防火墙技术、漏洞扫描技术、入侵检测技术、防病毒技术等。防火墙技术是一种安全隔离技术，它通过在两个安全策略不同的域之间设置防火墙来控制两个域之间的互访行为。漏洞扫描是针对特定信息网络中存在的漏洞而进行的。漏洞扫描技术研究包括漏洞的发现、特征分析、定位、扫描方式和协议等。入侵检测技术是通过对网络信息流提取和分析发现非正常访问模式的技术。入侵检测技术研究的主要内容包括信息流提取技术、入侵特征分析技术、入侵行为模式分析技术、入侵行为关联分析和高速信息流快速分析技术等。防病毒技术，病毒是一种具有传染性和破坏性的计算机程序。病毒防范研究的重点包括病毒的作用机理、病毒的特征、病毒的传播模式、病毒的破坏力、病毒的扫描和清除等。

平台安全研究包括物理安全、网络安全、系统安全、数据安全、用户安全、边界安全。

物理安全是指保证信息网络物理设备不受物理破坏，或是损坏时能及时修复或替换，通常是针对设备的自然损坏、人为破坏或灾害损坏而提出的。网络安全的目标是防止针对网络平台的实现和访问模式的安全威胁。网络安全研究的内容主要有安全隧道技术、网络协议脆弱性分析技术、安全路由技术、安全 IP 协议等。系统安全是各种应用程序的基础。系统安全的主要问题是操作系统的安全性问题。系统安全研究的主要内容包括安全操作系统的模型和实现、操作系统的安全加固、操作系统的脆弱性分析、操作系统与其他开发平台的安全关系等。数据安全主要关心数据在存储和应用过程中是否会被非授权用户有意破坏，或被授权用户无意破坏。数据安全研究的主要内容有安全数据库系统、数据存取安全策略和实现方式等。用户安全包括两方面内容，一方面是合法用户的权限是否被正确授权，是否越权访问，是否只有授权用户才能使用系统资源；另一方面是被授权的用户是否获得了必要的访问权限，是否存在多业务系统的授权矛盾等。用户安全研究的主要内容包括用户账户管理、用户登录模式、用户权限管理、用户角色管理等。边界安全是不同安全策略的区域边界连接的安全问题，它研究的主要内容是安全边界防护协议和模型、不同安全策略的连接关系问题、信息从高安全域流向低安全域的保密问题、安全边界的审计问题等。

3）安全管理研究包括安全策略研究、安全标准研究、安全测评研究

安全策略研究是安全系统设计、实施、评估和管理的依据。安全策略研究的内

容包括安全代价的评估、安全风险的评估、安全机制的制定以及安全措施的实施和管理等。

安全标准研究是推进安全技术和产品标准化、规范化的基础。安全标准研究包括安全技术操作标准、安全等级划分标准、安全体系结构标准、安全工程实施标准和安全产品测评标准等。

安全测评研究是依据安全标准对安全产品或信息系统进行安全性评定。安全测评研究的内容主要有测评模型、测评方法、测评工具、测评规程等。

第8章　产业安全知识工程

知识是人类的伟大财富，在信息化时代，知识已经从一种对象资源转变为一种战略资源，如何在浩瀚的信息之中获取知识并为决策服务成为了一个重要的课题。在产业安全的领域中，实施知识工程，是对产业安全知识进行有效的管理，并从中挖掘出有用的知识为决策服务，能够为国家和企业组织发展，为行业的长远健康发展提供有益的支持。这一章，将介绍一下知识管理思想、方法在产业安全中的应用。

8.1　知识及知识系统

8.1.1　知识概述

8.1.1.1　知识的定义和性质

随着知识经济和知识管理的兴起，知识再一次引起人们的高度重视和关注。知识像信息一样，也是人们日常生活中经常使用的词语和概念，人们进行学习就是为了获取知识；在工作中为了解决问题、进行决策，需要使用知识；创新则是生成新的知识。

知识是经过人的思维整理过的信息、数据、形象、意象、价值标准以及社会的其他符号化产物，不仅包括科学技术知识，还包括人文社会科学的知识，商业活动、日常生活和工作中的经验和知识，人们获取、运用和创造知识的知识，以及面临问题做出判断和提出解决方法的知识（王众托，2009）。

知识具有以下几个性质。

1. **知识具有价值性**

知识是人类对客观事物的有价值信息的提炼，因此必须具有价值。但是大多数的知识难以充分利用，这就需要对知识进行有效的管理，使组织具有的知识可以通过管理实现价值，为组织创造新的价值。

2. **知识具有隐含性和外显性**

显性知识即可以用语言文字表达的，在书籍、杂志、报纸、文件等载体中看看见的知识；隐性知识包含了经验、技巧和诀窍，是要靠时间摸索和体验来获得的，可意会而不可言传（王众托，2000）。

3. **知识具有共享性和独占性**

这是知识一个最重要的性质，知识创造价值的过程就是知识的共享的过程。起初知识被组织中的个人所独占，知识的价值只在很小程度上得到了发挥；但通过引入知识管理的方式，知识开始在组织中广泛地传播，知识为大多数的人所掌握，这是知识体现出爆炸式的价值增长。

4. 知识具有动态性和复杂性

知识不是静态的，它在持续的运动之中。人类关于任何一个领域的知识集合实际上都在不断地变化，而且变化的速度越来越快，越来越复杂。

8.1.1.2 产业安全中的知识

产业安全是指特定行为体自主产业的生存和发展不受威胁的状态，因此我们可以用产业安全度来评价产业的安全程度。对于产业安全的评价，国内已经建立一套指标体系，主要从产业国内环境评价、产业国际竞争力评价、产业对外依存度和产业控制力四个一级指标来评价。在这下面又有二级、三级指标体系。这里我们可以将其看成是独立的知识单元，那么这里的知识就可以分为两大类，即显性知识与隐性知识。

产业安全中的显性知识，主要包括一些可以计算或统计的进出口数据、货币、资源和技术等看得见、摸得着的物体。这类知识的特点就是可以通过知识的传播而共同学习。例如，太阳能的生产技术，就可以通过技术学习或转让的方式让更多的国内企业获得生产能力，增强我国的太阳能产业的国际竞争力。

产业安全中的隐性知识，主要包括一些产业内组织或个人对本产业安全的个人知识，多表现为经验、技巧等，可传播性不强。例如，企业的创新能力和企业文化等因素，就属于这一类。这类因素在影响产业的安全性时就会表现出隐性知识。

我们在评价产业安全状态或者从事其他相关的活动时，应当同时管理这两种知识。既要充分挖掘产业安全因素中的显性知识，又要注重和考虑产业中的隐性知识。可以说要做到定量分析和定性分析的结合。

8.1.2 知识系统的体系结构

8.1.2.1 知识系统

人类社会的中的各种知识是相互联系的，形成了不断发展演化的知识系统。对一个组织现有的知识系统来说，系统中的要素就是：①存在于文件、书刊中的知识；②存在于人脑中的知识；③已凝聚在工作工程、经营管理制度中的知识；④嵌入在产品或服务中的知识。

这些要素并不是毫无关系、偶然地堆积在一起，而是按来源和用途有着各种各样的分类，构成了各种类型的知识系统。例如，我们通常所说的产业可以分为第一产业、第二产业和第三产业，它们相互联系构成了产业结构的知识。

我们可以从系统的结构和功能来对知识系统加以考察。系统的结构就是系统中的要素之间相互关系的总和，它形成了系统内部相对稳定的组织形式和结合形势，形成了系统的整体。要素的相互作用对要素起到了联系、限制和约束作用，从而形成了系统某种稳定的结构模式。同样在产业结构中，第一、第二和第三产业中的各个行业之间存在一定的联系，而且第一、第二和第三产业之间也存在着一定的联系，这样才能构成产业结构的整体的知识。

系统的功能乃是系统在与环境相互作用时的总体行为、特性和作用的总称。人造系统是有目的性的，系统的功能就是为了达到目的的行为和能力。

因此，知识系统的功能应该是：①高效率、高效能地获取和组织知识；②能够有效地保存和保护知识；③能适时将知识传播到适当的地方给适当的人；④能高效率、高效能地开发新产品或新服务；⑤能按市场规律经营管理知识资产；⑥能营造和加强有利于知识生成、转移、使用的组织文化。

综上所述，知识系统是为了使组织内的知识资源能够传播、运用和再创新而对知识进行管理，以期组织内的知识发挥出更大的作用的运行体系的集合。

8.1.2.2 产业安全的知识系统

从经济生活的角度来看，无论是在生产系统还是服务系统中，都有一些基本的活动环节，即投入与产出。投入的是原材料、能源、资金、劳动力等，产出的是产品或服务。投入、产出的转换过程构成了所谓的企业"运作"。

从系统论的角度看，知识系统和实物系统一样，有输入和输出。知识系统的输入是原有的知识、相关信息和人的智力，输出的是新的知识和信息，这些新知识有可能外化在实物产品或服务之中，也可以是内化在了人脑中的隐性知识。知识系统的基本结构如图 8-1 所示。

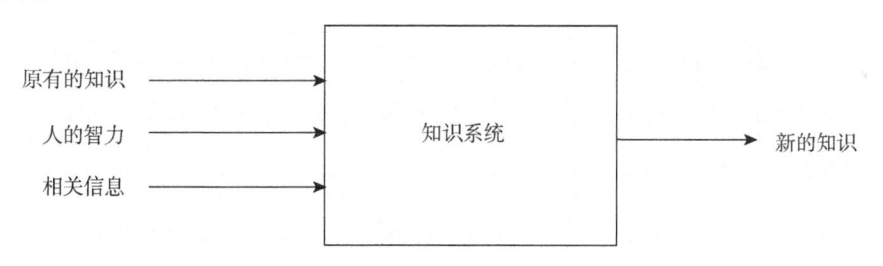

图 8-1 知识系统的基本结构

然而，系统的体系结构（architecture）是用来表述系统某一方面特点的结构方式和模块组成。它侧重原则、方法而不具体规定技术与业务细节。它不局限于讨论具体机构、工作流程和人员组合，而更着眼于为实现整体功能而做的原则性安排。这种安排着眼于各部分的关系应该怎样处理，使得系统在整体上结构合理，各部分各得其所。

根据产业经济学的分析框架和分析工具，对于产业安全的研究，也将从产业组织理论、产业结构理论、产业布局理论和产业政策理论四个方面展开。这四个部分通过各自的影响因子作用于产业安全，我们用四个箭头表示。然而在这四个因素之间也是相互影响的，我们用一个圆圈来表示，如图 8-2 所示。

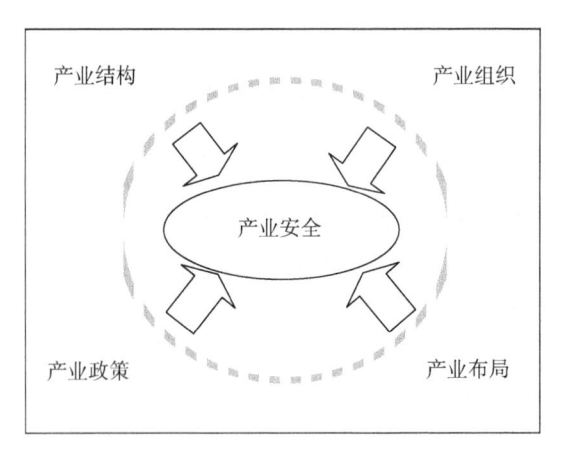

图 8-2 产业安全的知识体系结构

这些体系结构从不同的侧面描述了产业安全知识系统的组成要素之间的关系，以及它们的作用。从图 8-2 中，我们更加清晰地了解了产业安全的体系结构，即产业结构、产业组织、产业政策和产业布局对产业安全的影响以及相互之间的影响关系。因此，我们就可以从这四个因素出发，通过四个因素的变化以及每个因素变化对其他因素的影响来研究对产业安全的变化的影响。这为我们提供了一个很好的研究产业安全的思路。

8.1.3 知识系统的特征

8.1.3.1 产业安全知识系统的过程特性

产业安全知识系统的过程特性是指知识从创造到应用的整个过程。它就像实物生产过程一样，具有生产、组织、共享和应用等环节。关于知识系统的运作过程，我们可以用图 8-3 进行详细说明。

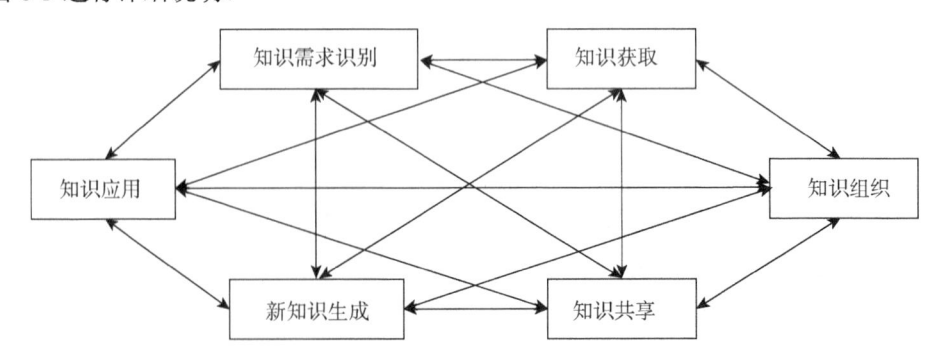

图 8-3 产业安全知识系统的运作过程

（1）知识需求的识别。根据业务内容与特点，以及组织的知识战略，确定所需的知识。

（2）知识的获取。新知识的获得有两种可能：一种是通过在组织内部寻找；另一种是从外面得到所需的新的信息与知识。最后将两种知识加以综合，形成所需的知识。

（3）知识的组织。对知识加以解释、分析、编辑、索引、过滤、综合、链接、存档，准备随时检出应用。

（4）知识的共享。将知识传递给其他的使用者，实现知识在不同主体之间的共享，为知识的应用和新知识的产生创造环境。

（5）新知识生成。如果缺少的知识无法通过上述步骤获得，则需要在原有的基础上，通过在言传性知识与意会性知识的转化，以及个人知识与组织知识的转化过程中进行知识创新，产生新的知识。

（6）知识的应用。这里所谓的创造价值，除了本身用来增值外，还可以转让。

8.1.3.2 产业安全知识是"系统的系统"特性

从系统论来看，任何系统都具有层次性，知识系统也不例外。不论是哪一层次的知识系统，都是由任何组织、技术工具以及知识载体共同组成的复杂系统，这个复杂的系统多半不是通过一次设计而建造出来的，而是将一些现有系统的有关部分加上新的部分继承而得到的，可是说是"系统的系统"。它具有下列五个主要特征。

（1）大部分成员系统早已存在，都能独立运行。如果系统的系统拆开，这些成员系统还能够独立工作。

（2）成员系统不仅能独立运行，而且能够独立管理。

（3）成员系统分布在不同地点，它们之间仅有信息交互。

（4）整个系统的系统会涌现任何成员系统不具备的新行为或功能

（5）系统的系统不断发展进化，永远不会停止建设。随着时间推移，它在不断地增加、减少、进化，以及产生新功能和用途。

产业安全知识系统也是一个系统的系统。例如，产业安全知识系统中既包括国家宏观调控知识系统，又包括各产业的中观调控知识系统，各产业中企业自身的微观调控知识系统，其中大部分企业、产业拥有自己的信息系统，产业安全知识系统正是在这些系统的基础上集成、演化、创新而成的。

8.1.4 知识管理

8.1.4.1 知识管理的定义

知识管理是一门既古老又新兴的学科，目前无论学术界还是实践领域都尚未对知识管理的诸多问题达成共识。本小节在此选择了几个具有代表性的定义进行介绍。

1. 国外学术界的定义

野中郁次郎和竹内弘高认为，知识管理是在组织内持续创造新知识，广发地传播这种知识，并迅速地将其体现在新产品/服务、新技术和新系统上的过程（王众托，2009）。

2. 国内学术界的定义

知识管理是对一个企业集体的知识与技能的捕获，然后将这些知识与技能分布到能够帮助企业是现在大产出的任何地方的过程。知识管理的目标就是力图能够将最恰当的知识在最恰当的时间传递给最恰当的人,以便使他们能够做出最好的决策。

综合所述,知识管理是以人为中心、以信息技术为基础、以知识创新和组织核心竞争力的提高为最终目标的管理思想、过程和方法。

产业安全知识就是指围绕国家、企业和相关组织,与产业的安全息息相关,在产业生产运营中产生的,对产业未来的安全的评价具有价值的知识集合。产业安全知识的主体是企业组织,产业安全知识是在产业中产生的,与产业外的知识无关,产业安全知识的核心问题就是对产业安全进行评价,并依据产业安全的知识提供决策支持的服务。

8.1.4.2 显性知识与隐性知识

野中郁次郎根据对显性知识与隐性知识的划分,于1991年提出了显性知识与隐性知识相互转化的SECI过程,如图8-4所示。

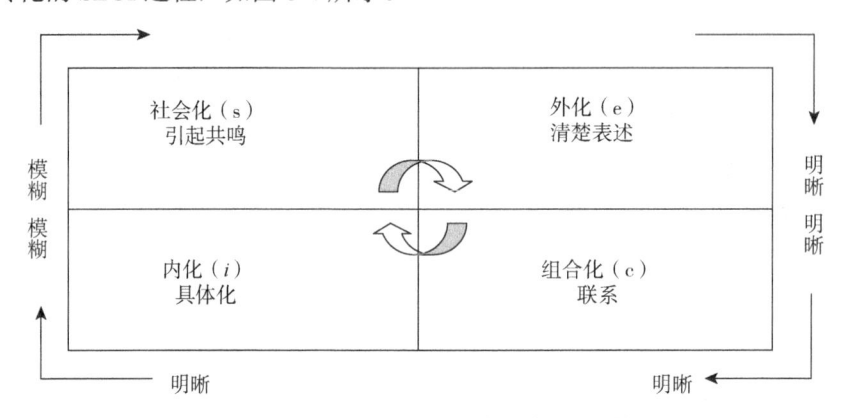

	模糊	明晰
模糊	社会化(s) 引起共鸣	外化(e) 清楚表述
明晰	内化(i) 具体化	组合化(c) 联系

图8-4 知识管理活动的野中郁次郎SECI模型

根据这一模型,知识转化有四个过程:社会化过程、外化过程、组合化过程和内化过程。

(1) 社会化(socialization)也称群化,即从隐性知识到隐性知识。社会化即一个共同分享个人的经历、经验,转而创造新的隐性知识,主要通过观察与对话交流实现此过程。例如,师傅带徒弟式的方式,徒弟通过与师傅的交流获取的是隐性知识。

(2) 外化(externalization),即从隐性知识到显性知识,如通过讨论和文件编辑将知识转化为具体可理解的符号形式。它是知识转化过程中最重要的一环。例如,利用组织掌握的知识对中国产业中的各种数据进行分析并书写成文章,就是知识的外化过程。

(3) 组合化(combination)也称综合,即从显性知识到显性知识。把外化的概念转变为一个知识系统。组合过程就是对获取的信息和知识进行排序、增减、分类、综合,这个过程能够产生新的、更系统的知识。

(4) 内化(internalization),即从显性知识到隐性知识。内化是显性知识转变成隐性知识的过程,其实质上是一个学习的过程。例如,在实践中取得知识、个人把书面知识内化为自身的体验。

例如,IT产业是典型的知识密集型产业,行业内的工程师是这一行业的重要的知识载体，是知识的富有者。这样对于企业来讲，增强企业的竞争力的核心就在于将企业工程师的隐性知识最大化地在企业内共享，因此就需要知识的传播。对于技术性的知识可以书籍、文档的形式教授，而经验、心得就可以通过口头传授进行传播，完成知识的外化与组合化。对于知识的接收者讲，就完成了知识的内化与社会化过程。

8.1.5 知识系统的技术支撑体系

企业组织建立知识系统可以有效地对企业已有知识进行有效的管理，也可以发觉出组织内的隐性知识，使得知识更好地为行业的发展服务。但是这也需要一些技术支持，这里将为读者介绍发现和组织知识的两种技术。

8.1.5.1 知识发现与数据挖掘技术

在数据挖掘中，有一个啤酒与尿布的故事。

在一家超市，人们发现一个特别有趣的现象：尿布与啤酒这两种风马牛不相及的商品居然摆放在了一起。但这一奇怪的举措居然使尿布和啤酒的销售量大幅增加了。这可不是一个笑话，而是一个真实地发生在美国沃尔玛连锁超市的案例。原来，美国妇女通常在家照顾孩子，所以经常会嘱咐丈夫在下班的时候去超市为孩子买上一些尿布，而丈夫在买尿布的时间又顺手为自己买了一些啤酒。

这是个营销界津津乐道的神话。啤酒和尿布两个看上去没有直接联系的东西被放在了一起进行销售，并获得了较好的效益，这种现象就是卖场中商品之间的关联性。通过分析特定顾客群的消费记录就可以找出该顾客群的共同消费习惯，从而找出一些有价值的知识。像这样的例子还有很多。

这就是目前较为流行的数据挖掘技术。数据挖掘思想来自于机器学习、模式识别、统计和数据库系统，概念的首次提出是在 1989 年举行的第十一届国际联合人工智能学术会议上。国内对数据挖掘的研究起步比较晚，1993 年国家自然科学基金首次支持该领域的研究。

与传统的数据分析方法（如查询、报表、联机应用分析等）相比，数据挖掘是在没有明确假设的前提下去挖掘信息和发现知识的，数据挖掘所得到的信息是先前未知的、有效的和使用的。可以说数据挖掘，就是从数据库中抽取隐含的、以前未知的、具有潜在应用价值的信息的过程。

数据挖掘与知识发现紧密相连。知识发现是从数据中发现有用的知识的过程，这个过程定义为：从数据中鉴别出有效模式的非平凡过程，该模式是新的、可能有用的和最终可理解的。知识发现是一个反复的过程，是从数据中发现有用知识的整个过程，数据挖掘是知识发现过程中的一个特定步骤，知识发现过程是多个步骤相互连接、反复进行人机交互的过程。数据挖掘是知识发现的核心部分，知识发现是知识资源共享和知识创新的前提和基础，只有对网络知识资源进行发现和选择，才能更好地进行资源共享利用和知识创新。

在产业安全领域，数据挖掘技术同样具有非常广阔的应用前景，国家统计局或者其他的行业机构，每年都会有海量级的产业贸易数据。显然利用这些数据分析产业安全度就成为一个不可逃避的话题。当然从海量数据中发现知识就少不了数据挖掘技术了。

8.1.5.2 知识库技术

知识库（knowledge data base，KDB）技术是数据库管理技术与人工智能技术结合的产物，顾名思义就是存放知识的地方，主要用于知识型组织诊断、计划、设计和分析等方面的决策支持。狭义的理解是属于人工智能学科的知识工程技术，存放已经按照一定的格式结构化了的知识的地方。广义的理解则是包括知识获取、组织、存储、转发、维护更新所有这些功能的技术系统。显然，这里知识库存放的是显性知识。

知识库中的知识资源必须是员工所需的，但并不限于只是本企业产生的知识。知识是否存储在知识库中，要看是否都是员工学习所需要的，能否帮助员工有效地完成他的学习和商业目标，员工可以根据实际情况上传别的员工和企业所需的知识与信息。很多企业还有他们竞争对手及其产品和服务的信息。这些信息可以是本企业竞争分析部门的分析结果，也可以是从外面（如咨询企业）购买的。

显性的知识资源很容易用语言、数据、公式等来表达。很多这样的知识信息已经存在于各类文件或传统出版物中，但由于分发有限可能未能到达最需要他们的人手中，存储于知识库中就可以解决这个同题。员工拥有的一部分知识是隐性的，来自于经验多于事实，一些企业做了很大努力来让这些隐性知识变成显性知识。由于每个员工只拥有整个过程某一环节的隐性知识，作为知识管理部门要把员工各自拥有的知识集成为过程的知识。集成的程度既取决于隐性知识显性化的难易程度，又取决于企业隐性知识保密的程度。因为这部分知识可能是企业核心能力的最重要的部分，对它进行管理的目的是扩大这类知识在本企业内的作用范围，但又要防止这类知识流传到其他企业中去，为其他企业的效仿提供一定可能性。

例如，美国的波音（Boeing）公司，员工无论在世界哪个角落都可以使用公司的知识库。美国安达信咨询公司启动了"全球最佳业务"项目，建立了一个包括70多种业务（如会计、采购和客户服务不同的最佳业务方法）的知识库。该公司的咨询专家在执行咨询项目时，可以广泛使用该知识库，这既可节省完成特定工作所需要的时间，又可以减少工作成本。同时，他们设专人维护这一系统，保障知识库内容的质量、深度、更新、风格并与公司的发展一致；保证知识库设施的正常运行；进行知识集成，产生新的知识，促进知识共享的过程。

关于知识库的存储方法，我们将在后面进行详细的说明。

8.2 知识表示及知识元体系

知识工程是人工智能、数据库技术和数理逻辑等学科交叉发展起来的一门新学科，是一种研究知识信息处理的学科。知识工程由知识表示、知识运用和知识获取三部分组成。知识表示是知识工程的基础，为产业安全的领域知识制定合适的知识表示方法，是建立基于知识的产业安全系统的基础与保障。

8.2.1 知识表示

知识表示是指以符号化、形式化、模型化的知识描述客观事物时所做的约定，不同的知识表示方法的约定方式不同，存在不同的形式化知识模型。知识表示的研究既要考虑知识的表示与存储，又要考虑知识的使用。

知识表示建立在对知识组成要素的详细了解之上，知识的要素是指构成系统知识集合所必需的基本知识元素。知识要素主要包括：①事实，即知识所表示的有关问题所涉及的事物、环境的常识性知识。事实是静态的、为人们共享的、最低层次的知识。②规则，即有关问题中与事物的行动、动作相联系的因果关系知识，这种知识是动态的。③控制，当有多个动作同时被激活时，选择哪一个动作来执行的知识称为控制知识。控制知识是有关问题的求解步骤、规划、求解策略等技巧性知识。④元知识是有关知识的知识，是描述规则使用方法、规则解释方法、规则校验方法、解释程序机构方法的知识，是知识库中的高层知识。

知识表示方法不仅受到知识类型的影响，还受到很多其他方式的影响。

1. 知识表达能力

能否将问题求解所需要的知识正确地、有效地表示出来是知识表示的能力。知识表示要求表示内容范围广泛，高效地表示领域知识，要便于该领域知识的推理。同时还要考虑对知识的不确定性和模糊性的支持程度。知识表示方法最重要的是能表示自然界中不精确的模糊的知识。许多知识表示方法往往要经过改造，如确定方法、主观贝叶斯方法等对证据和规则引入了不确定性的度量，就是为了表达不精确的知识。

2. 与推理方法的匹配

知识表示必须适合推理，才能完成问题的求解。选择知识表示方法要考虑是否有高效的求解算法，必须有高效的求解算法，知识表示才有意义。

3. 知识和元知识的一致

使用同一的知识表示方式可以简化属于不同层次的知识与元知识的处理，目前能有效地表示这两种层次知识的是产生式知识表示法，知识表示中要能够加入启发信息。人们的认识往往是不精确的，在已知的知识的前提下，通过加入启发信息，即在元知识中加入一些控制知识可以快速地推导出所需的结论，得到最佳的结论。

4. 过程性表示与说明性表示

过程性知识的表示抽象程度低，修改复杂，但执行效率高；说明性知识表示的优缺点与过程性知识表示刚好相反。因此，合理的知识表示方法需要在过程性表示方法与说明性表示方法之间取得一个折中。

知识表示方法应该具备下列特性。

（1）简洁性。要求表达方式足够简洁，以便为知识库的访问与修改提供灵活性。这需要概念的简单性与一致性来保证。

（2）明确性。要求表达方式能明确表示各类知识，便于检查调试，提高解决问题的效率。

（3）可理解性。所表达的知识应易读易懂，便于获取、存储和利用。

（4）可扩充性。应该在不做硬件或控制结构修改的条件下，就能对知识库进行扩充。

基于以上对于知识表示方法特性的说明，下面列举几种常用的知识表示方法。

（1）逻辑表示法。逻辑表示法是在人工智能领域中最早使用的一种方法，它使用命题演算、谓词演算等知识来描述一些事实，并根据已有事实推出新事实。

（2）关系表示法（特征表示法）。用关系表示知识，就使人们有可能采用关系型数据库管理系统的功能来处理知识，用查询来代替推理。

（3）产生式规则表示法。这是当前专家系统中应用最广泛的一种表示方法，每一条产生式对应于一条规则。大量产生式规则可以构成一个知识库，求解问题时将输入与各规则前提对比，逐步进行推论。这种方法的优点是与人的思维方式接近，人们易于理解其内容，便于知识获取；规则具有独立性，易于修改、扩充。缺点是求解复杂问题效率低。

（4）语义网络表示法。语义网络是由节点和连接节点的弧线所组成的有向图，其中节点表示对象、概念、实践、行为等，弧线表示节点间的关系。语义网络表示法的优点是表示方法直观，易于理解，可把实体间的结构、属性、因果关系简单明了地表达出来，有利于认识的深化。

（5）框架表示法。框架是一种描述事物形态的数据结构，把人们头脑中的不同概念看成是一定的知识体或数据结构。

（6）面向对象的表示法。面向对象方法是20世纪80年代发展起来的一种方法，它不仅用于程序设计、知识表示，而且逐渐形成一种认识事物、分析事物的方法，现在已成功地应用在许多方面。

产业安全涉及的领域范围广，知识的结构复杂，存在分散与异构的问题。需要一种适合产业安全知识特点的知识表示机制灵活地将产业安全中的知识以统一的形式进行表示，方便对产业安全知识进行管理。本节采用知识元的表示方法，对产业安全知识进行统一表示，下面章节详细介绍知识元的知识表示方法。

8.2.2 知识元及其表示

8.2.2.1 知识元的定义

知识元最早是出现在知识服务领域，作为知识的控制单位，先从文献中抽取相应的知识元，将这些知识元进行连接进而组织成知识元检索系统，产生了极大的知识增值，促进了知识的利用，推动了新知识的创造。由于目前对知识元的概念、应用及技术还处于探索阶段，所以对知识元概念的理解各有不同。我国目前对于知识元的研究方面，主要有以下几个方面。

（1）认为知识元的提出有利于知识的存储、查询、引用以及共享，可以改善知识结构。温有奎和徐国华（2003）认为知识元是构造知识结构的基元，将知识分解为知识元以后，由于知识元的内容比较单一、独立，所以比较容易选择与之相适应的最佳存储，便于用户直接查询知识元、组合知识元、改善自己的知识结构，从而加快知识创新速度。

毕经元等（2009）认为知识元是从知识资源提炼出来的。知识元是以最小存储单位进行知识的存储、引用以及共享。

（2）提出在特定领域内模型的共性知识特征表示。王延章（2011）在分析了人类对客观事物认知的层次的基础上，提出了模型的知识元体系，总结并提出了模型的共性知识元表示、模型建立的知识元表示、模型应用的知识元表示。模型的知识元体系的提出对于知识元在工程领域方面的应用起到了巨大的推进作用。

在模型知识元体系研究的基础上，王延章（2011）提出在应急信息资源领域里模型的知识元表示，由三元组 $K_m = (N_m, A_m, R_m)$ 进行表示，进而将应急信息资源分为：概念属性、状态以及映射关系三个方面进行描述。其中 N_m 为对应事物的概念及属性名称，A_m 表示它对应的属性状态集，R_m 表示 $A_m \times A_m$ 上的映射关系集，描述属性状态变化及相互作用关系。

通过对现有知识元的研究进行归纳总结可知，将能够准确表达知识内容本身的最小的不可分割的知识单元称为知识元。知识元是对一个知识的完整描述，它可以是一个独立的学科知识单元，也可以是一个事物的过程或结果、结论（陶善菊等，2011）。知识元是知识结构的最小独立单元，是完备知识表达的独立单位，具有独立性、唯一性、完整性、拓扑性、链接性、可组合性、可认知性、可导航性、不可再分性。它通过不同的排列组合构成不同的知识单元。同时，知识元也是知识结构的最小元素，在知识结构中可以由知识元直接组成新的知识单元。由知识元的定义可见知识元的特征包括：①知识元是显性知识的最小可控单位；②知识元是有一定结构的；③众多的知识元通过一定的语义连接在一起，可以导致知识价值的增值，甚至是催生新的知识；④数据仓库和数据挖掘等原理和技术仍适用于知识元的存储和利用。

在产业安全领域，对于客观事物的认知存在着感性的认知。对于感性认识的认知应该通过基本的属性概念来抽取与认知，挖掘感性认识中能为人们所应用的知识，从这些知识的描述中对客观事物有一个具体的认识。在认识感性认知过程中所形成的具体的定义概念对应于产业安全领域的知识元。例如，我国制定某项国家产业政策为了保护我国产业安全，在对这一客观事物进行认知过程中，需要掌握产业、产业安全、产业政策等基本的概念，然后再对这一具体的事件进行详细的认知。在这一认知的过程中，产业、产业安全、产业政策就可能抽象为产业安全领域的知识元。

8.2.2.2 共性知识元表示模型

产业安全知识工程属于系统工程的范畴，因此对于产业安全知识元结构的表示，本节借鉴王延章教授提出的适合应用在工程领域的共性知识元表示模型，提出适合产业安全领域的知识元表示。

王延章（2011）认为模型是客观事物属性及其变化的抽象表述，是客观事物对象或系统在人们主观知识域上的映像，关于模型的抽象表述就是模型的模型或称元模型。元模型本质上是知识。因此，借鉴王延章提出的模型共性知识表示方法，对应于一个具体的客观事物 m，对应的知识元 K_m 可描述为一个三元组：

$$K_m = (N_m, A_m, R_m)$$

其中，N_m 表示对应事物的概念及属性名称；A_m 表示对应的属性状态集；R_m 表示 $A_m \times A_m$ 上的映射关系集，描述属性状态变化及相互作用关系。对于客观事物的不同认知层次，A_m 和 R_m 的定义有所同不同，当 A_m 为定性描述的状态集时，R_m 为结构关系和规则或知识描述的属性状态变化关系集；而当 A_m 为定量描述的可测状态集时，R_m 为数理逻辑关系和函数描述的属性状态变化关系集。

对于任意 $a \in A_m$，属性知识元 K_a 又可进一步表示为

$$K_a = (p_a, d_a, f_a)$$

其中，p_a 为可测特征描述，如不可描述、可描述、可测度、随机可测度、模糊可测度等。若对应属性状态自身在不同时点的变化是可比较的，则称其是可描述的；若对应属性状态是可以量化测度的，则称其是可测度的，并具有测度量纲 d_a；若属性状态是随机变化，d_a 表示概率分布；若属性状态是模糊可测度的，d_a 表示相应的模糊数；若属性状态是可测的，并且状态值随时间的变化是可辨识的，则存在函数 $a_t = f_a(a_{t-1}, t)$。

而对于任意 $r \in R_m$，关系知识元 K_r 可表示为

$$K_r = (p_r, A_r^I, A_r^O, f_r)$$

其中，p_r 描述 r 具有映射属性，如结构、隶属、线性、非线性、模糊、随机及具体映射函数等；A_r^I 为输入属性状态集；A_r^O 为输出属性状态集；f_r 为映射函数，即 $A_r^O = f_r(A_r^I)$，其中的输入属性状态集与输出属性状态集体现了事物系统内部以及与外部环境间的交互。

共性知识元模型的描述也适用于产业安全领域。对产业安全进行初步认识时，形成的基本概念，可以看成是产业安全领域的对象知识元。通过对产业安全领域认知过程中所涉及的各种对象进行一定的归纳与抽象，形成对象知识元，这些基本概念的形成，有利于用知识的形式对产业安全领域的内容进行管理，如产业、企业、产业政策、产品、产业布局、劳动力等。对象知识元是属性知识元、关系知识元的基础和描述对象；属性知识元、关系知识元是对象知识元的进一步描述。

在产业安全领域，随着人们对客观事物认知的程度的不断深入，在初步认知时形成的基本概念知识元的基础上，可能有一系列的描述这些基本概念的基本信息、数据，如每年统计的有关大豆的进出口情况的统计数据等。这些没有经过处理的数据对于产业安全的认知是没有直接的用处的，只有通过对这些数据内部的联系与规律进行深入的发掘与认识，才能发现隐藏在这些具体的数据、信息中的知识，增加人们对于产业的安全程度的认知。属性知识元正是通过这些数据、信息进行实例化描述的。

对象知识元的属性之间存在着各种各样的联系，这种联系通过知识的视角，在对象知识元与属性知识元的基础上，对对象知识元的属性间深层的关系进行进一步的具体化描述。将这种对结构具体化的描述称为关系知识元。例如，将纺织业作为对象知识元，纺织业的属性知识元中包括劳动力素质、劳动力成本等，其中劳动力素质与劳动力成本存在相互影响的关系，劳动力素质越高，劳动力成本就越大，劳动力素质越低，劳动力成本就越小，它们之间这种关系正是通过关系知识元形式化描述的。

8.2.3 知识元管理

8.2.3.1 产业安全知识元的实体

共性知识元模型是对客观事物知识的抽象表示，反映了不同学科领域客观事物的广义、共性、本质特征，而知识元实体则是共性知识元模型的领域化体现。因此，对应于特定领域 F，其中的任一具体客观事物 m 的知识元实体 K_f 可表示为

$$K_f = K_m \cup (\bigcup_{a \in A_m} K_a \cup \bigcup_{r \in R_m} K_r), \quad \forall m \in F$$

其中，K_f 即为一个知识元实体，F 内所有知识元实体的集合构成领域共性知识 $\bigcup_{m \in F} K_f$。具体到产业安全知识领域，按照产业安全知识域划分，涉及第一产业、第二产业和第三产业的安全知识。因此，相应的产业安全知识元实体包括第一产业、第二产业、第三产业安全知识元三大类。

产业安全涉及的领域知识众多，而且每个专业领域的知识体系具有很大的差异，因此要想完整地描述出产业安全中涉及的知识需求问题的描述属性集合，就必须实现各领域知识的集成，而集成的基础就是知识的共性、本质特征。为此，本节基于前述共性知识元模型，结合本体论的方法，抽取各类专业领域在知识需求的相关知识元实体，对产业安全领域的知识元实体进行领域内部的界定，为产业安全知识服务提供基础。

对产业安全领域的关键客观知识进行概念化认知时，需要对产业安全系统中的关键概念和词汇表进行归纳与整理。在产业安全领域关键概念整理过程中需要屏蔽产业安全知识内容的细节和表示形式的异构性，通过分类层次树及其概念特性和约束的产业安全领域元知识描述框架，实现广域分布、不同类型和不同时空区域的产业安全知识概念与概念间关系的规范化描述，保证了产业安全客观事物相关概念和名称的一致性，为建立产业安全知识元实体提供基础（徐德斌，2011）。

以产业的分类为基础，研究了其内在的知识结构，提取出常用的产业安全领域知识框架，再结合网络上大量有关产业安全的资源信息，并和产业安全领域专家座谈分析后，初步建立了产业安全概念和词汇表。

基于产业安全概念和词汇表，对概念树中的概念进行扩展，进一步精确定义其概念，所包含的属性，以及其与其他概念的关系，并按照共性知识元的结构进行描述。对于单一具体客观事物 m，相应知识元实体的建立就是获取和界定对应事物的概念及属性名称集 N_m，属性状态集 A_m 和映射关系集 R_m。

一般 N_m 可由客观事物相关业务域专家或实际工作者直接描述给出，N_m 中包含客观事物概念和属性名称两部分，因此可以以概念属性关系集合的形式进行表示和抽取：

$$N_m = \{(kc, ka_1, ka_2, \cdots, ka_u) \mid kc \in KC, ka_j \in KC, 1 \leq j \leq u\}$$

其中的每个知识元概念属性关系集合 N_m 中的 ka_j 为概念 kc 的第 j 个属性。

属性状态集 A_m 和映射关系集 R_m 的获取比较复杂，需要业务域专家、知识工程专家和数学模型专家共同协作完成。属性状态集 A_m 中包含的每个属性都可以以属性知识元 R_a 的形式进行描述，包括属性可测特征描述 p_a、测度量纲 d_a 和时变函数 f_a 三项，三者根据事物特征的不同可以存在缺项，因此，A_m 可以的抽取形式为

$$A_m = \left\{ \bigcup_{1 \leq j \leq u} (ka_j, p_a, d_a, f_a) \mid ka_j \in N_m, 1 \leq j \leq u \right\}$$

其中，ka_j 是包含于 N_m 中的属性名称，A_m 即是 N_m 中多个属性状态的集合。

映射关系集 R_m 中的内容和属性状态集 A_m 息息相关，根据 A_m 为定性还是定量描述，R_m 可分别为规则或知识描述和数理逻辑关系或函数描述，R_m 中的每个映射关系包含映射属性描述 p_r、输入属性状态集 A_r^I、输出属性状态集 A_r^O 和映射函数 f_r 四部分，因此 R_m 的结构形式为：

$$R_m = \left\{ \bigcup_{1 \leq l \leq v} (p_r, A_r^I, A_r^O, f_r) \mid (A_r^I, A_r^O) \in A_m, 1 \leq l \leq v \right\}$$

其中，v 为 R_m 中映射关系的个数，A_r^I 和 A_r^O 均为来自属性状态集 A_m 中的属性名称集合。由此，知识元实例 KI_f^i 可表示为 $KI_f^i = (n, a_1, a_2 \cdots a_u)$，其中 n 为知识元实体概念实例，a_u 为知识元实体的第 u 个属性的取值，且 a_u 必须满足预先定义的知识元属性约束，即需要按照 A_m 中属性状态描述对属性取值进行限定，如属性的类型、测度量纲以及状态变化函数等。同时，各知识元属性取值之间存在一定的映射关系，即满足 R_m 中关联要求。

8.2.3.2 产业安全知识元实例

知识元实例是知识元实体的单一个体，代表一个具体的客观事物。例如，产业安全具体的某一产业中的供应商、生产商、销售商、外资企业等客观事物对象。知识元实体的概念、属性、关系描述的是领域经过综合抽象的知识，一旦确定一般不会频繁的变化，而知识元的实例是知识元实体所对应的具体对象，实例间的关系对应的是具体对象之间的关系，刻画的是领域中存在的实施，可以不断扩充。

产业安全知识元实例是依据定义好的相应知识元实体结构，将具体数值赋给对应的特征项。产业安全知识元实例属性取值必须满足预先定义的知识元属性约束，即需要按照属性知识元 K_a 结构对属性取值进行限定，如属性的单位、数据类型以及状态变化函数等。同时，知识元实体属性之间存在一定的映射关系，即满足关系知识元 K_r 的结构要求，在实例时可以确定实例间的关联。

知识元实体 K_f 和知识元实例 KI_f^i 是一对多关系，KI_f^i 即是 K_f 的第 i 个知识元实例，如产品知识元 K_b 可以实例化 KI_b^1，KI_b^2，KI_b^i 等。这些产品知识元实例可用于刻画某一行业的各种类型的产品，它们都具有产品的一般属性特征，但是每个属性的具体取值却

可以不同，体现了知识元的可重用性特点。

通过共性知识元模型对产业安全的共性知识进行形式化的描述，然后利用产业安全知识元实体梳理产业安全领域的知识，最后用产业安全知识元实例实例化具体的某一产业某一时刻的实时数据，实现了产业安全知识由共性到个性的逐步细化过程，为产业安全知识的形式化提供了一种可重用的方法和管理方式，有利于提高产业安全知识的运用效率。

8.2.4 产业安全模型知识体系

传统意义上讲，模型是客观事物属性及其变化的抽象表述，是客观事物对象或系统在人们主观知识域上映象的表述。人们对客观事物的认识过程，就是其概念属性、内部和外部联系变化在主观世界的表述的抽象过程。这种抽象表述除了依赖于事物本身固有性质外，还依赖于主观知识域。知识域的不同会形成不同的抽象表述，对于客观事物就会有不同的模型。

8.2.4.1 模型再认识

如图 8-5 所示，对应人们对客观事物的认知深度或层次，可分为六个层面的模型。当人们去认知和研究某一事物时，至少已把这个事物和其他事物区别开来，对其基本概念和基本属性特征已得到了一种抽象的表述，即应用已有的知识域的旧概念，建立了该事物相应的概念与属性的名称，以及内涵与外延的界定，形成基本概念属性模型。

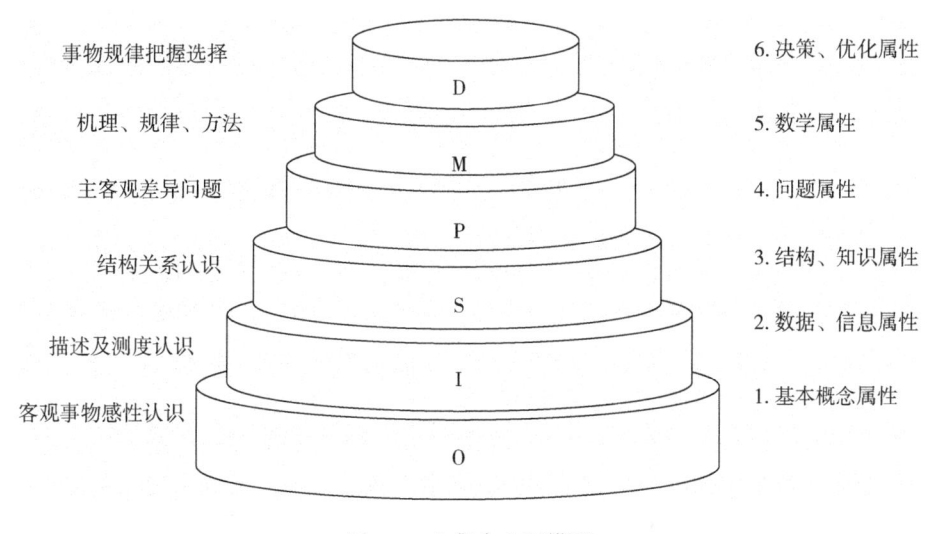

图 8-5　六集合空间模型

根据事物的可观测性，可进一步给出语言描述或可测度的数值等数据，对数据进行分类、萃取等加工形成信息，并对数据和信息进行抽象表述，形成数据和信息模型。信息模型一般还包含信息采集、加工、传输、存储、交换、共享、应用及归档等过程的抽象表述，这种描述类数据即所谓的元数据，又可引申出元数据模型。

基于客观事物的概念和属性与获得的数据和信息，可进一步认知事物的子层次及结构，挖掘事物内部的子事物以及各层次属性间的形式逻辑或辩证逻辑关系，揭示事物变化的逻辑或定性作用机理，进行结构抽象和狭义的规则等知识抽象，并加以表述形成结构和知识模型。

人们对事物有了基本认知后就会引发新的认知兴趣或好奇，出现一些未知的困惑或需要进一步明确的问题。同时，根据对事物的认知目的或人们的自然、经济或社会活动与该事物的利益依赖关系，对该事物会形成主观的事物属性状态值的期望。这些认知探求的需要以及期望与实际的状态差异的抽象表述就是问题模型。

随着人们对事物相关问题的探究实践，知识与信息的不断获取与积累，必然会在主观的数理逻辑知识域，形成或建立前四种模型相关的数学抽象，从更深层次上揭示事物的内在特征与规律，这就是数学模型。

如果事物的结构或某些属性状态是可干预的，或称可控的，人们就会自觉或不自觉地应用所认知的模型去干预事物的运动，尽可能地实现自己的期望状态。控制或调解哪些要素，期望什么状态，如何干预等的抽象表述就形成了决策或优化模型。这类模型本质上关联着主观价值体系，又涉及价值模型、效用模型或评价模型等。

8.2.4.2 产业安全模型认识过程

基于上述的模型认知过程对产业安全领域的模型体系进行认知。首先，需要对产业安全的内涵与外延进行界定，产业安全的一般定义是指特定行为体自主产业的生存和发展不受威胁的状态。该定义包含了三层含义：第一，安全的主体是特定行为体的自主产业；第二，产业安全包含生存安全和发展安全两个方面；第三，产业安全度，可以通过评价产业受威胁的程度加以反推。其次，通过分析产业安全与国家经济安全、企业安全、产业发展、产业风险、民族产业、重要产业、产业开放、产业保护等的相互关系，来给产业安全以更加清晰和准确的界定。最后，对产业安全概念内涵进一步延伸和拓展，产业安全是一种新型的市场失灵，产业安全是一种社会责任。将以上三方面的认知综合归纳起来，就构成了产业安全基本概念属性模型。

从上面对产业安全的概念属性模型分析可以看出，产业安全是可测的，其测度值没有单位，仅反映目前产业的安全的状况，具体的测度值范围可以根据需要自行定义，不同的定义构成了不同的测度模型。虽然产业安全的值是可测的，但是其可测值不能直接测量，必须通过一定的指标体系根据相应的评价模型进行测度。

基于产业安全的客观事物概念和属性与对产业安全的值的测度的描述可以看出，产业安全需要不同方面的指标进行测度，因此需要对这些影响产业安全的子层次与内部结构进行挖掘，进一步明确产业安全包括的具体方面对其具体的界定描述，以及子层次的结构关系等。从不同的角度分析产业安全问题会产生不同的划分体系，进而构成了不同的结构、知识模型。对产业安全的评价认识包括产业国内环境评价、产业国际竞争力评价、产业对外依存度评价、产业控制力评价四个方面，这四个方面又可进一步进行细分。图 8-6 是产业安全国内环境评价的具体层次。

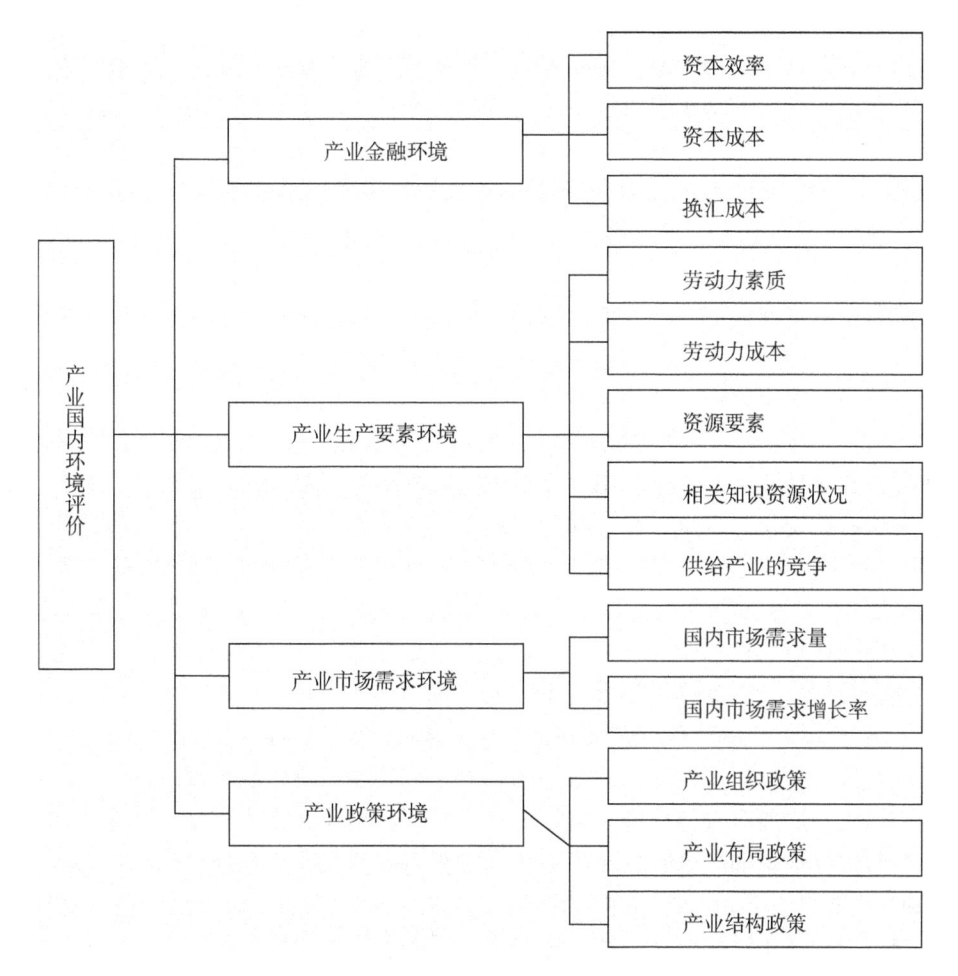

```
                                    ┌── 资本效率
                     ┌─ 产业金融环境 ─┼── 资本成本
                     │              └── 换汇成本
                     │
                     │                  ┌── 劳动力素质
                     │                  ├── 劳动力成本
产业国内环境评价 ─────┼─ 产业生产要素环境 ┼── 资源要素
                     │                  ├── 相关知识资源状况
                     │                  └── 供给产业的竞争
                     │
                     │                  ┌── 国内市场需求量
                     ├─ 产业市场需求环境 ┤
                     │                  └── 国内市场需求增长率
                     │
                     │              ┌── 产业组织政策
                     └─ 产业政策环境 ┼── 产业布局政策
                                    └── 产业结构政策
```

图 8-6　产业安全国内环境评价的具体层析

对产业安全的基本概念和测度以及产业安全的子层次及结构有了基本的认知之后，就会产生基于这些具体的子层次来衡量产业安全的需求，这都符合国家的产业管理、企业的发展的实际需求。这些背景的需求构成了不同的问题模型。

根据衡量产业安全的实际需求，研究产业的专家根据不同的背景以及解决方法等提出了不同的数学模型满足这些实际的需求，就产生了衡量产业安全的数学模型。这些数学模型都是在对于产业安全中运行规律的深刻认识情况下，研究不同对象间、属性间的相互影响关系中通过一定的抽象与量化产生的。

根据数学模型可以得到对产业安全问题模型的求解结果，根据应用的数学模型和求解结果，对比人们对于产业安全问题的期望状态，采取不同方式的人工干预措施，调控产业安全中要素，进而达到人们对产业安全的期望值。人工干预措施等构成了产业安全的优化决断模型。

8.2.4.3　产业安全模型知识体系

基于模型的认知过程从产业安全的角度认知了产业安全的模型，对应于人们认知的六个层次,并对应于每一个层次分别提出了不同的产业安全的模型,这些模型从广度和深度方面对产业安全的知识进行了描述与抽象。在描述广度和深度方面,这些模型存在以下关系。

设 M_O 表示基本概念属性模型集合;M_I 表示数据和信息模型集合;M_S 表示结构和知识模型集合;M_P 表示问题模型集合;M_M 表示数学模型集合;M_D 表示决策或优化模型集合。

按照模型对事物描述的广度或全面性角度,则有优于关系:
$$M_O>M_I>M_S>M_P>M_M>M_D$$
而按照模型对事物描述的深度或逻辑性角度,则有优于关系:
$$M_O<M_I<M_S<M_P<M_M<M_D$$

在现代计算环境下,除了利用计算机和它的网络进行复杂的数学分析计算外,还可以进行海量的数据集的隶属、交、或和关联等复杂的集合运算。所以,管理决策模型已不局限于 M_M 和 M_D,已越来越多地考虑那些很难于应用数学模型的事物描述,直接在数据或信息层面进行分析,即充分运用计算机对 M_O,M_I,M_S,和 M_P 模型的分析处理能力。因此,在现代计算环境和管理学视角下,新的模型理念应该是知识、数据、信息、规则与数学混合模型。设这类模型集合表示为 M,则有
$$M = M_O \cup M_I \cup M_S \cup M_P \cup M_M \cup M_D$$

在产业安全模型管理领域,对模型的管理也应该遵循特定的模型理念,即产业安全模型也应该是基本概念属性模型、数据与信息模型、结构和知识模型、问题模型、数学模型、决策优化模型的集合。依据模型认知过程将这些产业安全模型的相关知识进行整理与归纳,共同构成产业安全模型知识体系。在对某一层次的产业安全问题需要解决时,在产业安全模型体系对应层次中快速地寻求合适的模型解决问题。

8.2.5 产业安全知识元体系

构建产业安全知识元体系,就是在知识时代的条件下,为产业整体的发展提供智力支持和创造要素的组织架构,以便在全球化经济中为本国产业的生存和发展提供适当的空间。

根据经济活动的阶段,将国民经济划分为三类产业,即第一产业、第二产业和第三产业。基于这种产业的分类,可以把产业安全分为第一产业安全、第二产业安全和第三产业安全。基于国民经济三类产业领域的层级分类体系,应用前面提到的产业安全知识元实体的描述,对产业安全领域所涉及的知识元实体进行归纳总结。通过集成不同层级知识元的共性要素,并针对具体类别客观事物的相关特性,扩展其属性要素集,就可以构建一个可分类扩展的产业安全知识元体系,具有树形结构特征。树中的每个节点代表一类客观事物知识元实体,每个单一知识元实体中包含 N_m、A_m 和 R_m 三部分,直接上层节点表示节点的父类,子类可以继承和扩展父类的相关特征,从而构造一个树形结构的、描述产业安全相关客观事物结构与特征的知识体系。

产业安全知识元体系应具有以下功能(陈柳钦和杨冬梅,2005)。

（1）为产业的发展提供根本性的资源。由于知识元是不可分割的、最小单位的知识，所以产业中的知识元应在产业知识组织中发挥基本构成的作用，为产业知识的构成提供基本的构成资源。知识本身又是资源，又可以构成更高层次的知识。

（2）降低产业的创新开发成本和风险。在经济时代下，知识创新和技术创新成本日益迅速增长，产业知识元体系有利于产业内部各企业间共享知识资源，消除重复开发投资，提供创新效率以降低研发成本。产业要发展，必须要进行创新，而在创新过程中又存在着极大的风险。产业知识元体系的建立有利于降低本产业内企业的创新风险。

（3）优化产业中知识的资源配置。产业安全知识元体系的建立可以有效促进企业间的知识共享，可以提高知识资源的利用率。

在产业安全知识元体系中，将产业安全的知识归纳为五个层次的知识，如图 8-7 所示。第一层是产业安全层面，这是最宏观的层面，以宏观的层面看待产业安全的知识资源，是产业所有知识内容的根目录，是最基本的第一级的知识。第二层次是根据经济活动的阶段，划分成了第一产业、第二产业、第三产业三个方面，将产业知识分成了三大类。这个层面反映的是本国产业在提供生产资料的基本产业、加工业和服务业的总体情况。第三层是将第二个层次的知识进行细分，根据国家标准细化到了具体的产业，如第一产业包括农业、林业、畜牧业、渔业、农林牧渔服务业。这一层面的知识反映出具体行业的内容。第四层是将某一产业按照不同的产品进行划分，如农业可划分为大豆业、小麦业、玉米业等。第五层是对某一产业中的具体产品包含的知识进行描述，这时候的相关知识可以认为是最小粒度的知识，如果需要可以继续向下一层次扩展。整个产业安全的知识元体系以共性知识元模型为基础，根据产业的分类将产业中的实体进行划分构建产业安全知识元实体树，整个产业安全知识元实体树中的知识元实体需要根据供应知识元模型进行统一的描述，下一级的知识元实体是对其上一级知识元实体的继承与发展，即在继承上一级知识元的基本属性、关系的基础上增加对本层知识元实体属性、关系的细化。在产业安全知识元实体树中的知识元实体根据供应知识元模型进行统一的描述的基础上，构建知识元库。在应用的过程中，通过对知识元库中不同层次的知识元实体进行管理，根据需求对相应层次的产业安全知识元实体进行实例化，满足产业安全问题中对不同层次知识的需求。

以我国第一产业农业中的大豆行业为例，分析并描述大豆行业的相关知识元实体。根据共性知识元模型分别从对象、属性、关系三个方面对大豆行业的知识进行描述构成大豆产业的知识元实体。

大豆产业中客观事物对象的知识元实体表示示例：大豆包括要素编号、名称、种类、产地、年产量、年出口量、年进口量；企业包括企业编号、名称、法人、注册资产、性质、主营产品、位置、规模；技术包括技术编号、名称、应用领域、专利持有人、先进程度、已应用年限、发展潜力；产业政策包括政策编号、名称、作用领域、作用范围、应用年限。

大豆产业中客观事物对象的属性知识元实体表示，如表 8-1 所示。

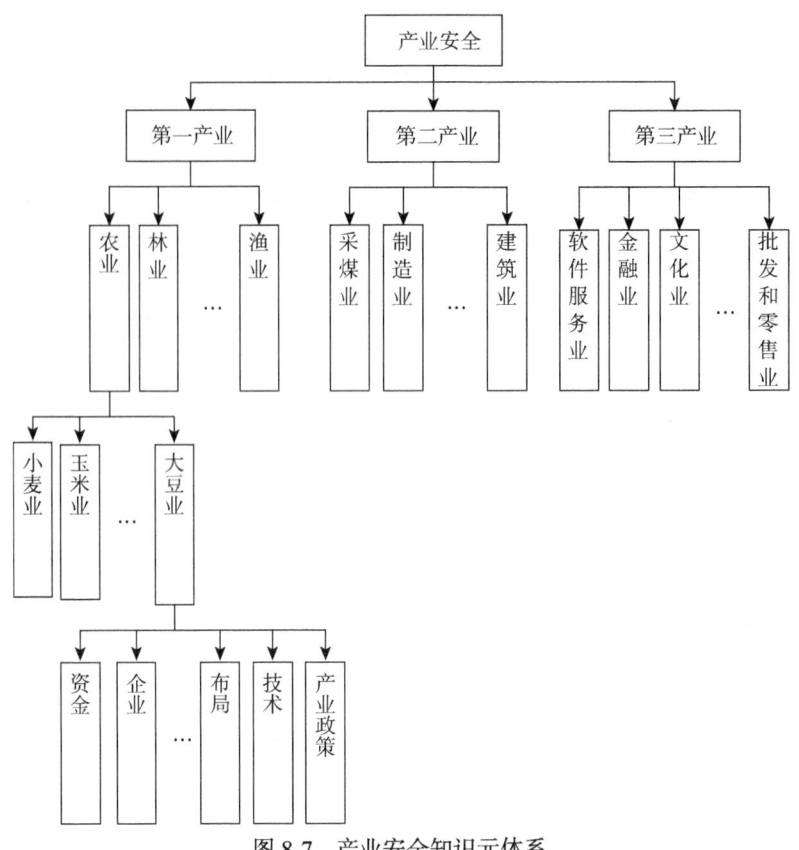

图 8-7 产业安全知识元体系

表 8-1 大豆属性知识元表示

属性名称	取值类型	取值范围	取值单位	是否有时变性	时变函数
要素编号	字符型	—	—	否	无
名称	字符型	—	—	否	无
种类	字符型	—	—	否	无
产地	字符型	—	—	否	无
年产量	数值型	—	吨	否	无
年进口量	数值型	—	吨	否	无
年出口量	数值型	—	吨	否	无

大豆产业中客观事物对象属性关系知识元实体表示，如表 8-2 所示。

表 8-2 属性间关系知识元

对象名称	属性1	属性2	关系函数 f
大豆	年产量	年进口量	f_1（年产量，年进口量）
大豆	年产量	年出口量	f_2（年产量，年出口量）
⋮	⋮	⋮	⋮

以此类推，从而建立整套产业安全知识元体系。由于不同产业间存在诸多区别，所

以不同产业的知识划分及表示方法都有所不同，可以依据本产业的具体情况和需要对知识进行划分与表示，形成本行业的知识元体系。

8.2.6 产业安全知识元网络

知识元网络反映了知识元之间的联系（徐德斌，2011），是认知事物、反映事物变化发展的基础，其模型可表示为

$$G_k = (K, E_{k\text{-}k})$$

其中，$K=\{k_1, k_2, \cdots, k_n\}$是知识元节点的集合；$E_{k\text{-}k}=\{(k_ik_j)|r(k_i, k_j)=1\}$为描述两个知识元$k_i$，$k_j$之间关系的边的集合。

知识元之间存在两种关联关系，一种为直接的输入输出关系，即：$A_{k_i}^{I_i} = A_{k_j}^{O_j}$表示知识元$k_i$的一个输入属性$A_{k_i}^{I_i}$与知识元$k_j$的一个输出属性$A_{k_j}^{O_j}$相同。另一种为通过专业领域模型反映的间接关系，即：$f(A_{k_j}^{O_j}) = A_{k_i}^{I_i}$，表示某个领域模型$M$中存在一个映射$f$使得知识元$k_j$的输出属性$A_{k_j}^{O_j}$为映射$f$的输入参数，而知识元$k_i$的一个输入属性$A_{k_i}^{I_i}$为映射$f$的输出参数。

下面建立的产业安全知识元网络是在知识元体系结构第五层所建立的知识元实体的基础上，根据知识元实体对产业安全的敏感程度将最底层的知识元实体进行分类，分为敏感度高、敏感度中、敏感度低三个类别。对每一类产业的最底层的知识元实体分成三类，按照敏感程度的高低将这三类知识元实体进行纵向排列。同一敏感程度的知识元实体之间、不同敏感程度的知识元实体之间存在着相互的联系，同一敏感层次的知识元实体之间是横向联系，不同敏感程度的知识元实体之间是纵向联系，这样同一产业中的知识元实体就构成了纵横交错的知识元网络。例如，在大豆产业中，产业政策、市场需求等因素对产业安全的敏感程度高，企业、技术、产业布局、金融环境等因素对产业安全敏感程度适中，大豆、供应商、劳动力等因素对产业安全敏感程度低，根据这些知识元实体间的关系就可以构建大豆产业的知识元网络（图8-8）。

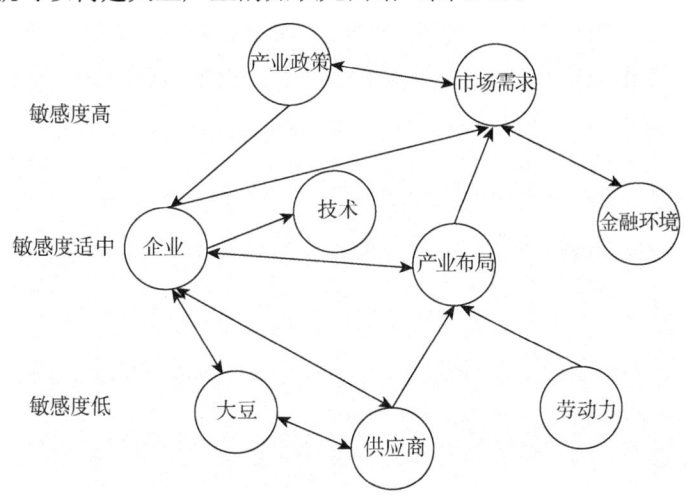

图8-8 大豆产业的知识元网络

以此类推，对其他产业的知识元实体也进行划分，建立各产业的知识元网络。然后将这些产业知识元网络根据知识元体系进行整合，整理成产业安全知识元网的整体网络，各产业间的知识元也可能存在着相互联系和影响，这些联系在知识元网络中用有向箭头表示，这样产业与产业间的知识元也通过知识元网络结合在一起。构成的产业安全知识元网络图如图 8-9 所示。

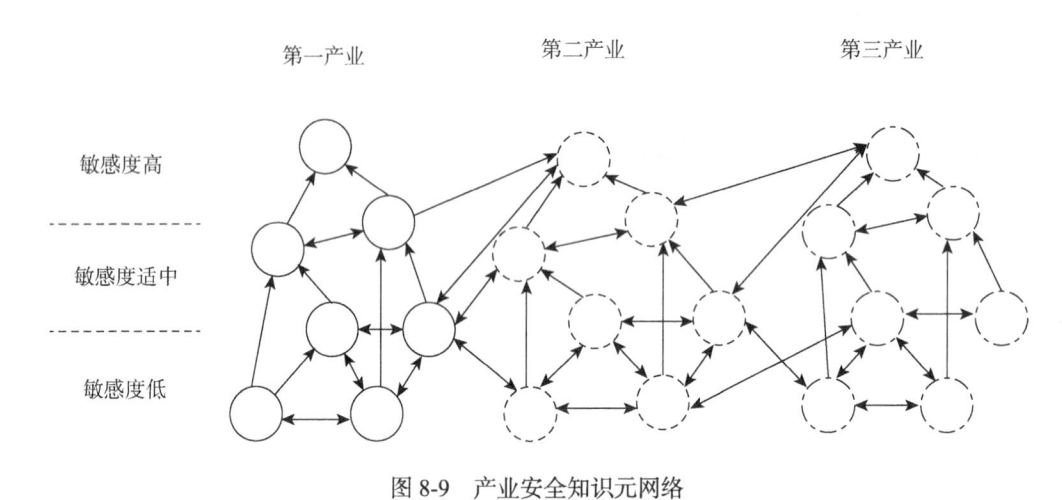

图 8-9 产业安全知识元网络

8.3 知识的获取与存储

8.3.1 知识获取

知识获取是知识管理过程的前提，是知识从外部知识源到计算机内部的转换过程，就是如何将问题求解的知识从专家的头脑中和其他知识源中提取出来，并按照某种合适的知识表示方法将它们转移到计算机中（韦于莉，2004）。显然，这种定义可以移植到产业安全的知识管理过程中来。在产业安全的知识管理过程中，知识获取就是要将未经组织的产业数据、进出口数据统计信息等显性知识和存在于人脑的专家技能（隐性知识）转化为可复用、可检索形式的知识。

由于不同类型知识的获取方法有很大的不同，所以我们在这里可将知识获取分为对显性知识的获取和对隐性知识的获取两大类。

显性知识指的是容易在个人和团体之间进行传送的形式化的知识，它是任何能够被编码的东西。一种显性知识是存在于团体（如企业）内部的结构化的信息资源。信息管理只是将各种各样的信息以一定的方式汇总、组织起来，方便人们利用计算机来查询和检索；另一种显性知识是存在于企业之外，未经企业信息部门收集、组织和整理的大量的信息，如各种文献资料、网络上的各种信息。这时，知识获取机制将针对待解决的问题寻找和识别与之相关的关键性信息，并将这些信息进行提取，形成对某一问题的专门知识作为决策的依据。

隐性知识指的是难于形式化、难于交流的个人知识，它多存储于专家们的人脑中，是一种隐形的财富。因此，对隐性知识获取的主要困难就在于怎样恰当地把握领域专家所使用的概念、关系以及问题求解方法。这里主要介绍的知识获取的心理学方法是交谈法。交谈法是知识获取是最常见的方法，特别是在缺乏书面材料的情况下，通过交谈可以准确把握专业概念和术语的内涵。计算机专家可以将领域的概念和问题组织成若干个主题，针对每一主题同领域专家进行集中式交谈。知识库中的知识便是由计算机专家把挖掘来的专家知识按规定的知识表示形式加工并输入到计算机的。

在产业安全中，知识的获取同样具有显性知识和隐性知识两个方面。对于显性知识，我们即可以通过学习行业内的已有知识，又可以通过借鉴其他行业的知识进行学习。对于隐性知识则需要向产业安全问题领域的专家进行咨询，以获取知识。

8.3.2 知识发现

知识发现是进行知识管理的重中之重，是知识管理工作的核心内容。

获取到所需的知识后，就要从大量的知识中发现自己所需要的知识。但是在网络上或者是各种书籍中存在着大量的嘈杂的知识，这就出现了一个新的问题：怎么从海量数据中获取有用的知识，显然传统的数据分析方法已经很难满足人们的需求。随之就产生了一种矛盾，即快速产生的大量数据与相对落后的数据分析方法之间的矛盾。因此急需一种能够快速提取海量数据知识的工具。这里我们主要详细介绍一下数据挖掘技术。

8.3.2.1 知识发现的过程

数据挖掘是知识发现的一个核心部分，因此我们有必要先认识一下知识发现的过程。知识发现的处理过程一般分为九个处理阶段：①用户调查，确定知识发现目标。明确系统目标，理解领域知识和相关的先验知识。②数据准备与数据选择。创建相关的目标数据集。首先选择一个数据集中在变量或者数据样本的子集，接着进行的数据挖掘就是在此生成的数据集上进行的。③数据的净化预处理。包括一些除掉明显错误的冗余的噪声数据，为模型做必要的信息收集，对噪声进行说明，确定对丢失数据的策略等。④数据压缩和映射。寻找依赖于发现目标的表达数据的有用特征，以压缩数据规模。⑤根据数据挖掘的目的选择一种与目标相应的发现方法，如分类、综合、回归、聚类等。⑥确定知识发现算法。算法适用于搜索数据中的知识的方法。⑦进行数据挖掘。得到分类规则或聚类等形式，来表达感兴趣的模式。⑧模式解释，并对所发掘的模式进行可视化表示。⑨知识整理与应用。

以上将知识发现过程分为九个步骤，这九步从宏观的角度来看，也就是三个阶段：数据库数据预处理；数据挖掘；知识理解。其中，①～④步称为数据挖掘预处理，主要进行数据挖掘前的准备工作；⑤～⑦步进行具体的数据挖掘；⑧～⑨步则称为数据挖掘后处理，主要包括结果表达和解释，如图8-10所示。

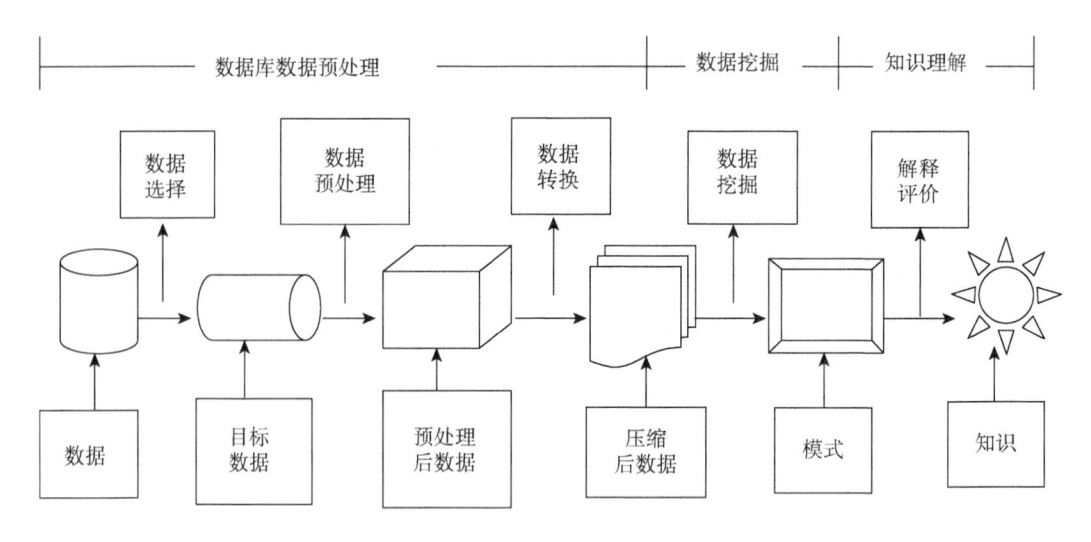

图 8-10 知识发现的过程

从图 8-10 中的步骤可以看出，数据挖掘是知识发现过程中的一个主要的、关键的步骤，是从数据库数据到知识的一个必不可少的中间过渡的桥梁。有了这座桥梁，人们可以从大量的数据库数据中得到可以理解的简约的知识（模式、规则）。目前，众多知识发现方法的研究主要是在数据挖掘算法的研究应用上，但其他的工作仍具有同样的重要性。知识发现可能包括上述步骤中任何两个步骤的多次反复。在以后的处理和检验应用中，若发现不合适，则应对前面的步骤进行修改，直到得到满意的结果。

8.3.2.2 数据挖掘的方法

1. 人工神经网络方法

人工神经网络方法的原理是模拟人脑的神经元结构，以 MP 模型和 HEBB 学习规则建立起前馈式网络、反馈式网络和自组织网络三大类多种神经网络模型。基于神经网络的数据挖掘工具对于非线性数据具有快速建模能力，其挖掘的基本过程是先将数据聚类，然后分类计算权值，神经网络的知识体现在网络连接的权值上。神经网络方法用于非线性数据和含噪声的数据时具有更大的优越性，比较适合于市场数据库的分析和建模。

目前在数据挖掘中，最常用的神经网络是 BP 网络和 RBF 网络。但是，人工神经网络还是一门新兴科学，有一些理论尚未彻底解决，如收敛性、稳定性、局部最小值以及参数调整问题等。例如，对于 BP 网络，常遇到的问题是训练速度慢，有可能陷入局部最小，以及网络参数和训练参数难以确定等。针对这个问题，有人采用人工神经网络与遗传基因算法相结合的办法，取得了一些较好的成果。

2. 决策树

利用信息论中的互信息（信息增益）寻找数据库中具有大量信息量的字段，建立决策树的一个结点，再根据字段的不同取值建立树的分支；在每个分支子集中，重复建立树的下层结点和分支的过程，即可建立决策树。国际上最有影响和最早的决策树方法是 ID3 方法。典型的应用是分类规则的挖掘。采用规则发现和决策树分类技术来发现数据模式和规则的核心是某种归纳算法。它通常是先对数据库中的数据进行挖掘，产生规则和决策树；然后，对新数据进行分析和预测。

3. 模糊逻辑

模糊数学研究的是"亦此亦彼"的模糊性。模糊数学是继经典数学、统计数学之后，在数学上的又一新的发展。针对一个问题，复杂性越高、越有意义的精确化能力就越低。模糊性是客观存在的，当数据量越大而且复杂性越大时，对它进行精确描述的能力越低，就是说模糊性越强。模拟人类主观的信息处理方式，在计算语义变量的隶属度函数值的基础上，进行概念聚类是对人类在日常生活中进行近似的非精确推断和决策能力的模拟。在数据挖掘领域，模糊逻辑可以进行模糊综合判别、模糊聚类分析等。

4. 粗集方法

粗集（rough set）理论是波兰 Z. Pawlak 教授在 1982 年提出的一种智能决策分析工具。它是一种刻画不完整性和不确定性的数学工具，能有效地分析不精确、不一致、不完整等各种不完备的信息，还可以对数据进行分析和推理，从中发现隐含的知识，揭示潜在的规律。在数据挖掘领域，粗集方法被广泛应用于不精确、不确定、不完全的信息的分类和知识获取。

5. 遗传算法

遗传算法是一种优化技术，它利用生物进化的一系列概念进行问题的搜索，最终达到优化的目的。在遗传算法的实施中，首先要对求解的问题进行编码（染色体），产生初始群体；然后计算个体的适应度，再进行染色体的复制、交换、突变等操作，以便产生新的个体。重复以上操作，直到求得最佳或较佳个体。遗传算法主要有三种：繁殖（选择）算法、交叉（重组）算法和变异（突变）算法。遗传算法可起到产生优良后代的作用，经过若干代遗传，将会得到满足要求的后代（问题的解）。在数据挖掘中，为了适应遗传算法，往往把数据挖掘任务表达为一种搜索问题，发挥遗传算法的优化搜索能力。

遗传算法具有计算简单、优化效果良好的特点，它在处理组合优化问题方面也有一定的优势，可用于聚类分析等。

8.3.2.3 数据挖掘在产业安全中的应用

数据挖掘工具和软件已在银行金融、零售与批发、制造、保险、公共设施、政府、教育、远程通信、软件开发、运输等各个部门得到很好的应用，并收到明显的效益。

在遥感领域，针对每天从卫星上及其他方面来的海量数据进行挖掘，支持气象预报。

在金融方面，银行信用卡和保险行业中用数据挖掘预测存/贷款趋势，优化存/贷款策略，用来协助市场经理和业务执行人员更好地集中于有促进作用的活动。

在客户关系管理方面，用数据挖掘能找出产品使用模式或协助了解客户行为，从而可以改进渠道管理。

零售业/市场营销是数据挖掘技术应用最早也是最重要的领域，它用在顾客购货篮的分析上可以协助货架布置，安排促销活动时间、促销商品组合以及了解滞销和畅销商品状况等商业活动。通过对一种商品在各连锁店的市场分析、客户统计以及历史状况的分析，可以确定销售和广告业务的有效性。

在过程控制/质量监督保证方面，用数据挖掘协助管理为数众多的变量之间的相互作用，自动发现某些不正常的数据分布，暴露制造和装配操作过程中的变动情况和各种因素，从而协助质量工程师很快地注意到问题发生范围和采取改正措施。

同样，在产业安全中数据挖掘也能起到很重要的作用。特别是加入 WTO 后，我国的每天的对外贸易额都很大，经济的对外依存度也很大，所以对外贸易的变化对我国的影响和对产业安全的影响都很大。利用数据挖掘技术能够从海量的海关数据中发掘出每天进出口贸易的结构关系以及波动关系等，从而形成对外贸易的结构表和总量变化趋势等。这些信息对于判断我们产业的安全度是很重要的数据。

8.3.3 知识融合

8.3.3.1 知识融合的定义

目前相关研究领域的文献中对于知识融合的定义尚未统一，但从知识科学本身研究和应用对象的角度出发基本上可以归纳为两类（缑锦，2005）。

第一类定义以 KRAFT 项目的相关文献为代表，认为知识融合是指从众多分布式异构的网络资源中搜索和抽取相关知识，并转换为统一的知识模式，从而为某一领域的问题求解构造有效的知识资源。在基于理论研究和具体算法讨论的工作中，大多数学者相对比较认同这一定义。

第二类定义强调集成过程的结果是新知识的产生，认为知识融合是一种服务，它通过对来自分布式信息源的多种信息进行转换、集成和合并等处理，产生新的集成化知识对象，同时可以对相关的信息和知识进行管理。

综合上面两个的优势，我们将知识融合定义为：知识科学的一个分支学科，它通过对分布式异构数据源和知识源进行组织和管理，结合应用需求对知识元素进行转化、集成和融合等处理，从而获取有价值或可用的新知识，并优化知识对象的结构和内涵，提供基于知识的服务。

8.3.3.2 知识融合的体系结构

知识融合系统主要包括四个功能模块，即本体库和元知识集的构建、融合算法的设计与实现、解知识空间的生成和演化以及基于应用反馈的评估与参数校正。主要包含五类数据模型，即代表知识源的知识库、各知识源对应的元知识集合、由对象化表示的本体构成的本体库、用于融合算法过程的融合规则库以及结合本体与先验知识产生的约束集（图 8-11）。

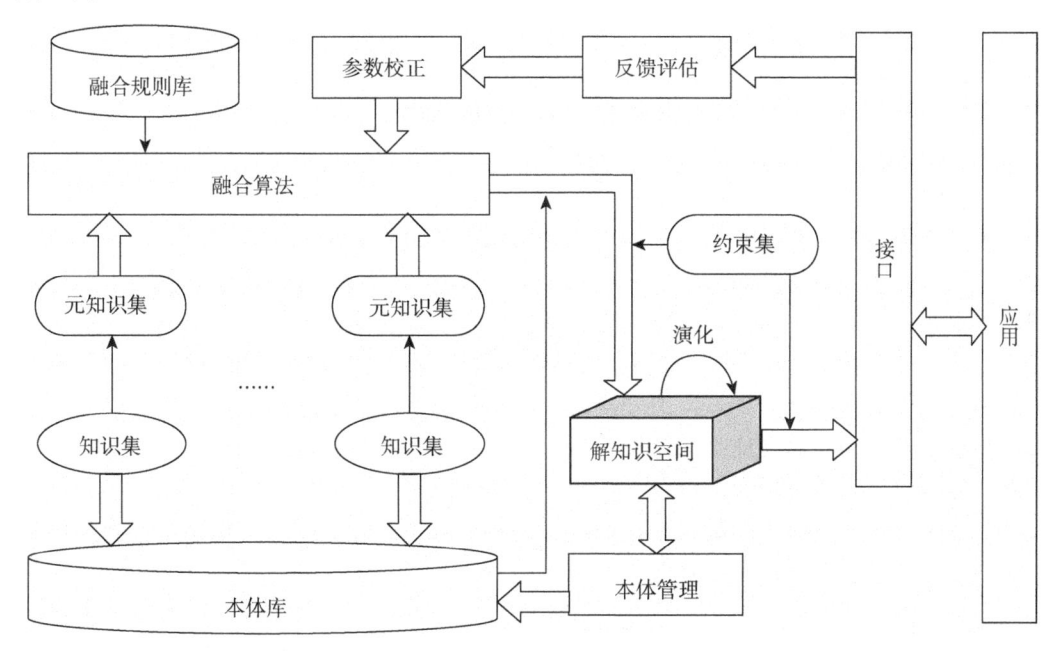

图 8-11 知识融合系统框架

从功能模块的过程化处理角度来看，首先对分布的知识源进行处理，结合知识融合系统的特点构造各领域知识或分布式知识库对应的元知识集和本体；当本体管理完成本体映射目录和全局本体库之后，融合模块采用融合算法对规范化表示的元知识集进行融合处理，结合本体库和背景知识产生的约束集构建解知识空间；解知识空间中的知识元素按照一定的规律进行演化，结合实际应用问题在解知识空间中进行搜索，得到需要的（新）知识对象；最后通过知识应用的反馈结果对融合系统的相关参数进行优化调整。

知识融合算法的目标是通过某种可流程化实现的处理过程将已有的知识元素按照约定的规则进行比较、合并和协调等融合运算，从而产生出新的可用知识对象内容并同时对原有的知识元素进行优化。

8.3.4 知识存储

在对数据进行加工处理获得知识之后，为了保证知识的传播性，应将知识存储起来。知识只有通过有效地保存与保护，才能得以传播和共享。传统的数据库系统只强调数据的存储查询不同，知识管理中的知识存储不但注重数据的收集与存储，而且更强调对数据的分析和利用。与此同时，人们研究的重点也随之由传统的操作型、事务型系统逐渐向分析型、智能化方向转变。

一个好的知识表达工具应能描述尽可能多的格式，且语法简单易于处理。鉴于知识管理跨系统、跨平台的特点，该工具还需有良好的适应性和兼容性。具体来说，信息的表现形式多利多样，有文本、影音、图像、E-mail、政策方针、过程手续，以及存在于人们头脑的工作经验和专业技能等，涵盖了具体的和非具体的信息处理的全部内容；并且通常存储这些信息的平台又多是异构的，甚至是分布式的，人们也希望该工具能够使其间海量的信息交换和传输变得容易。同时由于知识间的相互关系是后续知识推理、挖掘的重要依据，如何记录这些关系也是我们关注的焦点。

关于知识的存储，还需要引入知识库的概念（张建华，2006）。顾名思义，知识库是一种在线的存放某一专业领域中的知识、经验和文档的计算机设备，是存放知识的地方。知识经过收集、格式化并转换为数字形式后，可以放进知识储备库。它包含如下多种知识结构：①字典，包括知识领域中名词的定义、概念和词汇。②图像库，包括数字化的图像和视频文件。③文本库，包括书籍、期刊、手册和说明书等。④文档库，包括超文本。⑤数据库，包括各种类型的数据库。⑥实例库，包括决策与解决问题的典型事例。⑦规则库，包括定义性的知识，以及决策和解决问题的规则。⑧脚本库，包括事件、过程和典型的行为。⑨对象库，包括概念、实体和对象。⑩过程库，包括工作流程。⑪模型库，包括因果关系模型。

以上囊括了几乎所有的知识结构模式，对一个具体的知识储备库来说，只能选择其中若干种。下面着重讨论其中的几个。

（1）实例库。实例库至少应该包含两个部分，一个是工作实例库，一个是决策准则库。实例库包含将工作经验与教训、成绩与错误都记录下来的文档。它们应该覆盖各个方面。使用的实例应该经过应用训练，使之能很快推广到新的情况中去。

（2）规则库。规则库主要用于决策支持。建库时先要确定影响企业的都有哪些主要的决策。对决策者来说，外界的、他人的知识可以用来改进决策质量。一般是先选定决策变量，然后收集有关的信息。可以从最好的专家那里提取知识和规则，然后用实例去检验这些规则。

（3）过程库。这是描述企业如何进行工作的流程图的在线集合。可以把流程分解成一项一项的任务，但不能分得太细。过程库在进行仿真与预测时是很有用的。应该收集一些成功的工作经验，加入到知识储备库中。

8.3.5　基于 Wiki 模式的泛在环境下的知识获取与完善

8.3.5.1　泛在知识环境

从互联网用户体验的角度来看，当今的网络技术正经历着从 Web1.0 向 Web2.0 的演化发展。Web2.0 这个概念由 O'Reilly 媒体公司总裁兼 CEO 提姆·奥莱理在 2004 年提出，用以描述人们以新的方式发布网络信息的第二代互联网络环境（王建军，2007）。Web2.0 模式下的互联网具有用户分享、信息聚合、以兴趣为聚合点的社区和开放平台的显著特点。有时我们也将 Web2.0 模式称为 Wiki 模式，这是因为 Wiki 是一种典型的 Web2.0 模式下的网站模式，Wiki 站点可以由多人（甚至任何访问者）进行维护，每个人都可以发表自己的意见，或者对共同的主题进行扩展或者探讨，从而实现了知识的共建。

因为 Web2.0 的互联网不再是一堆网页的简单集合，而正在转变成一种全球化的汇集大众智慧的信息系统交流、共享平台，所以这样一个平台所营造的是一种"泛在知识环境"。我们看到，Web2.0 技术上的发展为泛在知识环境的产生提供了保障，Web2.0"大众智慧"的精髓则为泛在知识环境的生存发展提供了动力。典型的一个 Web2.0 的应用就是 Wiki 百科，它是一个自由、免费、内容开放的百科全书协作计划，参与者来自世界各地。任何人使用 Wiki，就意味着这个人都可以编辑 Wiki 百科中的任何文章及条目，使得自己不仅是知识的学习者，更是知识的提供者。因此，也有人称 Wiki 百科为"人民的百科全书"。

泛在知识环境（ubiquitous knowledge environment）是由网络设施、硬件、软件、信息资源、人等有机组成的新一代科技知识基础结构（图 8-12），是未来知识型社会的一种综合的全面的数字化信息基础设施，是通过计算、存储和通信方面的最为便利，使人、数据、信息、工具、设备等资源能够更为完全彻底地发挥作用而构建的一种普遍的、综合性的知识环境。泛在知识环境的特点：信息"无处不在"、信息即时性、信息可获取性、信息交互性、信息的"不可或缺"性。

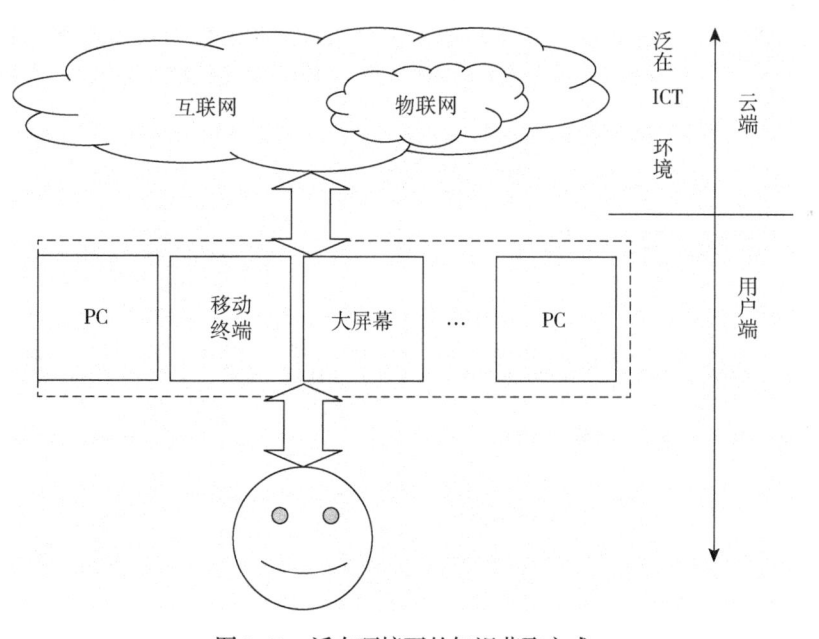

图 8-12　泛在环境下的知识获取方式

8.3.5.2　泛在环境下知识的获取与完善

在泛在知识环境下，我们如何获取、传播和完善知识都发生了根本性的改变。在传统的知识环境下，知识的获取、传播和完善模式是单向、线性的，传统知识链是一个简单、清晰且高效的供应链，图书出版商和图书馆理所当然地成为知识提供者（作者）/

研究者和知识学习者的中间纽带，是知识链中核心环节之一，如图 8-13 所示。

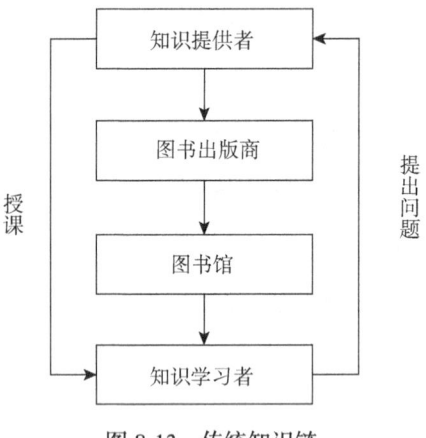

图 8-13　传统知识链

很显然，知识的提供者或者说是知识的研究者通过著书或授课来传播自己的观点、知识，而学习者则可以在课堂或者图书馆的藏书中获取想要了解的知识，同时还可以将自己的见解通过当面或者是写信的方式与知识提供者交流，从而促使知识的提供者完善知识。总之，知识的获取、传播和完善都是一种线性的、单向的结构，这样的结构也使得知识链变得有效、可控。泛在知识环境是一个人人参与的信息共享环境，从作者到读者之间的线性知识链转变成一个非常复杂的网状结构的信息网络，如图 8-14 所示。

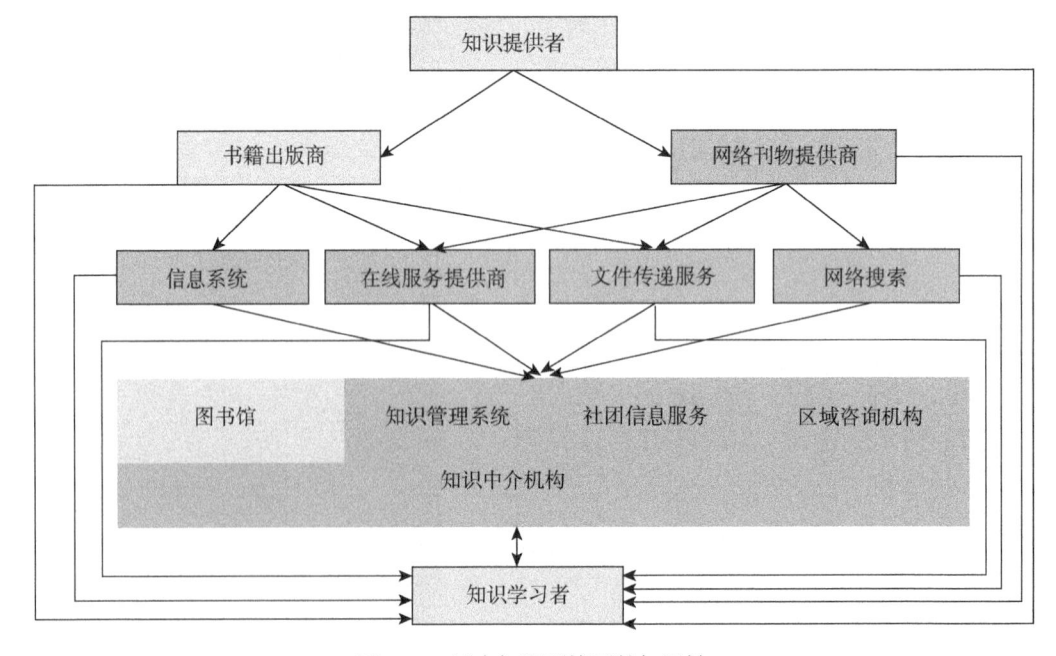

图 8-14　泛在知识环境下的知识链

从图 8-14 中可以看出：浅色的代表传统知识链中的要素，而深颜色的代表在泛在知识环境下的知识链，可以看出其中加入了网络这一现代技术的应用。新的知识环境中，知识提供者和研究者有了更多发布、交流其研究成果的渠道。供应链中各种角色也表现为不固定和具有模糊性，各种角色是可以相互转化的。每个人都是潜在的专家，都可能参与知识的发布和传递；每个人都可能成为出版者、在线的知识供应、图书馆或一个信息系统。这使得知识链极为混乱和难以控制，知识出版和交流系统呈现出前所未有的低进入的门槛，这一产业的竞争的激烈程度也是空前的。

8.3.5.3 泛在环境下知识的获取与完善举例

在 Web 2.0 的大时代背景下，知识的创造与获取方式也发生了改变，从以前的专家创造知识，普通人学习知识变成了每个人都可以创造知识，这样我们获取知识的渠道和方式也变得更加多种多样。对于产业安全知识也是一样的，这里我们介绍一些产业安全知识获取与完善的方法。

首先，我们仍然可以从传统的方式获得既有的显性知识。例如，从产业安全方面的著作与书籍可以了解产业安全的理论知识；也可以从产业安全领域的专家获取更加深刻的隐性知识；还可以与别人共享行业内、行业间或国内与国外的不同产业知识。

其次，我们还可以从互联网工具中获取相关的知识。例如，中国国家统计局的官网或者中国经济网产业数据库都有统计每年的国家经济运行的数据；另外还可以从网络上下载一些咨询公司的产业安全报告等，这对我们获取和完善产业安全知识都大有裨益。

最后，基于 Wiki 模式的知识共建。即我们在获取知识的同时也可以创造自己领域内的新知识，将自己领域内的新数据、事件、观点等知识发布到网络上，可以实现更大范围的知识共享。但是有一点，就是必须保证知识的正确性，而不是创造网络垃圾。

8.3.6　创新 2.0 模式产业安全知识创新

随着信息通信技术的发展与融合，不仅改变了人们的生活方式、工作方式和生活的形态，而且对知识的传播与获取，甚至对知识的创造与积累都产生了深刻的变化。以用户为中心、社会为舞台的面向知识社会，以人为本的下一代创新模式，即创新 2.0 模式已经产生并对人们的知识创新产生了积极的影响，以专家学者为中心的知识创新模式正逐步向以公众创新为中心转变。创新正在经历从生产范式向服务范式的转变，正在经历一个民主化过程。2004 年美国学者 O'Reilly 首先认识到这一微妙的变化，并针对互联网提出了 Web 2.0 的概念，强调了互联网的人人参与，知识共建特征。随后，Wiki 百科、博客等新兴的互联网模式开始出现。

8.3.6.1　知识创新与产业安全

创新是各创新主体、创新要素交互复杂作用下的一种复杂涌现现象，是技术进步与应用创新"双螺旋结构"共同演进的产物，它所倡导的都是面向需求、用户参与、应用创新拉动的全新模式，强调以人为本，以应用为本，是有区别于以技术为出发点的创新 1.0 的开放创新、共同创新、以用户为中心的应用创新。创新 2.0 的理念是"以用户体验为核心"，包括用户创新是源泉、用户满意是标准。全社会创新 2.0 模式的构建离不开政府、市场、社会各方的参与，知识创新也不再是以前只由少数人创造，现在每个行为主体都可以是创新的源泉，生活在社会中的每一个人将真正拥有创造知识的发言权和参与权，传统意义的实验室的边界以及创新活动的边界也随之"融化"。

在传统的产业安全理论中，关于产业安全的衡量总是应由国家机构在综合各行各业每年的进出口数据、外资的数量统计等信息后给出，对每一个产业形成一个产业安全的报告，并以此为衡量年度产业安全的标准。但是这种方法存在着一些问题：首先国家的产业安全报告总是在统计年度各产业信息数据之后才能得出，这样国家和企业组织在当年得不到产业安全的信息只得等到下一年，因此，国家将可能会因为产业衡量机制的时间问题，而错失采取应对措施的最佳时机。其次，产业安全衡量的是国家对整个行业的一个总体评价，行业中必然存在不同规模的企业组织，这样国家在采取产业安全的应对措施时就必然会出现对待不同规模企业使用同种标准的情况。再次，产业安全的衡量没有组成产业最基本单位的企业的参与，不可避免地会造成结果的不准确性。最后，一国的产业安全不仅与本国的企业有关系，还与国外的企业组织和外国政府的政策有关系，应该在对产业评价时考虑这些因素。这就产生了一个如何获取产业中每个组织的知识的问题，这里的知识不仅包括所遇到的问题，而且包括他们对企业安全的评价与政策的建议。

近年来创新 2.0 的发展，使我们对于知识创新有了新的认识，也发展了知识创造的概念。知识创新强调用户的广泛参与、共同创造新的知识，为我们解决产业安全中基层企业知识获取问题提供了一种新的思路。即构建一个能够让每一个产业中组织表达自己知识的平台，该平台的参与者中不仅包括了国家与企业组织，还应包括产业末端的消费者群体、外国同行业的竞争者、国外政府组织和非政府组织，如 WTO、IMF 等。在该平台内，企业组织可以表达自己在产业竞争中遇到的问题，对目前产业安全状况进行评价以及提出国家应采取的措施建议；消费者群体作为产业中的最终价值实现的群体，可以为每个企业对产业价值创造做出一个评价；引起产业安全问题的重要的主角之一的国外同产业的竞争企业同样是该平台的一个重要参与者，它的市场占有率、品牌拥有率、股权和技术占有率等知识都是重要的产业安全评价指标；外国的贸易政策对于我们的产业出口的影响也很重要，如反倾销等；国际经济组织和一些咨询公司所做的国家经济产业安全评价也是重要的知识组成。再将所有的知识进行汇总、融合后，国家就可以进行各种指标的评价，从而制定出符合当前国家产业利益的政策。

因此，我们建议在产业安全的评价时加入产业中每个基本的企业知识元、消费者知识元和国家经济实体外的一些组织知识元，让每一个参与产业竞争的组织从各自的角度出发，对该产业的安全问题做出评价。这就像是一个对基层的调研活动，国家为了应对产业安全中的问题而调整政策时，对该产业所涉及的一些基层企业组织逐个调研以获取该产业问题的基层反映情况，但现在这种信息的收集方式将会由自上而下的信息调研方式转变为自下而上的信息主动反馈方式。这种信息主动反馈将会更加及时、有针对性、全面而又具有差异性和便于国家准确调整政策。及时性表现在企业组织不需求等到国家对该产业的安全问题进行调研活动时才提出自己的问题和建议，而是在遇到产业问题的第一时间向国家反映问题、提出建议；针对性是指企业不需针对国家的调研内容，而是针对自己对产业判断提出评价意见；全面而又具有差异性是指产业中的所有企业组织不分大小都具有表达意见的机会，这不会产生调研方式只针对一些大型企业的情况，随之调研结果也会呈现出差异性；由于国家可以获取不同规模的企业的真实问题，在调整政策时就会更加准确。

8.3.6.2 产业安全的知识创新模型

在实证哲学和东方哲学的影响下，野中郁次郎在 1995 年《论知识创造的能动过程》一文中首次提出了 SECI 模型，并对知识创新的知识场——巴，以及知识创新的结果与支撑——知识资产进行了全面论述。SECI 模型具有很高的理论价值，它准确揭示了知识生产的起点和终点，清晰辨识了知识生产模式的常规类别，创造了全新的评估企业知识管理绩效的工具，但是随着网络信息化知识社会的进一步发展，它也展露出一些缺点。例如，没有考虑社会知识的作用，缺乏对企业作为知识创新的系统的特质的描述，没有解释 SECI 模型与企业竞争优势之间的关系。

根据对野中郁次郎 SECI 模型的分析，我们在创新 2.0 的背景下，提出了产业安全问题的知识创新模型，如图 8-15 所示。该模型旨在构建一个知识社会中，产业安全领域的知识获取、融合、创造的新模式，以解决当前产业安全知识的收集、传播问题，增加国家的政策应对能力与企业的国际竞争力，通过增加知识的传播与利用效率切实维护我们的产业安全。

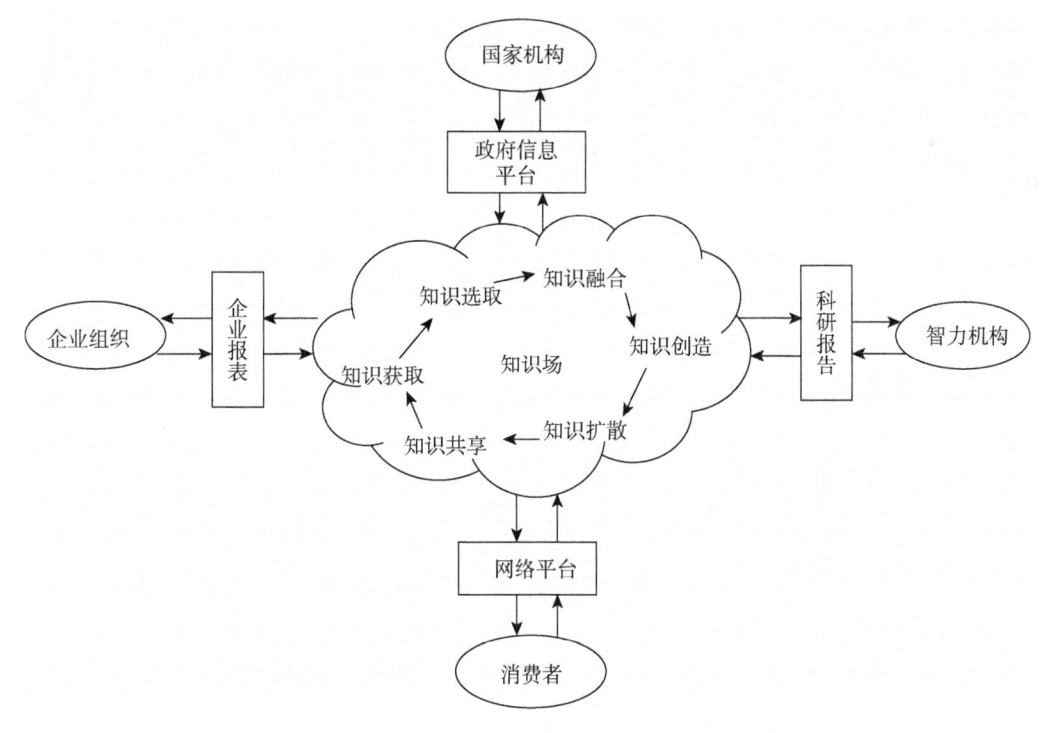

图 8-15　创新 2.0 环境下的产业安全知识创新模型

野中郁次郎在《创新求胜》一书中正式提出知识场的概念，指出"场"可以为知识创新的过程提供能量，并影响知识生产的质量。爱因斯坦定义场为相互依存的事实的整体，场的本质是物质体系各要素之间在相互作用中因传递和交换物质、能量、信息而产生和形成的一种中间载体和时空处所。这里我们将知识场定义为，影响知识溢出、转移、扩散及创造的各要素及要素间作用关系共同构成的知识空间，它是一个虚拟的知识融合空间，是不同来源、类型的知识进行融合的场所。在知识场中各种渠道获得知识，进行融合、传播与共享，并最终反馈给知识的提供者。

如图 8-15 所示，产业安全中的知识由四个方面提供，它包括企业组织、国家机构、智力机构和消费者。其中企业组织既包括本国的行业内企业组织，也包含行业内的外国竞争企业，它们提供的信息是每个行业内的企业的基本经营情况；智力机构包括国家经济组织、咨询公司和学者，他们主要提供的是对某个国家或者某个行业的专业视角的分析报告；国家机构是从国家角度提供宏观的经济运行数据，对整个行业的整体情况的评估文件；消费者主要是从自身的角度参与到产业安全的评价中，可以提供消费领域的产业安全数据。这其中涉及一些信息化的平台，如政府信息平台和 Web2.0 的平台，它们都是信息和知识的获取渠道和传播路径。

在各方将各自的信息实时提供到知识场之后，知识场知识进行融合。知识的融合不是自动进行的，而是在获取知识的主体对其不断的评价之中不断完善的，知识场融合的知识具有差异性，是因为不同的行为主体获取知识的粒度和角度是不同的，带有一定的主观色彩。这其中国家作为产业安全的最高调控机构，对产业安全知识的准确性要求最高，对产业数据的实时性要求也最高，但是它并不是最具有智慧的群体，国家需要将行业的宏观数据提供给社会上的智力机构和企业，通过他们的研究之后进行比较融合，并听取行业中不同类型企业的建议后，形成一个相对准确的报告，制定一个有益于提升国内企业竞争力和国家经济安全的宏观和微观经济政策。

8.4 产业安全管理决策的知识需求与服务

8.4.1 需求主体分析

随着生产和社会活动的规模日益扩大，科学技术和文化的不断发展，知识在社会经济、人类生活中的作用日益显著，社会分工使得一部分人的劳动更多的是获取、处理知识，以及积累、创造新的知识，这就形成了知识工作和知识工作者。

知识工作的定义如下：知识工作乃是经常生成新知识的工作，它的核心人物是思考，它需要脑力进行工作，成果是信息与知识，工作常常无法按直线顺序完成。

知识工作具有下面四个特征：①知识工作是有众所公认的可言传知识支持的；②这些知识可在书本中找到；③掌握知识的人必须经过官方或学院认定；④这类职业必须有专业的行为规范。

在产业安全管理的不同层面，主要有四种知识工作者：高层决策者，企业管理者，领域专家，知识系统管理人员。由于他们工作的层面有所不同，他们对于知识的需求和在知识系统中的职能也有所不同，其中高层决策者、企业管理者的职能主要是对已有的知识进行整合，利用知识，在实践中验证知识；领域专家的职能主要是研究已有的知识，在已有知识的基础上创造新的知识；知识系统管理人员的职能主要是获取、处理、传递知识（王重鸣，1992）。

8.4.1.1 高层决策者

将产业安全的问题提升到国家控制的宏观层面上来，是解决目前遇到的产业安全问题的有效途径。产业安全是从一个国家的利益整体出发的概念，需要国家政策制定者从整体上把握，来维护我国的基本利益。国家存在各种各样的产业，在各产业的发展过程中都或多或少的面临着国际竞争，产业安全都可能受到一定的威胁。这就需要国家高层决策者在发展中动态地平衡各产业的发展，分析哪些产业在哪些时期的发展需要保护，哪些产业需要在市场中进行竞争。

高层决策者要从整个国家产业的宏观角度，来看待产业安全的问题，产业安全本身是一个宏观问题，产业安全不是个别企业的安全。对待产业安全，高层决策者应该注意两种倾向：一种倾向是对产业安全问题麻木不仁，漫不经心。另一种倾向是夸大产业的不安全，并以此对开放政策质疑。国家的产业安全是动态的、宏观的概念，国家能够对有关国际民生的重大产业和核心技术保持控制权的同时确保产业体系具有正常的再生产循环体系、竞争力和创新力。国家的产业安全问题并不等同于个别产业由于国际分工体系的合理调整以及产业升级而面临的各种国际巨大冲击甚至引发大幅度的衰退。政府需要从宏观上制定相应的政策来调整产业的发展。制定政策的前提是，高层决策者需要宏观地掌握各产业的实时发展情况，对于全国产业的发展有一个整体的认识。因此，他们需要的是宏观的经过统计的知识，而非微观的产业具体业务层面的知识。

高层决策者在制定宏观政策维护我国产业安全时，应注意以下几点：①政府采取反倾销、产业安全预警机制、产业竞争力分析等手段对产业安全进行保护。②必须从国家利益的战略高度来认识产业安全的重要性，从"新型市场失灵"的高度来治理产业安全。③正确认识 FDI、市场结构与产业安全之间的关系，走出"FDI 无害论"的认识误区。④正确处理企业利益、地方政府利益与全局利益，国家需要从"纯公共品"的高度来统筹处理产业安全问题。⑤正确处理好立法管理和行政管理之间的关系，加强配套法律体系的建设，以避免我国产业安全管理的短视性、任意性和无序发展的情况。

由于目前我国在产业安全知识管理领域发展很少，目前对于高层决策者来说，获取知识的过程中存在一些问题，有关产业安全的政策制定起来相对困难。有些产业没有完善的知识管理系统，隐性知识没有或者很少转化为显性知识，使得决策者在获取知识的过程中出现一定的困难，难以获得适当粒度的知识。有些有知识管理系统的产业，其知识管理系统的异构性在获得整体宏观知识时也存在着一定的困难。没有一个宏观的知识管理系统，将时间花费到了整理信息、知识方面，使得决策者所得到的知识总是相对较为滞后，妨碍了及时制定有效的政策解决产业安全的问题。

8.4.1.2 企业管理者

产业安全的关键是企业要做强，不断地提高企业竞争力，提高企业人员素质，加强企业管理。企业是产业的具体构成，产业安全的问题不仅需要从国家宏观层面进行调控，同时也需要企业的管理者在具体的生产中，加强企业的管理，提高效率，提升本行业的自主创新能力，增强我国自主产业的国际竞争力。

与发达国家相比，我国企业技术水平和管理水平还比较落后，特别缺乏具有国际竞争力的跨国集团，在国际竞争中，我国企业总体上处于劣势地位，稍有懈怠，就有被跨国公司吞并的风险，只有树立起强烈的风险意识，采取正确的竞争策略，才有可能以弱胜强，以小胜大。最近一个时期，外商并购投资出现新动向，并购重点转向重要行业的排头兵，一些行业龙头企业陆续被并购。跨国公司在华并购还出现了联合行动，既有跨国公司之间的合作，也有与投资公司或者基金的配合。跨国公司在我国的并购，将从根本上动摇我国某些产业的根基，使我们丧失产业创新发展的能力，严重弱化我国产业的竞争力，固化我国产业在国际分工中的不利地位。跨国公司的并购还造成了我国多重利益的损失，首先是战略利益的流失。行业排头兵企业是国家战略利益的主体，关系到产业安全和国家经济安全，这些企业被大量并购，加大了产业风险。其次是直接的经济利益流失。再次是造成国有资产的流失。一些地方政府和国有企业急功近利，自主意识缺失，主动迎合跨国公司的恶意并购，这种只追求眼前政绩的短期行为，投怀送抱急于把国有企业转让出去，在客观上助长了跨国公司的并购行为（郑新立，2006）。面对跨国公司的不同途径的不利于我国产业发展的行为，作为企业管理者应树立起产业的全局观与安全观，增强对产业的安全发展方面的知识，不能只追求眼前利益，同时在和跨国公司的合作过程中要提高产业安全意识。

作为企业的管理者，需要着眼于本行业的国内外发展状况，对本行业的知识的需求相对具体、深入化。管理者应注重应用本行业中先进的知识、理念等，不断地提升本企业的管理理念与管理模式，加强研发投入，提升自主创新开发能力，不断提升企业的竞争力，才能在日渐激烈的国际竞争中蓬勃发展。

8.4.1.3 领域专家

不同的产业都有专门从事研究产业发展状况、产业运行机制等领域的专家。这些领域专家看问题的视角更为超前，目光更为长远，他们对于产业运作的认识更为深刻。因此，在产业安全领域，专家的建议对于高层决策者制定政策以及产业的发展有着举足轻重的作用。

专家的职责是解决本产业中所遇到的各种困难，在危险发生之前及时提醒决策者并能提供相应的解决方案。专家通过对产业的运行机制、产业存在的风险、外资并购、资源利用等问题进行深入的研究，能从各个角度及时预测可能危及产业安全的因素，并对这些因素对于产业的影响的大小进行进一步的评估，并能指出这些因素间的相互影响关系及因果关系。通过一定的方法评估各种因素对于产业安全的影响大小，估计出各因素影响产业安全的临界状态,给决策者提供一定的知识支持。

专家在产业安全发展的过程中主要解决两个方面的问题:第一方面是理论知识的创新以及在实际应用过程中碰到的领域问题。产业安全面临的国内外环境复杂多变,要在这样的环境中始终保持平稳安全的发展,需要专家在产业的发展方向、发展模式以及企业的管理模式、生产方式等方面提出创新。第二方面是技术知识创新,产业立于不败之地的另一关键因素就是先进的技术。拥有了先进的技术,能迅速地提高产业在市场上的竞争力,为产业的安全发展提供保障。技术的发展需要专家们不断地探索与创新,专家在技术创新过程中发挥着中流砥柱的作用。因此,理论创新与技术创新都需要领域专家根据自身研究领域对目前领域的状况以及发展过程涉及的知识有一个全面、概括的了解,需要在某一研究领域有着相当深厚的知识储备,在解决这一领域问题时有着丰富的经验,并且保持着对所研究领域的前瞻性。

8.4.1.4 知识系统的管理人员

由于产业中存在着各种形式的知识,将这些知识以合理的形式组织成为一个实际可用的产业知识服务系统,需要不同的工作人员对这些知识进行设计、管理与维护。在产业面对不安全状况时,知识的管理者可以为不同的组织和主体快速准确地提供他们所需要的知识,提供高效的知识服务。

根据知识系统功能将知识管理的人员主要划分为以下几个职位。

1. 知识总管

知识总管是专门负责知识管理的高级管理人员,他的主要职责是:营造一个有利于知识应用和发展的环境,包括构筑知识获取、共享、应用的基础设施,形成有利于知识发展的文化氛围;按照产业的当前与今后的知识需求,组织引进各类知识,进行知识的对外交流;促进组织内部的知识交流与共享;指引知识创新的方向,集成各类知识,推动知识创新;规划与组织企业内的学习与培训等掌握新知识的活动。知识总管需要对知识管理和知识服务等理论知识有相当深入的研究,并能结合所在产业的实际情况灵活地应用知识服务的理论知识,对知识服务在产业的应用有着丰富的经验。

2. 知识职能经理

知识职能经理的职责是为产业内部的知识项目进行筹划、做可行性研究、组织队伍、安排计划、调度资源、利用信息技术环境营造知识系统架构、组织设计和实施、保证经费及时到位、监督工作的进行、解决一些临时发生的问题、进行验收总结等。知识职能经理需要对开发知识系统的总体设计过程、开发流程以及开发过程中面临的技术问题等方面的知识有深厚的了解,并且具有丰富的知识系统项目开发经验。

3. 知识分析师

知识分析师很像信息系统开发工作中的系统分析师,但不同的是信息系统分析师的重点是信息系统,而知识分析师的重点是知识系统。对于一个有关知识运用和创新的开发项目，知识分析师的作用很重要，他起着知识系统的用户和系统开发人员之间的桥梁作用，是系统开发过程中的关键人物，他负责了解用户的想法和需求，运用自己对知识内容和处理知识的工具的专业理论和技术，以及系统的方法和步骤，形成明确的知识系统的概念。知识分析师最主要的就是拥有良好的与产业内部不同层次人员的沟通能力与资源整合的能力，尽可能多地挖掘到产业内部不同层次人员的知识需求，并将这些知识需求整理成为合理可用的文档知识。

4. 管理知识资源的人员

管理知识资源的人员的任务是采集并整理知识资源，向需求知识的人员提供他们所需要的知识。这些人员需要对知识资源进行存储、管理，合理地维护知识系统的资源，并保证知识系统的平稳运行，为不同的用户提供合理的知识资源。

综上所述，知识系统的管理人员所需要的知识比较偏重于信息技术方面，他们的主要职责是建立并维护知识系统，因此信息网络、信息装备、信息资源、信息系统分析与设计、数据库、数据仓库等都是他们了解并掌握的知识。

8.4.2 知识分类需求分析

由于产业安全是一个范围较大，涉及知识较广的概念，产业安全中知识非常庞杂，要对产业安全的知识进行有效的梳理和利用，需要从不同的角度对产业安全的知识需求进行认知与进一步的分析（翟东升，2006）。

8.4.2.1 显性知识与隐性知识

显性知识是指能明确表达的知识，即人们可以通过口头传授、教科书、参考资料、期刊、专利文献、视听媒体、软件和数据库等方式获取，可以通过语言、书籍、文字、数据库等编码方式传播，也容易被人们学习，即"可以写在书本和杂志上，能说出来的知识"。在产业安全领域，显性知识广泛存在，这些知识存在于企业内部、国家的对产业的统计资料中，以及研究产业领域发展的书籍、期刊等处，对于这些知识目前没有一个完善的管理机制，而是杂乱无章地存在于各处。在对产业安全进行管理的过程中，就会出现需要的知识很难及时找到，或者存在找到的知识是陈旧的、过时的知识。产业安全知识管理的过程中会对这些产业内部的显性知识产生需求，如在产业安全决策的过程中就对产业中的进出口统计数据、产业内企业的组成等知识产生需求。如果针对不同的问题，能及时准确地获取显性知识，可以提高产业安全知识管理的效率。

隐性知识和显性知识相对，是指那种我们知道但难以言述的知识。隐性知识包含了经验、技巧、诀窍，是要靠实践摸索和体验来获得的，可意会而不可言传，即"我们所知道的总是比我们说出来的多"。隐性知识部分来源于个人在生活实践过程中通过形体动作或感官接受而获得的感觉与体验。另外一些是人们在处理实际问题时，通过直觉和感悟而获得的。隐形知识存在于产业安全领域的各处，国家政策制定者的经验、企业管理者有关企业自身的生产与发展的隐形知识、工人在生产过程中获得的生产经验、领域专家在研究本产业领域时的经验等。政府在制定某一项产业安全政策时，不仅需要显性的产业的统计数据，同时也需要综合领域专家和决策者的经验知识，即对产业中涉及的主体的隐形知识产生了需求。如果对产业安全领域各类人员的隐性知识进行进一步的发掘并将其转化为有利于产业发展的显性知识，并与相应的显性知识相结合将对产业的发展非常有利。

8.4.2.2 个人知识与组织知识

知识有个人知识与组织知识两类。知识产生于人们的认知与实践之中，知识是由个人产生的，离开个人组织无法产生知识。但组织在经济活动具有自己的知识，组织的知识主要包括企业掌握的技术、专利、生产、管理规程和已经嵌入产品与服务中的知识。组织知识是将个人产生的知识与其他人交流而形成并结晶于组织的知识网络之中的。个人只能获得与生成专门领域的知识，而在创新活动中，需要掌握各种知识，需要转化为生产力，这就需要组织知识。

组织知识一般是指像企业、院所这样的组织所拥有的知识，在更大范围，还有一个国家、民族所积累的知识，这部分知识可以叫做社会知识。它反映了一个国家的文明程度和科技水平，是不断地增加和发展的。组织知识中既有本国的创造，也有从其他国家交流学习来的。产业安全领域中，企业层面的知识、产业层面的知识、国家层面的知识，都可以看成是产业安全方面的组织知识。当遇到产业安全问题时，需要将这些层次的知识通过不同组合进行知识创新进而解决产业安全的问题。

个人的知识一部分是从社会知识中通过学习获得的，也有一部分是对已有的知识和实践经验经过加工获得的知识。这部分经过语言、文字或实践活动可以转化为社会知识，但是知识不像实物那样转化后就失去原来的存在，而是仍旧保存在个人身上。个人的知识是产业安全知识的重要组成部分，产业的快速平稳发展与产业竞争力的提高都需要各方面的个人知识。产业政策的制定需要决策者的个人知识与领域专家的个人知识，企业的正常运营需要企业内部所有成员的个人知识，产品的生产需要生产线上所有工人的个人知识。产业安全知识管理需要充分地发掘个人的隐形知识，将个人的知识为组织所用，充分发挥个人在组织中的作用。

8.4.2.3 产业知识

产业安全是一个宏观的概念，包含了许多领域与层面的知识，各类产业的知识都包含于其中。判断产业是否安全，就对特定产业的知识产生了一定的需求。不同产业的知识有着各自的特点，但从判断产业安全的角度来说对知识的需求具有一定的共性。以纺织业为例，详细说明在判断纺织产业安全的过程中对纺织行业知识的需求。

判断纺织产业的安全程度，需要从中国纺织业的国内环境、国际竞争力、对外依存度、产业控制力四个大的方面来评价，因此对于纺织业在这四大方面的知识都应该有一定程度的了解与认知。这四个方面的知识是比较大的方面，要认识这些方面的知识，还需要从相对具体的方面进行认知，需要对这四个方面进行进一步的细分。

对纺织业的国内环境的认知，可以从纺织产业的金融环境、生产要素环境、市场环境进行了解。在纺织业的金融环境中，影响纺织业安全的主要知识可能包括国内纺织业的资本效率、资金成本。在生产要素环境中，影响纺织业安全需要从劳动力素质、劳动力成本、资源要素、供给产业竞争力四方面因素考虑。其中，纺织业的供给产业可以包括棉花产业、棉纺织机械产业、蚕茧业、缝纫机械行业、面辅料业等。在市场环境中，衡量纺织业安全要从纺织业国内市场需求状况、市场需求潜力来着手。

对纺织业的国际竞争力的了解，首先需要明确本国纺织业产品在国际市场的占有率，对其进行比较详细的分析，进而进行纺织服装世界市场占有率的国际比较，在对比中衡量纺织业的国际竞争力。其次，从纺织业整体贸易竞争力指数来衡量纺织业的发展状况。最后，从纺织产品的价格比、研究开发费用、产业集中度等方面的知识来衡量纺织业的安全。

纺织产业的对外依存度是衡量纺织业的一个重要方面。需要通过对比纺织业每年的进出口数据以及本国纺织业对外来资本的依存程度方面的信息来对纺织产业对外依存度进行评价。

反映一个国家纺织业安全的本质是国家对于纺织业的控制程度的高低，对纺织业的控制程度可以通过纺织产业的外资市场控制率、外资股权控制率、外资技术控制率、外资品牌控制率进行衡量与评价。

因此，对于纺织业的安全程度的判别不仅需要本产业内部的知识，同时也需要产业所处环境的各方面的知识。由于产业安全的判断在整体的知识需求上存在着共性，在其他产业安全的判别过程中可以参照上面对于纺织业的安全判断中的知识需求同时结合产业的特点进行知识的归纳与整理。

8.4.3 决策中的知识服务

8.4.3.1 决策中知识需求的确定

产业安全中的决策问题，大部分是在国家的角度对本国产业进行宏观战略性的调控，制定有利于本国产业发展的决策。因此，决策中的知识服务主要是指制定国家宏观战略决策中的知识服务（刘妮妮等，2013）。决策者是国家的宏观调控部门和专业经济管理部门。宏观调控部门的主要职责是：保持经济总量平衡，抑制通货膨胀，优化经济结构，实现经济持续健康发展；健全宏观调控体系，完善经济法律手段，改善宏观调控机制。专业经济管理部门的主要职责是：制订行业规划和行业政策，进行行业管理；引导本行业产品结构的调整；维护行业平等竞争秩序（李丹阳，2002）。

政府在制定维护国家产业安全宏观战略决策时，最需要的是宏观性、全局性、权威性和前瞻性的信息分析。战略需要的知识包括三部分：一是有关国家产业的一切静态知识，即反映国家某一产业的已有状况。二是有关国家的动态知识，反映国家在这一产业上的现有能力。三是关于国家在该产业发展的潜在趋势的知识，反映国家的意图。政府在制定国家宏观政策和战略决策时特别需要的知识有如下几类。

（1）以政策法规集、管理条例汇总、政府相关公文、基础统计数据、科技管理文件等为主体的产业安全基础资料主要包括国家制定的产业政策、法规以及散布于各部委办、各地方的各类文件、研究成果、调研报告等信息,也包括国家基础统计数据、国家科技文献档案等相关基础资料。这类资料对其准确性、真实性要求较高,是产业安全决策的基础知识。

(2)以快速更新为特点的动态相关产业信息。该类信息尤其是国际国内产业前沿动态消息对政府决策的前瞻性具有极大的参考价值。产业安全决策领域的突发性、预警性、战略性、评论性信息。该类信息以快速更新、突发、变化为特点,大多来自于新闻性渠道和互动性论坛系统。

(3)针对产业安全的重大决策问题的专题集、论点库或案例库,知识管理系统的一个重要特征就是提供解决方案。区别于传统的信息服务,一个形象的比喻就是传统的决策信息咨询服务好比"拿药",而知识服务则是"看病",需要提出解决方案或接近于解决方案的论点支持。对重大的产业安全决策问题,要广泛收集国内外的专家对此类问题的正反论点和分析,辅之以相关的详细背景资料,国外类似决策的信息、过程与结果,专家争鸣意见和公众反应等方面的信息。由此构成具体解决方案集或重大案例库,从而为政府决策提供最直接的支持。

面向政府决策的产业安全知识服务系统需要实现以下功能(刘爽,2013)。

1. 高效的信息产生或知识形成功能

信息是知识产生的基础,知识的产生是知识服务系统的来源和基础材料。高效的信息产生或知识形成是系统的前提和基础,其功能主要包括两方面:一是对信息的快速采集能力,尤其是在目前网络信息日益成为产业安全知识主要来源之一的情况下,必然要求系统具有自动采集技术、自动摘要、自动翻译、自动去重等功能。二是对已有数据库或知识系统的整合能力。在产业安全中,有关各产业的领域数据库、中国经济网的产业数据库等产业数据的统计型数据库都已经存在,需要将这些数据库整合并应用到知识服务系统,让这些数据库为产业安全的决策提供支持。

2. 知识发现功能

知识发现是从大量数据中提取出可信的、新颖的、有效的并能被人理解的模式的处理过程。目前,针对信息资源领域的知识发现研究热点包括:数据挖掘语言的标准化、网络环境下的知识获取和组织与智能检索、数据挖掘中的可视化方法、复杂数据类型挖掘的新方法、Web内容挖掘以及数据挖掘的隐私保护与信息安全等。具体到产业安全决策领域,就是要面向产业安全理论与方法的创新和产业科学化的管理,充分利用信息分析、科学计量、信息萃取、数据挖掘、知识网络、语义分析等信息技术工具,对大量产业信息的内容和相关数据进行分析和处理,从中识别出新颖有效、有用并可理解的模式,揭示隐含其中的规律,并进一步将其表征出来。例如,运用目前的产业相关文献资源与统计数据,从国家、区域和企业三个层面研究和跟踪产业国内环境、产业国际竞争力、产业对外依存度、产业控制力为代表的评价指标体系及其主要指标,统计分析我国产业所处的国际国内环境情况,占世界的份额、排位,产业的国际竞争力,跨国企业在国内各产业的发展趋势、所占市场份额,国家对各产业的控制情况等。知识发现需要的技术一般包括数据挖掘技术、智能分类技术、聚类技术等。

3. 知识共享功能

国家制定某些重要的产业安全决策时,往往需要一个专家团队来提供知识服务,相关产业安全政策的提出需要动用上百名各领域的专家,同时在提出决策咨询时也往往会利用内部和外部专家的智力支持。德鲁克曾经说过:"知识组织可以看成是一支交响乐团。"在这种情况下,系统中的知识共享功能便显得格外重要,知识共享一方面有利于建立一个学习型的知识组织,另一方面也促进了隐性知识向显性知识的转化,有利于集中大家的智力成果。知识共享的功能要求,一方面要便于使用者随时随地发布知识,另一方面要建立一个公开的协同工作环境,便于用户之间的讨论和知识交流。

4. 知识传递功能

对于一个面向政府决策的知识服务系统来说,一个重要的特征是如何能做到知识和信息的上下传达。知识传递的渠道和效率是影响知识共享或功效的重要因素,产业安全的各项政策需要及时地传递到相关省、市、县级政府以及涉及的企业中去,使政府与企业及时地基于政策制定相应的措施应对产业安全问题。例如,在构建"产业安全决策基础知识数据库"建设中,对结论性的知识就提供了和国家相关部门的业务协同的接口。

8.4.3.2 决策中知识服务的过程

根据 8.4.3 节提到的政府在制定产业宏观战略决策时所需求的知识类型和知识服务系统的需求分析过程可以得出知识服务的过程。面向决策的知识服务过程从内容和功能两方面来实现,以内容为主线,以功能为纽带(汪艳艳,2009)。

首先,通过人工整理、自动采集和资源整合的方式对目前产业所存在的文字资料、模型、统计数据等进行分类整合。根据产业安全供应知识元体系与产业安全知识元实体表示方法,将产业安全的知识进行统一的整合与表示,并将这些知识元实体存入产业战略决策时所需要的三类知识库,即产业静态资料知识元库、产业发展的动态信息知识元库、产业相关的案例知识元库。

其次,基于上一步建立的三类知识元库中的知识,进入决策咨询阶段(陈建龙等,2010)。决策咨询阶段是一个知识融合的过程。在这个阶段中,通过对产业领域内外的专家进行咨询,在咨询的过程中将专家的隐性知识充分发掘,充分发挥专家在各自领域内的优势。同时,提供公众反馈接口,在决策咨询阶段充分获取广大产业中企业的反馈与建议,对这类知识也进行充分的采纳。在决策咨询阶段,对专家的知识、公众反馈的知识以及客观的知识库中的知识进行进一步的融合与创新,产生对制定产业安全战略决策有帮助的知识。

最后,决策者基于决策咨询中的知识与决策者自身的知识进行产业安全战略的决策,生成最优化的产业发展政策，如图 8-16 所示。

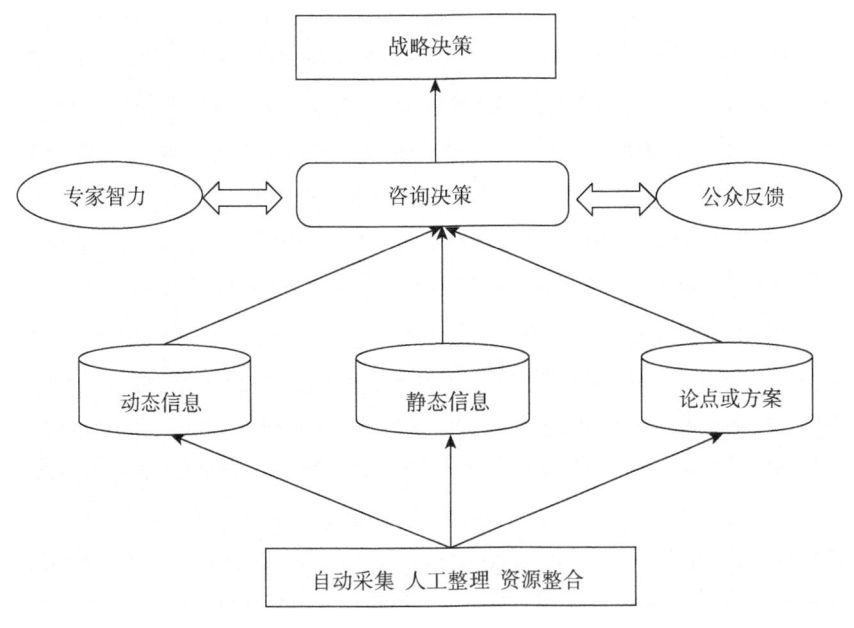

图 8-16 战略决策的知识服务过程

8.4.4 监测预警中的知识服务

8.4.4.1 监测预警知识服务过程

产业安全预警系统，就是依据对产业发展稳定状况的判断，采用定性与定量相结合的方法，对产业安全发展态势进行过程刻画、追踪分析和警情预报（汪立欢，2011）。

产业安全预警知识服务过程首先将位于不同地方的知识资源收集与整理在一起，然后从这些知识资源中识别出对知识建模有用的知识资源，同时建立一套领域术语词典。根据识别出的知识资源进行知识建模,将建模中应用到并经过验证的知识存在知识库中，从而完成知识的生产。根据环境的变化，不断扩充知识，并定期或不定期对知识库进行维护和更新。

将存放预警决策服务知识资源的资源库称为预警知识库，预警知识库中包含了与预警决策相关的技能、经验、技巧等知识。从预警系统采集到各类数据中，对这些数据进行一定处理，根据知识库中已有的规则从这些数据中挖掘抽取出数据中的隐含的知识。将采集到的外部数据中所包含的知识抽取到知识库中，通过知识推理方法预测发现产业的发展情况及不安全因素的来源等，及时产生准确的预测信息，以及产业不安全情况形成的相关原因的具体说明，并通过知识库中的知识提出一定的应对策略。

预警系统知识管理系统是一个三层结构，最下层是知识抽取，从外部数据源中抽取相关数据，并进行数据转换；中间层是用同一的数据标准标注数据的知识库；最上层是用户和知识工程师对知识库进行信息访问和知识库编辑，如图 8-17 所示。

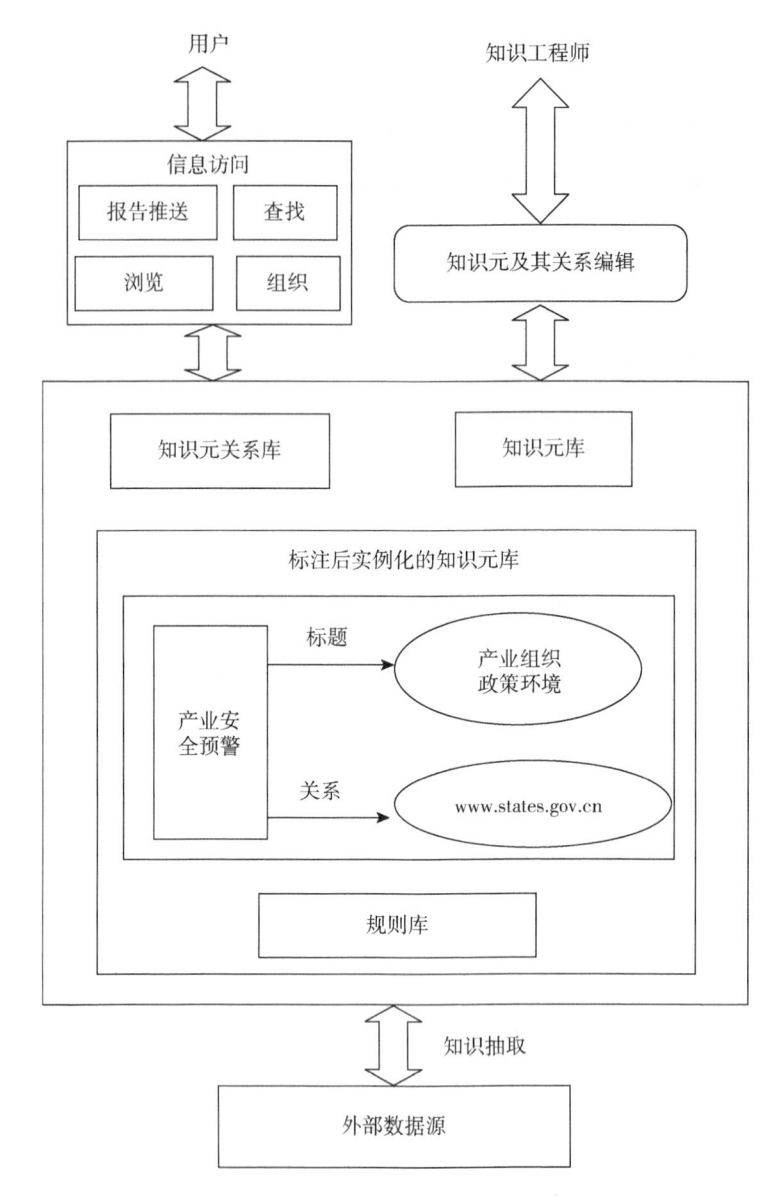

图 8-17 知识预警服务过程

在知识领域利用知识元实体表示客观事物对象，包括对象的名称、属性的集合以及属性之间的映射关系。首先是进行对象知识元的抽取，并建立对象知识元库，然后抽取这些知识元实体之间的关系，并建立知识元关系库。在建立的知识元库和知识元关系库基础之上，根据预警系统的外部数据源得到的数据进行知识抽取。从外部数据源得到的很多是非结构和半结构化的"未加工"的数据，需要通过知识抽取技术，得到知识建模所需的结构化数据。用知识抽取的结构化的数据对知识元进行实例化的标注，建成标注后实例化的知识元库。实例化的预警指标知识元之间存在一定的相互影响，衍生关系，知识元实体之间存在着引发、影响和作用关系，这些关系可能引起预警指标预警值的变化。预警规则根据预警指标的预警值来生成预警信号，进而生成相应的预警报告，最后由报告推送模块向不同用户推送相应的报告。用户的信息访问还包括对知识库的查找、浏览和知识组织。知识工程师可以对知识元库和知识元关系库进行编辑与修改。

基于知识元的预警过程是：根据任务要求确定实施预警的情景；然后根据特定的情景搜索情景中涉及的知识元实体；并根据外部数据源中数据进行知识抽取对知识元实体进行实例化，根据情景实例化的知识元在知识元关系库中寻找匹配的知识元关系，观察预警知识元预警值的变化。根据规则库中的预警规则对预警值进行进一步的监测，将指标的预警值与阀值进行对比，一旦达到预警规则的条件，就产生预警信号，生成预警报告。产业安全知识预警过程如图 8-18 所示。

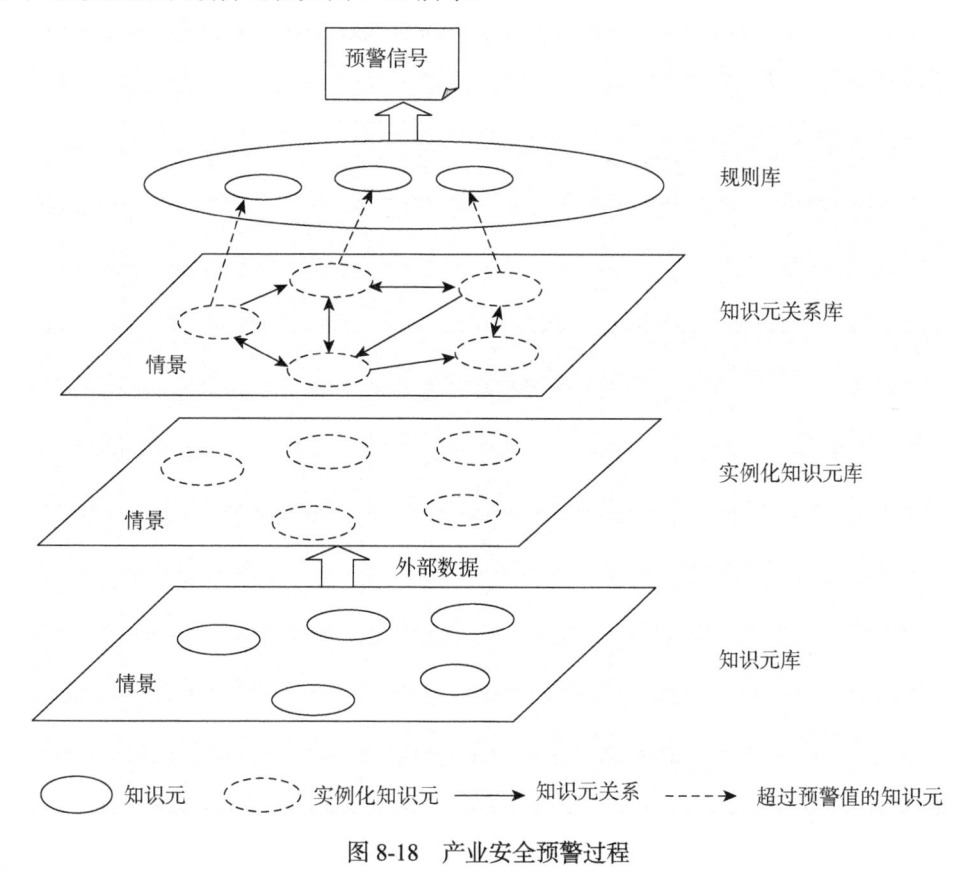

图 8-18 产业安全预警过程

8.4.4.2 监测预警指标动态选择过程

产业安全预警系统的一项主要内容就是选择和构建一套能够全面、动态、及时反映产业发展状况和趋势的指标体系（顾海兵和王亚红，2008）。选择合理的指标体系对产业安全的预警的准确性产生至关重要的作用，只有准确的预警信号才能对产业的发展采取及时合理的措施，切实保障我国产业的安全。

产业安全预警指标是对产业内某方面的发展情况的表示，指标的值是产业中的各类知识经过分析与计算得到的，因此，指标是基于产业的知识产生的，描述产业安全的指标体系可以根据产业拥有的知识来决定。基于产业知识元选取的指标体系更符合产业的实际情况，指标的值也容易获取，为预警指标值的获取提供了便利。

根据预警目标产业所处的状况对产业知识元进行实例化，将产业内部目前所拥有的各类知识根据产业知识元模型进行结构化表示，得到的实例化的产业知识元是对预警目标时间段的产业的发展情况最实时的刻画。

基于产业知识元选取某产业的合理预警指标，首先从预警指标库中选择所有能预警该产业的产业安全的指标，形成指标集合 T，其中 $T=(T_i|i=1, 2, \cdots, n)$。然后从集合 T 中选取指标知识元与产业知识元进行比对，如果实例化的产业知识元能提供该指标所需要的知识就将此指标列入可用指标集合 U 中。如此循环，就从指标库中选取了符合预警目标产业的实际情况的指标集合 V，这样的指标集合更能体现产业预警的合理性。指标具体的选择过程如图 8-19 所示。

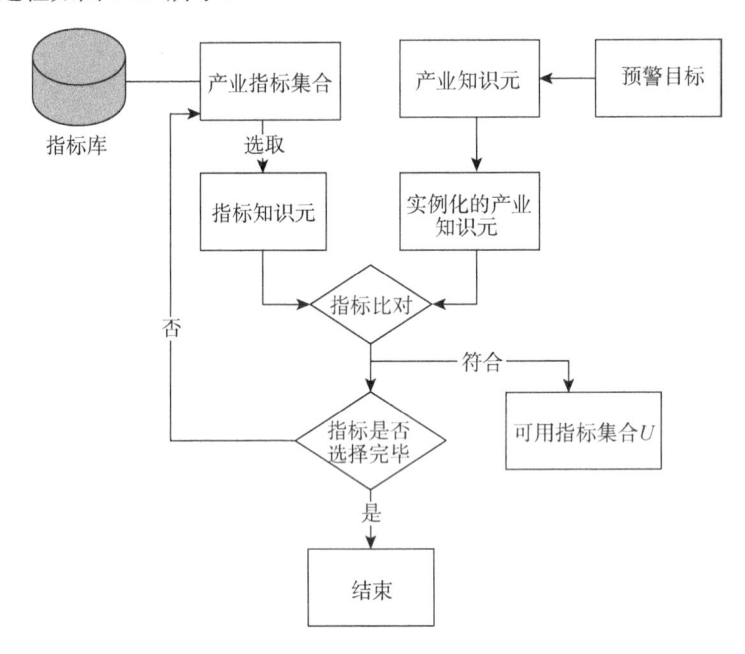

图 8-19 产业安全预警指标选取过程

预警指标是根据指标知识元与实例化的产业知识元的比对选择合理的指标集合，因此指标知识元与产业知识元的具体比对过程需要详细的阐述。实例化的产业知识元是根据知识元对产业所处的实际情况的描述，指标知识元是对指标值的获取中所涉及的要素及关系的描述。在选择指标的过程中，首先可以根据指标知识元中的属性先与实例化的产业知识元中的属性进行匹配，如果产业知识元属性中包含指标知识元中的所有属性，说明产业知识元是可以描述指标知识元代表的指标的。仅与产业知识元的属性匹配是不够的，产业知识元在实例化的过程中有些属性可能为空，因此，还需要查看实例化的产业知识元匹配属性的值是否为空。如果实例化的产业知识元的属性值都不为空时，比对成功，将指标知识元描述的指标加入可用指标集中；否则，比对失败，重新选取指标知识元进行比对。

根据产业知识元选取的可用指标集合是符合产业的实际情况的，但可用指标集合还需要进一步的筛选与修改才能构成目标产业的预警指标集合。指标集合的筛选过程主要从效度净化、信度净化、聚类净化三个方面进行。效度净化，实质对指标合理性方面的一种净化，通过效度净化可以提高指标集合的合理性。信度净化，实质是对指标稳定可靠性方面的一种净化。通过信度净化，可提高指标集合的稳定可靠性。聚类净化，实质上是对指标间相容性的一种净化。通过聚类净化，可以修改指标集合中相容性较大的指标，以使指标体系更具有独立性、简化性和科学性。

8.4.5 知识服务模式

知识服务是一个满足客户不同类型的知识需求的服务过程，其过程是知识服务提供者凭借其具有的高度专业化的知识，在充分挖掘客户需求的基础上，结合组织内外搜集、整理的信息与知识，进行知识创新，并借助适当的方法和手段，在与客户交互的过程中，帮助客户获取知识、提高客户解决问题的能力（汪艳艳，2009）。

知识提供者在知识创新和服务的过程中，由于知识服务的需求对象不同、知识需求的性质不同、所处的知识服务环境不同、知识传递过程涉及的主体存在差异等因素，同时受到所在区域的政治因素、经济因素、社会因素等因素的影响，知识服务模式会存在一定的差异。对不同类型的知识服务模式进行分析，可以帮助了解基于产业安全的不同知识服务模式的优缺点，可以根据产业的自身情况选择适合的知识服务模式。一个完善的知识服务体系，不仅需要有良好的运行机制，还要具备完善的知识服务主体和知识服务的模式（陈建龙等，2010）。

8.4.5.1 政府主导型知识服务模式

政府主导型知识服务模式就是以政府为中心，以政府制定的各项政策为保障，确保知识服务模式高效运行，一般情况下是比较宏观的（陈建龙等，2010）。政府在产业安全知识服务的整个过程中，监督和引导各个主体，有针对性地进行知识服务。各级政府根据地区经济的需要，利用自身特点和优势，制定相关政策，引导区域内的企业实现知识共享，共同创新，共同进步，形成安全且具有竞争优势的产业。在政府主导型产业安全知识服务模式中，由于政府的各项职能是多方面的，也是比较宏观的，所以产业内的企业与政府之间的交流和沟通较少，需要借助媒介使政府获取到企业的需求，并对需求进行整合，对具有普遍性的需求，政府组织人力、物力集中解决。

在政府主导型知识服务模式中，企业将对保证产业安全的知识需求传递给网络平台的需求输入层，需求输入层对企业的需求进行整合，将整合后的需求传递给政府。政府获得企业的需求后，一方面组织相关职能部门针对企业的需求进行研究，将研究后的政策或创新过程传递给网络平台的知识输出层；另一方面，政府将企业的需求以课题的形式传递给具有创新能力的高校和科研机构，高校和科研机构根据自身的能力选择独立完成或者合作完成课题，然后将课题研究的成果传递给知识的输出层。政府在高校或科研机构创新的过程中，可以根据实际情况，给予相关政策的支持。融资机构可以给予创新过程中主体一定的资金支持。知识的输出层获得创新成果后，将知识统一地传递给对产业安全知识有需求的企业。企业获得新知识或新技术后，可以根据企业的自身能力，选择培训机构对企业员工进行技能培训，以便更好地运用新知识，保证自身及所在产业的安全运营。

政府在知识共享过程中，不仅要充分发挥政府的职能，而且要充分调动其他相关服务主体的积极性，积极参与到知识创新的过程中。政府通过知识共享，将产业内的科研成果和全国乃至世界的先进技术传递给企业，促进产业内部企业的安全发展与运营。政府主导型知识服务模式中，政府起到政策支持和引导的作用。在政府政策的引导下，创新主体在创新的过程中、企业在知识转化的过程中都能够获得大量的资金和技术支持。政府也为高校和科研机构的创新、企业知识转化提供了良好的环境。政府主导型知识服务模式不仅促进了企业的发展，也提升了区域的竞争力，促进了区域经济的发展，保障了产业的安全。

8.4.5.2 以龙头企业为中心的知识服务模式

前面介绍的以政府为主导的知识服务模式，政府给予的产业安全政策支持较多，当政府给予的产业安全政策支持较少，很少参与到产业安全知识服务的过程中而产业内部的龙头企业具有一定的知识创新能力，能提供应对产业安全的相关知识与技能情况下，就形成了以龙头企业为中心的知识服务模式。

在产业发展的过程中，某一行业中逐渐形成一部分在产业内部影响力较大的龙头企业，这些龙头企业通常规模较大，具有雄厚的财力和人力，而且企业内部的组织机构齐全，有自己的研发部门。当龙头企业洞察到国际国内市场的变化，以及国内产业可能遇到不安全的情况时，要组织企业内部的相关部门针对当前市场的危机情况进行分析，并通过采取相应的措施，以及研发新技术，开发新产品来抵御相应的风险。而产业内部的其他企业则依靠龙头企业对不同安全情况的应对措施和创新成果来保障自身企业的安全运营。龙头企业的应对措施和研发创新成果通过两种途径传递给产业内部的其他小企业。一种形式是龙头企业主动将应对产业不安全状况的应对措施以及创新成果传递给为其服务的小企业，这些企业通过吸收和转化后，将知识运用到企业的日常运营中。为龙头企业服务的小企业的安全运营为龙头企业的安全发展提供了相应的保障，进而保障了国内整个产业的安全。另一种形式是产业内的其他企业模仿龙头企业对不安全状况的应对措施，以及为了应对危机情况而研发的新产品、新技术等知识，将龙头企业的创新成果吸收并运用到自身企业的生产运营过程中，来应对产业的不安全状况。

以龙头企业为中心的知识服务模式中，龙头企业在应对产业中的不安全因素的知识在满足自身需求，保障自身企业安全的同时也为产业内部的其他企业提供了可借鉴的应对产业安全问题的措施和知识，从而保障了整个产业的安全。

8.4.5.3 以行业协会为中心的知识服务模式

以行业协会为中心的知识服务模式可以调动产业内各主体参与到知识服务过程中的积极性。行业协会是产业发展到一定阶段的产物，这个时期的产业发展基本稳定，中介机构、金融机构以及培训机构等都作为产业内的主体参与到产业的日常生产运营之中，此时产业内部的知识服务过程较为复杂。

当产业中某一区域或者个别企业面临一定的安全危机时，企业可以将企业面临的危机状况以及对解决危机的知识需求传递给行业协会，行业协会归纳整理企业的需求后，代表企业向产业内部的专门应对产业安全的咨询机构以及知识创新主体转述企业的需求，通过专业的产业安全应对咨询机构和知识创新主体解决企业面临的安全问题。应对产业安全的咨询机构针对企业的安全问题提供决策建议以及理论指导，知识创新主体主要解决企业在开发新产品、研发新技术的过程中面临的困难。在解决问题的过程中，这些机构可以独立地解决企业面临的问题，也可以相互沟通交流，共同解决企业面临的安全问题。这些机构通过获取知识、整理知识、运用知识和表达知识，将解决问题的方法或者创新的成果传递给产业内的企业。企业在获得知识供给后，可以根据自身需要，选择和吸收相应的知识来应对目前企业运营过程中面临的安全问题。因此，产业内部的企业的安全问题得到了解决，产业的安全也相应得到了保障。

8.4.6 服务评价

8.4.3 小节和 8.4.4 小节介绍了在产业安全决策、预警过程中的知识服务过程，产业安全中的知识服务模式，这些知识服务的模式及其有效性需要进一步的评价。

8.4.6.1 服务评价的内容

产业安全的知识服务，是将产业中的知识进行整合与管理，根据不同的产业安全知识需求形成一定的知识成果在准确的时间提供给准确的知识需求者。从知识服务过程看，知识服务应该由知识结构服务、服务资源配置、服务质量水平、服务方式与手段、服务设施与支撑环境、服务效益等因素构成。因此，对于知识服务评价的内容就是对这些构成因素的评价。

1. 对知识结构服务的评价

在知识服务过程中，知识服务人员，既是用户知识活动的参与者，也是信息资源的组织者、知识产品的制造者、知识信息的提供者，还是信息利用的导航员和信息认知的教育者，对知识服务人员的评价就是对他们服务能力的评价，应该从他们的知识结构、专业技能以及个人综合素质等多方面进行。

2. 对服务资源配置的评价

对服务资源配置的评价主要是评价服务工作所需的各项资源要素建设与配置能否满足目标任务需要，并达到评价指标的程度，包括对传统信息源的评价、对数字资源的评价、对网络虚拟资源的评价。

3. 对服务质量水平的评价

对服务质量水平的评价就是对用户的感受的评价。用户可感知的服务质量一方面取决于知识服务过程中用户（顾客）获得实际支出（收获）的技术（或产出）层面；另一方面是用户如何得到这种服务关心的职能（或过程）层面。

4. 对服务方式与手段的评价

知识服务人员借助网络化平台和数字化资源，开展用户调查，进行知识组织、知识开发和挖掘，实施知识配送，进行知识评价和知识导航，提供网上参考咨询服务等。这使得服务形式由被动服务向主动服务转移，规模服务向个性化服务转移，服务手段也在灵活多样地变化。评价服务方式与手段的内容主要包括：个性化信息服务、远程信息传递、宣传教育、解答参考咨询、提供定制信息。

5. 对服务设施与支撑环境的评价

服务设施包括计算机技术（硬件和软件）和网络设备，信息系统是文献信息的广泛数字化处理技术，在此基础上建立的数据库、网络资源等均为知识服务的支撑环境。对服务设施与支撑环境的评价内容包括：信息系统、网络设备、硬软件应用、数据库、网络资源、共享资源等。

6. 对服务效益的评价

对服务效益的评价包括对服务成果质量的评价和对服务成果效益的评价两方面。对服务成果质量的评价包括：对参考咨询答复的质量评价、对专题知识库导航库质量评价、对科技查新结论的评价。对服务成果效益的评价包括经济效益和社会效益两方面，内容包括：投入成本、产出的效益、用户满意度。

8.4.6.2 服务评价的指标体系的构建

知识服务评价指标体系的构建是以知识服务各个单项指标的有机联系为基础的，它同各个单项指标的设计一样，也应以提高服务质量和用户的满意程度以及尊重知识服务工作的自身规律为前提。以知识结构服务、服务资源配置、用户服务质量和水平、服务方式与手段、服务设施与支撑环境、服务效益这六个内容作为评价对象建立评价指标体系。下面分别介绍评价上述五方面的指标体系的服务评价标准。

1. 对知识结构服务的评价标准

个人知识结构评价指标应具备完善的专业知识和较强的计算机操作知识、较高的外语水平、精深和系统的某一学科专业知识，还需要对社会政治、经济、法律、文化等多方面知识的了解。

（1）个人专业技术能力评价指标：具备较高的信息资源的搜集、整理、重组能力和较高的搜集、分类、标引信息能力，建库存储能力，知识推送能力。

（2）个人综合素质评价指标：具有强烈的工作责任心、良好的职业道德和敬业精神；性格开朗大方、服务态度热情、具备积极主动的交往能力。

（3）整体评价标准：人员充足、知识和专业结构合理。

（4）团结能力评价标准：与他人之间的团结协作，机构中的知识交流、知识共享。

（5）知识更新能力标准：应具备经常性的知识更新的措施和能力；服务人员的知识能力始终处于前沿状态，经常性了解各学科专业的最新动态和前沿水平。

2. 对服务资源配置的评价标准

（1）传统信息源评价标准：数量的配置要体现其强时效性，即在空间上要满足不同部门和不同地区的多种要求；结构上的配置要体现层次性，即要考虑内容与载体的层次性以及用户需求的层次性；利用方面要体现合理性，即资源开发的数量既要充分满足用户需求，又要防止过度开发造成经济上的浪费。

（2）数字资源评价标准：数量上应满足服务对象的需要；结构上应覆盖所有学科，与用户的需求吻合，与传统文献资源互补程度；时效上要保持实时更新，数据的年限跨度和更新周期长短；适用性上要方便用户，检索途径尽量多、尽量揭示信息内容；类型上要保持繁多，满足不同用户的需求，全文、文摘、数目、题录、知识元、多媒体、数值型等应有尽有。

（3）网络虚拟资源评价标准：能与本机构所拥有的资源在内容上高度互补并获取方便、存储有效。

3. 对用户服务质量与水平的评价标准

以是否达到用户的期望值即满意度为标准，如果实际质量达到了用户所期望的水平，则用户得到的服务是满意的。

4. 对服务方式与手段的评价标准

以用户的感受为衡量标准，用户对方式方法的认可度一般反映在：便捷程度，即问答沟通简单、方便、快捷程度；恰当程度，即回答方法是否能切合用户需求心理，能否准确答复用户使其满意；多样程度，即用户的提问和获得的答案是否有不同的、可供选择的方法。

5. 对服务设施与支撑环境的评价标准

信息系统性能应具有较强的稳定性、兼容性、易用性、可扩展性和安全性，还包括系统的交互性和智能性；网络应具有较高的畅通性、开放性和安全性。

6. 对服务效益的评价标准

对服务效益的评价标准分为对服务成果质量和服务成果效益的评价。

（1）对服务成果质量的评价咨询的标准：答案具有准确性、启发性、及时性、规范性。

（2）评价专题知识库、导航库的标准：数据库具有全面性、可用性、指导性、时效性、标准性。

（3）评价文献的标准：资料收集的全面性、素材加工的合理性、结论的创新性、语言表达的准确性。

（4）评价科技创新结论的标准：所查资料数据具有新颖性和可靠性。

7. 对服务成果效益的评价标准

（1）社会效益的评价标准：成果具有一定的使用价值并能被重复利用；成果投入运用或公开发表所能产生真实的社会效应和反响，对社会经济发展的理论具有影响力和生产推动力。

（2）经济效益的评价标准：能够给机构本身带来一定的经济价值。

8.5 基于知识的数据与模型混合产业安全分析方法

以往的产业安全的评价分析多是基于指标体系的分析方法，通过统计全国产业相关的投入产出数据、进出口数据和行业基本信息数据，利用统计学的传统分析手段，通过一定的数学模型将各种产业安全指标定量地计算出一个产业安全度。这种方法为衡量国家的产业安全情况提供了一种依据，但由于其只局限于有限的指标量，所以不能及时、全面地反映出产业安全的状况，也不能反映出各指标之间的相互作用关系。

知识元是进行知识管理的基础，是构成知识结构的基本单元。从对知识描述的角度看，知识元是对知识的基本概念和属性，以及知识间关系的描述，故知识元有对客观事件进行评价的理论优势；从知识元描述事件的角度看，由于知识元可以包含事件演化过程中的所有独立单元，并可以表示每个个体的属性值和个体之间的关系，故其在分析动态演化事件方面也具有特定的优势。

这里我们将根据知识元理论体系，从构建产业安全的知识元角度，结合产业安全的分析模型，基于知识的数据与模型的混合分析算法，提出了一种更为合理的产业安全分析评价方法。

8.5.1 基于知识元的元数据

8.5.1.1 属性知识元

前面已经介绍过了知识元，我们知道知识元是进行知识管理的基础，是在知识系统中表达一个完整、不可再分解的最小知识单位，在形式上它是由多个语词、词组或短语构成的集合，在内容上它是表达一项相对完整的知识。

通过建立知识的共性模型，从更为广泛的意义上对知识进行研究。一个模型的知识主要包括事物的概念和属性名称，属性的状态集和事物间的关系集，我们用一个三元组来描述模型的共性知识。公式为

$$K_m = (N_m, A_m, R_m), \quad \forall m \in M$$

其中，A_m 为定性描述的状态集，一般情况下为定量描述的可测状态集，称其为测度。用 P_a

表示对可测度的特征的描述，用 d_a 表示测度量纲，f_a 为属性状态值随时间的变化函数，若属性状态是可测的，并且状态值随时间的变化是可辨识的，则存在函数 $a_t = f_a(a_{t-1},t)$，这样有属性对应的知识元，即属性知识元。公式为

$$K_a = (p_a, d_a, f_a), \qquad \forall a \in A_m (\forall m \in M)$$

在产业中，企业是最基本的组织单元，产业安全的评价也离不开企业组织。从知识元的角度看，产业就是产业安全系统中的一个知识元，因此我们可以对企业建立企业知识元。

企业（企业名称、法人名称、公司地址、主要产品、所属行业、公司性质、建立时间、公司资产、年销售额、员工数量）。

然而，国家的各个产业中存在着性质不同的企业组织，他们之间的组织结构和属性状态 P_a 都有不同，因此，在建立共性知识元 K_a 时，就会遇到对事物知识元的属性状态 P_a 抽取不统一的问题。特别是在不同行业之间的产业安全比较时，问题更加突出。因此我们借鉴元数据概念，建立基于知识元的元数据。

8.5.1.2 产业安全中的元数据

通俗地讲，元数据就是指数据的数据，是用于描述要素、数据集或数据集系列的内容、覆盖范围、质量、管理方式、数据的所有者、数据的提供方式等信息。元数据是描述信息资源或数据等对象的数据，其使用目的在于：识别资源、评价资源、追踪资源在使用过程中的变化；实现简单高效地管理大量网络化数据；实现信息资源的有效发现、查找、一体化组织和对使用资源的有效管理。

基于知识元的元数据其实质还是普通的元数据形式，且是对具有特定含义的一个基本的知识单位的管理。将元数据引入到知识元以后，可以统一知识元的格式，方便知识元间的联系与比较，也方便了对数据的统一存储与管理。更为重要的是，对于复杂的大问题，有效的知识元管理，将会给问题的解决带来不可估量的好处。下面我们就对产业安全中的一个问题来具体解释一下元数据是如何建立的。

例如，我们要对海关每年的进口商品进行统计，以方便我们分析进口商品的我国本地行业所造成的影响。在这里所涉及的知识元包括进出口公司、进出口商品、海关。从对海关进出商品对产业安全的影响的角度出发，必然要反映出进出口贸易的特有性质，当然这体现在知识元的属性状态 P_a 上。

进出口公司（公司名称、法人代表、公司性质、所属行业、工资资产、公司规模、主营业务、公司资质）。

进出口商品（商品名、商品编号、一级产品类别、二级产品类别、进口国家、产品价格、数量、产品科技含量值、国内的同类商品的科技含量值、进出口税率、生产公司、运输方式、进出口日期）。

海关（海关编号、海关名称、位置、海关性质、海关级别、年进出量）。

可以看出，进出口公司与前文提到的企业组织是一个概念，但在不同的应用场合中，表现出了不同的属性知识元状态，这主要是因为不同的知识需求对知识元的属性的要求而形成的。在为知识元建立元数据之后，我们就可以从知识元的元数据中抽取出特定问题领域中的属性知识元了，因此也方便了知识元的建立过程。

建立起产业安全的知识元体系后，就应该对知识元描述和测度中获取知识元实际测量值 d_a。对于产业安全问题，就该从各行业的经济运行中获取产业经济数据，并将之填充到知识元中。例如，上面的进出口知识元，就应把我国海关每年统计的各种进出口公司的信息和进出口商品的信息汇总处理，并录入到知识元模型中，为后面的知识元数据和模型的混合计算做准备。

8.5.2 六集合空间模型

建立了产业安全问题领域的知识元之后，就需要构建产业安全的关系模型了。模型是对客观事物对象的结构、逻辑关系的图形或数学关系的抽象，它能更好地表达出事物的本质，也便于理解。对于模型的介绍，我们首先从二象对偶原理出发，通过对知识、信息和模型进行分解，得出认识客观事物，解决问题的六集合空间模型。

爱因斯坦的光量子理论突破性地继承了"粒子说"和"波动说"，从而解决了光是什么的本质问题，即光的波粒二象性。这是人们首次运用二象对偶原理解决问题的先例，随后大量的研究表明，客观世界中从微观物质到宏观物质，从精神世界到物质世界，普遍存在着这样一种以二象为结构、以对偶为特征、以对立统一为本质的"对偶结构"，这就是二象对偶。二象之间具有完全性、互补性、对立统一、稳定、互涨性和互根性。

我们尝试着将二象对偶原理应用到客观事物的知识管理中，试图从系统学的角度找出一个新的知识管理的角度。图 8-20 是我们从二象对偶原理的角度出发，对知识、信息和模型进行管理分解的示意图（陈雪龙，2011）。

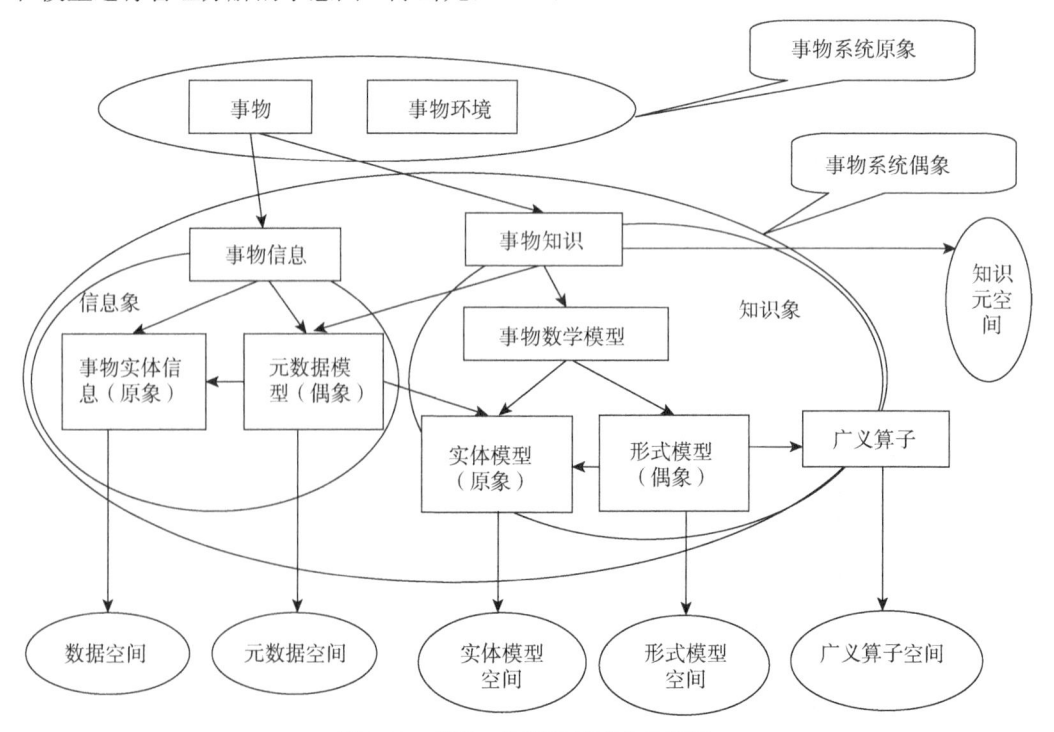

图 8-20 信息、知识及模型的分解图

这里我们按照二象对偶原理将事物系统分为事物系统的原象和事物系统的的偶象两个部分。事物系统的原象包括事物和事物的周边环境因素，它对应客观存在的事物及其周边环境，体现了系统的环境适应性，这是我们能够从客观世界中实际感受到的事物，所以我们称其为原象。

事物系统的偶象是指基于二象对偶原理，对事物原象的知识抽取，包括事物的信息和事物的知识，即图 8-20 中的信息象和知识象。事物系统偶象是对应客观存在的事物信息和知识的抽取，是人们对客观事物的认识总和，它既可以包含已有的事物知识，又包括新获取的事物信息。

事物的信息象是根据事物的可观测性，对客观事物属性状态值的描述，并对数据进行分类、萃取等加工形成信息，并对数据和信息进行抽象的描述，形成数据和信息模型，即数据空间。数据空间中的数据和信息模型，一般还包含信息采集、加工、传输、存储、交换、共享、应用和归档等过程的抽象表述，这种描述类数据集形成的所谓的元数据模型，也就是元数据空间。这里实体模型和形式模型也在一定程度表现出原象与偶象的关系，并在下一节中详细介绍这两个模型。

对于形式模型中的数学算子，我们为了有效管理，将其单独出来形成算子空间。另外，根据前面章节提到的知识元理论，我们将事物系统原象和偶象中出项的事物及其属性状态看成是知识元，因而就有了知识元空间。至此，我们通过对事物的信息、知识和模型的详细分解，得到了六集合空间模型。

六集合空间模型是我们认识事物、寻找问题、解决问题的过程的抽取，符合一般的认识过程，它具有管理简易性、开放性和可持续性等特点。

8.5.3 形式模型及实体模型

我们从二象对偶原理将事物分成了原象和偶象，其中原象是对事物的客观属性、状态、结构的描述，而偶象则是对事物的知识、问题的深层次的描述。相应于模型的表示，我们可以通过实体模型与形式模型分别对应于原象与偶象。

8.5.3.1 模型和模型分类

模型是我们对客观事物的结构关系、相互之间的作用力的描述，用以分析问题的概念、数学关系、逻辑关系和算法序列的表示体系，是所研究的系统、过程、事物或概念的一种表达形式。在模型中，通常只包含对于理解对象中令我们感兴趣的方面和有帮助的性质、关系，而把其他许多细节忽略掉。血液循环模型、原子结构模型、宏观经济模型以及战争与冲突模型都具有这样的特征。利用模型能够更好地表达事物系统的关系，也便于理解。模型的分类形式也有很多种方法，常见的模型包括数学模型、物理模型、形式模型、实体模型和结构模型等，各种模型之间不是相互对立互斥的，而是相互补充的关系。对于同一问题事物，不同的模型能够从不同的角度分析问题，这里我们根据混合计算的需要，为大家介绍一下实体模型和形式模型（杨德宽等，2012）。

实体模型，就是利用实体内部的联系和实体间的联系来描述客观事物及其联系，是对一个问题事物的原象建模，即对事物客观属性的描述。对客观事物的属性和结构关系的描述，这有助于我们认清事物的问题，是我们解决问题的基础。例如，数据库中的 E-R 图、数据流图、管理活动的组织管理图等，都属于实体模型。

与实体模型不同的是，形式模型是使用数学或符号逻辑等抽象语言以取代用自然语言或文学修辞进行表述的方法。形式模型涉及对数学、图表（如流程图、结构图）和符号方法的使用。当研究人员在一种明确陈述的假设下用抽象的和符号的语言来表述真实世界时，非形式化的模型就变成了形式模型。虽然形式模型不一定是数学模型，但绝大多数形式模型都是数学模型。在形式方法和形式模型之间存在着一定的区别，如对统计方法的使用常常并不涉及模型，而只是作为收集和处理数据的手段，从这种意义上说，形式方法的概念大于形式模型的概念，如计算机网络体系结构、经济学中的边际收益模型等。形式模型的好处就是可以将问题从表面深入到本质，将问题形式化成公式或者是更深层次的结构图形，这有利于对问题的解决与优化。

虽然两者是对事物数学模型的不同角度的描述，但是都是对事物的一个客观描述，将两者结合在一起往往能够更好地加深我们对问题事物的结构关系的认识，为正确地解决问题奠定基础。

8.5.3.2 产业安全中形式模型与实体模型

这里我们还是列举一个产业安全评价指标的例子。前面介绍过了产业安全评价的指标体系，并划分到了最基本的知识元。在建立知识元之后，下一步工作就应该是构建问题领域的模型。模型可以分为实体模型和形式模型。对于产业安全评价，我们先给出产业安全评价问题的实体模型。

关于产业安全评价的形式模型，借鉴了全球最具有权威性的关于产业国际竞争力的研究机构瑞士洛桑国际管理发展学院和世界经济论坛在整合国际竞争力的多指标体系时的方法，并以此为基础进一步构建评价模型，如图 8-21 所示。

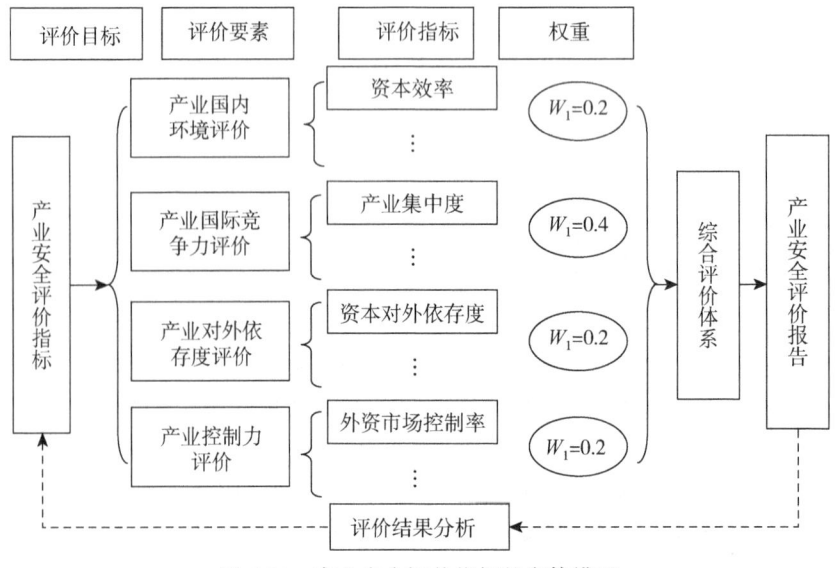

图 8-21 产业安全评价指标的实体模型

产业安全评价与预警是对产业安全进行实证研究的产业安全理论。产业安全评价的模型将评价过程分为五个部分，分别是评价目标、评价要素、评价指标、权重和评价结果分析。该评价模型的核心是各评价指标的计算和评价报告的生成，最后将评价结果反馈到评价目标，完成产业安全评价的过程。其中，各指标的权重是为了更好地反映出不同指标对产业安全影响程度的区别，权值默认为 0.2，0.4，0.2，0.2。

产业安全评价模型的形式模型为

$$S = \alpha X + \beta Y + \gamma Z + \delta W$$

其中，S 为产业安全度；X 为产业国内生存环境评价值；Y 为产业国际竞争力评价值；Z 为产业对外依存度评价值；W 为产业控制力评价值；$\alpha + \beta + \gamma + \delta = 1$，$\alpha$，$\beta$，$\gamma$，$\delta$ 分别为各一级指标的系数，是专家评估的权值。

针对产业安全度的评价，首先给出了一个具有四个组成部分的评价体系，由每一个部分计算出一个产业的安全度，最后在此基础上通过加权得出产业安全度。可见，产业安全评价的实体模型，侧重于反映评价的过程和体系，而形式模型则侧重于构建产业安全评价的计算方式，两者的结合为产业安全评价问题的解决提供了很好的模型表示方法。

将上述公式进一步推广，可以得到产业安全评价的线性多属性综合评价模型和非线性多属性综合评价模型。这里简要介绍一下线性多属性综合评价模型。这种方法比较直观，它假定产业安全与各影响因素之间为线性相关。为简化起见，可以设产业安全度满足以下函数关系。

产业安全评价的线性多属性综合评价模型为

$$S = \alpha_1 X_1 + \alpha_2 X_2 + \cdots + \alpha_n X_n$$

其中，S 为产业安全度；X_i 为各一级影响因素指标；α_i 为各一级影响因素指标的权重，且 $\sum_{i=1}^{m} \alpha_i = 1$；同时，$X_i$ 满足以下关系：

$$X_i = \prod_{j=1}^{n_i} \alpha_{ij} x_{ij}$$

其中，x_{ij} 为各二级影响因素指标；α_{ij} 为各二级影响因素指标的权重，且 $\sum_{j=1}^{n} \alpha_{ij} = 1$。

实体模型和形式模型分别用于不同的阶段，两者配合使用能很好地解决问题。从现实问题出发，首先抽象出其实体模型，在对实体模型进行分析的基础上，加上已有的数据知识，用形式化的模型表示问题。

8.5.4 基于知识元的数据与模型混合分析算法

在将产业安全的事物对象划分成知识元的粒度，并根据产业安全活动间的客观联系构建了产业安全的知识元网络之后，就可以利用产业安全问题域模型计算产业安全度。这里我们介绍一种基于知识元的知识、信息和模型的混合集成计算模式。

8.5.4.1 混合分析计算过程

根据六集合空间模型,若想对客观问题领域进行优化决断,就必须把握客观问题的规律,并构建客观问题的数学模型,这样才能对客观事物进行科学的预测。同时,基于知识元在刻画事件的演化发展过程中的优势,我们尝试通过构建知识元及属性数据,结合问题领域的数学模型构建一种能够描述客观事物活动的发展过程,并能科学地预测事件发展状态的发展趋势的混合算法。

图 8-22 是我们给出的一个基于知识元的知识、信息和模型的混合集成计算模式。基于前面的六集合空间,我们也将混合分析算法分为六个空间与之相对应,根据产业安全的特点,加入了人类活动的因素。

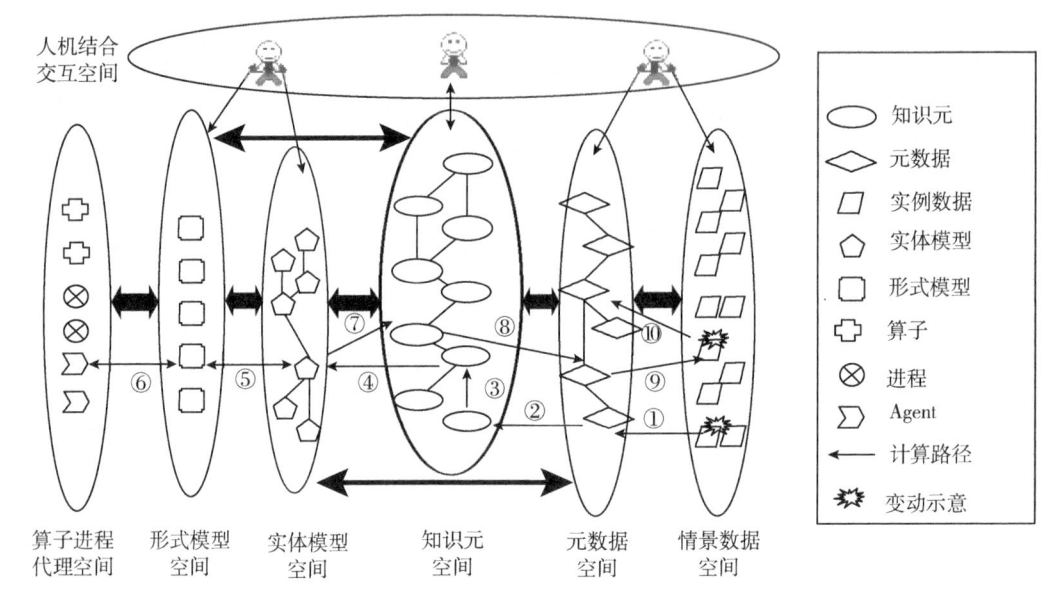

图 8-22 基于知识元的知识、信息和模型混合集成计算模式

混合分析过程:①对问题空间的情景数据进行分析,抽取出情景空间的元数据;②从元数据空间中提取共性知识元;③根据事物间的联系,建立知识元网络;④基于知识元,建立问题事物的实体模型;⑤由实体模型得出形式模型;⑥由形式模型抽象出数学模型,并进一步给出问题域的算子;⑦~⑩是根据实体模型空间,反馈到知识元空间并进一步完善问题域知识元体系的过程。

8.5.4.2 产业安全的混合分析算法举例

钢铁行业是从事黑色金属矿物采选和黑色金属冶炼加工等工业生产活动为主的工业行业,是国家重要的原材料工业之一,对于国家整体的产业安全具有重要的意义。

为了全面把握钢铁产业安全形势,本书根据《中国统计年鉴》(2000~2009 年)的相关数据,建立了钢铁行业安全预警的指标知识元,主要包括:产业生存环境知识元(产业全员劳动生产率、单位劳动力成本、单位能耗),产业国际竞争力知识元(贸易竞争力指数、产销率、市场集中度、新产品产值占比），产业对外依存度知识元（产业进口依存度、产业出口依存度），产业控制力知识元（外资市场控制率、外资技术控制率），产业发展能力知识元（固定资产增长率、就业人数增长率、总资产收益率）等指标知识元。得到各级指标知识元后，对年鉴进行处理，得到各级指标的数据，如表8-3所示。

表8-3 钢铁产业安全分析指标数据

指标	2006年	2007年	2008年	2009年
产业全员劳动生产率/[万元/（人·年）]	22.24	28.10	31.47	35.49
单位劳动力成本/[万元/（人·年）]	2.33	2.73	3.10	3.49
单位能耗/（吨标准煤/万元）	1.64	1.37	1.14	1.02
贸易竞争力指数/%	13.93	36.45	46.05	6.92
产销率/%	101.32	103.26	101.66	99.50
市场集中度/%	80.72	81.09	80.65	79.50
新产品产值占比/%	13.12	13.83	14.40	14.69
产业进口依存度/%	30.20	29.05	28.35	31.60
产业出口依存度/%	14.90	15.10	14.10	7.60
外资市场控制率/%	13.30	13.00	12.90	12.70
外资技术控制率/%	4.56	3.70	14.06	18.39
固定资产增长率/%	26.30	20.90	21.70	16.00
就业人数增长率/%	4.06	3.56	6.07	4.48
总资产收益率/%	6.27	7.84	5.92	5.83

其次，利用层次分析法，得到各级指标的权重，如表8-4所示。

表8-4 钢铁产业安全评价指标权重

二级指标	二级指标权重	一级指标	一级指标权重
产业全员劳动生产率	0.36	产业生存环境	0.27
单位劳动力成本	0.37		
单位能耗	0.26		
贸易竞争力指数	0.66	产业国际竞争力	0.27
产销率	0.10		
市场集中度	0.15		
新产品产值占比	0.10		
产业进口依存度	0.85	产业对外依存度	0.09
产业出口依存度	0.15		
外资市场控制率	0.42	产业控制力	0.09
外资技术控制率	0.58		
固定资产增长率	0.34	产业发展能力	0.27
就业人数增长率	0.26		
总资产收益率	0.40		

最后，利用产业安全评价的线性多属性综合评价模型，可以计算出2006~2009年钢

铁行业安全度，如表 8-5 所示。

表 8-5 2006~2009 年钢铁产业的安全度

年份	2006	2007	2008	2009
产业安全度	0.39	0.64	0.66	0.27
安全级别	不安全	基本安全	安全	不安全

2008 年以前，钢铁产业安全度呈上升趋势，总体处于"基本安全"状态；2009 年时受到国际金融危机的影响，国内钢铁产业安全度大幅下降，已经处于"不安全"的状态。

8.5.5 产业安全复杂性分析

随着我国改革开放和加入 WTO 国际组织，我国的产业结构发生了翻天覆地的变化，同时我国的产业安全也经受着各种各样的考验。这些考验即有来自国内的自身产业结构的调整，又有来自外国的国际跨国公司的竞争压力，既有行业的企业组织和政府机构，又有国际经济组织和外国的国家机构，可以说产业安全问题是一个由众多影响因素相互作用而构成的一个复杂系统。同时，产业安全已经越来越成为国家经济安全的重要组成部分和现代产业发展中具有战略意义的重大课题，是研究和分析影响我们国家的产业安全的因素，制定评价和预警体系是当务之急。因此，有必要首先对产业安全问题的复杂性的构成因素，以及相互作用关系进行研究。

8.5.5.1 复杂性分析的方法和视角

在现实社会中，诸如交通网络、社会关系网络和供应链网络等复杂系统到处可见，这类问题都表现出内部结构关系十分复杂的特性，用简单的关系分析手段已不能清晰地表明组织内部各因素之间的关系，因此需要寻找一种复杂性分析工具。

1. 数学模型阶段

在该阶段，复杂性分析多借助于数学分析方法，包括矩阵分析、概率统计分析、运筹优化分析等。典型的应用包括计算机程序的复杂性分析等。该类方法优点是可以用精确的数学建模的方式建立问题对象的模型，对其进行量化的数学分析，缺点是很难找到一个合适的已有数学模型，这种方法不适合于普遍的复杂性分析的问题。

2. 复杂网络阶段

随着小世界网络模型的提出，复杂网络的分析方法被广泛地应用于科学家合作、城市交通、电力网络、社会关系网络等领域。复杂网络的分析方法主要有三个步骤：首先，就是对现实的复杂问题建立网络模型；其次，对网络的复杂特性进行分析，主要包括节点的度分布、最短路径长度、聚集系数等，通过对这些的计算，可以找出网络图中的关键节点和整个网络的性质；最后，还可以通过对网络的随机失效实验和攻击实验来分析网络的健壮性。这种方法的优点是便于分析组织结构复杂的事物系统，可以对复杂系统进行定性与定量相结合的分析，难点在于对现实复杂问题网络模型的提取和网络模型特性指标现实意义的转换。

从系统论的观点来看，产业安全问题的分析应从整体上入手，首先对产业安全问题的内涵和外延进行分析，其次再分析产业安全问题的组成因素以及各因素之间的相互关系。此外，产业安全问题既是一个经济问题，又可以说是一个政治问题，因此，在分析产业安全问题时，既要从产业经济的宏观经济角度分析，又可以从国家安全的角度进行分析。

8.5.5.2 产业安全的复杂性

产业安全是经济安全和发展的基础，是国家制定产业政策、实行经济干预的基本出发点。如果将产业安全看成是一个经济系统，那么它是经济系统是一个十分复杂的子系统，其复杂性体现在多个方面，下面从四个方面进行分析。

1. 产业是一个复杂系统

"产业"可以被视为一个复杂的系统，这是因为任何一个产业内部都会包括企业和以政府、教育和科研机构、中介组织和金融机构等为主要构成的非企业组织机构。同时，产业内部也会形成反映商品从生产、运输、销售再到顾客消费的产业价值链，纵向的产业关联体现了嵌入到这种链式结构中的制造商、运输商、批发商、零售商之间进行产品和服务的交换以及产品的增殖过程；而在每一个纵向链环之上的企业都会通过竞争和合作的行为来促进产业网络的横向发展，以形成共同对抗风险而实现多赢式的横向发展。这种基于强化核心能力和比较优势而实现的纵横关联关系是企业和非企业之间存在的网状的多维空间联系，这种网络特征是由产业内部的企业以及产业之间的分工与交易所形成的，因此只要存在这种分工和交易，就必然存在这种网络化的联系。

2. 产业安全的界定

一般意义而言，安全是指客观上不存在威胁，主观上不存在恐惧。但是随着时间、地点、参与者的不断变化，安全问题的内涵与外延也总是在发生着改变。安全的意义因主体而存在，离开了主体就无所谓安全。但是安全问题的主体并不确定，既可以是个人或组织，又可以是社会上的某个利益集体再或者是国家。关于产业安全问题的定义，第1章已经讲过了，其定义大致可以分为五个方面，分别是：强调外资、强调控制权、强调制造业、强调民族产业和强调能力。不同的产业安全定义强调的影响因素不同，分析的内容也不同。可以看出，产业安全的界定是一个复杂的问题。

3. 产业安全问题的影响因素

影响产业安全的因素是极其复杂和多方面的，有政治因素、经济因素，还有社会因素，现有研究主要从外部因素和内部因素两个方面进行研究。外部影响因素主要包括外部资本、外来技术、外国产品、国际贸易壁垒；内部影响因素包括生存环境和竞争环境。此外还有一种基于产业经济学理论框架的影响因素分析方法，从产业组织、结构、布局和政策四个方面进行分析。可以看出，影响产业安全的因素是多重的，分析产业安全问题也是一个复杂的工作。

4. 产业安全的评价体系

产业安全评价是对国家产业安全状态的定量分析，是产业安全理论的数量化研究。前面的章节已经提出了一种产业安全的二级评价指标体系。按照三大产业的分类标准，产业可以分为第一、第二、第三产业，而每一种产业又包含若干行业，不同产业及其包含的不同行业都有其自身的特殊性。此外，产业安全既是一个经济问题，又是一个政治问题，它所涉及的因素包括了经济因素和国家政策因素。因此，在对产业安全进行评价时，一、二级指标的选取和指标体系的建立，评价模型的构建和选取等都会因为被评价产业自身的特点而有所不同，也应该考虑到经济和政治的双重因素，进而提出了产业安全评价的复杂性。

8.5.5.3　复杂性分析举例——基于复杂网络工具

区域产业内经济组织之间的投入产出关系是典型的合作关系模式（董湧，2008），以投入产出联结的产业关联关系直接反映区域经济发展水平和区域经济的整体质量，是产业安全的重要影响因素，研究产业关联网络的静态结构和动态结构特征也有助于理解区域产业结构的演化规律，也会对保护产业安全、优化产业结构提供参考价值。

基于投入产出关系的产业关联网络图（方爱丽，2008），是建立在投入产出表的基础上，将区域范围内的产业部门视为节点，产业部门之间的投入产出关系视为边，关系的大小视为边的权重，因此产业关联网络就是指由节点集 V、边集 E 和权重集 W 组成的图 $G=(V, E, W)$。下面给出了一些在构建产业关联网络时的必要规则：①节点集 V，由投入产出表中每个产业得到。②边集 E，即如果投入产出表中 A 产业对 B 产业有投入，则存在一条在两个节点之间的有向边。③权重集 W，即有向边所对应的直接消耗系数。④假定产业 A 对产业 A 本身不存在投入产出关系，即 $\alpha_{ii}=0$。⑤产业 A 与产业 B 之间不存在对称关系，即 $\alpha_{ij} \neq \alpha_{ji}$。⑥有效投入系数阀值。在现实的产业关联关系中，不同产业之间的活动较为频繁，表现在投入产出表中，即产业 A 可能与其他所有的产业之间都存在关联关系，如果将存在投入产出关系的边全部转换成相应的边，则产业关联网络可能是一个全连通网络。因此有必要设置一个投入产出关系的阀值 λ。选取 $\lambda=0.01$ 作为判断产业之间是否存在明显经济关系的阀值，即

$$\alpha_{ij} = \begin{cases} 1, & x_{ij}/\sum X_i \geq \lambda \\ 0, & x_{ij}/\sum X_i \geq \lambda \end{cases}$$

其中，x_{ij} 为产业部门 j 生产经营活动中所直接消耗的 i 部门的产品或服务的价值量，即直接消耗系数；$\sum X_i$ 为产业部门 i 对其他所有部门消耗的产品或价值的总量。也就是说如果产业部门 i 对产业部门 j 的消耗的产品价值量占其总消耗量的比例小于 λ 时，可以认

为这两个产业之间的经济活动不够明显，不足够对整体的经济运行产生影响，因而令投入系数矩阵 B_{ij} 中 $a_{ij}=0$ 忽略不计；反之令投入系数矩阵 B_{ij} 中 $a_{ij}=1$。

基于以上的规则描述，可得出产业关联网络的一般构建步骤（尹羽中，2012）。第一，对投入产出表的基本流量进行处理，得出直接消耗系数矩阵 A_{ij}；第二，制定有效投入系数的阀值 λ；第三，由直接消耗系数矩阵 A_{ij} 得出投入系数矩阵 B_{ij}；第四，将投入系数矩阵 B_{ij} 带入 Gephi 软件中，得出产业关联网络图；第五，对产业关联网络进行调整，并得出产业关联网络的特性值。

选取北京市统计局发布的《北京市 2007 年投入产出表》，根据产业关联网络的模型，基于上面的网络构建步骤，得出了一个北京市 2007 年的产业关联网络结构（图 8-23）。

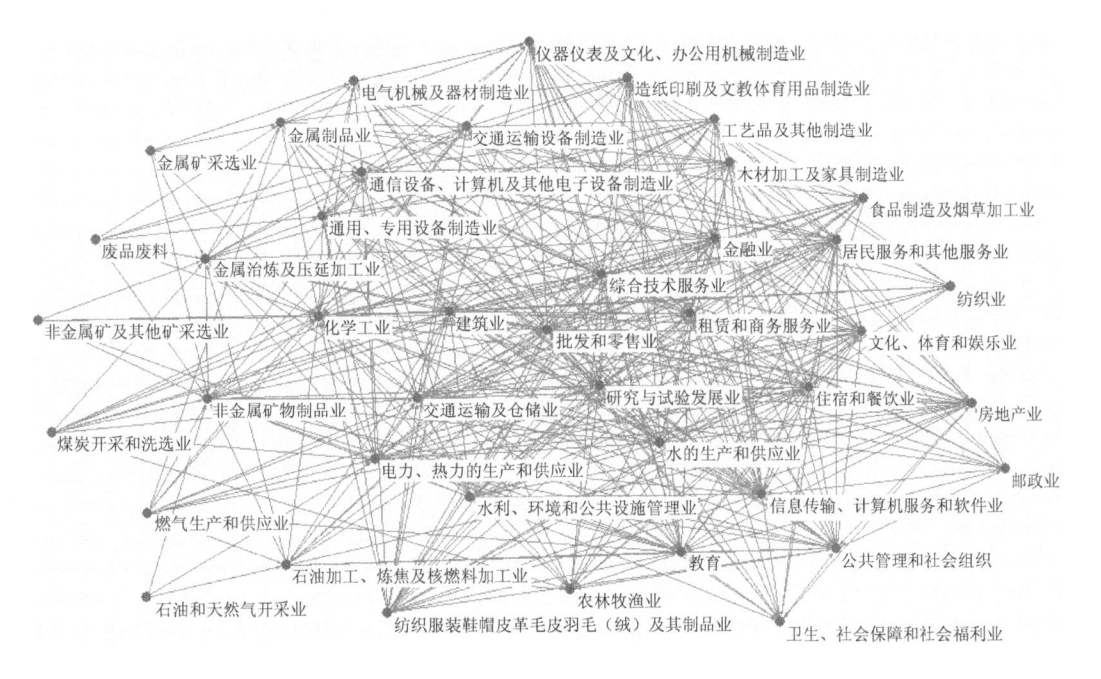

图 8-23 北京市 2007 年产业关联网络结构

在产业关联网络有效投入系数阀值 $\lambda=1\%$ 的条件下，只有水的生产和供应业，水利、环境和公共设施管理业和批发和零售业三个部门的度数超过了 20，即这三个部门在整个区域产业结构中占据了最重要的位置。反过来看，交通运输设备制造业、石油和天然气开采业的度数分别为 3 和 4，是所有产业中最小度数，可以看出北京市此类产业的数量较小。而北京市经济中较为热门的产业，如房地产业、建筑业和金融业的度数分别为 13，14 和 15，处于中游。

根据北京市产业投入产出数据计算得出，网络的平均度分度为 12.238，即每个产业平均与 12 个其他产业存在关联关系。同时，该网络的平均路径长度为 1.908，表明该区域产业的协作关系较为紧密，有利于形成较好的整体竞争力。在聚集系数方面，产业关联网络的平均聚集系数为 $C=0.433$，表明区域的产业机构相对集中，产业的安全度也较高。从复杂网络的角度看，静态指标的计算表明，北京市产业关联网络具有平均路径较短、聚集系数较小的特点；从产业安全的角度看，北京市的产业结构相对集中，产业间的交流较为频繁，区域内产业易形成核心竞争力，体现出产业集群对提升产业竞争力的优势。但是具有高联结度的产业节点在遭受攻击的情况下，易影响区域内的整体产业安全，表现为区域产业具有较强的抵抗随机失效的能力和较低的抵抗有选择的产业攻击的能力。

研究区域产业关联网络的结构属性，有助于认识产业间的关联规律，可以使我们清楚地看到产业间的投入产出关联，这对于调整和优化产业结构，增强区域产业的整体竞争力具有指导意义。首先是对于产业布局的意义，根据投入产出网络所形成的网络社区，可以将区域内的产业进行集聚，形成更有整体关联的、协调更优的产业园区；其次是对产业政策的意义，由产业关联网络的静态特性，可以看出区域的内部核心竞争力所在；最后是对产业安全的意义，通过网络的抗毁性分析可知区域产业保护的手段。

第9章 产业安全模拟仿真工程

9.1 模拟仿真工程基础

科学实验是人们改造自然和认识社会的主要手段,包含实物试验和模型研究两种途径。一般来说,对系统的研究方法主要有几种,如图9-1所示,随着计算机技术的发展,计算机模拟仿真将逐步取代传统的经验性研究方法。产业安全系统是一个复杂的巨系统,由多个子系统构成,并且呈现出层次性和复杂性的特点,模拟仿真是研究产业安全的有效方法和途径。

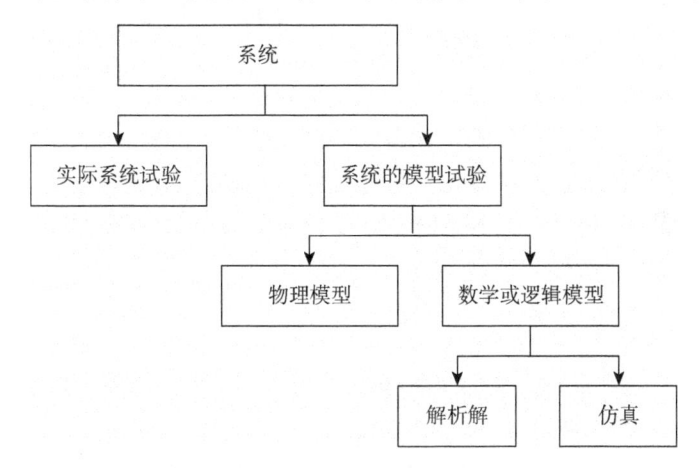

图9-1 系统研究的方法

9.1.1 模拟仿真

9.1.1.1 模拟仿真的定义

仿真一词来自英文"simulation",另一个曾用的译名是"模拟",1961年G. W. Morgenthater首次对仿真一词进行了技术性的解释,随后Korn,Spriet,Oren、A.Alan和B.Pritsker也对仿真的定义及内涵进行了界定和说明,如表9-1所示。

表9-1 仿真的定义

时间	人物	仿真的定义
1961年	G. W. Morgenthater	仿真是指在实际系统尚不存在的情况下对于系统或活动本质的实现
1978年	Korn	仿真是指用能代表所研究的系统的模型做实验
1982年	Spriet	所有支持模型建立与模型分析的活动即为仿真活动
1984年	Oren	仿真是一种基于模型的活动

ISO 标准《数据处理词汇》中将模拟（simulation）定义为用另一个系统来表示一个物理或是抽象的系统的某些行为特征的过程；仿真（emulation）是指用另一数据处理系统来模仿某一数据处理系统的全部或部分，以至于模仿的系统能像被模仿的系统一样可以执行一样的程序，并且能接受一样的数据，最终获得一样的结果。但无论是哪一种定义，基于模型是他们的共同观点。

在习惯上我们总是将模拟和仿真两个词连用，并用 simulation 来表示。我国学者认为仿真是通过模型来模拟现实系统，帮助我们了解现实系统，对现实系统进行改进，对新系统进行开发设计和规划的一种活动（鲁建厦等，2004）；仿真是利用计算机对实际的物理模型或数学模型进行试验，通过这样的模型试验来对一个实际系统的性能和工作状态进行分析和研究，其本质就是建立仿真模型和对模型试验的一种技术（于明华和李弘，2007）。模拟就是利用物理的、数学的模型来类比、模拟现实系统及其演变过程，以寻求过程规律的一种方法。总的来说，模拟仿真就是用模型（物理模型或数学模型）来模仿实际系统，代替实际系统进行实验和研究。

产业安全的模拟仿真就是对产业安全系统构建模型，利用计算机来对产业安全的模型进行试验，研究产业安全相关的产业组织、产业结构、产业分布、产业政策、产业安全的发展、演化等问题，以数学理论、相似原理、信息技术、系统技术及其应用领域有关的专业技术为基础，以计算机和各种物理效应设备为工具，利用系统模型对产业安全系统进行试验研究的一门综合性技术。

9.1.1.2　模拟仿真的特点

大量实践证明，模拟仿真在很多研究领域已经获得了广泛的应用和认可。对于产业安全模拟仿真而言，针对产业安全研究的特点，与传统的研究方法相比产业安全模拟仿真具有安全性、经济性、预见性、快速性、可重复性、直观性、应用广泛七个特点，具体如下。

（1）安全性。产业安全是国家经济安全的核心组成部分，影响产业安全的要素极其复杂和多样，有政治因素、经济因素以及社会因素等，若直接在国民经济系统中验证产业政策、产业结构的可行性将是非常危险的，也是不允许的，因此利用模拟仿真来研究各种因素变化下的产业安全问题是安全可行的，能够避免不正确的政策对产业经济的不利影响。

（2）经济性。产业是由许多企业构成的，产业经济系统涉及企业、政府等组织和部门，直接对这些部门实验，成本费用是十分昂贵的，使用模拟仿真则可以大大降低其实验的成本，且数据、信息、资源、设备是可以重复使用的。

（3）预见性。对于产业安全问题的研究，人们往往希望提前预测产业不安全状态的发生，以及产业结构调整等政策的实施效果，评价产业调整政策的优劣，指导产业合理安全的发展。模拟仿真可以通过计算机程序对产业安全模型参数进行调整、修改，使人们能掌握各种可能的仿真结果，从而预测产业经济系统的特性和外部作用的影响，进一步来研究对产业经济系统的管理、控制、干预的策略方法。

（4）快速性。借助计算机系统，人们可以灵活地设置仿真实验的时间标尺，在较短时间内得到仿真运算的结果，可以满足实时仿真要求，为产业政策的制定、实施等提供强有力的指导。

（5）可重复性。国民经济是处于不断发展的状态中，要实现完全相同条件下的重复试验是很困难的，模拟仿真很容易实现并可以进行多次重复实验。

（6）直观性。通过产业安全模拟仿真，其结果可以通过图表、图形、曲线等各种形式来直观地展现出来，让人们形象直观地认识到产业发展的态势、产业安全状态的发展趋势等，有利于人们对产业安全的理解和分析。

（7）应用范围广泛。产业安全的研究涉及多个方面，构建模型也会有多种内容及形式，如果遇到那些难以用一般的数学形式表达的系统，会存在解析方法不可求解或计算量大等缺点，而利用模拟仿真则不受这些限制，扩展了应用范围。

9.1.1.3 模拟仿真的分类

模拟仿真是探讨系统、模型、仿真三者之间的关系，因此从三者的角度可以对模拟仿真加以分类，具体分类如下。

1. 从系统的视角出发

我们可以将系统分为三类：连续系统、离散系统和混合系统。因此根据系统状态变量的性质可以将模拟仿真分为连续系统仿真、离散系统仿真和混合系统仿真三大类。对于连续系统仿真，其系统的输入输出信号均为时间的连续函数，可用一组数学表达式来描述，如采用微分方程、状态方程等；对于离散系统仿真，系统的状态变化发生在随机时间点上；对于混合系统仿真来说，研究的是那些既不是完全离散也不是完全随机的系统，既要考虑离散事件也要考虑连续事件的仿真。

2. 从模型的视角出发

根据系统模型中是否包含随机因素，将模拟仿真分为随机型和确定型模型模拟仿真。随机型模拟仿真中，系统的变量是不确定的或不完全确定；确定型模拟仿真中，系统的输入变量与输出变量都是确定的。

根据模型是否具有时变性，分为动态模型模拟仿真和静态模型模拟仿真。动态模型模拟仿真是指仿真模型的运行会随时间的变化而变化；静态模型模拟仿真是指仿真模型的运行与时间没有关系，蒙特卡洛模型就是一类静态仿真方法。

根据模型的种类不同，模拟仿真分为数学仿真、物理仿真和半实物仿真。数学仿真是对实际系统进行抽象，然后用数学关系来描述系统的特性，最终得到系统的数学模型，进而对数学模型进行实验的过程；物理仿真是按照真实系统的物理性质来构造系统的物理模型，然后对物理模型进行实验的过程；而半实物仿真是将数学模型和物理模型甚至实物联合起来进行实验的过程。

3. 从仿真的视角出发

根据仿真计算机类型的不同，将仿真分为模拟计算机仿真、数字计算机仿真和数字模拟混合仿真三类，简称模拟仿真、数字仿真、数-模混合仿真。模拟计算机实质上是一种通用的电气装置，模拟计算机仿真是指将系统的数学模型在模拟计算机上加以实现并进行实验的过程；数字计算机仿真是将系统的数学模型用计算机程序加以实现，并通过运行计算机程序来得到数学模型的解的过程；而数字模拟混合仿真是将其中一部分系统模型放在模拟计算机上运行，另一部分放在数字计算机上运行的过程。

根据模拟仿真采用的方式将模拟仿真分为：一体化模拟仿真（integrated simulation）、分布交互模拟仿真（distributed interactive simulation）、面向对象的模拟仿真（object-oriented simulation）、多媒体模拟仿真（multimedia simulation）、智能模拟仿真（intelligent simulation）。

9.1.2 模拟仿真的基本过程

9.1.2.1 模拟仿真的基本要素

系统、模型、计算机是模拟仿真的三个基本要素，而且它们之间的关系可以用系统建模、仿真建模和仿真试验三个基本活动来描述，如图 9-2 所示。

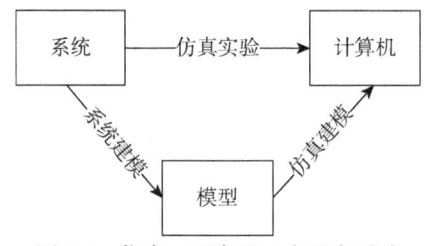

图 9-2 仿真三要素及三个基本活动

实际系统是所关注的现实世界的某个部分，具有独立行为规律，是具有相互联系、相互作用的对象的有机组合；系统包括实体、属性和活动三个要素。模型与原型是相对的一对概念，模型是原型物质或观念上的类似物，在科学方法论中，人们为了特定的研究目的而对认识对象所做的简化描述称之为模型，模型是客观事物、过程、现象或其属性的抽象表达。原型可能是系统本身，也可以是与实际系统大小相同，使用功能一致的物体。

对于产业安全模拟仿真，系统为产业安全系统，模型为产业安全模型。根据产业安全理论，将产业安全系统划分为产业竞争力、产业控制力、产业适应力三个基本要素。因此产业安全模拟仿真的基本要素如图 9-3 所示。

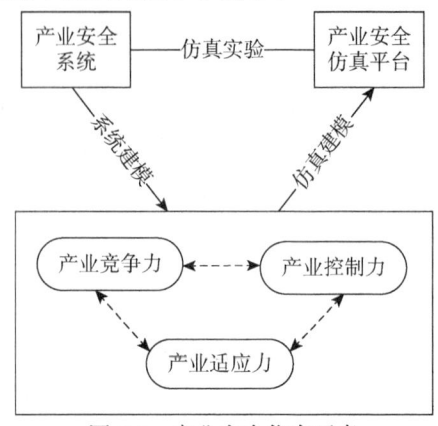

图 9-3 产业安全仿真要素

9.1.2.2 模拟仿真的基本原则

模拟仿真应遵循以下几个方面的原则。

1. 相似性

之所以可以用模型来模仿实际系统是因为各种系统有一定的相似性与同形性,虽然组成系统的元素有差异,但通过一定的组织后可以表现出几乎同样的行为。例如,细菌的繁殖与人口的增长都符合指数增长的规律。可见,系统的模型与所研究系统在属性上、功能上或结构上具有相似的特征和变化规律。其中相似可以分为几何相似、性能相似、环境相似三类,几何相似是指根据相似原理把原来的实际系统放大或缩小,如按比例缩小的飞行器模型;性能相似是指构成模型的元素和原系统的不同,但其性能相似,如可以用一个电气系统来模拟热传导系统;环境相似是指系统所处的环境相似,如使用缩尺模型水池爆炸试验来模拟实船爆炸试验。

2. 可辨识性

模型结构必须选择可辨识的形式,如果一个结构中具有无法估计的参数,则此模型结构是没有实用价值的。

9.1.2.3 模拟仿真的基本流程与步骤

具体而言,产业安全模拟仿真的主要步骤如下。

(1) 问题描述。将产业安全问题进行定量和定性的描述,确定仿真的目标和范围。

(2) 系统定义。了解真实系统的工作原理及构成等内容,确定系统物理模型及其边界,然后定义系统。定义一个系统首先必须提出明确的准则来描述系统目标,其次描述系统的约束条件,最后确定要研究的范围界限。

(3) 模型构建。对真实系统进行抽象,确定模型的构成要素、变量和参数,以及它们之间的关系和约束条件,要求模型与真实系统尽量接近,同时简单明了,易于操作和控制。

(4) 模型转换。通过计算机软件程序把模型转变为计算机仿真模型,用计算机高级语言或专用的仿真语言来描述模型,使它能够在计算机上运行。

(5) 数据准备。收集系统的输入、输出各项数据以及描述系统各部分之间关系的相关数据。

(6) 模型检验。对模型进行检验,检验所选模型是否合理、是否正确、是否能准确表达研制者概念描述和性能指标要求,其模型的行为是否和试验设计者的设定一致。

(7) 模型运行。通过计算机运行模型,反复试验运行,从而获取相关信息。

(8) 仿真结果分析并讨论。对仿真结果做出解释性的结论和分析,对系统性能做出评价以便对系统进行设计或改进。

模拟仿真的基本流程如图9-4所示。

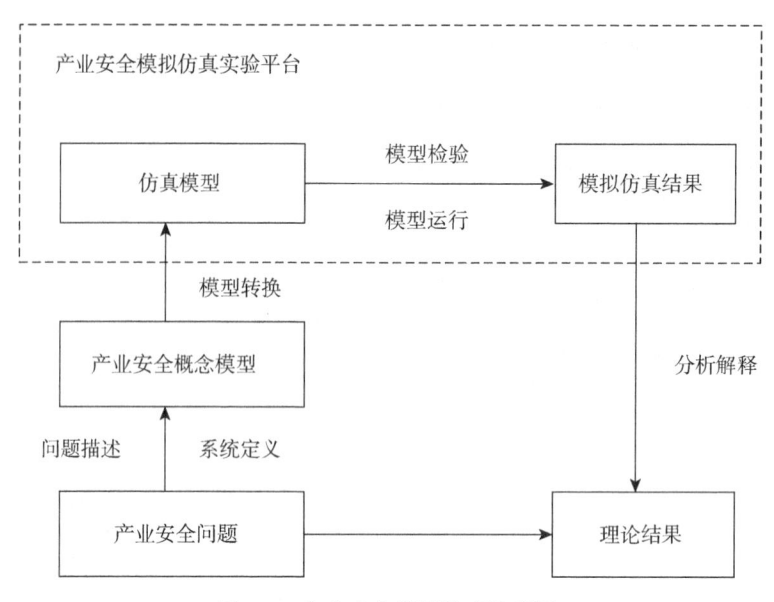

图 9-4　产业安全模拟仿真流程图

9.1.3　模拟仿真的基本方法

模拟仿真的方法是首先建立系统的模型并将其转换为适合在计算机上编程的仿真模型，然后对仿真模型进行仿真试验。模拟仿真的基本方法可以分为两大类：连续系统模拟仿真方法和离散系统模拟仿真方法。

9.1.3.1　连续系统仿真的基本方法

对于连续系统，通常采用微分方程、传递函数，甚至偏微分方程对其进行描述，但对于这些数学模型的求解是困难的，特别是对于复杂系统的数学模型。因此，必须借助数值解法来研究连续系统的模拟仿真，如数值积分法、有限差分法、特征法、有限元方法等。

9.1.3.2　离散系统仿真的基本方法

蒙特卡洛法（Monte Carlo）是对离散模型进行模拟仿真的最基本的方法。Monte-Carlo仿真模拟方法，也称为统计试验方法或随机模拟方法，可以用来解决数学和物理问题的非确定性的数值模拟方法。蒙特卡洛法是法国自然科学家 Comte de Buffon 于 18 世纪提出来的，随后美国洛斯阿拉莫斯科学研究所的科学家 John Von Neumann 在研究物质中子的运动规律中采用了 Buffon 的想法，实现了对中子的运动规律的模拟仿真，随后蒙特卡洛法得到了广泛的应用，如经济计量模型求解、系统模拟等。

蒙特卡罗方法是一种应用随机数来进行计算机模拟的方法，此方法对研究的系统进行随机观察抽样，通过对样本值的观察统计，求得所研究系统的某些参数。因此，它的基本思想是：首先建立一个概率模型或随机过程，使它的参数等于问题的解；其次通过对模型观察或抽样试验来计算参数的统计量；最后给出所求解的近似值。

蒙特卡洛法求解问题的步骤大致包括以下三步：①构造模型。确定研究对象的概率分布。②运行模型。对所构造的模型进行随机抽样。③计算模拟统计量并进行评价。统计各事件发生的频数，运用数理统计知识求取各种统计量。

9.1.4 模拟仿真的效果评价

9.1.4.1 仿真效果评价的分析框架

为了有效地验证模拟仿真方法的有效性和可靠性，需要进一步对模拟仿真的效果进行评价。模拟仿真的效果评价可以通过构建评价体系指标来实现，一般而言，需要借助一定的方法和技术（如综合评价法、层次分析法、模糊综合评价法等），建立一套符合模拟仿真效果实际的评价体系，然后客观、准确地把握模拟仿真的效果。图 9-5 给出了一个模拟仿真效果的分析框架。

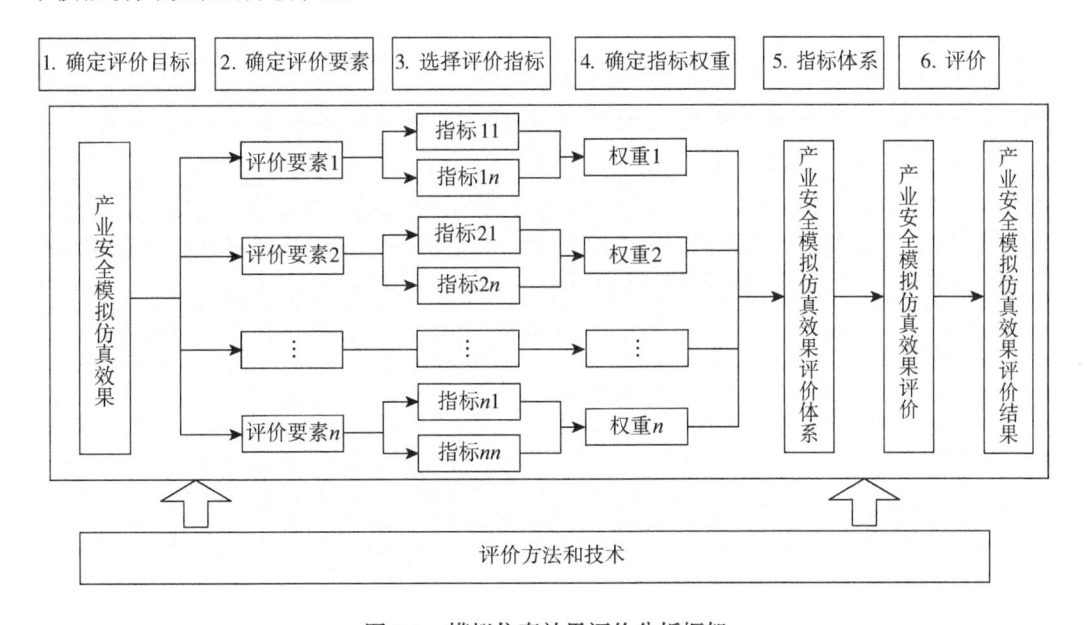

图 9-5 模拟仿真效果评价分析框架

根据图 9-5 所示的模拟仿真效果评价分析框架，模拟仿真效果评价大致分为六个步骤：①首先明确评价的目标；②需要确立产业安全模拟仿真效果的评价要素；③根据相关理论和研究成果选择评价指标；④选择相应方法和技术确定指标的权重值；⑤构建形成评价指标体系；⑥根据对应评价方法和技术进行计算，评价产业安全模拟仿真效果，得出评价结果。

根据产业安全模拟仿真的内容，产业安全模拟仿真效果评估大致涉及以下五个方面：①产业安全案例再现的效果评估；②产业安全情景分析的效果评估；③产业安全管理决策的效果评估；④政策模拟的效果评估；⑤培训演练的效果评估。

9.1.4.2 模拟仿真效果评价的方法

1. 综合评价法

综合评价，是指借助一定的手段和方法，对包含多种指标的评价对象进行评价，得出综合性结论的过程。

综合评价的步骤一般如下：①确定评价对象，简要说明其基本特性；②设计评价的指标体系，评价指标体系是由若干个单项评价指标组成的，指标可以是定量的，也可以是定性的，可以使单层的，也可以是多层的；③确定评价指标的权重。

权重是反映评价指标相对重要性的指标。如果指标具有相同的重要性，则可以赋予相同的权重，如果指标的重要性是由差别的，则赋予不同的权重。应当注意的是，指标权重的取值范围为[0, 1]，大多为一个小数，同一层次的所有指标的权重和应该等于1。权重的确定目前主要有主观赋权法和客观赋权法，以及它们的结合三大类的方法。

主观赋权法，是根据人们的主观判断来评定各指标的权重，主要有：①层次分析法；②对比求和评分法（强制确定法）；③环比倍乘评分法（DARE 系统法）；④二项系数法等。

客观赋权法，就是依据各指标标准化后的数据，按照一定的规律或规则进行自动赋权的方法，主要有：①特征向量法；②熵值法；③数据包络分析（data envelopment analysis，DEA）；④主成分法；⑤均方差法等。

结合赋权法，是一种综合主、客观赋权的结果而确定权重的方法，用结合赋权确定指标的权重，一定程度上弥补了主、客观赋权的不足。设对第 j 项指标主、客观赋权的权重分别为 W_{1j}，W_{2j}，则结合赋权的权重按下式计算：

$$W_j = \frac{W_{1j} \times W_{2j}}{\sum_{j=1}^{n} W_{1j} \times W_{2j}} \quad (j=1,2,\cdots,n)$$

（1）确定各个指标的评价标准与方法，进行评价，得出评价结果。根据各种指标的特性，选择合适的方法收集评价对象的相关资料，如问卷法、观察法等。

（2）综合评价结果。通过适当的方法把各指标的评价结果汇总成综合评价结果。

2. 层次分析法

层次分析法（analytical hierarchy process，AHP）是由美国著名学家 T. L. Saatty 教授于 20 世纪 70 年代提出的。层次分析法是一种解决多目标、多指标复杂问题的定性与定量相结合的决策分析方法。

层次分析法是将复杂问题分解为若干层次，在最低层次通过两两对比得出各因素的权重，通过由低到高的层层分析计算，最后计算出各方案对总目标的权数，权数越大表明对总目标的重要性越大，权数最大的方案即为最优方案。

层次分析法的一般步骤如下。

1）建立层次结构模型

首先建立层次模型，明确要解决的问题，弄清它涉及的因素以及因素之间的相互关系。层次结构模型的示意图如图 9-6 所示。

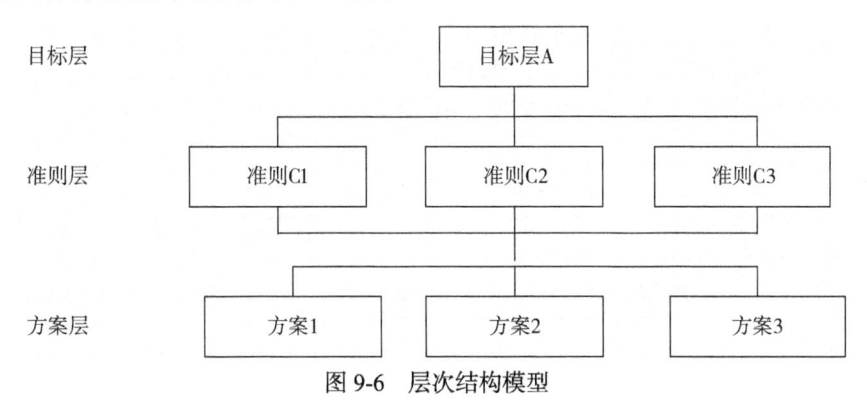

图 9-6 层次结构模型

2) 构造判断矩阵

将各层中的指标元素进行两两比较,判断其相对重要性,构造出判断矩阵。判断矩阵如下所示:

$$A = \begin{pmatrix} a_{11} & a_{12} & \cdots & a_{1n} \\ a_{21} & a_{22} & \cdots & a_{2n} \\ \vdots & \vdots & & \vdots \\ a_{n1} & a_{n2} & \cdots & a_{nn} \end{pmatrix}$$

其中,$a_{ij} = \dfrac{W_i}{W_j}$,表示第 i 个指标相对第 j 个指标的重要性,且满足:$a_{ii}=1$;$a_{ij}=\dfrac{1}{a_{ji}}$。

判断矩阵的标度 a_{ij} 及其含义,如表 9-2 所示。

表 9-2 判断矩阵的标度及其含义表

标度 a_{ij}	含义(两个目标相对重要性的比较)
1	i 因素与 j 因素相比,同样重要
3	i 因素与 j 因素相比,略微重要
5	i 因素与 j 因素相比,明显重要
7	i 因素与 j 因素相比,非常重要
9	i 因素与 j 因素相比,绝对重要
2, 4, 6, 8	为以上两判断之间的中间状态对应的标度值
倒数	若 j 因素与 i 因素比较,得到的判断值为 $a_{ij}=\dfrac{1}{a_{ji}}$

3) 层次单排序及一致性检验

层次单排序是通过求解判断矩阵的特征根和特征向量,对本层次的所有因素相对于上一层次而言的重要性进行排序。

具体步骤如下:①将判断矩阵每一列正规化;②将每一列经正规化(归一化)的判断矩阵按行相加;③将向量 $\overline{W}$ 正规化;④计算判断矩阵最大特征根 $\lambda_{\max}$;⑤判断矩阵一致性检验。

4）层次总排序及一致性检验

层次总排序及一致性检验具体步骤如下。

（1）计算一致性指标 $CI = (\lambda_{max} - n)/(n-1)$。

（2）查找相应的平均随机一致性指标 RI（表 9-3）。

表 9-3　随机一致性指标 RI

n	1	2	3	4	5	6	7	8	9	10	11
RI	0	0	0.58	0.90	1.12	1.24	1.32	1.41	1.45	1.49	1.51

（3）计算 $CR = \dfrac{CI}{RI}$，当 $CR < 0.10$ 时，认为判断矩阵的一致性是可以接受的，否则应该对判断矩阵做适当的调整。

3. 模糊综合评价法

模糊综合评价是一种定量评价方法，从影响问题的主要因素出发，参照有关数据和情况，根据判断对复杂问题分别做出不同程度的模糊评价，然后通过模糊数学提供的方法进行运算，得出定量的综合评价结果。

模糊综合评价的主要步骤如下。

（1）建立评价指标集（m 个评价指标）：
$$U = \{u_1, u_2, \cdots, u_m\}$$

（2）确定评语等级论域，即等级集合，每个等级对应一个模糊子集：
$$V = \{v_1, v_2, \cdots, v_n\}$$

一般情况下，评语等级 n 取[3, 7]中的整数，评价集合可选取{强、中、弱}、{高、较高、一般、较低、低}、{好、较好、一般、较差、差}等表示。

（3）单因素评价，建立模糊关系矩阵 R。每个指标与任何一个评语都有一定的数量关系，这种数量关系可用矩阵 R 表示，R 就是由 U 和 V 合成的模糊关系。首先对因素集合 U 中的单因素 $u_i (i=1,2,\cdots,m)$ 进行单因素评价，然后逐一确定单因素对决策等级的隶属度 γ_i，于是便得出第 i 个因素 $u_i (i=1,2,\cdots,m)$ 模糊子集：
$$\gamma_i = (\gamma_{i1}, \gamma_{i2}, \cdots, \gamma_{in}) \quad (i=1,2,\cdots,m)$$

将 m 个单因素评价模糊子集组合起来便可以构造出一个总的模糊评价矩阵 R，公式为
$$R = \begin{pmatrix} \gamma_{11} & \gamma_{12} & \cdots & \gamma_{1n} \\ \gamma_{21} & \gamma_{22} & \cdots & \gamma_{2n} \\ \vdots & \vdots & & \vdots \\ \gamma_{m1} & \gamma_{m2} & \cdots & \gamma_{mn} \end{pmatrix}$$

（4）确定评价因素的模糊权重。各评价指标由于在评价总目标中的相对重要程度不同，具有不同的权数，记为
$$W = (w_1, w_2, \cdots, w_m)$$

（5）利用 W 和 R 合成得到模糊综合评价 B。一个模糊综合评价问题就是将评价指标

集合 U 这一论域上的一个模糊集合 W 经过模糊关系 R 变换为评语集合 V 这一论域上的一个模糊集合 B。因此模糊综合评价的数据模型为

$$B = W \cdot R$$

（6）分析模糊综合评价的结果。

9.2 产业安全模拟仿真需求

如果系统是简单的系统，则可以通过数学方法来解析求解，然而产业安全是一类复杂的巨系统，无法用实际模型来解析求解，必须采用模拟仿真的方法来进行研究。模拟仿真对产业安全问题的研究是非常有意义的，在产业安全认知、产业安全案例、产业安全情景分析、产业安全管理决策效果评估、产业安全政策模拟、产业安全培训演练等多个方面都可以被运用。以下就对模拟仿真在这几个方面的运用进行详细讨论，说明产业安全模拟仿真的具体需求。

9.2.1 模拟仿真的认知需求

9.2.1.1 产业安全模拟仿真的研究现状

目前，利用模拟仿真的方法研究产业安全问题已经开始被学者所重视，采用的模拟仿真的方法也很多。从已有研究中总结发现模拟仿真在产业安全领域中的的应用主要为了解决如下几个方面的问题。

1. 产业结构的研究

产业结构是指各产业的构成及各产业之间的联系和比例关系。目前的研究集中在利用模拟仿真的方法研究产业结构的发展规律、产业结构调整的路径和方法、产业结构调整的影响因素及结果等方面。

1）研究产业结构的发展规律

通过模拟仿真，可以对产业结构的发展规律、变动趋势等内容进行研究，从而发现产业结构中的相关问题，以便在仿真结果基础上提出针对性的相关政策建议。例如，李庆敏（2010）运用了基于主体的计算经济学（agent-based computational economics，ACE）的建模方法，然后用 Swarm 平台模拟现实经济中的 FDI 与我国产业集群互动演化过程。

2）产业结构调整的路径和方法

找出那些影响产业结构调整的因素，分析其影响机理，通过对这些机理的分析，从而提出产业结构调整的方法。通过对"产业结构调整方案"情景模拟仿真，观察不同方案对整体经济环境的影响，实现对不同的方案的对比分析，选择出较优的方案，为政府制定产业调整方案提供依据。例如，李玉凤等（2009）利用系统动力学方法构建了黑龙江省的产业结构仿真模型，设计了政策仿真方案，实现了对产业结构调整优化的动态分析与模拟。

3）产业结构调整的影响因素及结果

对产业结构调整的影响因素的分析，袁慧明（2011）构建了产业转移中金融支持系统动力学模型，对其仿真模拟，分析仿真结果，在仿真结果分析的基础上提出改善广东省产业结构中金融支持的政策建议。

2. 产业政策的研究

模拟仿真方法是进行产业政策分析的有效方法之一。产业政策主要包括产业组织政策、产业结构政策、产业布局政策、产业扶持政策、产业技术政策等。利用模拟仿真方法对产业政策的有效性、效果评估等内容进行深入研究，为产业政策科学性的制定和选择提供依据和保障。政策的模拟仿真，其方式是设计政策仿真方案，对其政策实施进行动态分析与模拟，目的主要是为了提高产业政策的选择、制定。例如，朱婷等（2012）利用系统动力学方法对我国大豆产业进行了仿真研究，分析了目前国内大豆安全的政策。

通过对产业安全模拟仿真的研究现状进行分析，可以发现，目前产业安全的模拟仿真的步骤大体都是相同的，研究内容主要集中在产业结构的建模和产业政策的模拟仿真。首先从实际出发建立产业结构模型，通过产业结构模型可以探讨不同产业结构的发展规律和特点；其次设计政策仿真方案，进行仿真，仿真的过程就是在计算机上改变政策决策的相关变量，从而观察产业相关政策的执行结果，实现定量的动态分析和模拟；最后根据模拟仿真的结果，分析仿真结果，选择和评价相关政策、方案的合理性、科学性和有效性。模拟仿真的研究方法也主要集中在系统建模方法和仿真平台运用两个方面。其中对产业结构进行建模，学者们一般都采用系统动力学、复杂适应系统理论等方法和相关仿真平台。这样，模拟仿真为有效的产业结构调整策略的合理化制定，产业结构优化决策提供了科学有力的支持。

9.2.1.2 产业安全模拟仿真的目的

产业安全模拟仿真的目的和其他领域模拟仿真的目的有相同之处，也有不同之处。

相同之处，从复杂系统建模仿真的角度来分析。首先，利用传统机理分析法和实验统计法往往很难获得接近实际的结论，因此不得不转而采用构建模型的研究方法来研究相关的复杂系统。此外，我们往往希望在产业不安全状态发生之前就能够预测出实际系统的性能、功能和行为，对各种产业政策、方案进行结果、效果的预测。总体而言，模拟仿真需要将产业安全问题看成系统来研究，首先要分析产业安全系统中的相关要素、结构、功能和关系；其次利用计算机模拟技术建立系统模型；最后利用该系统模型模拟一些政策实施后相关产业的状态，寻找出有效可行的政策、策略和方案，避免在实践中付出较大的代价。

不同之处，从产业安全领域特征来分析，通过模拟仿真可以让决策者更清楚地认识产业安全相关问题，可以指导决策者进行科学、合理的决策，可以进一步利用和再现产业安全的案例、实现培训演练的目的。

（1）通过模拟仿真可以让决策者更清楚地认识产业安全相关问题。模拟仿真可以有效地实现对产业安全情景的分析和构建，使决策者对产业安全的特征、发展变化的趋势有较明确清晰的认识，其中包括：实现对产业结构的演进路径的预测、产业结构演进的路径对经济增长速度以及经济增长方式的重要影响。

（2）通过模拟仿真可以指导决策者进行科学、合理的决策。通过模拟仿真，使决策者能掌握各种可能的仿真结果，可以实现对管理决策、政策方案的效果进行科学的评估和分析，为决策者提供制定、选择政策、方案、决策的依据。

（3）通过模拟仿真可以进一步利用和再现产业安全的案例。目前关于产业安全案例的利用较差，没有形成一个完整的体系，通过模拟仿真，抽取案例的相关知识属性，可以实现对产业安全相关的案例进行有效的组织管理，同时可以再现案例情景。

（4）通过模拟仿真，实现培训演练的目的。人们可以通过模拟仿真来检验培训演练方法的效果，以此来不断完善培训演练的方法和方案。

9.2.1.3 产业安全模拟仿真需要解决的问题

关于产业安全模拟仿真工程的构建迫切希望获得全方位的发展，目前关于产业安全模拟仿真工程还没有建立较为统一的系统和模式。迫切需要解决如下几个方面的内容。

（1）采用何种方法来进行产业安全系统的构建？

将产业安全作为系统来研究已经获得学界广泛认可。但是产业安全系统的结构、要素、功能等部门，目前还没有统一的界定。随着经济的全球化，影响产业安全的因素呈现复杂性特征。历史、政治、经济、自然环境都会对产业安全产生影响，因此，产业安全问题已不能简单地认为是单一因素作用的结果，产业安全问题的研究已不能采取单一的手段进行应对，必须采用多种方法去应对。传统的系统建模方法受到局限，迫切希望一种新的理论和方法来构建产业安全系统。

（2）采用何种产业安全模拟仿真的系统平台来进行模拟仿真？

（3）如何利用模拟仿真来有效分析影响产业安全的各个要素之间的相互作用关系，研究产业安全发生、发展、演化的规律？

（4）如何有效地表示、组织和管理产业安全相关的案例，如何重构案例、如何再现案例？

（5）如何有效地分析产业政策、决策、方案对产业安全的影响，如何评估其效果？

（6）如何全过程地进行动态模拟仿真？

9.2.1.4 产业安全模拟仿真的内容

根据上述对产业安全模拟仿真需要解决的问题的分析，产业安全模拟仿真的内容应该包括：①产业安全理论体系；②产业安全案例再现；③产业安全情景分析；④产业安全管理决策效果评估；⑤产业安全政策评估；⑥产业安全培训演练；⑦产业安全评价产业安全预警；⑧产业安全管理与处理的业务流程；⑨模拟仿真结果的可视化。

9.2.2 产业安全案例再现需求

9.2.2.1 产业安全案例的特点

产业安全的案例具有案例的一般特点，同时还具有产业安全领域的特性。案例的一般特点主要表现在以下几个方面。

1. 故事性

案例本身就是带有一种情景的事件称述,能将人们无形地带入一种情景当中,人们如身临其境,因此案例的一个重要特点就是它本身包含了一个典型的故事情景。

2. 戏剧性

案例的戏剧性主要体现在事件的发展中有明显的冲突环节,同时还包括事件中的主人公如何化解这种冲突的行为和思考。

3. 意义未尽性

案例的意义未尽性主要表现在读者对案例所含意义的理解方面,体现的是智者见智、仁者见仁的观点。

产业安全案例的领域特点,我们通过案例研究的目的、案例研究的数量、案例研究的层次来分析,具体表现如下。

(1) 产业安全案例集中为解释性案例。根据案例研究的目的和作用,案例研究可以分为四类:描述性案例研究、解释性案例研究、评价性案例研究、探索性案例研究(孙海法等,2004);也有学者将其分为验证性、探索性和描述性三类模式(苏敬勤和李召敏,2011)。描述性案例研究主要是对人、事件或情景的概况做出准确、完整的描述;解释性案例研究是对现象或研究的发现进行归纳,提供因果关系的信息,解释事件发生的原因,最终做出结论;评价性案例研究中,主要是研究者针对所研究的案例提出自己的意见和建议;探索性案例研究强调用新的观点去观察评价现象。而产业安全的案例研究主要集中为解释性的案例,对案例进行归纳总结,论证要研究的对象。

(2) 产业安全案例集中为单案例研究。根据案例研究的案例数量,案例研究可以分为两类研究:单案例研究和多案例研究。其中多案例研究涉及单个案例内的分析和案例之间的跨案例分析两个部分。单案例研究和多案例研究具有各自的优点,不同学者有不同的偏爱。有学者认为多案例研究方法能够使案例研究更加全面、更加具有说服力,进一步提高案例研究的有效性,能避免单一案例分析的片面性;也有学者认为单案例研究能够保证案例研究的深度。而产业安全案例多为单案例研究,对某一个案例进行详细分析,从而来论证相关的观点和假设。

9.2.2.2 产业安全案例应用的现状及存在的问题

关于案例的定义,不同学者有不同的说法和观点:《新华字典》中案例是指能作范例的个案;《现代汉语词典》中案例是指已有的可作典型事例的案件。案例对于人们的学习、研究具有重要的意义。Yin 博士的《案例研究:设计与方法》(*Case Study Research: Design and Method*)和《案例研究方法的应用》(*Applications of Case Study Research*)是案例研究方法的两部奠基之作。1981 年,Yin 博士在《管理学会评论》(*Academy of Management Review*)上发表了一篇经典文献 *The Case Study Crisis: Some Answers*,逐渐拉开了案例研究的序幕。案例分析和研究早已成为一种研究工具在心理学、管理学、教育学等学科广泛应用。在管理领域，关于案例的分析和研究，在 2001 年年初，我国成思危教授作了题为"认真开展案例研究，促进管理科学及管理教育发展"的报告，强调了案例研究在管理科学领域的重要性，指出单纯依靠统计数据进行决策是十分危险的，案例研究可以弥补统计的不足（成思危，2011）。所谓案例再现就是指将所研究的案例还原，再现案例情境，使案例呈现原有的状态。

案例研究近年来呈现上升的趋势，每年的论文总数逐年上升，2000 年仅 61 篇，而到 2009 年则超过了 200 篇。在产业安全领域相关比较研究中运用了大量的案例分析法，利用实际发生的经济案例，定性与定量相结合的方法，综合分析某一经济规律，这种方法对于那些无法精确定量分析的实际复杂经济系统是十分适用的。产业安全领域案例的应用可以根据一般案例运用模式概括为以下几种类型。

（1）先理论构建，后案例验证。这种研究类型在产业安全的研究领域中广泛使用，这种方法主要运用典型案例来论证、说明所提理论假设的正确性。例如，利用"三氯氰胺毒奶粉"的典型案例来论证和说明社会责任对产业安全的影响（李孟刚，2010）；利用"中国大豆压榨业"的典型案例来论证外资并购对产业控制力的影响，利用"中国汽车产业"典型案例论证外资并购对我国产业竞争力的影响等（王东杰，2009）。

（2）先案例探索，后理论升华。这种研究类型首先对案例进行详细的分析研究，然后进行归纳和总结，抽象出理论，从而达到理论升华。

目前，我国产业安全相关的案例研究还存在以下几个方面的问题。

1. 在案例的管理方面

目前我国关于产业安全的案例还没有一个统一的、系统的管理框架和方法。

2. 在案例的分析方面

产业安全的案例分析与研究主要是加深对产业安全问题的判决、假设的理解。案例分析的技术主要有四种模式：类型匹配、解释构建、时间序列分析、项目逻辑模型（Yin，1994）。其中，类型匹配主要是指将案例中反映出来的数据、信息、知识与事先设定的假设进行对比分析；解释构建是指建立一系列因果的关系；时间序列分析主要是沿着时间的纬度，对某一时期内的事态发展的过程进行跟踪研究，分析事件变化的原因、机理；项目逻辑模型是通过框架模式研究和分析项目，其核心是项目间的逻辑关系，认为项目是由内外因素共同影响的结果。产业安全案例的分析多是依赖直觉和判断对数据进行主观的和就事论事的分析，缺乏客观的、结构性的分析。

3. 在案例的研究结论方面

研究结论一方面停留在对案例本身现象的分析，缺乏对内在规律的挖掘和升华，难以形成系统的理论；另一方面依赖于研究者本身的能力，案例研究是一种经验性的研究，通过搜集事物的相关资料，利用归纳或解释的方式得到知识，因此，研究的结果很大程度上依赖于研究者本身。

4. 在案例的描述和报告写作方面

在案例描述方面，目前还没有一个统一的描述方法和体系来进行案例的描述与记录分析，现有的描述往往按时间顺序进行叙述，不能了解到案例事件背后真正的动因和机制，案例的利用性较差。

在案例的报告写作方面，体现在案例报告格式随意性较大，研究者主观意识影响较大，在写作和选取素材时未能全面地、客观地陈述事实，具体表现在报告的结构安排、写作风格等方面。

5. 在案例的选择方面

在实际运用中，学者们选择单一案例进行研究的居多，缺少多个案例的交叉分析和比较分析。

6. 在案例数据的信息搜集方面

案例数据的搜集一般采用文件法、档案记录、访谈、直接观察等方法，搜集的形式和方法多种多样，搜集的数据格式形式也多种多样，具有不同的衡量尺度，没有一个统一的、标准的规范进行案例的采集。

9.2.2.3 产业安全案例再现的目的及要求

产业安全案例再现是以产业安全案例为基础，再现真实的情境，将决策者引入产业安全实战的情景中，自主完成产业结构演变等规律的认识以及产业结构调整、产业政策制定选择等任务。产业安全案例再现不仅能为产业安全的认识、研究提供丰富而实用的内容，而且能为决策者提供决策情景，为培训演练创造条件。

产业安全案例再现的实现需要具备多个方面的需求。主要表现在案例的选择、案例情景的设计、案例问题的提出、案例演化过程等方面。

1. 案例的选择的要求

为了实现产业安全案例再现，所利用的案例不同于一般概括性的案例文字材料，用于案例再现的案例必须是真实的案例，案例资料必须是对案例原始信息的客观反映，必须客观、准确无误。这种真实性体现在案例的来源和案例的表现形式两个方面。一般来说，案例的表现形式多种多样，不仅有文字描述，也有图像、音像等形式的记录。

在实际操作中，应针对不同的研究内容从案例库中选取典型的案例，由专门的人员对案例进行分析，提取出相关的信息。

2. 案例情景的设计的要求

根据案例中所提供的信息，利用相关技术形成相应的情景。案例再现形成的模拟案件情景和实际情况应该是比较接近的。

3. 案例问题的提出的要求

问题应该根据模拟案例的情景提出。

4. 案例演化过程的要求

案例演化过程应该根据情景演化的规律实现，再现整个案例发生、发展、演化的整个过程。

9.2.2.4 产业安全案例再现的内容

进行案例再现，需要采用合理的方式将案例的信息全面地呈现出来，即还原的案例情景要充分呈现出案例的所有信息。一般来讲，产业安全案例再现的案例信息包括以下几个方面内容：①时间信息；②空间信息；③环境信息；④案例现场状态信息；⑤与案例有关的主体信息；⑥主体行为信息；⑦主体的心理信息。

9.2.3 情景分析需求

9.2.3.1 产业安全情景分析的目的

关于情景的定义，英文的"scenario"最早出现于1967年，Kahn和Wiener（1967）在合著的《2000年》一书中提出情景和情景分析，认为未来是多样的，情景是对未来情形以及能使事态由初始状态向未来状态发展的一系列事实的描述。随后国外出现了许多关于情景的研究，对情景做出了不同的定义（Gershung，1976；Porter，1982；Georgoff and Murdick，1986；Huss and Honton，1987）。

"情景分析"一词是赫尔曼·凯恩20世纪50年代在兰德公司（RAND）引入工作计划的，在情景分析中，情景是一种构想的、用来描述系统未来发展的图景。情景分析是对可能出现的未来的图景的描述，通常还包括对导致未来图景出现的途径的描述（姜卉和黄钧，2009）。国内最早研究情景的学者是宗蓓华教授（1994年），其将情景定义为：对事物所有可能的未来发展态势的描述，描述的内容既包括对各种态势基本特征的定性和定量的描述，也包括对各种态势发生可能性的描述（宗蓓华，1994）。情景分析法是继1973年能源危机后兴起的一种有效的预测方法，是一种灵活的、能应对不确定环境的动态战略规划思想，在西方已有几十年的历史，最早应用在军事上。直到20世纪70年代中后期，情景分析才得到迅速的发展，其中荷兰Royal Dutch/Shell公司使用情景分析成功预见并利用石油危机成为激励转折点，大量的模式被提出，对情景分析方法进行了不断扩展和发展，如美国模式、法国模式、OECD模式和欧洲共同体模式等。情景分析法现在已经被广泛应用于企业管理（宁钟和王雅青，2007）、经济评价与预测（Bood and Postma，1988）、能源需求及气候变化（朱跃中，2011）、危机预警（危家凤和杨未未，2008）、战略规划（Mietzner and Reger，2005）、应急管理等领域。

由于产业安全研究具有不确定和快速多变动态混沌复杂性特征，产业安全问题衍生、耦合和关联，偶发、并发、多发，产业活动涉及跨国、世界等多组织、多部门的多主体行为及利益均衡。由此可见，影响产业安全的因素多种多样、因素之间的关系复杂多变，导致产业安全的后果也可能出现多种问题。因此，产业安全的研究需要进行情景分析的研究，通过模拟仿真提供仿真情景的构建、定制及参数的设定，综合数据库、知识库、模型库，通过计算，实现复杂产业安全系统行为与规律的动态模拟与仿真。

9.2.3.2 产业安全情景分析的内容

模拟仿真为产业安全情景分析提供了保障,其中关于产业安全情景分析的框架如图 9-7 所示,首先需要确定以下几个方面的内容,才能通过情景构建,实现复杂产业安全系统行为及规律的模拟仿真。①情景要素。产业安全反映的是安全主体在一定时间、地点、环境条件下所受威胁的程度,因此,产业安全的情景要素可以分为主体、时间、地点、环境条件、威胁、威胁程度等内容。②情景模型。通过情景模型,总体描述与诠释产业安全事件发生、发展、演化的全过程情景。③情景构建的方法及步骤。④情景的演变模式。⑤情景构建机制。⑥情景演化机理。

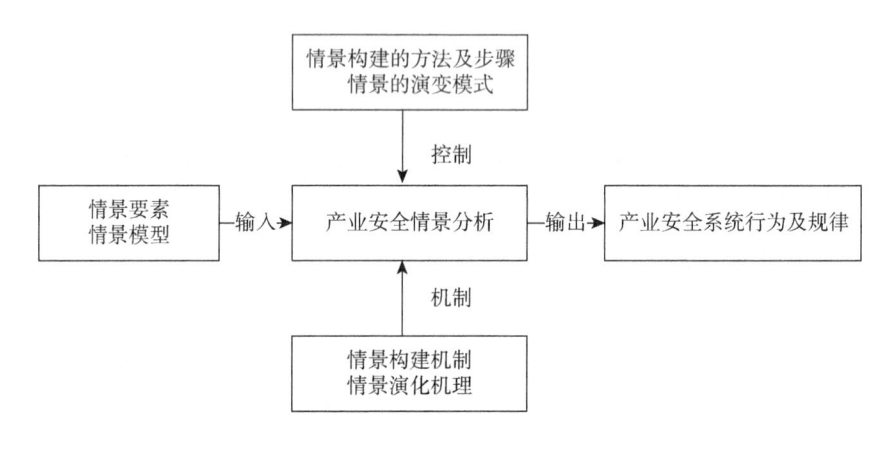

图 9-7 产业安全情景分析框架

模拟仿真工程应提供相应的功能来支持情景分析,包括以下几方面的功能需求:①产业安全情景定制;②产业安全情景推演;③产业安全案例情景再现;④产业安全情景可视化。

9.2.4 产业安全管理决策的效果预估需求

9.2.4.1 产业安全管理决策的特点

产业安全管理决策具有一般决策的特点,也有产业安全特有的特点,结合一般决策的特点及产业安全的特点,本节认为产业安全管理决策的特点主要集中在以下几个方面。

1. 决策的时效性

在产业安全管理决策中,根据所处理的问题的性质,给出必须确定决策的时限,在做到不失时机的前提下,尽量使决策更合理。

2. 决策的协同性

产业安全管理决策涉及多个产业、多个部门，因此，产业安全决策需要多产业、多部门之间的协同决策。

3. 决策对象及过程的复杂性

产业安全系统是一个复杂的社会经济系统，决策环境不仅受到本国经济发展的国情的影响，还受到国际经济发展的影响，是一个快速变化的不确定环境。同时，各级政府在进行经济、社会发展重大决策过程中，还需要对环境保护、经济社会发展等方面加以考虑，统筹兼顾，综合平衡，因此，其决策对象及决策过程都是极其复杂的。

4. 信息知识的依赖性

任何管理决策都是依赖信息的，在决策过程中常常会面临不完全、不确定、模糊的信息，这就需要确保产业安全预警系统，实现系统的监测、解释、预测预警等功能。同时，决策工程也需要依赖各种各样的知识。

5. 决策实施效果的延时性

产业安全管理决策的实施需要一定时间的贯彻，其实施的效果需要一定周期才能显现。因此，对决策的效果是否能改善产业安全面对的问题，无法快速地了解，只能通过一段阶段的实施和观察才能获取结果。

9.2.4.2 管理决策效果预估的目的及内容

产业安全管理决策需要集监测预警、模拟仿真以及综合决策功能为一体，为政府和产业相关部门的产业安全管理提供实时的信息和知识服务。通过模拟仿真还可以高效地萃取、集成、管理和融合应用的各种数据和信息，对产业安全系统的行为进行模拟仿真、研究分析、对相关案例再现、支持决策管理。

由上述产业安全管理决策的特点分析也可以发现产业安全管理决策的时效性及决策效果的延时性是产业安全管理决策效果预估模拟仿真的主要原因之一。模拟仿真可以验证决策的时机是否正确，缩短决策效果实施的时间周期，从而预估决策效果是否满足要求和期望。因此，产业安全需要模拟仿真工程，是产业安全管理决策效果预估的必然要求。

由产业安全的特点及产业安全管理决策的特点可知，产业安全管理决策的支持需要容纳和吸收各个方面学科知识、各领域的信息，并对其进行有效的组织和共享，才能提升产业安全管理决策科学水平。通过计算实验，形成不同的产业安全事件情景，对不同决策的效果进行各种预测、评估和分析，同时要实现实时和动态地评估，帮助制定决策和提供决策支持。产业安全管理决策的效果预估应该从信息的支持、知识的支持、决策效果对比三个方面进行模拟仿真。

1. 信息的支持

信息支持的模拟仿真应包括产业安全事件发生的监测、上报、发布等流程以及数据信息的采集及管理机制和方法。

2. 知识的支持

知识支持的模拟仿真应包括产业安全知识的获取、知识的表示、知识的管理、知识的实例化以及各学科、各领域知识的集成、共享和交流。

3. 决策效果对比

决策效果对比的模拟仿真应包括不同决策方案对同一情景的效果对比，统一决策方案对不同情景的效果的对比。还应设计决策效果的实时对比、动态对比和结果对比等方面。

9.2.5 政策模拟需求

9.2.5.1 产业政策的特点

产业政策是一国中央或地区政府为了其全面和长远利益而主动干预产业活动的各种政策的总和。产业政策主要包括产业组织政策、产业结构政策、产业布局政策等，这些政策在实施过程中可能是多种政策并举，也可能在不同的历史时期，不同国家有不同的侧重，它们相互联系、相互交叉，形成一个有机的政策体系。产业政策具有能够弥补市场失灵的缺陷；能够实现超常规发展，缩短赶超时间；促进产业结构合理化与高度化，实现产业资源的优化配置；能增强产业国际竞争力，保障国家经济安全等作用。

纵观世界各国所实行的产业政策以及已有的产业政策的研究成果，我们认为，产业政策具有如下几个方面的特点。

（1）产业政策的多样化。由于产业政策不同国家有不同的侧重点，体现在不同国家有不同的产业安全背景、不同的产业安全环境、不同的抵御国际经济动荡的能力以及不同的产业政策，呈现了政策的多样化特点。

（2）产业政策制定的时机性。产业政策的制定具有时机性，国家决策者只有抓住了机会，制定了合理的产业安全的政策，才能使国家趁势崛起，一旦错过制定产业安全政策的最佳时期或制定了错误的政策，都会阻碍国家和民族的发展。

（3）产业政策的独立性与关联性并存。一方面，全球经济一体化的背景下，贸易全球化使各国产业的关联度变大、依存度变高，致使产业政策的制定受到国际环境的影响，具有关联性特点。另一方面，由于各国对待产业安全的能力不同，所以，产业政策会根据各国的实际情况来制定，具有独立性，具体体现在一个国家成功的产业政策在另一个国家可能并不适用。

（4）产业政策之间的耦合性。产业政策主要包括产业组织政策、产业结构政策、产业布局政策等，中国的产业政策实践和理论分析都应该是以结构政策和组织政策相结合为主要内容的，不是单纯的某一种政策，而这种政策的结合表现出了产业政策之间的耦合作用关系。

（5）产业政策的正确性。国家在制定产业政策的过程中，一旦决策失误，不仅会延缓产业升级的进程，还可能使国家面临产业安全的威胁，因此，要保证产业政策的正确性。然而，实际中，存在很多不正确的产业政策，给国家产业经济发展带来了巨大的阻碍和影响。

(6) 产业政策目标的多重性。产业政策的目标不仅包括经济目标，也包括社会目标。主要的目标包括克服资源配置方面的市场缺陷、加快资源配置的优化过程、保护和促进幼稚产业的发展、帮助衰落产业进行结构调整等。因此，产业政策的目标是多重的（周叔莲等，2007）。

(7) 产业政策的时空性。产业政策随时间变化而变化，因空间不同而不同。不同国家有不同国家的诠释和意义，因此，产业政策的研究要将其置于特定的时间和空间位置才有意义。

9.2.5.2　产业政策模拟的目的

产业政策模拟的目的主要包括以下几点。

(1) 探讨产业政策对产业安全系统演化的影响作用。

(2) 预测产业政策的实施效果。从这些年我国产业政策来看，实施效果与政府期望值有较大的差距，有的甚至完全背离最初的目标，或是产业政策执行走样，给国家经济发展带来了巨大的影响。如何预测产业政策的实施效果是产业政策模拟的重要目的之一。

(3) 构建产业政策制定的方法和机制。世界经济一体化背景下，各国经济紧密联系，单纯制定针对某一产业的产业安全政策，不考虑各国之间、各行业之间的内在联系已无法满足产业安全政策制定的需求。必须将其置于整个国民经济系统之中，综合考虑各方面的关系，才能制定出合理、科学、有效的产业安全政策。构建制定合理科学的产业政策的机制、方法是模拟仿真的目的之一。

(4) 研究产业政策决策问题。解决产业政策决策问题是模拟仿真的另一个目的。

(5) 研究产业政策的相互关系对产业安全系统的影响。由产业政策的耦合性特点可知，产业政策之间存在着一定的关系，尤其产业结构政策和产业组织政策是相互联系、相互制约的关系，研究产业政策耦合关系作用是模拟仿真的另一个目的，能为制定合理的产业政策提供决策支持。

(6) 有效利用已有产业政策的案例资料。由产业政策的多样性可知，产业政策每个国家的侧重点不同，会存在很多不同的政策，如何有效借鉴和利用他国的产业政策的优点来运用到我国的产业安全中是十分有意义的。所以，利用历史案例是模拟仿真的另一个目的。

9.2.5.3　产业政策模拟的内容

产业政策的目标是产业结构均衡化、产业结构高度化和产业组织合理化。结合产业政策的目标，我们认为产业政策模拟的内容应该包括：①产业政策的制定和选择；②产业政策的实施效果评估，涉及产业结构、产业组织合理化等内容；③产业政策间的相互作用；④典型案例的产业政策分析；⑤产业政策作用下的产业安全系统的行为和规律。

9.2.6 培训演练需求

9.2.6.1 产业安全培训演练存在的问题

早期的培训演练都是在实际系统或设备上进行的，一方面，随着系统规模的不断扩大，系统的复杂度不断增加，演练时因操作不当所带来的破坏和损失也大大增加；另一方面，由于某些原因，实际系统不存在或具有较大危险性，无法对实际系统进行培训演练。所以，为了避免采用实际系统时可能带来的风险性、危险性，以及高成本的付出，就需要进行模拟仿真的培训演练，通过模拟实际系统的工作状况和运行环境来进行人员的培训演练。

产业安全培训对于当代产业来说非常重要，事关企业的文化、形象乃至生存。关于产业安全培训的研究目前还很少，张伶和谢晋宇（2003）强调了产业安全培训的重要性，对产业安全培训的设计等问题提出了相关建议和意见。

关于产业安全培训演练，当前存在的主要问题和不足具体表现为以下几个方面：①对产业安全培训重视程度不够；②产业安全培训内容缺乏针对性、不具体、单一；③培训方法上缺乏生动性和灵活性；④产业安全培训考核、效果评估不完善；⑤缺乏系统的培训规划和指导；⑥缺乏对多主体分任务、分内容的培训演练。

9.2.6.2 产业安全培训演练模拟的目的

产业安全培训能有效地减少不安全因素带来的危险，产业安全培训演练主要用于训练相关政策制定的决策者，使之保持良好的危机状态。模拟仿真的系统能够创造一个类似产业安全问题的环境。采用模拟仿真来进行培训演练可以达到以下几个方面的目的。

（1）可以使决策者具有接近真实系统的体验，提高对产业安全问题的复杂性的认识。

（2）可以给受训者一些反馈信息，现实受训者对特定环境的反应能力，以促进提高其应对问题的能力。

（3）辅助受训者理解产业安全的基本知识和基本概念。产业安全培训演练模拟的目的主要是辅助受训者理解基本知识和基本概念，模拟仿真可以协助受训者加深理解产业安全的内涵，提高决策者的指挥控制能力，实现对产业安全的有效应对。

9.2.6.3 产业安全培训演练模拟的内容

产业安全培训演练模拟的内容指的是受训人为了达到理想的行为目标应该掌握的知识或技能。为了让受训者有效地应对产业安全事件发生，产业安全培训的内容应该包括如下几个内容。

（1）产业安全相关法律法规的认识和解读。对产业安全相关法律法规进行认识和解读，了解法律法规的内容、规定及适用范围。

（2）产业安全知识教育。产业安全知识教育是为了提高受训者的产业安全知识为目标，培训的主要内容为基本的产业安全知识，包括产业保护、产业损害、产业控制、产业预警等理论知识。

（3）典型案例的分析。典型案例具有其典型的特征，都是宝贵的经验知识。对历年来发生的产业安全的案例、实施的产业政策等资料进行整理、归类，做出科学、全面、细致地分析，找出案例发生的内在原因和外在原因。对案例中典型的产业安全案例可以单独做重点的分析和研究。

（4）对偶然事件的辨识与控制。通过产业安全事件情景的构建和模拟，识别出产业安全的问题，并选择一定方法来对其加以控制。

（5）安全工作规则的掌握。通过产业安全培训演练模拟，实现产业安全事件应对的步骤、方法、策略及具体实施内容的选择、判断、效果评价等过程。

（6）紧急事件的处理及预防措施的学习。对历史的处理方法和预防措施进行了解，以便在面对新问题的时候可以有效地利用和集成已有的方法来处理。

（7）确定不同受训者的任务和要求。产业安全培训演练模拟应确定产业安全培训的总体目标、具体培训方法，它是制订培训计划、设计培训课题的基础，决定了培训的方向。同时应该明确受训者的层次、目的、重点、任务，对不同层次的受训者提供对应的培训演练模拟的程序、步骤和评估方法，实现对多主体分任务分内容的模拟仿真。

9.3　基于安全问题的模拟仿真方法

9.3.1　产业安全问题发现分析

为了有效地对产业安全问题进行发现分析，近几年包括中国社会科学院工业经济研究所、中国人民大学、江西财经大学等在内的不少学术机构先后对中国产业安全状况进行了不同角度的评估，并建有不同的分析框架和模型。

9.3.1.1　评估体系的建立原则

（1）系统性。保证产业安全需要运用系统方法，保证指标体系完整。
（2）关联性。在指标体系选择过程中，应选有代表性和关联性的量化指标。
（3）可测性。要保证选取的指标易于采集和计算。
（4）可控性。选取的指标具有自身发展规律，受主观影响较小。
（5）阶段性。建立的指标体系要适应中国发展的阶段性要求，能进行动态定量研究。
（6）规范性。各指标要按照国际通行警戒值划分等级。
（7）实用性。结论和数值要易于被有关部门使用，形成有效互动。

9.3.1.2　评估体系的创建方法

要根据影响产业安全的影响因素，创建一级和二级指标，并建立两者间的逻辑关联。瑞士洛桑国际管理学院建立的竞争力评价方法是国际最具权威性的方法之一，其评价体系注重经济运行过程中的统计数据,并结合年度调查问卷进行综合分析。瑞士世界经济论坛构建的 WEF 国际竞争力评估体系利用调查问卷结果和一些较宏观的经济数据进行评估。

9.3.1.3 评估体系的主要组成部分

将影响产业安全的因素分解为产业国内运行效率指标、产业国际竞争力指标、产业对外依存度指标、产业受控制指标四个部分。

(1) 产业国内运行效率指标。该指标包括资本利润率、劳动力素质、资本成本、劳动力成本、产品增值率、劳动生产率、产量增长率、上游产业竞争力、国内需求量等二级指标。

(2) 产业国际竞争力指标。该指标包括产业的市场占有率、国际竞争力指数、产品价格比、研发费用、产业集中度、国内竞争度等二级指标。

(3) 产业对外依存度指标。该指标包括产业进口对外依存度、产业资本对外依存度、产业出口对外依存度、产业技术对外依存度等二级指标。

(4) 产业受控制指标。该指标包括外资市场控制率、受控制企业外资国别集中度、外资股权控制率、中国品牌控制率、外资技术控制率等二级指标。

9.3.1.4 评估体系的权重分配及分值评定

评估体系中基于对四个一级指标重要性的考察,给予产业国内运行效率、产业国际竞争力比较、产业对外依存度和产业受控制这四大指标的权重为 20%、35%、20% 和 25%。

在一级指标系统中,每个二级指标被赋予的评价值包括优、良、中、低、差,分值分别为 90、70、50、30、10。对每个二级指标赋予权重后,可以通过加权法得出具体产业的安全度数值。安全度数值区间包括 80～100 分(安全)、60～80 分(基本安全)、40～60 分(不太安全)、20～40 分(不安全)、20 分以下(危机)。

9.3.2 问题情景辨识与构建

产业安全问题情景构造从技术路线上大致可划分为三个主要阶段:①收集与分解;②收敛与评价;③集成与描述。

9.3.2.1 问题收集与分解

用于情景构建的资料与信息主要来源于三部分。

一是近年来(至少应十年以上)国家或辖区内已发生的各类产业安全问题典型案例。这些案例要描述和解释问题的原因、经过、后果和采取的应对措施及其经验教训等。

二是其他国家或地区类似产业安全问题的相关资讯。

三是依据国际、国内和地区经济社会发展形势变化,以及环境、地理、地质、社会和文化等方面出现的新情况和新动向,预期可能产生最具有威胁性的产业安全问题风险,包括来源与类型等。

9.3.2.2 问题收敛与评价

依靠专业人员和专业技术方法对近乎海量的数据进行聚类和同化,这一阶段应完成三个主要任务。

一是按时间序列描述产业安全问题发生、发展过程,分析问题演化的主要动力学行为,应特别关注焦点问题的涌现、处置及其效果。

二是经过梳理和聚类,从复杂多变的"问题群"中凝练归纳出具有若干特征的要素,并聚结形成产业安全问题链,辨识不同产业安全问题的异同点。

三是建立各类问题的逻辑结构,同时,对未来可能遭遇到的主要风险和威胁做评估与聚类分析。

9.3.2.3 问题集成与描述

在前两个阶段工作基础上,按照产业安全问题的破坏强度、影响范围、复杂性和未来出现特殊风险的可能性,建立所有产业安全问题情景重要度和优先级的排序,再次对问题情景进行整合与补充,筛选出最少数和共性最优先的若干个问题情景。此后,可依据国家对产业安全问题战略需求和实际能力现状,提出国家或本地区若干个产业安全问题情景规划草案,以此为蓝本,通过专家评审和社会公示等形式,广泛征求各方面意见,进一步修改完善,形成产业安全问题情景规划。

在产业安全问题情景构建的全过程,要有政府官员、科学家的直接参与,以及采自社会各界的意见,使情景能被大多数人理解和关注。

9.3.3 基于问题的模拟仿真建模

9.3.3.1 产业安全问题对模拟仿真的需求

产业安全问题的尺度、粒度、变化和复杂性已远远超出当前的观察实验、统计分析和微分方程建模的能力范畴,使得传统的"预测-应对"型产业安全问题管理模式难以应对产业安全问题的各种建模、分析、管理和控制等方面的挑战。综合利用管理科学、信息科学、心理科学等多个学科的优势与最新研究成果,基于建模与仿真构建"情景-应对"型产业安全问题的理论、方法、技术与操作平台以增强应对产业安全问题的能力水平已成为产业安全工程学研究的重大迫切需求。

利用计算机进行模拟仿真的方法与技术构建产业安全问题发生、发展、转化和演变的"情景"被认为是解决"情景-应对"型产业安全问题的最重要途径。

9.3.3.2 模拟仿真建模方法选择

针对产业安全问题仿真对象的变化和问题管理的特点,需要基于近年来得到的快速发展的复杂系统建模方法，在高性能计算仿真与网络技术的支持下，充分利用网络开源情报与万维社会媒体、物联网的信息感知、信息交互与舆情诱导干预作用，研究基于平行产业安全问题管理的动态仿真与计算实验平台。平台中应具备以下七个方面的功能要求。

（1）支持高性能、开放式、可延展的模拟仿真环境，提供自然、社会与人文环境的标准化建模支持，实现可视化交互式的人工社会建模和产业安全问题管理的全过程动态建模。

（2）支持网络开源情报与万维社会媒体实时感知信息的自动获取与多源异构数据的语义聚融，实现"虚""实"空间信息的互动与互补；基于网络开源和物联网的信息监测，实现对产业安全问题的在线风险评估与预警；支持智能体对象的基于实时在线数据的自我学习，实现人工社会与真实问题系统的交互与协同演化。

（3）支持智能体在可计算的自然、社会与人文环境中进行交互并进行自适应调整，实现异质智能体的互操作与协调；能够半自动实现对设定情景的主动培育，突破单一模式下用于逼近某一现实场景的仿真，以满足不同情景需求的成批仿真。

（4）在仿真实验中，保持情景的逻辑自洽，以便通过计量化方式评估产业安全问题管理措施。

（5）能够基于开放式框架的系统化集成平台，为产业安全问题管理研究的相关成果提供集成与支持。

（6）提供基于模拟仿真平台的综合集成研讨支持，实现通过对多种涌现过程与结果的标定分析与统计分析，实验结论能够以多样化的方式呈现。

（7）能够嵌入产业安全问题管理平台，共享国家产业安全管理体系的数据资源，为产业安全管理提供预测、评估、验证等能力。

9.3.3.3 模拟仿真建模技术选择

本节将从九个方面归纳产业安全问题管理对建模与仿真技术带来的新挑战，同时简要分析了迎接挑战的两项关键技术：综合性人工社会建模与平行系统演化。

1. 对仿真技术的挑战

（1）高度综合和复杂的人工社会建模问题，涉及自然、人工系统、社会组织和个体心理、行为等许多方面，层次多、节点多、总体结构复杂，具有多种不确定因素，带有对抗特征。这就要求研究多部门之间的协调联动建模，多种动态不确定性关系建模，非线性、多层次、多节点、异质、不同尺度及多种分辨率模型的集成，多学科、多视点建模和操作技术。如何根据"简单的一致"原理，从行为生成的角度出发，自下而上地建立复杂综合的人工社会模型是对建模技术的一项挑战。

（2）产业安全问题管理的全过程动态模拟仿真问题，即以监测与预警、应对与恢复为重点，支持产业安全问题管理"预测—预警—应对—恢复"全过程的模拟仿真。由于产业安全问题复杂多变，常常无规律可循，如何通过自然人文环境模型、产业安全问题模型、承载体模型和应对指挥模型等的集成，对其产业安全问题管理全过程进行模拟仿真,是建立"情景-应对"管理方法的核心问题之一。

(3) 要求建模和仿真平台具有多种功能,包括应对预案的可行性和有效性评估、应对管理机构设置和资源配置的合理性验证、决策指挥与处置流程的科学性评估、应对资源保障的联动性评估、问题/问题后果仿真、实时应对反应辅助决策、应对反应训练、问题辨识与监测、政府应对行为与问题处置需求的动态一致性检验等,并支持资源共享,提高使用效率,降低开发费用。

(4) 产业安全问题往往受多种影响要素综合作用,其发生、发展、转化与演化方式多变且难以准确界定,实现从原则性的预案到针对具体情景的可操作计划,需要研究产业安全问题的定性认知转变为定量计算的方法途径。

(5) 产业安全问题及其应对管理由大量多样性要素组成,难以用单一的形式化方法去描述。采用多智能体仿真时要有多种类型的主体,不同类型的智能体在属性和行为规则方面可以有明显差别。因此,要研究异质智能体集成,研究智能体生活空间与地理空间的关联,研究非对等的智能体描述。

(6) 产业安全问题管理研究涉及的领域广泛,学科交叉深入,包括网络舆情、信息处理、风险沟通、协同机制、应对决策、资源调度、应对准备、群体心理等领域。这些研究的成果分别从不同的视角反映了产业安全问题整体中的某个方面。如何通过动态模拟仿真与计算实验平台集成这些成果,促进不同学科间的开拓、交叉、渗透与融合,整体性地再现产业安全问题情景演变及应对管理过程是一项困难的工作。

2. 综合性人工社会建模

以人类社会为主体,包含与人类社会生活相关的自然环境与人工系统的社会系统建模是产业安全问题应对模拟仿真与计算实验所面临的首要问题。

基于复杂网络的社会网络建模用网络结构图的方式对社会组织结构和个体社会关系进行描述。这些方法虽然都在不同程度上对传统建模方法进行了改进,但仍然局限于静态描述层面上(盛昭瀚等,2009)。

为了有效地解决复杂社会系统的建模问题,20世纪90年代初,兰德公司提出了人工社会的概念,至此人工社会方法开始兴起。人工社会的核心方法是基于智能体的建模和分析,其基本思想是:人类社会是由大量个体构成的复杂系统,可以在计算机中建立每个人的个体模型(即智能主体);然后让这些智能主体遵循一定的规则相互作用;最后通过观察这群智能主体的整体行为涌现社会或群体现象,并以此构建复杂社会系统的模型,研究信息技术对社会政治文化的影响(Epstein and Axtell,1996)。

总体而言,采用多智能体构建人工社会以实现模拟仿真的方法已成为产业安全问题模拟仿真研究的重要途径,在复杂社会系统、复杂生态系统、反恐与国防安全、群体性事件等方面已取得较大研究进展,并开始应用于实际。

人工社会虽然在理论和应用上都取得了一些研究成果,但由于社会系统的复杂性,在社会计算领域仍存在着许多难以解决的问题。其中一个比较重要的制约因素是缺乏研究大规模人工社会计算实验所需的计算平台支撑,包括计算环境、各种应用工具、分析方法和建模仿真环境。著名的多主体建模工具集有 Swarm、Repast 和 Netlogo。这些传统的建模工具往往限于特定领域的小规模模拟，无法满足对复杂社会系统的全方位模拟需求。

人工社会建模关注人类社会在计算世界（如计算机世界/网络世界）中的映射，重点研究面向非常规突发事件应急管理的基础模型（如地理环境、人工人口、心理与行为模型等）的形式化描述和建立方法，以及由基础模型构建与现实社会相对应的人工社会系统的方法，包括人工社会的构成研究、人工人口系统与人工社会网络系统的本体结构和元模型研究、人工地理环境建模方法研究、人的特定心理与行为的仿真建模、复杂人工人口系统与复杂人工社会网络系统建模等方面。

3. 平行系统演化

2004 年正式提出的人工社会（artificial societies）、计算实验（computational experiments）、平行执行（parallel execution）相结合的 ACP 方法（王飞跃，2004），其思想是利用人工社会来构建产业安全问题情景，利用计算实验来进行应对分析，同时，利用平行执行与平行仿真来评估应对响应措施，为急响应措施的动态优化提供技术方案。

互联网的快速发展，使得平行系统演化技术在产业安全问题管理中有实际应用的可能。万维社会媒体突破了传统的信息感知，逐渐延伸到与产业安全问题本身进行强烈的社会化互动。互联网能够大范围、实时地感知网络人群的心理与行为特征，能直接服务于产业安全问题应对的实时监测。而物联网等技术的发展，将使得平行系统技术的应用更加广泛。

产业安全问题管理领域的平行系统演化研究主要包括：平行系统协同度的评估指标体系研究、应对反应效果评估技术、平行运行实时评估方法研究、场景的"what-if"推演、涌现观察与分析优化的方法研究、平行应对管理与决策支持方法研究、产业安全问题类型的预测预警方法研究、人工社会模型和结构的动态调整方法研究。

9.3.4 问题导向模拟仿真计算方法

9.3.4.1 基于智能技术的模拟仿真计算方法

（1）遗传算法。遗传算法通过选择、交叉、变异算子来实现群体的不断优化，利用简单的编码技术和繁殖机制来表现复杂的现象，从而能够解决非常复杂的问题。

（2）神经网络。1943 年，Mcclloch 与 Pitts 建立的神经网络模型首次把大脑活动视为信息加工，开创形式化方法研究神经系统的可能。

（3）布林网络。布林网络又称基因网络，其原理是基于遗传回路和调节基因的遗传理论，利用基因网络中的开关组合控制基因结构。其能描述大规模基因水平，因此被用于生命起源仿真和生态系统仿真。

（4）元胞自动机。利用基因网络中的开关组合控制基因结构。其能描述大规模基因水平，因此该方法用来仿真相互作用的元胞群体，群体内元胞间按照某种简单的规则交互。该方法常用于仿真复杂系统的自组织和突现现象。

9.3.4.2 基于数学手段的模拟仿真计算方法

（1）参数优化方法。该方法是基于系统辨识和参数估计理论的目标函数最优化方法。

（2）模糊仿真方法。该方法基于模糊数学，在建立模型框架基础上采用模糊数学对观察数据的不确定性进行处理。

（3）宏观仿真方法。该方法是一种统计建模与仿真方法，用于宏观经济分析和社会政策研究。

9.3.4.3 基于离散事件动态系统的模拟仿真计算方法

（1）Petri网。该方法是一种研究系统组织结构和动态特性的理论，适于对异步并发的建模（Peter，2003）。

（2）任务建模方法。该方法通过任务、边、资源等来分析实时系统的静态特性，通过大量任务分析系统动态特性（瞿继双和戴金海，2000）。

（3）基于知识的建模与仿真方法。该方法将数学解析法和符号推理技术结合，能有效表达实体间的数学、逻辑关系，从而有效处理系统复杂性问题（董明等，1997）。

9.3.4.4 定性建模与仿真方法

（1）定性因果方法。该方法把研究对象看成一个系统，抽象反映系统性质的变量构建系统模型，并收集这些变量的统计数据，进而得出模型的逻辑结构（Hawkins and woollons，1998）。

（2）系统动力学。该方法通过专家对复杂系统机理的研究，建立复杂系统动力学模型，并通过计算机仿真去观察系统在外力作用下的变化，从而获取系统变化趋势。

（3）归纳推理方法。该方法基于黑箱概念，从系统行为一级进行建模，并根据系统观察到的数据，生成系统定性行为模型。

9.3.4.5 复杂网络建模与仿真方法

复杂网络以图论作为精确数学处理的自然框架，可用图论中的"图"来进行表示。复杂网络包括以下几类模型。

（1）随机图。随机图是指不同点间连接的无序特征，其"随机"体现在边的分布上，边的产生依赖不同的随机方式，进而产生不同的随机图模型，ER随机图是其中的代表。

（2）一般随机图。该图是ER模型的一种扩展。配置模型可根据度序列来建立图，该模型配置简单，成为很好的分析方法。

（3）小世界网络。小世界网络界于规则和随机网络之间，该网络大部分结点可从其他任意结点经少数几步到达。该模型是构建图的一种方法，同时具有小世界属性和高的聚集系数。

（4）静态无标度网络。该网络是服从幂律分布的图，称为静态无标度图。其中代表性研究包括仅含有两个参数的模型，以及与其类似的适应度模型等。

9.3.4.6 综合集成方法

（1）从定性到定量的综合集成研讨厅。该方法以人为主，利用计算机、灵境技术、信息网络等现代信息技术和人工智能技术，组成人—机结合的智能系统，将所需要知识、信息快速调集出来，启迪专家的心智，并通过民主讨论，让专家各抒己见，然后将各方面知识、经验综合集成起来，将解决方案建模试行，反复修正，以便找到解决问题的最佳方案。

（2）基于人工系统、计算实验、平行执行的建模方法。在人工系统和计算试验的基础上通过平行系统的方法对复杂系统进行控制与管理，即设法挖掘平行系统中人工系统的潜力，使其角色从被动到主动、静态到动态、离线到在线，最后由从属的地位提高到相等的地位，使人工系统在实际复杂系统的管理与控制中发挥作用（王飞跃，2006）。

9.3.4.7 其他建模与仿真方法

（1）元模型方法。该方法利用元数据管理不同类型的数据，在高于各类领域模型的层次上对模型进行分析和研究（毛媛等，2002）。

（2）分形方法。该方法在掌握系统整体与局部之间结构相似性的基础上，从整体出发逐步深入地从宏观向微观分析问题（康卓等，2003）。

（3）基于系统工程的分析方法。该方法将研究对象作为一个系统，对其进行分解，在适当层次上通过对系统整体目标的研究，找到问题的解决途径（胡晓峰，2006）。

9.3.5 方法评价

在创建产业安全评价体系时，首先要根据产业安全的主要影响因素，构造一级指标。其次，将描述这些影响因素的各项具体指标，分别列入相应的一级指标之下，作为二级指标，并建立两级指标间的逻辑关系。再次，从反映同一个影响因素的众多指标中挑选出具有代表性的指标，并剔除与该代表性指标相关度过高的指标。

指标体系建立之后，要对指标赋予权重，然后进行综合评价。赋权方式包括主观赋予权重和通过模型计算得出两种。

国内外关于评价的模型很多，包括非线性多属性综合评价模型、基于风险测度的模糊综合评价模型、基于熵理论的权重估计方法等。

9.4 基于产业经济社会复杂网络系统的模拟仿真方法

9.4.1 社会经济系统仿真基本方法

9.4.1.1 社会经济系统的总体认知

根据系统论的观点，任何系统都是由具有不同属性的单元组成，这些单元又可在不同的粒度上细分为多样化的元素。这些元素并不只是简单地聚集在一起，而是通过相互作用、相互联系形成具有复杂结构和复杂属性的网络，从而呈现出不同的宏观经济现象和社会现象。社会经济系统就是这样一个由自然界和人类社会之间相互作用、相互联系形成的具有无限多样性、不确定性、整体行为不可分性和非线性关系的复杂系统。如图 9-8 所示，社会经济系统由自然系统、人与社会子系统组成，子系统又可以通过不同的属性分为不同的元素，各元素具有不同的属性，且元素间相互作用形成复杂网络，从而在社会科学、经济学、政治文化等科学方法论的指导下形成宏观社会经济系统。

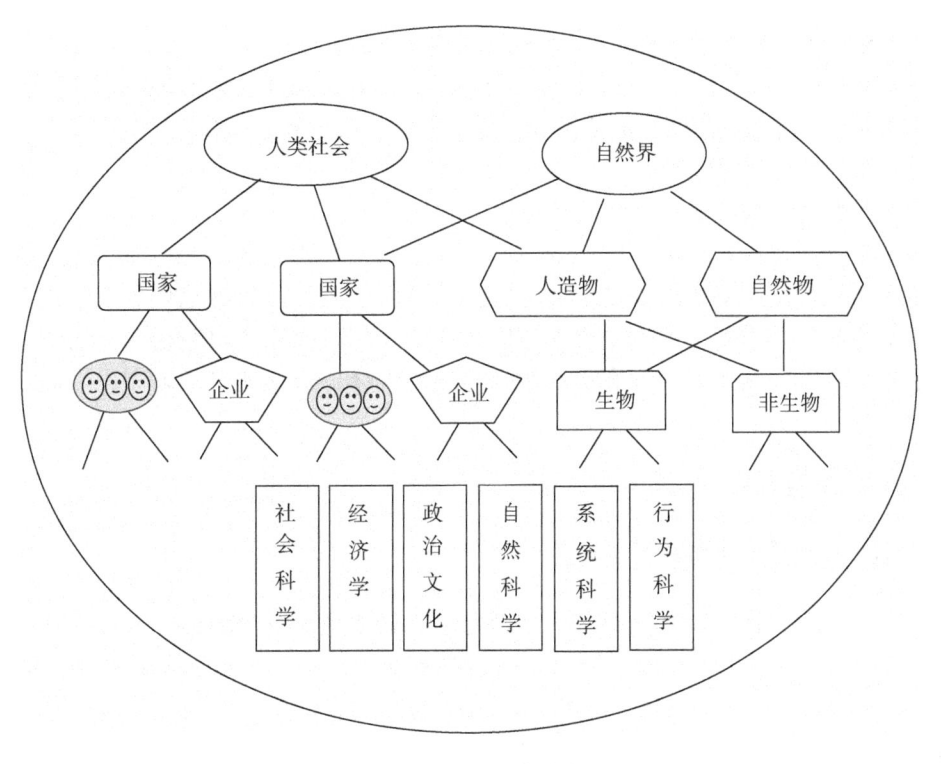

图 9-8 社会经济系统

9.4.1.2 社会经济系统的复杂性

复杂性是系统存在的基本属性。社会经济系统以人为核心，涉及人类生活的方方面面，以及人类活动同周围环境的交互影响，是一个具有高度复杂性的巨系统，主要表现在以下几个方面。

（1）系统中要素的复杂性。社会经济系统是具有不同属性的各要素的动态集合，人的要素、物的要素、信息要素等通过输入、输出属性相互关联，形成具有一定结构的网络。某些抽象要素（如社会心理要素）难以用量化的数值来衡量，且具有模糊性、不确定性等特点，表现出了在结构方面、性质方面等的复杂性。

（2）要素间交互作用和连接的复杂性。要素的复杂性决定了要素间交互作用和连接的复杂性。社会经济系统中各要素相互依赖、相互制约,并通过动态非线性方式传播,具有复杂的内在机理和外在表现。

(3) 人类行为的复杂性。人是社会经济系统中的主体要素,是理性与非理性、主动与被动、主观与客观相统一。人也是具有高度智能性的自适应主体,通过经历、模仿、学习、改进等方式决定自身的行为,人类行为的不确定程度越大,系统就越复杂。

(4) 环境的复杂性。宏观现象阐述的往往是系统内各要素与环境交互作用的结果,环境为系统中主体提供生存和发展的条件,其复杂性和不确定性同样在系统中得到表现。

社会经济系统的复杂性决定了其仿真具有以下特点。

(1) 各元素之间存在复杂的非线性相互作用,简单的数学模型并不能表达这种关系,因此宏观社会经济系统的仿真应从微观各元素入手,通过建立微观元素的模型,根据其相互关系涌现宏观总体特征。

(2) 社会经济系统的仿真具有动态性和自适应性。个体的知识、能力、信息等是复杂的且不断变化的,个体间交互的规则、对象和条件也是发展变化的,这就决定了系统仿真的动态性;动态性决定了社会经济系统的仿真不能单纯地依靠单一模型,而需要从系统的要素出发,通过研究要素间的相互作用从而实现对系统总体的研究。同时,个体是具有很强的目的性和主动性的适应性主体,个体通过学习和改进以适应复杂的环境变化。

9.4.1.3 社会经济系统仿真基本方法概述

1. 元胞自动机自组织分析与建模

元胞自动机源于著名计算机学家、数学家冯·诺依曼(Von Neumann)的著作 *Theory of Self-Reproducing Automata*,随后剑桥大学的康韦(J.H.Conway)将自动机的规则简化,编制了生命游戏(game of life)。最终物理学家、数学家和计算机学家沃尔夫曼(S. Wilfrarm)将元胞自动机的动力学行为归纳为平稳型、周期型、混沌型、复杂型四类,元胞自动机作为一门新的科学得到了广泛的认可和推广。

元胞自动机由元胞、元胞空间、邻居及演化规则四个部分组成。元胞是元胞自动机的基本组成部分,分布在离散的一维、二维或多维的欧几米德空间的晶格点上,随着演化的发生,不断变换自身状态。元胞所分布的空间上的所有元胞集合组成了元胞自动机的元胞空间,元胞空间的划分方式有多重,如二维元胞自动机通常采用三角形、矩形或六边形的划分方式。某一元胞状态更新时所需的局部搜索空间域叫做该元胞的邻居,系统演化的时间长度一般随着邻居大小的增加呈指数增长。邻居的类型根据元胞自动机的不同而不同,如二维元胞自动机的邻居有 Von Neumann 型、Moore 型等。演化规则是元胞自动机的核心,也是能否实现有效仿真的关键。它是根据元胞及其邻居当前的状态确定下一时刻该元胞状态的动力学函数。

元胞自动机用简单的建模描绘深刻的系统行为,在社会学、生物学及复杂系统研究中得到广泛应用，但由于过于简单，难以符合社会经济系统的复杂性。

2. 基于 Agent 的建模与仿真方法

基于 Agent 的建模与仿真方法源于分布式人工智能（distributed artificial intelligence）（施永仁，2007），是通过模拟现实世界，将复杂系统划分为具有数据、知识、模型等的能够自主运行的多个个体，个体群通过连接或群集的方式涌现出问题的最优解或较优解。

Agent 通常由知识库、推理机、用户界面、通信模块、事件处理模块、学习模块六个模块组成，采用自下而上的方式，以微观行为刻画系统宏观现象，已经在各领域得到广泛应用。例如，在经济领域，美国 Sandia 国家实验室开发了 Aspen 经济方针模型，以居民、工业、银行、政府等微观单位作为描述和模拟对象，融合进化学习和并行计算的最近技术，能有效应对单一计算环境和综合分析，并且在经济仿真、电力系统仿真等方面得到了很好的应用。

基于 Agent 的建模与仿真方法在国内外得到了一定深度和广度的应用，但理论和方法还不够成熟，且对于 Agent 的真正定义尚存在争议，因此并不能真正、具体地对现实中特定复杂系统进行描述、分析和控制。

3. 系统动力学仿真方法

系统动力学由费雷斯特于 20 世纪 40 年代创立，是研究一类连续的复杂系统额方法，它通过相关的 DYNAMO 语言和仿真工具进行模型实现与系统仿真，从而把现实生活中的复杂系统映射到系统动力学流程中。系统动力学在企业经营管理、城市问题、全球发展预测等一系列社会经济领域中得到了成功的应用。

系统内部复杂问题的反馈过程是系统动力学仿真的基本思想。系统动力学认为，系统的行为模式与特性主要取决于其内部的动态结构与反馈机制，一旦掌握了系统的内部结构及其变动趋势就有可能预见其未来的行为模式。同时，系统动力学强调系统的内部非线性和整体性，且注重定性和定量的结合。系统动力学仿真方法适应于简单的因果反馈系统，对于社会经济系统这个具有高度复杂性的系统仿真来说，系统动力学难以体现复杂的非线性关系和个体的行为特征。

4. 定性仿真方法

在现实世界中，很多系统无法用定量的数学模型来描述，或定量仿真需要很大的代价，因此定性仿真成为处理复杂系统不确定性、不连续性特征的良好方法。定性仿真是利用抽象的方法对复杂系统建立定性模型，通过推理对系统进行仿真。定性仿真也可以描述有关系统结构和行为的不完备，以及模糊的知识，并对其进行处理。定性的方法将人的认知和专家的知识同系统达到有效结合，从而产生相对定量仿真更有效更科学的结果。

定性仿真方法在目前形成了三个理论派别，分别是模糊仿真方法、基于归纳的学习方法和朴素物理方法（孟小旋，2002）。模糊仿真方法是利用数学对模糊现象进行度量、识别、推理、控制和决策，是一种定性的、精确的数据描述方式，但当前的研究对于系统模糊量的描述尚存在争议；归纳推理方法利用系统论中的通用系统问题求解技术分析问题，不需要预先提供模型，但数据处理和维护量庞大，且不能保证归纳的完备性；朴素物理方法兴起于朴素物理系统的定性推理，主要有因果类方法和非因果类方法，目前发展较为成熟，但应用范围有限。

9.4.2 社会经济单元的基本协同与博弈模拟模型

9.4.2.1 社会经济单元的协同竞争

社会经济基本单元是构成社会经济系统存在的一切客观事物，如经济生基本单元企业、工厂等，或基本的消费人群、团体等；而三个或三个以上具体事物单元构成了有机联系的整体，即单元系统。社会及经济基本单元系统包括自然环境基础单元、社会经济基础设施、经济生产基本单元、基本消费人群团体等，如图9-9所示。

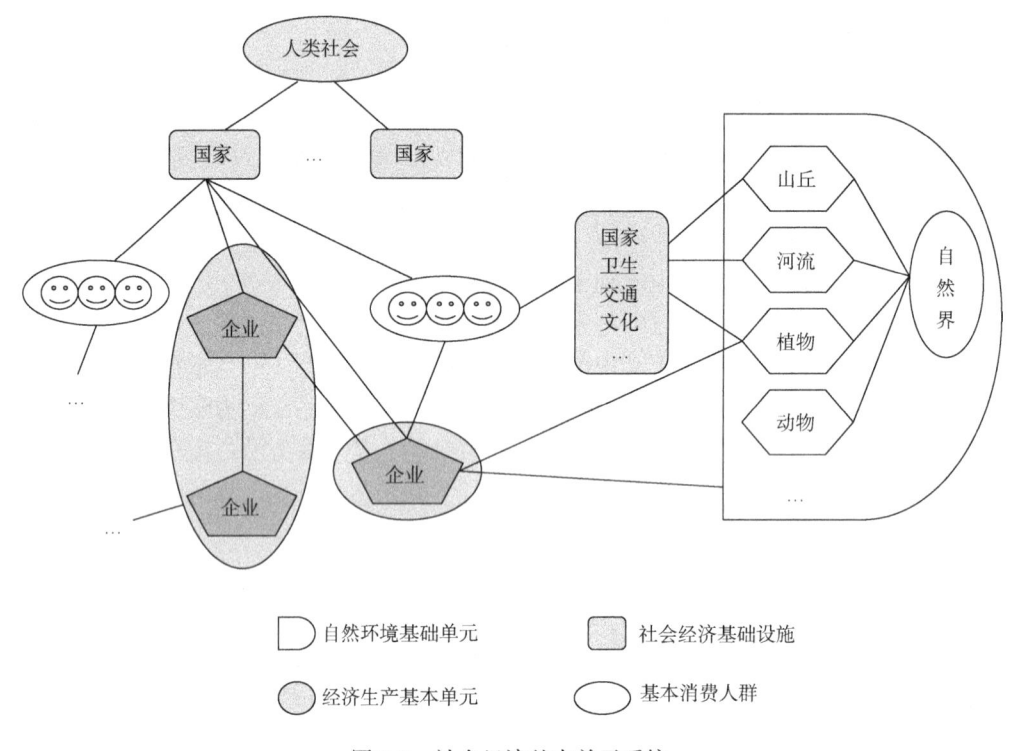

图9-9 社会经济基本单元系统

社会经济单元的协同和竞争具有以下特点：①社会经济系统中协作和博弈的主体是企业，因此本节将企业作为社会经济系统的基本单元；②价值活动相关性是协作和竞争产生的基础，不同企业间形成资源相似或互补，或存在信息交流等，从而产生关联关系；③社会经济单元的协作与竞争是事物的内在联系和客观规律，不以人的意志为转移，人类通过认知和仿真实现对其内在规律的深入挖掘;④社会经济单元间的协作与竞争关系是有机的、非线性的,通过关联实现信息和能量的自由流动,单纯依靠定量的数学模型难以有效描述。

企业协同竞争的主要表现形式有战略联盟、虚拟企业、供应链、企业集群、企业生态系统等(李振华,2005)。迈克尔·波特从战略管理角度定义,认为联盟是指同结盟的伙伴一起协调或合用价值链,以扩展企业价值链的有效范围。虚拟企业脱离传统企业"集中化"所带来的空间限制,使组织能在更大的空间范围内整合资源;并且各企业主体通过网络交流沟通、共享信息。供应链强调各节点企业间的集成,贯穿了从产品设计、原材料和零部件采购、生产制造、包装、运输、配送、销售直到最终用户的全过程;供应链管理注重外部环境的影响和企业间的协作整合,是一种范围更广、更加系统的概念。

9.4.2.2 社会经济单元的博弈模拟模型

1. 演化博弈模型

Maynard 和 Price(1973)、Selten(1980)将博弈论和动态演化相结合,对动物间的交互行为进行了演化推理。随后演化博弈模型广泛应用于社会和经济行为,为社会经济系统的模拟和分析提供了基础。演化博弈理论强调动态的均衡,利用演化稳定策略(evolutionary stable strategy, ESS)对群体向稳定状态收敛的过程进行表征,同时用与之有紧密联系的复制者动态方程(replicator dynamic equation)描述演化博弈的稳定状态。动态变化速度表示为系统中个体对于某策略的采用比例和期望收益的函数,如式(9-1)所示:

$$\mathrm{d}x(t)/\mathrm{d}t = x(U_S - \overline{U}) \tag{9-1}$$

其中,x 为系统中个体对策略 S 的采用比例,随着时间和环境的变化,该比例也会动态变化;$\mathrm{d}x(t)/\mathrm{d}t$ 为个体采用策略的比例随时间的变化率;U_S 为个体采用该策略的期望收益,$\overline{U}$ 为个体所处策略空间中所有策略的平均收益。

2. 社会经济基本单元的协同博弈

理论界对于协同竞争的研究,主要从复杂系统、演化博弈论和企业生态学角度展开。复杂系统理论着重于对系统自发性和复杂性的研究,企业是一个开放的系统,外部因素对企业来说是输入因素,也是影响因素,企业随外部因素的变化而不断自我调整。演化博弈论聚焦企业间的竞争与合作,将社会经济活动的动态变化归因于协同竞争策略的变化。企业生态学认为企业间的共生能够产生剩余,表现在共生企业竞争力的增强上,企业竞争协同的结果不是同化,而是进步。

然而随着社会经济的发展,企业所处的环境和同环境的交流呈现出动态不确定性,企业作为社会经济基本单元,如何同相关利益群体建立动态有效的联系获取协同效益成为社会经济研究的焦点问题。因此,对于企业协同演进,单纯从单一视角研究是片面的、不完整的。社会经济系统本身即复杂系统,而演化博弈模型是对系统动态机理的形式化描述，企业生态学则是对系统内基本单元协同博弈的原则的表征。

3. 供应链中企业的协同博弈

供应链是由企业之间通过采购、供给、销售、消费等相互作用形成的动态功能性网络结构的链接关系。供应链的运行也是价值增值的过程，体现了物流增值和信息流的增值。如图 9-10 所示，资源通过供应商，经过物流配送，发送给制造商，进而分销直到消费者手中，形成产品、服务和信息的交换，这是物流增值的过程。在整个供应链中，供应商、制造商通过信息和服务的共享，选择最有利于资源优化配置的方式生产，消费者的需求和产品效用信息也用于指导供应链各节点的行为。在信息流的作用下，供应链能实现其整体的效率和效益，向着更有利于资源优化配置的方向发展。

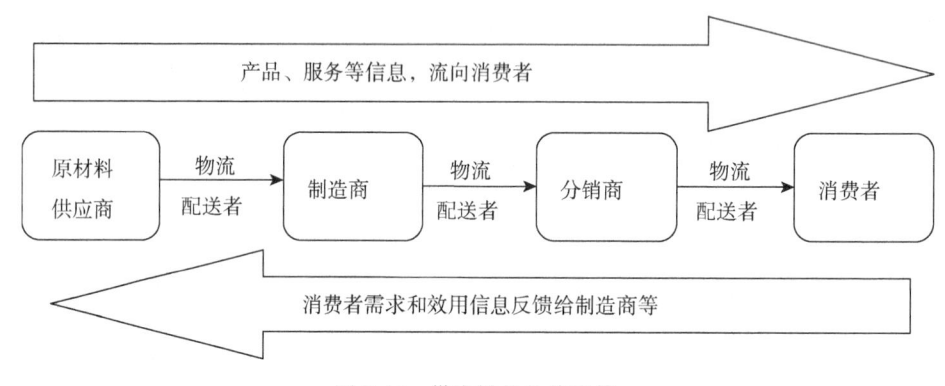

图 9-10 供应链的价值增值

9.4.3 全球市场模型

9.4.3.1 市场模型

全球市场为经济全球化提供了场地，而经济全球化的发展也是全球市场不断变革演化的产物。全球市场通过供应链网络的价值流动形成，一方面实现了产业间"供"与"销"的资源转换，一个产业的"供"为上游产业的"销"，而"销"为上游产业的"供"，即对外贸易；另一方面全球市场为企业间资源的共享提供了契机，企业间通过兼并与收购实现资源的共享和资源充分利用，从而达到整个市场的效率提高。此处我们将市场作为供应链的节点，产业与产业、企业与企业通过市场这个节点相互链接，形成具有复杂性和一定拓扑性质的网络。

全球市场是利用"生产者—产品—消费者"这样的基本关系发展演化的，Christopher 等（1991）构建了"六个市场模型"，是关系市场模型的代表（图 9-11）。Payne 关系市场模型以顾客市场为中心，扩大到中介市场、供应商市场、招聘市场、影响市场和内部市场。顾客市场包括消费者和分销商；内部市场指公司或产业内部的个体；招聘市场为企业人才提供支持；供应商市场为公司或产业提供能源、设备和服务等；影响市场指能够积极或消极地影响公司市场环境的个体；中介市场是开发新业务的有效渠道。

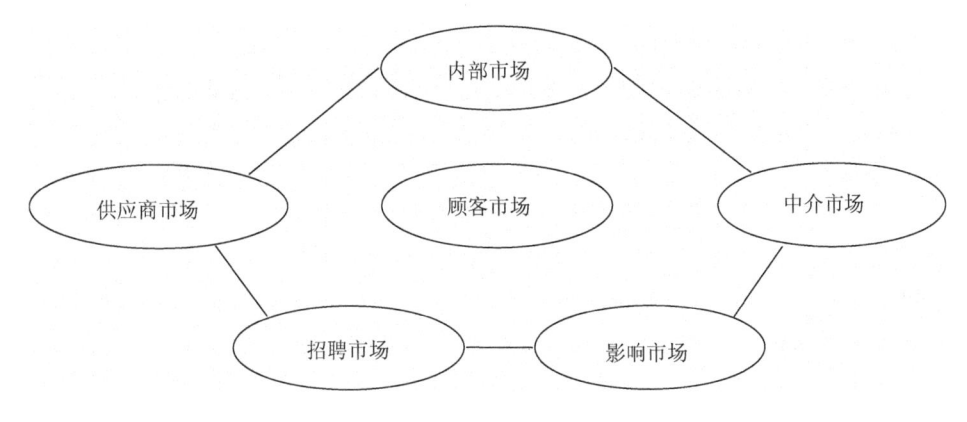

图 9-11 Payne 关系市场模型

Payne 关系市场模型从市场营销角度对全球市场进行建模,但停留在观念层面。随后学者对其模型进行了改进,并应用到了各个行业。

9.4.3.2 全球市场给产业带来的机遇与挑战

经济全球化的发展带动了国际贸易的增长,虚拟经济和全球化为贸易管制的放松,客观上为产业的协同发展提供了机遇。一方面,跨国公司的活动频繁强劲,全面开放的商品服务和要素市场,无形中形成了全球统一的市场规则,并加速了市场规则的更新和完善;另一方面,产品和生产要素的国际化,使产业结构升级的同时,全球分工和专业化程度提高。各国产业的资源交流推动了技术的发展和产品、产业生命周期的缩短,区域经济合作使资源在全球市场中得到最优配置,进一步提高了产业整体的竞争力。

经济全球化为产业的演进发展提供了机遇,同时也是对产业发展的挑战。经济全球化的一个重要特点是放松管制,跨国资本的扩张给国内民族经济带来巨大的压力和冲击。同时我国工业基础相对薄弱,市场经济尚未发展成熟,国际经济秩序的制约增强了我国产业在全球市场上的发展,劳动力价值偏低、经济风险加大。

全球市场模型的建立应充分考虑全球市场作为一个资源共享平台为产业发展带来的机遇,同时也应在产业协同关联中加强竞争力和一国产业安全的保障。

9.4.3.3 跨国全产业供应链网络的构建

波特把国家的竞争优势归因于产业的提升:"一国的竞争力依赖于它的产业创新与升级能力。"产业竞争力决定着国家竞争力,各产业通过全球市场进行资源的流通和传递,形成跨国产业供应链网络;而国家为产业提供发展的基础设施和政策等环境,又反过来影响产业的发展。

产业链是从点到线的拓展。企业具有资源转换器的作用,将投入因素进行资源转换形成产出因素;而企业聚集形成具有某种共同特征的集群,即产业,同样的,产业也有投入因素和产出因素的相互作用;产业与产业之间通过产业链形成线性或非线性关联结构,而这些关联关系相互作用的场地便是全球市场,或者说全球市场是供应链的节点。

在社会经济复杂网络的基础上,本节借鉴 Payne 关系市场模型的有用信息,对全产业供应链进行梳理,同全球市场结合,形成了跨国全产业供应链网络,如图 9-12 所示。从全球视角来看,以本国内部市场为核心,其供应商、上游企业、竞争者、影响者、分销商、消费者、下游企业可为国内也可为国外。其中,供应商作为上游企业中的核心企业,为企业主体提供生产资源;下游企业可为对本企业产品进一步加工的企业,也包含消费者。本国在内部实现资源流动的同时,还通过进出口同其他国家进行人才、资源交流和生产要素流动。同时各企业在发展时同自然界进行交互作用、影响。基于以上网络,社会经济单元通过输入、输出等相互作用,自下而上涌现出宏观社会经济现象。

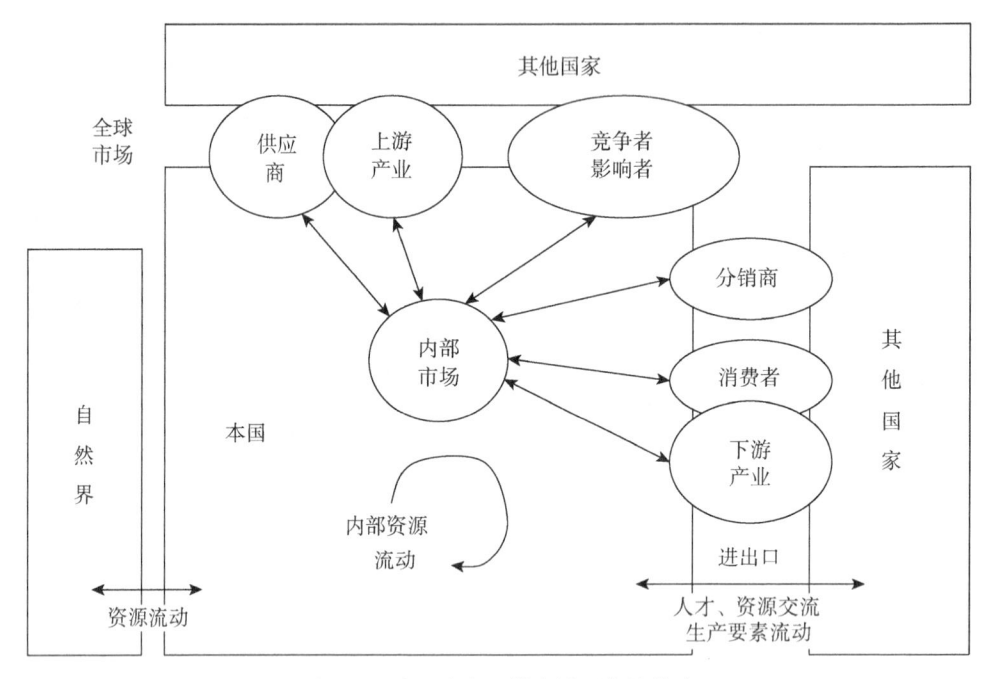

图 9-12 跨国全产业供应链网络的构建

9.4.3.4 投入产出分析

投入产出(input-output,IO)理论由 1936 年华西里·列昂惕夫(Wassily Leontief)提出,作为一种经典的分析方法在经济分析中得到了广泛的应用。IO 模型实质上是一种一般均衡模型,是一种线性、确定性和缺乏时效性的模型;而 EC(econometric,EC)模型具有动态性的优点,通常适用于局部或不均衡的状态。投入产出计量经济(econometric+input-output,EC+IO)联合模型即是 IO 模型和 EC 方程的联合(孟彦菊和翟佳琪,2008),联合的中心是 IO 恒等式:

$$X = AX + Y \tag{9-2}$$

其中,X 和 Y 分别是表示部门总产出与最终需求的 n 维向量;A 是 $n \times n$ 阶直接消耗系数矩

阵；Y在宏观经济模型中一般包含居民消费 C、投资 I、政府消费 G 和净出口 NE，公式为
$$Y = C + I + G + \text{NE} \tag{9-3}$$

把最终需求 Y 的各组成部分按部门固定贡献率 h 进行部门分解为
$$Y_i = h_{C_i}C + h_{I_i}I + h_{G_i}G + h_{\text{NE}_i}\text{NE} \tag{9-4}$$

将居民消费总量设定为消费函数：
$$C = \beta_0 + \beta_1 Z_1 + \beta_2 Z_2 + \cdots + \beta_p Z_p + \varepsilon \tag{9-5}$$

其中，C 表示居民消费，$Z_C = (Z_1, Z_2, \cdots, Z_p)^{\text{T}}$ 表示消费行为的所有决定因素向量，共有 p 个；$\beta_C = (\beta_0, \beta_1, \beta_2, \cdots, \beta_P)^{\text{T}}$ 表示与决定因素相应的参数列向量，ε 是随机扰动项。因此式（9.5）可以表示为
$$C = Z_C^{\text{T}} \beta_C + \varepsilon \tag{9-6}$$

将式（9-6）代入式（9-2）和式（9-7）得到简单的 EC+IO 结构方程：
$$X = AX + h_{C_i}(Z_C^{\text{T}} \beta_C + \varepsilon) + h_{I_i}I + h_{G_i}G + h_{\text{NE}_i}\text{NE} \tag{9-7}$$

对于产业间相互关联的测度还有基于列昂惕夫逆矩阵的影响力系数与感应度系数。影响力系数衡量产业内一个部门的生产对其他部门的影响程度与社会平均影响力水平的比较，又称为后向联系系数，即某下游产业，对国内其他上游产业的带动作用。感应度系数衡量各部门对某部门的需求程度与社会平均水平的比较，又称为前向联系系数，即某上游产业，对国内其他下游产业的推动作用。

9.4.4 可社会并行的综合仿真计算方法

9.4.4.1 经济与社会发展知识体系

社会经济复杂网络系统是复杂的巨系统，因此难以用简单的数学模型来描述其演化发展。而从知识的方法论角度来看，人类对一复杂系统的所有认知就是这一系统的很好的模型。因此，本节社会经济系统的仿真以系统科学的思想为指导，基于事物的可分性，建立社会经济系统基本单元；基于事物的普遍联系性，建立基本单元之间的联系，各单元通过输入输出连接，形成复杂网络系统；同时，基于事物变化的绝对性，从社会经济系统基本单元的变化，到集群的变化，再到整个网络的变化。

图 9-13 为经济与社会发展知识体系举例。该体系包含社会及经济再生产过程系统、社会及经济基本单元系统、社会经济管理活动系统三大系统，社会及经济再生产系统是指构成单元由物流、能流、资金流、人力流连接起来网络系统，包含三大产业、自然再生产系统和社会发展再生产；市场行为是各经济单元间流的平衡机制。社会及经济基本单元系统则包括自然环境基础单元、社会经济基础设施及经济生产基本单元、基本消费团体、人群等。社会经济管理活动是人对社会经济系统运动状态向另一运动状态的突变过程的干预活动。本质上是人作为主动因的客观事物系统的状态变化过程，包括科学技术等资源、人力资源、专家、组织、法律法规、制度、体制、规划、计划、执行、协同、评估等。

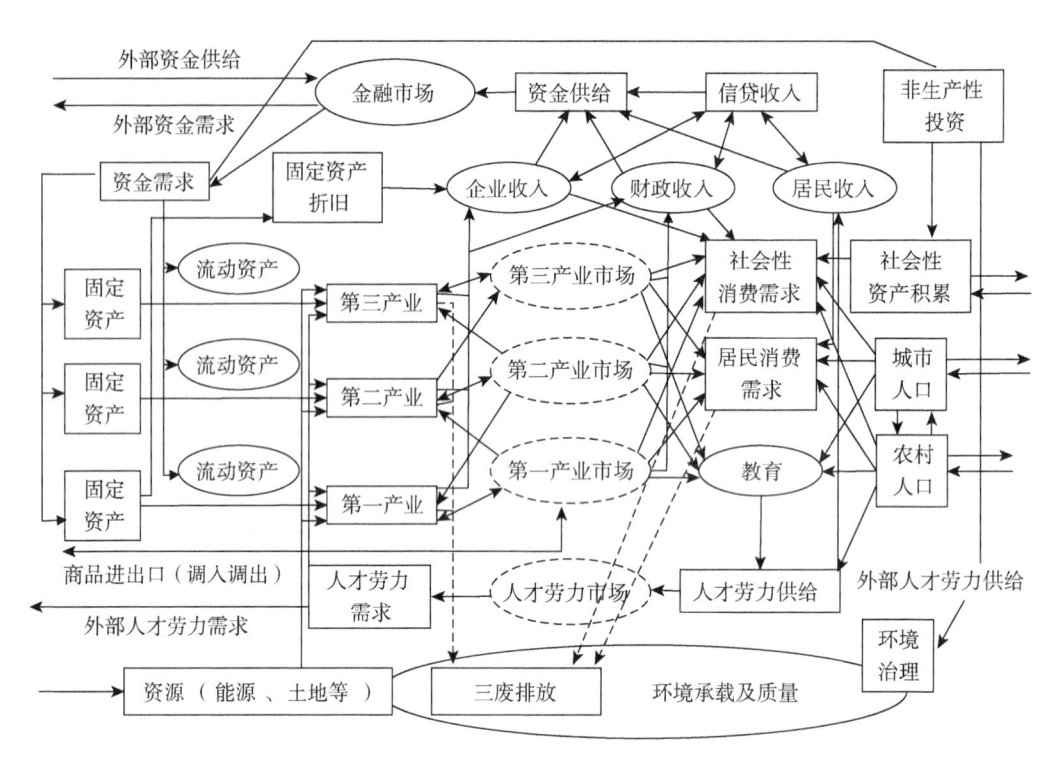

图 9-13 经济与社会发展知识体系

9.4.4.2 可社会并行的综合仿真计算方法

并行性是指计算机系统同时进行操作或运算的特性。并行计算是指在并行计算机上，将一个应用分解成为多个子任务，分配给不同的处理器，各处理器之间相互协同、并行执行子任务，从而能够快速地解决庞大且复杂的计算问题。在前面我们分析了社会经济系统的复杂性，针对复杂网络系统信息不完全、不准确、缺乏先验信息，且具有动态演化性，社会经济系统的仿真需解决非线性和动态处理要求；同时，社会经济单元的协作和关联和推演规则是描述系统的结构和行为的有力工具，应该是定量化且确定的。因此，利用并行计算能够有效解决复杂网络系统计算冗长、量大的问题。并行计算按照运算对象的不同分为数值型计算和非数值型计算；根据并行进程相互执行顺序的不同分为同步、异步、独立并行计算；根据任务粒度的不同可以分为粗粒度、中粒度、细粒度并行计算。传统的并行计算模型有随机存取并行机（parallel random access machine, PRAM）模型（假定有若干个功能相同的处理器，并存在一个具有无限容量的共享存储器，忽略通信和同步开销，不适用于消息传递系统或者模型化存储器层次）、哈佛大学 L.G.Evaliant 提出的整体同步并行计算（bulk synchronous parallel, BST）模型（用处理器、进行处理器之间点对点传递消息的选路器、全局同步之间的时间间隔，三个参数描述分布存储）、David Culler 于 1993 年提出的 LogP 模型（分布存储、点到点通信的多处理机模型）等。

可社会并行的综合仿真计算方法基于知识管理方法研究复杂系统信息、知识和模型的集成管理和集成分析，建立六层次认知方法，如图 9-14 所示。首先建立基本概念属性模型，实现对客观事物的感性认识；运用数据、信息模型描述并测度认识；进而通过结构、知识模型实现对结构关系的认识。以上为关于事物是什么的知识，而接下来是关于事物如何变化的知识。而问题模型的建立用于解决主客观差异问题；映射到数学模型，对事物运行的机理、规律和方法深一步挖掘；最后通过优化决断模型，解决事物规律的把握选择问题。

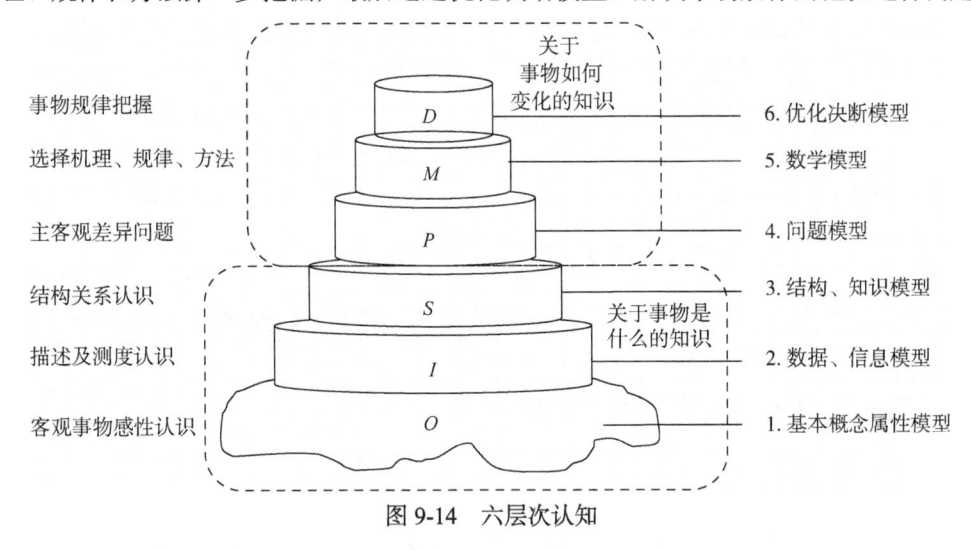

图 9-14 六层次认知

将六层次认知方法应用到社会复杂网络系统的模拟仿真中，首先通过定性分析对系统实现逻辑和知识层面的认知，然后建立数学模型利用并行计算实现仿真。

（1）系统分析与复杂网络的建立。通过对社会经济复杂系统的感性认知，首先建立概念属性模型，实现对社会经济基本单元的形式化描述；并观测其在原型经济系统中的行为、功能和属性，通过数据、信息模型进行检测与验证，使其能够准确反映在原型经济系统中对应事物的行为和状态；结构、知识模型的建立能够反应社会经济单元及子系统之间的关联关系，正是这种复杂的关联关系，形成了复杂网络系统，网络的节点为社会经济基本单元，网络的边为其相互关联的关系。

（2）演化数学模型的建立，这一步是对模型的定量化。对于某一社会经济基本单元来说，其属性中包含了输入属性、输出属性和状态属性。如图 9-15 所示，$I(t)$ 为输入变量，$O(t)$ 为输出变量，由于系统动态性的特征，两者均为时间 t 的函数。而本单元的输入属性可能为其他关联单元的输出属性，本单元的输出属性可能为其他关联单元的输入属性。演化数学模型将已建立的社会经济复杂网络映射至数据层面，从而根据实际目标，实现数据驱动的复杂网络推理。

图 9-15 社会经济单元输入输出模型

9.4.5 方法评价

基于产业经济社会复杂网络系统的模拟仿真方法基于社会经济基本单元的协同竞

争，形成具有竞争力的产业供应链；并通过全球市场的作用，实现国家与国家的连接；最终形成社会经济复杂系统。在社会经济复杂网络中，企业与企业之间通过市场相互作用，而市场又是供应链的节点。因此，基于产业经济社会复杂网络系统的模拟仿真方法通过微观经济主体的相互影响、相互作用，自下而上实现宏观社会经济现象的涌现。并行计算方法的引入，解决了复杂系统计算量大而繁杂的问题。

同其他社会经济系统仿真方法相比，基于产业经济社会复杂网络系统的模拟仿真方法具有良好的优越性：一方面，从微观主体到宏观现象对系统进行描述、分析和控制，符合产业经济社会复杂网络的产生机理；另一方面，微观主体的关联关系构成产业经济社会复杂网络的边，很好地体现了系统的非线性特征。

9.5 基于知识元的数据与模型混合仿真方法

9.5.1 基于知识的产业安全情景构建

9.5.1.1 情景模型体系

"情景-应对"模式被认为是最适合应对产业安全问题的模式，首要解决的问题就是对情景的研究，而对情景的研究一方面为了便于利用计算机对情景的模拟实现，另一方面也为了应急决策人员的实时有效应对。基于这两方面的目的，提出情景模型的构建。首先从情景的模拟实现角度，提出了建立情景的概念模型，以便于在计算机上的实现，而情景元模型则是在高层次上对所有情景的抽象，便于指导情景概念模型的建立，情景概念模型实例化约束则是在情景模拟实现时要考虑的约束，以使构建的具体情景有意义。整个情景模型体系的提出是为了利用计算机对情景进行模拟实现，以及为决策人员提供实时有效的应对信息。从计算机实现模拟的角度来看模型体系是具有科学性的。

综上所述，对情景模型体系的研究主要分为对情景元模型、情景概念模型以及情景概念模型实例化约束的研究，如图 9-16 所示。情景元模型是情景概念模型的模型，是对情景概念模型的描述，情景元模型可以对构建情景概念模型起指导作用，而情景概念模型则是特定领域即特定类型事件的情景的模型，由于每类突发事件要素的不同，所以对每类突发事件分别建立模型进行研究是比较合适的，对情景概念模型的实例化即是具体的情景，而在实例化过程中为使情景有意义就要考虑一系列的约束条件。

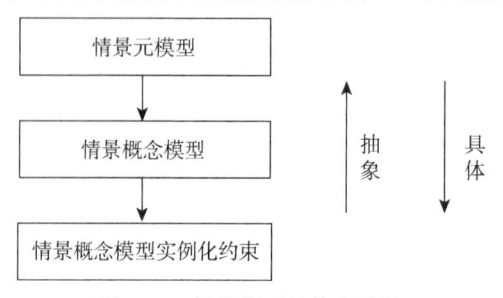

图 9-16 情景模型的体现结构

图 9-16 中从上到下是模型的具体化,而从下至上是对模型的抽象化。

9.5.1.2 情景元模型的构建

情景元模型是对情景概念模型的描述,是对所有领域情景概念模型的抽象表示。构建情景元模型,需要明确四类要素,如图 9-17 所示,并用四元组 $S=(E, H, A, K)$ 进行表示。

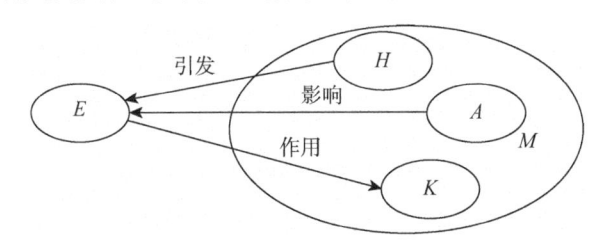

图 9-17 情景元模型

其中,S 为情景元模型,E 为产业安全问题本身,M 为事件所处的环境,H 为引发问题的要素,A 为影响问题发展的要素,K 为问题作用对象要素(承载体)。

9.5.1.3 基于知识元的产业安全情景概念模型构建

情景概念模型是在元模型的指导下,对具体领域情景的描述,主要包括构成上述四类要素的客观事物对象,以及这些客观事物对象之间的关系。在知识领域利用对象知识元表示客观事物对象,包括对象的名称、属性的集合以及属性之间的映射关系。情景概念模型是由这些对象知识元以及知识元之间的关系构成的。

1. 知识元抽取

对象知识元包括事件对象知识元、引发问题的对象知识元、影响问题的对象知识元以及问题作用对象知识元。这些对象知识元构成了非常规突发事件的灾害要素集合。抽取方法采用基于案例的计算机自动循环抽取方式,以达到每类情景的对象知识元抽取的全面性。其抽取以及完善知识元的流程如图 9-18 和图 9-19 所示。

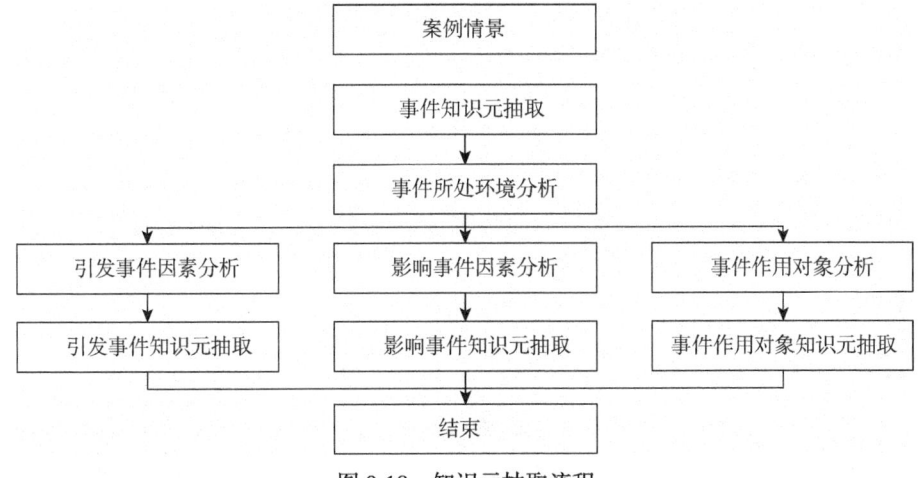

图 9-18 知识元抽取流程

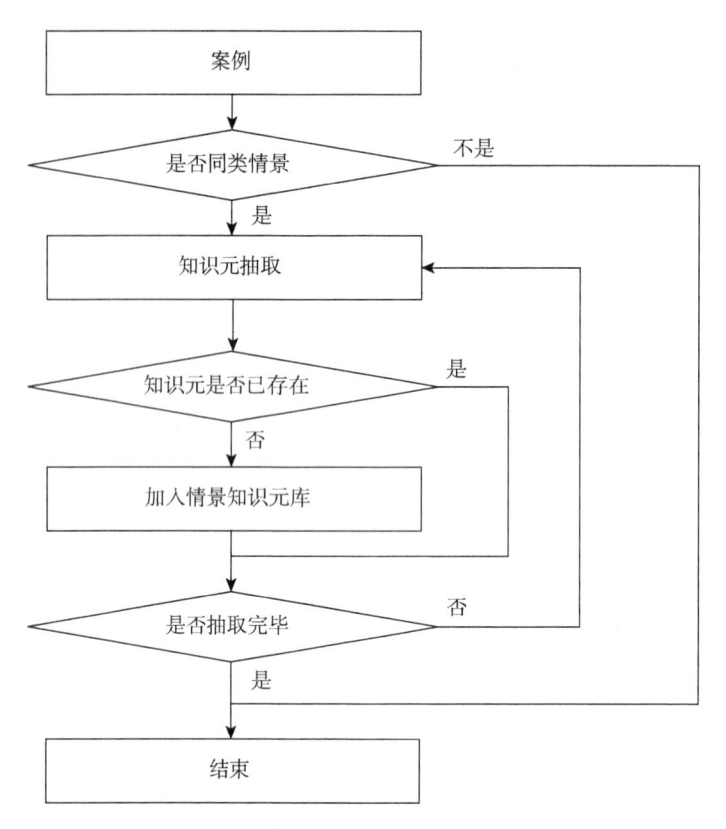

图 9-19　情景类型知识元库完善流程

2. 知识元关系抽取

引发关系是情景的重要关系，引发关系的抽取就是要在对产业安全问题的研究基础上研究问题发生的原因。由于同一类问题的发生可能是不同的因素造成的，存在"或"的关系；也可能是由多个因素共同作用造成，存在"且"的关系，所以在研究引发关系时要分析这些因素之间彼此的关系。由于引发关系实质是一种因果关系，所以引发问题的原因知识元与问题知识元之间可以通过输入输出匹配进行关联。

影响关系对情景的发展起到一定的促进作用，虽然此类关系并不是直接引发产业安全问题的关系，但是这类关系也是不可忽略的。由于这类影响问题的知识元并不是引发问题的直接因素，而是间接造成问题后果扩大的因素，所以并不能只通过输入输出匹配进行联系，而是作为问题与承载体之间作用关系的一个间接关系。

作用关系是问题对承载体的表现，是问题对承载体造成的影响。事件知识元的输出因素可以作为承载体的输入因素，利用这种输入输出之间的匹配关系可以进行知识元间的相互联系。

3. 基于知识元的情景概念模型建立

在知识元的抽取以及知识元关系的抽取基础上，构建知识元网络，即情景概念模型，如图 9-20 所示。其中，E 为事件，M 为事件所处的环境，H 为引发事件的要素，A 为影响事件发展的要素，S 为事件作用对象要素，KD 为知识元库，圆饼表示知识元。

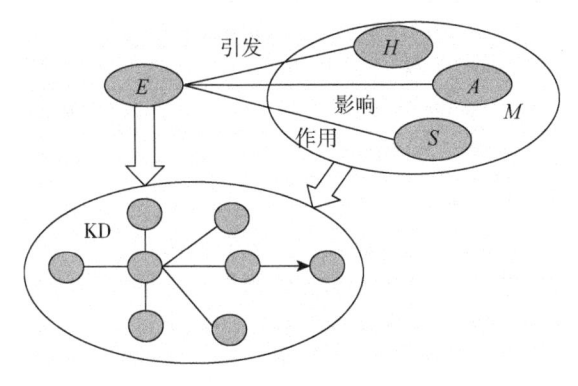

图 9-20 情景概念模型

领域内情景概念模型是在情景元模型的指导下，由问题知识元、引发问题知识元、影响问题知识元、问题作用对象知识元、知识元之间的相互作用关系以及知识元内部的属性约束构成。其中，KD 代表知识元、知识元内部约束和知识元之间的关系构成的知识元库。

9.5.2 产业安全数据与模型的混合推演计算

9.5.2.1 产业安全问题情景推演随机网络类型

从时间的维度来看，产业安全问题情景的演化是一种动态的过程，这种演变使得产业安全问题所处的状态（情景）不断发生转移。如果用情景演化过程中系统所处的状态作为节点，则节点之间的转移关系可用箭线进行链接，显然这种链接具有一定的概率关系，即节点之间的传递关系具有一定的概率分布，这样网络的运行过程就具有随机性质。因此，随机网络可以作为模拟情景演化过程的有效工具。

在情景推演的随机网络中，节点表示情景，箭线表示情景演化的路径和方向，转移概率表示当前情景向若干未来情景演化的可能性。上述的概率分支和传递参数的分布，则构成了产业安全问题情景推演广义随机网络的要素，传递参数的分布通常可用向量进行描述，如图 9-21 所示。

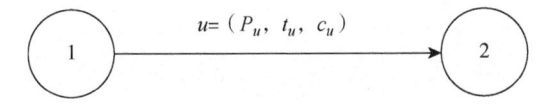

图 9-21 产业安全问题情景推演随机网络的一般要素

图 9-21 中 u 表示传递参数的向量，p_u 表示该状态转化发生的可能性参数，t_u 表示该状态转化持续的时间参数，c_u 可用来表示该状态转化造成灾害扩散范围参数。

在非产业安全问题情景推演随机网络中，根据节点所代表的含义不同，通常有三种类型网络：一种网络中节点代表不同演化阶段的重要事件点，记为 A 型网络；一种网络中节点代表情景要素的不同状态，记为 B 型网络；另一种网络中节点代表现实生活中的物理结构点，记为 C 型网络（表 9-4）。

表 9-4　三种不同类型的产业安全问题情景推演广义随机网络

类别	节点代表含义	箭线代表含义
A	不同演化阶段的重要事件点	事件点间的演化关系或过程
B	情景要素的不同状态	状态间的转移
C	现实生活中的物理结构点	物理结构点间的转移

针对不同类型产业安全问题，并没有一个绝对的网络类型与之一一对应。例如，针对地震这种非常规突发事件，在综合考虑自然演化、救援作用力等因素时构建灾害演化广义随机网络往往采用 A 型网络；在构建生命工程情景推演广义随机网络过程中通常选用 B 型网络；在构建震后应急疏散、救援情景推演广义随机网络时，可采用 C 型网络。因而，在构建非常规突发事件情景推演广义随机网络过程中，需要根据具体构模需要，选择合适的网络类型。

9.5.2.2　产业安全问题情景推演广义随机网络节点类型

通过对产业安全问题情景演化网络中事件之间的关系研究，将演化网络中箭尾节点称为前驱事件，箭头节点称为后发事件。根据产业安全问题情景演化过程的特点，其情景推演广义随机网络中节点的输入可分为异或型、或型和与型三种类型，而节点的输出则可分为肯定型和概率型两种类型，如表 9-5 所示。

表 9-5　非常规突发事件情景推演广义随机网络的节点类型

输出端＼输入端	异或型	或型	与型
肯定型			
概率型			

根据情景推演网络节点的输入和输出类型，共可构造出六种输入输出组合关系，这六种不同的节点类型则构成了产业安全问题情景推演网络中最基本的网络要素——网络节点。

运用构造的六种产业安全问题情景推演网络节点，结合演化事件之间诱导、衍生和耦合关系，可以构造出含有不同类型节点的灾害演化情景网络模型。然而研究发现，在所有的节点输入类型中，只有"异或"型节点可运用数学方法进行解析。因此，为了方便对产业安全问题情景推演网络中各节点要素的特征进行分析，必须将或型和与型输入关系转化成异或型输入，即将非常规突发事件情景推演广义随机网络转化为非常规突发事件情景推演随机网络。

9.5.2.3 产业安全问题情景推演广义随机网络的基本结构

产业安全问题情景推演广义随机网络的形式很多,但通过研究发现,网络结构的形式共可分为串联型、并联"与"型、并联"或"型、并联"异或"型、自环型五种基本结构类型。

9.5.3 计算中的人机交互方法

9.5.3.1 基于现实的人机交互

基于现实的人机交互是对新一代人机交互方式的概括,它强调利用已有知识和技能,引用了现实世界中的一些主题,从不同层面对新的交互模式进行描述并提供一个基本原则,使计算机交互更接近现实世界交互(Jacob et al.,2011)。

(1) 基本物理层面。人对物理世界中基本常识的认知。
(2) 身体感知和技能。人能感知到自己肢体运动及协调肢体的技能。
(3) 环境感知和技能。人能感知周围环境信息和操纵环境的技能。
(4) 社会感知和技能。人感知环境中的其他人、物以及与之交互的技能等。

9.5.3.2 自然用户界面

自然用户界面采用视线、语音、手势等交互技术,使用户利用多个通道进行人机对话,提高人机交互的自然性和高效性。自然用户界面具有可学习性和易用性,也适用于一些对传统鼠标的使用等存在障碍的特殊人群。目前,基于计算机视觉和计算感知的感知界面研究逐渐发展,语音识别技术和具有触觉反馈的笔输入技术不断成熟,基于具有触觉反馈的笔输入和语音识别的结合,将成为未来的自然用户界面的主要手段。

9.5.3.3 笔式用户界面

笔交互有利于思维的快速原型捕捉与交流,能够很好地支持制造领域内设计创造性的发挥。笔式设备不仅具有鼠标的定位功能,还具有笔迹输入、手势输入、写作等功能,可以在办公室、会议室以及车间等移动环境中应用。从计算机的社会角色、使用的隐喻、工具、功能以及主流应用多方面来看,笔式交互是文字信息交流中最可取的自然交互方式,笔式用户界面将成为主流的用户界面范式。

9.5.3.4 上下文感知技术

基于上下文感知的智能化、个性化交互是提高交互灵活性和自适应性的重要途径,上下文所包含的范畴相当广泛,包括用户的状态、习惯和交互历史等心理特征;设备的物理特征;周围的地理位置、物理环境(如温度和光照)等自然特征;交通状况等社会环境特征等。

位置信息是应用中常用的一种上下文信息,最广泛的应用是基于全球定位系统的汽车导航定位系统和手持式导游系统。另一种重要的上下文信息是对个体的识别,早期的系统主要是对类似条码或者标记符进行识别,或直接对视频进行识别。

9.5.4 方法评价

9.5.4.1 评价的合理性问题

合理性的内涵包括三个方面。
（1）以一定的知识为前提。任何行为都是在一定的知识指导下的行为。
（2）以主体的存在为前提。信念必定是某一主体的信念，行为必定是某一主体的行为，不存在无主体的信念，也不存在无主体的行为。
（3）合理性的标准要通过人类的实践活动进行检验。

9.5.4.2 评价指标体系构建

评价指标体系的构建需确定评价的目标、制定评价指标体系构建原则、制定评价指标体系的结构、进行评价指标体系中定性指标的定量化、进行评价指标体系的标准化等几个关键步骤。

评价指标体系是指，为完成一定研究目的而由若干相互联系的指标组成的指标群。指标体系的建立应明确指标结构，并遵循科学性、整体性、动态性、定性与定量相结合、可比性等原则。

进行方法评价时要将定性指标定量化，定量化方法一般采用层次分析法，它通过指标间的两两比较获得各指标间关于重要性程度的相对值，是目前处理这类问题较优秀的方法。

将定性指标定量化后，就要对所有的评价指标进行一致无量纲化处理，称之为评价指标体系的标准化。

9.6 仿真结果分析及可视化诠释

9.6.1 仿真结果数据管理

9.6.1.1 仿真数据管理的应用分析

与产品设计数据相比，仿真数据具有数据类型多样化和数据量大的特点。在复杂产品的设计过程中，一半需要对其进行产品性能、刚度、结构强度、运动学、动力学、控制等多方面的仿真分析，从而产生大量的、多种类型的数据和模型，如网络模型、几何模型、载荷工况、边界条件、仿真报告等。再者，工程分析人员也会因为运用各种仿真软件工具产生不同格式的数据，如图形文件、文本文件、动画文件、三维模型等。目前，大部分企业都是通过 PDM 系统对仿真结果进行管理，但是对于仿真过程以及海量的仿真数据缺乏良好的组织和管理，因此，构建仿真数据管理平台，能够实现仿真数据的统一管理，同时保证仿真数据的一致性和安全性，并通过与仿真工具的集成，从而规范仿真过程。

9.6.1.2 仿真数据管理平台的功能

为了应对复杂产品的构建，仿真数据管理平台应该具有以下功能。

（1）仿真数据管理。统一存储、组织和编辑仿真过程中产生的各种类型、各种样式的仿真数据。

（2）仿真模型封装和管理。为实现复杂产品中不同专业、不同部件和不同精度的仿真模型的封装，管理平台应该能够提供多种 CAE 工具软件的模型接口，经由 CAE 软件生成的模型也可以通过接口方便地导入到平台相应的模型库中，实现仿真模型的统一管理。

（3）仿真流程管理。提供直观的、灵活的仿真流程监控和管理方式。

（4）数据处理。对仿真数据进行分析和处理，从而实现各种数据格式的可视化。例如，将仿真数据以报告、曲线、图表甚至是动画的形式展示出来。

9.6.1.3　仿真数据管理平台的体系结构

基于 B/S 架构的仿真数据管理平台的体系结构如图 9-22 所示，使用人员（包括仿真分析工程师、设计工程师和决策人员）通过集成应用客户端选择需要的操作，其中仿真分析人员和设计人员还可以在工作的客户端启动应用程序，交互地完成分析和设计工作。应用人员可以对整个仿真流程进行监控，在仿真管理平台中所完成的各项工作的中间结果和最终结果可以自动化地保存到仿真数据管理平台中。

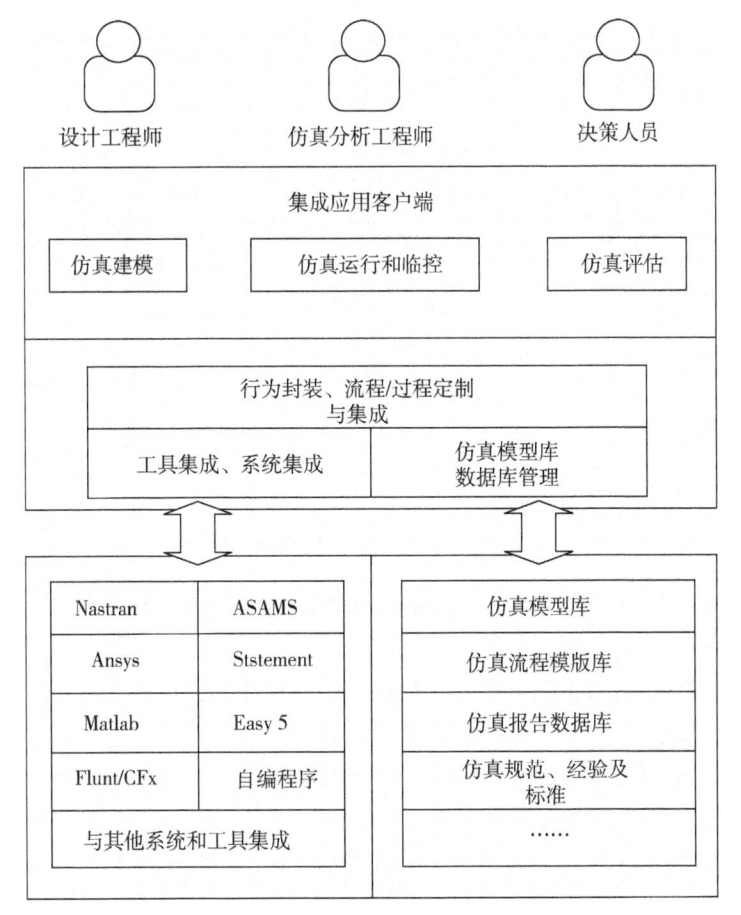

图 9-22　仿真数据管理平台的体系结构

9.6.2 结果统计分析

9.6.2.1 数据挖掘

数据挖掘一般是指从大量的数据中自动搜索隐藏于其中的有着特殊关系性信息的过程。通常分为四个阶段：数据取样、数据探索与调整、数据分析（挖掘操作）和结果评价（表达和解释）。

9.6.2.2 数据评估

总体方针并不只是将海量仿真结果数据的简单堆砌，还要对这些海量数据进行深度的数据挖掘（晁阳，2006）。

总体仿真的评估应包括功能的完成程度、资源的占用程度、自主故障监测和处理能力等。

9.6.2.3 数据分析

仿真数据分析系统需要完成评估算法和分析计算两方面工作，包括了评估算法的管理、评估项目的管理以及评估数据预管理三个相对独立又互成依托的模块单元，其结构如图 9-23 所示。具体功能包括以下几个方面。

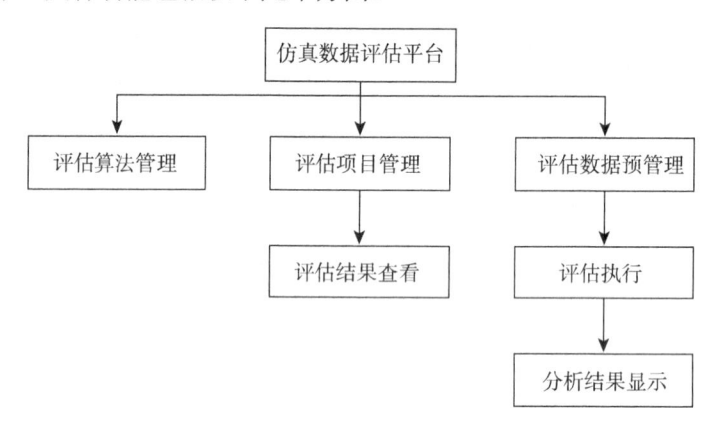

图 9-23 仿真数据分析系统结构

（1）评估算法管理。提供由各种类型评估算法组成的评估算法库，并且可以根据需求随时更新。

（2）评估项目管理，包括评估需求配置。根据具体的评估技术要求，确定需要评估的指标清单，明确仿真评估算法，并定制仿真数据，指定评估结果显示方式。

（3）仿真数据接收与预处理。根据具体的配置信息，从网络上获得仿真数据，并进行预处理后提交到分析和评估模块使用。

（4）仿真数据分析和评估。根据指定的数据文件，评估算法对仿真数据进行分析计算。

（5）分析结果保存和显示。

9.6.3 因果关系及路径分析

9.6.3.1 因果追溯分析方法

1. 溯因推理

因果关系是普遍存在的，是人们认识世界和改造世界的重要依据。因果是事物之间一种关系的刻画，因与果的关系属于引起和被引起的关系。因果关系追溯（在逻辑上认同为因果解释，区别于因果预测）是一种因果分析的方法（郑丕谔和马艳华，2000），它涉及因果关系的确定，通过已知的数据回溯到假设，确定从果到因的因果链路。

2. 因果追溯基本理论

面对复杂的仿真系统，因果追溯分析首先需要建立用于描述行为因果关系的因果模型，其次结合实际的仿真数据来分析因果模型，最后才能对仿真结果做出适当解释。对于仿真系统和客观系统来说，因果模型是一种更抽象、更简化的因果关系模型。通过以下三种路径能够建立因果模型：获取有关客观系统的先验知识，提取其中的已知行为和因果关系从而构建先验的因果模型；仿真模型本身包含因果关系，因此可以直接将仿真系统提供的仿真模型看做因果模型，进行因果追溯分析；获取仿真数据，提取其中相关的行为和因果关系信息，继而重新构建一个因果模型。

9.6.3.2 作用路径分析方法

通过仿真实验得到数据，可以构建不同对象（实体、多个实体集或某个过程）的扩展事件图，将仿真中事件和关系实例聚集为事件和关系类及其参数。路径分析是指分析两个事件节点之间的因果关系以及相互作用，包含最主要的因果路径分析和最有可能的因果路径分析。

1. 计算概率参数

通过聚集和抽象仿真数据中相同事件类的若干实例以及因果关系，可以构建基本的扩展事件图，从而计算概率参数。

2. 最可能路径分析

最可能路径指从某个节点出发到达另一节点的最大概率路径，通过该路径，最终节点可以获得最大的发生概率。在分析路径过程中，如果将逻辑节点和事件节点均看做一类节点，将节点之间的因果边均看做加权有向边，则扩展事件图就转化为加权有向图，最可能路径分析就转化为求最短路径问题。

3. 最主要路径分析

最主要路径分析是最可能路径分析的逆过程，它从结果事件出发，找到使某个原因事件获得最大因果强度的路径。

9.6.4 结果及过程可视化方法与技术

9.6.4.1 可视化技术分类

1. 科学计算可视化

科学计算可视化是运用计算机图形学或者一般图形学的原理和方法,将科学计算过程中产生的大规模数据或者计算结果转换为图形或图像在屏幕上直观地显示出来。

科学计算可视化可细化为以下四个步骤:①过滤,对原始数据进行预处理,如转换数据格式、抽取有用的数据等。②映射,将过滤后的数据映射为几何元素,常见有点线、面图元、三维体图元等。③绘制,绘制映射得到的几何元素,得到结果图像。④反馈,分析绘制的结果图像。

2. 数据可视化

所谓数据可视化是对大型数据库或数据仓库中的数据的可视化(刘勘等,2002),旨在借助于图形化工具,清晰有效地表示和传达数据信息。它是可视化技术在非空间数据领域的应用,使人们不再局限于通过关系数据表来观察和分析数据信息,还能以更直观的方式看到数据及其结构关系。

数据可视化技术的主要特点有以下三个方面(黄志澄,1999):①交互性,用户以交互的方式操作和管理数据。②多维性,多维可看做数据的多个属性或者变量,并且可根据数据的任一维度的值,对其进行检索、排序、分类和显示等操作。③可视性,数据能够以可视化方式展示出来,如曲线、图像、动画等。

3. 信息可视化

信息可视化旨在研究大规模非数值型信息的视觉呈现,从而帮助人们对抽象信息的认知。

正如 G.Robertson、S.Card 和 J.Maekinlay 在 1989 年发表的论文中所述,人们不仅要对海量数据进行存储、分类、管理和检索,还需要对这些数据进行深度挖掘,挖掘潜藏在数据背后的信息,从而更好地利用数据,实现数据增值。信息可视化可以看成是从数据信息到数据可视化形式再到人的感知系统的可调节的映射。

4. 知识可视化

知识可视化是应用图形图像手段构建、传达和表示复杂知识,促进群体知识的传播和创新,其目标还在于传输人类的知识,并帮助他人正确地重构、记忆和应用知识。

可以借鉴传统的四步实验法研究知识可视化(赵国庆等,2005):①构建理论上的形式化模型和相应的算法。②开发实现该理论的软件。③应用理论和工具,构建解决实际问题的方案。④评估建构的系统,重复这四步,直到得到满意的效果。

为了通过可视化来促进知识的有效传输和创新,至少需要从三个角度来考虑,它们回答了知识可视化的三个关键问题:将对什么类型的知识可视化;为什么要对这些知识进行可视化；如何对这些知识进行可视化。

9.6.4.2 可视化技术比较

1. 科学计算可视化与数据可视化

科学计算可视化与数据可视化的主要区别就在于数据对象是物理空间数据还是非物理空间数据。科学计算可视化主要针对物理空间数据。对物理空间数据而言，不论能否看见，都能在物理空间上找到一个位置与之相对应，如多块磁铁互相靠近时会产生复杂的磁场。而数据可视化的数据通常来自商业、金融等领域，这些数据虽然有大有小，但是在物理空间上找不到与之对应的位置。为了分析这些数据，利用数据可视化将数据转换到二维或三维空间中去，从而帮助人们管理、认知和研究这些数据及其规律。

2. 数据可视化与信息可视化

信息可视化与数据可视化的主要区别在于数据对象是否是数值型。对于数值型数据，可直接将其放到二维或三维空间中去分析，而非数值型数据必须先将通过某种意义下定义的数值关系，转换成可以展示数据相应特征及其关系特征的数值。

目前，数据可视化在小规模的数值型数据的可视化应用领域比较成熟，而面对大规模的高维数据时，数据可视化的方法却不实用，行之有效的处理方法反而越来越接近信息可视化。所以，现在众多学者在面对这些情况时不再严格区分两者的界限。

3. 信息可视化与知识可视化

信息可视化与知识可视化有很大的不同，主要表现在研究领域、理论基础和实现方法三方面。信息可视化研究如何勘探数据和发现信息间的新规律。它的理论基础包括计算机图形学和认知心理学；实现方式有三种，即嵌入式可视化环境、通用可视化环境和可视化组件库。知识可视化则是研究传输人类的知识，并帮助他人正确地重构、记忆和应用知识。它的理论基础是双重编码理论，由 Paivi 于 1986 年提出；它也有三种实现方式，即认知地图、概念图和思维导图。

第10章　产业安全管理决策服务支撑平台

10.1　概　　述

10.1.1　背景

在经济全球化和区域经济一体化迅猛发展的 21 世纪，产业安全已经成为世界各民族国家面临的共同问题。因为经济全球化不仅通过贸易的全球化加剧了全球产业的竞争，使各种传统的民族产业面临国际市场的冲击；更为重要的是，它还通过生产的全球化和金融的全球化从根本上改变了传统的国际分工格局，使民族国家的内部分工模式、产业链以及相应的产业生态环境发生了革命性的变化。很多国家在经济全球化的冲击下，不仅损害了经济发展的正常的产业链条和产业生态，而且还丧失了对有关国计民生的重大产业和核心技术的控制权。产业安全已经成为制约这些民族经济发展的核心问题。

产业安全是国家经济安全的重要组成部分，我国的产业安全是指国内产业在公平的经济贸易环境下平稳、全面、协调、健康、有序地发展，使我国产业能够依靠自身的努力，在公平的市场环境中获得发展的空间，从而保证国民经济和社会全面、稳定、协调和可持续发展。

产业安全管理活动是一个开放的复杂巨系统，具有多主体、多学科、多因素、多尺度、多变性、不确定等复杂性特征。人工管理如此复杂的系统存在诸多困难，且全面性、客观性以及科学性难以得到保证。信息技术的发展使得复杂巨系统的管理成为可能。因此，构建集成产业安全管理相关信息、知识，以及专业模型的信息平台，为产业安全管理提供监测预警、模拟仿真以及综合决策功能，是一项亟待解决的课题。

10.1.2　目标

本节旨在构建产业安全管理决策服务支撑平台，具体目标如下。

（1）梳理整合产业安全问题的科学知识，基于知识元建立科学的知识模型体系。

（2）基于知识元体系，综合集成各类产业信息资源，提供信息融合和综合关联问题信息分析。

（3）基于知识元，集成系统学、经济学等科学模型，采用知识导引的数据与模型混合驱动的产业安全大系统综合仿真分析。

建设产业安全管理决策服务支撑平台，为政府和产业部门的产业安全管理提供实时的信息和知识服务，提升产业安全管理决策科学水平。

10.2 服务支撑平台的需求及必要性

1. 综合信息管理及服务需求

产业安全管理决策服务支撑平台的实现可以说是人类对产业安全管理总体认知的客观系统行为的实例化再现,不但需要具体的实例化知识,也需要相关客观事物的情景及应对活动的各种实际数据。因此,平台必须是一个能够采集或设置各业务域和各渠道的信息,进行高效地萃取、集成、管理和融合应用的数据管理与共享平台。

2. 综合知识管理及服务需求

产业安全管理决策服务支撑平台若想实现产业安全综合管理与决策,首先必须成为能够容纳吸收各个方面学科知识,实现规范化和体系化的升华,并能自由或有组织进行共享的知识平台。因此,其应是一个开放的泛在知识管理与共享平台。

3. 实时监测预警分析需求

构建一个实时、有效、适用的产业安全预警系统是非常必要的,政府部门可以依据预警系统在产业运行不安全的初始阶段采取相应的措施,避免产业出现危机。当对产业安全的发展态势过程进行模拟,可以发现从安全到不安全的运行规律,预警系统就是针对产业的发展从安全到不安全的历史事实出发,根据产业发展的目前状况,预测产业的未来发展趋势。在预警实现过程中,产业安全预警系统应具有监测、解释、预测警示以及防范调控等功能。

4. 产业安全管理综合决策需求

产业安全管理强调综合决策和综合平衡,要求各级政府在进行经济、社会发展重大决策过程中,必须对环境保护与经济、社会发展加以全面考虑、统筹兼顾、综合平衡、科学决策。因此,综合决策是产业安全管理决策服务支撑平台的重要功能。

5. 学术研究的计算实验需求

产业安全管理决策服务支撑平台能够提供产业安全事件发生、演化、发展、转化的全过程"情景"的总体描述与诠释,因此,其将为产业安全管理理论研究提供实验环境,并随着平台知识与数据样本的不断丰富,将提供持续长期的实验计算服务支持。

6. 持续发展的需求

我国的产业安全是指国内产业在公平的经济贸易环境下平稳、全面、协调、健康、有序地发展,使我国产业能够依靠自身的努力,在公平的市场环境中获得发展的空间,从而保证国民经济和社会稳定、协调和可持续发展。因此,产业安全管理决策服务支撑平台必须具有开放性、可伸缩性。

10.3 产业安全管理决策服务支撑平台的顶层设计

10.3.1 总体设计思想

以系统科学思想为指导，综合应用知识系统工程和复杂系统相关的理论、方法和技术，面向自然、社会、经济、文化和心理综合大系统，尽可能全面地融汇人类对其的认知。

首先，通过事物的可分性细分知识到基本单元，建立共性知识元模型，并依此分层、分类建立产业安全管理客观事物系统和决策应对活动系统的知识元体系；实例化相应知识元，进而构建相应的元数据体系。

其次，依据事物普遍联系的哲学原理构建知识元网络，把各类知识，以及模型和信息集成融合起来，实现客观事物系统的个体要素及其运动行为的综合联系，从而提供产业安全事件发生、演化、发展、转化等全过程"情景"的总体描述方法，并通过数据实例化描述具体的产业安全事件。

再次，综合应用复杂网络、系统动力学和人机结合交互理论，以知识元网络为导引，以数据为驱动，通过人工可参与的知识、模型和数据的混合计算实验，揭示、诠释和预测相应的复杂情景。

最后，根据知识元分析确立情景的可控知识元及相应的可控要素和操作知识元，生成或人工设置操作阈值和操作流程，形成决策应对方案，并加以模拟实施和给出综合评估。在软件平台方面，以泛在网络和 Web2.0 为支撑环境，参照 HLA 和 SOA 设计开发开放式、可扩展、可交互、可定制和泛在的服务平台。

研究的重心在于以知识为基础的多理论、多方法和技术的集成，以及时空综合建模、推演及可视化，即重在综合整体和共性基础。关于具体专业学科的模拟仿真、计算实验、监测评估、方案优化等方法与技术，可通过知识元、模型和数据等实例化，范化集成到平台的知识库、模型库（含算子库）和数据库中，并可以在知识、模型和数据的混合计算实验中发挥其作用。

10.3.2 基本原则

应用系统科学思想与方法，充分吸纳国内外产业安全管理的理论、经验和实践，依据现代管理科学方法论，集成应用现代通信及计算机网络信息技术，从组织管理、业务应用、信息资源和综合技术支撑体系的整体出发，采用大系统多级分布式、节点化可互联集群式体系架构。本方案遵循如下基本原则。

（1）强化顶层设计。产业安全管理是一项复杂的巨系统工程，涉及组织管理、相关业务与应用处理、各种资源和技术支撑体系。系统工程最核心的思想和方法就是要从系统的整体性出发，把握产业安全管理系统宏观体系架构和整体性。

（2）业务需求主导。从国家和社会产业安全管理目标出发，以业务为主线，调研梳理，科学规范产业安全管理与处理的业务流程，抽象业务模型，提供科学严谨的业务管理辅助分析。推动产业安全管理的业务联动和信息资源共享。

（3）组织管理先行。组织管理是保障，必须先行建设并将其信息化。产业安全管理系统的组织管理涉及产业安全管理自身的业务组织管理和系统的建设与运行组织管理两个层面，除了要建立职责分明坚强有力的组织体系外，这里强调的是通过信息技术，首先建设组织人事信息系统，以适应产业安全事件处理的动态组织管理的需要，从而，建立科学公正的审计问责、绩效评估和高效廉洁的组织管理队伍。

（4）节点式平台化。一个具体的地方或部门的产业安全管理系统必然是国家和全社会产业安全管理大系统的组成部分，是多级分布式大系统的一个节点。节点化意味一个产业安全管理系统必须是开放的、可互联集群式体系架构。而产业安全管理最大的特点就是不确定和动态性，因此，产业安全信息管理与决策服务系统必须采用组件式平台化开发技术，这样才能以不变应万变，满足多级多部门联动的快速集成与反应的实战需求。

（5）规范化标准化。要实现产业安全管理的快速反应、科学规范、有条不紊、职责分明、资源优化配置、多级多部门信息资源共享和业务协同联动，系统设计必须要遵循产业安全管理法律法规、业务规范和相关技术标准。

10.3.3 信息资源顶层规划

广义的信息资源包括数据、知识以及模型。数据是知识的具体化，知识是数据的抽象；模型为知识属性或数据属性间关系的表示，可分为定量模型或定型模型。本部分分别从知识、数据以及模型三方面给出信息资源的顶层规划，进而指导后续知识库、数据库以及模型库的构建及其管理。

10.3.3.1 产业安全管理的知识元体系

知识元体系是平台的核心，数据资源以及模型资源的有效集成是以知识元为基础的。因此，构建完善的产业安全管理知识元体系是平台建设的首要任务。

1. 产业社会经济宏观运作模式

图 10-1 给出了产业社会经济宏观运作模式，包括产业社会经济相关实体及其关系，如资金流、物质流等。

2. 产业社会经济知识元体系

依图 10-1，可抽象出如图 10-2 所示的产业社会经济知识元体系，包括社会及经济再生产过程系统、社会及经济基本单元系统以及社会经济管理活动系统知识元。

产业社会经济知识元体系是开放的、可伸缩的。随着平台知识内容的丰富，该体系将逐渐扩展与完善。接下来给出主要的知识元系统示意图。

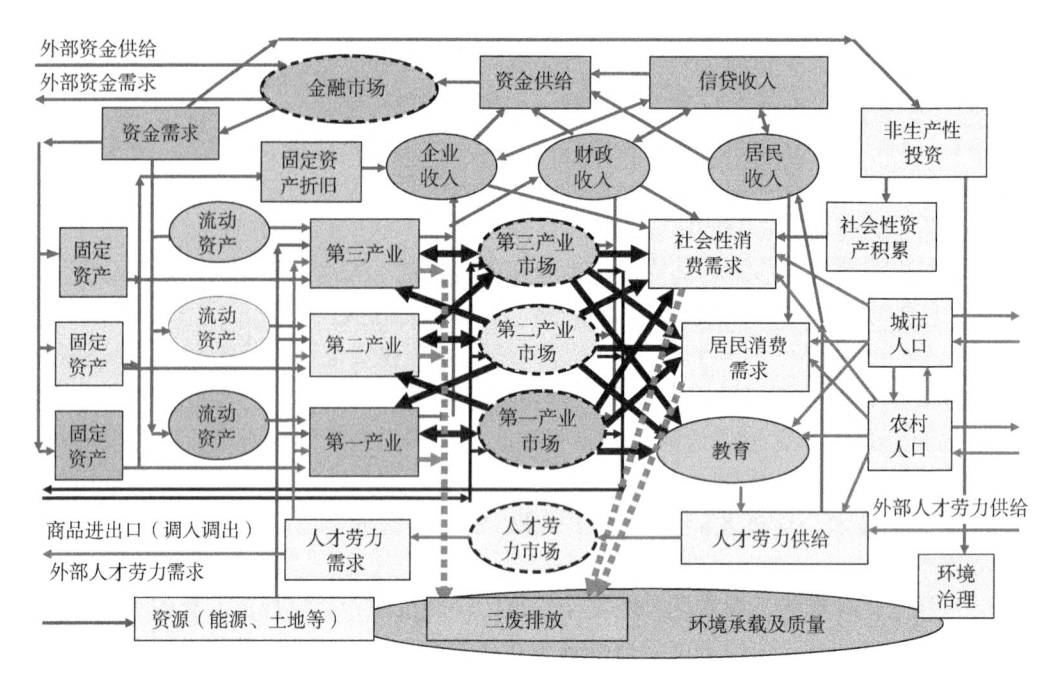

图 10-1 产业社会经济宏观运作模式

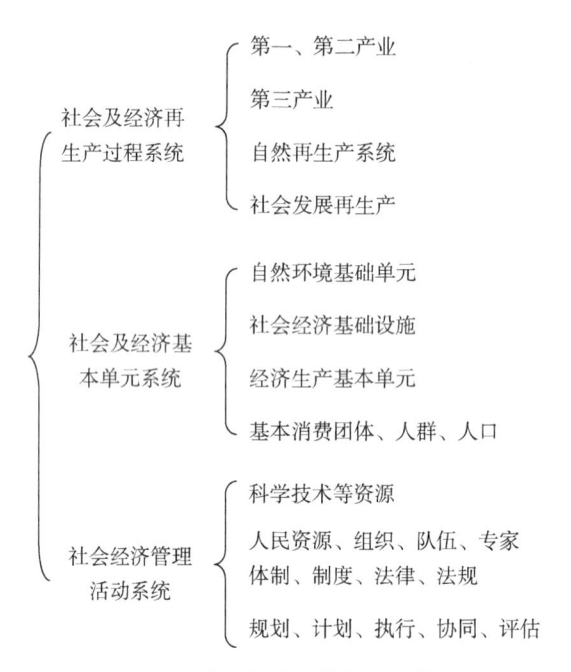

图 10-2 产业社会经济知识元体系

3. 社会系统知识元

社会系统知识元，如图 10-3 所示。

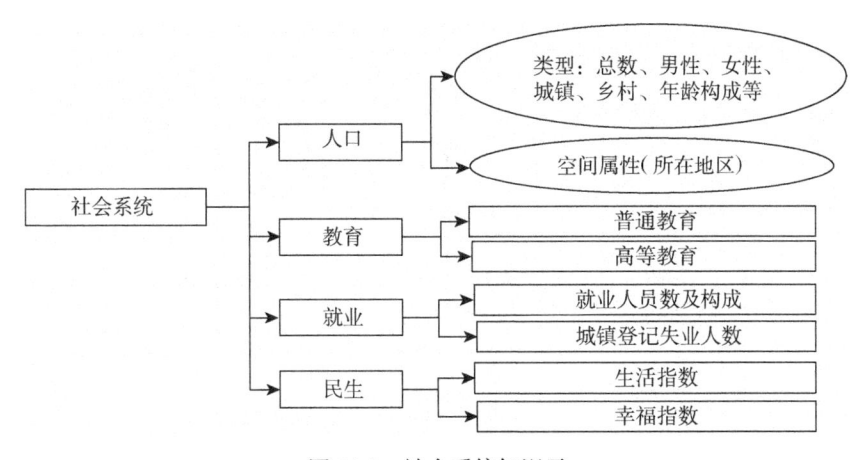

图 10-3 社会系统知识元

4. 经济系统知识元

经济系统知识元，如图 10-4 所示。

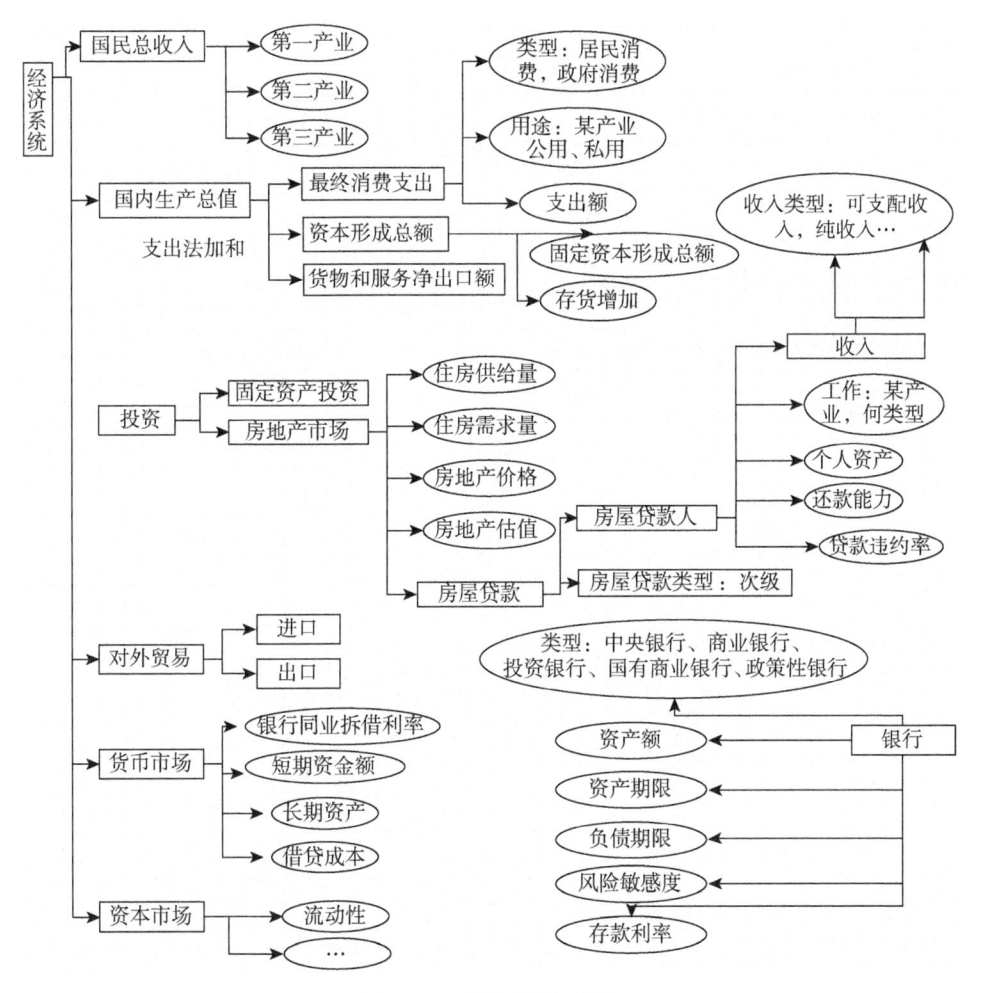

图 10-4 经济系统知识元

5. 政府系统知识元

政府系统知识元，如图 10-5 所示。

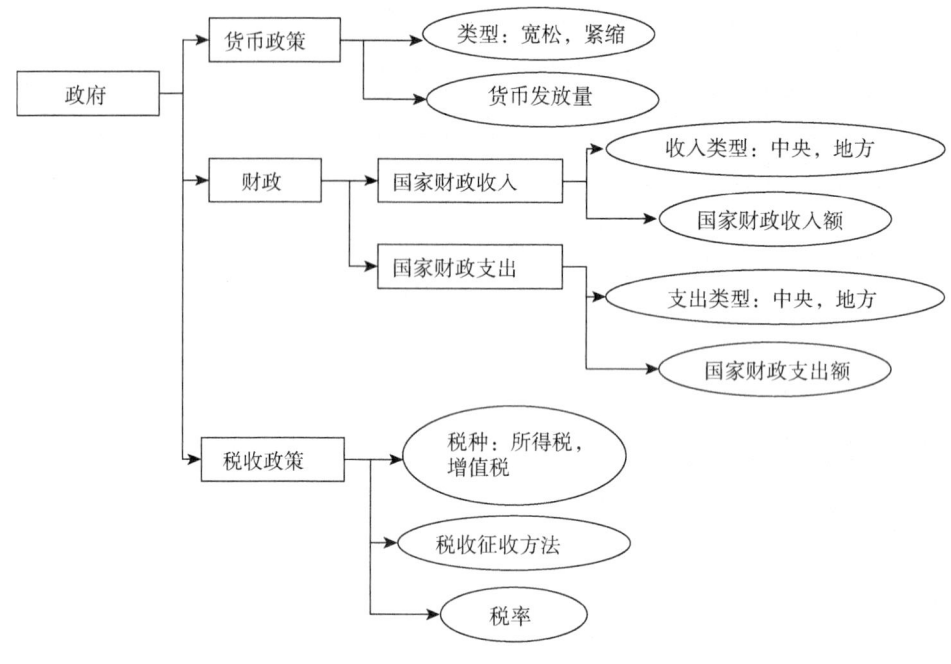

图 10-5 政府系统知识元

6. 企业系统知识元

企业系统知识元，如图 10-6 所示。

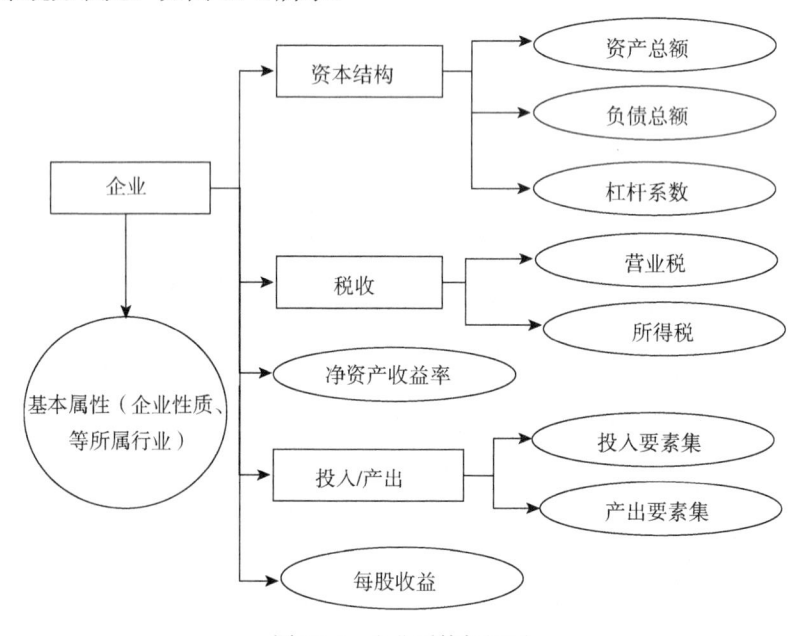

图 10-6 企业系统知识元

10.3.3.2 产业安全管理的元数据及数据体系

将前述知识元体系实例化，生成相应的元数据及数据体系（知识元的属性结构决定了元数据的结构及数据项的结构），元数据是对数据结构的描述。

考虑到数据库及平台的具体实现，增加了相应辅助内容（如空间数据及发布数据等）。综合数据库包括基础业务数据库、主题数据库、发布数据库以及空间数据库等内容，其总体体系如图 10-7 所示。

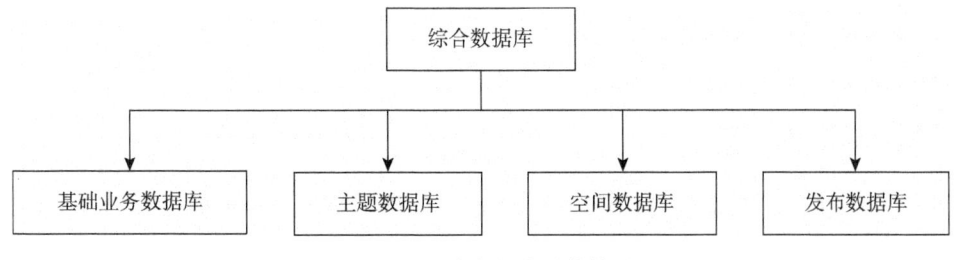

图 10-7 综合数据库总体体系

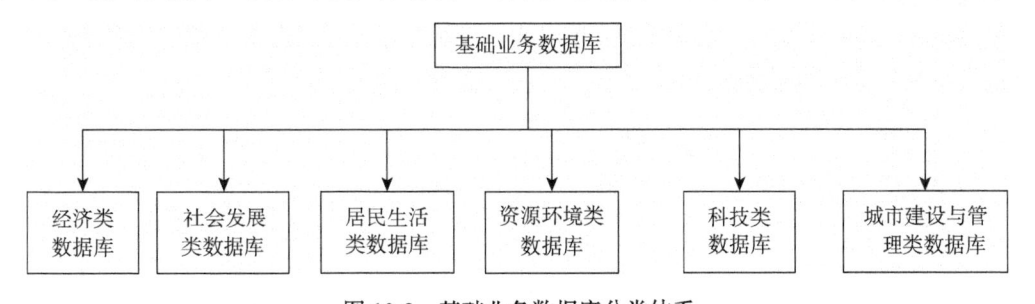

1. 基础业务数据库

1）基础业务数据库分类体系

基础业务数据库按其描述内容可分为六大类，即经济类数据库、社会发展类数据库、居民生活类数据库、资源环境类数据库、科技类数据库以及城市建设与管理类数据库。

图 10-8 基础业务数据库分类体系

2）经济类数据库

经济类数据库全面描述国民经济状况，具体内容包括：经济核算，经济运行，宏观监测，价格体系，农林牧渔业，工业，建筑业，交通运输、仓储和邮政业，批发和零售业，信息传输、计算机服务和软件业，住宿和餐饮业，旅游业，物流业，金融业，房地产业，对外经济贸易，文化创意产业，总部经济。

3）社会发展类数据库

社会发展类数据库主要包括：人口家庭、就业状况、社会保障、社会福利、文化和娱乐业、体育、教育、卫生、政治文明、素质教育、社区建设、国际交往、社会公平、性别差异、和谐社会。

4）居民生活类数据库

居民生活类数据库描述人民生活水平的发展变化，其内容主要包括：收入、支出、生活质量。

5）资源环境类数据库

自然资源和环境是关系国民经济可持续发展的两大决定性因素。资源环境类数据库主要包括：资源利用、环境保护。

6）科技类数据库

科技类数据库描述科技发展状况，其内容主要包括：科技机构、文献机构、国家级科技项目、科技园创业园、大中型工业企业科技活动、民营科技企业、自主创新。

7）城市建设与管理类数据库

城市建设与管理类数据库主要包括：固定资产投资、公用事业、公共安全。

2. 主题数据库

采用数据仓库技术建立面向宏观经济与社会发展分析应用服务的宏观经济主题、社会发展主题、综合应用主题和普查类主题的主题数据库。

主题数据库的建设是以基础指标数据为基础，面向分析应用需求，不局限于现有部门或行业划分。主题数据库主要分成以下两个层次。

（1）基础主题数据层。按照基础指标体系框架而划分的基础主题数据。

（2）综合应用或专项应用主题数据层。根据用户分析需要和访问权限，从综合统计数据库系统中心基础库中抽取分析主题数据，生成各类主题数据库。

主题数据库以提供主题数据集市为主，同时也根据用户需求提供数据查询和分析基本功能。主题数据加工处理生成三类数据主题：区域主题数据、专业主题数据、专项主题数据。主题数据库总体概念体系如图10-9所示。

组织机构基本信息	员工基本信息	劳动力调查统计
组织机构（岗位信息）	员工信息（先进个人或劳模）	劳动力调查被调查人
组织机构（岗位人员）	员工信息（考勤信息）	劳动调查问卷填写
组织机构（招录信息）	员工信息（请休假信息）	劳动调查问卷信息
组织机构（绩效考评）	员工信息（当选代表情况）	劳动调查问卷内容
组织机构（文明评选）	员工信息（技术成果）	劳动调查问卷问题
员工基本信息	员工信息（择岗情况）	劳动调查问卷答案
员工信息（家庭成员）	员工信息（技术报告）	人口变动抽样调查统计
员工信息（学习简历）	员工信息（集体户口）	人口变动抽样调查调查人
员工信息（工作经历）	员工信息（工作证制发）	人口变动抽样调查问卷填写
员工信息（工作业绩）	员工信息（电子邮件注册申请）	人口变动抽样调查问卷信息
员工信息（学历信息）	基本单位名录库	人口变动抽样调查问卷内容
员工信息（奖励信息）	基本单位名录库单位信息	人口变动抽样调查问卷问题
员工信息（惩戒信息）	基本单位名录库个体信息	人口变动抽样调查问卷答案
员工信息（培训信息）	基本单位名录库联系方式	群众安全感抽样调查统计
员工信息（考试信息）	基本单位名录库主要业务活动	群众安全感抽样调查个人

员工信息（任职信息）	基本单位名录库部分指标	群众安全感抽样调查问卷填写
员工信息（聘任信息）	基本单位名录库房地产指标	群众安全感抽样调查问卷信息
员工信息（职称申报评审信息）	基本单位名录库建筑业指标	群众安全感抽样调查问卷内容
员工信息（出国信息）	基本单位名录库市场类别指标	群众安全感抽样调查问卷问题
员工信息（考核信息）	统计指标	群众安全感抽样调查问卷答案
员工信息（社会保险）	指标信息	建设项目统计
员工信息（工资信息）	口径信息	建设项目信息
员工信息（人员调配）	指标更新信息	建设项目统计指标信息
员工信息（执法人员）	宏观经济	房地产项目统计
员工信息（工人技术等级）	宏观经济（详细信息）	房地产项目信息
员工信息（社会化用工）	宏观经济指标信息	房地产项目统计指标信息
员工信息（劳动合同）	国民经济核算	建筑业统计
员工信息（岗位变动）	季度报表信息	建筑业统计指标信息
员工信息（工资变动）	年度报表信息	农村统计
员工信息（专家信息）	资产负债报表信息	农村统计指标信息
员工信息（证书信息）	金融财政统计	工业统计
员工信息（干部任免）	金融统计信息	工业统计指标信息
	财政统计信息	交通统计
	投入产出统计	交通统计指标信息
	投入产出表信息	能源统计
	投入产出基层表信息	能源统计指标信息
	投入产出典调表信息	邮电统计
	政府考核统计	邮电统计指标信息
	政府考核统计信息	社会服务业统计
	人口就业统计	社会服务业统计指标信息
	人口就业统计指标信息	住宿餐饮业务统计
	科技统计	住宿餐饮业经营情况统计
	科技产品信息	住宿餐饮业财务情况统计
	科技产品指标信息	外资统计
	科技项目信息	外资情况统计
	科技项目指标信息	旅游会展统计
	科技一般指标信息	旅游会展情况统计
	批发零售业务统计	网站信息
	批发零售经营情况统计	网站信息（发布）
	批发零售财务情况统计	网站信息（栏目）
	能源情况统计	动态信息

图 10-9　主题数据库总体概念体系

3. 空间数据库

空间数据库建设将主要考虑以多比例尺的电子地图数据以及航空遥感影像数据为基础地理空间数据，以满足产业安全管理对不同 GIS 决策支持的应用需求。

多比例尺空间数据，根据用户特定的应用目标和比例尺条件，系统实时提取数量适宜并能反映该区域地理特征的地理要素，使 GIS 决策支持空间信息的缩放显示随比例尺变化自适应变化。系统建设中采用金字塔存储结构的多比例尺和多种分辨率的空间数据，建立多级基本比例尺之间的金字塔存储结构模型和元数据表，建立比例尺之间的互动机制，能够提取出满足应用需求的任意比例尺下的显示数据。

本系统还提供空间数据的交换，以满足空间数据的来源多样性。遵循国家空间数据交换标准、电子政务通用数据交换规范，针对地理空间信息存储、传输和交换的结构特点，专门制定针对电子政务应用的空间数据交换格式，实现地理信息的共享应用。

具体建设内容包括：地理信息、数字地图、影像数据等内容。

DLG 数据包括 1∶25 万、1∶5 万、1∶1 万等不同比例尺。

影像数据包括 30 米分辨率的影像，城区分辨率（如 10 米、2.5 米、1 米、0.61 米等）的航空航天影像。

地名数据库包括 1∶25 万、1∶5 万等不同比例尺。

4. 信息发布库

建立全面多方位的信息发布方式与信息服务渠道，为全社会提供全面的统计信息报表、电子档案服务、景气指数报表等服务；加强信息发布和服务的管理手段和方式，为以后开展网上培训和宣传普法讲座提供可能。

信息发布，主要是将经过整合处理或主题加工后的各种层次的成品数据或分析的成果对外发布，为不同类型的用户提供个性化的数据信息服务。信息共享发布主要是通过统一门户和统一用户的管理机制，并加强数据访问权限和用户的访问权限的管理，实现对数据的查询和分析成果展现。

信息发布库的具体建设内容包括以下内容。

（1）专网信息发布库。提供各类信息资源的查询、统计、时间地域等维度的比较分析服务，包括基于地理信息、图、表、文字等方式。

（2）互联网信息发布库。建立互联网信息发布库，向社会公众提供相关信息服务，涉及综合统计信息、政策发布等多方面的内容。

10.3.3.3 产业安全管理的模型体系

产业安全监测预警、模拟仿真以及综合决策必须有各类专业模型予以支撑。此处给出几类重要模型，其他相关模型可基于后续的模型管理方法方便纳入该模型体系。

1. 产业安全评价模型

产业安全评价模型为

$$S = \alpha X + \beta Y + \gamma Z + \delta W \qquad (10\text{-}1)$$

其中，S 为产业安全度；X 为产业国内生存环境评价值；Y 为产业国际竞争力评级值；Z 为产业对外依存度评价值；W 为产业控制力评价值；$\alpha, \beta, \gamma, \delta$ 分别为各一级指标的系数，为专家评估权值。

$$X = \sum a_i x_i \qquad (10\text{-}2)$$
$$Y = \sum b_j y_j \qquad (10\text{-}3)$$
$$Z = \sum c_k z_k \qquad (10\text{-}4)$$
$$W = \sum d_l w_l \qquad (10\text{-}5)$$

其中，$i, j, k, l = 1, 2, 3, \cdots, n$。$x_i, y_j, z_k, w_l$ 分别为各一级指标下的二级指标，而前面的系数 a_i, b_j, c_k, d_l 分别为对应指标的权值。

把式（10-2）~式（10-5）带入式（10-1），可得出

$$S = \alpha(x_1 \cdots x_n)\begin{pmatrix} a_1 \\ \vdots \\ a_n \end{pmatrix} + \beta(y_1 \cdots y_n)\begin{pmatrix} b_1 \\ \vdots \\ b_n \end{pmatrix} + \gamma(z_1 \cdots y_n)\begin{pmatrix} c_1 \\ \vdots \\ c_n \end{pmatrix} + \delta(w_1 \cdots w_n)\begin{pmatrix} d_1 \\ \vdots \\ d_n \end{pmatrix}$$

其中，$\alpha + \beta + \gamma + \delta = 1$；$\sum a_i = 1$；$\sum b_j = 1$；$\sum c_k = 1$；$\sum d_l = 1$。

根据以上公式，可定量计算整体的产业安全度，但必须合理地对各个指标赋权值。

2. 产业安全预警模型

预警模型为

$$S = f(S_i, C, D, D_0) \qquad (10\text{-}6)$$

其中，S 为产业安全状态；S_i 为产业国内环境评价值；C 为产业国际竞争力；D 为产业对外依存度；D_0 为产业控制力。

3. 具有模糊数的混合时间序列模型

基于宏观历史数据，采用混合时间序列模型（mixing time series model with fussy number, MTSMFN）实现产业安全事件的宏观预测预警。MTSMFN 是指依据单一指标的时间序列数据信息，沿时间外延所进行的预测分析模型。它不考虑来自其他指标的相互影响，但也正由于此使得 MTSMFN 具有广泛的可用性。MTSMFN 是一种组合长期趋势、季节变动、循环变动和不规则变动四大要素的组合时间序列模型，它吸收信息处理有关富氏级数、谱分析等技术，并加入政策因素描述形成该模型独特的预测方法，把定性与定量相结合，发挥决策者和用户的主观能动性。该模型依据时间序列数据和历史上对相应指标变化有突出影响的政策信息（也可以不考虑政策因素），可对未来政策状况（或相应因素）做定性预估判断，由此可加入人的经验信息，实现定性与定量的结合，并可以设定政策情景进行多方案预测。此外，该模型依据时间序列（可以是月、年等）数据和历史上对相应指标变化有突出影响的信息，同时可对多个指标分别进行模型建模分析、

预警分析和进行预测模拟。

在设计原则上，这一预测方法可适用各种时间序列指标的预测，预测精度与数据的时间序列长度（一般不应小于其主要波动周期中最长周期长度，否则这一周期将不能被正确识别）和政策因素的判断有关。同时预测时间越长精确度越低。对月度信息，一般预测期在一年内可信度较高。

1）基本模型

设一指标时间序列为 $y1, y2, \cdots, yt$，记为 $\{yt\}$，那么也可以把这一指标值作为时间 t 的函数，这里用 $y(t)$ 表示，则它应是如下组合函数。

$$y(t)=T(t)+C(t)+P(t)+e$$

其中，$T(t)$ 为描述长期趋势的函数，一般简单取为时间的线性函数，即

$$T(t)=a+bt$$

其中，a 为初始时刻的值，也称截距；b 为随时间变化比例系数。

$C(t)$ 为包含多个周期分量的周期函数，一般取富氏级数来表达，这里记

$$C(t)=\sum_{i=1}^{k} c_i \cos(2\pi f_i t + \varphi_i)$$

其中，c_i 为第 i 个周期分量的振幅，f_i 和 φ_i 为相应的频率与相位。该函数综合描述了季节变动和循环变动要素对指标序列的影响。

$P(t)$ 为政策因素影响函数，描述政策因素对指标 $y(t)$ 的影响，是一类不规则变动因素，这里取

$$P(t)=d\{z\}t$$

其中，这里 $P(t)$ 刻画政策调整变化的时间序列数据，d 为政策影响强度系数；$\{z\}t$ 为与指标时间序列对应的模糊数序列，描述政策的有无影响及其各政策对该指标影响的相对比较程度值。如

$$\{z\}t=\{0, 0, 10, 0, 0, -30, 0, 0\cdots\}$$

其意味在时点序第三点和第六点有政策因素影响，其中第三点对应的政策因素是促使指标增加的，相对幅度是 10。第六点对应的政策因素是促使指标减少的，影响幅度是第三点对应的政策因素的影响幅度的 3 倍，即-30。

2）模型应用

依据富氏级数理论，上述模型是可以比较精确地描述任一类指标的时间序列。同时决策者可通过调整 $\{z\}t$ 时间序列值，使预测加入经验判断，使得经验知识与判断能够有机地融入定量预测模型中。

由于上述模型需要组合参数识别方法，计算比较复杂。特别是相应参数 c_i，f_i 和 φ_i 需要采用谱分析等方法进行估计，该方法可自动获取季节变动和循环变动等周期分量，但计算比较繁复。所以，需要专门的计算机软件系统进行。软件系统提供模型数据处理组件管理各经济指标原始数据和政策因素等模型数据，并以折线图方式描述各经济指标原始数据，可以比较直观地了解原始数据内容。提供的模型生成处理组件是一个后台服务组件，主要完成有关富氏级数、谱分析、长期趋势，并加入政策因素描述实现参数辨识等建模工作。模型应用分析组件可以实现指标波动分析，即各指标在原始数据的基础

上除去主趋势及政策因素后（如果建立政策因素数据）进行的波动部分分析。各指标模拟分析，即应用建立的数学模型进行的模拟或预测分析，可按给定的时间点数进行后续时间点上的指标预测。

4. 基于人工神经元网的多变量仿真模型

由于产业安全事件具有层次多、关系错综复杂、影响因素多等特性，所以拟采用我们提出的一种类人工神经元网络模型，把人工神经元网络模型与数据分组处理方法（group method of data handle，GMDH）方法相结合，应用神经元网络原理自动跟踪多指标之间的结构与影响关系的变化，而这种模型可方便地加入政策变量（也可是逻辑型），因此，具有较高的模拟精度。多变量仿真模型可实现如下功能：①各事件发生、处理情况指标预测，分析，即应用建立的数学模型进行数据样本以后的模拟，即预测分析；②给出各个事件发生、处理情况输出指标相对各输入指标的弹性分析结果；③进行各种输入变化情景的多方案的仿真分析。

神经元网络模型的应用范围取决于网络归纳能力的研究，而网络结构和学习算法的质量直接影响这种归纳能力。因此，在讨论算法的同时，网络结构本身也不应忽视。BP模型除了存在前述的算法问题外，在结构上需要事先预估，这也增加了模型建立的难度和降低了模型的实用性。类神经元网络模型是基于神经元网络模型并综合应用 GMDH 等有关思想和方法，提出的一种新的神经元网络模型。该模型具有结构自学习、快速的学习算法和高精度的模拟效果。

1) 类神经元网络模型的结构

图 10-10 是有 n 个输入结点一个输出结点的 m 层类神经元网络结构，其中 y_i 视为隐结点，它的含意是为后续学习算法所定义的一种关于输出 y 的第 i 次近似结点；nl（$l=1, 2, \cdots, m-1$）为第 l 层隐结点数。

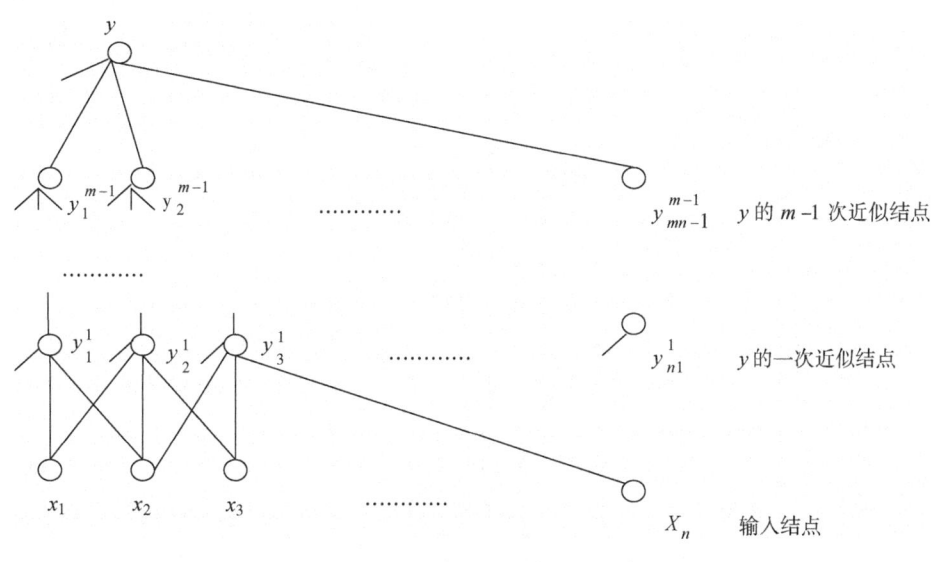

图 10-10 类神经元网络结构示意

2）类神经元网络结点的数学模型

类神经元网络结点的数学模型是依据 GMDH 方法构建的，GMDH 方法核心思想是应用二次函数进行多级复合，理论证明任何一类非线性函数都可以用二次函数进行多级复合逼近。所以，这里结点数学模型采用如下二次函数形式，公式为

$$y = \sum_{\substack{i=1 \\ j \geq i}}^{n} x_i w_{ij} x_j$$

显然，它满足单调连续可导的作用函数要求。这样一个多层网络就意味着二次函数的多级复合，所以，可以很好地向预期输出逼近。

类神经元网络模型已有软件可以运用，一些繁复运算都已由计算机去完成，应用者只需注重分析就可以了。

5. 定性宏观应急决策问题的定量化分析方法

1）IFS 系统概述

社会、经济、心理、组织管理等多类系统的研究都要碰到大量的不可在常规情况下定量化描述而只能定性描述的因素、事物和概念等，甚至有些系统完全由不可常规定量化元素构成。我们称这种系统为定性描述系统或非形式系统（informal systems，IFS）。对这种系统常规分析方法一般只能给出变化趋势性的结论，而这种常规分析方法是若干有经验的分析者大脑加工过程。但随着系统规模的扩大，如几十个元素以上，常规方法就很难做出综合性分析。随着社会的发展，人们对信息的要求越来越高，不仅需要定性趋势，而且更需要定量的或程度等级方面的信息。这样研究 IFS 系统的定量化分析方法，使之能够应用数学工具和现代电子计算机进行分析就是系统工程学值得研究的一个非常有意义的课题。

至今对 IFS 系统的研究还没有比较成熟的定量化分析方法，因而需要结合 IFS 系统的定性研究实际，探讨定量化分析方法。一般来说，对一特定的 IFS 系统的研究，往往都不是没有基础的，相应的，都有一些专家、学者和实际工作者对其做过大量的研究工作，具有大量的定性信息。这些信息是他们长期研究和实践的经验结晶，定量化研究要源于它并要受它检验。

作为一个定性分析者对一特定的 IFS 系统一般都具有如下信息：①IFS 系统包含的各种因素，概念等；②一个因素的变动都受哪些因素影响，各因素影响的相对程度；③各因素现行状态、属性、程度；④对系统的评价标准。

信息①可识别 IFS 系统的构成元素集，信息②可识别元素之间影响强弱关系，信息③反映了系统的现状。利用这三条信息可建造一个系统模型对 IFS 系统进行综合分析。如果考虑信息④则可建立优化模型。但困难的是这些信息并不能向常规定量描述系统信息那样可从统计资料或实验中测得，它们可能只由一部分反映于定性分析者的论著中，而大部分则存于定性分析者的头脑中，所以建立 IFS 系统的定量化模型必须要与定性分析者很好地合作。重点工作是：其一，找出适当方法最大限度地获取定性系统的信息资源；其二，定性因素属性的量化。综上所述，本书尝试性地应用模糊集理论的基本思想，定义了模糊标度，建立了不可常规定量化因素与值域[0,1]中数值的对应关系。在标度意

义下，按普通集合论的思想，定义了[0，1]值域上的参数归一化线形函数，提出了静态和动态 IFS 系统的定量化分析模型，探讨了模型识别方法。

2）IFS 系统的结构模型

IFS 系统的研究首先必须要弄清 IFS 系统的构造，因此需要建立 IFS 系统的结构模型或解释模型，这是进一步定量化分析的前提。由于结构模型的研究相对比较成熟，这里简述它的概念和定义。

定义（IFS 系统的基本元素（因素）集合）：设系统所要考察的事物或因素为 $S_1, S_2, \cdots, S_P$，且在所讨论的问题中事物或因素仅有一种属性（实际上多属性因素可看成为多个因素），并称之为基本元素。那么这些基本素的全体称为系统的基本元素集合，用 S 表示，公式为

$$S=\{S_1, S_2, \cdots, S_P\}$$

一般一个 IFS 系统总不是封闭的，总要有一定的输入信息，所以构成系统的因素总可以分成内定因素与外定因素，哲学中称为内因与外因；经济计量学中称为内生变量与外生变量；系统论中则称状态变量（包括输出变量）和输入（包括控制）变量。所以按后者 S 可划分为状态因素集与输入因素集，其简单定义如下。

状态因素集，简称状态集。公式为

$$S_x=\{S_i \mid S_i \text{为内定因素}, i \in I_1\}; \quad I_1=\{1, 2, \cdots, n\}$$

输入因素集，简称输入集。公式为

$$S_u=\{S_u \mid S_u \text{为外定因素}, i \in I_2\}; \quad I_2=\{n+1, n+2, \cdots, n+m\}$$

令 $S=S_x \cup S_u$，且 $S_x \cap S_u=\phi$，即 S_x 和 S_u 构成 S 的一个划分。相应的，令 $I=I_1 \cup I_2$，既有 $I=\{1,2,\cdots,P\}$。这里，$n+m=p$，n 和 m 分别为状态因素和输入因素的个数。

定义：因素基本关系矩阵 R

$$R=\left[r_{ij}\right] \quad (\forall i \in I_1, \forall j \in I)$$

其中

$$r_{ij}=\begin{cases}1, & \text{当因素}s_j\text{对}s_i\text{有直接影响时} \\ 0, & \text{当因素}s_j\text{对}s_i\text{无直接影响时}\end{cases}$$

显然 R 为一布尔矩阵，表述 $S_x \times S_x$ 上的二元关系。由前述定义 R 矩阵可分为两块，即

$$S_x \Leftarrow \left[R_x^2 \vdots R_{UX}\right]\begin{bmatrix}S_x \\ S_u\end{bmatrix}$$

其中，R_x^2 和 R_{UX} 分别表述了 $S_u \times S_x$ 和 $S_x \times S_x$ 上的二元关系。这样成立下述关系

$$S_x \Leftarrow \left[R_x^2 \vdots R_{UX}\right]\begin{bmatrix}S_x \\ S_u\end{bmatrix}$$

其中，$S_x=[S_1, S_2, \cdots, S_n]^T$，$S_u=[S_{n+1}, S_{n+2}, \cdots, S_p]^T$；符号"$\Leftarrow$"表示影响关系不意味相等。以上解释了系统 S 的结构，即构成元素之间的关联关系，称为解释结构模型，简称结构模型。有了结构模型，对大型 IFS 系统分析可把握整体，分清系统层次，便于综合各种因素，减少片面性，从而使定性分析进一步科学化。

3）定量分析的基本意义

系统元素 S 的状态一般都可以赋予一定的"好坏""高低""前后"或"等级"等程

度概念。以系统 S 为论域，那么可以在 S 上建立"程度高"这一概念的模糊子集。这样可以用模糊集合论思想对不可常规定量化元素进行如下模糊标度。

定义（模糊标度）：设 Q 为论域 S 上的一个模糊子集，其隶属函数为

$$U_Q: S \to [0,1]$$

$$S_i \to U_Q(S_i)$$

其中，$i \in I$，那么称 $U_Q(S_i)$ 为 S_i 因素属性的模糊标度。为方便起见，对状态因素和输入因素的模糊标度分别简记为 $X_i(i \in I_1)$ 和 $U_j(j \in I_2)$。由模糊集理论可知，对应模糊标度还存在一个模糊补标度，设其相应为 $\overline{X_i}$ 和 $\overline{u_j}$，显然有，$\overline{u_j} = 1 - u_j$ 和 $\overline{X_i} = 1 - X_i$，实际上，模糊标度是对因素属性的一种变换和度量，使之定量化。对于每个 S_i，$i \in I$ 的属性可以不同，是在广义的"程度"概念下的一种特殊的隶属函数。

定义（影响程度矩阵）：设 W_{ij} 表示因素 S_j 对因素 S_i 的影响程度，且 $\sum\limits_{j \in I} W_{ij} = 1$，$W_{ij} \geq 0$，$i \in I_1$，那么矩阵 $W = [W_{ij}]_{n \times p}$ 称为影响程度矩阵。类似 R 矩阵，$W = [W_x \vdots W_u]$，其中，W_x 表示状态之间的关联影响，W_u 表示输入因素对状态因素的影响。

一般情况可能会出现一个因素的程度增长引起另一个因素程度的降低，称这种影响关系为负向影响关系。负向影响关系会导致负的因素状态值，超出模糊标度范围，为此需采取恰当措施加以处理，首先定义如下影响方向矩阵。

定义：影响方向矩阵 D

$$D \triangleq [d_{ij}] \quad (\forall i \in I_1, \forall j \in I)$$

其中

$$d_{ij} \triangleq \begin{cases} 1, & \text{当} S_j \text{对} S_i \text{为负向影响时} \\ 0, & \text{否则} \end{cases}$$

类似 R 矩阵有，$D = [D_x \vdots D_u]$，元素的负向影响可以用其补标度化成正向影响。

定义（n 元参数归一化线性函数）：设对应 $\forall i \in I$，变量 $X_i \in [0,1]$，参数 $\lambda_i \in [0,1]$，且 $\sum\limits_{i=1}^{n} \lambda_i = 1$，那么函数，$y = \sum\limits_{i=1}^{n} \lambda_i X_i$ 称为 n 元参数归一化线性函数，用 f_p^n 表示。

4）IFS 系统的定量化分析模型

（1）静态定量化分析模型。应用定义的影响程度矩阵的每一行作为一组参数，那么对某一状态 X_i，相应其他状态 $X_j, \forall j \in I_1$，可用 P 元参数归一化线性函数表示为

$$X_i = \sum_{j=1}^{n} W_{ij} X_j + \sum_{k=n+1}^{n+m} W_{ik} U_k \quad (i \in I_1) \tag{10-7}$$

当有负向影响时，可用补标度替换，即应用影响方向矩阵可把式（10-7）一般化表

示为
$$X_i = \sum_{i=1}^n (W_{ij} - 2W_{ij}d_{ij})X_i + \sum_{k=n+1}^p (W_{ik} - 2W_{ik}d_{ik})U_k + \sum_{j=1}^n W_{ij}d_{ij} + \sum_{k=n+1}^n W_{ik}d_{ik}$$

这样，IFS 的静态模型可以表示为
$$X = AX + BU + C \tag{10-8}$$

其中，$X \in [0,1]^n$ 为状态因素的模糊标度向量，$U \in [0,1]^m$ 为输入因素的模糊标度向量，$C \in [0,1]^n$ 为常向量。并且
$$A = W_x - 2\widehat{W_x D_x}$$
$$B = W_u - 2\widehat{W_u D_x}$$
$$C = \widehat{W_x D_x} I_1 + \widehat{W_u D_u} I_2$$

这里，"∧"表示两个矩阵的全积，即
$$W_x D_x = \left[W_{ij} d_{ij} \right]$$

由式（10-8），并假设 $(I-A)^{-1}$ 存在，当所有影响都为正向时，即 $D=0$，那么 $A = W_x, b = W_u, C = 0$，则式（10-8）可变为
$$X = W_x X + W_x U$$

（2）动态的定量分析模型。作为一般的 IFS 系统的状态变化可能与前一时刻的状态有关，即构成时间上的前后联系，这需要用动态模型加以描述。

设 $X(t)$ 和 $U(t)$ 分别是 t 时刻的状态向量和输入向量，那么对动态 IFS 系统可用如下差分方程描述：
$$X(t+1) = AX(t) + BU(t) + C$$

其中，$A = W_x^* - 2\widehat{W_x^* D_x}$，$B = W_u^* - 2\widehat{W_u^* D_u}$，$C = \widehat{W_u^* D_x} I_1 + \widehat{W_u^* D_u} I_2$。

这里，W_x^* 和 W_u^* 分别表述的是 $X(t)$ 对 $X(t+1)$ 和 $U(t)$ 对 $U(t+1)$ 的影响程度矩阵，其他同静态模型。

5）模型识别

在结构模型已知基础上需要确定系统 S 的模型标度 X 和 U，确认影响方向矩阵 D 和影响程度矩阵 W，其中 D 的确定是直观的，可在确定 R 时同时得到。所以这里仅讨论模糊标度 X 和 U 的确定及 W 矩阵的识别。

（1）定性描述状态的模型标度。确定模糊标度就是要建立隶属函数，原则上可用模糊集合论中有关隶属函数的求得方法。但这里的隶属函数实际上是定性语言状态与区间 [0，1]中实数的一种表格式对应，有其特性，这也就是成为标度的一个原因。

IFS 因素状态一般总有某种程度化变化的只是信息，如质量的好坏程度，道德水平、思想觉悟的高低程度，组织能力强弱程度，企业活力大小等。对这种程度的量化是一种广义度量问题。这种度量一般可用顺序法、间隔法和比例法实现。顺序法按排列顺序标度被测对象，而不反映排列之间的距离。间隔法提供等间隔量相距某初始值的位置。比例法提供对象之间的等间隔数并指示出与某些非任意初始值的差或距离。三种方法中，顺序法最简单，包括信息量最少，不能很好反应定性分析者的程度信息。比例法包含信

息量最大，一般物理量度都属于比例法，但这种很难用于定性属性的度量。比较合适的是间隔标度法，因此这里仅讨论间隔标度法。

间隔标度最常用的是双极性标度，它首先找出定性程度的最高点与最低点两个极点，并使之与 1 和 0 相对应，那么"高"和"低"的分界点即取为"中间点"对应 0.5，一般"很高"和"很低"非常接近极值点"最高"和"最低"，分别标定为 0.9 和 0.1，这样"高"限制在 0.51～0.89 间隔内，取其中间值即为 0.7，同样"低"限制在 0.11～0.49 间隔内，取其中间值为 0.3。

这类标度假设"高"和"低"之差与"很高"和"中等"之差（0.4）相同，这种标度"高"与"低"对称，它可以用反方向标度表示，只要设"最低"对应 1，"最高"对应 0 就可以实现，而其正是模糊补标度。

有了这种标度，可应用 Delphi 法调查多个定性分析者，给出各元素现行状态标度的估计样本值 X 和 U。

（2）影响程度矩阵 W 的识别。定性分析者一般很难直接估计出 W 矩阵的元素值，因为这要对有关的全部元素综合分析加以确定。但这并不等于说定性分析者没有这方面的信息，而重要的往往是这种获取信息的方式不对。比较好的方法是应用 Saaty 的成堆比较矩阵。这个比较矩阵的估计是由两两元素的局部分析得到的能比较好地获取定性分析等信息。

设 W_i 表示 W 阵的第 i 行向量，那么分量 W_{ij} 表示元素 S_j 对 S_i 的影响程度，$\forall k,l \in I$，S_k 对 S_i 与 S_l 对 S_i 的影响程度 W_{ik} 和 W_{il} 的比 W_{ik}/W_{il} 构成如下比较矩阵

$$A_i = \left[a_{ki}^i\right] = \left[W_{ik}/W_{il}\right]$$

由题设有

$$A_i W_i^{\mathrm{T}} = p W_i^{\mathrm{T}} \qquad (10\text{-}9)$$

和

$$X_i = W_i \begin{bmatrix} X \\ u \end{bmatrix} \qquad (10\text{-}10)$$

其中，W_i 为 W 阵的第 i 行向量。而我们的目标是求得 W_i 参数向量，并使式（10-9）和式（10-10）尽可能满足。为此应用最小二乘法。

设最小化误差函数为

$$\min \varepsilon_i = (A_i W_i^{\mathrm{T}} - p W_i^{\mathrm{T}})^{\mathrm{T}}(A_i W_i^{\mathrm{T}} - p W_i^{\mathrm{T}}) + \eta \left(X_i - W_i \begin{bmatrix} X \\ u \end{bmatrix}\right)^2 + 2\lambda_i(1 - W_i I)$$

其中，I 为 p 维单位向量，λ_i 为拉格朗日乘子，η 为权系数，末一项为归一化限制。根据 Kuhn-Tucker 条件

$$\frac{\partial \varepsilon_1}{\partial W_i^{\mathrm{T}}} = 2(A_i - PI)^{\mathrm{T}}(A_i - PI)W_i^{\mathrm{T}} - 2\eta\left(X_i - W_i\begin{bmatrix} X \\ u \end{bmatrix}\right) \times \begin{bmatrix} X \\ u \end{bmatrix} - 2\lambda_i I$$

令 $\dfrac{\partial \varepsilon_1}{\partial W_i^{\mathrm{T}}} = 0$ 有

$$W_i^{\mathrm{T}} = \left((A_i - PI)^{\mathrm{T}}(A_i - PI) + \eta \begin{bmatrix} X \\ u \end{bmatrix}\begin{bmatrix} X^{\mathrm{T}} & u^{\mathrm{T}} \end{bmatrix}\right)^{-1}\left(\lambda_i I + \eta X_i \begin{bmatrix} X \\ u \end{bmatrix}\right)$$

由 $I^TW_i=1$ 有

$$\lambda i = \frac{I-\eta X_i I^T\left((A_i-PI)^T(A_i-PI)+\eta\begin{bmatrix}X\\u\end{bmatrix}[X^TU^T]\right)^{-1}\begin{bmatrix}X\\U\end{bmatrix}}{I^T((A_i-PI)^T(A_i-PI)+\eta\begin{bmatrix}X\\U\end{bmatrix}[X^TU^T])^{-1}I}$$

设

$$G=\left((A_i-PI)^T(A_i-PI)+\eta\begin{bmatrix}X\\U\end{bmatrix}[X^TU^T]\right)^{-1}$$

$$W_i^T=G\left(\frac{I-\eta X_i I^T}{I^T GI}I+\eta X_i\begin{bmatrix}X\\U\end{bmatrix}\right)$$

一般情况下，行向量 W_i 可单独用上式识别，因为 W_i 同 W_j 的识别可视为无关。

（3）模型一致性检验。一致性检验包括影响程度矩阵估计和状态标度两个方面。为评价一致程度，定义如下影响程度矩阵一致程度指标 V_{W_i} 和状态一直程度指标 V_X。

$$VW_i \triangleq 1-\frac{1}{p}\max_{j\in I}\left|A_i^j\widehat{W}_i^T - p\widehat{W}_{ij}\right| \quad (i\in I_1)$$

其中，W_i^T 为估计值向量，A_i^j 为矩阵 A_i 的第 j 行向量。

$$V_X \triangleq 1-\max_{i\in I_1}\left|\frac{\widehat{X}_i-X_i}{X_i}\right|$$

其中，$\widehat{X}_i$ 为估计值，X_i 取样本值。

由 IFS 系统分析精度并不是太高，所以在实际应用中，$V_{W_i}\geqslant 0.8$，$V_X\geqslant 0.8$ 就是可取的。

6. 评价比较分析模型

这里的评价比较分析模型主要是指应用层次综合评价法。该方法是将零一化处理后的评价指标，按指标层次划分，逐层按偏好权重综合得出评价指标值，从而得出一个区域最后的综合评价指标。这一方法由于简单和数据易于获取得到比较广泛的应用。

这一模型包括比较单元处理、评价比较指标处理、比较模型生成处理、比较问题数据处理和比较结果展现等功能。同时与 GIS 集成，根据用户查询分析需要通过数据表或图形展现组件给出综合评价或如下多种分析结果：某年份各区域的各项绝对指标比较；某项绝对指标各区域历年情况比较；某年份各区域的各项相对指标比较；某项相对指标各区域历年情况比较；某年份各区域的各项评价指标比较；某项评价指标各区域历年情况比较。

7. 消费行为分析

消费行为分析可以提供消费者主观和心理方面的行为信息，如主观价值尺度、消费偏好和消费效用等量化信息。对消费结构变化进行分析和预测，并进行消费需求量预测及分析过时消费品和消费需求层次特性，对价格、主观尺度和偏好的变动、需求量和结构的影响进行分析，能够为政府部门经济决策及市场价格调整等提供有用的信息。

8. 人口分析

人口的数量、结构制约着经济的发展，因此，进行人口分析具有一定的意义。人口控制与仿真分析可以浏览历史人口数、死亡人数按龄分布、生育妇女按龄分布、预测人口按龄分布、预测各年学生适龄人口、预测年人口指数分布、预测各年总人口和适龄劳力及赡养人口。

9. 其他决策优化方法

0-1 规划、混合整数规划、线性整数规划等运筹学方法，是产业安全综合决策的优化方法。

10.3.4 平台总体构成

技术路线如图 10-11 所示。整个系统是个高度融合、基础与应用整合的统一系统。总体架构由五个层次组成，包括基础设施层、数据层、服务支持层、应用运行层和接口与发布展现层。总体架构充分体现元数据核心驱动模式，并加强描述了安全技术及安全管理支撑体系，以及管理主导与安全管理渗透各个层面及模块的安全管理内涵思想。

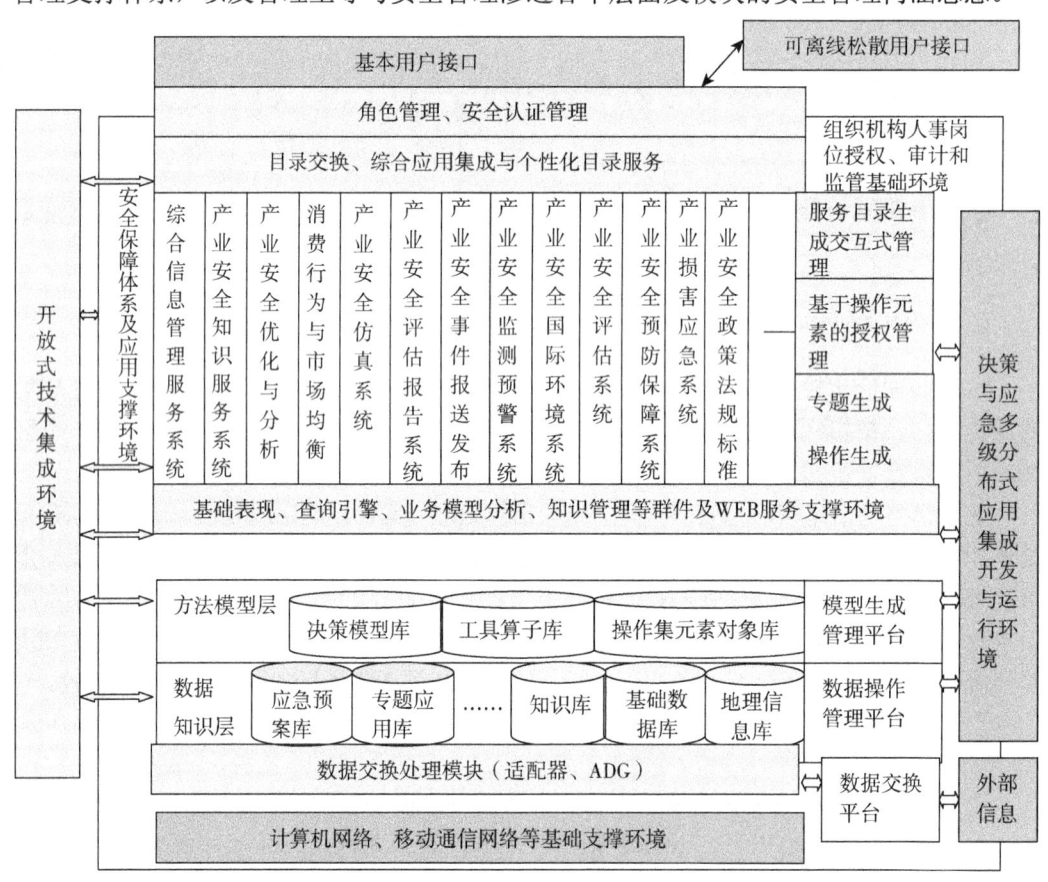

图 10-11 平台的设计与开发技术路线示意图

1. 基础设施与数据层

基础设施层主要完成数据、知识以及模型的泛在化（如面向 Wiki 平台及 3G 物联网等）获取，满足平台多元化数据、知识、模型的需求。

数据层位于基础设施层之上，它以知识管理平台、元数据管理平台、综合信息服务管理平台、地理信息应用服务平台以及数据交换平台为基础。通过知识元模型、元数据模型和数据模型，在物理结构上将数据、知识、模型以关系数据库的形式存储，并支持任意类的数据库的建立及重建，实现数据、知识以及模型的高度集成管理和共享。利用数据交换平台将各外部数据源的数据导入，进行统一的管理和备份，保证数据无缝交换，实现信息数据的融合和统一。

2. 服务支持层

服务支持层是系统建设的核心部分，难度大、要求高，是整个系统工作关键所在，是 SOA 规范的具体体现。该层以数据层为根基，以元数据管理平台、决策分析平台和基础表现、查询引擎、业务模型分析、知识管理等群件及 WEB 服务集成环境为核心，实现数据采集、抽取、转换、上载、数据融合及分析应用管理，以及业务模型、算子管理等底层综合服务。

3. 应用运行层

应用运行层是面向终端用户的应用开发与运行支撑层。它以数据层和服务支撑层为基础，通过服务目录生成交互式管理、基于操作元素的授权管理、专题生成管理和操作生成管理等组件支持终端用户进行各类应用开发与运行管理。

4. 接口与发布展现层

接口与发布展现层为用户提供方便、灵活、可个性化的交互界面，展示信息及咨询分析内容，并可面向各级、各类提供多层次信息发布，同时也支持 3G 物联网的双向接口。

10.4　业务功能体系

10.4.1　综合信息管理服务系统

以数据库管理系统为支撑，提供多级、多粒度、多视角的数据信息服务。以 Web Service 的方式，将所有的数据操作以 Web Service 的方式进行封装，为其他业务应用系统提供基础的数据交互服务。一方面提升了数据库系统的访问安全性，另一方面强化了数据服务的可扩展性、可移植性以及可灵活拆装性。具体功能包括：①信息查询与获取；②信息更新与维护；③远程信息交换。

10.4.2　产业安全知识服务系统

丰富的知识是实现智能、科学的产业安全管理的必要条件。该系统基于知识库管理系统为产业安全管理提供多级、多粒度、多视角的知识服务。以 Web Service 的方式，将所有对知识的操作以 Web Service 的方式进行封装，为其他业务应用系统及各类用户提供基础的知识供给服务。一方面提升了知识库系统的访问安全性，另一方面强化了知识服务的可扩展性、可移植性以及可灵活拆装性，使得实现万维、泛在环境下的知识共享成为坑内。具体功能包括：①知识查询与获取；②知识更新与维护；③知识共建与共享。

10.4.3 产业安全与优化分析系统

产业结构、布局等的优化对于产业系统良性发展具有重要的作用。该系统提供必要的产业安全与优化分析功能，为产业政策的制定提供科学的依据。具体包括：①产业结构安全与优化分析；②产业组织优化分析；③产业关联优化分析；④产业布局安全与优化分析；⑤产业政策优化分析。

10.4.4 消费行为与市场均衡分析系统

从居民消费视角分析消费市场的均衡及安全状况。具体功能包括：①商品价格指数分析；②居民收入结构分析；③居民消费影响因素构成分析；④居民消费构成分析；⑤市场构成分析。

10.4.5 产业安全事件报送发布系统

10.4.5.1 产业安全事件快报系统

产业安全事件快报系统主要面向各行业产业安全管理分中心，实现 Internet 或政府专网环境下的，基于 GIS 的相关产业安全事件信息的上报、续报等功能，以及简单的事态跟踪、审批等功能。

考虑到上报单位的网络环境，采用基于位图格式的信息上报技术（IMAGE 地图），可大幅提高网络传输速度和系统运行效率。具体功能如下。

1. 信息上报（基于 IMAGE 地图）

基于地图确定事发地域及经纬度。填报事发区域或单位的基本信息，如时间、地点、信息来源、事件起因、事件性质、基本过程、已造成的后果、影响范围、事件发展趋势、处置情况、拟采取的措施、下一步工作建议，以及与具体事件类型相关的要素信息。

2. 信息续报（包括终报）

事故不断地发展，基本信息随之调整，本功能实现已上报事件的后续变化信息的上报功能。

3. 信息重报

报送人员对有重报标志的信息进行重报。

4. 上报信息查询

快报系统提供了上报事故查询功能，可以按用户要求自定义查询。

（1）地区查询。查询自己权利范围内的地区信息，默认当前用户管辖区域的地图，如果是特权用户，直接在导航窗口选择区域，或者通过地区下拉列表选择。

（2）时间查询。按事故的起止时间进行查询，可以查询本年、本月、本日事故。

（3）综合查询。多条件任意组合查询，可以按照时间、地点、事故类型、事故原因等多条件查询。

5. 领导批阅

点击事故审批，直接调出权限范围内的事故列表，查看是否审批以及审批结果，点击查看详细信息。对一件待审批事故进行审批，在详细信息中添加审批结果、审批意见、审批时间、审批人员等信息。审批结果为"批准"，即进入下一个环节，如果审批结果为"未批准"，则不能进入下一个环节。审批信息是指选择某一件事故，点击审批信息，以列表方式查看整个事故的审批流程。

6. 续报跟踪

事故不断地发展，基本信息随之调整，所有事故记录的修改均保存在事故日志，记录事故的修改过程。每次修改的记录以列表方式显示，点击单位名称调出事故详细信息。

7. 通讯录

该模块实现了上报单位相关机构联系信息的列表浏览以及查询功能，这将有助于信息机构之间的沟通与联系，从而更好地实现信息共享。

（1）通过组织机构浏览。用户通过机构名称，查看该机构之下的人员名单。

（2）通过简单查询浏览。用户输入查询条件（姓名及职务），查看该机构之下的人员名单。

10.4.5.2 内网信息综合发布门户

提供各类信息资源的查询、统计、时间地域等维度的比较分析服务，方式为：基于地理信息、图、表、文字等方式。主要功能模块如下：①社会信息。基于地理信息查询地区概括、人口、经济等。②预警信息。实现预测、预警信息的查询和浏览。③产业安全事件。主要对各类产业安全事件（未归档）的上报信息、续报信息等进行地理分布（基于影像地图和矢量地图）、查询、统计、各类图表分析。④审批信息。对产业安全事件的审批信息进行查询。⑤恢复重建。对产业安全事件的恢复重建工作进行查询、统计分析，以及基于矢量或影像地图的对比分析。⑥产业安全评估。实现对产业安全事件的评估信息的录入、维护、查询等功能。⑦快报查询。对已上报国务院的快报进行浏览、查询。⑧归档信息。对各类产业安全事件的归档信息进行查询、统计。⑨案例。实现对已处置完成的产业安全事件进行案例生成、维护、查询等管理功能。⑩机构设置。主要介绍产业安全管理组织机构，包括负责人、成员、职责、制度。⑪工作动态。对产业安全管理工作中的重要事件，如预案的颁布、相关规定、会议、领导视察等进行报道。⑫法律法规。介绍相关的国家法律、条例。⑬他山之石。介绍国外的先进管理方法。⑭信息搜索。实现信息的分类检索等功能。⑮通讯录查询。提供相关部门电话查询。⑯相关链接。提供相关组织等的专业网站的链接。

10.4.5.3 外网信息综合发布门户

外网信息综合发布门户的栏目及信息内容均抽取自内网信息综合发布门户。具体栏目设计如下：①预警、预报。发布最新的预警、预报信息。②产业安全事件。主要是一些产业安全事件的报道。③事件跟踪。主要是产业安全事件的后续跟踪报道。④恢复重建。对事件处置后的恢复重建工作进行报道。⑤机构设置。主要介绍组织机构，包括负责人、成员、职责、制度。⑥工作动态。对产业安全管理工作中的重要事件，如预案的颁布、相关规定、会议、领导视察等进行报道。⑦法律法规。介绍相关的国家法律、条例。⑧他山之石。介绍国外的先进管理方法。⑨典型案例。介绍产业安全事件给人的启示、经验和教训；当时采取的措施和结果，案例的借鉴意义。⑩事件分布图。基于图片地图（image map）方式，查询产业安全事件的地理分布等。⑪大事记。可以按年份查询。⑫事故举报。社会公众可通过此功能对相关产业安全事件进行举报。⑬相关链接。提供相关组织等的专业网站的链接。⑭网站搜索。提供对本网站资源的搜索。

10.4.6 产业安全评估报告系统

基于产业运行基础数据以及各类分析数据，生成可灵活定制的报表或报告，为综合决策提供支撑。具体功能包括：①报表定制与管理；②报告定制与管理；③报表生成与分析；④报告生成与分析。

10.4.7 产业安全国际环境系统

以国际化视角分析国家产业安全问题。具体功能包括：①国际化投资分析与管理；②国际贸易分析与管理；③产业国际竞争力比较分析；④产业安全国际化分析。

10.4.8 产业安全仿真系统

平台必须具备产业结构演变、产业安全事件发展演化等模拟仿真功能，从而为宏观产业政策的制定以及综合决策提供辅助支撑。模拟仿真系统提供仿真情景的定制以及仿真参数的设定，通过综合数据库中的信息单元、知识库中的知识元以及模型库中的模型单元的融合计算，实现复杂产业安全系统行为与规律的动态模拟与仿真。具体包括以下内容。

（1）人工定制情景的模拟仿真。选取相应的知识元及相关模型，实例化为相应的数据单元，通过数据、知识以及模型的融合计算，实现人工情景的模拟仿真。提供人机交互机制，实现可控仿真参数的定制及修改。

（2）产业安全案例再现。将真实案例结构化成相应的数据、知识、模型，并输入仿真系统，实现真实案例演进过程的可视化再现。

（3）模拟仿真效果评价。将仿真效果与真实案例进行比对，并可基于比对结果进行前述知识元体系、模型体系以及数据体系的修缮。

（4）政策模拟。将政策因素以知识元的形式嵌入仿真系统，实现政策影响下的产业安全模拟仿真。

（5）模拟仿真结果的可视化。提供基于GIS的产业安全仿真结果宏观展示以及基于图表的微观展示。

10.4.9 产业损害应急系统

平台必须具备能为专家提供专业领域信息及必要的决策辅助分析的系统功能。在应对产业安全事件时，能通过专家的协商制订应对方案，保障应对处置的科学、合理及可行性。

专家会商系统结合视频会议系统，同时根据信息上报的情况和记录专家建议，形成报告，转交指挥人员。

（1）专家库。存储各类专家信息。专家库应具备查询和维护功能，查询和维护所需的专家资料。

（2）专家会商情况记录。从专家库查找合适的专家，然后通过视频会议系统、大屏幕显示系统与各专家进行会商，对产业安全事件进行分析和讨论。通过系统记录专家的文字建议，通过录音系统对专家的建议进行语音记录，通过视频会议系统对会商情况进行录像。

（3）专家会商报告。将专家会商的结果经过汇总分析后，通过系统形成专家会商报告，并附上各类现场会商资料，递送领导查阅，为领导决策做辅助参考。

（4）知识库系统。平时收集各类专家知识，存放到专家知识库中。

（5）决策辅助分析系统。能够从专家知识库中方便查询到各类专家意见和经验，结合相关专业模型及决策辅助分析技术为领导决策提供辅助参考。

10.4.10 产业安全评估系统

依据监测监控系统信息，提供评估方法和工具支持，辅助相应管理机构，对产业安全事件的起因、性质、影响、责任、经验教训和恢复重建等问题进行调查评估。建立相应的事件调查记录数据库和评估数据库，提供相应的统计查询检索服务，并为前述预测预警系统提供资料及分析支持。具体功能包括以下内容。

（1）产业风险识别。产业风险识别包括风险阈值的设定、风险分析以及识别，具体包括环境风险、市场风险、技术风险、生产风险、财务风险以及人事风险等。

（2）产业风险测度。给出风险级别的量化值，为基于风险分析结果的决策制定提供量化信息。

（3）产业安全诊断。基于风险识别与风险测度的结果，评估产业运行的安全状态，并给出不安全影响要素及影响方式。

（4）产业风险传导。识别产业运行及安全问题要素及相互关联关系，构建相应的关系及问题衍生网络，揭示安全风险源头及传播路径等。

10.4.11　产业安全监测预警系统

提高各类产业安全事件风险防范意思，防患未然。即从源头开始加强产业安全事件源的识别、监控和预警等防范管理。具体基于综合数据库平台及网络通信环境进行构建，主要功能如下。

（1）危险要素（源）管理。危险要素（源）管理包括生产安全危险源、运输安全危险源、其他事故灾难安全危险源等。

（2）监测预警。基于物联网及与计算理念实现风险源的万维、泛在监测；依据监测预警相应指标体系，基于综合数据库、知识库以及模型库中的基本素材，实现产业安全事件的动态监测及预警。

（3）信息反馈。将监测预警结果动态地反馈给前端用户。

10.4.12　产业安全预防保障系统

在建立产业安全保障资源数据库的基础上，实施对专业队伍、专家、储备物资、救援装备、通信保障等资源的动态管理。在发生产业安全事件时，通过产业安全管理决策服务支撑平台，迅速调集保障资源进行有效的支援，提供必要的保障，并在事后进行综合评估。按照资源分级管理的原则，将保障资源以数字化方式保存。系统具备对保障资源的统一调度、跟踪、当前状态查询。同时，在查询某类资源的时候能够同时显示关联资源，方便做出更优决策。系统要与基础地理信息平台连接。具体包括以下内容。

（1）保障资源管理。保障资源管理包括专业保障队伍、专家及其团队、保障物资、救援装备、通信保障资源等的管理。

（2）资源选址及调度。基于时空约束、资源数量约束、资源布局以及资源需求，实现资源保障最优调度。

（3）可保障性评估。对已有资源的可保障性进行评估，并给出保障资源的脆弱性分析。

10.4.13 产业安全专题应用系统

面向产业安全具体领域,构建其专题分析应用系统。具体功能包括以下内容。

(1)专题管理。灵活、可拆装专题生成与管理,主要由三层构成,即操作界面层、业务管理层和方法数据层。操作界面层负责管理输入输出界面,完成对用户操作的响应、显示错误信息、进行界面控制等功能,是直接与操作者打交道的部分。元数据管理层包括模板元数据管理、数据元数据管理以及工具算子元数据管理三部分,微操作模型构建是运行在方法数据层之上的,方法数据层也包括三部分,即模板库、数据库和分析工具和算子库。

(2)宏观产业安全分析系统。该系统具体包括宏观产业安全影响因素分析、宏观产业安全态势的监测与预警、宏观产业安全问题决策优化分析等。

(3)金融安全分析系统。该系统具体包括金融安全影响因素分析、金融安全态势的监测与预警、金融安全问题决策优化分析等。

(4)能源安全分析系统。该系统具体包括能源安全影响因素分析、能源安全态势的监测与预警、能源安全问题决策优化分析等。

(5)信息产业安全分析系统。该系统具体包括信息产业安全影响因素分析、信息产业安全态势的监测与预警、信息产业安全问题决策优化分析等。

(6)粮食安全分析系统。该系统具体包括粮食安全影响因素分析、粮食安全态势的监测与预警、粮食安全问题决策优化分析等。

(7)省份行政区竞争力及产业安全度分析系统。该系统具体包括行政区竞争力评价指标体系的建立与维护、竞争力评价,以及行政区产业安全影响因素分析、产业安全态势的监测与预警、产业安全问题决策优化分析等。

10.4.14 产业安全政策法规标准

面向产业安全管理的各类用户,提供相关政策、法规和标准的发布、查询及管理。具体功能包括:①政策、法规和标准的发布;②政策、法规和标准的查询;③政策、法规和标准的管理。

10.5 服务技术支撑体系

10.5.1 云计算及泛在的体系架构

根据"云计算"理念,融合网格计算、分布式计算、并行计算、虚拟化和高性能计算等技术,构建一种基于云计算理念的分布式仿真计算系统——"云仿真计算系统"。融合微计算机嵌入技术、传感器技术、RFID 技术、二维码技术和摄像技术等,构建自驱动自组织的产业安全管理泛在计算环境,实现无所不在的、嵌入的、游牧的、自适应的仿真计算。

10.5.2 知识库管理系统

知识库管理子系统是整个平台的核心，是知识元产生、集成、融合、应用的场所。系统功能结构如图 10-12 所示。具体功能描述如下。

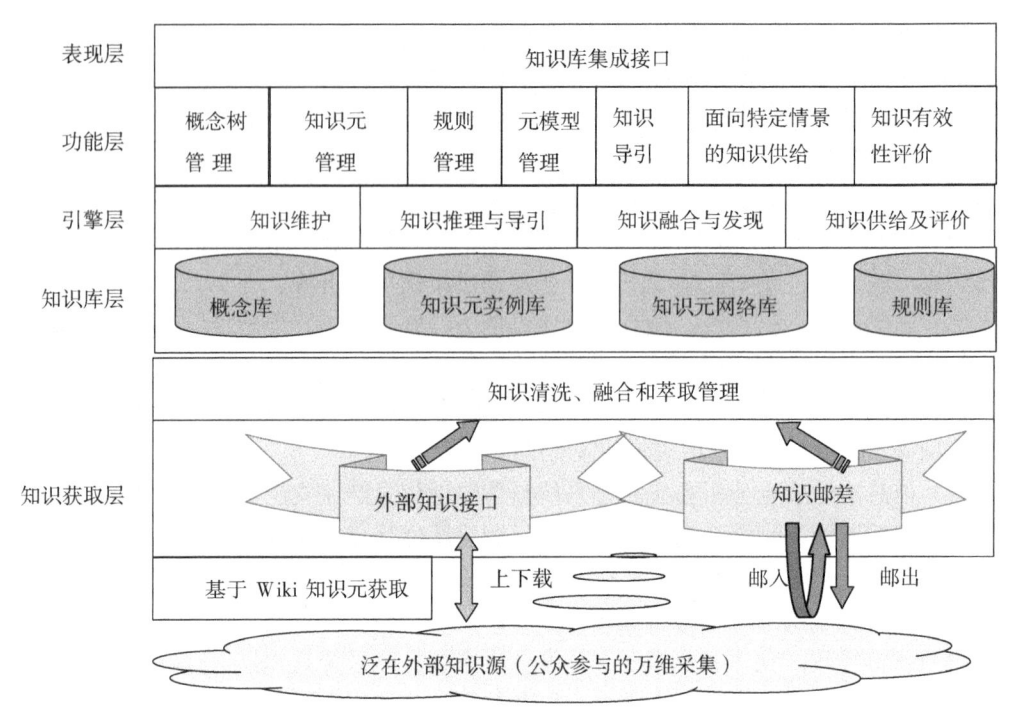

图 10-12 知识库管理子系统体系结构

（1）知识元获取。知识元获取是知识库构建的基础。主要通过基于 Wiki 平台实现知识元的泛在化获取，涉及知识元的筛选、清晰等标准化等操作。

（2）概念树管理。存储和管理产业安全管理中的概念分类体系，概念树的构建是以《中国分类主题词表》为基础的，是整个知识库系统的基础。

（3）知识元管理。知识元是产业安全领域的通用本体模型，该模型是其他元模型建立的基础。其他元模型是在此基础上引入个性化的要素建立起来的。在创建一个新的元模型时，自动继承该知识元。其主要的功能有知识元实体及其属性的增、删、改、查等。

（4）元模型管理。每个产业领域都有相应元模型，是建立该领域知识库的基础。元模型的分类参照《信息资源与编码》标准。其主要的功能有新建领域元模型、领域元模型的存储、编辑已有领域元模型等。

（5）规则管理。以规则的形式体现事件元模型要素间的关系约束。通过对事件元模型的选择，实现事件元模型要素间关系的管理功能。

（6）知识导引。基于知识元间的关联关系，给出产业安全管理的预防性知识、常识性知识及处置性知识。

（7）知识推理。用户选择元模型，然后根据选定的元模型，选则要素节点，并输入初始值，根据要素初始值进行知识匹配，向用户提供所有的匹配结果。

（8）面向特定情景的知识供给。实现知识元智能融合，为特定的情景下的模拟仿真、应对方案生成提供所需知识。

（9）知识有效性评价。基于方案实施的结果，以直观的形式给出知识有效性的评价，为知识库的更新提供指导。

10.5.3 数据库管理系统

综合数据仓库管理子系统具有的丰富的适配接口，可高效集成各类外部数据，为产业安全管理动态模拟仿真与计算实验系统的建设提供数据集成基础。基本体系如图 10-13 所示。

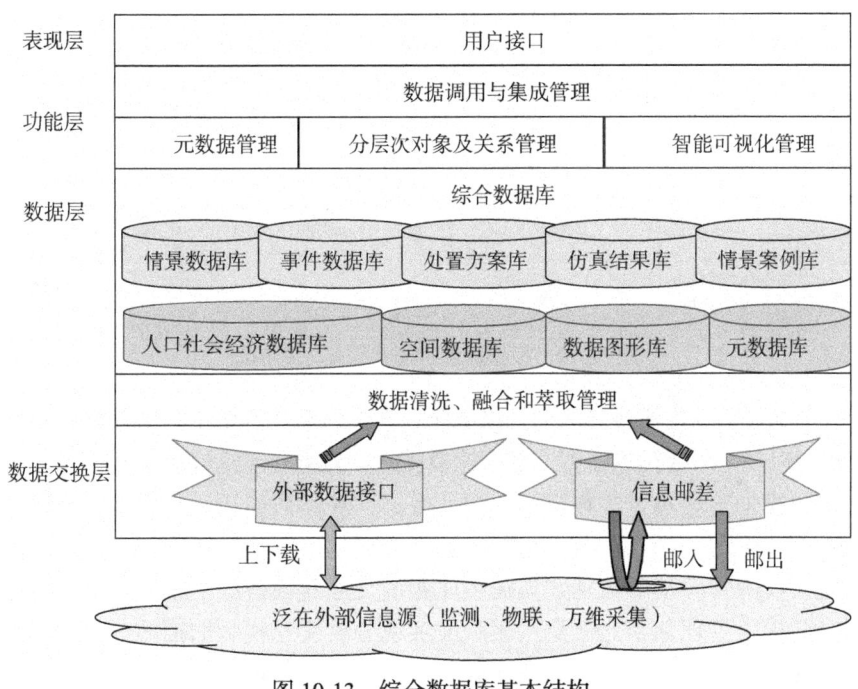

图 10-13 综合数据库基本结构

数据交换层主要负责外部数据的注入与交换，为系统提供可靠的数据来源。其以数据交换接口为表现形式，包括外部格式数据交换接口和数据自动交换（信息邮差）接口，分别完成已知格式数据的自动加载和自定义格式数据的交换。数据层为初始数据、中间运算结果以及最终结果等各类数据的集散地，采用按领域存储的方式。功能层实现了综合数据库的管理，包括灵活的元数据管理、数据对象及其关系管理、数据的智能化展现管理以及数据调用与集成管理，是系统的核心。表现层在功能层的基础上为用户提供了灵活获取、处理及应用数据的界面。

10.5.4 模型库管理系统

基于模型库管理的基本原理与方法，设计模型库管理子系统的体系结构如图 10-14

所示。按照模型的基本构成要素，模型库管理的功能包括形式模型管理、参数辨识模型管理、交互建模模版管理、分析交互模版管理、输出展现模版管理、实体模型管理。

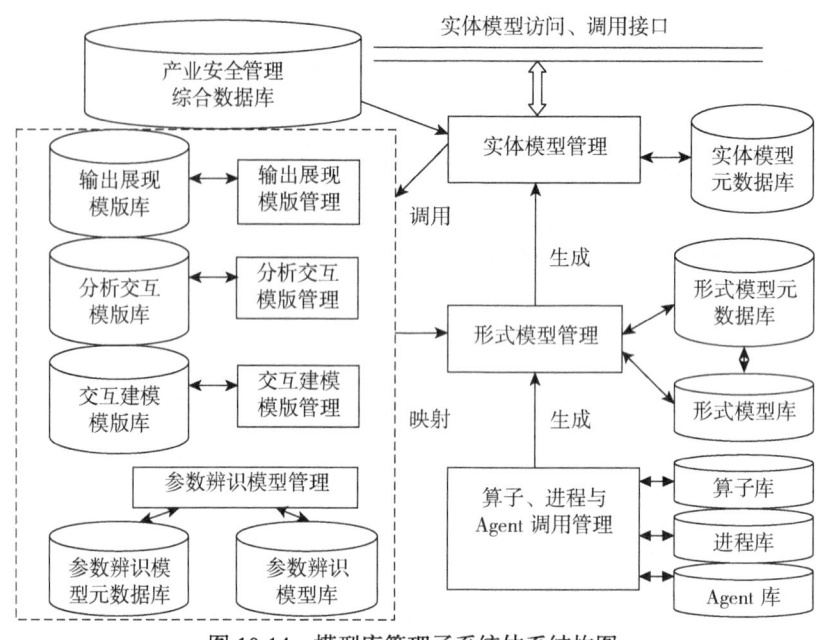

图 10-14　模型库管理子系统体系结构图

其中，形式模型管理模块基于形式模型元数据库和形式模型库实现对形式模型的描述、存储与管理，以及与参数辨识模型、交互建模模版、分析交互模版和输出展现模版的映射。

参数辨识模型管理基于参数辨识模型元数据库和参数辨识模型库实现参数辨识模型的描述、存储与管理。

交互建模模版管理基于交互建模模版库实现交互建模模版的描述、存储与管理。

分析交互模版管理基于分析交互模版库实现分析交互模版的描述、存储与管理。

输出展现模版管理基于输出展现模版库实现输出展现模版的描述、存储与管理。

实体模型管理模块一方面基于形式模型，结合产业安全管理综合数据库中的实际数据，通过调用相应的参数辨识模型与交互建模模版，完成实体模型的生成、修改、删除等管理功能。实体模型相应的描述与配置信息存储在实体模型元数据库中。另一方面，实体模型管理模块基于实体模型元数据库，通过执行形式模型，并调用相应的实际数据、分析交互模版和输出展现模版，以实现实体模型的调用与执行。

10.5.5　指标管理系统

产业安全管理的各项需求，如产业安全保护、产业损害防护、产业国际竞争力评价、产业控制力评价以及产业安全预警、预测等，均需以相应的指标体系为基础。因此，灵活、完善的指标体系管理与维护是产业安全管理决策支撑平台的核心功能。

产业安全管理涉及众多领域，涵盖各种产业安全问题，相应的指标五花八门，其间联系纷繁复杂。如何有效地描述指标，并灵活表示指标间复杂的关联关系，从而为产业安全问题的分析及管理提供指导，是指标管理系统首要解决的问题。本书给出的知识元模型可有效表示主客观事物，而指标作为用于决策分析的一类主观事物，可借助知识元模型实现其有效表示，即将指标表示为对象知识元，指标情景表示为属性知识元，指标间关系表示为关系知识元。进而通过知识元网络的推理可实现复杂的指标分析。

指标管理系统的基本体系如图 10-15 所示。

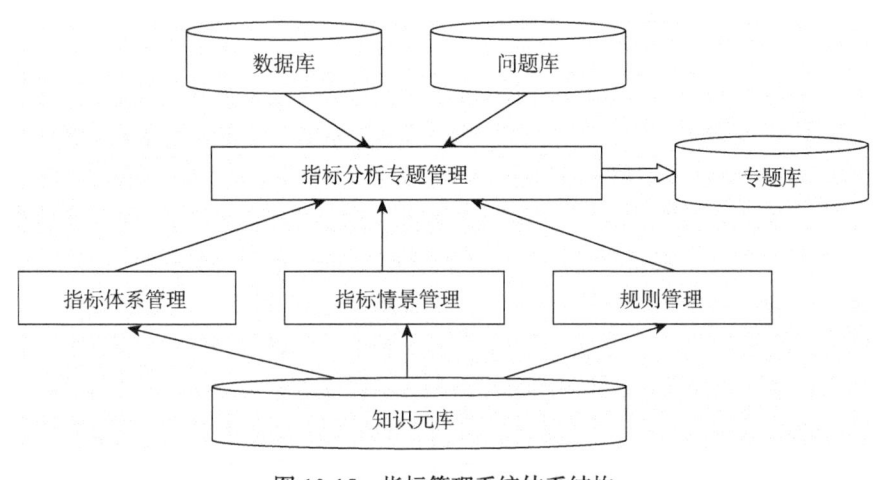

图 10-15 指标管理系统体系结构

1. 指标体系管理

构建产业安全管理统一的指标体系全集，以树形结构展现，根结点可为产业安全管理指标体系，其子节点可包括产业安全保护指标体系、产业损害防护指标体系、产业国际竞争力评价指标体系以及产业安全预警、预测指标体系等，叶节点为具体的指标项。每一节点属性包括：ID（关键字）、CODE（代码）、NAME（名称）、PID（父节点）、CTIME（创建时间）、STIME（生效时间）、ETIME（结束时间）等。具体维护功能包括节点的增、删、改、查等。

2. 指标情景管理

针对指标的统计决策分析，还包括指标的具体内容，如计划数、完成数等。指标内容的构成可能存在复杂的情况（常见于统计报表的复杂表头），因此也应构建一树形结构用于该类数据的管理维护。具体维护功能包括节点的增、删、改、查等。

3. 规则管理

规则管理用于建立指标间的管理关系，用于支撑后续的指标分析。这里的规则为广义规则，包括一般的产生时规则、定性定量模型以及启发式算法等。规则的前件、后件，模型的输入、输出，以及启发式算法的参数等均可通过属性知识元予以描述。规则管理的具体功能包括规则的增、删、改、查等。

4. 指标分析专题管理

指标分析专题管理用于针对具体的产业安全问题，抽取相应的指标及指标间关系，并基于具体问题的初始数据集，实例化相应的指标属性值及指标间关系的输入输出属性值，生成可运行的分析专题。专题的结果可通过报表、图形等方式展现。指标分析专题管理的具体功能包括专题的增、删、改、查等。

10.5.6 数据、知识、模型混合计算引擎

混合计算引擎如图 10-16 所示。带圈的箭头给出了一个计算循环子过程，步骤①通过数据引擎监测到一个情景数据元的变化，反映到对应元数据体。步骤②根据元数据体对应的知识父类传递信息到知识元。步骤③通过知识元网络，同知识元关联或推理反映到相关知识元。步骤④该知识元分析需要相关模型，所以传递到具体的一个实体模型。步骤⑤实体模型根据其父类关系传递信息到一形式模型。步骤⑥形式模型根据自身属性调用相应的算子或 Agent 进行相关计算，完成给出实体模型结果。步骤⑦根据结果的属性获得相应知识元。步骤⑧则从相应知识元导引到具体的元数据，从而再通过步骤⑨刷新情景空间的相关实例数据，进而引发步骤⑩启动再一次计算循环。由于知识、模型、算法和数据的不完备性，所以，计算过程中，需要在相应环节进行人工参与发挥人的隐性知识及综合判断能力，形成人机结合协同计算模式。易见，由于算子与代理服务、形式模型、实体模型、知识元、元数据和实例数据的分离，并可进行入库化管理，所以，便于实现分布管理与计算。

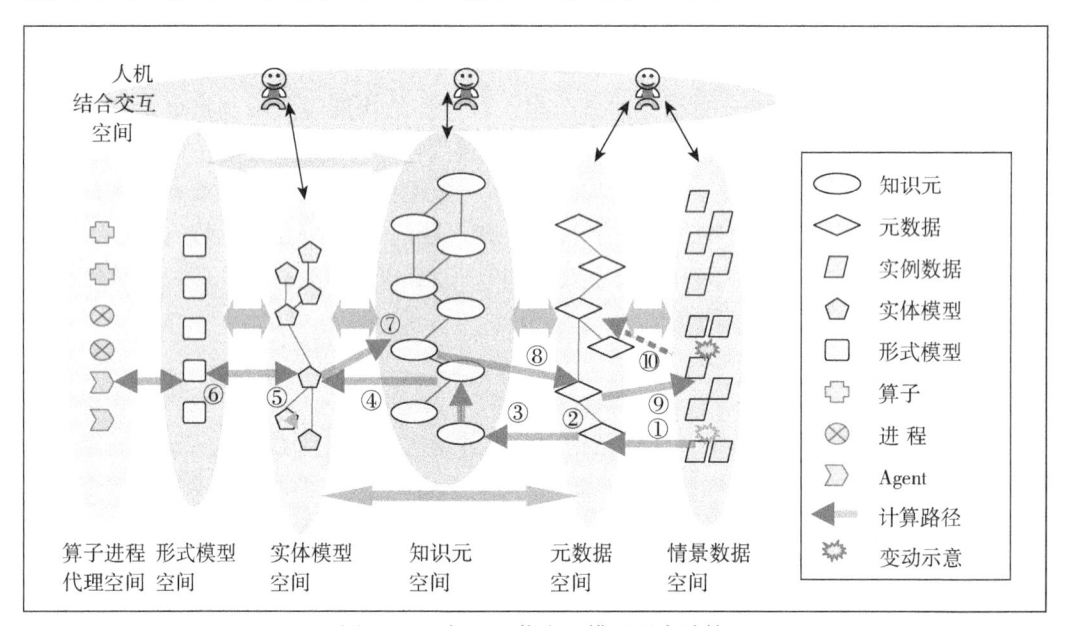

图 10-16　知识、信息、模型混合计算

10.5.7 多维地理信息可视化系统

多维地理信息可视化系统主要完成基于空间性和语义性的产业安全管理要素符号化、

基于 GIS 的产业安全事件多维综合态势展现（包括二、三维一体化集成的地理环境可视以及基于三维场景的开放式协同标注与态势再现等）等功能，其体系结构如图 10-17 所示。

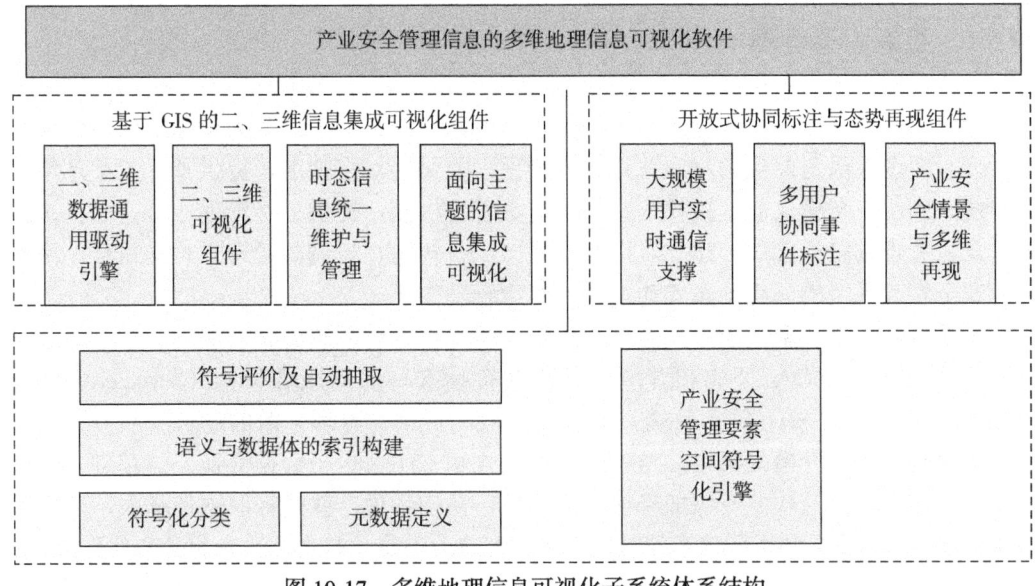

图 10-17 多维地理信息可视化子系统体系结构

10.5.8 应用开发支撑环境

系统平台设计提供如图 10-18 所示的六个层面的可控开放集成环境。通过 CA 中间件可支持不同 CA 环境的应用集成；数据、目录和第三方中间件的集成是显见的；通过模型及算子管理可以实现外部工具及模型的集成，并支持系统内模型工具的外部调用；操作生成是本设计的特色，通过操作管理可方便与其他应用系统进行操作层面的业务集成。

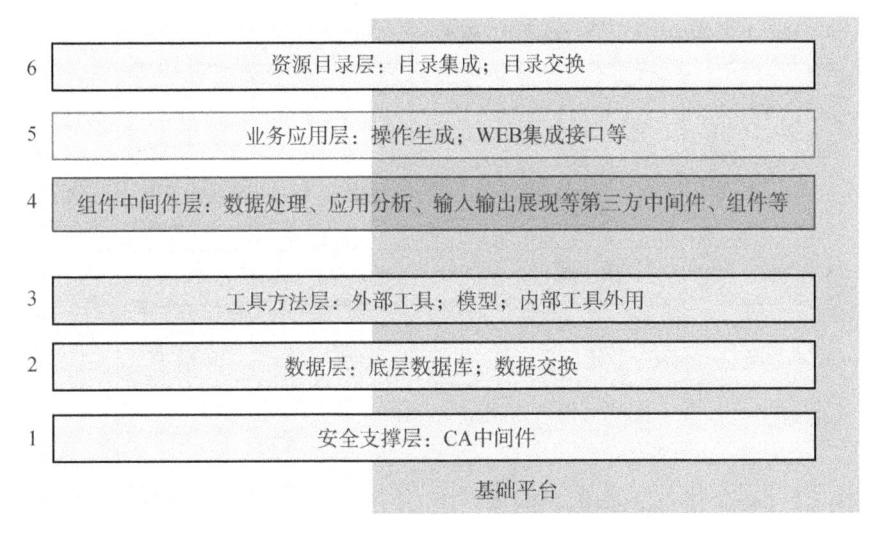

6	资源目录层：目录集成；目录交换
5	业务应用层：操作生成；WEB集成接口等
4	组件中间件层：数据处理、应用分析、输入输出展现等第三方中间件、组件等
3	工具方法层：外部工具；模型；内部工具外用
2	数据层：底层数据库；数据交换
1	安全支撑层：CA中间件

基础平台

图 10-18 六层可控开放集成环境示意

10.6 安全技术及管理体系

10.6.1 组织人事管理

组织人事管理服务平台以人为本，实现对各级组织架构、内部人员基本信息的分布式管理，实现人员与岗位的对应关系配置管理，提供多对多映射，提供基于 CA 环境的集中统一的用户身份认证、授权、责任认定等管理机制，提供分级管理、必要的目录服务以及相关查询统计接口。建立对现实世界组织机构运行机制与管理方式的仿真，满足产业安全管理系统的分级分布式动态柔性组织管理需要。

基于上述基本理念、模型和思想，组织人事基础管理系统的结构如图 10-19 所示。开发采用 J2EE、SOA 架构和开放数据库连接标准。面向服务架构（service-oriented architecture，SOA）是在计算环境下设计、开发、应用、管理分散的逻辑（服务）单元的一种规范，是一种模式架构；是在原有组件化和 EDI（电子数据交换）的基础上，进一步将可重复利用的软件资源抽象化和标准化，换句话说，就是抽取软件基因，建立互通的管道，达到重复利用和信息流畅的目的，解决业务最头痛的"适应业务变化"和"集成"问题；变过去的技术组件为业务组件（又叫服务）。按照前述体系架构设计与分析，SOA 是开发分布式集群化的组织管理系统的最佳软件体系架构，具有较好的扩展、开放和集成的技术可行性。

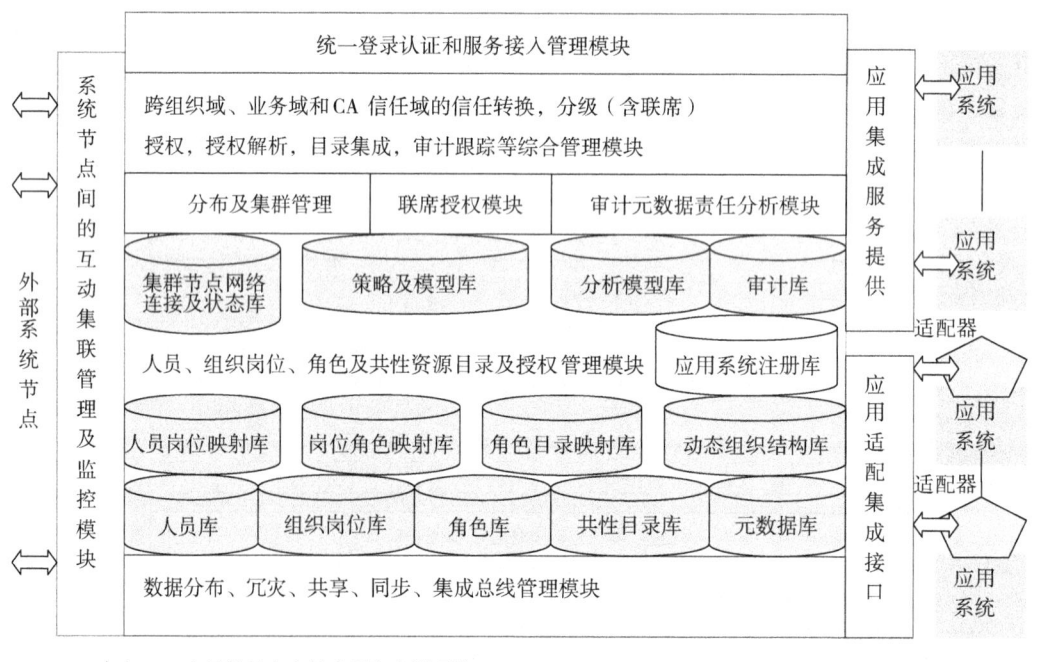

图 10-19 组织授权管理系统结构示意图

10.6.2 CA 中间件

多元化已是当今政治、经济、文化、自然相关各业的一个格局，求同存异，协同而不是刚性的一统。所以，信息资源整合与共享，业务集成与协同，只能寻求相对的统一。我国乃至世界的信息化现状已是这种状态。目前我国已建起的 CA 共有 70 多家，分为行业的、部门的、地区的、企业的四类，它们不仅地域不同，其体系结构也不尽相同。由于没有统一的审批管理部门、统一的技术标准、统一的管理规范，所以，条块分割问题突出，已建的基本处于互相分割状态，成为互不关联的信任孤岛，待建的也没有一种规范的体系结构作为依据。它们之间已经构成了一个比较复杂的体系，既不是简单的分级结构，也不是规范的分布式结构。

美国联邦政府在研究各政府机构已建成的公钥基础设施（public key infrastructure，PKI）体系的基础上，为解决已经建设好的各种不同认证系统之间的互联互通问题，于 1998 年提出桥 CA 这一概念。联邦桥 CA（Federal Bridge Certification Authority，FBCA）由联邦策略管理机构（Federal Policy Management Agency，FPMA）控制，它的目的是在联邦 PKI 中不同的可信域之间提供可信路径。桥 CA 作为一个桥梁，可以将多个不同的信任域连成一个整体，组成一个更大范围的信任空间。桥 CA 是在信息安全层面的一种解决方案，但它在 PKI 产品技术兼容、证书路径、策略映射和目录服务等方面存在诸多要解决的问题。

本方案将从应用层面解决多元化 CA 体系和不同应用域环境下的业务集成应用问题，提出 CA 中间件技术架构（图 10-20）。从管理角度，各种应用域之间的信任，本质上是组织间的信任，这样我们可以把不同环境下的 CA 证书等技术层的信任通过组织间的信任联通起来。CA 中间件具有两大核心功能，一是与组织授权管理系统深层绑定，以解决组织人事的认证，同时，通过组织间的信任，转换证书联通信任路径，就像物理世界中，不同工作单位的工作证可以通过单位间的信任而相互认同。二是对不同的 CA 环境进行标准化的应用封装，以便各应用系统与不同 CA 环境的集成。

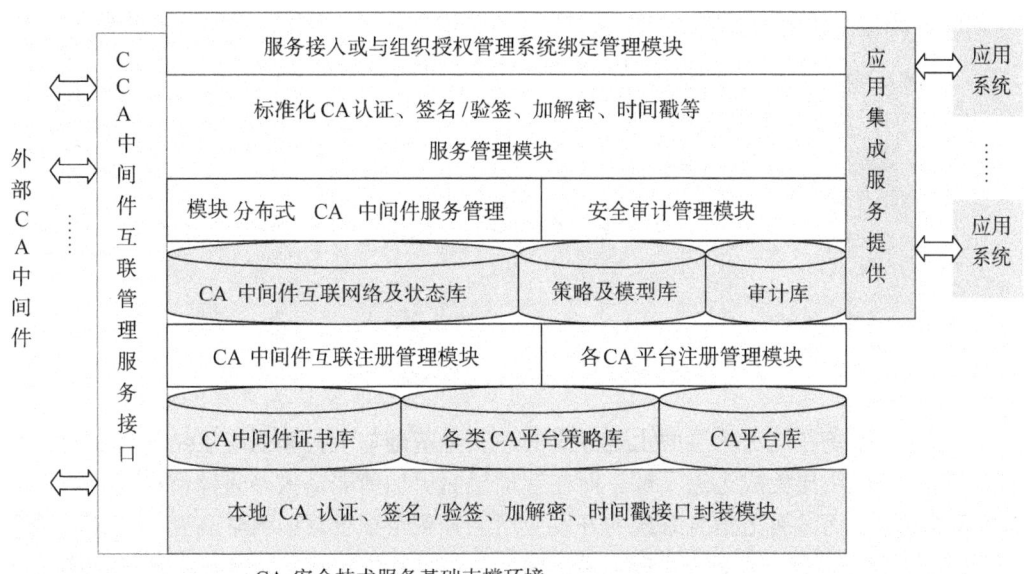

图 10-20　CA 中间件模块结构

CA 中间件除了封装传承一般 CA 的认证、签名、加解密和时间戳等功能外，主要研发工作是要支持尽可能多的 CA 产品。同时，结合组织授权管理系统，研究探讨连接不同 CA 环境下的 CA 中间件间的信任互联方法和策略等问题。

CA 中间件具有与其封装的 CA 产品相同的应用安全等级。目前课题组已开发了基本的 CA 中间件，并已用到相应的行政审批、OA、决策支持系统和服务门户等应用平台中，取得较好的效果，所以，CA 中间件的研发是可行的。

10.6.3 数据及业务系统安全等级划分及保护

从管理系统工程的观点来看，信息安全管理系统如图 10-21 所示，可分为三大层面。一是以 PKI、KMI、CA 等技术为支撑环境，即基础层面；二是信息系统层面，又包含硬件、系统、数据和应用四层；三是对应业务管理、授权与审计，数据管理、授权与审计，系统管理、授权与审计，硬件网络管理、授权与审计四个管理层面。

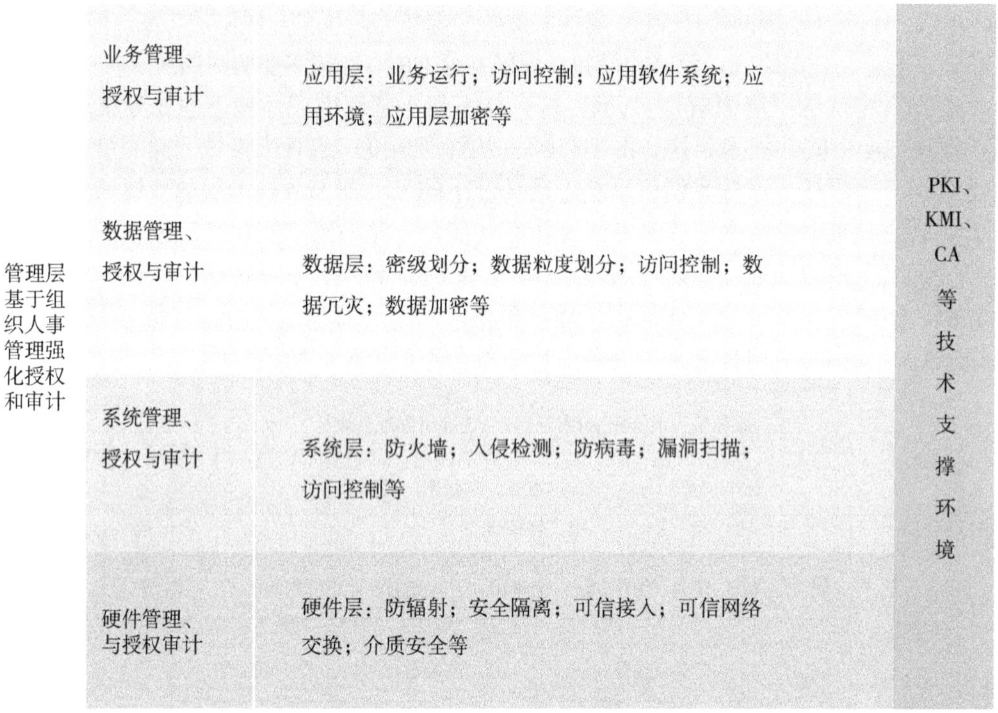

管理层基于组织人事管理强化授权和审计	业务管理、授权与审计	应用层：业务运行；访问控制；应用软件系统；应用环境；应用层加密等	PKI、KMI、CA等技术支撑环境
	数据管理、授权与审计	数据层：密级划分；数据粒度划分；访问控制；数据冗灾；数据加密等	
	系统管理、授权与审计	系统层：防火墙；入侵检测；防病毒；漏洞扫描；访问控制等	
	硬件管理、与授权审计	硬件层：防辐射；安全隔离；可信接入；可信网络交换；介质安全等	

图 10-21 信息安全问题系统分析

当前大多系统在这三个层面上是分离的。安全基础与硬件和系统层结合较紧密，与数据层特别是应用层集成远远不够。而在管理层面更加薄弱，大多只停留在用户管理的理念及技术层，而没有把信息系统的开发应用上升到组织管理的科学高度。认证、授权和责任认定本质上是一个复杂管理问题，因此，信息系统组织授权管理系统的研究与开发必须以组织管理为主线。

10.7 多环境并行的运维体系

10.7.1 基于 Web2.0 和管理 2.0 的系统运维模式

产业安全管理决策服务平台相关信息、知识、模型异常复杂多变，需要全社会相关专家、科技工作者、从业人员共同维护；同时，平台面向的是政府产业安全管理人员、产业安全领域的科研工作者和社会公众等多级、多类用户的协同应用。为此，需要研究面向多级、多类用户广泛参与的平台运维管理。

采用 IT 管理的思想与方法进行平台运维管理的研究。面向多级、多类用户广泛参与的扁平化平台运维模式如图 10-22 所示。系统的用户大体上分为三类，即政府以及相关的实际应用部门人员，科学研究、技术开发、知识及数据管理等组织人员，以及社会公众。三类用户共同参与系统的运维，体现了扁平化管理的思想。

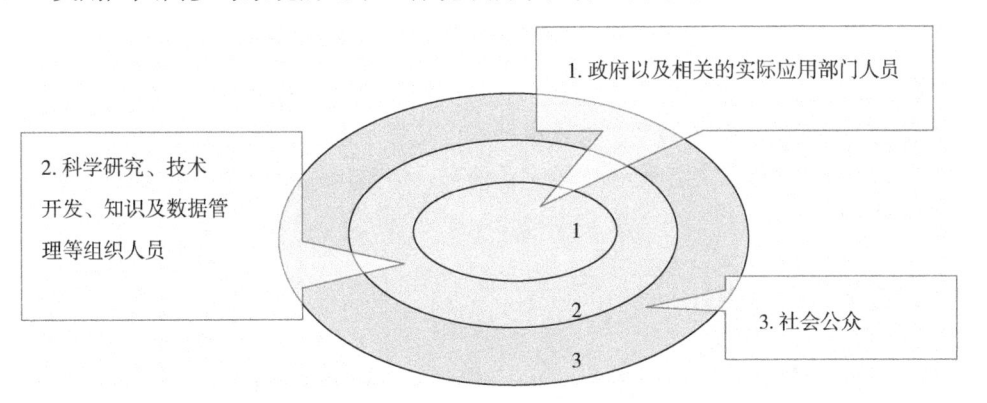

图 10-22 平台运维管理模式示意图

10.7.2 基于六空间模型的分工管理

运用系统学二象对偶原理把产业安全管理相关系统首先分为客观事物系统原象和人类认知空间的系统偶象，客观为实，认知为虚。其次，再细分为客观事物情景与元数据对偶、知识与知识的知识对偶、形式模型与实例化模型对偶、元数据与实例数据对偶等。图 10-23 描述了信息、知识、数学模型共同构成系统的对偶关系。

由图 10-23 不难理解，产业安全管理的全域全过程情景相关的知识、信息和模型，都可纳入这一方法论体系，加以诠释。同时，将产业安全管理相关系统分解为数据、元数据、实体模型、形式模型、广义算子以及知识元六个集合空间。这样，可以把基于还原论获取认知的各专业学科知识纳入，并形成综合描述体现整体观，但并不给出情景演化的整体特征和规律。情景演化整体特征和规律无法通过各个领域具体知识元叠加还原得到，而是通过后续的知识、数据与模型的混合计算所揭示，从而，实现还原论与整体论的结合。此外，六个集合空间分解更便于社会计算模式下的产业安全管理情景构建与推演进行合理的多学科分工与协同集成。

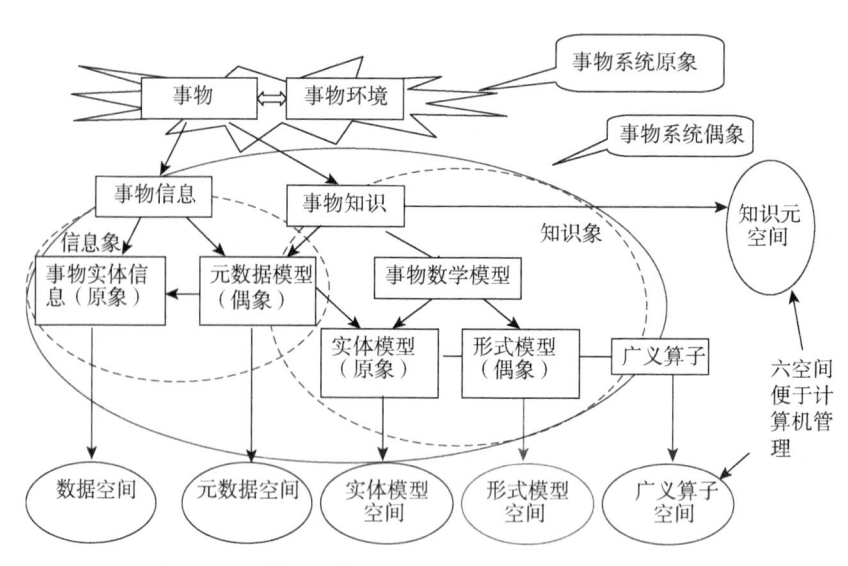

图 10-23　信息、知识及数学模型的综合描述示意图

在这一方法论体系下，一类或综合产业安全管理的情景构建，就是在六个集合空间中具体数据、元数据、实体模型、形式模型、广义算子以及知识元的实例化。当形式模型、广义算子以及知识元相应集合比较完备情形，情景构建就变成了数据、元数据、实体模型的实例化过程。

10.7.3　运行监管与审计

建立系统安全审计机制，增加安全审计设备，记录使用数据库系统所有活动的过程，收集和积累系统的安全事件进行分析，以迅速确定系统问题，及时补救。

实时监测并智能地分析、还原各种数据库操作：解析网络上数据库的登录、注销、插入、删除、执行存储过程等操作，还原 SQL 操作语句；跟踪数据库访问过程中的所有细节，包括用户名、数据库操作类型、所访问的数据库表名、字段名、操作执行结果等。

支持用户自定义审计规则，审计对数据库的各项操作，审计操作的数据库表名和字段名，并根据风险等级做出报警。记录数据库存取日志，使管理员可以方便管理和查看有关信息。

支持对多种主流数据库类型的强审计，包括 SQLServer、Oracle、Mysql 等。

数据库审计性能要求：①百兆网络带宽占用率≤2%；②千兆网络带宽占用率：≤1%。

本次增加数据库安全审计设备，其具体要求如下。

在数据库审计系统实时分析和还原被监控网络中的数据库使用情况进行监控，包括网络上数据库的登录、注销、插入、删除、执行存储过程等操作，对违规操作行为并进行记录、报警，实现数据库的在线监控和保护，以帮助网络管理员或政府机构对数据库资源进行有效的管理和维护，从而在网络上建立起一套数据安全预警和防范机制，为数据库系统的安全运行提供了有力保障。

数据库安全审计系统主要有信息采集和管理分析组成，在管理功能上应包括以下内容：

①支持常见主流数据库。②其中信息采集不应改变被保护数据库的任何设置，不影响被保护数据库的任何服务性能。③保护重要的数据库，能够截取并智能地分析、还原各种数据库操作。④保护重要的数据库表和视图。⑤跟踪记录存储过程的执行，发现针对数据库的异常操作。⑥数据库系统登录角色跟踪和登录工具跟踪。⑦支持关键字匹配规则。⑧提供多种安全响应措施，包括记录、多种方式报警等。⑨功能强大的查询和专业化报表生成。

参考文献

毕经元, 顾新建, 吕艳, 等. 2009. 基于知识元链接的汽车零部件知识管理系统. 浙江大学学报（工学版）, 43（12）: 2208-2212.
毕冶, 郭树华, 杨伟. 2011. FDI 与中国产业安全问题研究. 思想战线, (6): 79-84.
邴绍倩. 2007. 我国突破技术性贸易壁垒的对策分析. 商场现代化, (11): 15.
晁阳. 2006. 从航天数据分析看数据挖掘的前途. 电脑知识与技术, (2): 1-2.
陈昌敏, 谢维成, 范颂颂, 等. 2011. 自适应和最大最小蚁群算法的物流车辆路径优化比较. 西华大学学报（自然科学版）, 30（3）: 5-8.
陈共. 2002. 财政学. 北京: 中国人民大学出版社.
陈华, 伍志文. 2004. 银行体系脆弱性: 理论及基于中国的实证分析. 数量经济技术经济研究, (9): 120-135.
陈建龙, 王建冬, 胡磊, 等. 2010. 论知识服务的概念内涵——基于产业实践视角的考察. 图书情报知识, (3): 11-16.
陈静. 2009. 复杂网络建模及复杂网络理论在物流网中的应用. 宁夏大学硕士学位论文.
陈柳钦, 杨冬梅. 2005. 基于产业集群的区域创新体系构建. 新疆社会科学, 3: 37-42.
陈思云. 2008. 汽车制造业协同物流系统研究. 武汉理工大学博士学位论文.
陈威, 史玉婷, 罗贯三. 2008. 可拓聚类预测方法预测集装箱吞吐量. 中国集体经济, (24): 5.
陈伟大, 孙成权, 吴新年. 2006. 试论公众信息需求的满足. 国书与情报, (6): 63-67.
陈向聪. 2006. 外资入股中资银行的负面影响及监管对策. 福建金融, (1): 21-23.
陈雪龙. 2011. 非常规突发事件应急管理知识元模型. 情报杂志, 30（12）: 22-26.
陈又星, 徐辉. 2009. 产业损害预警模型构建及其模糊定量测评. 资源与产业, 11（6）: 12-15.
陈智国. 2005. 区域产业结构优化方法研究. 山东科技大学硕士学位论文.
成思危. 2001. 认真开展案例研究, 促进管理科学及管理教育发展. 管理科学学报, 4（5）: 1-6.
储节旺, 郭春侠, 陈亮. 2007. 国内外知识管理流程研究述评. 情报理论与实践, 30（6）: 858-861.
崔荐. 2010. 区域产业结构优化及实现路径研究. 武汉理工大学博士学位论文.
大河内一岛. 2000. 过渡时期的经济思想——亚当·斯密与弗里德里希·李斯特. 北京: 中国人民大学出版社.
代根兴, 周晓燕. 1999. 信息资源概念研究. 情报理论与实践, (6): 397-400.
代谦, 别朝霞. 2006. FDI、人力资本积累与经济增长. 经济研究, 6（41）: 15-27.
戴伯勋, 沈宏达. 2001. 现代产业经济学. 北京: 经济管理出版社.
戴汝为. 1997. 复杂巨系统科学——21 世纪的科学. 自然杂志, 19（4）: 187-192.
邓洪波. 2004. 中国企业走出去的产业分析. 北京: 人民出版社.
邓珊, 陈廷斌. 2008. 供应链环境下基于 SOA 的企业间业务协同策略. 中国管理信息化, 11（17）: 70-71.
邓振良. 2010. 中国股票市场波动性和联动性实证分析. 中南大学硕士学位论文.
刁美娜, 温小虎, 刘有刚, 等. 2012. 基于模糊神经网络的海水水质综合评价. 海洋通报, (2): 228-232.
董明, 查建中, 杜玉明, 等. 1997. 用面向对象的框架语言实现离散事件仿真. 天津大学学报, 30（1）: 43-48.
董湧. 2008. 基于复杂性的产业集群研究. 上海交通大学博士学位论文.
杜红英. 2009. 化学信息学新算法及在化学、生物与食品科学中的应用研究. 兰州大学博士学位论文.

凡刚领. 中国产业损害预警体系研究. 沈阳工业大学硕士学位论文.
范小云, 王道平, 方意. 2011. 我国金融机构的系统性风险贡献测度与监管——基于边际风险贡献与杠杆率的研究. 南开经济研究, (4): 3-20.
方爱丽. 2008. 基于复杂网络理论的投入产出关联分析. 青岛大学博士学位论文.
方勇, 张二震. 2004. 出口产品反倾销预警的经济学研究. 经济研究, (1) 74-82.
冯德连. 1997. 论对外贸易中保护幼稚产业的原则和措施选择. 经济问题, (10): 22-25.
冯天威. 2009. 应急信息资源元数据管理模型及其应用. 大连理工大学硕士学位论文.
冯芸, 吴冲锋. 2002. 货币危机早期预警系统. 系统工程理论方法应用, 1: 11.
弗·李斯特. 1961. 政治经济学的国民体系. 北京: 商务印书馆.
符福峘. 2011. 信息资源学. 北京: 海洋出版社.
付宏华. 2010. 山东省物流产业布局优化研究. 山东大学硕士学位论文.
付克华. 2003. 早期预警体系的理论回顾及其评价. 世界经济, (3): 77-80.
傅立平, 魏彦莉, 崔伟. 2007. FDI 对我国自主创新能力的影响研究. 生产力研究, (20): 77-78.
高春亮, 周晓艳, 王凌云. 2007. "市场换技术"策略能实现吗. 世界经济, (8): 14-21.
高国华, 潘英丽. 2011. 银行系统性风险度量——基于动态 CoVaR 方法的分析. 上海交通大学学报, (12): 1753-1759.
高隆昌. 2005. 系统学原理. 北京: 科学出版社.
缑锦. 2005. 知识融合中若干关键技术研究. 浙江大学博士学位论文.
顾海兵, 王亚红. 2008. 中国保险产业安全的监测预警范式研究. 学术研究, 5: 73-79.
郭晨. 2010. 我国银行同业拆借市场交易特征及风险传染研究. 经济研究导刊, (2): 129-131.
郭南芸, 隋广军. 2008. 创新不确定性与优化: 地方产业网络可持续发展的动力机制研究. 科学学与科学技术管理, 29 (8): 58-62.
郭亚军. 2012. 综合评价理论、方法及拓展. 北京: 科学出版社.
何德旭. 2004. 外资进入中国银行业: 趋势、影响及对策. 财经论丛, (2): 1-16.
何刚. 2009. 煤矿安全影响因子的系统分析及其系统动力学仿真研究. 安徽理工大学博士学位论文.
何海燕. 2003. 反倾销中产业损害幅度测算指标体系的建构. 价值工程, (3): 2-4.
何海燕, 于永达. 2002. 产业损害幅度确定方法研究. 中国工商管理研究, (5): 10-14.
何敏华. 2009. 复杂网络上传播动力学研究. 华中科技大学硕士学位论文.
何维达, 宋胜洲. 2003. 开放市场下的产业安全与政府规制. 南昌: 江西人民出版社.
何维达, 吴玉萍, 刘瑞华. 2007. 煤炭产业安全评价研究及实证分析. 商业研究 (9): 58-61.
何晓愉. 2011. 区域产业结构优化最优控制模型的建立及求解. 中国石油大学硕士学位论文.
胡代光, 高鸿业. 1996. 现代西方经济学词典. 北京: 中国社会科学出版社.
胡红亮. 2006. 面向政府决策的知识管理系统构建与评估. 科学学与科学技术管理, (11): 72-76.
胡晓峰. 2006. 战争复杂性与信息化战争模拟. 系统仿真学报, 18 (12): 3572-3580.
黄宪. 2000. 市场经济中银行效率与社会成本. 武汉: 湖北人民出版社.
黄宪, 赵征. 2009. 开放条件下的中国银行业的控制力与国家金融安全. 北京: 中国金融出版社: 27.
黄志澄. 1999. 数据可视化技术及其应用展望. 电子展望与决策, (6): 3-9.
江世银, 杨伟霖. 2008. 研究区域战略性产业结构合理布局区域战略性产业. 天津行政学院学报, 10(4): 71-74.
姜国庆, 凡刚领. 2004. 产业损害程度测算指标相关性的有效消除研究. 管理科学, (5): 87-91.
姜卉, 黄钧. 2009. 罕见重大突发事件应急实时决策中的情景演变. 华中科技大学学报 (社会科学版), 23 (1): 104-108.
姜涛, 朱金福, 朱星辉, 等. 2007. 不确定决策的鲁棒优化方法. 统计与决策, (17): 47-48.
蒋志敏, 李孟刚. 2006. 产业空心化新论. 财经界, (10): 75-78.

介屋太一. 1986. 知识价值革命. 金泰相译. 北京：东方出版社.

荆竹翠，李孟刚. 2012. 中国金融产业安全评价指标体系研究. 山西财经大学学报，（4）：146-150.

景一凡. 2008. 从西方幼稚工业保护理论看我国幼稚产业的发展. 商业时代，（29）：72-73.

景玉琴. 2006. 警惕外资威胁我国产业安全. 天津社会科学，（1）：81-84.

瞿东升，张娟，魏薇. 2007. 基于BP神经网络的出口产品价格监测预警模型. 财贸研究，（1）：61-64.

瞿继双，戴金海. 2000. 复杂离散实时系统任务/资源图建模方法研究. 系统仿真学报，12（6）：600-603.

康卓，黄竞伟，李艳，等. 2003. 复杂系统数据挖掘的多尺度混合算法. 软件学报，14（7）：1229-1237.

寇琳. 2005. 一种基于灰色模型的反倾销产业损害状况评判方法. 广西财政高等专科学校学报，（3）：76-79.

蓝发钦. 2005. 国际金融学. 北京：立信会计出版社.

雷家骕. 2000. 国家经济安全理论与方法. 北京：经济科学出版社.

李丹阳. 2002. 中国政府职能转变：沿革、问题与对策——兼谈经济全球化对中国政府职能的冲击. 燕山大学学报（哲学社会科学版），3（2）：36-41.

李节. 2009. 管理信息系统需求分析阶段的风险评估模型研究. 哈尔滨工业大学硕士学位论文.

李可. 2010. 红桥区建委组织管理优化研究. 河北工业大学硕士学位论文.

李鎏. 2010. 基于"钻石模型"的广东荔枝产业竞争力研究. 广东农业科学，37（5）：240-242.

李孟刚. 2006a. 产业安全理论研究. 北京：经济科学出版社：298.

李孟刚. 2006b. 中国外资发展悖论. http://finance.sina.com.cn[2006-02-20].

李孟刚. 2008. 产业经济学. 北京：高等教育出版社.

李孟刚. 2010a. 产业安全理论. 北京：高等教育出版社.

李孟刚. 2010b. 产业安全理论研究. 2版. 北京：经济科学出版社.

李孟刚. 2012. 产业安全理论研究. 3版. 北京：经济科学出版社.

李孟刚. 2013. 中国产业安全问题研究. 北京：社会科学文献出版社.

李明德. 2001. 简明拉丁美洲百科全书. 北京：中国社会科学出版社.

李平. 1999. 知识经济与产业变革. 北京：经济管理出版社.

李庆敏. 2010. 基于Swarm仿真的外商直接投资与我国产业集群互动分析. 浙江大学硕士学位论文.

李秀香. 2004. 幼稚产业开放式保护问题研究. 北京：中国财政经济出版社.

李雅君. 2011. 企业并购协同效应文献综述. 时代经贸，（27）：4-5.

李玉凤，高长元，董阿美. 2009. 黑龙江省产业结构仿真模型. 科技与管理，11（5）：25-29.

李悦. 1998. 产业经济学. 北京：中国人民大学出版社.

李振华. 2005. 基于复杂性的企业协同竞争机制研究. 天津大学博士学位论文.

林海清. 2000. 数字化图书馆的元数据体系. 中国图书馆学报，（4）：59-64.

林民盾，杜曙光. 2006. 产业融合：横向产业研究. 中国工业经济，（2）：30-36.

刘彩虹. 2009. 基于协同理论的房地产项目管理模式研究. 天津大学硕士学位论文.

刘崇献. 2005. 中资银行引进战略投资者是福是祸. 经济导刊，（12）：1-2.

刘国栋. 2011. 贸易条件、粮食价格和中国粮食保护水平——对1986~2008年中国粮食价格的实证分析. 上海财经大学报，13（4）：

刘宏伟. 2007. 跨国公司对华直接投资影响分析——论新形势下我国产业安全. 南京航空航天大学硕士学位论文.

刘勘，周晓峥. 2002. 数据可视化的研究与发展. 计算机工程，28（8）：1-2.

刘力. 2004. 中国：直面国际经济摩擦. 北京：中国百科全书出版社.

刘灵凤. 2011. 物流产业安全评价指标体系研究. 北京交通大学硕士学位论文.

刘妮妮，刘宇. 2013. 产业集群内知识服务模式研究. 情报理论与实践，（1）：25-28.

刘爽. 2013. 基于知识发现的电子政务个性化信息服务研究. 河南科技，（1）：7-8.

刘一飞. 2010. 国外有关产业安全的经验及教训. 宏观经济管理, (4): 69-74.
刘遵义. 1995 下一个墨西哥在东亚吗. 联合国世界经济 1995 年秋季会议, 华盛顿.
卢轲. 2009. 外资并购对中国产业安全的影响及对策研究. 河南师范大学硕士学位论文.
卢媛媛, 何海燕. 2011. 基于 KLR 信号分析的美国对华反倾销预警研究. 技术经济与管理研究, (7): 3-6.
鲁建厦, 方荣, 兰秀菊. 2004. 国内仿真技术的研究热点——系统仿真学报近期论文综述. 系统仿真学报, 16 (9): 1910-1913.
逯曼. 2007. 中国应对国外反补贴产业损害研究. 西南财经大学硕士学位论文.
路红艳, 王保伦. 2006. 论我国产业损害预警机制的构建. 经济前沿, (2): 86-90.
马费城, 宋恩梅. 2011. 信息管理学基础. 2 版. 武汉: 武汉大学出版社.
马君潞, 范小云, 曹元涛. 2007. 中国银行间市场双边传染的风险估测及其系统性特征分析. 经济研究, (1): 18-78, 142.
马歇尔. 1964. 经济学原理. 北京: 商务印书馆.
迈克尔·波特. 2003. 李明轩, 邱如美译. 国家竞争优势. 北京: 华夏出版社.
毛媛, 刘杰, 李伯虎. 2002. 基于元模型的复杂系统建模方法研究. 系统仿真学报, 14 (4): 411-414, 454.
孟小旋. 2002. 模糊算法在定性仿真中的应用. 广西大学硕士学位论文.
孟彦菊, 翟佳琪. 2008. 关于 EC+ IO 联合模型的综述. 统计研究, 25 (9): 110-112.
明军. 2002. 跨国公司何必封锁技术. http: //finance.sina.com.cm[2002-09-13].
南旭光, 罗慧英. 2006. 基于等比例危险模型的金融危机预警. 统计决策, 12: 2-35.
宁钟, 王雅青. 2007. 基于情景分析的供应链风险识别——某全球性公司案例分析. 工业工程与管理, (2): 88-94
潘百祥. 2007. 产业集群与纺织业国际竞争力——基于浙江省五地市的实证研究. 浙江学刊, 4: 204-208.
钱汉臣. 1995. 信息工程及其特征. 计算机文汇, (3): 49-52.
钱小安. 2000. 加入 WTO 对中国银行业和金融调控的影响及对策. 金融研究, (2): 8-15, 37-46.
钱学森, 于景元, 戴汝为. 1990. 一个科学新领域——开放的复杂巨系统及其方法论. 自然杂志, 3-11.
任强. 2009. 产业安全视角下的我国产业结构弱质化实证研究. 商业时代, (30): 96-98.
荣莉莉, 杨永俊. 2009. 一种基于知识供需匹配的预案应急能力评价方法. 管理学报, 6(12): 1643-1686.
沈悦, 闵亮. 2009. 金融危机传染性、银行稳定与实体经济免疫力关系探析. 陕西师范大学学报(哲学社会科学版), (5): 21-27.
沈悦, 张珍. 2007. 中国金融安全预警指标体系设置研究. 山西财经大学学报, 10: 89-94.
盛昭瀚, 张军, 杜建国, 等. 2009. 社会科学计算实验理论与应用. 上海: 上海三联出版社.
施永仁. 2007. 基于复杂适应系统理论的社会经济系统建模与仿真研究. 华中科技大学硕士学位论文.
石舒娅. 2010. 基于系统动力学的电动汽车产业发展模式研究. 武汉理工大学硕士学位论文.
史峰, 王小川, 郁磊, 等. 2010. MATLAB 神经网络 30 个案例分析. 北京: 北京航空航天大学出版社.
史建平. 2006. 国有商业银行改革应慎重引进外国战略投资者. 财经科学, (1): 6-13.
宋学锋. 2003. 复杂性、复杂系统与复杂性科学. 中国科学基金, 17 (5): 262-269.
苏敬勤, 李召敏. 2011. 案例研究方法的运用模式及其关键指标. 管理学报, 8 (3): 340-347.
孙东川, 朱桂龙. 2012. 系统工程基本教程. 北京: 科学出版社.
孙海法, 刘运国, 方琳. 2004. 案例研究的方法论. 科研管理, 25 (2): 107-112.
唐晓波. 2010. 信息安全概论. 北京: 科学出版社.
唐晓华, 张丹宁. 2008. 典型产业网络的组织结构分析. 产业经济评论, 1: 45-59.
唐晓云. 2006. 美国单边贸易政策和中国贸易收益的风险. 世界经济与政治论坛, (6): 8-13.
陶善菊, 刘清堂, 王凡, 等. 2011. 基于知识元的教育技术学科资源库构建. 现代教育技术, 21 (5):

115-120.

田春华. 2005. 产业集群导向的公共政策研究. 华东师范大学博士学位论文.

汪立欢. 2011. 产业安全评价预警系统研究. 北京交通大学硕士学位论文.

汪小帆, 李翔, 陈关荣. 2005. 复杂网络理论及其应用. 北京: 清华大学出版社.

汪艳艳. 2009. 基于用户需求的军队院校图书馆知识服务. 第二十三届全国计算机信息管理学术研讨会, 哈尔滨.

王秉乾. 2006. 浅析新《对外贸易法》应对国际贸易壁垒的作用. http://www.intereco-miclaw.com/article/default.asp?id=956[2006-09-10].

王朝云, 刘玉龙. 2007: 知识可视化的理论与应用. 现代教育技术, 17（6）: 18-20.

王东杰. 2009. 外资并购与我国产业安全研究. 山东大学博士学位论文.

王芳. 2009. 协同审批管理系统的研究与应用. 武汉理工大学硕士学位论文.

王飞跃. 2004. 人工社会、计算实验、平行系统——关于复杂社会经济系统计算研究的讨论. 复杂系统与复杂性科学, 1（4）: 25-32.

王飞跃. 2006. 关于复杂系统的建模、分析、控制和管理. 复杂系统与复杂性科学, 3（2）: 26-34.

王峰, 李树荣. 2011. 多目标产业结构优化最优控制模型的改进及求解. 中国石油大学学报（自然科学版）, 35（2）: 182-187.

王建军, 孙晶. 2007. Web2.0 的研究与应用综述. 情报科学, 25（12）: 1907-1913.

王坤, 秦志宏. 2009. 基于全球价值链视角的包头稀土产业分析. 内蒙古大学学报（哲学社会科学版）, 41（1）: 93-98.

王磊. 2004. 论中国产业政策的调整和转型. 武汉理工大学硕士学位论文.

王明明, 昊娇, 潘岗, 等. 2003. 倾销与损害因果关系模型中理论价格的方法研究. 北京化工大学学报, 31（3）: 102-104.

王明明, 隋伟莹. 2004. 多层模糊综合评判方法在损害分析中的应用. 北京化工大学学报, (3): 102-104.

王培志. 2008. 经济全球化背景下中国产业安全预警机制研究. 北京: 中国财政经济出版社.

王茹. 2000. 航空公司 BSC 综合测评指标体系的研究. 南京航空航天大学硕士学位论文.

王硕, 张礼兵, 金菊良. 2006. 系统预测与综合评价方法. 合肥: 合肥工业大学出版社.

王苏生, 王丽, 黄建宏, 等. 2008. 跨国公司并购对我国的影响及产业安全观. 特区经济, (3): 246-247.

王恬. 2009. 我国制造业行业关税有效保护率的变动. 税务研究, (1): 41-44.

王晓. 2008. 基于产业结构的高职人才结构研究——以山东省为例. 山东建筑大学硕士学位论文.

王新海, 王志宏. 2008. 基于信息认知和价值感知的需求结构解析. 软科学, (10): 20-24.

王延. 1987. 定性描述系统的一种定量化分析方法. 系统工程学报, 1: 34-46.

王延章. 2011. 模型管理的知识及其表示方法. 系统工程学报, 26（6）: 850-856.

王永巧, 刘诗文. 2011. 基于时变 Copula 的金融开放与风险传染. 系统工程理论与实践, 31（4）: 778-784.

王允贵. 1998. 跨国公司的垄断优势及其对东道国的产业控制——跨国公司对我国电子及通信设备制造业的投资与控制, (2): 114-134.

王众托. 2004. 关于知识管理若干问题的探讨. 管理学报, 18-24.

王众托. 2009. 知识管理. 北京: 科学出版社.

王众托. 2012. 系统工程引论. 北京: 电子工业出版社.

王众托, 王志平. 2008a. 超网络理论及其应用. 北京: 科学出版社.

王众托, 王志平. 2008b. 超网络初探. 管理学报, 1: 1-8.

王重鸣. 1992. 专家与新手决策知识的获取与结构分析. 心理科学, 5（1）: 1-4.

危家凤, 杨未未. 2008. 情景分析法在企业危机预警中的应用. 科技情报开发与经济, 18（36）: 133-134.

韦于莉. 2004. 知识获取研究. 情报杂志, 23（4）: 41-43.

卫玲. 2007. 现代产业集群理论的新进展及其述评. 兰州大学学报（社会科学版）, (2): 122-127.

温博慧, 柳欣. 2009. 金融系统性风险产生的原因与传导机制——基于资产价格波动的研究评述. 中南财经政法大学学报, (6): 76-81.

温有奎. 2005. 基于知识元的知识组织与检索. 计算机工程与应用, 1: 55-59.

温有奎, 徐国华. 2003. 知识元链接理论. 情报学报, (6): 665-670.

翁鸣. 2010. 企业移动式供应链信息化对策研究. 企业科技与发展, (5): 55-57.

吴建军. 2008. 城市交通网络拓扑结构复杂性研究. 北京交通大学博士学位论文.

吴玉萍. 2010. 国内产业安全研究新进展及展望. 经济研究导刊, (3): 189-190.

伍海华, 金志国, 胡燕京, 等. 2004. 产业发展论. 北京: 经济科学出版社.

向洪金, 赖明勇. 2012. 进口倾销对我国产业损害的认定: 基于局部均衡COMPAS模型的理论与实证研究. 系统工程理论与实践, 32 (9): 1871-1881.

项林英, 陈增强, 刘忠信, 等. 2006. 复杂动态网络的建模、分析与控制研究综述. 自然科学进展, 12: 1543-1551.

肖天生, 刘光华. 1995. 我国幼稚产业的选择分析. 工业技术经济, (5): 8.

邢李志. 2012. 基于复杂网络理论的区域产业结构网络模型研究. 工业技术经济, 31 (2): 19-29.

徐德斌. 2011. 基于领域本体的知识整合浅析. 现代情报, 31 (12): 27-29.

徐娇扬. 2009. 论用户信息需求的表达. 图书馆论坛, 29 (1): 36-38.

许国根, 贾瑛. 2012. 模式识别与智能计算的MATLAB实现. 北京: 北京航空航天大学出版社.

许铭. 2005. 中国产业安全问题分析. 复旦大学博士学位论文.

亚当·斯密. 1979. 国民财富的性质和原因研究（下卷）. 北京: 商务印书馆.

杨德宽, 王雪华, 衷江南, 等. 2012. 基于知识元网络的突发事件模型组合调用. 系统工程, 9 (9): 87-93.

杨公仆. 2005. 产业经济学. 上海: 上海财经大学出版社.

杨吉田, 陆文萍. 2008. 外资银行进入中国中小企业融资市场的现状和思考. 中国金融, (19): 2.

杨建文. 2008. 产业经济学. 上海: 上海社会科学院出版社.

杨倩. 2011. 对政府采购中寻租行为的分析与探讨. 时代经贸, (27): 3-4.

杨治. 1985. 产业经济学导论. 北京: 中国人民大学出版社.

尹羽中. 2012. 产业复杂网络建模及应用. 山东大学博士学位论文.

尤振来. 2008. 工业园区产业发展管理研究. 天津大学博士学位论文.

于景元, 周晓纪. 2004. 系统科学与系统工程的发展. 复杂系统与复杂性科学, 3: 4-9.

于景元. 2005. 关于综合集成的研究——方法、理论、技术、工程. 交通运输系统工程与信息, 1: 3-10.

于立, 伏中林, 杜金富. 1988. 关税的有效保护率初探. 数量经济技术经济研究, (5): 9.

于明华, 李弘. 2007. 仿真技术的应用和发展. 内蒙古科技与经济, (1): 67-69.

于新东. 2000. 中国加入WTO后产业保护和产业安全研究及对策. 学习与探索, (2): 4-12.

于洋. 2009. 组织知识管理中的知识超网络研究. 大连理工大学博士学位论文.

袁慧明. 2011. 产业结构调整中金融支持的研究. 华南理工大学硕士学位论文.

袁名依, 谢深泉. 2008. 基于知识元本体的知识统一表示. 现代计算机（专业版）, (5): 46-48.

翟东升, 黄焱. 2006. 半导体制造业预警系统的知识表示研究. 现代制造工程, (4): 93-97.

张福军. 2012. 当前我国产业安全面临的挑战及国外经验借鉴. 中华魂, (2): 53-56.

张建华. 2006. KM中的知识存储策略. 情报杂志, 25 (3): 37-39.

张林超. 2008. 中国重大装备产业安全研究——基于发电设备制造产业安全的实证分析. 西南财经大学博士学位论文.

张伶, 谢晋宇. 2003. 产业安全培训与职业健康. 管理评论, 15 (2): 48-50.

张农科. 2011. 中国房地产业安全问题研究. 北京交通大学博士学位论文.

张卫群. 2006. 知识服务中的知识元链接. 情报探索, 12: 56-57.

张晓朴. 2010. 系统性金融风险研究: 演进、成因与监管. 国际金融研究, (7): 58-67.

张筱峰, 王健康, 陶金. 2008. 中国银行体系脆弱性的测度与实证研究. 财经理论与实践, 29 (151): 29-33.

赵国庆, 黄荣怀, 陆志坚, 等. 2005. 知识可视化的理论与方法. 开放教育研究, (2): 11.

赵进文, 苏明政, 邢天才. 2013. 未预期收益率、传染性与金融危机——来自上海市场与世界市场的证据. 经济研究, (4): 55-68.

赵维田. 2000. 世贸组织WTO的法律制度. 长春: 吉林人民出版社.

赵晓颖. 2008. "后配额时代"江苏纺织服装业竞争力研究. 南京财经大学硕士学位论文.

赵雅玲. 2005. 外资进入银行业对中国金融安全的影响及对策分析. 东南大学学报（哲学社会科学版）, (S1): 12.

赵英. 1998. 信息安全问题. 经济管理, (5): 16-17.

郑丕谔, 马艳华. 2000. RBF神经网络的递阶遗传训练新方法. 控制与决策, 15 (2): 165-168.

郑新立. 2006. 高度重视产业安全的监测预警和对策研究. 中国国情国力, 8: 95-99.

钟琦. 2009. 企业内部知识流动网络分析. 大连理工大学博士学位论文.

周叔莲, 裴叔平, 陈树勋. 2007. 中国产业政策研究. 北京: 经济管理出版社.

周涛, 傅忠谦, 牛永伟, 等. 2005. 复杂网络上传播动力学研究综述. 自然科学进展, 5: 513-518.

周晓英. 1999. 决策信息需求的调查分析与服务对策研究. 情报资料工作, (4): 12-15.

周振华. 2003. 信息化与产业融合. 上海: 上海三联书店, 上海人民出版社.

朱婷, 段家希, 高明贺, 等. 2012. 基于系统动力学的我国大豆安全研究. 第31届中国控制会议. 合肥.

朱迎春. 2009. 区域"高等教育——经济"系统协调发展研究. 天津大学博士学位论文.

朱元倩, 苗雨峰. 2012. 关于系统性风险度量和预警的模型综述. 国际金融研究, (1): 79-88.

朱跃中. 2001. 中国交通运输部门中长期能源发展与碳排放情景设计及其结果分析. 中国能源, (11): 25-27.

宗蓓华. 1994. 战略预测中的情景分析法. 预测, (2): 50-55.

宗明华. 1993. 复关与幼稚工业选择. 国际贸易, (4): 36-38.

左叶. 2008. 从能源消耗角度分析我国产业结构的优化与调整. 中外企业家, (5): 30-33.

Acharya V V. 2009. A theory of systemic risk and design of prudential bank regulation. Journal of Financial Stability, 5 (3): 224-255.

Acharya V V, Pedersen L H, Philippon T. 2010. Measuring systemic risk. AFA2011Denver Meetings Paper.

Adrian T, Brunnermeier M K. 2009. CoVaR. The CEPR/ESI13th Annual Conference on Financial Supervision in an Uncertain World.

Adrian T, Brunnermeier M K. 2011. CoVaR. NBER Working Paper No.17454.

Alessi L, Detkenc. 2009. Real time early warning indicators for costly asset price boom/bust cycles: a role for global liquidity. ECB Working Paper No.1039.

Allen F, Gale D. 2000. Financial contagion. Journal of Political Economy, 108 (1): 1-33.

Altman E E. 1968. Financial ratios, discriminant analysis and the predietion of corporate bankruptey. Journal of Finance, 23: 189-209.

Altman E E. 1998. Anthony saunders credit risk measurement: developments over the last 20 years. Journal of Banking & Finance, 21: 1721-1742.

Anderson J E. 1998. Effective protection redux. Journal of International Economics, 44 (1): 21-44.

Ariccia D G, DetragiacheE, Raghuram G R. 2005. The real effect of banking crises. IMF Working Paper.

Baur D, Schulze N. 2005. Coexceedances in financial markets: a quantile regression analysis of contagion. Emerging Markets Review, 6: 21-43.

Benoit S, Collettaz G, Hurlin C. 2012. A theoretical and empirical comparison of systemic risk measures: MES versus CoVaR. Social Science Reaserch Network Working Paper.

Bernanke B S, Gertler M. 1989. Agency costs, net worth, and business fluctuations. The American Economic Review, 79 (1): 14-31.

Bernanke B S, Gertler M. 1990. Finanical fragility and economic performance. Quarterly Journal of Economics, 105 (1): 87-114.

Bernanke B S, Gertler M. 2000. Monetary policy and asset price volatility. NBER Working Paper No. w7559.

Bernanke B S, Gertler M, Gilchrist S G. 1996. The financial accelerator and the flight to quality. The Review of Economic and Statistics, (78): 1-15.

Bernstein P, Dayal U, DeWitt D J. 1989. Future directions in DBMS research: the laguna beach participants. Sigmoid Record, 18 (1): 17-26.

Bishop C M. 1995. Neural Network for Pattern Recognition. Oxford: Oxford Clarendon Press.

Bood R P, Postma T. 1988. Scenario analysis as a strategic management tool. University of Groningen Research Institute SOM.

Borio C E V, Lowe P W. 2002. Asset prices, financial and monetary stability: exploring the nexus. Bank for International Settlements (BIS) Working Paper No.114.

Borio C. 2009. Implementing the macroprudential approach to financial regulation and supervision. Banque de France Financial Stability Review, (3): 31-41.

Brailsford T J, Lin S L, Penm J. 2006. Conditional risk, return and contagion in the banking sector in Asia. Research in International Business and Finance, 20: 322-339.

Brownlees C T, Engle R. 2011. Volatility, correlation and tails for systemic risk measurement. Social Science Reserch Network Working Paper.

Brunnermeier M K, Pedersen L H. 2007. Market liquidity and funding liquidity. NYU Working Paper No. SC-AM-05-06.

Chen N G. 2001. Asset price fluctuations in Taiwan: evidence from stock and real estate prices from1973 to1992. Journal of Asian Economics, 2: 215-232.

Christopher M, Payne A F T. Ballantyne D. 1991. Relationship Marketing: Bringing Quality Customer Service and Marketing Together. Oxford: Butter loorth-Heinemann.

Cizeau P, Potters M, Bouchard J P. 2001. Correlation structure of extreme stock returns. Quantitative Finance, 1 (2): 217-222.

Clemen R T, Reilly C. 1999. Correlations and copulas for decision and risk analysis. Management Science, 45 (2): 208-224.

Clive W J G, Teräsvirta T, Patton A. 2006. Common factors in conditional distributions for bivariate time series. Journal of Econometrics, 132 (1): 43-57.

Danielesson J, Zigrand J P. 2008. Equilibrium asset pricing with systemic risk. Economic Theory, 35: 293-319.

Dell Ariccia G, Enrica D, Raghuram R. 2005. The real effect of banking crises. IMF Working Paper: WP/05/63.

Domaç I, Ferri G. 1999. Did the East Asian crisis disproportionately hit small businesses in Korea?Economic Notes, 28: 403-429.

Ederington J, McCalman P. 2011. Infant industry protection and industrial dynamics. Journal of International Economics, 37-47.

Eichengreen B J, Andrew K R, Charles A. 1996. Wyplosz contagious currency crises. Scandinavian-Journal of Economics, 98: 63-84.

Embrechts P, Hoeing A, Juri A. 2003. Using copulae to bound the value-at-risk for functions of dependent risks. Finance & Stochastics, 7 (2): 145-167.

Embrechts P, McNeil A, Straumann D. 2002. Correlation and dependence in risk management. Properties and Pitfalls, (29): 114-117.

Embrechts P, Resnick S, Samorodnitsky G. 1999. Extreme value theory as a risk management tool. North American Actuarial Journal, 3 (2): 30-41.

Engle F R. 2002. Dynamic conditional correlation-a simple class of multivariate GARCH models. Journal of Business and Economic Statistics, 20 (3): 339-350.

Epstein J M, Axtell R L. 1996. Growing Artificial Societies: Social Science from the Bottom. Massachusettes: Mit Press.

Ethier W J. 1977. The theory of effective protection in general equilibrium: effective rate analogues of nominal rates.Canadian Journal of Economics, 10: 233-245.

Feinberg R M. 1989. Exchange rates and "unfair trade". Review of Economics & Statistics, 71 (4): 704-707.

Forrester J W. 1961. Industrial Dynamics. Cambridge: MIT Press.

Frankel J, Rose A. 1996. Currency crashes in emerging markets:an empirical treatment. Journal of International Economics, 41: 351-66.

Georgoff D M, Murdick R G. 1986. Manager's guide to forecasting. Harvard Business Review, 1(2): 110-120.

Gershuny J. 1976. The choice of scenarios. Futures, 8: 496-508.

Giesecke K, Kim B. 2011. Systemic risk: what defaults are telling us. Management Science, 57 (8): 1387-1405.

Girardi G, Ergün A T. 2011. Systemic risk measurement: multivariate GARCH estimation of CoVaR. Social Science Research Network Working Paper.

Gray D F, Jobst A A. 2010. Systemic CCA: a model approach to systemic risk. International Monetary Fund Working Paper.

Grossman M. 1986. Imports as a case of injury: the case of the U.S. steel injury. Journal of International Economics, 20: 201-224.

Goetz V P. 2004. Asset prices and banking distress: a macroeconomic approach. BIS Working Paper.

Goodhart C, Segoviano M A. 2009. Banking stability measures. IMF Working Paper.

Hawkins P G, Woollons D J. 1998. Failure modes and effects analysis of complex engineering systems using functional models. Artificial Intelligence in Engineering (S0954-1810), 12 (4): 375-397.

Holmstrom B, Tirole J. 1998. Private and public supply of liquidity. Journal of PoliticalEconomy, 106 (1): 1-40.

Hong B K, Karolyi G A, Stulz R M. 2003. A new approach to measuring financial contagion. Review of Financial Studies, 16: 717-763.

Hu L. 2006. Dependence patterns across financial markets: a mixed copula approach. Applied Financial Economics, 10: 717-729.

Huang X, Zhou H, Zhu H B. 2009. A framework for assessing the systemic risk of major financial institutions. Journal of Banking & Finance, 33 (11): 2036-2049.

Huss W R, Honton E J. 1987. Scenario planning: what style should you use? Long Range Planning, 20 (4): 21-29.

Inmon W H. 1991. Building the Data Warehouse. New York: John Wiley & Sons.

Iori G, Jafarey S, Padilla F G. 2006. Systemic risk on the interbank market. Journal of Economic Behavior and Organization, 61: 525-542.

Irwin D A. 1998. Did late-nineteenth century us tariffs promote infant industries. NBER Working Paper No. 6835.

Irwin D A. 2003. Causing problems? The WTO review of causation and injury attribution in US section 201 cases. World Trade Reoiew, 2 (3): 297-325.

Jacob R J K, Girouard A, Hirshfield L M, et al. 2011. Reality-based interaction: a framework for PostWimp interfaces. http: //citeseerx.ist.psu.edu/viewdoc/download?doi=10.1.1.124.5227&rep=rep1&type=pdf [2011-02-03].

Jorion P. 2007. Value at Risk: The New Benchmark for Managing Financial Risk. 3rd ed. New York: McGraw-Hill.

Kahn K, Wiene A J. 1967. The Year 2000. NewYork: MacMillan.

Kaminsky G L, Lizondo S, Reinhart C M. 1998. Leading indicators of currency crises. IMF Staff Papers, 45 (1): 1-48.

Kelly H, Morkre E. 2006. One lump or two: unitary versus bifurcated measures of injury at the economic. Inquiry, 44 (4) :740-752.

Kiyotaki N, Moore J. 2002. Evil is the root of all money. American Economic Review Papers and Proceedings, 92, 62-66.

Koenker R, Bassett G J. 1978. Regression quantiles. Econometrica, 46 (1): 33-50.

Kritzman K, Li Y Z, Page S, et al. 2010. Principal components as a measure of systemic risk. Social Science Research Network Working Paper Series.

Lehar A. 2005. Measuring systemic risk: a risk management approach. Journal of Banking and Finance, 29: 2577-2603.

Matteis R D. 2001. Fitting copulas to data. Diploma Thesis of Zurich University.

Maynard S J, Price G R. 1973. The logic of animal conflicts. Nature, 246 (11): 15-18.

Melitz M J. 2005. When and how should infant industries be protected. Journal of International Economics, 66 (1): 177-196.

Mietzner D, Reger G. 2005. Advantages and disadvantages of scenario approaches for strategic foresight. International Journal of Technology Intelligence and Planning, 1 (2): 220-239.

Nelsen B R. 2006. An Introduction to Copulas. 2nd ed. New York: Springer.

Neumann J V. 1966. Theory of Self-reproducing Automata. Dekalb: University of Illinois Press.

Nicolo G D, Kwast M L. 2002. Systemic risk and financial consolidation: are they related? Journal of banking & finance, 26 (5): 861-880.

Oykes O. 1996. The economics of injury in antidumping and countervailing duty case. International Law and Economics, (16): 15-26.

Pack H, Saggi K. 2006. Is there a case for industrial policy?A critical survey. The World Bank Research Observer, 21 (2): 267-297.

Patton A J. 2002. Applications of copula theory in financial econometrics. DhD Dissertation of University of California, San Diego.

Patton A J. 2006. Modelling asymmetric exchange rate dependence. International Economil Review, (47) 2: 527-556.

Pavlova A, Rigobon R. 2008. The role of portfolio constraints in the international propagation of shocks. The Review of Economic Studies, 75: 1215-1256.

Peter M F. 2003. An analytic model for agent systems with petri nets. The University of Arizona.

Porter M E. 1982. Competitive Advantage. New York: Free Press.

Sabry F. 2000. An Analysis tithe decision to file, the dumping estimates, and the outcome of antidumping petitions. International Trade Journal, 14: 109-145.

Sachs J, Tomell A, Velaso A. 1996. The mexican peso crises: sudden death or death foretold. Journal of International Economics, 41: 265-283.

Samarakoon P. 2011. Stock market interdependence, contagion, and the U.S. financial crisis: the case of emerging and frontier markets. Journal of International Financial Markets, Institutions & Money, 21: 724-742.

Savu C, Trede M.2006. Hierarchical archimedean copulas. Institute of Econometrics, University of Münster.

Scaillet O. 2005. Nonparametric estimation of conditional expected shortfall. Insurance and Risk Management Journal, 74: 639-660.

Segoviano M B, Goodhart C. 2009. Banking stability measures. IMF Working Paper WP/09/04.

Selten R A. 1980. Note on evolutionarily stable strategies in asymmetric animal contests. Journal of Theoretical Biology, 84 (2): 93-101.

Shin H S. 2006. Risk and liquidity in a system context. BIS Working Papers No.212.

Silberschatz A, Stonebraker M, Ullman J. 1991. Database systems: achievements and opportunities. Comunicaiton of the ACM, 34 (10): 110-120.

Simpson J L, Evans J P. 2005. Systemic risk in the major eurobanking markets: evidence from inter-bank offered rates. Global Finance Journal, 16: 125-144.

Tai C S. 2004. Contagion: evidence from international banking industry. Journal of Multinational Financial Management, 14: 353-368.

Uhlig H. 2010. A model of a systemic bank run. Journal of Monetary Economics, 57: 78-96.

Vapnik V N. 1996. The Nature of Statistical Learning Theory. New York: Springer.

Von Deter G. 2009. Asset prices and banking distress: a macroeconomic approach. BIS Working Papers No. 167.

Warfield J N. 1976. Societal Systems: Planning, Policy, and Complexity. New York: Wiley Inter-Science.

Yin R K. 1994. Case Study Research: Design and Methods. 2nd ed. Thousand Oaks: Sage.

附录 国家突发公共卫生事件监测预警制度建设需求调查表

为了进一步完善突发公共卫生事件监测预警机制，从制度层面上规范突发公共卫生事件监测预警工作，提高监测预警工作的效率与准确性，卫生部开展了国家突发公共卫生事件监测预警制度建设项目。根据我国现行的突发公共卫生事件监测预警体系设置，在对前期大量文献和相关法律法规研究梳理的基础上，组织专家进行了多轮的研究讨论和现场调研，提出了关于突发公共卫生事件监测预警制度所涉及的一些关键性内容，并设计了《国家突发公共卫生事件监测预警制度建设需求调查表》。希望通过此次调查，了解我国监测预警现状以及各级卫生行政部门及相关技术部门对监测预警的认知情况，为监测预警制度建设提供依据和支持。本调查只用于研究，不用于评价贵单位监测预警的相关工作。烦请您填写您的真实意见，您的意见对于我们的研究和提高监测预警效能具有重要意义。

一、调查对象

本次调查拟对省、市、县三级卫生行政部门承担突发公共卫生事件应急处置的处室以及相关技术机构进行问卷调查，请各省（直辖市、自治区）按照经济发展水平和地理位置分布，选择5个有代表性的地市（包括1个省会城市或副省级城市），每个地市选择5个县区作为调查单位（不够5个县区的地市调查所辖全部县区）。

各级调查对象具体包括：①卫生厅（局），其中有应急办、疾控处/科、医政处/科、监督局/科，各处/科室1~2人；②疾控机构，熟悉突发公共卫生事件应急管理工作的相关科室，各科室2~3人；③监督机构，熟悉突发公共卫生事件应急管理工作的相关科室，各科室1~2人；④医疗机构，熟悉突发公共卫生事件应急管理工作的相关科室，各科室1~2人。

二、国家突发公共卫生事件监测预警制度建设需求

1. 您认为预警的作用是什么_____？
1.1 预警是单纯的政府行政行为，是为了确定应急响应级别_____。
（1）是　　（2）否　　（3）不清楚
1.2 预警是为了启动相应的应急预案_____。
（1）是　　（2）否　　（3）不清楚
1.3 预警是一种行政行为，是为了及时对公众做出警示_____。
（1）是　　（2）否　　（3）不清楚

1.4 预警是为了对相应机构进行应急动员，根据职责分工，进行相应的应急响应_____。
（1）是　　　（2）否　　　（3）不清楚

1.5 预警是政府行政行为，为了及时对社会公众做出警示，并启动相应的应急预案，做好应急响应_____。
（1）是　　　（2）否　　　（3）不清楚

1.6 预警是一种技术行为，由专业技术机构或协会就某种风险根据风险评估结论向社会做出的响应警示、向政府做出的预案启动和应急资源动员的建议_____。
（1）是　　　（2）否　　　（3）不清楚

1.7 除上述预警的作用，您认为预警还有哪些作用_____？

2. 您认为预警信息发布的主体应该是_____。
（1）各级卫生行政部门
（2）县级以上人民政府
（3）县级以上人民政府授权的相关部门、机构、组织/协会
（4）其他（请注明）

3. 您认为预警的受众应该是_____。
（1）社会公众，使其及时获取信息，做好防护
（2）相关机构及部门，能够及时做好应急动员，保证应急资源（人、财、物）的配置、调动与使用
（3）以上都包括
（4）以上都不是
（5）其他（请注明）

4. 您认为预警的发布形式包括哪些_____。
（1）警示　　　　　　　　　　　　　（2）通告
（3）新闻发布会　　　　　　　　　　（4）媒体的提示（包括即时启动或滚动）
（5）人民政府授权的官方发布
（6）相关部门间的通报或卫生部门内的通报
（7）专业机构发布的事件预防与处置等相关信息
（8）其他（请注明）

5. 您认为应该由谁提出预警建议_____。
（1）由卫生以外的其他政府部门提出　　（2）由卫生行政部门提出
（3）由专家委员会提出　　　　　　　　（4）由卫生部门相关专业机构提出
（5）其他（请注明）

6. 您认为监测预警制度是否需要设计制度保障部分的内容_____？
（1）非常必要　　　　　　　　　　　（2）比较必要
（3）一般　　　　　　　　　　　　　（4）不需要
（5）不清楚　　　　　　　　　　　　（6）无所谓
选择（4），（5），（6）选项不必回答以下问题。

6.1 如果需要的话，您认为应该包括（可多选）_____。

（1）确定监测预警的组织领导　　　（2）有必要的人力配备
（3）保障必要的资源置　　　　　　（4）设置相应的评估考核标准
（5）确定必需的激励措施　　　　　（6）其他（请注明）
注：来自关于请协助开展突发公共卫生事件监测预警现状与需求调查的函（苏卫应急函〔2011〕11号）